Rechtsmittelverzicht und Rechtsmittelzurücknahme des Beschuldigten im Strafprozeß

Schriften zum Strafrecht und Strafprozeßrecht

Herausgegeben von Manfred Maiwald

Band 89

PETER LANG
Frankfurt am Main · Berlin · Bern · Bruxelles · New York · Oxford · Wien

Klaus Kleinbauer

Rechtsmittelverzicht und Rechtsmittelzurücknahme des Beschuldigten im Strafprozeß

PETER LANG
Europäischer Verlag der Wissenschaften

Bibliografische Information Der Deutschen Bibliothek
Die Deutsche Bibliothek verzeichnet diese Publikation in der Deutschen Nationalbibliografie; detaillierte bibliografische Daten sind im Internet über <http://dnb.ddb.de> abrufbar.

Zugl.: Göttingen, Univ., Diss., 2005

D 7
ISSN 0938-6181
ISBN 3-631-54658-0

www.peterlang.de

Meinen Eltern und Großeltern

Vorwort

Die vorliegende Arbeit wurde im Sommersemester 2005 von der Juristischen Fakultät der Georg-August-Universität zu Göttingen als Dissertation angenommen.

Für die stets freundliche Betreuung danke ich ganz herzlich Herrn Professor Dr. Fritz Loos. In den vergangenen fünf Jahren meiner Tätigkeit als studentische und wissenschaftliche Hilfskraft an seinem Lehrstuhl durfte ich nicht nur aus dem Bereich des Straf- und Strafprozeßrechts eine Menge von ihm lernen.

Herrn Professor Dr. Gunnar Duttge danke ich für die zügige Zweitbegutachtung und Herrn Professor Dr. Manfred Maiwald bin ich für die Aufnahme in die von ihm herausgegebene Schriftenreihe zu Dank verpflichtet.

Abschließend sage ich allen Dank, dir mich in vielfältiger Weise unterstützt haben, namentlich möchte ich nur meine Verlobte, Frau Dr. Katrin Heimbach, sowie die Herren Andreas Reißmann und Dr. Rouven Seeberg nennen.

Vor der Drucklegung konnten neue Literatur und Rechtsprechung weitgehend berücksichtigt werden, so daß sich die Arbeit nunmehr auf dem Stand von August 2005 befindet.

Göttingen, im September 2005

Klaus Kleinbauer

Inhaltsverzeichnis

Einführung

I. Untersuchungsgegenstand

Ein besonderes Merkmal des Rechtsstaates ist es, daß für die meisten gerichtlichen Entscheidungen die Möglichkeit einer Anfechtung besteht. Bedeutung kommt insbesondere den Rechtsmitteln im Strafprozeß zu. Sie ermöglichen dem Verurteilten, Entscheidungen mit ggf. weitreichenden Konsequenzen gerichtlich überprüfen zu lassen.

Gemeinsam ist allen Verfahrensordnungen, daß es im Belieben des Beschwerdeberechtigten steht, ob er von seinem Anfechtungsrecht Gebrauch macht. Eine Überprüfung von Amts wegen gibt es somit nicht. Nun besteht aber nicht nur die Möglichkeit, kein Rechtsmittel einzulegen und die Einlegungsfrist verstreichen zu lassen, sondern der Beschwerdeberechtigte kann sich auch ausdrücklich seines Anfechtungsrechts entledigen, nämlich mittels eines Verzichts auf Rechtsmittel. Bereits eingelegte Rechtsmittel können zurückgenommen werden, d. h. die Verfügungsmöglichkeit über ein Rechtsmittel geht nicht mit der Einlegung verloren. Für den Strafprozeß sind die Prozeßhandlungen des Verzichts und der Zurücknahme in § 302 StPO[1] geregelt.

Gegenstand dieser Arbeit sind sowohl der Rechtsmittelverzicht als auch die Rechtsmittelzurücknahme. Während der Rechtsmittelverzicht statistisch nicht erfaßt wird, kann zumindest für die Rücknahme eines Rechtsmittels auf die Angaben des Statistischen Bundesamtes zurückgegriffen werden.[2] Danach fand im Jahre 2002 von insgesamt 54.976 bei den Landgerichten erledigten Berufungen in 19.688 Fällen eine Erledigung durch Berufungszurücknahme statt. Dahingegen erledigten sich von insgesamt 5.191 Revisionen bei den Oberlandesgerichten nur 117 durch eine Zurücknahme. Bei den beim BGH anhängigen Revisionen ist die Erledigungsart nicht angegeben. Die nicht geringe Anzahl der Berufungsrücknahmen liegt vermutlich daran, daß Revisionen in der Regel unter Mitwirkung eines Verteidigers (vgl. § 345 II, 1. Alt.) eingelegt werden. Demgegenüber legen nicht selten auch unverteidigte Beschuldigte Berufung ein. Nach einer im Jahre 2000 veröffentlichten Untersuchung weisen Berufungen in solchen Fällen eine höhere Rücknahmehäufigkeit auf.[3] Zudem erfolgt die Einle-

1 Folgende Paragraphen in dieser Arbeit ohne eine Gesetzesbezeichnung sind solche der StPO.

2 *Statistisches Bundesamt*, Jahrbuch 2004, S. 266.

3 Vgl. die empirische Untersuchung bei *Becker/Kinzig*, Rechtsmittel im Strafrecht, S. 131, der Verfahrensdaten aus der Strafverfolgungsstatistik des Jahres 1995 zugrunde lagen.

gung einer Revision – insbesondere vor dem Hintergrund des Begründungserfordernisses nach § 344 – in der Regel mit mehr Bedacht als bei einer Berufung. Der Verzicht auf Rechtsmittel ist gerade in amtsgerichtlichen Verfahren vor dem Strafrichter eine nicht selten zu beobachtende Erscheinung. An praktischer Relevanz fehlt es Verzicht und Zurücknahme somit nicht.

Die Untersuchung beschränkt sich auf die jeweiligen Prozeßhandlungen des Beschuldigten. Zum einen handelt es sich bei der Rechtsmittelbefugnis des Beschuldigten um die praktisch bedeutsamste – insbesondere im Vergleich mit der des Neben- oder des Privatklägers. Zum anderen ergeben sich gerade hier problematische Konstellationen, die so bei einer entsprechenden Prozeßhandlung der Staatsanwaltschaft nicht relevant werden. Belegen läßt sich diese Feststellung anhand der Vielzahl gerichtlicher Entscheidungen, die sich mit der Wirksamkeit bzw. Beachtlichkeit des Rechtsmittelverzichts eines Beschuldigten oder seines Verteidigers auseinandersetzen. Entscheidungen, die Verzichtserklärungen anderer Prozeßbeteiligter – beispielsweise des Staatsanwalts oder des Nebenklägers – zum Gegenstand haben, existieren dagegen – soweit ersichtlich – nicht.

Die Bedeutung des Rechtsmittelverzichts ist insbesondere vor dem Hintergrund der Absprachepraxis und der diesbezüglichen Kontroversen in Rechtsprechung und Literatur zu sehen. In nicht wenigen Rechtsmittelverfahren stellt die Rücknahme den Erledigungsgrund dar. Fehleinschätzungen hierbei können aufgrund der nunmehr eingetretenen Rechtskraft nicht selten gravierende Folgen nach sich ziehen und führen dann zum Streit um die Wirksamkeit der Rücknahme.

Diese – auf den ersten Blick oftmals unterschätzte – praktische Relevanz von Verzicht und Zurücknahme legt es nahe, die beiden Prozeßhandlungen einer umfassenden Betrachtung zu unterziehen und nicht nur isoliert nach der Relevanz von Willensmängeln im Zusammenhang mit Verzicht und Zurücknahme zu fragen. Nur auf diesem Wege lassen sich spezifische Wertungen dieser konkreten Prozeßhandlungen erfassen.

II. Gang der Untersuchung

Zunächst gilt es einmal die Begriffe des Rechtsmittels, des Verzichts sowie der Zurücknahme zu klären. Die Bedeutung, die den Rechtsmitteln zukommt, wird durch eine knappe Betrachtung der historischen Entwicklung veranschaulicht. Einer begrifflichen Klärung des Verzichts und der Zurücknahme schließt sich deren Einordnung in das System der Prozeßhandlungen an. Ein vergleichender Blick soll auf andere Prozeßordnungen (ZPO, VwGO, ArbGG, FGO, SGG) geworfen werden. Dadurch kommen in den darauffolgenden Erörterungen eventuelle Besonderheiten des strafprozessualen Verzichts möglicherweise deutlicher zum Vorschein.

Anschließend erfolgt im zweiten Kapitel eine ausführliche Auseinandersetzung mit der für Verzicht und Zurücknahme zentralen Norm des § 302. In diesem Zusammenhang wird auch die Funktion eines Rechtsmittelverzichts herausgearbeitet. Zum einen kommt dadurch die Bedeutung dieser Prozeßhandlung klarer zum Vorschein; andererseits lassen sich nur so die Erklärungsmuster für dieses oder jenes Problem im Zusammenhang mit dem Rechtsmittelverzicht nachvollziehen. Zur Beschreibung der Funktion des Verzichts ist eine vorangehende Erläuterung der Begriffe „Rechtssicherheit" und „Rechtsfrieden" erforderlich.

Im nächsten Kapitel stehen die Modalitäten einer Erklärung des Verzichts und der Zurücknahme im Vordergrund. Zunächst erfolgt eine ausführliche Analyse möglicher Motive des Beschuldigten, auf Rechtsmittel zu verzichten bzw. eingelegte Rechtsmittel zurückzunehmen. Aussagen zum Verzicht lassen sich zumeist auf die Rücknahme übertragen. Daher wird letztere nichts stets ausdrücklich genannt; auf bestehende Unterschiede wird im jeweiligen Zusammenhang ggf. hingewiesen. Eine Erörterung von Fragen, die nur die Rücknahme betreffen, erfolgt zudem gesondert im letzten Kapitel.

Eine Untersuchung der Voraussetzungen, die an eine wirksame Erklärung gestellt werden, schließt sich an. Sie wird insbesondere dort kritisch sein, wo von der überwiegenden Meinung allgemeine Grundsätze – argumentierend mit dem Charakter der Prozeßhandlungen – herangezogen werden. Zu überprüfen ist, ob jene Grundsätze sich stets ohne weiteres auf Verzicht und Zurücknahme übertragen lassen. So kann vielleicht durch eine restriktive Interpretation der Erklärungsmodalitäten bereits den Gefahren begegnet werden, die sich für den Beschuldigten aus der Vornahme einer solchen Prozeßhandlung ergeben.

Im vierten Kapitel steht die Unbeachtlichkeit eines scheinbar beachtlichen Verzichts im Mittelpunkt der Überlegungen. So werden Konstellationen untersucht, in denen sich eine sachgerechte Lösung nicht allein mit strengen Anforderungen an die Erklärungsvoraussetzungen erreichen läßt. Zur Wahrung der Subjektstellung des Beschuldigten soll mittels der Aufstellung von Fürsorgepflichten versucht werden, eine eigenverantwortliche Entscheidung des Beschuldigten im Hinblick auf Verzicht und Zurücknahme zu gewährleisten. Konkrete Fürsorgepflichten sollen dazu beitragen, die Anforderungen an einen beachtlichen Verzicht zu präzisieren sowie in den von Rechtsprechung und Literatur diskutierten Konstellationen eine sachgerechte Lösung zu erzielen.

In diesem Zusammenhang wird auch auf die Wiedereinsetzung in den vorigen Stand einzugehen sein, mit der der Beschuldigte im Falle eines unbeachtlichen Verzichts dem Fristablauf begegnen kann.

Abschließend werden im fünften Kapitel die – im monographischen Schrifttum insoweit nur gestreiften – Besonderheiten der Zurücknahme behandelt. So ist insbesondere auf die unbeachtliche Zurücknahme einzugehen, da sich gerade hierbei Abweichungen zum unbeachtlichen Verzicht zeigen.

1. Kapitel: Rechtsmittelverzicht und -zurücknahme im allgemeinen

I. Die Rechtsmittel im Strafverfahren

1. Der Begriff des Rechtsmittels in der StPO

Eberhard Schmidt zieht aus der Geschichte der Strafjustiz folgenden Schluß: „Ohne eine justizförmige Möglichkeit, gerichtliche Fehlentscheidungen zu beseitigen, ist nicht auszukommen."[4] In den Motiven zur StPO wird die Möglichkeit der Anfechtung eines Urteils durch ein Rechtsmittel kurz als „Forderung der Gerechtigkeit" bezeichnet.[5] Kennzeichnend für die Zeit der nationalsozialistischen Herrschaft ist dagegen die Forderung nach Abschaffung von Berufung und Revision: „Das Strafverfahren ist ein einmaliger und unwiederholbarer Lebensvorgang. Eine Berufung und Revision finden nicht mehr statt. Für die einheitliche Rechtsauffassung sorgt eine dafür zu schaffende Stelle".[6]

Die Möglichkeit der Überprüfung gerichtlicher Entscheidungen scheint heutzutage auf den ersten Blick Art. 19 IV GG zu verlangen. Aber weder aus dieser Norm noch aus dem Rechtsstaatsprinzip ergibt sich grundsätzlich ein Anspruch auf einen bestimmten Instanzenzug; vielmehr besteht nur ein Anspruch auf eine gerichtliche Instanz überhaupt.[7] Allerdings soll sich aus dem allgemeinen Justizgewährungsanspruch das Erfordernis einer gerichtlichen Abhilfemöglichkeit bei einem entscheidungserheblichen Verstoß gegen das Verfahrensgrundrecht aus Art. 103 I GG ergeben.[8]

Dagegen sieht Art. 2 I des 7. Zusatzprotokolls der EMRK das Recht auf Überprüfung eines Urteils von einem übergeordneten Gericht vor.[9] Dieses Zu-

---

4 *E. Schmidt*, LK II, Vor 3. Buch, Rn. 2.

5 *Hahn*, Materialien StPO, Band 3, Abt. 1, S. 243.

6 Leitsatz 28 der Denkschrift des NSRB zum Entwurf einer Strafverfahrensordnung, in: *Schubert*, Quellen zur Reform, III. Abteilung, Band 1, S. XX; vgl. dazu Gürtner/*Martin*, Das kommende deutsche Strafverfahren, S. 349 f.; *Gruchmann*, Justiz im Dritten Reich, S. 1003 ff.

7 BVerfGE 4, 74 (94 f.); 11, 232 (233); 28, 21 (36); 54, 277 (291); *Jarass*/Pieroth, GG, Art. 19 Rn. 39.

8 BVerfGE 107, 395 (401, 407, 413), das in seinem Plenarbeschluß gerade nicht Art. 19 IV GG als Anknüpfungspunkt wählt und von dessen enger Auslegung insoweit nicht abrückt (vgl. S. 401 f.).

9 Art. 2 I des 7. Zusatzprotokolls lautet: „Wer von einem Gericht wegen einer strafbaren Handlung verurteilt worden ist, hat das Recht, das Urteil von einem übergeordneten Gericht nachprüfen zu lassen. Die Ausübung dieses Rechts, einschließlich der Gründe, aus denen es ausgeübt werden kann, richtet sich nach dem Gesetz." – Eine entspre-

satzprotokoll wurde allerdings von der Bundesrepublik Deutschland bisher noch nicht ratifiziert.[10]

Für den Bereich strafgerichtlicher Entscheidungen finden sich in der StPO Regelungen zu Rechtsbehelfen. Dieser Begriff soll als Oberbegriff[11] im Prozeßrecht für das Begehren der Überprüfung einer Entscheidung eines Rechtspflegeorgans verstanden werden. Die Rechtsbehelfe lassen sich unterschiedlich systematisieren: So kann man zwischen förmlichen und formlosen oder zwischen ordentlichen und außerordentlichen Rechtsbehelfen differenzieren.

Förmliche Rechtsbehelfe sind z. B. die im 3. Buch der StPO genannten Rechtsbehelfe, der Einspruch gegen den Strafbefehl (§ 410), der Antrag auf Wiederaufnahme (§ 366) oder der Antrag auf Wiedereinsetzung in den vorigen Stand (§ 44). Als formlos werden die Gegenvorstellung und die Dienstaufsichtsbeschwerde angesehen, welche außerhalb der Verfahrensordnung stehen und nicht zum Rechtsweg i. S. d. § 90 II 1 BVerfGG gehören.[12] In der Regel führen diese beiden Rechtsbehelfe jedoch nicht zu einem erneuten Willensbildungsprozeß, sondern sollen lediglich die Willensbildung eines einzelnen Prozeßsubjekts beeinflussen.[13]

Der außerordentliche Rechtsbehelf zeichnet sich dadurch aus, daß mit ihm auch rechtskräftige Entscheidungen einer nochmaligen Überprüfung unterzogen werden können, so z. B. die Wiederaufnahme im 4. Buch der StPO oder die Verfassungsbeschwerde gem. Art. 93 I Nr. 4a GG.[14]

Ordentliche Rechtsbehelfe richten sich gegen nicht rechtskräftige Entscheidungen; zu ihnen zählen Beschwerde, Berufung, Revision und Einspruch.[15] Letzterer unterscheidet sich von den vorgenannten dadurch, daß er nicht zur

---

chende Regelung enthält auch Art. 14 V IbürgR: „Jeder, der wegen einer strafbaren Handlung verurteilt worden ist, hat das Recht, das Urteil entsprechend dem Gesetz durch ein höheres Gericht nachprüfen zu lassen."

10 Vgl. *Esser*, Europäisches Strafverfahrensrecht, S. 767.

11 So auch *Beulke*, Strafprozeßrecht, Rn. 533; *Henkel*, Strafverfahrensrecht, S. 363; *Kohlmann*, JA 1979, 243; *Kühne*, Strafprozeßrecht, Rn. 1013; SK-*Frisch*, StPO, Vor § 296 Rn. 10 f., der aber gleichzeitig auf einen geringen Erkenntniswert der begrifflichen Systematisierung hinweist. Dagegen unterscheidet LR-*Hanack*, StPO, Vor § 296 Rn. 3 grundsätzlich zwischen Rechtsbehelfen und Rechtsmitteln.
In der Zivilprozeßrechtslehre wird „Rechtsbehelf" ebenfalls als Oberbegriff angesehen, vgl. *Lüke*, Zivilprozeßrecht, Rn. 380; Thomas/Putzo/*Reichold*, ZPO, Vor § 511 Rn. 1, 47.

12 BVerfG NStZ-RR 2002, 109; *Meyer-Goßner*, StPO, Vor § 296 Rn. 21 ff.

13 *Schlüchter*, Strafverfahren, Rn. 614.

14 *Bloy*, JuS 1986, 585; LR-*Hanack*, StPO, Vor § 296 Rn. 2; *Ranft*, Strafprozeßrecht, Rn. 1904; in der älteren Literatur findet sich zuweilen auch die Bezeichnung „außerordentliches Rechtsmittel" für die Wiederaufnahme, vgl. *Ullmann*, Strafprozeßrecht, S. 580.

15 *Bloy*, JuS 1986, 585; SK-*Frisch*, StPO, Vor § 296 Rn. 10; *Ranft*, Strafprozeßrecht, Rn. 1901.

Überprüfung der nachteiligen richterlichen Entscheidung an ein höheres Gericht führt[16]; mit anderen Worten: die unter der Überschrift „Rechtsmittel“ versammelten Rechtsbehelfe zeichnen sich hinsichtlich ihrer Wirkung durch den Devolutiveffekt aus (vgl. §§ 73 I, 74 III, 121 I Nr. 1, 135 I GVG).[17] Zwar gilt dies bei der Beschwerde nur eingeschränkt, da dort gem. § 306 II Halbsatz 1 eine Möglichkeit der Abhilfe durch das die Entscheidung erlassende Justizorgan besteht.[18] Bei Ablehnung einer solchen, d. h. wenn die Entscheidung unverändert bleibt, ist jedoch das Beschwerdegericht (§§ 73 I, 121 I Nr. 2 GVG) zuständig, § 306 II Halbsatz 2.

Wird zusätzlich auf das Merkmal einer *noch* nicht rechtskräftigen Entscheidung abgestellt[19], so ist dies zumindest bei der einfachen Beschwerde nicht ganz zutreffend. Denn Beschlüsse, die nur mit der unbefristeten einfachen Beschwerde angegriffen werden können, sind generell rechtskraftunfähig.[20]

Die Hemmung der Vollzugskraft (sog. Suspensiveffekt) ist kein Merkmal dieses Rechtsbehelfs, da darüber nur die Rechtsmittel der Berufung (§ 316 I) und der Revision (§ 343 I) verfügen, nicht aber die Beschwerde (§ 307 I).[21] Allerdings kann gem. § 307 II ausnahmsweise das Gericht die Hemmung des Vollzugs anordnen. Zudem ist bei der sofortigen Beschwerde in einigen Fällen mit ihrer Einlegung die aufschiebende Wirkung verbunden; dies ergibt sich aber nicht aus § 311 selbst, sondern aus der jeweiligen speziellen gesetzlichen Regelung.[22]

Der Verzicht und die Rücknahme in § 302 können sich somit auf Beschwerde, Berufung oder Revision beziehen. Daß der Wortlaut der Vorschrift in Absatz 1

---

16 LG München II NJW 1981, 65 spricht von einem Rechtsbehelf eigener Art.

17 KMR-*Plöd*, StPO, Vor § 296 Rn. 1; LR-*Hanack*, StPO, Vor § 296 Rn. 3; *Ranft*, Strafprozeßrecht, Rn. 1902, 1906. Auf den Devolutiveffekt als maßgebliches Kriterium stellen bereits Bennecke/*Beling*, Strafprozeßrecht, S. 437; *von Kries*, Rechtsmittel, S. 3 f.; *Ullmann*, Strafprozeßrecht, S. 581 ab.

18 Andere Ansicht: *Ellersiek*, Beschwerde, S. 32 f., der davon ausgeht, daß die Beschwerde im Hinblick auf den Devolutiveffekt keinerlei Abweichungen aufweise. Die Abhilfeentscheidung sei gerade keine Entscheidung auf die Beschwerde hin; vielmehr bilde sie mit der angefochtenen Entscheidung eine Einheit – auch im Falle der nur unvollständigen Abhilfe.

19 OLG Nürnberg NStZ 1997, 302; *Meyer-Goßner*, StPO, Vor § 296 Rn. 2.

20 *Ellersiek*, Beschwerde, S. 77; *Roxin*, Strafverfahrensrecht, § 50 Rn. 22. – Dies gilt nicht für die befristete sofortige Beschwerde.

21 Vgl. aber *Niese*, JZ 1957, 73 (75).

22 Vgl. §§ 81 IV 2, 231a III 3, 454 II 2, 462 III 2. So auch AK-*Renzikowski/Günter*, StPO, § 307 Rn. 3; KK-*Engelhardt*, StPO, § 311 Rn. 8; andere Ansicht wohl LG Mannheim NJW 1963, 673 (674), wonach die Vollzugshemmung nur der einfachen Beschwerde abgesprochen wird.

Satz 1 die Erklärung „auch vor Ablauf der Frist“ als zulässig erklärt, könnte bedeuten, daß nur befristete Rechtsmittel von dieser Norm erfaßt werden.

Dies wurde im älteren Schrifttum vereinzelt so auch vertreten.[23] Zum Teil wurde die Fristgebundenheit allgemein als Kennzeichen eines Rechtsmittels angesehen, so daß demnach nur die sofortige Beschwerde zusammen mit Berufung und Revision zu den Rechtsmitteln gezählt wurde.[24] Diesen Auffassungen zufolge kann auf das Recht der einfachen Beschwerde nicht verzichtet werden.

Doch die Beschränkung des § 302 I 1 auf fristgebundene Rechtsmittel stieß zu Recht sowohl im Schrifttum als auch in der Rechtsprechung auf nahezu einhellige Ablehnung.[25] Begründet wird dies mit dem insoweit nicht eindeutigen Wortlaut.[26] § 302 I 1 kann in der Tat so verstanden werden, daß für befristete Rechtsmittel eine *zusätzliche* Erleichterung betreffend Verzicht und Rücknahme geschaffen wurde, ohne daß aber die Fristgebundenheit des Rechtsmittels als eine für den Verzicht konstitutive Voraussetzung normiert werden sollte. Des weiteren lassen sich für einen eingeschränkten Anwendungsbereich der Vorschrift keinerlei Anzeichen in den Motiven zum Entwurf einer StPO finden; vielmehr gehen sie davon aus, daß u. a. auf das Rechtsmittel der Beschwerde verzichtet werden kann.[27] Auch die Erwägung *Stengleins*, daß der den Verzicht veranlassende Antrag jederzeit wiederholt und somit auch eine neue angreifbare Verfügung veranlaßt werden könne[28], führt nicht zur von ihm behaupteten Bedeutungslosigkeit des Verzichts auf die einfache Beschwerde. Denn bei Beschlüssen auf Antrag des Beschuldigten kommt dem Verzicht der Staatsanwaltschaft auf die Anfechtung der den Beschuldigten begünstigenden Entscheidung

---

23 *Stenglein*, StPO, § 344 Anm. 1, der die einfache Beschwerde zwar als Rechtsmittel ansieht (§ 338 Anm. 1), den Anwendungsbereich des § 344 a. F. aber auf die sofortige Beschwerde beschränkt wissen will.

24 *Ullmann*, Strafprozeßrecht, S. 584. Vgl. auch *Mittermaier*, Strafverfahren, 2. Teil, S. 605: „Nur gegen ein der Rechtskraft fähiges Urteil sind Rechtsmittel gegeben“. Auch *Schletter*, Strafprozeßrecht, S. 297 zählt die Fristgebundenheit zu den Merkmalen eines ordentlichen Rechtsmittels und ordnet die Beschwerde den außerordentlichen Rechtsmitteln zu. Dagegen spricht die Sächsische StPO von 1855 in Art. 85 bzgl. Nichtigkeitsbeschwerde, Berufung, Einspruch und Beschwerde nur allgemein von „Rechtsmitteln“. Aus dem neueren Schrifttum findet sich diese Auffassung – soweit ersichtlich – nur bei *Peters*, Fehlerquellen III, S. 127.

25 OLG Breslau, GA 1894 (Bd. 42), 149; OLG Celle, GA 1898 (Bd. 46), 221, welches ohne weitere Begründung eine Beschwerde gegen einen Beschluß als Rechtsmittel ansieht, auf das verzichtet werden kann; Bennecke/*Beling*, Strafprozeßrecht, S. 437, 447; *Friedländer*, GS 1901 (Bd. 58), S. 401 (402). Auch *Ellersiek*, Beschwerde, S. 154 f. geht ohne weiteres davon aus, daß auf das Beschwerderecht verzichtet werden kann.

26 So OLG Breslau, a. a. O., allerdings ohne weitere Ausführungen.

27 Vgl. *Hahn*, Materialien StPO, Band 3, Abteilung 1, S. 244 ff.

28 *Stenglein*, a. a. O.

sehr wohl Bedeutung zu, zumal wenn der Antrag nicht von der Staatsanwaltschaft gestellt werden kann.[29]

Abschließend ist daher festzustellen, daß Beschwerde, Berufung und Revision Rechtsmittel i. S. d. § 302 sind.[30]

2. *Die geschichtliche Entwicklung der Rechtsmittel*

Die folgenden Ausführungen verstehen bei der Verwendung des Begriffes „Rechtsmittel" hierunter keinen Rechtsbehelf mit den o. g. Merkmalen, sondern er wird hier in einem weiteren Sinne verstanden: als ein Mittel, durch welches ein bei einer Strafsache Beteiligter versucht, die sich für ihn aus dem Verfahren bzw. Erkenntnis ergebenden Nachteile zu beseitigen.[31]

Der Schwerpunkt dieses kurzen Überblicks soll auf der Betrachtung der Rechtsmittel in den Prozeßordnungen seit dem 19. Jahrhundert liegen. Dort bilden sich nämlich deutlich Rechtsmittel heraus, deren Struktur und Wirkung denen in der heutigen StPO ähnlich sind.

Aber auch zuvor finden sich Rechtsmittel: Denn Verfahren, in denen Recht gefunden bzw. gesprochen wird und für zumindest einen Beteiligten nicht nur zu dessen Vorteil enden, fordern geradezu eine Möglichkeit der Überprüfung bzw. Änderung heraus. So verwundert es nicht, daß sich bereits in germanischer und fränkischer Zeit die Möglichkeit der Urteilsschelte findet, deren Voraussetzungen und genauer Ablauf zumindest für den germanischen Rechtsgang im Dunkeln liegen.[32] Fest steht nur, daß die Urteilsschelte sich zunächst gegen denjenigen richtete, der das Urteil vorschlug und als eigener Urteilsvorschlag des Beschuldigten verstanden wurde; eine Lösung bot der Zweikampf oder das Gottes-

29 *Friedländer*, GS 1901 (Bd. 58), 401 (403), der als Beispiel den Antrag des Beschuldigten auf Festsetzung der ihm urteilsgemäß von der Staatskasse zu erstattenden Kosten nennt, vgl. § 467 I i. V. m. § 464b I 1. Allerdings ist gegen diesen Beschluß seit 1998 die sofortige Beschwerde statthaft, vgl. *Meyer-Goßner*, StPO, § 464b Rn. 5 f.

30 Im Zivilprozeß werden als Rechtsmittel im allgemeinen nur Berufung, Revision und sofortige Beschwerde angesehen, vgl. nur Thomas/Putzo/*Reichold*, ZPO, Vor § 511 Rn. 1. Allerdings wird im Zusammenhang mit der Kostenvorschrift des § 97 ZPO von einem weit auszulegenden Begriff des Rechtsmittels gesprochen. Danach sind „Kosten eines ohne Erfolg eingelegten Rechtsmittels" auch diejenigen Kosten, die für jede Art von Beschwerde, beispielsweise auch die Nichtzulassungsbeschwerde, sowie für einen Einspruch angefallen sind, vgl. BGH NJW 2004, 1048; Thomas/Putzo/*Hüßtege*, ZPO, § 97 Rn. 1. Der Begriff des Rechtsmittels ist also in der ZPO *nicht* einheitlich zu verstehen.

31 Vgl. *Bauer*, Lehrbuch, S. 342, der mit einem solchen weiten Begriff seinen Überblick über die Rechtsmittel beginnt.

32 Vgl. *Kaufmann*, Handwörterbuch Rechtsgeschichte, Bd. 5, Sp. 620; einhellig wird die Urteilsschelte – auch von der älteren Literatur – nicht als Rechtsmittel verstanden, vgl. *Zachariae*, Handbuch, Bd. 2, S. 574.

urteil.[33] Erst im Mittelalter gelangte die Schelte vor ein anderes Gericht, z. B. an das Königs- oder Hofgericht.[34] Die germanisch-deutsche Urteilsschelte ging in der folgenden Zeit insoweit in die römisch-kanonische Appellation über.[35]

Die Rezeption des römisch-italienischen und kanonischen Rechts bildete den gemeinen Strafprozeß heraus, der reichsrechtlich in der Peinlichen Halsgerichtsordnung Karls V. von 1532 (Constitutio Criminalis Carolina) Ausdruck fand. Dieses bedeutendste Gesetz des Alten Reiches auf dem Gebiete des Kriminalrechts schwieg sich allerdings über die Möglichkeit einer Appellation aus.[36] Ein ausdrückliches Verbot der Appellation fand sich dagegen in § 95 des Reichsabschieds von 1530[37] und in der Kammergerichtsordnung von 1555, welche aber die Nichtigkeitsbeschwerde zuließ.[38] Diese Regelungen schlossen nur die Appellation an das Reichskammergericht, nicht jedoch an landesherrliche Gerichte aus. Dennoch konnte sich eine Appellation gegen Strafurteile an landesgerichtliche Instanzen – soweit diese vorhanden waren – nicht durchsetzen.[39]

Hieran zeigt sich besonders deutlich, daß die Rechtsmittel in ihrer Entwicklung und Ausgestaltung in nicht geringem Maße „Instrumente zur Gewinnung, Ausübung und Erhaltung politischer Herrschaft gewesen sind".[40] Das Verbot der

33 *Conrad*, Rechtsgeschichte, Bd. 1, S. 28; *Henkel*, Strafverfahrensrecht, S. 26; *E. Schmidt*, Einführung, S. 42; *Sieweke*, Entwicklung, S. 6 ff.; *Walther*, Rechtsmittel, S. 19, der dies zumindest für die vorkarolingische Zeit annimmt. Vgl. aber Sachsenspiegel II 12 § 8, wonach u. U. ein Zweikampf vorgesehen ist; dies ist allerdings nicht belegt, *Kaufmann*, Handwörterbuch Rechtsgeschichte, Bd. 5, Sp. 621; *Köbler*, Lexikon, S. 596.

34 *Conrad*, Rechtsgeschichte, Bd. 1, S. 148; *Henkel*, Strafverfahrensrecht, S. 29, 31; *Kaufmann*, Rechtsgeschichte, Bd. 5, Sp. 620; *Stock*, Strafprozeßrecht, S. 17. Vgl. z. B. Sachsenspiegel II 12 § 4.

35 *Köbler*, Lexikon, S. 26. Zu den grundlegenden Unterschieden dieser beiden Institute und den Ursachen dieser Entwicklung vgl. *Sieweke*, Entwicklung, S. 7 f.; *Walther*, Rechtsmittel, S. 9 f.

36 Der 3. Entwurf der CCC aus dem Jahre 1529 sah noch ein ausdrückliches Verbot vor, vgl. *Schoetensack*, Carolina, S. 84.

37 Text bei *Zachariae*, Handbuch, Bd. 2, S. 576 (Fußnote 20); vgl. auch *Walther*, Rechtsmittel, S. 34 f.; *Weber*, Appellation, S. 14 ff. Dafür gab es jedoch eine Nullitäts- oder Nichtigkeitsbeschwerde, vgl. dazu *Sieweke*, Entwicklung, S. 10 f.; *Sellert*, Handwörterbuch Rechtsgeschichte, Bd. 3, Sp. 976.

38 *von Hippel*, Strafprozeß, S. 553.

39 *Behr*, Rechtsmittel, S. 7; *Eisenhardt*, Rechtsgeschichte, Rn. 392; *Zachariae*, Handbuch, Bd. 2, S. 576 f. zu weiteren Einzelheiten. Maßgeblich stützte sich diese Ansicht auf die Autorität *Carpzovs*, vgl. *Walther*, Rechtsmittel, S. 40.

40 *Weitzel*, Appellation, S. 355.

Appellation an das Reichskammergericht betraf jedoch nur den Inquisitionsprozeß, d. h. davon ausgenommen war der Akkusationsprozeß.[41]
Statt dessen bildete sich für den in der Praxis wichtigeren Inquisitionsprozeß – u. a. beeinflußt durch *Benedikt Carpzov*[42] – das Rechtsmittel der „weiteren Verteidigung" heraus.[43] Es wirkte zwar suspensiv, aber der iudex a quo urteilte noch einmal, wobei aber u. U. auch eine Aktenversendung in Betracht kam.[44] Doch die „weitere Verteidigung" wurde nur als unzureichender Ersatz für die Appellation angesehen, so daß sich am Ende der Zeit des gemeinen Strafprozesses doch das Rechtsmittel der Appellation durchsetzen konnte.[45] Ein Teil der Kodifikationen des 18. Jahrhunderts normierte noch den gemeinen Prozeß Carpzovscher Prägung, so u. a. die Constitutio Criminalis Theresiana (1768) und der Codex Juris Bavarici Criminalis (1751).[46]

Den Übergang zum reformierten Strafprozeß stellte im Partikularrecht z. B. die Kriminalordnung für die Preußischen Staaten vom 11.12.1805 dar.[47] Sie enthielt im 5. Titel (§§ 517-533) unter der Überschrift „Von dem Rechtsmittel der weiteren Vertheidigung" Regelungen, mit denen der Beschuldigte die Überprüfung des Urteils durch ein höheres Gericht – insoweit unterschied es sich vom gemeinrechtlichen Institut der weiteren Verteidigung – erreichen konnte (§ 525).

---

41 *Behr*, Rechtsmittel, S. 8; *Conrad*, Rechtsgeschichte, Bd. 2, S. 432; *Sieweke*, Entwicklung, S. 12. Das Verfahren aufgrund einer Klage des Verletzten findet sich in Art. 11 ff. CCC.

42 Zu der Frage, ob *Carpzow* der Erfinder dieses Rechtsmittels war, vgl. *Walther*, Rechtsmittel, S. 42, Fn. 1; Carpzovs Hauptwerk („Practica nova imperalis Saxonica rerum criminalium", 1635) nahm im Laufe der Zeit den Rang eines Gesetzbuches ein, vgl. *Kaufmann*, Handwörterbuch Rechtsgeschichte, Bd. 4, Sp. 2035.

43 *Binding*, Strafprozeßrecht, S. 235; *Mittermaier*, Strafverfahren, 2. Teil, S. 610 f., 625 f.; *Sieweke*, Entwicklung, S. 13, 22 ff.; *Walther*, Rechtsmittel, S. 41 f.; *Weber*, Appellation, S. 33 ff.

44 *Bauer*, Lehrbuch, S. 348 f.; *Behr*, Rechtsmittel, S. 10 f. *Von Hippel*, Strafprozeß, S. 552 sieht die Aktenversendung als Ausgleich für das Verbot der Appellation an.

45 *Feuerbach*, Lehrbuch, § 620, S. 753, der zum ersten Mal in der Literatur die Bezeichnung „Berufung" für die Appellation verwendet; *Bauer*, Lehrbuch, S. 347; *von Hippel*, Strafprozeß, S. 553; *Walther*, Rechtsmittel, S. 45; zu den Gründen der Durchsetzung der Appellation vgl. *Sieweke*, Entwicklung, S. 15 f.; zu den Unterschieden zum Rechtsmittel der weiteren Verteidigung vgl. *Binding*, Strafprozeßrecht, S. 235.

46 *Kaufmann*, Handwörterbuch Rechtsgeschichte, Bd. 4, Sp. 2036; *Roxin*, Strafverfahrensrecht, § 69 Rn. 12, S. 525.

47 Die Kriminalordnung erschien als 1. Teil im „Allgemeinen Criminalrecht für die Preußischen Staaten". Der 2. Teil, der insoweit das materielle Strafrecht enthalten sollte, erschien nicht mehr. Vielmehr findet sich das materielle Strafrecht weiterhin im 20. Titel des 2. Teils des Allgemeinen Landrechts (§§ 1-1571). Zur vorherigen Kriminalordnung vom 8.07.1717 vgl. *Sieweke*, Entwicklung, S. 28. *E. Schmidt*, Einführung, S. 271 sieht sie als Abschluß der Epoche des gemeinen schriftlichen Inquisitionsprozesses für Preußen an.

Die Möglichkeit, wirksam auf Rechtsmittel zu verzichten, wurde zum Teil bezweifelt. Denn es sei dem unschuldig Verurteilten auch verwehrt, rechtsgültig seine Verurteilung anzunehmen.[48] Der Beschuldigte konnte auch neue Beweismittel vorbringen und somit eine neue Untersuchung erreichen (§ 521).[49] Gegen das zweite Urteil war nach § 531 kein Rechtsmittel mehr statthaft; als einzige rechtliche Möglichkeit verblieb die Restitution, vgl. §§ 532, 588.[50] Dem Inhalt nach verfügte die Preußische Kriminalordnung somit über eine Appellation.

Deutlich bildete sich der reformierte Strafprozeß in Preußen durch das Gesetz vom 17.07.1846[51] heraus, welches u. a. in § 79 dem Beschuldigten das Rechtsmittel der Appellation und gegen das Urteil der Appellationsinstanz die Revision (§ 87) gewährte, über die das Obertribunal entschied. Letztere konnte nur auf Rechtsmängel gestützt werden. Hier stellt sich somit das Rechtsmittelsystem als vergleichbar mit dem heutigen dar. Diese Ausgestaltung der Rechtsmittel entsprach auch den strafprozessualen Reformzielen, die sich allgemein mit einer Besserstellung des Beschuldigten charakterisieren lassen.[52]

Weitere Ausgestaltung bzw. Fortsetzung fand das o. g. Gesetz durch die Verordnung vom 3.01.1849 und durch das Gesetz vom 3.05.1852.[53] Danach konnten mit der Appellation nur Strafsachen niederer und mittlerer Ordnung angegriffen werden (§ 126 der Verordnung). Urteile der Schwurgerichte und der Appellationsinstanz konnten nur mit der Nichtigkeitsbeschwerde (§ 138 der Verordnung) angefochten werden. Auch die Nichtigkeitsbeschwerde hatte sowohl Suspensiv- als auch Devolutiveffekt.

Gleiche Fortschritte lassen sich beim bayerischen Strafprozeß erkennen. Das maßgeblich von *Johann Paul Anselm von Feuerbach* beeinflußte Bayeri-

---

48 *Paalzow*, Kommentar, § 517, S. 438, der die Einlegung des Rechtsmittels insoweit nicht für eine Erklärung des Willens des Beschuldigten hält, sondern darin nur eine Ankündigung seines Glaubens sieht, daß er sich entweder für gar nicht oder nicht in dem Grade für schuldig halte; andere Ansicht *Fels*, Criminal-Ordnung, S. 82, der einen ausdrücklichen Verzicht wohl als möglich ansieht.

49 Daß die Untersuchung auch tatsächlich von einem anderen Richter durchgeführt wurde, sah § 521 nur bei zehnjähriger Strafarbeit oder härteren Strafen vor. Zur weiteren Verfahrensweise vgl. *Fels*, Criminal-Ordnung, S. 83 ff.; *Paalzow*, Kommentar, § 525, S. 445.

50 *Fels*, Criminal-Ordnung, S. 84. Vgl. auch *Paalzow*, Kommentar, § 532, S. 449: „Die Reassumtion ist daher kein Rechtsmittel gegen ein ergangenes Erkenntnis, sondern vielmehr eine Aufforderung zu einer neuen Untersuchung (...)."

51 Der vollständige Name lautet: „Gesetz betreffend das Verfahren in dem bei dem Kammergericht und dem Kriminalgericht in Berlin zu führenden Untersuchungen." Nur für diese Gerichte wurde das öffentliche und mündliche Anklageverfahren eingeführt, vgl. *E. Schmidt*, Rechtsentwicklung, S. 28.

52 Zu den einzelnen Reformzielen vgl. *Eisenhardt*, Rechtsgeschichte, Rn. 551; *Kaufmann*, Handwörterbuch Rechtsgeschichte, Bd. 4, Sp. 2038.

53 Text bei *Häberlin*, Sammlung, S. 194 ff., 232 ff.; vgl. auch *E. Schmidt*, Rechtsentwicklung, S. 28.

sche Strafgesetzbuch vom 16.05.1813 enthielt in seinem 2. Teil das Strafverfahrensrecht.[54] Als Rechtsmittel war in den Art. 366 ff. die Revision vorgesehen. Sie konnte auf Tat- und Rechtsfragen gestützt werden und wies den Suspensiv- und Devolutiveffekt auf. Die Revision vereinigte in sich die Merkmale der Appellation und der Nichtigkeitsbeschwerde. Hervorzuheben ist die Belehrungspflicht des Richters gegenüber dem Beschuldigten sowie die ihm auf Verlangen zu gewährende Bedenkzeit (Art. 371). Die Belehrung hatte auch dem Vertreter des Beschuldigten gegenüber zu erfolgen und sie mußte sich auch auf das Recht zur Bedenkzeit beziehen.[55] Zudem gab eine sog. „notwendige Revision", d. h. das erkennende Gericht legte das Urteil dem höheren Gericht bei bestimmten Strafen von Amts wegen vor; der Beschuldigte konnte auf diese Möglichkeit auch nicht verzichten (Art. 366). Zu beachten ist, daß der unmittelbar im Verkündungstermin erklärte Verzicht auf die Revision bei Verurteilung zu einer schwereren Strafe als Arbeitshaus nur dann Wirksamkeit erlangte, wenn er nach Ablauf eines Zeitraums von 24 Stunden vor Gericht wiederholt wurde (Art. 371).[56] Diese Bestimmung erweist sich insoweit als einmalig, d. h. in damaligen und heutigen Prozeßordnungen findet sich eine solche Vorschrift nicht. Diese Regelungen bezogen sich auf Verbrechen, für Vergehen fanden sich der Sache nach entsprechende Bestimmungen, Art. 476 ff.[57]

Weitreichende Änderungen erfuhr das Bayerische StGB mit der politischen Bewegung im Jahre 1848. Hervorzuheben ist das Gesetz vom 10.11.1848, welches in Anlehnung an das französische Recht zur Anfechtung der bezirksgerichtlichen Entscheidungen die Berufung und zur Anfechtung der Entscheidungen der Appellations- und Schwurgerichte die Nichtigkeitsbeschwerde (Art. 230) einführte.[58]

Das Jahr 1848 ist auch in fast allen anderen deutschen Ländern mit erheblichen Veränderungen der strafverfahrensrechtlichen Regelungen verbunden, die in weitreichendem Maße vom französischen Rechtsmittelsystem beeinflußt waren.[59]

---

54 Zur bedeutenden Rolle *Feuerbachs* vgl. *Conrad*, Rechtsgeschichte, Bd. 2, S. 452; *Sieweke*, Entwicklung, S. 34.

55 *Doppelmayr*, Erläuterungen, Art. 371, S. 258.

56 Bei einem Verzicht des Beschuldigten können auch die in Art. 370 genannten Personen (Verteidiger, Vater, Vormund und Ehegatte) nicht das Rechtsmittel einlegen, vgl. *Doppelmayr*, Erläuterungen, Art. 370, S. 256.

57 Bei geringeren Strafen waren die Anfechtungsmöglichkeiten beschränkt (gem. Art. 476 f. nur die Nichtigkeitsbeschwerde), ansonsten bestand das Rechtsmittel der weiteren Verteidigung, auf welches aber die Vorschriften bzgl. der Revision Anwendung fanden, Art. 478.

58 Text bei *Häberlin*, Sammlung, S. 233 ff.; zum ersten Mal wird hier in einem Gesetz der Begriff der „Berufung" verwendet.

59 *Zachariae*, Handbuch, Bd. 2, S. 590, 612, 616, 650. Eine Ausnahme bildeten insoweit die Länder Mecklenburg, Schaumburg-Lippe und Lippe-Detmold, in denen weiterhin

Im Königreich Hannover führte die StPO vom 8.11.1850[60] die Rechtsmittel der Berufung und der Nichtigkeitsbeschwerde ein (§ 207 bzw. § 215). Kurhessen ermöglichte mit dem Gesetz betreffend die Umbildung des Strafverfahrens vom 31.10.1848 das Rechtmittel der Berufung (§ 352).[61] In Sachsen-Weimar begründete die StPO vom 20.03.1850 als Rechtsmittel die Nichtigkeitsbeschwerde bei Urteilen der Geschworenen- und Appellationsgerichte (Art. 307 bzw. Art. 332) und die Appellation gegen Urteile der Kreisgerichte (Art. 317).[62] Im Land Braunschweig gab es seit der StPO vom 22.08.1849 die Nichtigkeitsbeschwerde gegen Urteile an den Kassationshof (§ 156).[63] Als Besonderheit in Braunschweig ist zu vermerken, daß dort die Appellation vollständig beseitigt wurde. Dies rührte von den Bedenken her, die sich aufgrund der eingeführten Unmittelbarkeits- und Mündlichkeitsprinzipien gegen eine Appellation richteten.[64] So wurde in einer Vielzahl der damaligen Prozeßordnungen beim Urteil des Schwurgerichts die Berufung als Rechtsmittel ausgeschlossen.[65]

Die Entwicklung ab 1848 hinsichtlich der Ausgestaltung der Rechtsmittel nahmen zum Teil bereits die Länder Baden (StPO vom 6.03.1845)[66] und Württemberg (StPO vom 22.06.1843)[67] vorweg.

Auf diesen reformierten Strafprozeß des Partikularrechts[68], wesentlich beeinflußt durch das englische und französische Recht, baut die Reichsstrafprozeßordnung vom 1.02.1877 auf, die dann Rechtseinheit für alle deutschen Länder schuf.[69] Sie kennt die drei Rechtsmittel der Beschwerde, der Berufung und der

gemeines Recht galt, vgl. *Ullmann*, Strafprozeßrecht, S. 47. In Elsaß-Lothringen und den linksrheinischen Provinzen Bayerns, Hessens und Preußens galt der Code d'instruction criminelle, vgl. von Holtzendorff/*Glaser*, Handbuch, S. 76

60 Text bei *Häberlin*, Sammlung, S. 279 ff.

61 Text bei *Häberlin*, Sammlung, S. 447 ff.

62 Text bei *Häberlin*, Sammlung, S. 751 ff.

63 Text bei *Häberlin*, Sammlung, S. 725 ff.

64 *Behr*, Rechtsmittel, S. 46 ff.; *Sieweke*, Entwicklung, S. 36.

65 Vgl. die angegebenen Verfahrensordnungen bei *Behr*, Rechtsmittel, S. 87 (Fußnote 2).

66 Text bei *Häberlin*, Sammlung, S. 370 ff.; sie wurde durch das Gesetz über die Einführung des Strafgesetzbuchs, des neuen Strafverfahrens und der Schwurgerichte vom 5.02.1851 ergänzt und durch die StPO vom 18.03.1864 abgelöst, vgl. *Ammann*, StPO, S. 11 ff.

67 Text bei *Häberlin*, Sammlung, S. 525 ff.; es werden der Recurs (Art. 374) sowie die Nichtigkeitsbeschwerde (Art. 404) begründet; ergänzend ergeht das „Gesetz über das Verfahren in Strafsachen, welche vor die Schwurgerichtshöfe gehören" vom 14.08.1849, welches in Art. 193 die Nichtigkeitsbeschwerde als Rechtsmittel vorsieht .

68 Zu den hier nicht erwähnten deutschen Ländern vgl. den Überblick über die Gesetzgebung von 1848 bis 1871 bei von Holtzendorff/*Glaser*, Handbuch, S. 67 ff.

69 *Roxin*, Strafverfahrensrecht, § 72 Rn. 8; *E. Schmidt*, Einführung, S. 346; zur Entstehungsgeschichte allgemein vgl. *Ullmann*, Strafprozeßrecht, S. 51 ff. Die RStPO trat am 1.10.1879 zusammen mit der ZPO und dem GVG in Kraft.

Revision, wie sie auch heute noch in der StPO zu finden sind. Die Ausgestaltung der Berufung – insbesondere ihr nur beschränkter Anwendungsbereich – ist das Ergebnis eines Kompromisses, gleiches gilt im übrigen für die Laienbeteiligung.[70]

Einschränkungen bei der Möglichkeit des Rechtsschutzes durch Rechtsmittel ergaben sich in der Weimarer Republik durch die Verordnung des Reichspräsidenten über die Bildung außerordentlicher Gerichte.[71] Gegen die Entscheidungen dieser Gerichte gab es keine Rechtsmittel (§ 19 der Verordnung). Gleiches galt für die Entscheidungen der 1932 geschaffenen Sondergerichte.[72] Des weiteren hatte die Verordnung vom 14.06.1932 Einfluß auf die Rechtsmittel: Die Rechtsmittelmöglichkeiten wurden dadurch eingeschränkt, daß ein und dasselbe Prozeßsubjekt lediglich entweder Berufung oder Revision einlegen konnte.[73]

Weitere Einschränkungen ergaben sich in der Zeit der nationalsozialistischen Herrschaft, welche *Eberhard Schmidt* als „Bild der Auflösung und des Niederganges“ bezeichnet.[74] Die Erscheinung der Sondergerichte nahm an Bedeutung zu, und ihr Zuständigkeitsbereich vergrößerte sich; auch gegen Urteile dieser Gerichte waren Rechtsmittel ausgeschlossen.[75] Gleiches galt für Urteile des Volksgerichtshofes.[76] Durch die bei Kriegsbeginn verkündete sog. Vereinfachungsverordnung wurde u. a. die Revision als Zweitrechtsmittel gegen Berufungsurteile abgeschafft (§ 16 der VO).[77] Zu Lasten der Verurteilten bzw. Freigesprochenen wirkten sich des weiteren die neugeschaffenen Institute des außerordentlichen Einspruchs und der Nichtigkeitsbeschwerde des Oberreichsanwalts aus.[78]

---

70 *Marxen*, Handwörterbuch Rechtsgeschichte, Bd. 4, Sp. 2040; *Sieweke*, Entwicklung, S. 55 ff. Der 3. Entwurf der StPO aus dem Jahre 1874 sah das Rechtsmittel der Berufung noch nicht vor, vgl. *Hahn*, Materialien StPO, Band 3, Abteilung 1, S. 242 f.

71 Verordnung vom 29.03.1921 (RGBl. I, S. 371).

72 Vgl. § 17 der Verordnung über die Bildung von Sondergerichten vom 9.08.1932 (RGBl. I, S. 404). Siehe dazu auch *E. Schmidt*, Einführung, S. 420.

73 *E. Schmidt*, Einführung, S. 420.

74 *E. Schmidt*, Einführung, S. 440.

75 Vgl. die Verordnung vom 21.03.1933 (RGBl. I, S. 136), der weitere Verordnungen folgten; vgl. dazu *E. Schmidt*, Einführung, S. 447 f.; AK-*Schreiber*, StPO, Einl. I Rn. 7.

76 Der Volksgerichtshof wurde eingeführt durch Gesetz vom 24.04.1934 (RGBl. I, S. 341). BGH NJW 1954, 1777 sieht dieses Organ als Sondergericht an.

77 Verordnung über Maßnahmen auf dem Gebiet der Gerichtsverfassung und der Rechtspflege vom 1.09.1939 (RGBl. I, S. 1658). Dieser Verordnung folgten noch weitere, die der Verfahrensvereinfachung dienen sollten, vgl. *Koch*, Reform des Strafverfahrensrechts, S. 235 f.

78 LR-*Rieß*, StPO, Einl. E Rn. 70 f.; *Marxen*, Handwörterbuch Rechtsgeschichte, Bd. 4, Sp. 2042.

Die Beseitigung nationalsozialistischer Vorschriften erfolgte u. a. durch das Gesetz zur Wiederherstellung der Rechtseinheit vom12.09.1950.[79] Ansonsten haben sich in der Zeit der Bundesrepublik an der gesetzlichen Ausgestaltung der Vorschriften über Rechtsmittel keine grundlegenden Änderungen ergeben.[80]

II. Verzicht und Zurücknahme im Recht

1. Der Begriff des Verzichts

Das Wort „Verzicht" kommt vom mittelhochdeutschen Wort „verzîhen" und entspricht der Bedeutung von „versagen", „nein sagen" sowie „sich von etwas befreien".[81]

Der Begriff des Verzichts ist im Gegensatz zur Zurücknahme häufiger im Recht zu finden: Neben Regelungen im Verfahrensrecht ist der Verzicht Gegenstand v. a. zivilrechtlicher Normen. So ist an zahlreichen Stellen im BGB vom Verzicht die Rede.[82] Des weiteren gibt es Bestimmungen, die den Begriff des Verzichts zwar nicht ausdrücklich erwähnen, aber inhaltlich einen Verzicht regeln: so z. B. die Regelung des § 397 BGB, welche den Forderungsverzicht beinhaltet, der Verzicht des Pfandgläubigers auf sein Pfandrecht nach § 1255 BGB, die Erklärung der Aufgabe des Nießbrauchs gem. § 1064 BGB oder der durch die Bestätigung erklärte Verzicht auf die Anfechtung (§ 144 BGB).

Auch im öffentlichen Recht wird die Möglichkeit eines Verzichts auf begünstigende Rechtspositionen für möglich gehalten.[83]

Dem materiellen Strafrecht ist dagegen der Verzicht auf materielle Rechtspositionen bzw. Ansprüche eher fremd.[84] In den Bereich des Verfahrensrechts gehört dagegen der im StGB geregelte Verzicht auf den Strafantrag.[85]

---

79 BGBl. 1950, S. 455; zu den Änderungen im Rechtsmittelrecht vgl. Art. 3 Nr. 135 ff.

80 Zu verschiedenen Vorschlägen bzw. Entwürfen für eine Reform der Rechtsmittel vgl. *Roxin*, Strafverfahrensrecht, § 72 Rn. 29.

81 *Schoenborn*, Studien, S. 16.

82 Vgl. beispielsweise §§ 239 II, 376 II Nr. 1, 418 I 2, 517, 533, 595 VIII 1, 658 II, 671 III, 768 II, 773 I Nr. 1, 928 I, 959, 976 I, 1165, 1168, 1175 I, 1178 II 1, 1491, 1517 I, 2346 ff. BGB. Bei § 1614 I BGB handelt es sich um einen der seltenen normierten Fälle des nicht zulässigen Verzichts auf ein Recht, vgl. aber § 46 SGB I, wonach auf eine Sozialleistung verzichtet werden kann.

83 *Illian*, Verzicht, S. 23, zu den gesetzlich geregelten Fällen des Verzichts im Verwaltungsrecht vgl. S. 27 f.; Tilch/Arloth/*Grüneberg*, Rechts-Lexikon, Bd. 3, S. 3486; andere Ansicht: *Schoenborn*, Studien, S. 70 ff.

84 Als Ausnahme könnte insoweit die Einwilligung als „Verzicht auf Strafschutz" angesehen werden, vgl. BGHSt 17, 359 (360); KG JR 1954, 428 (429); LK-*Hirsch*, StGB, Vor § 32 Rn. 104 f.

85 LK-*Jähnke*, StGB, § 77d Rn. 8; Tröndle/*Fischer*, StGB, § 77 Rn. 30; andere Ansicht: RGSt 14, 202 (204), aber überholt durch RGSt 77, 157 (159).

Im Verfahrensrecht ist die Möglichkeit eines Verzichts allgemein anerkannt. So besteht im Zivilprozeß die Möglichkeit, den Verzicht auf einen Anspruch zu erklären (§ 307 ZPO). Des weiteren findet sich ein Verzicht in den §§ 81, 313a, 436, 399, 843 ZPO. Angesichts der den Zivilprozeß prägenden Dispositions- und Verhandlungsmaxime verwundert dies nicht; der Verzicht im Verfahrensrecht ist insoweit die prozessuale Konsequenz der materiellrechtlichen Privatautonomie.

Im Strafverfahren spielen ebenfalls neben dem ausdrücklich genannten Verzicht – z. B. in den §§ 217 III, 302 – auch verzichtbare Verfahrensvorschriften eine Rolle.[86] Wird auf deren Einhaltung verzichtet, so kann ihre Nichteinhaltung in einem späteren Rechtsmittelverfahren mittels der Verfahrensrüge nicht geltend gemacht werden.[87] Die Abgrenzung zu unverzichtbaren Vorschriften gestaltet sich mitunter schwierig. Als solche kommen grundlegende Verfahrensvorschriften in Betracht, wie z. B. Bestimmungen betreffend die Verfahrensvoraussetzungen oder alle diejenigen Normen, die nicht in erster Linie dem Schutze des Beschuldigten dienen.[88] So stellt auch *Bucher* in der erstmaligen monographischen Untersuchung des Verzichts im Strafprozeß aus dem Jahre 1882 die These auf, daß ein Verzicht lediglich dann rechtliche Wirkung entfalte, wenn ein Akt innerhalb der Strafverfolgung einmal ausnahmsweise nicht im Interesse der öffentlichen Ordnung geschehe.[89]

Allgemein formuliert kann der Verzicht somit als eine Verfügung[90] verstanden werden, durch die freiwillig Vorteile aufgegeben werden, welche dem Berechtigten von der Rechtsordnung zur freien Disposition grundsätzlich zugestanden werden.[91]

---

86 *Walsmann*, Verzicht, S. 41 meint, daß die strafprozessualen Verzichte vom Charakter her den zivilprozessualen Verzichten gleichen.

87 *Bohnert*, NStZ 1983, 344 (345 f.); *Schmid*, Verwirkung, S. 89 ff. Für den Zivilprozeß ist dies ausdrücklich in § 295 I ZPO geregelt. – Zur Rügeobliegenheit bei Verfahrensverstößen im Strafprozeß unter dem Gesichtspunkt der Verwirkung vgl. *Schlüchter*, GS Meyer, S. 445 (461 f.).

88 *Bohnert*, NStZ 1983, 344 (345); *Bucher*, Verzicht, S. 96 ff., 149; Tilch/Arloth/*Grüneberg*, Rechts-Lexikon, Bd. 3, S. 4643; *Schmid*, Verwirkung, S. 90 ff.; vgl. auch *Wilde*, Verzicht, S. 166 f. Nicht weiterführend ist insoweit auch die Generalklausel des § 295 II ZPO, vgl. aber zu den nicht verzichtbaren Vorschriften der ZPO, Thomas/Putzo/*Reichold*, ZPO, § 295 Rn. 3; Baumbach/Lauterbach/Albers/*Hartmann*, ZPO, § 295 Rn. 16.

89 *Bucher*, Verzicht, S. 8 f., 147 f. Die rechtliche Unwirksamkeit eines Verzichts wird somit als Regel angesehen.

90 Verfügung meint hier, daß die Preisgabe des Vorteils mit dem Willen *rechtlicher Bindung* erfolgt und daß die vorteilhafte Rechtsposition (z. B. das Anfechtungsrecht) *unmittelbar* erlischt, vgl. dazu auch *Friehe*, Verzicht, S. 100 f.; *Walsmann*, Verzicht, S. 25.

91 *Dauer*, Verzichtslehre, S. 1; *Friehe*, Verzicht, S. 105; *Malorny*, JA 1974, 475; *Walsmann*, Verzicht, S. 41 f., 215; zur Begriffsbestimmung im einzelnen: *Friehe*, Verzicht,

Nicht als Verzicht wird mit Recht die bloße Nichtausübung angesehen, d. h. die Nichteinlegung eines Rechtsmittels – also das Verstreichenlassen der Einlegungsfrist – stellt allein keinen Verzicht dar.[92] Denn hier führt der bloße Zeitablauf zum Verlust des Anfechtungsrechts und nicht der ausdrückliche Wille des Rechtsmittelberechtigten.

2. *Der Begriff der Zurücknahme*

Außer in bezug auf Rechtsmittel ist in der StPO in den §§ 143, 156, 388 IV, 391 I, II von einer „Zurücknahme" bzw. von „zurücknehmen" die Rede. In diesen Fällen ist mit der Rücknahme gemeint, daß eine bestimmte vorgenommene Prozeßhandlung wieder rückgängig gemacht wird. Ein sachlicher Unterschied zum „Widerruf" soll bei der Verwendung des Begriffes „Zurücknahme" insoweit nicht beabsichtigt sein.[93]

Im Zivilprozeß besteht gem. § 269 ZPO die Möglichkeit der Zurücknahme einer Klage. Ähnlich wie bei der Zurücknahme eines Rechtsmittels wird auch bei der Klagerücknahme insbesondere die Einsicht der geringen Erfolgsaussichten Beweggrund sein. Sie dient daher neben der Parteiherrschaft auch der Prozeßwirtschaftlichkeit.[94] Obwohl der Kläger auch bei Rücknahme der Klage die Kosten zu tragen hat (vgl. § 269 III 2 ZPO), sind diese geringer als bei Verwerfung bzw. Abweisung der Klage.[95] Gleiches gilt auch hinsichtlich der Kosten bei der Zurücknahme eines Rechtsmittels.[96]

Des weiteren findet sich der Begriff der Rücknahme u. a. in § 49 VwVfG und stellt eine Regelung für die Aufhebung eines rechtswidrigen Verwaltungsaktes seitens der Verwaltung dar.

S. 99 ff.; *Schoenborn*, Studien, S. 12 ff. *Bucher*, Verzicht, S. 4 sieht die Schwierigkeit einer Definition darin, daß sie zugleich weit und genau genug sein soll.

92 *Brüggemann*, Verzicht, S. 9; *Malorny*, JA 1974, 475 (476); *Robbers*, JuS 1985, 925 hinsichtlich des Grundrechtsverzichts; andere Ansicht: *Bucher*, Verzicht, S. 67 f., 90.

93 *Schulze*, Willensmängel, S. 198 f.; *Beling*, Strafprozeßrecht, S. 175 setzt Widerruflichkeit und Zurücknehmbarkeit ebenfalls gleich.

94 Baumbach/Lauterbach/Albers/*Hartmann*, ZPO, § 269 Rn. 2.

95 So wird statt einer dreifachen nur eine einfache Gebühr fällig, vgl. Anlage 1 zum GKG, Nr. 1210, 1211a).

96 Im zivilrechtlichen Verfahren findet bei der Rücknahme eines Rechtsmittels eine Ermäßigung auf eine Gebühr statt, vgl. Anlage 1 zum GKG, Nr. 1221.
Im Strafverfahren reduzieren sich die Kosten bei der Rücknahme einer Berufung auf eine halbe Gebühr (Nr. 3121) und bei der Rücknahme einer Revision auf eine Gebühr (Nr. 3131). Erfolgt die Rücknahme vor Ablauf der Begründungsfrist, so entfällt jegliche Gebühr für das Rechtsmittelverfahren.

Das Gesetz verwendet bzgl. der Rechtsmittel nur den Begriff der Zurücknahme, vgl. §§ 302, 303; § 516 ZPO. Dennoch ist mit dem Begriff der Rücknahme das gleiche gemeint, so daß er nur ein Synonym darstellt.[97]

3. Die Grundlage von Verzicht und Zurücknahme im Prozeßrecht

Die Grundlage des Verzichts ist in der Verfügungsbefugnis der Verfahrensbeteiligten zu sehen.[98] Dies gilt auch im Strafverfahren, welches aber grundsätzlich – zum Teil wird auf den öffentlich-rechtlichen Charakter hingewiesen – nicht mit der Dispositionsmaxime in Verbindung gebracht wird.[99] Dabei hat dieser Grundsatz keine absolute Geltung, wie z. B. die §§ 153 ff. und das Privatklageverfahren zeigen. Aber auch das Recht eines Beschuldigten, sich eines Rechtsmittels zu bedienen, ist zweifelsohne dispositiver Natur.[100] Der Beschuldigte kann einfach die Frist ablaufen lassen; warum sollte er dann nicht auch vorher – d. h. vor Ablauf der Frist – auf *sein* Anfechtungsrecht verzichten können? Daher stellt bei Rücknahme und Verzicht im Strafprozeß die Norm des § 302 I ebenfalls eine Konkretisierung des Verfügungsgrundsatzes dar.[101] Hinsichtlich der Einlegung und der Rücknahme eines Rechtsmittels besteht also auch im Strafprozeß eine Dispositionsbefugnis des Beschuldigten; insoweit steht das Strafverfahren den anderen Verfahrensarten gleich.[102]

Auch beim Verzicht auf Verfahrensrechte wird vertreten, daß sich die dispositive Natur eines einzelnen Rechts nicht mittels des öffentlich-rechtlichen Charak-

---

97 Vgl. SK-*Frisch*, StPO, § 302 Rn. 1 ff.; LR-*Hanack*, StPO, § 302 Rn. 3 (Fußnote 4), wonach „Rücknahme" eine Formulierung des modernen Sprachgebrauchs darstelle.

98 *von Kries*, Strafprozeßrecht, S. 642; *Illian*, Verzicht, S. 217, 231. – Die verfahrensrechtliche Dispositionsmaxime ist unmittelbar in Art. 19 IV GG abgesichert, vgl. Maunz/Dürig/*Schmidt-Aßmann*, GG, Art. 19 Abs. 4 Rn. 264.

99 *Kudlich*, JuS 2005, 84 weist auf das „Fehlen der Dispositionsmaxime" im Strafprozeß hin. Vgl. auch *Jescheck*, JZ 1970, 201 (204).

100 *Beling*, Strafprozeßrecht, S. 176; *Bucher*, Verzicht, S. 67, 77; *Röhl*, Allgemeine Rechtslehre, S. 498; *Siegert*, Prozeßhandlungen, S. 104, 141 f.; *Mezger*, Teilrechtskraft, S. 5 spricht sogar von „Parteidisposition". Auch die Rechtsprechung geht im Zusammenhang mit den Rechtsmitteln von den Dispositionsbefugnissen der Beteiligten aus, vgl. BGHSt 38, 300 (301); OLG Stuttgart NJW 1982, 897 (898); LG Münster DAR 1976, 107 (108). Vgl. auch BGHZ 79, 131 (135) [zur vertraglichen Verpflichtung der Rücknahme eines Widerspruchs]. Hinsichtlich der Rechtsmittelbelehrung hat die Dispositionsbefugnis bereits OLG Hamm, NJW 1956, 1330 festgestellt.

101 *Bucher*, Verzicht, S. 67, 77; *von Kries*, Strafprozeßrecht, S. 508. Bereits *Schletter*, Strafprozeßrecht, S. 298 und *von Tippelskirch*, GA 1861 (Band 9), 577 (584) weisen darauf hin, daß die Gewährung von Rechtmitteln grundsätzlich im Interesse des Beschuldigten erfolgt.

102 *Siegert*, Prozeßhandlungen, S. 141.

ters des Prozeßrechts ablehnen läßt, sondern es vielmehr auf eine Prüfung der jeweiligen Vorschrift ankommt.[103]

Zutreffend sieht *Plötz* im Verzicht – bezogen auf das Strafverfahren – die grundsätzlich statthafte Beanspruchung der eigenverantwortlichen Subjektrolle des Angeklagten.[104] Gleiches meint die Begründung zum „Diskussionsentwurf für ein Gesetz über die Rechtsmittel in Strafsachen", wenn sie im Zusammenhang mit dem Rechtsmittelverzicht von den „berechtigten Dispositionsbefugnissen" spricht.[105] Auch *Frisch* bewertet den Regelungsgehalt des § 302 I 1 als etwas „prozeßdogmatisch eigentlich Selbstverständliches".[106] Die Möglichkeit des Verzichts wird als allgemeiner Rechtsgedanke angesehen, so daß der potentielle Beschwerdeführer auch dann auf Rechtsmittel verzichten könnte, wenn die Verfahrensordnungen eine entsprechende Regelung nicht enthielten.[107]

Hier wird jedoch offen gelassen, ob sich das Recht zum Verzicht aus dem jeweiligen subjektiven Recht selbst oder aus einem außerhalb dessen liegenden Recht ergibt.[108] Jedenfalls kann die Möglichkeit des Beschuldigten, auf Rechtsmittel zu verzichten oder bereits eingelegte zurückzunehmen, als eine Anerkennung der Subjektstellung des Beschuldigten gesehen werden. Denn gerade seine Eigenschaft als Prozeßsubjekt gestattet es ihm, auf den Gang des Verfahrens erheblich Einfluß zu nehmen.[109]

Bei dem hier näher interessierenden Rechtsmittelverzicht handelt es sich um einen Verzicht auf das durch Art. 19 IV GG gewährte Grundrecht der Inanspruchnahme des vom Gesetzgeber ausgestalteten Rechtsmittelsystems.[110] Ohne an

---

103 *Schmid*, Verwirkung, S. 94; vgl. auch *Bucher*, Verzicht, S. 95 ff.; *Schletter*, Strafprozeßrecht, S. 327.

104 *Plötz*, Fürsorgepflicht, S. 299.

105 Begründung des DE zu Nr. 39, 40, S. 71.

106 SK-*Frisch*, StPO, § 302 Rn. 1.

107 *Hanswerner Müller*, NJW 1957, 1347 (1348); vgl. auch *Brüggemann*, Verzicht, S. 29, der von einem „allgemeinen Verzichtsrechtssatz" spricht; *Illian*, Verzicht, S. 216; für das Verwaltungsverfahren BVerwGE 26, 50 (51) [Verzicht auf Widerspruch]. Für den Verzicht auf das Nebenklagerecht vgl. KMR-*Stöckel*, StPO, § 395 Rn. 23 f.

108 Vgl. *Friess*, Verzicht, S. 5 ff m. w. N., der zutreffend auf die weiterführende Unterscheidung zwischen dem subjektiven Recht und der Verfügungsmacht darüber hinweist; *Brüggemann*, Verzicht, S. 25 ff.; *Malorny*, JA 1974, 475; *Walsmann*, Verzicht, S. 67.

109 So im Zusammenhang mit dem Rechtsmittelverzicht LG Potsdam NJW 2004, 696 (687).

110 Auch wenn umstritten ist, ob Art. 19 IV GG Rechtsschutz gegen gerichtliche Entscheidungen garantiert – vgl. dazu mit Nachweisen zum Streitstand Maunz/Dürig/*Schmidt-Aßmann*, GG, Art. 19 Abs. 4 Rn. 96 –, so gewährleistet diese Vorschrift, daß der vom Gesetzgeber realisierte Instanzenweg nicht in unzumutbarer Weise erschwert wird. Die Rechtsmitteleinlegung kann daher als Ausübung des Grundrechts aus Art. 19 IV GG

dieser Stelle näher auf die Probleme eines Grundrechtsverzichts einzugehen, läßt sich zumindest festhalten, daß eine Vermutung für die Zulässigkeit des Verzichts spricht, soweit das Grundrecht der persönlichen Entfaltungsfreiheit dient bzw. es überwiegend dem Berechtigten in seinem individuellen Interesse eingeräumt ist.[111] Art. 19 IV GG besteht eindeutig im Interesse des einzelnen Verfahrensbeteiligten, nämlich um sein Rechtsschutz- und Rechtsverwirklichungsinteresse zu bedienen.[112] Somit berührt der einzelne Verzicht auf das Recht, eine erlassene Entscheidung von einem übergeordneten Gericht überprüfen zu lassen, keine öffentlichen Interessen. Der Rechtsmittelverzicht stellt daher keinen Widerspruch zu Art. 19 IV GG dar.[113] Vielmehr kann die Dispositionsmaxime, als dessen Ausdruck der Verzicht auf Rechtsmittel hier verstanden wird, gerade als Inhalt des Art. 19 IV angesehen werden.[114]

Auch eine sonstige Beeinträchtigung öffentlicher bzw. schutzwürdiger Interessen Dritter, die der Möglichkeit eines Verzichts allgemein entgegenstünden[115], ist nicht ersichtlich.

III. Das Verhältnis zwischen Rechtsmittelverzicht und Rechtsmittelzurücknahme in der StPO

§ 302 I 1 erwähnt sowohl die Zurücknahme als auch den Verzicht. Offen bleibt hierbei, ob aus der äußeren begrifflichen Unterscheidung eine solche hinsichtlich der Wirkung folgt. Beim Verzicht wird einhellig davon ausgegangen, daß er bei Einlegung eines Rechtsmittels zu dessen Unzulässigkeit führt, m. a. W.: der Beschuldigte begibt sich seines Anfechtungsrechts endgültig.[116] Die Verzichts-

---

angesehen werden, vgl. Maunz/Dürig/*Schmidt-Aßmann*, GG, Art. 19 Abs. 4 Rn. 247. Vgl. auch unten, 4. Kapitel, II. 4. c) aa) (1).

111 *Pieroth/Schlink*, Grundrechte, Rn. 137; *Quaritsch*, GS Martens, S. 407 (409 f.); *Robbers*, JuS 1985, 925 (930); *Sachs*, GG, Vor Art. 1 Rn. 57.

112 BVerwGE 26, 50 (51); BGHZ 79, 131 (139); *Illian*, Verzicht, S. 239; *Jarass*/Pieroth, GG, Art. 19 Rn. 22; *Pieroth/Schlink*, Grundrechte, Rn. 1006; Maunz/Dürig/*Schmidt-Aßmann*, GG, Art. 19 Abs. 4 Rn. 7 f.

113 BVerfGE 9, 194 (199); BGHZ 79, 131 (135); BGHZ 26, 84 (86); LG Potsdam NJW 2004, 696 (697); Maunz/Dürig/*Schmidt-Aßmann*, GG, Art. 19 Abs. 4 Rn. 247; *Quaritsch*, GS Martens, S. 407 (410 f.). Anders wäre freilich der generelle in die Zukunft gerichtete Verzicht auf Rechtsmittel zu bewerten, vgl. *Jarass*/Pieroth, GG, Vor Art. 1 Rn. 36; *Wilde*, Verzicht, S. 165. So auch *Malorny*, JA 1974, 475 (478), der den „totalen Ausübungsverzicht“ für unzulässig hält.

114 Maunz/Dürig/*Schmidt-Aßmann*, GG, Art. 19 Abs. 4 Rn. 264.

115 Vgl. dazu *Beling*, Strafprozeßrecht, S. 176; *Brüggemann*, Verzicht, S. 88; *Dauer*, Verzichtslehre, S. 2; *Illian*, Verzicht, S. 231; *Wilde*, Verzicht, S. 169.

116 BGH NJW 1960, 2202 (2203); BGH NStZ 1982, 190; BGHSt 45, 51 (53); *Meyer-Goßner*, StPO, § 302 Rn. 26; SK-*Frisch*, StPO, § 302 Rn. 4; KK-*Ruß*, StPO, § 302 Rn. 1.

erklärung kann sich auf beide Rechtsmittel – z. B. Berufung und Revision im Hinblick auf ein amtsgerichtliches Urteil – oder nur auf eines von beiden beziehen.

Die Rücknahme setzt begrifflich voraus, daß ein Rechtsmittel bereits eingelegt wurde. Hinsichtlich der Rechtsfolge dieser Prozeßhandlung besteht insoweit Uneinigkeit, als fraglich ist, ob nach erfolgter Rücknahme noch die Möglichkeit einer erneuten Einlegung eines Rechtsmittels besteht, oder ob mit der Rücknahme zugleich ein Verzicht auf die Wiedereinlegung erklärt wurde. Entschärft wird diese Streitfrage durch die nur einwöchige Einlegungsfrist (vgl. §§ 311 II, 314 I, 341 I). Denn selbst wenn sich die Rücknahme nur auf das eingelegte Rechtsmittel beziehen sollte, so wird dem Rechtsmittelkläger nur wenig Zeit bleiben, erneut ein Rechtsmittel einzulegen. Doch dessen ungeachtet soll der o. g. Streitfrage nachgegangen werden.

Die Rechtsprechung sieht die Rücknahmeerklärung zugleich als einen Verzicht an, so daß beide Prozeßhandlungen demnach die gleiche Wirkung aufweisen.[117] Diese Ansicht hat zum Teil auch im Schrifttum Anhängerschaft gefunden.[118] Allerdings wird bisweilen eine Ausnahme dahingehend gemacht, daß sich der die Rücknahmeerklärung abgebende Rechtsmittelkläger die erneute Einlegung vorbehalten könne.[119] Aber in Fällen, in denen ein solcher Vorbehalt nicht erklärt wird, wird aufgrund der Rücknahmeerklärung auf den Verzichtswillen geschlossen. Aufgrund der gleichen Wirkung würde es sich bei der Rücknahme der Sache nach um einen Verzicht handeln; die Rücknahme wäre also ein Verzicht nach Einlegung des Rechtsmittels. Der Verzicht wäre – verstanden als endgültiger Verlust der Anfechtungsmöglichkeit – der umfassendere Begriff.

---

117 RGSt 24, 142 (143); 39, 393 (394); 64, 164 (166); RG GA 1930 (Bd. 74), 283; BGHSt 10, 245 (247); OLG Karlsruhe, NJW 1970, 1697; BayObLG RPfleger 1974, 317; OLG Hamburg MDR 1981, 424 (425); andere Ansicht wohl OLG Celle, NJW 1962, 67 (68). Zurückhaltend auch BGHR StPO § 302 II Rücknahme 2, S. 2; BGH NStZ-RR 2004, 341: „In der Zurücknahme des Rechtsmittels liegt regelmäßig der Verzicht auf die Wiederholung des Rechtsmittels."

118 *Dahs/Dahs*, Revision, Rn. 45; *Dünnebier*, JR 1957, 349; *Ehrlicher*, NStZ 1995, 357; Sarstedt/*Hamm*, Revision, Rn. 138; *von Kries*, Rechtsmittel, S. 55; *Lesch*, Strafprozeßrecht, S. 51; *Meyer-Goßner*, StPO, § 302 Rn. 12; HK-*Rautenberg*, StPO, § 302 Rn. 1; *E. Schmidt*, LK II, § 302 Rn. 3. So ist wohl auch *Bucher*, Verzicht, S. 73 zu verstehen, wenn er die Zurücknahme als „Ausübung eines Verzichtsrechtes" ansieht. Vgl. auch *Göhler*, OWiG, § 67 Rn. 40 für die Rücknahme eines Einspruchs gegen einen Bescheid der Ordnungswidrigkeitenbehörde.

119 Erstmals OLG Königsberg, GA 1927 (Bd. 71), 268 (270); BayObLG 1974, 57; offen gelassen in BGHSt 10, 245 (247); KK-*Ruß*, StPO, § 302 Rn. 1; KMR-*Plöd*, StPO, § 302 Rn. 10; *Krause*, Revision, Rn. 72; *Pfeiffer*, StPO, § 302 Rn. 1.

Demgegenüber vertritt die Literatur wohl mehrheitlich die Auffassung, daß auch noch nach der Rücknahme innerhalb der Einlegungsfrist ein Rechtsmittel erneut eingelegt werden kann.[120] Rücknahme und Verzicht besitzen demnach eine unterschiedliche Wirkung. Eine prinzipielle Gleichstellung wird als verfehlt angesehen.

In die gleiche Richtung zielt jene Ansicht, die anhand der Auslegung ermitteln will, ob die Rücknahmeerklärung zugleich einen Verzicht beinhaltet.[121] Bei einer vorbehaltlosen Rücknahmeerklärung gelangt diese Meinung nicht automatisch zu einem gleichfalls erklärten Verzicht.

Eine differenzierende Ansicht läßt lediglich das Rechtsmittel zu, welches noch nicht eingelegt wurde; die Rücknahme führe nur zum Verlust des bereits eingelegten Rechtsmittels.[122]

Den Motiven zu einem Entwurf der StPO läßt sich zu dieser Frage nichts entnehmen; zur Zurücknahme wird lediglich angemerkt, daß ihr „selbstverständlich keine geringere Wirkung als dem Verzichte auf ein noch einzulegendes Rechtsmittel beigelegt werden (könne)".[123] Dieser Formulierung läßt sich aber nicht zwingend entnehmen, daß der Rücknahme eine dem Verzicht entsprechende Wirkung zukommen soll.

Geht man bei Verzicht und Rücknahme von der gleichen Wirkung aus, so unterstellt man der Rücknahmeerklärung etwas, was sich ihr eigentlich nicht entnehmen läßt. Es mag zwar sein, daß der Rechtsmittelkläger zumeist mit seiner Rücknahme den Prozeß für sich insgesamt abschließen möchte. Doch *Frisch* weist zutreffend darauf hin, daß sich aus der statistischen Häufigkeit nicht der Inhalt einer Erklärung im Einzelfall ermitteln lasse.[124] Anders ausgedrückt: Die regelmäßige faktische Fallgestaltung kann nicht normativ-verbindlich wirken. Die Rücknahmeerklärung kann nicht mehr bedeuten, als daß derjenige, der ein Rechtsmittel eingelegt hat, es erledigt wissen möchte. Die von ihm ausgehende Handlung macht er rückgängig, d. h. die Rücknahme setzt ihn in den Zustand

---

120 *Beling*, Strafprozeßrecht, S. 345; *Creifelds*, Rechtswörterbuch, S. 1681; *Fezer*, Strafprozeßrecht, Abschnitt 19 Rn. 35 f.; *Kohlrausch*, StPO, § 302 Anm. 2; *F. Meyer*, Willensmängel, S. 35; *Sax*, JZ 1958, 178; *Siegert*, Prozeßhandlung, S. 155; SK-*Frisch*, StPO, § 302 Rn. 5; *Specht*, GA 1977, 72; wohl auch OLG Celle NJW 1962, 67 (68). So auch für den zurückgenommenen Wiederaufnahmeantrag LR-*Gössel*, StPO, § 365 Rn. 10; *Peters*, Fehlerquellen III, S. 127; gleiches soll nach *Bohnert*, OWiG, § 67 Rn. 53 für den zurückgenommenen Einspruch gegen den Bußgeldbescheid gelten.

121 AK-*Achenbach*, StPO, § 302 Rn. 2; LR-*Hanack*, StPO, § 302 Rn. 29; *Schlüchter*, Strafverfahren, Rn. 652; *Schulze*, Willensmängel, S. 8 f.

122 *Dencker*, Willensfehler, S. 77.

123 *Hahn*, Materialien StPO, Band 3, Abteilung 1, S. 247.

124 SK-*Frisch*, StPO, § 302 Rn. 5; *Sax*, JZ 1958, 178 unterscheidet zutreffend zwischen einer logisch-prinzipiell gemeinten Gleichstellung und der praktisch regelmäßigen Gleichstellung.

nach der Urteilsverkündung.[125] In dieses Stadium fällt auch die Bedenkzeit in Form der Einlegungsfrist. Ist diese bei der Rücknahme noch nicht verstrichen, ist kein Grund ersichtlich, die Möglichkeiten der ursprünglichen Situation – nämlich Abwarten, Verzicht oder Einlegung – zu versagen. Der Verzicht kann zwar auch gleichzeitig mit der Rücknahme erklärt werden, aber er muß erklärt werden. Eine bloße Unterstellung kann darüber nicht hinweghelfen. Daß mit dieser Lösung eine für die Rechtssicherheit unerträgliche Ungewißheit verbunden ist, kann angesichts der einwöchigen Frist nicht behauptet werden.[126] Schließlich ist auch anerkannt, daß der zunächst eine Berufung einlegende Beschwerdeführer innerhalb der einmonatigen Revisionsbegründungsfrist (§ 345 I 1) noch zur Revision übergehen kann.[127] Des weiteren gilt für den Widerruf der Anschlußerklärung des Nebenklägers (vgl. § 402), der insoweit der Rücknahme vergleichbar ist, daß er *keinen* Verzicht auf das Recht zur Nebenklage darstellt.[128]

Festzuhalten ist somit, daß bei Rücknahme eines Rechtsmittels innerhalb der Einlegungsfrist eine erneute Einlegung grundsätzlich möglich ist. Dies gilt auch für dasjenige Rechtsmittel, welches zuvor zurückgenommen wurde.

Für diese Sichtweise sprechen zudem die strafverfahrensrechtlichen Vorschriften, die sich ebenfalls mit der Rücknahme beschäftigen: Sowohl bei der Zurücknahme der Privatklage gem. § 391 I, II als auch bei der Zurücknahme des Strafantrags gem. § 77d I 1 StGB wird im Gesetz ausdrücklich bestimmt, daß die zurückgenommene Klage bzw. der zurückgenommene Antrag nicht nochmals erhoben bzw. gestellt werden können (§ 392 bzw. § 77d I 3 StGB). Daß die Zurücknahme somit gleich einem Verzicht wirkt, wird ausdrücklich festgelegt. Der Gesetzgeber sieht dies also nicht als Selbstverständlichkeit an, die keiner Regelung bedürfte, sondern gerade als eine Rechtsfolge, die der gesetzlichen Niederlegung bedarf. Auf die Zurücknahme eines Rechtsmittels übertragen bedeutet dies, daß nur im Falle einer entsprechenden gesetzlichen Regelung in § 302 davon ausgegangen werden könnte, daß bei Rücknahme eines Rechtsmittels die erneute Einlegung unzulässig sei. Zutreffend spricht *Specht* davon, es sei „nicht zu verantworten, die Verwirkungsfolge gänzlich ohne gesetzliche Regelung eintreten zu lassen".[129]

---

125 Daß die Zurücknahme nur den Verlust des eingelegten Rechtsmittels bewirkt, wird in anderen Prozeßordnungen klargestellt, vgl. z. B. § 126 III 1 VwGO. Näher dazu in diesem Kapitel unter V.

126 *Specht*, GA 1977, 72 (73).

127 BGHSt 5, 338 (340); 25, 321 (324); 33, 183 (188); *Meyer-Goßner*, StPO, § 335 Rn. 9 f.; andere Ansicht: RGSt 60, 354 (355).

128 BGH NStZ 1986, 209 (210); LR-*Hilger*, StPO, § 402 Rn. 2; KMR-*Stöckel*, StPO, § 395 Rn. 23.

129 *Specht*, GA 1977, 72 (73).

Trotz dieser unterschiedlichen Wirkung von Verzicht und Rücknahme können im folgenden die Ausführungen zum Verzicht grundsätzlich auch auf die Rücknahme bezogen werden.[130] Zum Teil ergeben sich Modifikationen bereits aus dem Gesetz, wie die Bestimmungen der §§ 302 I 2, 303 zeigen. Auf andere zutage tretende Abweichungen wird an entsprechender Stelle hingewiesen.[131]

IV. Rechtsmittelverzicht und -zurücknahme im System der Prozeßhandlungen

Ein Begriff, welcher zwar in der StPO[132] nicht zu finden ist, gleichwohl aber im strafprozessualen Schrifttum wie in der Prozeßlehre überhaupt gebraucht wird, ist der der Prozeßhandlung. Als allgemeiner Begriff wird er auf den Juristen *Daniel Nettelbladt* (1719-1791) zurückgeführt.[133]

Ob es sich bei diesem Begriff um einen juristischen bzw. prozessualen Grundbegriff i. S. d. Rechtstheorie handelt, bleibt hier unerörtert, da es für das Thema keinerlei weitere Bedeutung hat.[134]

Die im Ergebnis unterschiedlichen Definitionen haben als gemeinsamen Ausgangspunkt die Feststellung, daß es sich bei den Prozeßhandlungen um prozeßgestaltende Verhaltensweisen handelt, deren Voraussetzungen und Wirkungen vom Prozeßrecht geregelt sind.[135]

Im einzelnen stellt sich ein vielfältiges Bild dar. So beschränkt *Eberhard Schmidt* die Prozeßhandlungen auf Verhaltensweisen der Prozeßsubjekte, d. h.

---

130 So auch *Bucher*, Verzicht, S. 73; *Dahrmann*, Widerruf, S. 15 (bzgl. Willensmängel); *Dahs/Dahs*, Revision, Rn. 45; von Holtzendorff/*von Schwarze*, Handbuch, Bd. 2, S. 252; *Schroeder*, Strafprozeßrecht, Rn. 300. So werden auch in der Literatur Verzicht und Rücknahme oftmals zusammen behandelt, vgl. AK-*Achenbach*, StPO, § 302 Rn. 1 ff.; KK-*Ruß*, StPO, § 302 Rn. 1 ff.; LR-*Hanack*, StPO, § 302 Rn. 6 ff.

131 Zu den Besonderheiten vgl. auch das 5. Kapitel.

132 Vgl. aber § 295 ZPO.

133 *Köbler*, Lexikon, S. 394, 460; zur dogmengeschichtlichen Entwicklung vgl. *Grunst*, Prozeßhandlungen, S. 4 ff., 29 ff.

134 Bejahend u. a. *Foth*, Reines Prozeßrecht, S. 11; *Niese*, Doppelfunktionelle Prozeßhandlungen, S. 82: „spezifisch prozessualer Grundbegriff"; *ders.*, JZ 1957, 73 (74); *Sauer*, Grundlagen, S. 147 ff., der als zwei weitere prozessuale Grundbegriffe die Prozeßvoraussetzungen und das Prozeßrechtsverhältnis ansieht; *ders.*, Allgemeine Prozeßrechtslehre, S. 130; *E. Schmidt*, LK I, Rn. 202 (Fußnote 358); *Schulze*, Willensmängel, S. 14; ablehnend u. a. *Kern*, FS Lenel, S. 52 (58 f.): „freier wissenschaftlicher Begriff"; *Paulus*, GS Meyer, S. 309; *Siegert*, Prozeßhandlung, S. 18; offen gelassen von *Grunst*, Prozeßhandlungen, S. 6 (Fußnote 23).

135 *Foth*, Reines Prozeßrecht, S. 41; *Grunst*, Prozeßhandlungen, S. 119; LR-*Rieß*, StPO, Einl. J Rn. 9; *Peters*, Strafprozeß, S. 248 f.; *E. Schmidt*, LK I, Rn. 203.

nicht erfaßt werden Handlungen der Zeugen und Sachverständigen.[136] Letztere werden ebenfalls von *Peters* ausgeschieden, der als maßgeblich ansieht, daß die Prozeßhandlungen auf den Prozeßgang gerichtet sind und die Aussageperson lediglich eine Wissenserklärung abgebe.[137] Zum Teil werden unter Prozeßhandlungen nur solche Erklärungen verstanden, die eine Rechtsfolge willensgemäß auslösen.[138] Am weitesten reicht jene Auffassung, die selbst Realakte, wie z. B. das Öffnen der Tür des Gerichtssaals oder die Aktenvorlage, als Prozeßhandlungen ansieht.[139] Hier kann eine weitere Begriffsbestimmung insoweit unterbleiben, als zumindest der Verzicht und die Zurücknahme unstrittig als Prozeßhandlungen angesehen werden.[140] Bisweilen – insbesondere in der Rechtsprechung – findet sich auch die Bezeichnung „Prozeßerklärung" anstelle von „Prozeßhandlung" für Verzicht und Rücknahme.[141]

Die Prozeßhandlungen lassen sich anhand einer Vielzahl von Kriterien systematisieren: So unterscheidet *Schlüchter* sie nach ihrer Bedeutung, dem sie vornehmenden Prozeßsubjekt[142] und ihrer Wirkung[143]; *Peters* differenziert u. a. zwischen prozeßtragenden und sonstigen Prozeßhandlungen[144]. Als klassisch ist die auf *Goldschmidt* zurückgehende Unterteilung in Erwirkungs- und Bewirkungshandlungen zu bezeichnen.[145] Diese Differenzierung findet sich in der nahezu gesamten strafprozessualen Literatur wieder.[146] Auch wenn sich daran keine

---

136 *Sauer*, Allgemeine Prozeßrechtslehre, S. 132; *E. Schmidt*, LK I, Rn. 202 (Fußnote 358); *Schlüchter*, Strafverfahren, Rn. 130.

137 *Peters*, Strafprozeß, S. 248 f.

138 BayObLG NJW 2000, 968; *Roxin*, Strafverfahrensrecht, § 22 Rn. 1.

139 BGHSt 26, 384 (386); *Beling*, Strafprozeßrecht, S. 162 f.; *Beulke*, Strafprozeßrecht, Rn. 296; *Lesch*, Strafprozeßrecht, S. 10; *Paulus*, GS Meyer, S. 309 (317). Ebenso *Meyer-Goßner*, StPO, Einl. Rn. 95 und *Volk*, Strafprozeßrecht, § 15 Rn. 1, die aber wiederum reine Wissenserklärungen ausscheiden wollen. Zu den Gefahren einer sehr umfassenden Definition vgl. *Foth*, Reines Prozeßrecht, S. 10.

140 RGSt 57, 83; *Beulke*, Strafprozeßrecht, Rn. 296; KK-*Ruß*, StPO, § 302 Rn. 1; HK-*Rautenberg*, StPO, § 302 Rn. 1; LR-*Hanack*, StPO, § 302 Rn. 2; LR-*Rieß*, StPO, Einl. J Rn. 13; *Pfeiffer*, StPO, § 302 Rn. 1; *Roxin*, Strafverfahrensrecht, § 22 Rn. 2; *Schlüchter*, Strafverfahren, Rn. 135.

141 BGH StV 1999, 412 (413). Zum Begriff des „prozessualen Rechtsgeschäfts" – beispielsweise verwendet von *Beling*, Strafprozeßrecht, S. 171 – vgl. *H. Müller*, Willenserklärungen, S. 14 f.

142 *Beling*, Strafprozeßrecht, S. 163 spricht von „Prozeßrolle".

143 *Schlüchter*, Strafverfahren, Rn. 131 ff.

144 *Peters*, Strafprozeß, S. 252, der insgesamt eine Einteilung in 10 verschiedene Gruppierungen vornimmt, vgl. S. 250 ff.

145 *Goldschmidt*, Prozeß als Rechtslage, S. 364 ff.

146 *Beulke*, Strafprozeßrecht, Rn. 296; *Gössel*, Strafverfahrensrecht I, S. 159 f.; *Henkel*, Strafverfahrensrecht, S. 236 ff.; *Kühne*, Strafprozeßrecht, Rn. 672; *Peters*, Strafprozeß, S. 252; LR-*Rieß*, StPO, Einl. J Rn. 13; *Roxin*, Strafverfahrensrecht, § 22 Rn. 2;

unmittelbaren rechtlichen Konsequenzen knüpfen lassen[147], so kann dieser Unterscheidung doch eine ordnende Bedeutung nicht abgesprochen werden.[148] Im Gegensatz zu den Erwirkungshandlungen, die einen anderen zu einem Verhalten veranlassen sollen, führen die Bewirkungshandlungen den Rechtserfolg unmittelbar herbei.[149] Zu ihnen sind daher auch der Rechtsmittelverzicht und die Rechtsmittelzurücknahme zu zählen, da diese aus sich heraus rechtsgestaltend wirken, indem sie zur – zumindest relativen – Rechtskraft führen.[150] Sie stellen sich somit als einseitige, nichtrichterliche Bewirkungshandlungen dar.

Einschränkend ist zu sagen, daß diese Unterteilung nicht einer weiterführenden Begriffsbildung, sondern eher der Beschreibung und Veranschaulichung dient.[151] Zum Teil wird der Begriff der Prozeßhandlung insgesamt kritisch betrachtet bzw. als unbrauchbar verworfen.[152] Richtig ist daran wohl, daß sich allein aus der Kennzeichnung einer Verhaltensweise mit dem in der StPO nicht erwähnten Begriff der Prozeßhandlung keine verbindlichen Wertungsmaßstäbe für jede einzelne Verhaltensweise ergeben.[153] Vielmehr muß jede einzelne prozeßgestaltende Betätigung gesondert untersucht werden. Erst mit den dann ermittelten Ergebnissen lassen sich Gruppen von Verhaltensweisen anhand bestimmter Merkmale induktiv bilden. Zutreffend ist daher die Erwägung des BGH, daß „die Bedeutung einer Verfahrenserklärung (…) sich nicht nach allgemeinen Erwägungen über ihr 'Wesen' (richtet), sondern nach ihrem Inhalt und ihrer Aufgabe in dem Verfahrensschnitt, zu welchem sie gehört.“[154] Daher wird im folgenden zu berücksichtigen sein, daß sich u. a. die Fragen des Widerrufs und der Berücksichtigung von Willensmängeln bei Verzicht und Rücknahme nicht allein mit dem Hinweis auf deren Charakter als Prozeßhandlung beantworten lassen.

Schlüchter, Strafverfahren, Rn. 135, 162; *E. Schmidt*, LK I, Rn. 213 ff.; *Schroeder*, Strafprozeßrecht, Rn. 391. Zur Zwischengruppe der Befragungen vgl. *E. Schmidt*, LK I, Rn. 219. Ablehnend dagegen *Grunst*, Prozeßhandlungen, S. 166 ff.; vgl. zu *Grunst* die Stellungnahme von *Rieß*, ZStW 2004 (Band 116), 188 (191).

147 So die Einschätzung von *Ranft*, Strafprozeßrecht, Rn. 1324. Vgl. aber *Schlüchter*, Strafverfahren, Rn. 162.

148 So ausdrücklich *Kühne*, Strafprozeßrecht, Rn. 672.

149 *Goldschmidt*, a. a. O., S. 364, 456, der den Rechtserfolg als Rechtslage und nicht als Rechtsverhältnis ansieht.

150 LR-*Rieß*, StPO, Einl. J Rn. 13; *Peters*, Strafprozeß, S. 252; *Schlüchter*, Strafverfahren, Rn. 135.

151 LR-*Rieß*, StPO, Einl. J Rn. 12; KMR-*Sax*, StPO, Einl. X Rn. 1 f.

152 Vgl. *Grunsky*, Grundlagen, S. 206; *Ranft*, Strafprozeßrecht, Rn. 1323; *Volk*, Strafprozeßrecht, § 15 Rn. 1.

153 Vgl. *Dencker*, Willensfehler, S. 21 f.; *Hübner*, Fürsorgepflicht, S. 214; *Kern*, FS Lenel, S. 52 (60 f.); *Rieß*, ZStW 2004 (Band 116), 188 (191).

154 BGHSt 5, 338 (342).

V. Rechtsmittelverzicht und -zurücknahme in anderen Prozeßordnungen

Zur Frage, ob es überhaupt Sinn mache, sich die Regelungen des Verzichts und der Rücknahme in anderen Prozeßordnungen zu vergegenwärtigen, sei auf folgende Erwägung *Nieses* hingewiesen: „Manchmal entwickeln sich in verschiedenen Prozeßarten scheinbar unabhängig voneinander gleiche Ergebnisse, deren Übereinstimmung erst nachträglich zum Bewußtsein bringt, wie sehr es sich um ein allgemeines prozessuales Problem handelt."[155]

1. Verzicht und Zurücknahme in der ZPO

Auch die Regelungen des Rechtsmittelverzichts und der -zurücknahme in der ZPO haben durch das Zivilprozeßreformgesetz im Jahre 2001[156] eine Änderung erfahren. Nun wird für die Berufung in § 515 ZPO der Verzicht und in § 516 ZPO die Zurücknahme geregelt. Diese Vorschriften sind gem. § 565 ZPO auf die Revision und gem. § 346 ZPO auf den Einspruch gegen ein Versäumnisurteil anwendbar. Gleiches gilt nach allgemeiner Auffassung auch für die in diesem Zusammenhang insoweit nicht ausdrücklich genannte Beschwerde (§§ 567 ff. ZPO).[157]

Bevor auf die verschiedenen Erscheinungsformen des Verzichts eingegangen wird, ist zunächst dessen Verhältnis zur Rücknahme darzustellen. Nach ganz überwiegender Meinung stellt die Rücknahme nicht zugleich einen Verzicht dar. Vielmehr soll das zurückgenommene Rechtsmittel noch einmal eingelegt werden können, soweit die Einlegungsfrist noch läuft.[158] Eine solche Folgerung legt bereits der Wortlaut nahe, wenn nur vom Verlust des *eingelegten* Rechtsmittels die Rede ist.[159] Dies entspricht der Klagerücknahme gem. § 269 ZPO, bei der anschließend eine neue Klage ebenfalls zulässig ist.[160] Dennoch

---

155 *Niese*, JZ 1957, 73 (75).

156 ZPO-RG v. 27.07.2001 (BGBl. I, S. 1887). Zum Rechtsmittelverzicht vor Erlaß der ZPO vgl. *Klukkert*, Verzicht, S. 10 ff.

157 Einhellige Ansicht, vgl. nur Rosenberg/Schwab/*Gottwald*, Zivilprozeßrecht, § 146 Rn. 16; Musielak/*Ball*, ZPO, § 515 Rn. 1; Zöller/*Gummer*, ZPO, § 567 Rn. 15.

158 RGZ (GS) 158, 53 (54 ff.); BGHZ 45, 380 (382 f.); *Schellhammer*, Zivilprozeß, Rn. 978; Baumbach/Lauterbach/*Albers*/Hartmann, ZPO, § 516 Rn. 17; Stein/Jonas/*Grunsky*, ZPO, § 515 Rn. 19; Thomas/Putzo/*Reichold*, ZPO, § 516 Rn. 1, 8; andere Ansicht hinsichtlich der Zurücknahme einer Beschwerde: OLG Darmstadt, JW 1935, 3049.

159 Diese Formulierung beruht auf einer Änderung des Gesetzgebers durch das RechtsvereinhG v. 12.09.1950, insoweit bezeichnet das OLG Frankfurt, MDR 1955, 487 (488) die in vorheriger Fußnote angedeutete Streitfrage zutreffend als gegenstandslos.

160 Demgegenüber steht der Klageverzicht gem. § 306 ZPO, der bei materieller Rechtskraft der Neuerhebung desselben Anspruchs entgegensteht. Zu seinen Unterschieden zum

wird die Möglichkeit bejaht, daß im Einzelfall zugleich ein konkludent erklärter Verzicht vorliegt.[161]

Die Erscheinungsformen des Verzichts sind vielfältig: Es läßt sich nach Zeitpunkt (vor oder nach Urteilserlaß), Adressat (Gericht oder Prozeßgegner) und der Art (Einseitigkeit oder Zweiseitigkeit, d. h. Vertrag) differenzieren.[162] Im folgenden soll jedoch nur auf Besonderheiten im Vergleich zum strafprozessualen Verzicht eingegangen werden.

Durch die Neufassung des § 514 a. F. ZPO, mit der die Worte „nach Erlaß des Urteils" entfielen, ist nunmehr unstrittig, daß der Rechtsmittelverzicht bereits vor Erlaß des Urteils einseitig gegenüber Gericht oder Prozeßgegner erklärt werden kann.[163] Aufgrund des vorherigen Wortlauts wurde vertreten, daß vor Erlaß des Urteils nur ein Verzicht im Rahmen einer vertraglichen Vereinbarung möglich sei.[164] Eine Partei kann sich nunmehr bereits vor Kenntnis der Entscheidung ihres Rechts auf sachliche Nachprüfung eines für sie möglicherweise nachteiligen Urteils begeben. Rechtfertigen läßt sich dies damit, daß die Parteien aufgrund der Dispositionsmaxime auch ein unrichtiges Urteil akzeptieren können.[165] Dieser Grundsatz stellt im Zivilprozeß unstrittig die theoretische Grundlage für Verzicht und Rücknahme dar.[166]

Der Parteicharakter des Zivilprozesses kommt auch dadurch zum Ausdruck, daß der Verzicht zudem gegenüber dem Prozeßgegner erklärt werden kann. Diese Erklärung soll jedoch nur auf die Einrede des Gegners hin Beachtung finden, d. h. der Verzicht ist somit nicht von Amts wegen zu berücksichti-

---

privatrechtlichen Verzicht vgl. Rosenberg/Schwab/*Gottwald*, Zivilprozeßrecht, § 131 Rn. 69 ff.

161 Stein/Jonas/*Grunsky*, ZPO, § 515 Rn. 19.

162 *Habscheid*, NJW 1965, 2369. Bedenken gegen einen Rechtsmittelverzicht, der durch eine schlüssige Handlung erfolgt, werden im Zivilprozeßrecht nicht erhoben, vgl. nur Thomas/Putzo/*Reichold*, ZPO, § 515 Rn. 6. Gleichwohl herrscht in Einzelfällen Streit, ob ein konkludenter Verzicht auf Rechtsmittel vorliegt, so z. B. beim Verzicht auf die Begründung einer Entscheidung: bejahend OLG Köln MDR 2000, 472 m. w. N., verneinend OLG Hamm NJW-RR 1997, 318; *Schneider*, MDR 2000, 987 (988). Ein gesetzlich geregelter Fall des konkludenten Rechtsmittelverzichts ist in § 566 I 2 ZPO (Verzicht auf Berufung durch Einlegung einer Sprungrevision) zu finden.

163 Vgl. auch § 313a II 1, III n. F. ZPO. Musielak/*Ball*, ZPO, § 515 Rn. 6; Rosenberg/Schwab/*Gottwald*, Zivilprozeßrecht, § 134 Rn. 44, 50.

164 BGHZ 28, 45 (48); *Blomeyer*, Zivilprozeßrecht, § 98 I 3, S. 546; *Habscheid*, NJW 1965, 2369 (2373). Aber bereits zu § 514 a. F. ZPO wurde im Schrifttum ein vor Urteilserlaß erklärter Verzicht als zulässig angesehen: *Rimmelspacher*, JuS 1988, 953 (956); Stein/Jonas/*Grunsky*, ZPO, § 514 Rn. 4.

165 *Grunsky*, Grundlagen, S. 209 f.; *Schröder*, StraFo 2003, 412 (413, Fußnote 7).

166 *Habscheid*, NJW 1965, 2369 (2370); Thomas/Putzo/*Reichold*, ZPO, Einl. I Rn. 5.

gen.[167] Auch die Rechtskraftwirkung des von beiden Seiten außergerichtlich erklärten Verzichts wird von der überwiegenden Ansicht abgelehnt; so weit soll die Dispositionsbefugnis der Parteien dann doch nicht gehen.[168]

Für diesen außergerichtlichen Verzicht soll, obwohl auch hier der Charakter einer Prozeßhandlung bejaht wird, kein Anwaltszwang bestehen.[169] Doch dies erscheint zweifelhaft, denn gerade in diesen Situationen mit u. U. weitreichenden Folgen scheint es gleichwohl ein Bedürfnis für einen Rechtsbeistand zu geben.

Deutlich kommt die Dispositionsbefugnis der Parteien bei der Möglichkeit eines vertraglichen Rechtsmittelverzichts zum Ausdruck. Hier ist zutreffend zwischen einer bloßen Vereinbarung eines später zu erklärenden Verzichts und einen im Vertrag enthaltenen Verzicht zu unterscheiden, wobei letzterer zutreffend als Verfügungsgeschäft bezeichnet wird.[170] Dort und beim sachlich gleichen beiderseitigen – jeweils einseitig erklärten – Verzicht erscheint es nur konsequent, den Rechtskrafteintritt und somit eine Beachtung von Amts wegen zu bejahen.[171]

Allgemein anerkannt ist, daß ein Verzicht selbst noch nach Einlegung eines Rechtsmittels erfolgen kann.[172] Dies erscheint jedoch zweifelhaft, da somit eine Abgrenzung zur Rücknahme offenbleibt. Allerdings hat dies praktisch nur geringe Auswirkungen, da mit dem ZPO-RG das Zustimmungserfordernis des § 515 I a. F. ZPO bei der Zurücknahme nach Beginn der mündlichen Verhandlung

---

167 BGHZ 28, 45 (52); BGH NJW 1985, 2334; RGZ 150, 392 (395); Baumbach/Lauterbach/*Albers*/Hartmann, ZPO, § 515 Rn. 13; Thomas/Putzo/*Reichold*, ZPO, § 515 Rn. 14; Zöller/*Gummer*, ZPO, § 515 Rn. 9.

168 *Rimmelspacher*, JuS 1988, 953 (955); Baumbach/Lauterbach/*Albers*/Hartmann, ZPO, § 515 Rn. 12; Musielak/*Ball*, ZPO, § 515 Rn. 8; andere Ansicht mit m. E. zutreffender Begründung: Stein/Jonas/*Grunsky*, ZPO, § 514 Rn. 22.

169 BGHZ 2, 112 (114); BGH NJW 1985, 2334 (2335); *Blomeyer*, Zivilprozeßrecht, S. 545; Baumbach/Lauterbach/*Albers*/Hartmann, ZPO, § 515 Rn. 8; Musielak/*Ball*, ZPO, § 515 Rn. 14; andere Ansicht mit insoweit m. E. zutreffender Begründung: Rosenberg/Schwab/*Gottwald*, Zivilprozeßrecht, § 134 Rn. 47.

170 *Baumgärtel*, Prozeßhandlungen, S. 169; *Habscheid*, NJW 1965, 2369 (2372); Stein/Jonas/*Grunsky*, ZPO, § 514 Rn. 22. Vgl. aber *Schellhammer*, Zivilprozeß, Rn. 976; Zöller/*Gummer*, ZPO, § 515 Rn. 14, wonach die Vereinbarung nur eine Verpflichtung und insoweit nur eine Einrede begründe. Zur Rechtsnatur dieser Vereinbarung vgl. Baumbach/Lauterbach/*Albers*/Hartmann, ZPO, § 515 Rn. 2 m. w. N. Die Vereinbarung eines später zu erklärenden Verzichts entspricht von ihrer Struktur her der strafprozessualen Absprache.

171 *Baumgärtel*, Prozeßhandlungen, S. 168; *Habscheid*, NJW 1965, 2369 (2372); Stein/Jonas/*Grunsky*, ZPO, § 514 Rn. 22; a. A.: Baumbach/Lauterbach/*Albers*/ Hartmann, ZPO, § 515 Rn. 4.

172 BGH NJW 1994, 737; RGZ 161, 356; *Zimmermann*, ZPO, § 515 Rn. 2; Zöller/*Gummer*, ZPO, § 515 Rn. 7.

entfallen ist.[173] Zudem ist jetzt die Zurücknahme gem. § 516 I ZPO bis zur Verkündung des Berufungsurteils möglich.[174] Somit sind Verzicht und Zurücknahme im Zivilprozeß nicht an eine Zustimmung des Prozeßgegners gebunden. Die Möglichkeit einer Rechtskraft vor Ablauf der Rechtsmittelfrist wurde letztendlich erweitert. Der Gesetzgeber sieht damit sowohl einer endgültigen Befriedung als auch der Entlastung der Berufungsgerichte gedient.[175] Fraglich ist aber, ob sich der Berufungskläger durch ein Ausweichen auf den Verzicht dem Kostenerstattungsanspruch gem. § 516 III 1 ZPO entziehen kann. Daher ist daran festzuhalten, daß ein Verzicht nach Einlegung des Rechtsmittels eine Rechtsmittelzurücknahme unter Verzicht auf eine erneute Einlegung darstellt.[176]

Endlich soll die umstrittene Frage der Anfechtbarkeit aufgrund eines Willensmangels bzw. der Widerrufbarkeit von Verzicht und Rücknahme betrachtet werden. Die Rechtsprechung und das überwiegende Schrifttum differenzieren bei dieser Frage. Grundsätzlich gehen sie bei einem dem Gericht gegenüber erklärten Verzicht aufgrund des Charakters einer Prozeßhandlung von der Unbeachtlichkeit etwaiger Willensmängel aus; eine Ausnahme wird für das Vorliegen eines Wiederaufnahmegrundes gem. §§ 579, 580 ZPO gemacht.[177] Eine andere Bewertung erfährt dagegen der außergerichtliche Verzicht: Bis zum Eintritt der Rechtskraft soll er mit Zustimmung des Gegners widerrufbar sein.[178] Dies ist angesichts der Dispositionsbefugnis auch zutreffend, schließlich setzt der einseitig dem Gegner erklärte Verzicht dessen Einrede voraus, damit er seitens des Gerichts Beachtung findet. Insoweit hängt auch die Beachtlichkeit dieses Verzichts vom Willen des Erklärungsadressaten ab.

---

173 Durch die Zustimmung sollte im Falle einer unselbständigen Berufung die Möglichkeit zur Anschlußberufung (vgl. § 524 bzw. §§ 554, 567 III ZPO) und deren Durchführung offen gehalten werden. Ein schützenswertes Interesse des Anschlußklägers hat der Reformgesetzgeber jedoch verneint, vgl. BT-Drs. 14/4722, S. 94. – Konsequent ging daher nach alter Rechtslage Stein/Jonas/*Grunsky*, ZPO, § 514 Rn. 6 von einem Zustimmungserfordernis bei Verzicht nach Rechtsmitteleinlegung aus.

174 Als spätester Zeitpunkt ist der Beginn der Urteilsverkündung zu nennen, d. h. eine Partei kann nicht während der Urteilsverkündung durch Zwischenruf das Rechtsmittel zurücknehmen, vgl. dazu *Musielak*, Grundkurs, Rn. 507.

175 BT-Drs. 14/4722, S. 94.

176 So bereits zur alten Rechtslage Stein/Jonas/*Grunsky*, ZPO, § 514 Rn. 6.

177 RGZ 150, 392 (395); BGH NJW 1985, 2334 (2335); BGH NJW 1985, 2335; BGH FamRZ 1988, 1159 (1160); *Blomeyer*, Zivilprozeßrecht, § 98, S. 545, 547; Rosenberg/Schwab/*Gottwald*, Zivilprozeßrecht, § 134 Rn. 48; *Schellhammer*, Zivilprozeß, Rn. 976 f.; Baumbach/Lauterbach/Albers/*Hartmann*, ZPO, Vor § 578 Rn. 2; Musielak/*Ball*, ZPO, § 515 Rn. 11, 15, § 516 Rn. 7; Thomas/Putzo/*Reichold*, ZPO, § 515 Rn. 1, § 516 Rn. 6; Zöller/*Gummer*, ZPO, § 515 Rn. 6. So bereits schon *Goldschmidt*, Prozeß als Rechtslage, S. 472. Ausführlich dazu *Braun*, Rechtskraft und Restitution II, S. 408 ff.

178 BGH NJW 1985, 2334.

Die vertragliche Vereinbarung eines noch zu erklärenden Verzichts – nicht zu verwechseln mit dem beiderseitigen Verzicht – unterfällt allgemeinen bürgerlichrechtlichen Vorschriften, die Parteien können ihn also auch aufheben oder eine Partei kann ihn anfechten.[179]

Die Gegenansicht, die eine generelle Beachtlichkeit der Willensmängel bzw. eine weitergehende Widerrufbarkeit befürwortet, hat sich mit Recht nicht durchgesetzt.[180] Die o. g. Differenzierung ermöglicht jeweils einen adäquaten Ausgleich zwischen Rechtsklarheit – Bewahrung der bereits eingetretenen Rechtskraft – auf der einen und der Herrschaft der Parteien über das Verfahren auf der anderen Seite.

Eine weitere Besonderheit des Zivilprozesses in diesem Bereich der Rechtsmittellehre ist, daß neben dem Verzicht und der Rücknahme nach z. T. bestrittener Auffassung auch die Erledigung des Rechtsmittels entsprechend § 91a in Betracht kommt.[181] Dies soll z. B. relevant werden, wenn das Rechtsmittel des Beklagten nachträglich unzulässig oder unbegründet wird und ein sofortiges Klageanerkenntnis ausscheidet.[182]

Zusammenfassend läßt sich feststellen, daß der Zivilprozeß verschiedene Möglichkeiten bietet, eine rasche Rechtskraft herbeizuführen. Die o. g. Besonderheiten lassen sich sämtlich auf den Dispositions- und Verhandlungsgrundsatz zurückführen. Grenzen zeigen sich hierbei allerdings, belegt durch die Probleme der Anfechtbarkeit oder der Widerrufbarkeit, wenn die einmal eingetretene Rechtskraft berührt wird.

2. *Verzicht und Zurücknahme im ArbGG*

Verzicht und Rücknahme hinsichtlich der Berufung sind gem. § 64 VI 1 ArbGG i. V. m. §§ 515, 516 ZPO möglich. Für die Revision ergibt sich dies aus § 72 V ArbGG i. V. m. §§ 565, 515 ZPO bzw. §§ 565, 516 ZPO. Folglich gelten insoweit gegenüber den Verfahren der ordentlichen Zivilgerichtsbarkeit keine Be-

---

179 Für Prozeßverträge allgemein Thomas/*Putzo*, ZPO, Einl. III Rn. 6.

180 *Orfanides*, Willensmängel, S. 163 ff., 181, der die Willensmängel entweder mittels §§ 119, 123 BGB oder durch die analoge Anwendung der §§ 233 ff. berücksichtigen will, je nachdem, ob die Rechtskraft herbeigeführt worden ist oder nicht; Stein/Jonas/*Grunsky*, ZPO, § 514 Rn. 28.

181 BGH MDR 2001, 647 (648); BGH NJW 1998, 2453 (2454) bzgl. einer einseitigen Erledigungserklärung; OLG Saarbrücken, NJW 1971, 386; OLG Frankfurt JW 1926, 1036; Rosenberg/Schwab/*Gottwald*, Zivilprozeßrecht, § 130 Rn. 45; *Schellhammer*, Zivilprozeß, Rn. 979; Baumbach/Lauterbach/Albers/*Hartmann*, ZPO, § 91a Rn. 196 f.; Zöller/*Vollkommer*, ZPO, § 91a Rn. 19; andere Ansicht: Thomas/Putzo/*Hüßtege*, ZPO, § 91a Rn. 8, der allerdings auch Ausnahmen zuläßt; kritisch auch Stein/Jonas/*Bork*, ZPO, § 91a Rn. 52 f.

182 *Blomeyer*, Zivilprozeßrecht, § 98 III, S. 548 f. mit zwei Beispielen; Zöller/*Vollkommer*, ZPO, § 91a Rn. 19.

sonderheiten. Es wird jedoch darauf verwiesen, daß bzgl. eines Verzichts – insbesondere seitens des Arbeitnehmers – eine größere Vorsicht geboten sei als bei den Verfahren vor den Landgerichten, da bei den Arbeitsgerichten kein Anwaltszwang bestehe.[183]

Eine Besonderheit besteht insoweit, als daß für die Beschwerde die Rücknahme in § 89 IV 1 ArbGG speziell geregelt ist. Diese ist ohne Zustimmung des Prozeßgegners möglich.[184] Für die Rücknahme der Beschwerde gilt Vertretungszwang, § 89 IV 1 i. V. m. § 89 I ArbGG. Der Verzicht auf die Beschwerde ist entsprechend § 515 ZPO möglich. Allerdings soll dies nicht vor Verkündung der Entscheidung gelten, da die Arbeitsgerichtsbarkeit gem. § 4 ArbGG grundsätzlich nicht ausgeschlossen werden könne.[185]

3. Verzicht und Zurücknahme in der VwGO

Der Verzicht auf Rechtsmittel hat in der VwGO keine spezielle Ausprägung erfahren. Mittels der Verweisungsnorm des § 173 VwGO sind somit die §§ 515, 565 ZPO hinsichtlich Berufung und Revision anwendbar. Der Verzicht wird in § 127 II 1 VwGO vorausgesetzt. Die Anwendbarkeit der Verfahrensvorschriften der ZPO über § 173 VwGO und infolgedessen auch der Verzicht auf die Beschwerde (§§ 146 ff. VwGO) wird zum Teil – allerdings wenig überzeugend – abgelehnt.[186]

Voraussetzung einer Anwendung der zivilprozessualen Vorschriften ist, daß grundsätzliche Unterschiede der beiden Verfahrensarten dies nicht ausschließen. Anzumerken ist hierbei, daß der Dispositionsgrundsatz auch im Verwaltungsprozeß gilt, d. h. die Beteiligten können grundsätzlich über Gegenstand und Ende des Verfahrens verfügen.[187] Einschränkungen können sich dann ergeben, wenn der Vertreter des öffentlichen Interesses[188] beitritt. Ein wesentlicher Unterschied zum Zivilprozeß und zugleich eine Übereinstimmung mit dem Strafprozeß besteht in der Geltung des Untersuchungs- oder Amtsermittlungsgrundsatzes gem. § 86 I 1, 1. Halbsatz VwGO. Dieser Umstand kann aber nicht die Anwendung des § 515 ZPO ausschließen.

Die Zurücknahme der Berufung ist in § 126 VwGO und die der Revision in § 140 VwGO geregelt. Für die Beschwerde gilt nach allgemeiner Auffassung §

---

183 *Grunsky*, ArbGG, § 64 Rn. 20.

184 Die Vorschrift entspricht insoweit § 516 I n. F. ZPO.

185 Germelmann/*Matthes*/Prütting/Müller-Glöge, ArbGG, § 89 Rn. 63.

186 Redeker/*von Oertzen*, VwGO, § 146 Rn. 12; andere Ansicht: Eyermann/Fröhler/*Happ*, VwGO, § 146 Rn. 31 i. V. m. § 124 Rn. 35.

187 Eyermann/Fröhler/*Geiger*, VwGO, § 86 Rn. 3; Kopp/*Schenke*, VwGO, § 81 Rn. 1; NK-*Schmid*, VwGO, § 173 Rn. 32.

188 Vgl. §§ 35 ff. sowie § 63 Nr. 4 VwGO.

126 VwGO entsprechend.[189] Die Zurücknahme ist bis zur Rechtskraft des Urteils der Rechtsmittelinstanz möglich. Ein Unterschied zu § 516 ZPO besteht darin, daß gem. §§ 126 I 2, 140 I 2 VwGO bei der Rücknahme nach Stellung der Anträge in der mündlichen Verhandlung die Einwilligung des Rechtsmittelbeklagten erforderlich ist. Insoweit entsprechen diese Regelungen § 303 S. 1, der allerdings die Zustimmung bereits ab Beginn der Verhandlung verlangt. Das Zustimmungserfordernis soll nicht bei entsprechender Anwendung des § 126 VwGO auf die Beschwerde gelten.[190]

Die erneute Einlegung des Rechtsmittels innerhalb der Einlegungsfrist ist möglich, denn die Zurücknahme bewirkt gem. §§ 126 III 1, 140 II 1 VwGO nur den Verlust des eingelegten Rechtsmittels. Dies gilt nicht, wenn mit der Rücknahme ein Verzicht verbunden ist.

Eine Besonderheit stellt die Rücknahmefiktion des § 126 II 1 VwGO dar, die die Berufung als zurückgenommen ansieht, wenn der Kläger sie nicht betreibt.[191]

Verzicht und Rücknahme können nach überwiegender Meinung auch außergerichtlich den Beteiligten erklärt werden.[192] Zudem wird – wie in der zivilprozessualen Literatur – die vertragliche Vereinbarung eines Verzichts als zulässig angesehen, welche auch vor dem Urteil getroffen werden kann.[193] Dieser Verzicht muß im Prozeß als Einrede geltend gemacht werden.

Die Fragen nach der Anfechtbarkeit und Widerrufbarkeit von Verzicht und Rücknahme werden übereinstimmend mit der h. M. in der Zivilprozeßrechtslehre und Rechtsprechung grundsätzlich verneint.[194] Ausnahmen werden für das Vorliegen eines Wiederaufnahmegrundes gemacht oder wenn der Verzicht auf einer irrtümlichen richterlichen Empfehlung beruht.[195] Beim außergerichtlichen

---

189 VGH Kassel NJW 1987, 601 (602); Eyermann/Fröhler/*Happ*, VwGO, § 146 Rn. 2; Kopp/*Schenke*, VwGO, § 146 Rn. 1.

190 Eyermann/Fröhler/*Happ*, VwGO, § 146 Rn. 2; Redeker/*von Oertzen*, VwGO, § 146 Rn. 12.

191 § 126 II 1 VwGO wurde durch das 6. VwGOÄndG vom 1.11.1996 (BGBl. I, S. 1626) eingeführt und stellt eine Ergänzung der fingierten Klagerücknahme (§ 92 II 1 VwGO) dar. – Vgl. für den Strafprozeß § 329.

192 OVG Münster NWVwBl. 1992, 205 (206); Eyermann/Fröhler/*Happ*, VwGO, § 124 Rn. 35; Kopp/*Schenke*, VwGO, § 74 Rn. 2, § 126 Rn. 6; NK-*Neumann*, VwGO, § 140 Rn. 48; andere Ansicht: Redeker/*von Oertzen*, VwGO, § 126 Rn. 11 aufgrund einer mangelnden Überschaubarkeit für das Gericht.

193 BVerwGE 32, 305; Kopp/*Schenke*, VwGO, § 74 Rn. 24; NK-*Neumann*, VwGO § 140 Rn. 48; Redeker/*von Oertzen*, VwGO, § 126 Rn. 11.

194 BVerwGE 57, 342 (346 f.); BVerwG NJW 1997, 2897 (2898); Eyermann/Fröhler/*Happ*, VwGO, § 124 Rn. 35; Kopp/*Schenke*, VwGO, § 126 Rn. 3.

195 BVerwG NVwZ 1985, 195; BVerwG NVwZ 1997, 1210 (1211); VGH Kassel NJW 1987, 601 (602); Kopp/*Schenke*, VwGO, § 74 Rn. 23.

Verzicht ist die Bindungswirkung geringer, denn bis zum Eintritt der Rechtskraft soll er mit Zustimmung des Gegners widerrufen werden können.[196]

4. Verzicht und Zurücknahme in der FGO

In der Verfahrensordnung der Finanzgerichtsbarkeit finden sich nur die Revision und die Beschwerde als Rechtsmittel. Der Verzicht auf diese ist nicht ausdrücklich geregelt, vielmehr finden §§ 565, 515 ZPO über die Verweisungsnorm des § 155 FGO Anwendung, welche insoweit § 173 VwGO entspricht. Dem widerspricht auch nicht der insoweit im Steuerprozeß geltende Untersuchungsgrundsatz, vgl. § 76 I FGO, welcher allerdings mit Elementen der Verhandlungsmaxime durchmischt ist.[197]

Die Zurücknahme der Revision hat mit § 125 FGO eine spezielle Regelung gefunden. Als Grundlage wird die Dispositionsmaxime angesehen.[198] Nach § 125 II FGO bewirkt die Rücknahme nur den Verlust des eingelegten Rechtsmittels, d. h. innerhalb der Einlegungsfrist ist erneute Einlegung der Revision möglich. Die Rücknahme kann noch bis zur Rechtskraft des Revisionsurteils erfolgen, wobei aber u. U. die Einwilligung des Revisionsbeklagten erforderlich ist.[199] Obwohl § 62a FGO einen Vertretungszwang bei Verfahren vor dem BFH als Revisionsinstanz vorsieht, hält die Rechtsprechung einen solchen bzgl. der Rücknahme für nicht erforderlich.[200] Ansichten aus dem Schrifttum sehen dagegen nur dann den Vertretungszwang als entbehrlich an, wenn die Revision bereits vom Steuerpflichtigen selbst – d. h. nicht durch einen postulationsfähigen Bevollmächtigten – eingelegt wurde.[201] Vorzugswürdiger erscheint jedoch auf die mit einer Rücknahme verbundenen Risiken abzustellen und daher keine Ausnahme vom Vertretungszwang zuzulassen.

Die Rücknahme einer Beschwerde wird als zulässig angesehen, wobei aber auf das Zustimmungserfordernis des Beschwerdegegners verzichtet wird.[202] Der Verzicht auf eine Beschwerde ist gleichfalls möglich.[203]

---

196 Eyermann/Fröhler/*Happ*, VwGO, § 124 Rn. 35; Kopp/*Schenke*, VwGO, § 74 Rn. 23.

197 Hübschmann/Hepp/Spitaler/*Schwarz*, FGO, § 155 Rn. 32, der darauf hinweist, daß sich im Steuerprozeß Amtsermittlungs- und Dispositionsgrundsatz die Waage halten.

198 Hübschmann/Hepp/Spitaler/*Offerhaus*, FGO, § 125 Rn. 3.

199 Vgl. § 253 RAO, wonach die Rücknahme nur bis zum Schluß der mündlichen Verhandlung möglich war.

200 BFHE 119, 233 (234); BFHE 132, 400 (401); BFHE 132, 515 (516).

201 Gräber/*Ruban*, FGO, § 125 Rn. 5; Hübschmann/Hepp/Spitaler/*Offerhaus*, FGO, § 125 Rn. 23 ff.

202 Gräber/*Ruban*, FGO, § 129 Rn. 7; Hübschmann/Hepp/Spitaler/*Offerhaus*, FGO, § 129 Rn. 18; auch die Nichtzulassungsbeschwerde gem. § 116 I FGO kann zurückgenommen werden, vgl. BFHE 151, 12 (13).

203 Gräber/*Ruban*, FGO, § 129 Rn. 7; Hübschmann/Hepp/Spitaler/*Offerhaus*, FGO, § 129 Rn. 16.

Hinsichtlich des Rechtsmittelverzichts bestehen jedoch einige Unterschiede zum Zivilprozeß: Die Vereinbarung des Verzichts durch einen Vertrag wird als unzulässig angesehen[204] und die Erklärung soll erst nach Erlaß der Entscheidung möglich sein[205]. Die Erklärung gegenüber dem Prozeßgegner wird allerdings als zulässig angesehen.[206] Hinsichtlich Widerruf und Anfechtbarkeit gelten die Ausführungen zur ZPO und VwGO entsprechend.

5. Verzicht und Zurücknahme im SGG

Der Rechtsmittelverzicht im sozialgerichtlichen Verfahren ist gem. § 202 SGG i. V. m. §§ 515, 565 ZPO möglich.[207] Im Gegensatz zum zivilprozessualen Verzicht wird seine Erklärung erst nach Urteilserlaß als möglich angesehen; er kann allerdings auch gegenüber dem Prozeßgegner abgegeben werden.[208] Auch der vertraglich vereinbarte Rechtsmittelverzicht wird als zulässig angesehen.[209]

Die Rücknahme der Berufung hat dagegen – wie auch in der VwGO und FGO – eine spezielle Regelung in § 156 SGG erfahren. Diese Bestimmung gilt gem. § 165 SGG auch für die Revision. Die Beschwerde kann nach allgemeiner Meinung ebenfalls zurückgenommen werden.[210] Hervorzuheben ist v. a. die Wirkung der Rücknahme, welche im endgültigen Verlust des Rechtsmittels besteht: § 156 II 1 SGG spricht nämlich nicht nur vom Verlust des *eingelegten* Rechtsmittels, sondern generell vom „Verlust des Rechtsmittels". Eine erneute Einlegung ist somit unzulässig.[211] Dies verwundert, da das SGG insoweit eine Ausnahme zu den o. g. Prozeßordnungen darstellt.

Eine weitere Besonderheit der Rücknahme im sozialgerichtlichen Verfahren ist, daß sie bis zum Schluß der mündlichen Verhandlung ohne eine Einwilligung des Prozeßgegners erklärt werden kann. Während früher die Berufung nur bis zum Schluß der mündlichen Verhandlung zurückgenommen werden konnte,

---

204 Gräber/*Ruban*, FGO, Vor § 115 Rn. 23.

205 BFH/NV 1987, 774.

206 Gräber/*Ruban*, FGO, Vor § 115 Rn. 23; offen gelassen in BFHE 110, 545 (546); 138, 517 (518); die Rücknahme kann dagegen nicht gegenüber dem Revisionsbeklagten erklärt werden, vgl. Hübschmann/Hepp/Spitaler/*Offerhaus*, FGO, § 125 Rn. 21.

207 BSGE 2, 229 (233); BSG MDR 1964, 181; *Meyer-Ladewig*, SGG, Vor § 143 Rn. 11; der im SGG im Gegensatz zur ZPO geltende Untersuchungsgrundsatz (vgl. § 103 SGG) steht dem nicht entgegen.

208 *Meyer-Ladewig*, SGG, Vor § 143 Rn. 11; andere Ansicht: Hennig/*Bernsdorff*, SGG, § 156 Rn. 9.

209 Hennig/*Bernsdorff*, SGG, § 156 Rn. 9; *Meyer-Ladewig*, SGG, Vor § 143 Rn. 12, der insoweit auf die Dispositionsmaxime abstellt; Peters/Sautter/Wolff/*Behn*, SGG, § 156 Rn. 26 bzgl. der Rücknahme.

210 Peters/Sautter/Wolff/*Behn*, SGG, § 156 Rn. 1; *Meyer-Ladewig*, SGG, § 173 Rn. 2.

211 BSGE 19, 120 (121); 21, 13 (14); Peters/Sautter/Wolff/*Behn*, SGG, § 156 Rn. 33; andere Ansicht: LSG NRW NJW 1957, 1378; Hennig/*Bernsdorff*, SGG, § 156 Rn. 8, 37 ff.

ist seit dem Jahre 2002 die Rücknahme bis zur Rechtskraft des Urteils möglich.[212]

Hinsichtlich Anfechtung und Widerruf der Rücknahme bzw. des Verzichts gelten keine Besonderheiten gegenüber den oben untersuchten Prozeßordnungen.[213]

6. Fazit

Die zivilprozessualen Vorschriften bzw. Gedanken dominieren auch in den anderen Prozeßordnungen. Hervorzuheben sind davon v. a. die vertragliche Vereinbarung eines Verzichts sowie die Möglichkeit der einseitigen Erklärung gegenüber dem Prozeßgegner. Während dies im Zivilprozeß nicht weiter verwundert, erscheinen diese Möglichkeiten in Verfahren vor Verwaltungs-, Finanz- und Sozialgerichten doch zunächst überraschend. Das weiteste Feld für Verzicht und Rücknahme bietet der Zivilprozeß. Insbesondere durch das ZPO-RG wurde der Tendenz der Verfahrensverkürzung folgend der Anwendungsbereich noch einmal erweitert.

Insbesondere die Regelungen der Rechtsmittelrücknahme weisen einen umfangreichen Anwendungsbereich auf. In der VwGO, der FGO sowie im SGG findet sich sogar nur für die Rücknahme eine spezielle Vorschrift; hinsichtlich des Verzichts wird auf die ZPO verwiesen. Der Rücknahme wird im Gegensatz zur Regelung des Verzichts wohl eine größere Relevanz zugemessen.

Stets wird als theoretische Grundlage für Verzicht und Rücknahme die Dispositionsbefugnis der Parteien bzw. Verfahrensbeteiligten genannt.

Weitgehend Konsens besteht in den Prozeßlehren sowie in der Rechtsprechung hinsichtlich des Grundsatzes, daß Verzicht und Rücknahme weder angefochten noch widerrufen werden können. Ausnahmen werden jedoch beim Vorliegen eines Restitutionsgrundes sowie unter Hinweis auf Treu und Glauben gemacht.

---

212 Neufassung des § 156 I SGG durch das 6. SGGÄndG vom 17.08.2001 (BGBl. I, S. 2144). Zuvor wurde bereits diesbezüglich die Reformbedürftigkeit des § 156 SGG angemahnt, vgl. Hennig/*Bernsdorff*, SGG, § 156 Rn. 4.

213 BSG MDR 1960, 617; BSG 14, 138 (141 f.); *Meyer-Ladewig*, SGG, Vor § 143 Rn. 11; vgl. aber Hennig/*Bernsdorff*, SGG, § 156 Rn. 23 ff., wonach bei Vorliegen eines Restitutionsgrundes nicht ein Widerruf in Betracht kommen soll, sondern bei unverschuldeten Willensmängeln sollen die Vorschriften über die Wiedereinsetzung in den vorigen Stand entsprechende Anwendung finden.

2. Kapitel: Die Norm des § 302 StPO

I. Der Rechtszustand vor Erlaß der StPO

§ 302 ist Kern der strafprozessualen Regelung von Verzicht und Rücknahme. Im folgenden soll beleuchtet werden, ob vor Erlaß dieser Vorschrift bzw. § 344 a. F. im Jahre 1877 das deutsche Strafverfahrensrecht die Möglichkeit eines Rechtsmittelverzichts bzw. einer Rechtsmittelzurücknahme kannte.

Für den gemeinen Strafprozeß und für das Inquisitionsverfahren insgesamt läßt sich eine gegenüber dem Verzicht im Strafverfahren ganz allgemein ablehnende Haltung erkennen.[214] Prozeßhandlungen, welche zur Disposition des Beschuldigten stehen, erkannte die damalige Lehre nicht an. Hieran zeigt sich, daß dem Beschuldigten die Eigenschaft als Prozeß*subjekt* nicht zugesprochen wurde. Zur Begründung führte diese Lehre an, daß sich das Streben nach materieller Wahrheit im Strafprozeß nicht mit einem Verzicht des Beschuldigten auf Rechte oder Verfahrensabschnitte, wie z. B. das Rechtsmittelverfahren, vertrage.[215] Ein Einfluß der Privatwillkür auf das strafgerichtliche Verfahren – hierzu zählte auch das Rechtsmittelverfahren – werde durch die „Natur öffentlicher Sachen" ausgeschlossen.[216] Der Staat solle insoweit dafür Verantwortung tragen, daß nur der wirklich Schuldige bestraft werde; die Nachprüfung eines möglicherweise unrichtigen Urteils dürfe nicht in das Belieben des Verurteilten gestellt werden.[217] Der Nachweis einer möglichen Unschuld bestehe – zumindest auch – im öffentlichen Interesse.[218] Insoweit ist es nur konsequent, wenn *Anton Bauer* feststellt: „Der Gebrauch eines Rechtsmittels wird durch Entsagung nicht ausgeschlossen."[219]

In der späteren Entwicklung, insbesondere durch das Aufkommen des Anklageprozesses, setzte sich hinsichtlich des allgemeinen Verzichts eine differenzierende Auffassung durch. So hält *Heinrich-Albert Zachariae* nur dann einen Ver-

---

214 *Mittermaier*, Strafverfahren, Bd. 2, § 201, S. 606; vgl. *Schmid*, Verwirkung, S. 7 f.; *von Tippelskirch*, GA 1861 (Band 9), 577 (578). Zur gegensätzlichen Position bzgl. des Verzichts auf die Appellation in Zivilsachen vgl. *Klukkert*, Verzicht, S. 11 ff.

215 *Bauer*, Lehrbuch, S. 85, 91; *Mittermaier*, Gesetzgebung und Rechtsübung, S. 304; vgl. *von Tippelskirch*, GA 1861 (Band 9), 577 (579).

216 *Bauer*, Lehrbuch, S. 81 f., 91 – der Begriff „öffentliche Sachen" bezieht sich auf die Strafsachen als Gegenstand des Strafprozesses.

217 *Mittermaier*, Strafverfahren, Bd. 2, § 201, S. 606.

218 *Merckel*, GS 1853 (Band 5, Teilband 1), 448 (458 f.), *Paalzow*, Kommentar, § 517, S. 438.

219 *Bauer*, Lehrbuch, S. 345, vgl. auch S. 339. So auch *Tittmann*, Handbuch, Teil 4, S. 730.

zicht für unzulässig, wenn dieser sich auf absolute Gebote oder Verbote bezieht.[220] Infolgedessen erachtete man den Verzicht auf Rechtsmittel als zulässig.[221] Als maßgeblicher Gesichtspunkt wurde hervorgehoben, daß die Rechtsmittel lediglich dem persönlichen Interesse dienten und dem Beschuldigten auch der Verzicht auf sein persönliches Recht gestattet werden müsse.[222] Mit der grundsätzlichen Anerkennung der Möglichkeit eines Verzichts war aber nicht die Auffassung verbunden, daß der Verurteilte sich damit endgültig seines Anfechtungsrechts begebe. Denn mehrheitlich wurde – sowohl vom Gesetzgeber als auch vom Schrifttum – die Ansicht vertreten, daß der Verzicht widerrufen werden könne.[223] Dem entsprach auch die Auffassung, daß der Ablauf der Einlegungsfrist nicht zum Verlust des Rechtsmittels führe, sondern lediglich die Vollstreckung ermögliche.[224] Aber zum Teil wurde auch von der Verbindlichkeit des Verzichts ausgegangen; die Grundlage dafür stelle die Anerkennung des Urteils als ein gerechtes dar.[225]

Ausdrückliche Regelungen des Gesetzgebers erschienen erst mit dem Partikularrecht, wobei einige im folgenden kurz vorgestellt werden. Bereits Art. 371 des Bayerischen Strafgesetzbuches von 1813 sprach dem Verurteilten das Recht der „Versagung eines Rechtsmittels" zu. Damit begab er sich endgültig seiner Anfechtungsmöglichkeit. Gleiches sollte für die anderen in Art. 370 genannten Rechtsmittelberechtigten gelten. Bei einem Verzicht des Beschuldigten konnte also beispielsweise auch sein Vormund oder der Ehemann kein Rechtsmittel mehr einlegen.[226]

Bemerkenswert an dieser Regelung des Verzichts ist, daß bei Verurteilung zu einer schwereren Strafe als zum Arbeitshause der sogleich im Verkündungstermin erklärte Verzicht erst dann Gültigkeit erlangte, wenn der Verzicht nach Ablauf von 24 Stunden vor Gericht wiederholt wurde (vgl. Art. 371 Satz 3). Hier zeigte der Gesetzgeber von 1813, daß er sich der Situation und der Verfas-

220 *Zachariae*, Handbuch, Teil 2, S. 20, vgl. auch Teil 1, S. 39 f.

221 *Zachariae*, Handbuch, Teil 2, S. 615, der auch vom „Verzicht nach erfolgter Einwendung" spricht und somit wohl die Zurücknahme im heutigen Sinne meint; *Planck*, Systematische Darstellung, S. 508; *Schletter*, Strafprozeßrecht, S. 298; *von Tippelskirch*, GA 1861 (Band 9), 577 (584); *Oppenhoff*, Die Preußischen Gesetze, Abschnitt IV Nr. 6, S. 451 f., der den Verzicht der Staatsanwaltschaft aber als unzulässig ansieht, vgl. § 1 Nr. 78 f., S. 19.

222 *von Tippelskirch*, GA 1861 (Band 9), 577 (584).

223 *Oppenhoff*, Die Preußischen Gesetze, Abschnitt IV Nr. 6, S. 451. *Zachariae*, Handbuch, Teil 2, S. 615 (Fußnote 6). Einen Überblick über die jeweiligen Argumente bietet *Alker*, Handbuch, Teil 2, S. 214 (Fußnote 237).

224 *Alker*, Handbuch, Teil 2, S. 214. Vgl. auch § 518 Satz 3 Preußische Kriminalordnung.

225 *Planck*, Systematische Darstellung, S. 509.

226 *Doppelmayr*, Erläuterungen, Art. 371, S. 256.

sung des Verurteilten unmittelbar nach Urteilsverkündung sehr wohl bewußt war.

Eine weitere Regelung im bayerischen Recht findet sich in Art. 238 des Gesetzes über Schwurgerichte aus dem Jahre 1848.[227] Darin wurde vergleichbar der heutigen Regelung der Verzicht auf die Nichtigkeitsbeschwerde[228] auch vor Ablauf der Anmeldungsfrist für zulässig erklärt. Das angemeldete Rechtsmittel konnte bis zur öffentlichen Verhandlung zurückgenommen werden. Ausgeschlossen wurden Verzicht und Rücknahme für den Fall einer Verurteilung zur Todesstrafe, da hierbei eine Einsendung an den obersten Gerichtshof von Amts wegen erfolgte (vgl. Art. 233).

Auch die Strafprozeßordnung für Baden vom 6.03.1845 sah in Art. 279 vor, daß sowohl der Verurteilte als auch der Staatsanwalt auf den „Recurs" verzichten oder einen eingelegten „Recurs" zurücknehmen konnten.[229]

In Kurhessen erklärte das Gesetz vom 31.10.1848 über die Umbildung des Strafverfahrens in Art. 358 den Ausschluß des Rechtsmittels, wenn der Verurteilte das Urteil anerkannte.[230] Sachlich stellte dies einen Verzicht auf Rechtsmittel dar.

Die Strafprozeßordnung für Württemberg vom 22.06.1843 sah in Art. 377 nach erfolgter Belehrung über das ihm zustehende Rechtsmittel und die einzuhaltenden Fristen sogar die Befragung des Verurteilten vor, ob er sich eines Rechtsmittels bedienen wolle.[231] Allerdings räumte diese Bestimmung dem Beschuldigten eine Bedenkzeit von 48 Stunden ein. Auf diese Überlegungszeit hatte das Gericht auch hinzuweisen; die entsprechenden Belehrungen sollten ins Protokoll aufgenommen werden.

Mit Art. 379 wurde – soweit ersichtlich – erstmals ausdrücklich bestimmt, daß der Verzicht auf das Rechtsmittel nicht nur zur Vollstreckbarkeit führt, sondern daß das Urteil durch diese Erklärung in Rechtskraft erwächst.[232] Die Rück-

---

227 Gesetz vom 10. November 1848 die Abänderungen des zweiten Theiles des Strafgesetzbuches vom Jahre 1813 betreffend (Gesetz über Schwurgerichte). Text bei *Häberlin*, Sammlung, S. 233 ff.

228 Art. 238 ist gem. Art. 339 auch auf die Berufung anzuwenden.

229 Text bei *Häberlin*, Sammlung, S. 370 ff. In der StPO von 1864 enthält § 380 die entsprechende Regelung.

230 Text bei *Häberlin*, Sammlung, S. 462 ff.

231 Text bei *Häberlin*, Sammlung, S. 525 ff.

232 *Bauer*, Lehrbuch, S. 339 f. (m. w. N. aus dem Schrifttum, Fußnote b) vertritt noch, daß strafgerichtliche Urteile nicht rechtskräftig, sondern nur vollstreckbar werden können. Vgl. auch *Alker*, Handbuch, 2. Teil, S. 214 (Fußnote 236), der nur eine Rechtskraft hinsichtlich der Vollstreckbarkeit, aber nicht bzgl. der Anbringung des Rechtsmittels an-

nahme eines bereits eingelegten Rechtsmittels gestattete Art. 385. Diese Möglichkeit bestand bis zu dem Zeitpunkt, an dem vom Obergericht entweder eine Verfügung zur Ergänzung der mangelhaft befundenen Untersuchung oder das Erkenntnis beschlossen wurde. Die Rücknahme war dem Beschuldigten jedoch verwehrt, wenn das Rechtsmittel gegen seinen Willen von den dazu befugten Personen eingelegt wurde (vgl. Art. 376).[233]

Die Sächsische Strafprozeßordnung vom 11.08.1855 kannte in Art. 102 ebenfalls Verzicht und Zurücknahme.[234] Letztere war bis zum Zeitpunkt der Entscheidung über das Rechtsmittel möglich. Der Berechtigte konnte sowohl den Verzicht als auch die Zurücknahme innerhalb der Einlegungsfrist widerrufen. Im Schrifttum wurde auch die Teilrücknahme als zulässig angesehen.[235] Die gleichen Möglichkeiten bzgl. Verzicht und Widerruf standen der Staatsanwaltschaft zu.[236] Hervorzuheben ist die Bestimmung, nach der eine von der Staatsanwaltschaft zugunsten des Beschuldigten eingelegte Nichtigkeitsbeschwerde nur mit dessen Zustimmung zurückgenommen werden konnte. Dies entspricht der Regelung des heutigen § 302 I 2, welche freilich alle Rechtsmittel einbezieht. Der gesetzliche Vertreter konnte das vom Beschuldigten eingelegte Rechtsmittel nicht zurücknehmen. Insoweit erweist sich Art. 102 der sächsischen StPO als eine Regelung, welche in besonderem Maße die Interessen des Beschuldigten berücksichtigte.

Lediglich Regelungen für die Zurücknahme finden sich in den Prozeßordnungen Hannovers, Oldenburgs und Sachsen-Altenburgs. Die StPO für Sachsen-Altenburg vom 27.02.1854 bestimmte in Art. 283, daß der Beschuldigte bis zu dem Zeitpunkt sein Rechtsmittel ganz oder teilweise „fallen lassen kann", in dem sich das Gericht zur Beschlußfassung in sein Beratungszimmer begibt.[237]

In der oldenburgischen StPO vom 2.11.1857 gestattete Art. 432 ausdrücklich die Zurücknahme bis zur Entscheidung des Gerichts.[238]

Die StPO für Hannover vom 5.04.1859 regelte in § 176 die Zurücknahme eines eingelegten Rechtsmittels.[239] Bis zu welchem Zeitpunkt dies geschehen konnte, wurde allerdings nicht bestimmt.

---

nimmt; auch *Schletter*, Strafprozeßrecht, S. 296 stellt Rechtskraft mit Vollstreckbarkeit gleich.

Im Zivilprozeß führte dagegen bereits im gemeinen Recht der Verzicht auf die Appellation zur Rechtskraft des Urteils für den Verzichtenden, vgl. *Klukkert*, Verzicht, S. 15.

233 Art. 376 Satz 2: „Der Vater oder Vormund eines Angeschuldigten unter sechszehn Jahren ist berechtigt, selbst wider den Willen des letzteren das Rechtsmittel einzuwenden."

234 Text bei *Sundelin*, Sammlung, S. 637 ff.

235 Vgl. *Schletter*, Strafprozeßrecht, S. 298.

236 *Schletter*, a. a. O.

237 Text bei *Sundelin*, Sammlung, S. 389 ff.

238 Text bei *Sundelin*, Sammlung, S. 494 ff.

Die Preußische Strafprozeßordnung vom 25.06.1867 erklärte in § 369 die Zurücknahme eines Rechtsmittels bis zu dem Zeitpunkt für zulässig, in dem das Gericht für die Entscheidung zur Beratung zusammentritt, d. h. fast bis zum Schluß der mündlichen Hauptverhandlung.[240] Die Staatsanwaltschaft verlor ihre Befugnis zur Rücknahme bereits, „sobald die Verhandlungen an den Richter, welcher auf das Rechtsmittel zu entscheiden hat, gelangt sind". Auch der Widerruf der Rücknahme war möglich, allerdings nur innerhalb der Einlegungsfrist. Die Möglichkeit eines Verzichts setzte das Gesetz voraus, es erwähnte ihn aber nicht ausdrücklich. Aus der Möglichkeit, die Rücknahme zu widerrufen, wurde geschlossen, daß ein Verzicht auf Rechtsmittel die Einlegung eines Rechtsmittels nicht ausschließe.[241] Wenn die Rücknahme innerhalb der Einlegungsfrist widerrufen werden könne, müsse gleiches auch für den innerhalb der Frist erklärten Verzicht gelten.[242]

Zusammengefaßt stellt sich die Entwicklung so dar: Nach anfänglicher Ablehnung des Verzichts und der kritischen Haltung gegenüber der generellen Verfügbarkeit des Beschuldigten über prozessuale Rechte durch das gemeine Recht änderte sich diese Auffassung im Partikularrecht. Dem Beschuldigten wurde nunmehr zuerkannt, daß er auf Rechte und ihn schützende Verfahrensvorschriften grundsätzlich verzichten kann. Gleichwohl wurde insbesondere hinsichtlich des Rechtsmittelverzichts und der Rechtsmittelzurücknahme in der Regel die Möglichkeit des Widerrufs anerkannt. Mit Inkrafttreten der Reichsstrafprozeßordnung im Jahre 1879 hat sich diese Möglichkeit endgültig als überholt erwiesen. Seitdem wird grundsätzlich die Unwiderrufbarkeit von Verzicht und Rücknahme vertreten.[243] Zudem ist anerkannt, daß der Verzicht und die – zumindest nach Ablauf der Einlegungsfrist erklärte – Rücknahme zur Unanfechtbarkeit des Rechtsmittels und somit zum Eintritt der formellen Rechtskraft führen.

II. Entstehungsgeschichte des § 302 StPO

Im folgenden sollen mit der Darstellung der Entstehungsgeschichte des heutigen § 302 Erkenntnisse für das bessere Verständnis der für Verzicht und Rücknahme zentralen Vorschrift innerhalb der StPO gewonnen werden.

Der erste Ansatz zur Schaffung einer einheitlichen StPO für den Bereich des Norddeutschen Bundes ist der Beschluß des Reichstages vom 18.04.1868, mit dem er den Bundeskanzler aufforderte, u. a. einen Entwurf eines gemeinsa-

---

239 Text bei *Sundelin*, Sammlung, S. 117 ff.

240 Vgl. *Nieper*, StPO, § 369 Anm. 2.

241 *Ebmeier*, StPO, § 369 Anm. 4.

242 *Ebmeier*, a. a. O.

243 Vgl. dazu unten, 3. Kapitel, V. 2.

men Strafprozeßrechts vorzubereiten und ihm vorzulegen.[244] Hatte man sich beim Entwurf eines Strafgesetzbuches für den Norddeutschen Bund an das Preußische StGB von 1851 angelehnt, so schlug man hinsichtlich einer gemeinsamen Prozeßordnung einen ganz neuen Weg ein, wobei freilich die jeweiligen Verfahrensordnungen der Länder Berücksichtigung fanden.[245] Ein solcher Entwurf wurde im Januar 1873 vorgelegt (1. Entwurf).[246] Dieser enthielt in § 238 folgende Regelung:

„Ein Rechtsmittel kann zurückgenommen werden. Der Vertheidiger bedarf zur Zurücknahme einer ausdrücklichen Ermächtigung.Die Zurücknahme sowie der Verzicht auf ein Rechtsmittel kann widerrufen werden, so lange die Frist zur Einlegung desselben noch nicht abgelaufen ist."

Es fällt auf, daß in Satz 1 lediglich die Rücknahme ausdrücklich erwähnt ist, die Möglichkeit der Erklärung des Rechtsmittelverzichts ergibt sich im Umkehrschluß aus Satz 3. Denn der Widerruf setzt natürlich zunächst die vorherige Erklärung voraus. Hervorzuheben ist hier insbesondere die Möglichkeit des Widerrufs einer Prozeßhandlung. Satz 2 hat in folgenden Entwürfen keine Änderung mehr erfahren und entspricht dem heutigen § 302 II.

Am 13.03.1873 beschloß der Bundesrat, den Entwurf an eine aus 11 Sachverständigen gebildete Kommission zu überweisen.[247] Am Ende deren Beratung, welche vom 17.04. bis zum 3.07.1873 andauerte, wurde im Oktober 1873 der 2. Entwurf vorgelegt.[248] Dessen § 244 entsprach vom Wortlaut her § 238 des 1. Entwurfes. Es ist interessant, daß die Motive zu § 244 Verzicht und Rücknahme als eine Notwendigkeit ansehen: „Wenngleich die Zurücknahme eines bereits eingelegten Rechtsmittels sowie der Verzicht auf die künftige Einlegung eines Rechtsmittels zugelassen werden *muß*, (...)."[249] Des weiteren begründen die Motive die Möglichkeit eines Widerrufs damit, daß dem Beschuldigten bis zum Ablauf der Einlegungsfrist die Möglichkeit der Rechtsmitteleinlegung offen bleiben müsse; eine unwiderrufliche Bindung an den Verzicht bzw. die Rück-

244 Vgl. von Holtzendorff/*Dochow*, Handbuch, Band 1, S. 106. Der Bundesrat trat diesem Entschluß am 5.06.1868 bei. Zur weiteren Chronologie der Entstehung vgl. den Überblick bei *Schubert/Regge*, Entstehung, S. 43 f.

245 Motive zum 2. Entwurf, S. 4 f.; von Holtzendorff/*Dochow*, Handbuch, Band 1, S. 108.

246 Der 1. Entwurf ist abgedruckt in GA 1873 (Band 21), S. 5 ff. Vgl. auch *Schubert/Regge*, Entstehung, S. 4 ff.

247 *Schubert/Regge*, Entstehung, S. 9 ff.

248 Vgl. Motive zum 2. Entwurf, S. 4. Dort sind auch die Mitglieder der Kommission verzeichnet; als Vertreter aus der Wissenschaft gehörte ihr *Zachariae* an. Vgl. auch *Ullmann*, Strafprozeßrecht, S. 53; von Holtzendorff/*Dochow*, Handbuch, Band 2, S. 110 f. Zum Teil findet sich auch die Bezeichnung „revidierter Entwurf", vgl. *Geyer*, KritVj 1874 (Band 16), S. 321 ff.

249 Motive zum 2. Entwurf, S. 156 (Hervorhebung vom Verf.), insoweit Übernahme der Begründung zum 1. Entwurf, vgl. Motive zum 1. Entwurf, S. 212.

nahme würde dem Zweck der Einlegungsfrist, voreilige Entschließungen des Beschuldigten zu verhindern, zuwiderlaufen.[250]

Dieser 2. Entwurf wurde vom Bundesrat an den Ausschuß für Justizwesen übergeben, welcher zahlreiche Änderungen vornahm und ihn am 12.05.1874 dem Bundesrat wieder vorlegte.[251] Nach zwei vom Bundesrat selbst vorgenommenen Änderungen wurde er als nunmehr 3. Entwurf am 29.10.1874 dem Reichstag zur Beratung vorgelegt.[252]

In § 288 enthielt dieser Entwurf nunmehr die Regelungen des Verzichts und der Rücknahme und lautete:

„Die Zurücknahme eines Rechtsmittels, sowie der Verzicht auf die Einlegung eines Rechtsmittels kann auch vor Ablauf der Frist zur Einlegung desselben wirksam erfolgen. Der Vertheidiger bedarf zur Zurücknahme einer ausdrücklichen Genehmigung."

Dies entspricht weitgehend der heutigen Regelung des § 302. Das Widerrufsrecht bzgl. Verzicht und Rücknahme ist entfallen. Zu dieser gewichtigen Änderung äußern sich die Motive des Entwurfes leider nicht; es wird lediglich auf die Wirkung des Verzichts und der Rücknahme Bezug genommen, indem sie derjenigen durch Ablauf der Einlegungsfrist gleichgestellt wird.[253]

In der 1. Lesung des Entwurfes beschließt der Reichstag die Einsetzung einer Justizkommission, welche sich der Vorbereitung der sog. Reichsjustizgesetze annehmen sollte.[254] In der Beratung dieser Kommission wurde während der 1. Lesung beantragt, in § 288 des 3. Entwurfes als Satz 2 einzufügen: „Ein von der Staatsanwaltschaft zu Gunsten des Beschuldigten eingelegtes Rechtsmittel kann jedoch ohne dessen Zustimmung nicht zurückgenommen werden."[255] Diesem Antrag wurde entsprochen, insoweit stimmt der 3. Entwurf mit dem heutigen § 302 I 2 überein. Entscheidendes Argument in der Beratung war, daß der Beschuldigte im Vertrauen auf die Einlegung durch die Staatsanwaltschaft es unterlassen habe, ein eigenes Rechtsmittel einzulegen.[256] Hinsichtlich des spätesten Zeitpunktes einer Rücknahme bestimmte der neueingefügte § 288a: „Wenn die Entscheidung über das Rechtsmittel in mündlicher Verhandlung stattzufinden

---

250 Motive zum 2. Entwurf, S. 156.

251 von Holtzendorff/*Dochow*, Handbuch, Band 1, S. 114; zu den Beschlüssen des Justizausschusses vgl. GA 1874 (Band 22), S. 370 ff.

252 Der 3. Entwurf ist abgedruckt in GA 1874 (Band 22), S. 326 ff., zudem in *Hahn*, Materialien, Band 3, 1. Abt., S. 38.

253 *Hahn*, Materialien, Band 3, 1. Abt., S. 246 f.

254 Vgl. von Holtzendorff/*Dochow*, Handbuch, Band 1, S. 118 ff.; *Schubert/Regge*, Entstehung, S. 21 ff.

255 Der Antrag wurde vom Abgeordneten *von Schwarze* gestellt, einen ähnlichen Antrag brachte auch der Abgeordnete *Reichensperger* ein, vgl. *Hahn*, Materialien, Band 3, 1. Abt., S. 986.

256 Vgl. *Hahn*, a. a. O., S. 986 f.; auch in der 2. Lesung (vgl. S. 1380 f.) und im Bericht der Kommission (vgl. S. 1575) findet diese Argumentation Verwendung.

hat, kann die Zurücknahme nur bis zum Beginn der Verhandlung erfolgen." Diese Ergänzung geht auf den Antrag des Abgeordneten *Mayer* zurück, der es mit der Würde eines Gerichts für nicht vereinbar hielt, daß nach Befassung mit der Sache eine Rücknahme erfolgen könne.[257] Der Versuch, die Möglichkeit eines Verzichts auszuschließen – so der Antrag des Abgeordneten *Reichensperger* – , hatte keinen Erfolg. Die gewünschte Streichung des Verzichts wurde vom Antragsteller mit folgender Erwägung verbunden: „Bei der Strafrechtspflege dürfe man dem formalen Recht keine so hervorragende Bedeutung einräumen."[258] Für die damalige Zeit ist diese ablehnende Haltung gegenüber einem Verzicht vereinzelt geblieben.

Die 2. Lesung brachte für den § 288 keine weiteren Änderungen mehr. Der o. g. § 288a erfuhr kritische Anmerkungen; schließlich erhielt er auf Antrag des Abgeordneten *von Schwarze* insoweit eine Änderung, als daß „die Zurücknahme nach Beginn der Hauptverhandlung nur mit Zustimmung des Gegners erfolgen (kann)".[259] Die Einstellung der bereits begonnenen Tätigkeit des Gerichts wurde damit gerechtfertigt, daß im übereinstimmenden Willen der Beteiligten die nachträgliche Anerkennung der Richtigkeit des erstinstanzlichen Urteils liege.[260] Der Regelungsgehalt dieses § 288a entspricht dem des heutigen § 303 S. 1.

Im weiteren Gesetzgebungsverfahren ergaben sich keine weiteren inhaltlichen Änderungen. Die §§ 288, 288a nach der 2. Lesung der Kommission stellten am Ende der Beratungen des Reichstages die §§ 344, 345 dar. In dieser Fassung wurden im Jahre 1877 die Regelungen bzgl. Verzicht und Rücknahme auch endgültig Gesetz.[261]

Als größeres Reformvorhaben der folgenden Zeit sind die Bemühungen ab 1903 um eine Erneuerung zu verstehen.[262] Das Reichsjustizamt setzte 1903 eine Reformkommission ein, auf deren Vorarbeiten der Entwurf von 1908 (E 1908) beruhte. Nach Behandlung durch den Bundesrat bildete der Entwurf von 1909 (E 1909) die Reichstagsvorlage. Die im Februar 1911 begonnene 2. Lesung wurde jedoch wegen Meinungsverschiedenheiten abgebrochen, so daß der Entwurf keine Verwirklichung als Ganzes fand.

---

257 Zustimmung äußerte auch der Abgeordnete *Struckmann*, vgl. *Hahn*, Materialien, Band 3, 1. Abt., S. 986 f.

258 Vgl. *Hahn*, a. a. O. Demgegenüber sprach sich der Abgeordnete *von Schwarze* „im Interesse der Strafvollstreckung" – im Hinblick auf § 450 StPO – für die Beibehaltung des Verzichts aus, vgl. *Hahn*, a. a. O., S. 987.

259 Vgl. *Hahn*, Materialien, Band 3, 2. Abt., S. 1381.

260 Vgl. *Hahn*, Materialien, Band 3, 2. Abt., S. 1576.

261 RStPO vom 1.02.1877 (RGBl., S. 253 ff.), sie trat am 1.10.1879 zusammen mit den anderen Reichsjustizgesetzen in Kraft.

262 LR-*Rieß*, StPO, Einl. E Rn. 19 ff.

Im E 1908 finden sich die Regelungen zu Verzicht und Rücknahme in § 306 mit folgendem Inhalt:

„Die Zurücknahme von Rechtsmitteln und der Verzicht auf Rechtsmittel können auch vor dem Ablaufe der Einlegungsfrist erklärt werden; die Erklärung ist unwiderruflich. Der Verteidiger und der Ehemann bedürfen zur Zurücknahme und zum Verzicht einer ausdrücklichen Ermächtigung. Jedes zu Gunsten des Beschuldigten eingelegte Rechtsmittel kann nur mit dessen Zustimmung zurückgenommen werden."[263]

Der Grundsatz der Unwiderruflichkeit sollte eindeutig gefaßt werden, da er im bisherigen Gesetz nicht klar zum Ausdruck kam.[264] Des weiteren sollte die Position des Beschuldigten dadurch verstärkt werden, daß nicht nur der Verteidiger, sondern auch der Ehemann bei der Rücknahme des zugunsten seiner angeklagten Ehefrau eingelegten Rechtsmittels einer ausdrücklichen Ermächtigung bedurfte.[265] Zudem sollte z. B. der gesetzliche Vertreter die Zurücknahme seines eigenen – zugunsten des Beschuldigten eingelegten Rechtsmittels – nur mit Zustimmung des Beschuldigten erklären können.

§ 306 des E 1909 stimmte inhaltlich mit dem E 1908 vollständig überein; nur die sprachliche Formulierung erscheint noch ein wenig klarer:

„Wird ein Rechtsmittel zurückgenommen oder wird vor Ablauf der Einlegungsfrist auf Rechtsmittel verzichtet, so kann dies nicht widerrufen werden. Der Verteidiger und der Ehemann bedürfen zur Zurücknahme und zum Verzicht ausdrücklicher Ermächtigung. Ein Rechtsmittel, daß zu Gunsten des Beschuldigten eingelegt ist, kann nur mit seiner Zustimmung zurückgenommen werden."[266]

§ 307 der jeweiligen Entwürfe stimmte mit dem damals geltenden § 345 überein.

Aufgrund seiner Klarstellungen ist § 306 des E 1909 meines Erachtens den heutigen §§ 302, 303 sprachlich noch immer überlegen; inhaltlich gesehen bestehen dagegen aufgrund der entsprechenden Interpretation der §§ 302, 303 keine Abweichungen. So wird die auch für den Verzicht allgemein erforderlich gehaltene Ermächtigung ausdrücklich geregelt. Gleiches gilt für die Rücknahme von Rechtsmitteln anderer Beteiligter, die zugunsten des Beschuldigten eingelegt wurden. Heute behilft man sich bei einer Rechtsmittelrücknahme des gesetzlichen Vertreters mit einer entsprechenden Anwendung des § 302 I 2.[267]

---

263 Materialien zur Strafrechtsreform, Band 11, Sp. 86 (Nachdruck des E 1908).

264 Begründung zum Entwurf, in: Materialien zur Strafrechtsreform, Band 11, Sp. 303.

265 Bis 1935 stand dem Ehemann ein selbständiges Recht zur Einlegung eines Rechtsmittels zu; er war insoweit einem gesetzlichen Vertreter gleichgestellt, vgl. *Löwe/Rosenberg*, StPO (19. Auflage), § 298 Anm. 1 b).

266 Materialien zur Strafrechtsreform, Band 12, S. 86; die Begründung dazu (vgl. S. 176) stimmt mit der des E 1908 zu § 306 überein.

267 Vgl. nur *Pfeiffer*, StPO, § 302 Rn. 7. Näher dazu unten, 5. Kapitel, II.

Der heutige Standort von Verzicht und Rücknahme in §§ 302, 303 ist auf die eingearbeiteten Änderungen infolge der sog. Emminger-Verordnung[268] zurückzuführen, die in eine Neubekanntmachung der Straßprozeßordnung im Jahre 1924 mündeten.[269]

Ebenfalls vorgesehene, aber letztendlich nicht verwirklichte Änderungsvorhaben u. a. hinsichtlich der §§ 344, 345 a. F. finden sich in der Zeit des Dritten Reiches. Hier wird im folgenden auf die Entwürfe der Kleinen bzw. Großen Strafprozeßkommission aus den Jahren 1936, 1937 und 1939 eingegangen.

Die vom Reichsjustizministerium eingesetzte Kleine Strafprozeßkommission, die entsprechend der Tätigkeit der Strafrechtskommission auch auf dem Gebiet des Strafverfahrens eine Erneuerung im nationalsozialistischen Sinne herbeiführen sollte, tagte von Dezember 1933 bis Februar 1936.[270] Am 27.02.1936 legte sie einen Entwurf vor (E 1936).[271] Verzicht und Rücknahme sind in § 277 des Entwurfes geregelt:

„Der Verzicht auf einen Rechtsbehelf ist unwiderruflich. Ist ein Rechtsbehelf zurückgenommen worden, so kann er nicht von neuem gebraucht werden. Der Verteidiger darf einen Rechtsbehelf nur dann zurücknehmen oder auf ihn verzichten, wenn er dazu ausdrücklich ermächtigt ist. Hat eine Hauptverhandlung über ein Rechtsmittel begonnen, so kann es nur zurückgenommen werden, wenn der Vorsitzer zustimmt. Hat der Staatsanwalt das Rechtsmittel eingelegt, so bedarf es ferner der Zustimmung des Angeklagten, hat der Angeklagte es eingelegt, der Zustimmung des Staatsanwalts."

Vor allem die veränderten Vorstellungen zur Zurücknahme sind interessant: Erstmals wird in einer Rücknahmeregelung die Unzulässigkeit einer erneuten Einlegung ausdrücklich bestimmt. Insoweit handelte es sich um die Übernahme der Auffassung des Reichsgerichts.[272] Zudem ist die Rücknahme eines vom Beschuldigten eingelegten Rechtsmittels sowohl an die Zustimmung des Vorsitzenden Richters als auch an die des Staatsanwalts gebunden.[273] Damit wird eine freie Verfügung des Beschuldigten über sein Rechtsmittelrecht stärker eingeschränkt.

---

268 Verordnung über Gerichtsverfassung und Strafrechtspflege vom 4.01.1924 (RGBl. I, S. 15 ff.).

269 Neubekanntmachung vom 22.03.1924 (RGBl. I, S. 299 ff.).

270 *Gruchmann*, Justiz im Dritten Reich, S. 981 ff.; *von Hippel*, Strafprozeß, S. 67. Zu den Zielen einer Strafverfahrensreform im nationalsozialistischen Sinne vgl. *Koch*, Reform des Strafverfahrensrechts, S. 97 ff.

271 Text bei *Schubert*, Quellen zur Reform, 3. Abteilung, Band 1, S. 17 ff.

272 Vgl. RGSt 24, 142 (143); 39, 393 (394); 64, 164 (166).

273 Der Einwand des Kommissionsmitglieds *Töwe*, daß die vorgesehene Zustimmung nicht erforderlich sei, da der Vorsitzer sie doch praktisch nie versage, fand kein Gehör, vgl. Bericht der 24. Sitzung der Großen Strafprozeßkommission am 19.03.1937, in: *Schubert*, Quellen zur Reform, 3. Abteilung, Band 2, Teil 1, S. 455.

Die 1936 gebildete Große Strafprozeßkommission legte nach ihrer 2. Lesung des Entwurfes im Oktober einen neuen Entwurf vor (E 1937).[274] In § 281 dieses Entwurfes heißt es:

„Der Verzicht auf einen Rechtsbehelf und die Zurücknahme eines Rechtsbehelfs sind unwiderruflich. Beziehen sich diese Erklärungen auf ein Rechtsmittel gegen ein Urteil, so kann der Angeklagte sie frühestens vierundzwanzig Stunden nach der Urteilsverkündung abgeben. Die Erklärung über die Zurücknahme eines Rechtsbehelfs kann auch bei dem Gericht angebracht werden, das über den Rechtsbehelf zu entscheiden hätte.

Die Erklärung des Verteidigers, daß er auf einen Rechtsbehelf verzichte oder einen Rechtsbehelf zurücknehme, ist nur wirksam, wenn er dazu ausdrücklich und in einer besonderen Urkunde ermächtigt ist.

Hat die Hauptverhandlung über ein Rechtsmittel begonnen, so kann es nur mit Zustimmung des Vorsitzers zurückgenommen werden. Die Zurücknahme bedarf auch der Zustimmung des Angeklagten, wenn der Staatsanwalt, und der Zustimmung des Staatsanwalts, wenn der Angeklagte das Rechtsmittel eingelegt hat."

Diese relativ ausführliche Regelung von Verzicht und Rücknahme verstärkt insoweit entscheidend den Schutz des Beschuldigten, als daß sie in Absatz 1 Satz 2 den Rechtsmittelverzicht – allerdings mit Ausnahme des Verzichts auf die Beschwerde – nicht vor Ablauf von 24 Stunden zuläßt. Zudem wird die auch heute noch umstrittene Frage geklärt, ob die Ermächtigung für den Verteidiger bereits in der Prozeßvollmacht miterklärt werden kann. Dies geht auf eine Anregung des Kommissionsmitglieds *Freisler* – seinerzeit Staatssekretär im Justizministerium und später Präsident des Volksgerichtshofes – zurück, der eine solche weitreichende Ermächtigung im Zusammenhang mit der Prozeßvollmacht als für den Beschuldigten nachteilig ansah.[275]

Am Ende der Bestrebungen nach einer umfassenden Reform steht der letzte Entwurf der Großen Strafprozeßkommission, der am 1.05.1939 vorgelegt wurde (E 1939).[276] Dessen § 303 stimmt mit § 281 des E 1937 fast wörtlich überein: Statt von „vierundzwanzig Stunden nach der Urteilsverkündung" ist nun von „am Tage nach der Urteilsverkündung" die Rede. Die Schutzrichtung ist die

---

274 Text bei *Schubert*, Quellen zur Reform, 3. Abteilung, Band 1, S. 175 ff. Zur Tätigkeit der Großen Strafprozeßkommission vgl. *Gruchmann*, Justiz im Dritten Reich, S. 1011 ff.; *Koch*, Reform des Strafverfahrensrechts, S. 199 ff.

275 Vgl. Bericht der 24. Sitzung der Großen Strafprozeßkommission am 19.03.1937, in: *Schubert*, Quellen zur Reform, 3. Abteilung, Band 2, Teil 1, S. 454. Der weitergehende Vorschlag von *Niethammer*, daß eine Zurücknahme nur durch den Beschuldigten geschehen könne, fand dagegen keine Zustimmung, vgl. *Schubert*, a. a. O.

276 Text bei *Schubert*, Quellen zur Reform, 3. Abteilung, Band 1, S. 297 ff.; *Gruchmann*, Justiz im Dritten Reich, S. 1032 ff.; zur geistig-weltanschaulichen Grundlage des E 1939 vgl. LR-*Rieß*, StPO, Einl. E Rn. 66.

gleiche geblieben. Denn nach der Begründung zum E 1939 soll der Beschuldigte daran gehindert werden, daß er unter dem Eindruck der Hauptverhandlung einen voreiligen Verzicht abgibt.[277] Ein solcher voreiliger Verzicht sei nicht mit der Aufgabe der Rechtspflege vereinbar.[278] Im Vordergrund dürfte die Erwägung gestanden haben, daß es für eine Mindestbedenkzeit nicht so sehr auf einige Stunden ankommt, als vielmehr entscheidend ist, daß der Beschuldigte nach dem Urteil erst einmal „eine Nacht darüber schläft". Interessant ist auch die Begründung für die als erforderlich angesehene Zustimmung des Gerichts zur Rücknahme: Eine Rücknahme ohne Billigung des Gerichts sei mit dessen Aufgabe, ein gerechtes Urteil zu fällen, nicht vereinbar.[279] Bedingt durch Meinungsverschiedenheiten zwischen Justizminister *Gürtner* und anderen Regierungsstellen sowie kriegsbedingt gelangte der E 1939 noch nicht einmal zur Kabinettsberatung.[280]

Ein Reformvorschlag, auf den hier abschließend noch eingegangen werden soll, ist im Diskussionsentwurf (DE) für ein Gesetz über die Rechtsmittel in Strafsachen aus dem Jahre 1975 zu finden. Dieser ging aus der Bund-Länder-Arbeitsgruppe „Strafverfahrensreform" hervor. Zentraler Punkt dieses Entwurfes war die Einführung einer erweiterten Revision als Einheitsrechtsmittel unter dem Begriff der „Urteilsrüge".[281] Hinsichtlich § 302 sah der DE vor, daß Absatz 1 Satz 2 entfallen und Absatz 2 durch folgenden Absatz ersetzt werden sollte:

„Der im Anschluß an die Urteilsverkündung erklärte Verzicht des Beschuldigten auf die Urteilsrüge ist nur wirksam, wenn der Beschuldigte zuvor über die Folgen des Verzichts, insbesondere dessen Unwiderruflichkeit, belehrt und ihm Gelegenheit gegeben worden ist, seinen Verteidiger zu befragen. Ist der Beschuldigte zu Freiheitsstrafe von mehr als einem Jahr verurteilt oder ist eine mit Freiheitsentziehung verbundene Maßregel der Besserung und Sicherung gegen ihn angeordnet worden, so kann er frühestens am Tage nach der Verkündung des Urteils auf die Urteilsrüge verzichten."[282]

§ 303 sollte ebenfalls neugefaßt werden: „Der Verteidiger bedarf zur Zurücknahme eines Rechtsmittels einer ausdrücklichen Ermächtigung. Ein von der

277 Vgl. *Schubert*, Quellen zur Reform, 3. Abteilung, Band 1, S. 512.

278 Vgl. *Schubert*, a. a. O.

279 Vgl. *Schubert*, a. a. O.

280 *Koch*, Reform des Strafverfahrensrechts, S. 234; zur Kriegsgesetzgebung hinsichtlich des Strafverfahrens vgl. *Henkel*, Strafverfahren, S. 110 f. Teilweise haben Regelungen der Entwürfe Eingang in diese Novellengesetzgebung gefunden, vgl. *Schubert*, Quellen zur Reform, 3. Abteilung, Band 2, Teil 1. S. XIV.

281 LR-*Hanack*, StPO, Vor § 333 Rn. 17; *Rieß*, DRiZ 1976, S. 3 (4). Darüber beriet auch der 52. DJT 1978, vgl. das Gutachten von *Peters*, Band 1, C.

282 DE Nr. 39, S. 9.

Staatsanwaltschaft zugunsten des Beschuldigten eingelegtes Rechtsmittel kann ohne dessen Zustimmung nicht zurückgenommen werden. Wenn die Entscheidung über die Urteilsrüge auf Grund mündlicher Verhandlung stattfindet, so kann die Zurücknahme nach Beginn der mündlichen Verhandlung nur mit Zustimmung des Gegners erfolgen. Die Zurücknahme der Urteilsrüge des Angeklagten bedarf jedoch nicht der Zustimmung des Nebenklägers."[283]

Die Regelungen bzgl. Verzicht und Rücknahme stellten sich im DE systematischer dar. § 302 I des DE regelte sowohl Verzicht als auch Rücknahme eines Rechtsmittels. § 302 II des DE beschränkte die Möglichkeit einer Erklärung des Verzichts unmittelbar nach Urteilsverkündung. § 303 des DE regelte ausschließlich die Zurücknahme.

Den Gefahren einer übereilten Verzichtserklärung sollte durch eine Belehrungspflicht des Gerichts entgegengewirkt werden, insoweit trug man der Rechtsprechung des BGH zu sofortigen Verzichtserklärungen ohne ausreichende Beratung Rechnung.[284] Die gesetzliche Regelung der Belehrungspflicht wurde im Interesse der Rechtssicherheit als erforderlich angesehen. § 303 II 2 DE schloß für Fälle der mittleren und schweren Kriminalität den sofortigen Verzicht gänzlich aus und ließ ihn frühestens am Tage nach Urteilsverkündung zu.[285] Allerdings sprach sich bereits innerhalb der Arbeitsgruppe eine Mehrheit gegen diese Regelung aus, da sie den Interessen der Justiz zuwiderliefe.[286] Aber auch insgesamt fand der DE letztendlich keine Verwirklichung.

Nach diesen zum Teil historischen Ausführungen können drei – auch für die nachstehenden Erörterungen wichtige – Gesichtspunkte hervorgehoben werden. Zunächst wird dem Beschuldigten erst mit Anerkennung seiner Subjektstellung die Möglichkeit eines Verzichts eingeräumt. Des weiteren zeigen sowohl die historischen Prozeßordnungen als auch die Reformentwürfe, daß eine Abschaffung der Verzichts- oder Rücknahmemöglichkeit nie ernsthaft erwogen wurde. Die Möglichkeit eines Verzichts oder einer Rücknahme können insoweit als fester Bestandteil einer allgemeinen Rechtsmittellehre angesehen werden. Schließlich wird an den zahlreichen Vorgängerregelungen des Partikularrechts bzw. an den Reformentwürfen sichtbar, daß insbesondere beim Verzicht eine gewisse Schutzbedürftigkeit des Beschuldigten besteht.[287] Zudem stellen diese Regelungen Beispiele für die Ausgestaltung eines entsprechenden Schutzes dar. Darauf wird später im jeweiligen Zusammenhang noch zurückzukommen sein.

---

283 DE Nr. 40, S. 9.

284 Begründung des DE, S. 69 mit Hinweis auf BGHSt 18, 257 und 19, 101.

285 Vgl. bereits § 303 I des E 1939.

286 Begründung des DE, S. 71.

287 Bezeichnend ist insoweit, daß Art. 233, 238 der Bayerischen StPO von 1868 und Art. 357 der Sächsischen StPO von 1868 einen Rechtsmittelverzicht bei der Todesstrafe verboten.

III. Systematischer Zusammenhang

1. § 267 IV StPO

Eine gewisse praktische Bedeutung erwächst dem Verzicht aus der Vorschrift des § 267 IV, 1. Alt.[288] Danach kann bei einem allseitigen Verzicht das Urteil verkürzt abgesetzt werden und stellt somit für das Gericht bzw. den Berichterstatter eine erhebliche Arbeitserleichterung dar.[289] Die Bedeutung eines allseitigen Verzichts hat sich jedoch dadurch gemindert, daß auch nach ungenütztem Ablauf der Einlegungsfrist ein abgekürztes Urteil möglich ist, § 267 IV, 2. Alt. Diese Erweiterung beruht auf dem 1. StVRG von 1974 und sollte verhindern, daß das Gericht zwecks Arbeitserleichterung auf den Verurteilten und andere Anfechtungsberechtigte hinsichtlich der Abgabe eines Verzichts einwirkt.[290]

2. § 450 I 1 StPO

Nimmt der Beschuldigte während der Untersuchungshaft sein Rechtsmittel zurück oder verzichtet er darauf, so bestimmt § 450 I 1 die Anrechnung der U-Haft auf die zu vollstreckende Freiheitsstrafe. Doch genau dies bestimmt auch § 51 I 1 StGB. Diese Vorschrift geht auf § 60 a. F. StGB zurück, der infolge des 1. StRG die Anrechnung der Untersuchungshaft zugunsten des Verurteilten neu regelte.[291] Bei § 51 I 1 StGB handelt es sich um eine gesetzliche Strafvollstreckungsregel, d. h. die Anrechnung erfolgt kraft Gesetzes.[292] Sinn dieser Neufassung ist es, daß dem Verurteilten aus seiner Befugnis, ein Rechtsmittel einzulegen, kein Nachteil erwachsen soll.[293]

Für die Bestimmung der Bedeutung des § 450 I 1 ist es unerläßlich, auf das Verhältnis dieser Norm zu § 51 I StGB einzugehen. Hinsichtlich des Anwendungsbereiches der beiden Vorschriften sind verschiedene Ansätze denkbar.

Erstens: § 51 I 1 StGB hat Vorrang, so daß für § 450 I 1 kein eigener Anwendungsbereich verbleibt; selbst im Falle einer Nichtanrechnung gem. § 51 I 2 StGB würde § 450 I 1 keine Bedeutung erlangen, da eine solche Anordnung

---

288 Zur Bedeutung dieser Vorschrift im Zusammenhang mit dem Rechtsmittelverzicht vgl. ausführlich *Dencker*, Willensfehler, S. 37 f. – Für das Ordnungswidrigkeitenverfahren enthält § 77b I 1 OWiG eine entsprechende Regelung.

289 Vgl. *Haller/Conzen*, Strafverfahren, Rn. 609 f., 643.

290 Art. 1 Nr. 76 des 1. Gesetzes zur Reform des Strafverfahrensrechts vom 9.12.1974 (BGBl. I, S. 3393); zur Begründung vgl. den Regierungsentwurf, BT-Drs. 7/551, S. 81 f. Nach *Hübner*, Fürsorgepflicht, S. 197 soll sich dadurch dennoch nicht viel an der Brisanz des Problems des sofortigen Verzichts geändert haben.

291 Erstes Gesetz zur Reform des Strafrechts vom 25.06.1969 (BGBl. I, S. 645).

292 BGHSt 27, 287 (288); OLG München NJW 1971, 2275 (2276); *Dreher*, MDR 1970, 965 (966 f.).

293 OLG Frankfurt NJW 1970, 1140; LK-*Gribbohm*, StGB, § 51 Rn. 47.

nach dieser Ansicht nur den Zeitraum bis zur Verkündung des Urteils umfassen kann.[294] Für diese Zeitspanne scheidet eine Anwendung des § 450 I unstrittig aus, da ein Verzicht erst nach Urteilsverkündung erklärt werden kann.

Zweitens: Grundsätzlich hat zwar § 51 I 1 StGB Vorrang, aber die strafprozessuale Norm wird dann relevant, wenn eine Anrechnung ausnahmsweise versagt wird. Hierbei wird vorausgesetzt, daß eine Versagungsanordnung gem. § 51 I 2 StGB auch noch den Zeitraum nach Verkündung des Urteils betreffen kann.[295] Der Beschuldigte kann die Versagung der Anrechnung umgehen, indem er auf Rechtsmittel verzichtet. Denn ab diesem Zeitpunkt der sog. relativen Rechtskraft – d. h. die Entscheidung ist bereits gegenüber einem Beteiligten rechtskräftig[296] – erfolgt eine Anrechnung nach dem nicht ausschließbaren § 450 I. Die Versagung kann sich dann also nur auf den Zeitraum bis zum Verzicht oder zur Zurücknahme erstrecken.

Drittens: Am weitesten wird der Anwendungsbereich des § 450 I 1 gezogen, wenn man die Norm als lex specialis ansieht, die § 51 I 1 StGB verdrängt, wenn der Beschuldigte verzichtet oder eine Rücknahme erklärt. Die Anrechnung nach § 51 I 1 StGB erfolgt also nur bis zum Zeitpunkt der (relativen) Rechtskraft, danach bestimmt § 450 I 1 stets die Anrechnung.[297]

Die zuerst genannte Möglichkeit, das Verhältnis der beiden Normen zu deuten, hat als Prämisse, daß eine Anordnung gem. § 51 I 2 StGB nur den Zeitraum bis zur Verkündung des Urteils umfaßt. Doch gerade diese Annahme erscheint fraglich. Geht man – wie die zuerst genannte Ansicht – davon aus, daß § 51 I 1 StGB bis zur Rechtskraft anwendbar ist, so erscheint es widersprüchlich, die Versagungsanordnung auf nur einen Teil dieses Zeitraumes zu beschränken.[298] Schließlich läßt sich eine solche Begrenzung auch nicht dem Wortlaut des § 51 I

---

294 *Baumgärtner*, MDR 1970, 190 (191); *Dencker*, MDR 1971, 627 (630); *ders.*, Willensfehler, S. 16; Schönke/Schröder/*Stree*, StGB, § 51 Rn. 2; SK-*Horn*, StGB, § 51 Rn. 7.

295 OLG Stuttgart MDR 1970, 522; LG Nürnberg-Fürth RPfleger 1970, 67; AK-*Volckart*, StPO, § 450 Rn. 2; *Dreher*, MDR 1970, 965; *Gross*, NJW 1970,127; KK-*Fischer*, StPO, § 450 Rn. 2; LR-*Wendisch*, StPO, § 450 Rn. 6; *Meyer-Goßner*, StPO, § 450 Rn. 3.

296 *Meyer-Goßner*, StPO, § 450 Rn. 4; *E. Schmidt*, LK I, Rn. 271. *Schlüchter*, Strafverfahren, Rn. 598 f. unterscheidet des weiteren noch zwischen subjektiver und objektiver relativer Rechtskraft. Die Rechtskraft ist objektiv relativ, wenn nur ein Teil der Entscheidung unanfechtbar ist; von subjektiver relativer Rechtskraft spricht sie, wenn die Rechtskraft noch nicht für alle Prozeßsubjekte eingetreten ist. Letztere ist als Anknüpfungspunkt für § 450 I anzusehen.

297 OLG Celle NJW 1970, 768; OLG München NJW 1971, 2275 (2276); KMR-*Paulus*, StPO, § 450 Rn. 7; LK-*Gribbohm*, StGB, § 51 Rn. 66; SK-*Paeffgen*, StPO, § 450 Rn. 2; Tröndle/*Fischer*, StGB, § 51 Rn. 8; offen gelassen von OLG Frankfurt NJW 1970, 1140 (1141).

298 *Dreher*, MDR 1970, 965; *Meyer-Goßner*, StPO, § 450 Rn. 3.

2 StGB entnehmen; vielmehr ist davon die Rede, daß die Anrechnung „ganz" unterbleiben kann.

Zudem vermag allein eine solche Sichtweise die fortbestehende Existenz des § 450 I 1 zu erklären. Dessen Sinn besteht nämlich darin, daß der Beschuldigte, der sich mit seiner Verurteilung abfindet bzw. sie akzeptiert, keinen Nachteil dadurch erleiden soll, daß ein anderer Anfechtungsberechtigter das Verfahren weiterbetreibt und einen rechtskräftigen Abschluß des Verfahrens verhindert.[299] Diesen Nachteil kann der Beschuldigte aber nur dann erleiden, wenn nicht die automatische Anrechung gem. § 51 I 1 StGB erfolgt, also nur im Falle einer Versagung der Anrechnung. Für eine Untersuchungshaft, deren Fortdauer nicht der Beschuldigte verursacht hat, erscheint nur eine obligatorische Anrechnung angemessen.[300] Daher findet § 450 I 1 jedenfalls dann Anwendung, wenn das Gericht von § 51 I 2 StGB Gebrauch macht. Insoweit stimmen die zweit- und drittgenannte Ansicht auch überein.

Sie unterscheiden sich nur für den Zeitraum zwischen der relativen Rechtskraft und der absoluten Rechtskraft, d. h. Rechtskraft ist gegenüber allen Beteiligten eingetreten – beispielsweise durch allseitigen Verzicht oder Ablauf der Rechtsmittelfrist.[301] Denn vor Eintritt der relativen Rechtskraft ist § 450 I nicht anwendbar und nach Eintritt der absoluten Rechtskraft ist eine Anrechnung obsolet, denn die absolute Rechtskraft bewirkt nach wohl überwiegender Auffassung die Umwandlung der Untersuchungshaft in allgemeine Strafhaft.[302] Wonach in diesem Zeitraum eine Anrechnung erfolgt, kann hier letztendlich offen bleiben. Bei einem erklärten Verzicht wird die Heranziehung des § 450 I 1 wohl sachlich näher liegen. Für § 51 I 1 StGB bliebe somit der Zeitraum vor Eintritt der relativen Rechtskraft als Anwendungsbereich.[303]
Erfolgte die Verurteilung wegen mehrerer selbständiger Straftaten, so kann auch im Falle eines nur teilweisen Rechtsmittelverzichts bei Vollstreckung der Einzelstrafe eine Anrechnung gem. § 450 I 1 erfolgen.[304]

Der im Jugendstrafverfahren erklärte Rechtsmittelverzicht führt bei der Verurteilung zu Jugendarrest ebenfalls zur Anrechnung der seither erlittenen Untersuchungshaft, vgl. § 87 II JGG i. V. m. § 450 I 1.[305]

---

299 OLG Frankfurt NJW 1970, 1140.

300 SK-*Paeffgen*, StPO, § 450 Rn. 2.

301 *Schlüchter*, Strafverfahren, Rn. 598; *E. Schmidt*, LK I, Rn. 271.

302 BGHSt 38, 63; BGH NStZ 1993, 31; OLG Karlsruhe NJW 1964, 1085 (1086); OLG Köln NJW 1966, 1829; OLG Hamburg MDR 1977, 69; KK-*Boujong*, StPO, § 120 Rn. 22; LR-*Wendisch*, StPO, § 450 Rn. 8; *Meyer-Goßner*, StPO, § 120 Rn. 15; *Niederreuther*, Die Justiz 1940, 611 (614). Für diese Ansicht sprechen § 38 Nr. 3 StVollstrO sowie Nr. 91 I Nr. 1 UVollzO. Zur Gegenansicht vgl. SK-*Paeffgen*, § 450 Rn. 5 m. w. N.

303 Vgl. *Gross*, NJW 1970, 127 f.

304 BGH NJW 1955, 1488; *Meyer-Goßner*, StPO, § 450 Rn. 8; *Niederreuther*, Die Justiz 1940, 611 (614).

3. Die Anwendung auf andere Anträge bzw. Rechtsbehelfe

Dem Verzicht ebenfalls zugänglich ist der Einspruch gegen einen Strafbefehl; § 410 I 2 erklärt u. a. § 302 I 1 für entsprechend anwendbar. Auch die Zulässigkeit einer Rücknahme des Einspruchs ergibt sich aus dieser Vorschrift. Die Möglichkeit einer Rücknahme in der Hauptverhandlung ergibt sich dagegen aus § 411 III 1. Rücknahme und Verzicht können gleich der Einlegung des Einspruchs schriftlich oder zu Protokoll der Geschäftsstelle erklärt werden. Die Rücknahme während der Hauptverhandlung kann durch eine zu protokollierende Erklärung gegenüber dem Gericht erfolgen.[306] Dies schließt eine konkludente Rücknahme oder einen konkludenten Verzicht aus.[307]

§ 302 findet nach § 161a III 3 entsprechende Anwendung auf den Antrag auf gerichtliche Entscheidung hinsichtlich Entscheidungen der Staatsanwaltschaft gem. § 161a II, z. B. die Festsetzung eines Ordnungsgeldes gegen einen von der Staatsanwaltschaft geladenen, aber ausgebliebenen Zeugen (vgl. §161a I 1, II 1 i. V m. § 51 I 2).

Als weiterer Anwendungsbereich des § 302 ist gem. § 365 der Antrag auf Wiederaufnahme des Verfahrens zu nennen, der auf die allgemeinen Vorschriften über die Rechtsmittel verweist.

Doch der insoweit klare Wortlaut wird eingeschränkt, indem nur die Rücknahme als zulässig angesehen wird. Sie soll bis zur Entscheidung nach § 370 oder § 371 möglich sein[308] und nicht die Wiederholung des Antrags - selbst mit gleicher Begründung - ausschließen.[309] Der Verzicht auf den Wiederaufnahmeantrag wird dagegen nach ganz herrschender Meinung als unstatthaft angesehen.[310] Wenn überhaupt wird diese Ablehnung mit der Unbefristetheit des Rechtsbehelfs der Wiederaufnahme begründet.[311]

---

305 Für die bis zum Rechtsmittelverzicht erlittene Freiheitsentziehung soll § 52 JGG entsprechende Anwendung finden, vgl. *Eisenberg*, JGG, § 52 Rn. 4; *Ostendorf*, JGG, § 52 Rn. 3. Die Anrechnung der Untersuchungshaft auf die Jugendstrafe vollzieht sich nach § 52a JGG.

306 OLG Düsseldorf NJW 1986, 1505; KK-*Fischer*, StPO, § 410 Rn. 7; AK-*Loos*, StPO, § 410 Rn. 6; *Pfeiffer*, StPO, § 410 Rn. 3.

307 AK-*Loos*, StPO, § 410 Rn. 6; *Meyer-Goßner*, StPO, § 410 Rn. 3.

308 KG JR 1984, 393; *Pfeiffer*, StPO, § 365 Rn. 7.

309 *Meyer-Goßner*, StPO, § 365 Rn. 6; HK-*Krehl*, StPO, § 365 Rn. 5; *Peters*, Fehlerquellen III, S. 127.

310 AK-*Loos*, StPO, § 365 Rn. 10; KK-*W. Schmidt*, StPO, § 365 Rn. 9; LR-*Gössel*, StPO, § 365 Rn. 10; *Meyer-Goßner*, StPO, § 365 Rn. 6; *Peters*, Fehlerquellen III, S. 127; *Pfeiffer*, StPO, § 365 Rn. 7; weitergehend SK-*Frister/Deiters*, StPO, § 365 Rn. 11, die § 302 I 1 insgesamt nicht für anwendbar halten, aber eine Rücknahme dennoch zulassen: „Das Recht auf Zurücknahme eines Rechtsmittels wird von § 302 I nicht begründet,

Doch erscheint es fraglich, ob dies allein eine tragfähige Grundlage bieten kann. Wie bereits dargelegt wurde, schließt die Unbefristetheit der einfachen Beschwerde einen Verzicht gerade nicht aus.[312] Daher ist der Grund wohl eher im Wesen des außerordentlichen Rechtsbehelfs der Wiederaufnahme zu suchen. Die Wiederaufnahme stellt ein Instrument zur Durchbrechung der Rechtskraft zu Lasten der Rechtssicherheit und zugunsten der Wahrheit, der Gerechtigkeit und Rechtsbewährung dar.[313] Indem die Wiederaufnahme die Rechtskraft durchbricht, könnte eine Prozeßhandlung, die gerade der Herbeiführung der Rechtskraft dient, ihr zuwiderlaufen und folglich zur Unzulässigkeit des Verzichts hinsichtlich des Wiederaufnahmeantrags führen. Doch diese Argumentation greift zu kurz: Wie noch zu zeigen sein wird, ist es verkürzt, den Rechtsmittelverzicht allein als ein Instrument der vorzeitigen Herbeiführung der Rechtskraft zu sehen. Er hat auch eine Rechtsfriedensfunktion. Und dem Rechtsfrieden soll letztendlich auch die Wiederaufnahme dienen. Ein weiterer Ansatz zur Begründung einer Ablehnung könnte darin liegen, daß der Beschuldigte bei einem Wiederaufnahmeverzicht gar nicht übersehen kann, worauf er verzichtet. Die rechtlichen Möglichkeiten für eine Wiederaufnahme – man denke nur an die Wiederaufnahme propter nova oder an die Wiederaufnahme gem. § 79 I BVerfGG – werden zur Zeit des Verzichts in der Regel noch völlig ungewiß sein. Aber dies vermag nicht zu überzeugen: Auch beim Berufungsverfahren können sich neue Beweismittel einfinden, an die der Beschuldigte zum Zeitpunkt seines Verzichts gar nicht denkt, so daß auch hier eine zum Teil ungewisse Situation vorliegt. Zudem erscheint es widersprüchlich, wenn bisweilen in der Literatur der Rücknahme eine Verzichtswirkung zugesprochen wird, der Verzicht auf den Wiederaufnahmeantrag bei gleichzeitiger Möglichkeit einer Rücknahme aber abgelehnt wird.[314]

Im Zivilprozeß wird hinsichtlich der Nichtigkeits- und Restitutionsklage gem. § 578 ZPO nicht nur eine Zurücknahme[315], sondern auch ein Verzicht für zulässig gehalten.[316] Ähnlich wie § 365 verweist § 585 ZPO auf die allgemeinen

---

sondern vorausgesetzt. Die Nichtanwendbarkeit von Abs. 1 S. 1 steht einer Rücknahme des Antrages deshalb nicht entgegen." Bei dieser Argumentation bleibt freilich offen, warum das für Rechtsmittel als selbstverständlich angesehene Rücknahmerecht gerade auch für den Wiederaufnahmeantrag gelten soll.

311 SK-*Frister/Deiters*, StPO, § 365 Rn. 11; AK-*Loos*, StPO, § 365 Rn. 10.

312 Vgl. 1. Kapitel, I. 1.

313 *Peters*, Strafprozeß, S. 668; *Roxin*, Strafverfahrensrecht, § 55 Rn. 1.

314 So aber *Meyer-Goßner*, StPO, § 302 Rn. 12 einerseits und § 365 Rn. 6 andererseits.

315 Baumbach/Lauterbach/Albers/*Hartmann*, ZPO, § 585 Rn. 3; *Gilles*, Rechtsmittel, S. 115.

316 Baumbach/Lauterbach/Albers/*Hartmann*, ZPO, Vor § 578 Rn. 17; *Gilles*, Rechtsmittel, S. 114 f.; Stein/Jonas/*Grunsky*, ZPO, Vor § 578 Rn. 41. Allerdings ist umstritten, ob ein Verzicht nur nach oder auch vor Urteilserlaß erklärt werden kann, für letztere Ansicht mit überzeugender Argumentation Stein/Jonas/*Grunsky*, ZPO, Vor § 578 Rn. 41.

Vorschriften. Ob dahinter nur die Befristetheit steht (vgl. § 583 ZPO) oder sich die Zulässigkeit des Verzichts aus speziell zivilprozessualen Erwägungen ergibt, erscheint zweifelhaft. Es scheint mir näherliegend, die Möglichkeit eines Verzichts als allgemeinen Rechtsgedanken zu verstehen.

Nach diesen Überlegungen erscheint die Ablehnung eines Verzichts auf die Wiederaufnahme zweifelhaft bzw. in stärkerem Maße begründungsbedürftig.

Verzicht und Rücknahme können des weiteren den Einspruch gegen einen Bußgeldbescheid zum Gegenstand haben, vgl. § 67 I 2 OWiG. Für die Form des Verzichts und der Rücknahme gilt dasselbe wie für die Einlegung.[317] Die Zurücknahme erfaßt nur den jeweiligen Einspruch, d. h. eine erneute Einlegung ist danach noch möglich.[318]

4. Erstreckung auf Annexentscheidungen

Hinsichtlich der Reichweite einer Verzichtserklärung ist fraglich, ob sie auch die sofortige Beschwerde gegen sog. Annexentscheidungen – z. B. Entscheidungen des Gerichts über die Kosten oder über die Entschädigungspflicht (vgl. § 464 III, § 8 III StrEG) – erfaßt.

Überwiegend wird vertreten, daß im Einzelfall mittels der Auslegung der Umfang der Verzichtserklärung zu ermitteln sei.[319] Danach soll ein Verzicht auf Rechtsmittel auch die sofortige Beschwerde hinsichtlich der Annexentscheidungen umfassen, es sei denn, der Beschuldigte erkläre, daß er sich diesbezüglich sein Anfechtungsrecht vorbehalte.[320] Mitunter wird auch das Vorhandensein einer entsprechenden Rechtsmittelbelehrung als Indiz für einen weitgehenden Verzicht angesehen.[321]

Die Gegenansicht zieht die Reichweite einer Verzichtserklärung insoweit enger, als daß sie nur dann die Beschwerde gegen die Annexentscheidung vom

---

317 OLG Stuttgart Die Justiz 1981, 371; *Bohnert*, OWiG, § 67 Rn. 47, 52; *Göhler*, OWiG, § 67 Rn. 37, 41. Nach OLG Düsseldorf NJW 1986, 1505 soll auch eine telefonisch übermittelte Rücknahme wirksam sein.

318 *Bohnert*, OWiG, § 67 Rn. 53; andere Ansicht *Göhler*, OWiG, § 67 Rn. 40. Vgl. auch 1. Kapitel, III.

319 OLG Hamburg MDR 1993, 568; *D. Meyer*, JurBüro 1993, 706.

320 OLG Hamm MDR 1971, 776; OLG Köln MDR 1973, 516; OLG Nürnberg NStZ 1997, 302; KK-*Franke*, StPO, § 464 Rn. 10; *D. Meyer*, StrEG, § 8 Rn. 52. Zum Teil wird zusätzlich noch auf die Kenntnis des Beschwerderechts durch den Beschuldigten abgestellt, vgl. KMR-*Paulus*, StPO, § 464 Rn. 34; *Pfeiffer*, StPO, § 464 Rn. 6.

321 LR-*Hilger*, StPO, § 464 Rn. 37; *D. Meyer*, JurBüro 1993, 706 (707). Vgl. aber LG Mönchengladbach MDR 1971, 1031 (1032), das auch bei Fehlen einer entsprechenden Belehrung einen Verzicht auf die Beschwerde gem. § 464 III annimmt.

Verzicht erfassen will, wenn der Beschuldigte über diese Anfechtungsmöglichkeiten belehrt wurde.[322]

Letztere Ansicht hat den Vorzug größerer Klarheit, da über die Rechtsmittelbelehrung als notwendige Voraussetzung das Protokoll[323] Auskunft zu geben vermag. Zumindest bei deren Fehlen bedarf es keiner weiteren Auslegung der Erklärung des Beschuldigten mehr, wie diese nun gemeint sei. In diesem Fall erscheint es sinnvoller, die Verzichtserklärung auf die Rechtsmittel gegen die Hauptentscheidung zu beschränken. Eine Ausnahme wäre für die Abgabe der Verzichtserklärung durch den Verteidiger zu erwägen, da bei diesem der Überblick über die Anfechtungsmöglichkeiten als gegeben angesehen werden kann.[324]

IV. Zweck des § 302 StPO

Zum besseren Verständnis von Verzicht und Rücknahme soll auf deren Zweck eingegangen werden. Möglicherweise findet sich dabei auch der Grund für die nahezu unverändert gebliebene Regelung des § 302. Zudem können die hier gewonnenen Erkenntnisse eventuell bei der späteren Erörterung von Einzelfragen weiterhelfen.

1. Rechtssicherheitsfunktion

a) Begriff der Rechtssicherheit

Sowohl seitens der Rechtsprechung als auch seitens der Literatur wird auf die herausragende Bedeutung der Rechtssicherheit für den einzelnen Prozeßbeteiligten und für die Rechtsgemeinschaft insgesamt hingewiesen. Oftmals wird sie sogar direkt als (zwingendes) Argument für diese oder jene Entscheidung herangezogen.[325]

Bevor der Zusammenhang zwischen Rechtssicherheit und Rechtsmittelverzicht dargestellt wird, sollen zunächst einmal Begriff und Grundlage der Rechtssicherheit erläutert werden.

---

322 OLG Düsseldorf JurBüro 1990, Sp. 1032 (1033); *Meyer-Goßner*, StPO, § 302 Rn. 17; *H. Schmidt*, MDR 1971, 1032.

323 Der Vermerk, daß eine Rechtsmittelbelehrung erteilt worden ist, beweist die Belehrung sowie ihre Richtigkeit und Vollständigkeit, vgl. *Meyer-Goßner*, StPO, § 274 Rn. 13 m. w. N. aus der Rechtsprechung.

324 Vgl. OLG Nürnberg NStZ 1997, 302, das allerdings bereits einem in Anwesenheit des Verteidigers erklärten Verzicht eine weitreichende Wirkung einräumt.

325 Vgl. BGHSt 18, 274 (277); BGHR StPO § 302 Abs. 1 Satz 1 Rechtsmittelverzicht 8; BGH NJW 2004, 3643 (3645); KG JR 1954, 470 (471); OLG Karlsruhe Die Justiz 1981, 447 (448); Die Justiz 1986, 307 (308); *Dünnebier*, JR 1957, 349 (350). Aus dem Bereich des Zivilrechts vgl. RGZ (GS) 151, 82 (85 f.).

Als Allgemeingut kann die Einteilung in Orientierungs- und Realisierungssicherheit gelten.[326] *Theodor Geiger*, auf den diese Unterscheidung zurückgeht, sprach auch von Ordnungsgewißheit und -zuversicht.[327] Während jene für die Positivität, Klarheit und Bestimmtheit des Rechts steht, meint diese die Durchsetzbarkeit und Unverbrüchlichkeit des Rechts. Hierbei handelt es sich nicht um einen Gegensatz, vielmehr sind es – bildlich gesprochen – zwei Seiten einer Medaille. Zudem wird deutlich, daß Rechtssicherheit sowohl auf die gesamte Rechtsordnung und Rechtsgemeinschaft bezogen werden kann (beispielsweise herbeigeführt durch eine berechenbare Gesetzgebung) als auch die einzelne Entscheidung (des Gerichts oder auch der Exekutive) zur Rechtssicherheit beitragen kann.

Radbruch unterscheidet beim Begriff der Rechtssicherheit die Sicherheit durch das Recht, die Sicherheit des Rechts und die Sicherung des Rechts gegen Abänderungen.[328] Die Sicherheit durch das Recht meint die existenzsichernde Funktion des Rechts[329], wie z. B. den Rechtsgüterschutz durch das Strafrecht. Doch diese Aufgabe kann das Recht nur leisten, wenn es selbst sicher ist, dies meint die Sicherheit des Rechts bzw. die Rechtssicherheit i. e. S. Die Bedingungen dafür formuliert *Radbruch* folgendermaßen: „Diese *Sicherheit des Rechts* fordert die sichere Erkennbarkeit des Rechtssatzes, die sichere Beweisbarkeit der Tatsachen, von denen seine Anwendung abhängt, die sichere Vollstreckbarkeit des festgestellten Rechts.“[330] Dies ist genau die Orientierungs- und Realisierungssicherheit im o. g. Sinne. Rechtssicherheit ist somit die Förderung und Erhaltung des Vertrauens des einzelnen und der Allgemeinheit in den Bestand einer als endgültig getroffenen gerichtlichen Entscheidung.[331] Zutreffend wird darauf verwiesen, daß normative Orientierungsgewißheit nicht nur der sozialen, sondern auch der individualpsychischen Stabilität dient.[332]

Auch *Loos* weist darauf hin, daß es begrifflich präziser sei, durch positive, bestimmte und stabile Normen das Individualinteresse an einer stabilen und in-

---

326 EvStL-*Zippelius*, Sp. 2764; *Henkel*, Rechtsphilosophie, S. 437, 441; *Herschel*, JZ 1967, 727 (728); *Hruschka*, JZ 1966, 700 (701); *Zippelius*, Rechtsphilosophie, S. 168.

327 *Geiger*, Vorstudien, S. 102 f., sein Werk „Vorstudien zu einer Soziologie des Rechts“ erschien erstmals 1947. Er sah die Ordnungssicherheit als allgemeine Form der Rechtssicherheit an.

328 *Radbruch*, Mensch im Recht, S. 96 f. Beim letzten Aspekt spricht *Radbruch* aber einschränkend von einem gewissen Maß von Sicherung des Rechts gegen Abänderungen. Auch das BVerfG will eine Vernachlässigung der Rechtssicherheit durch den Gesetzgeber nur bis zu einer bestimmten Grenze zulassen, vgl. BVerfGE 3, 225 (237).

329 *Welzel*, FS Henkel, S. 11 (15), der dies als Mindestgehalt des Rechtsbegriffs ansieht.

330 *Radbruch*, Mensch im Recht, S. 96; *ders.*, Rechtsphilosophie, S. 73.

331 *Henkel*, Rechtsphilosophie, S. 437 ff.; *Schmidhäuser*, FS E. Schmidt, S. 511 (515).

332 *Zippelius*, Rechtsphilosophie, S. 166. Zur Bedeutung der Rechtssicherheit für den einzelnen im Strafverfahren vgl. *Peters*, Strafprozeß, S. 83.

haltlich konkreten Entscheidung und nicht die allgemeine Ordnungssicherheit als betroffen anzusehen.[333]

Für *Welzel* bedeutet Rechtssicherheit die regelhafte Bestimmtheit des Rechts, an die alle – die Rechtsgenossen ebenso wie die Machthaber – gebunden seien.[334]

Die Orientierungssicherheit kann zum einen durch Normen und zum anderen durch Einzelentscheidungen der Gerichte geschaffen werden. Die Beständigkeit und Stabilität dieser Einzelentscheidungen wird durch das Institut der Rechtskraft gewährleistet. Denn nur ein Verfahrensabschluß, der mit einer gewissen Rechtsbeständigkeit ausgestattet ist, vermag Ordnungsgewißheit zu geben.[335] Auch im Postulat der Rechtsmittelklarheit soll sich der Grundsatz der Rechtssicherheit im Bereich des Verfahrensrechts auswirken.[336] Die Rechtskraft stellt sich somit als ein Element bzw. sogar als ein Erfordernis der Rechtssicherheit dar.[337] Bisweilen wird die Rechtssicherheit auch als Rechtfertigung der materiellen Rechtskraft angesehen.[338]

Der Grundsatz der Rechtssicherheit wird nach allgemeiner Auffassung als im Rechtsstaatsprinzip verankert angesehen: „Das Rechtsstaatsprinzip enthält als wesentlichen Bestandteil die Gewährleistung der Rechtssicherheit; diese verlangt nicht nur einen geregelten Verlauf des Rechtsfindungsverfahrens, sondern auch einen Abschluß, dessen Rechtsbeständigkeit gesichert ist."[339] Insofern ist die Entwicklung des Begriffs der Rechtssicherheit mit dem des Rechtsstaates verknüpft.[340]

---

333 *Loos*, JZ 1978, 592 (593).

334 *Welzel*, FS Henkel, S. 11 (16).

335 Vgl. BVerfGE 19, 150 (166); *Deml*, Wiederaufnahme, S. 41; *Zippelius*, Rechtsphilosophie, S. 168, 172. Eine solche Wirkung des Urteils im Zivilprozeß sehen: *Blomeyer*, Zivilprozeßrecht, S. 2; Stein/Jonas/*Brehm*, ZPO, Vor § 1 Rn. 7, 14.

336 BVerfGE 49, 148 (164).

337 OLG Stuttgart NJW 1982, 897 (898); *Niese*, Doppelfunktionelle Prozeßhandlungen, S. 112; *Scholz*, Rechtssicherheit, S. 55, 78; *Schanze*, ZStW 1884 (Band 4), 437 (452); *E. Wolter*, Rechtskraft, S. 12.

338 *Krauth*, FS Kleinknecht, S. 215 (219); *Radtke*, Systematik, S. 46 ff., der daneben aber noch das Prinzip des Vertrauensschutzes heranzieht (S. 51 ff.); vgl. *Radbruch*, Rechtsphilosophie, S. 168: „Wiederum ist es die Rechtssicherheit, die die Rechtskraft auch des unrichtigen Urteils allein zu rechtfertigen vermag."

339 BVerfGE 2, 380 (381); vgl. auch BVerfGE 3, 225 (237); 7, 89 (92 f.); 7, 194 (196); 19, 150 (166); 27, 167 (173); 41, 323 (326); 49, 148 (164); 60, 253 (268); 65, 196 (215); 74, 129 (152); 107, 395 (401). Aus dem Schrifttum vgl. Dreier/*Schulze-Fielitz*, GG, Art. 20 (Rechtsstaat) Rn. 134; Maunz/Dürig/*Herzog*, GG, Art. 20 (VII) Rn. 26; *Sachs*, GG, Art. 20 Rn. 122 ff.; *Scholz*, Rechtssicherheit, S. 5; *E. Wolter*, Rechtskraft, S. 12.

340 *Scholz*, Rechtssicherheit, S. 3.

b) Begriff und Erscheinungsformen der Rechtskraft

Die Bedeutung, die der Rechtskraft in der Prozeßrechtsliteratur geschenkt wird, belegen folgende Bemerkungen. *Sauer* sieht in der Rechtskraft ein Zentralproblem des Prozeßrechts.[341] Nach *Grunsky* ist die Rechtskraftlehre „der wohl schwierigste, aber andererseits auch einer der interessantesten und lohnendsten Teile des Prozeßrechts".[342]

Entscheidungen der Revisionsinstanz (BGH oder OLG) erlangen bereits mit Verkündung Rechtskraft. Nichtletztinstanzliche Entscheidungen erwachsen in Rechtskraft, wenn die Entscheidung unanfechtbar ist[343], die Einlegungsfrist für ein Rechtsmittel ungenutzt verstreicht, auf die Möglichkeit einer Anfechtung verzichtet wird oder ein bereits eingelegtes Rechtsmittel zurückgenommen wird.[344] Rücknahme und Verzicht führen somit die formelle Rechtskraft herbei, deren Voraussetzung die Nichtangreifbarkeit einer Entscheidung ist.[345] Die bisweilen als weitere Voraussetzung genannte Unabänderlichkeit der Entscheidung[346] ist vielmehr als Wirkung der formellen Rechtskraft zu verstehen.[347] Diese trifft Aussagen über das laufende bzw. gerade abgeschlossene Verfahren und ist wiederum Grundlage der materiellen Rechtskraft, die sich auf andere Verfahren hinsichtlich derselben Tat bezieht.[348] Des weiteren ist die formelle Rechts-

---

341 *Sauer*, Grundlagen, S. 234. So findet sich auch die Bezeichnung „Krönung des Verfahrens", *Siegert*, GA 1935 (Band 81), 283 (287). Vgl. des weiteren die Aussage *Goldschmidts*, Prozeß als Rechtslage, S. 212: „Die Rechtskraft ist mithin in letzter Linie »metarechtlich«."

342 *Grunsky*, Grundlagen, S. 484.

343 Vgl. zum Beispiel §§ 81c III 4, 201 II.

344 OLG München NJW 1968, 1001 (1002); *Beulke*, Strafprozeßrecht, Rn. 502; *Roxin*, Strafverfahrensrecht, § 50 Rn. 2.

345 *Beulke*, Strafprozeßrecht, Rn. 502; *Kühne*, Strafprozeßrecht, Rn. 659; AK-*Loos*, StPO, § 264 Anhang Rn. 2; LR-*Rieß*, StPO, Ein. J Rn. 78; *E. Wolter*, Rechtskraft, S. 18; *E. Schmidt*, LK I, Rn. 268 und *ders.*, Strafprozeßrecht, Rn. 329, der des weiteren darauf abstellt, daß der Prozeß durch das Urteil abgeschlossen wird; im Anschluß an *Beling* bezeichnet er dies als Sperrwirkung der formellen Rechtskraft. Damit wird jedoch keine weitere Voraussetzung aufgestellt, sondern vielmehr die Wirkung beschrieben, vgl. auch *Binding*, Abhandlungen, Band 2, S. 311. *Radtke*, Systematik, S. 28 hält den Begriff der Sperrwirkung in Verbindung mit der formellen Rechtskraft für begrifflich verwirrend.

346 *Henkel*, Strafverfahrensrecht, S. 384; KK-*Pfeiffer*, StPO, Einl. Rn. 166; KMR-*Sax*, StPO, Einl. XIII Rn. 3, 7; *Meyer-Goßner*, StPO, Einl. Rn. 164; *Schlüchter*, Strafverfahren, Rn. 596, 599.

347 *Trepper*, Rechtskraft, S. 9; *Grünwald*, Teilrechtskraft, S. 15 und *Geppert*, GA 1972, 163 (171) sehen die Unabänderlichkeit als Bestandteil sowohl der formellen als auch der materiellen Rechtskraft an.

348 *Geppert*, GA 1972, 163 (171); KMR-*Sax*, StPO, Einl. XIII Rn. 9; LR-*Rieß*, StPO, Einl J Rn. 83; *E. Schmidt*, LK I, Rn. 267; *Trepper*, Rechtskraft, S. 12 ff.; *E. Wolter*, Rechtskraft, S. 14; *Binding*, Abhandlungen, Band 2, S. 311 (Fußnote 11) sieht diesen Gegen-

kraft Voraussetzung für eine Vollstreckung des Urteils[349], die Beendigung der Rechtshängigkeit[350], die Beendigung der Strafverfolgungsverjährung und einen Registereintrag (vgl. § 4 Nr. 1 BZRG, § 28 StVG).

Während die formelle Rechtskraft keine ausdrückliche Regelung im Gesetz findet, sie wird in der StPO vielmehr vorausgesetzt[351], hat die materielle Rechtskraft mit Art. 103 III GG sogar eine verfassungsrechtliche Grundlage gefunden. Der wichtigste Inhalt der materiellen Rechtskraft, nämlich der Grundsatz der Einmaligkeit der Strafverfolgung („ne bis in idem"), hat den Charakter eines prozessualen Grundrechts sowie einer verfassungsrechtlichen Institutsgarantie.[352]

Ob das Institut der Rechtskraft als vorgesetzliches Institut des Prozeßrechts zu verstehen ist oder ob es aufgrund rechtspolitischer Überlegungen besteht, kann für die Belange dieser Arbeit offen bleiben.[353]

Steht die Anfechtungsmöglichkeit jedoch mehreren Beteiligten zu, so führt der Verzicht lediglich eines Beteiligten nur zur sog. relativen Rechtskraft.[354] In diesen Fällen, wo die Entscheidung nur hinsichtlich bestimmter Beteiligter Rechtskraft aufweist, spricht man auch von subjektiver relativer Rechtskraft. Demgegenüber besteht eine objektiv relative Rechtskraft, wenn nur ein Teil der Entscheidung angefochten wird. Diese Konstellation wird auch mit dem Begriff der Teilrechtskraft umschrieben, welche sich wiederum in horizontale und vertikale Teilrechtskraft unterscheiden läßt.[355]

Versteht man die Unabänderbarkeit der Entscheidung als Voraussetzung der formellen Rechtskraft, so kann die subjektiv relative Rechtskraft nicht als Rechtskraft verstanden werden, da die Entscheidung noch aufgrund der mögli-

---

satz von formeller und materieller Rechtskraft kritisch. Zur Begründung der Notwendigkeit des Instituts der materiellen Rechtskraft vgl. *Radtke*, Systematik, S. 36 ff.

349 *Beulke*, Strafprozeßrecht, Rn. 502; LR-*Rieß*, StPO, Einl. J Rn. 82; *Meyer-Goßner*, StPO, § 449 Rn. 4; *Roxin*, Strafverfahrensrecht, § 50 Rn. 1, 5; *Schlüchter*, Strafverfahren, Rn. 597; *E. Schmidt*, LK I, Rn. 268; andere Ansicht: *Peters*, Strafprozeß, S. 502, der jedoch nicht überzeugen kann, da sich die Vollstreckung noch auf die Fortsetzung desselben Verfahrens bezieht.

350 AK-*Loos*, StPO, § 264 Anhang Rn. 5.

351 Vgl. §§ 34a, 316 I, 343 I, 410 III, 449. Vgl. auch die ausdrückliche Nennung der „formellen Rechtskraft" als amtliche Überschrift zu § 705 ZPO.

352 AK-*Loos*, StPO, § 264 Anhang Rn. 10; *Deml*, Wiederaufnahme, S. 47; LR-*Rieß*, StPO, Einl. J Rn. 86.

353 Offen gelassen auch von *Geppert*, GA 1972, 163 (170). Vgl. dazu *Radtke*, Systematik, S. 36 ff.

354 *Peters*, Strafprozeß, S. 501; *Radtke*, Systematik, S. 29; *Schlüchter*, Strafverfahren, Rn. 598 f.

355 KK-*Pfeiffer*, StPO, Einl. Rn. 168; *Peters*, Strafprozeß, S. 497; *Roxin*, Strafverfahrensrecht, § 50 Rn. 3.

chen Anfechtung anderer Beteiligter abänderbar ist.[356] Aber auch außerhalb dieser Ansicht wird die Differenzierung nach der Anfechtbarkeit durch die Beteiligten abgelehnt und zwecks begrifflicher Klarheit nur diejenige Entscheidung als formell rechtskräftig verstanden, die von keinem Beteiligten mehr angefochten werden kann.[357] Dieser Einwand vermag jedoch nicht vollständig zu überzeugen; schließlich lassen sich mit o. g. Differenzierungen Sachverhalte gerade präziser beschreiben. Allerdings muß mit diesen Beschreibungen das Verständnis einhergehen, daß Rechtswirkungen nur die absolute Rechtskraft auszulösen vermag. So setzt beispielsweise die Vollstreckbarkeit eines Urteils absolute Rechtskraft voraus.[358] Für eine Vollstreckung ist aber auch die sog. vertikale Teilrechtskraft – das Urteil ist nur gegen einen von mehreren Angeklagten rechtskräftig – ausreichend.[359]

c) Wirkungen der Rechtskraft

Die Folgen der formellen und materiellen Rechtskraft sind bereits oben erwähnt worden. An dieser Stelle soll v. a. auf die Vollstreckungs- und Beendigungswirkung eingegangen werden.

aa) Vollstreckungswirkung

Wie oben dargelegt wurde, tritt diese Wirkung mit der formellen Rechtskraft ein. Sie ist somit Voraussetzung für die Einleitung des Vollstreckungsverfahrens. Besteht seitens des Beschuldigten ein Interesse an möglichst schneller Strafvollstreckung, so wird er auch ein Interesse an möglichst schneller Herbeiführung der Rechtskraft haben und versuchen, daß zumindest von seiner Seite keine rechtskraftverzögernden Schritte erfolgen.
Für den in Untersuchungshaft befindlichen Beschuldigten hat zudem die subjektive relative Rechtskraft in Verbindung mit § 450 Bedeutung, welche angesichts des § 51 I jedoch relativiert ist.[360]

bb) Beendigungswirkung

Die rechtskräftige Entscheidung beendet das Erkenntnisverfahren. So wie der Prozeß einem Rechtsstreit ein Ende bereiten soll, so verhindert die Rechtskraft

---

356 *Meyer-Goßner*, StPO, Ein. Rn. 164; vgl. aber KMR-Sax, StPO, Einl. XIII Rn. 6, *Schlüchter*, Strafverfahren, Rn. 599, die dennoch von relativer Rechtskraft sprechen.

357 *Trepper*, Rechtskraft, S. 11.

358 KK-*Fischer*, StPO, § 449 Rn. 3; *Meyer-Goßner*, StPO, § 449 Rn. 5, 10; *E. Schmidt*, LK I, Rn. 271. Demgegenüber ist bei § 450 I als einem möglichen Fall subjektiver relativer Rechtskraft nur vom maßgeblichen Anknüpfungspunkt, nämlich dem Rechtsmittelverzicht, die Rede.

359 *Meyer-Goßner*, StPO, § 449 Rn. 10.

360 Vgl. dazu 2. Kapitel, III. 2.

eine endlose Unsicherheit der Rechtsverhältnisse.[361] Zutreffend bemerkt *Beling*: „Aber eine ständige Prozeßerneuerung ohne Ende, wie sie ohne die materielle Rechtskraft zulässig wäre, verträgt das Rechtsleben nicht."[362]

Der Verzicht und die Rücknahme (nach Ablauf der Einlegungsfrist) schließen ein Rechtsmittelverfahren aus. Sollte dennoch ein Rechtsmittel eingelegt werden, so würde es von der Rechtsmittelinstanz als unzulässig verworfen.[363] Eine nach der Rücknahme ergangene Entscheidung ist gegenstandslos.[364]

Wird die Wirksamkeit eines Rechtsmittelverzichts bestritten und infolgedessen ein Rechtsmittel eingelegt, so erfolgt im Rahmen des Verwerfungsbeschlusses die feststellende Klärung durch das Rechtsmittelgericht.[365] Die Feststellung der Wirksamkeit eines Verzichts oder einer Rücknahme ist deklaratorischer Art.[366] Für eine Entscheidung des Tatrichters ist daneben kein Raum, da es sich hier um eine Entscheidung vergleichbar einer solchen gem. § 349 I handelt.[367] Dies gilt auch dann, wenn zudem Mängel der Form- oder Fristeinhaltung

---

361 *Vogler*, Rechtskraft, S. 40.

362 *Beling*, Strafprozeßrecht, S. 268 f.

363 RGSt 40, 133 (135); 64, 14 (15); RG HRR 1941, Nr. 678; BGH NJW 1984, 1974 (1975); BGH NStZ 1984, 181; BGH NStZ 1999, 526 (527); BGH NStZ-RR 2004, 341; BayObLGSt 1960, 238; OLG Dresden GA 1929 (Band 72), 390; LR-*Hanack*, StPO, § 302 Rn. 76; *Meyer-Goßner*, StPO, § 322 Rn. 1; *E. Schmidt*, LK II, § 322 Rn. 4; SK-*Frisch*, StPO, § 302 Rn. 81. OLG München NJW 1968, 1001 weist zutreffend darauf hin, daß dieser Beschluß nur deklaratorisch wirkt. Vgl. dazu auch *Niese*, JZ 1957, 73 (77). Nach RGSt 55, 213 (214); KG HRR 1932, Nr. 2009; OLG Schleswig SchlHA 1972, 161; KK-*Kuckein*, StPO, § 349 Rn. 6 soll eine Verwerfung wegen Unzulässigkeit ausscheiden und statt dessen nur eine Erledigungserklärung in Betracht kommen.

364 Vgl. BGH StraFo 2005, 71 (72).

365 BGHR StPO § 302 Abs. 1 Satz 1 Rechtsmittelverzicht 8; BGH NStZ 1997, 378; BGH NStZ-RR 1998, 60; BGH wistra 2000, 391; BGH NStZ-RR 2004, 341; 2005, 67; OLG Köln StraFo 2001, 386; LG Zweibrücken, NStZ–RR 2002, 177; *Meyer-Goßner*, StPO, § 302 Rn. 11a mit dem Hinweis, daß das Rechtsmittelgericht erst dann zuständig sei, wenn ihm die Akten zur Entscheidung vorlegt worden seien. – Zum Teil (vgl. vorherige Fußnote) wird auch nur die Feststellung der Erledigung als statthaft angesehen und eine Verwerfung ausgeschlossen. Dies unterscheidet sich von der hier vertretenen Ansicht jedoch nicht grundlegend, da mit einer Einlegung trotz vorher erklärten Verzichts dessen Wirksamkeit doch stets bestritten wird, so daß eine Verwerfung praktisch nie ausreichen wird, sondern es stets einer feststellenden Entscheidung des Rechtsmittelgerichts bedarf. Verwerfung und Erledigungserklärung schließen sich somit nicht aus, vgl. SK-*Frisch*, StPO, § 302 Rn. 78, 81. Vgl. auch KG JR 1981, 480 (481): „Die sofortige Beschwerde des Angeklagten ist somit mit der Maßgabe zu verwerfen, daß seine Berufung für erledigt zu erklären ist (…)."

366 BGH NStZ-RR 2005, 66 (67).

367 BGH NStZ 1984, 181; 1999, 526; 2000, 217; BGH NStZ-RR 2001, 265; 2003, 292; 2005, 149 (150); LR-*Hanack*, StPO, § 349 Rn. 2. Nach BGH MDR 1959, 507 (508);

vorliegen.[368] Geht das Gericht von der Wirksamkeit des Rechtsmittelverzichts aus, so erklärt es in seinem Beschuß das Rechtsmittel für erledigt.[369]

Stellt das Gericht die Unwirksamkeit des Rechtsmittelverzichts fest und wurde in der vorherigen Instanz ein abgekürztes Urteil gem. § 267 IV 1 abgesetzt, so soll § 267 IV 3 analog anwendbar sein.[370] Dieser Auffassung ist zuzustimmen. Es ist kein Grund ersichtlich, warum die Konstellation eines Nichtablaufs der Einlegungsfrist infolge Wiedereinsetzung in den vorigen Stand anders zu behandeln sein sollte als das Nichtvorliegen der rechtskraftherbeiführenden Wirkung des Rechtsmittelverzichts aufgrund dessen Unbeachtlichkeit. Denn entscheidende Voraussetzung des § 267 IV 3 ist, daß die Unanfechtbarkeit als Grund für die Kurzfassung nachträglich entfällt bzw. sich nur als scheinbar herausstellt.[371]

Gegen die feststellende Entscheidung des Berufungsgerichts über die Wirksamkeit eines Verzichts wird als Rechtsbehelf einerseits die einfache Beschwerde[372], andererseits nach überwiegender Auffassung die sofortige Beschwerde entsprechend § 322 II als statthaft angesehen.[373] Auch wenn § 322 I einen Mangel hinsichtlich der Einlegung nennt, so sprechen doch Gesichtspunkte für eine Anwendung des § 322 II. Es macht für die Lage des Beschuldigten keinen Unterschied, ob das Rechtsmittel als unzulässig verworfen oder für erledigt erklärt wurde. Zudem sollte die offene Frage der Anfechtbarkeit einer zügigen Klärung zugeführt werden.[374] Hierfür erscheint die befristete sofortige Beschwerde besonders geeignet. Allerdings dürfte eine Entscheidung in der Regel offen blei-

---

NStZ-RR 2001, 265 soll der Tatrichter gem. § 346 I nur über solche Fragen entscheiden, die eine rein förmliche Nachprüfung erfordern.

368 BGH NStZ 2000, 217.

369 BGH NJW 1960, 2202; BGH NStZ 2000, 553; OLG Düsseldorf MDR 1985, 429; OLG Karlsruhe JR 1992, 302; SK-*Frisch*, StPO, § 302 Rn. 78.

370 BGH NStZ-RR 2002, 261.

371 LR-*Gollwitzer*, StPO, § 267 Rn. 143.

372 KG HRR 1932, Nr. 2009; HK-*Rautenberg*, StPO, § 302 Rn. 14; LR-*Jagusch*, StPO (20. Auflage), § 322 Rn. 2.

373 BGH NStZ-RR 2003, 292 (293); OLG München NJW 1968, 1000 (1001); OLG Celle NdsRPfleger 1973, 132 (133); OLG Hamburg GA 1978, 186 (187); OLG Frankfurt NStZ 1988, 328 (329); OLG Karlsruhe JR 1992, 302; OLG Schleswig SchlHA 1997, 171 (172); OLG Hamm VRS 2000, 140; SK-*Frisch*, StPO, § 302 Rn. 78; LR-*Hanack*, StPO, § 302 Rn. 76; *Meyer-Goßner*, StPO, § 302 Rn. 11a; *Pfeiffer*, StPO, § 322 Rn. 2; *Sommermeyer*, JR 1992, 303.

374 OLG Düsseldorf MDR 1985, 429 (430).

ben, da der Beschwerdeführer selbst zumeist ein schnelle Klärung wünscht und die Beschwerde innerhalb einer Woche einlegen wird.[375]

Des weiteren trägt zur Beendigungswirkung bei, daß die Möglichkeit einer Wiedereinsetzung in den vorigen Stand bei einem beachtlichen Rechtsmittelverzicht ausgeschlossen wird.[376] Denn ansonsten könnte die festgestellte Unzulässigkeit des Rechtsmittels mit den Vorschriften über die Wiedereinsetzung umgangen werden.

2. Rechtsfriedensfunktion

a) Begriff des Rechtsfriedens

Rechtsfrieden wird zumeist auf die Allgemeinheit bezogen. Aus dem Blickwinkel des Strafverfahrens sieht *Schmidhäuser* Rechtsfrieden als einen Zustand an, bei dem sich die Gemeinschaft im Hinblick auf den Verdacht eines mit Strafe bedrohten Rechtsbruches beruhigen kann.[377] Zuweilen wird dieser Begriff zusammen mit dem der Rechtssicherheit verwendet, so daß beiden ein ähnlicher, wenn nicht sogar gleicher Gehalt zugesprochen wird.[378] Dem kommt auch die Ansicht nahe, die Rechtsfrieden lediglich als eine Folge der Rechtskraft ansieht.[379]

Die Aufgabe der Rechtsfriedenschaffung und -sicherung wird als Aufgabe des Staates bzw. der Rechtspflege angesehen.[380] Der Rechtsfrieden wird sowohl durch die Geltung der Rechtsordnung insgesamt als auch durch die Entscheidung konkreter Streitigkeiten i. S. e. Befriedung erreicht.[381]

---

375 Vgl. OLG Oldenburg NStZ-RR 2001, 246 (247), das die Entscheidung ausdrücklich offen läßt.

376 BGH NJW 1974, 330; BGH NJW 1984, 1974 (1975); BGH NStZ 1984, 181; 1987, 18; BGH NStZ-RR 2000, 305; AK-*Achenbach*, StPO, § 302 Rn. 1; HK-*Rautenberg*, StPO, § 302 Rn. 1; KMR-*Plöd*, StPO, § 302 Rn. 17; LR-*Hanack*, StPO, § 302 Rn. 76.

377 *Schmidhäuser*, FS E. Schmidt, S. 511 (516, 521 f.); vgl. auch *Duttge*, ZStW 2003 (Band 115), 539 (543); *Lampe*, GA 1968, 33 (38); *Radtke*, Systematik, S. 50.

378 *Niese*, Doppelfunktionale Prozeßhandlungen, S. 111; *Radbruch*, Rechtsphilosophie, S. 74; *Rüping*, Strafverfahren, Rn. 9; *Sauer*, Allgemeine Prozeßrechtslehre, S. 3. *Schmidhäuser*, FS E. Schmidt, S. 511 (521) wendet sich gegen eine solche Gleichsetzung.

379 *Beulke*, Strafprozeßrecht, Rn. 6; *Roxin*, Strafverfahrensrecht, § 1 Rn. 3; KMR-*Sax*, StPO, Einl. XIII Rn. 10; Rosenberg/Schwab/*Gottwald*, Zivilprozeßrecht, § 1 Rn. 10, der für den Zivilprozeß die Wiederherstellung des Rechtsfriedens nicht als selbständigen Prozeßzweck ansieht.

380 *Henkel*, Strafverfahrensrecht, S. 384; *Rümelin*, Rechtssicherheit, S. 22.

381 *Krey*, Strafverfahrensrecht I, Rn. 46; KK-*Pfeiffer*, StPO, Einl. Rn. 1; *Sauer*, Allgemeine Prozeßrechtslehre, S. 3; *Volk*, Strafprozeßrecht, § 3 Rn. 1.

b) Rechtsmittelverzicht und Rechtsfrieden

Der Rechtsmittelverzicht dient nicht bloß der beschleunigten Herbeiführung der Rechtskraft.[382] Vielmehr kann der Beschuldigte mittels einer solchen Erklärung am Ende des Verfahrens ausdrücken, daß er das Ergebnis dieses Verfahrens akzeptiert. Anschaulich wird dies durch die vielfach übliche Formulierung „Ich nehme das Urteil an". Annehmen muß nicht ein Billigen oder Gutheißen i. S. e. positiven Bewertung des Ergebnisses bedeuten. Aber zumindest wird durch den Verzicht auf eine Anfechtung zum Ausdruck gebracht, daß das Urteil als im Einklang mit der Rechtsordnung stehend angesehen wird, auch wenn z. B. eine erhoffte mildere Strafe dem Beschuldigten versagt geblieben ist. Freilich wird „Rechtsordnung" hier zumeist als Auffassung der höchstrichterlichen Rechtsprechung zu verstehen sein. Denn ihre Rechtsauffassung beeinflußt maßgeblich die Bestätigung oder Aufhebung der erstinstanzlichen Urteile und der Urteile der Berufungsgerichte.

Auch die Zurücknahme erfolgt in der Regel aufgrund der Erkenntnis, daß die Erfolgsaussichten eines Rechtsmittels ungünstig sind, da Verfahrensfehler oder Fehler in der Anwendung materiellen Rechts ausgeschlossen werden können. Dennoch geht auch hier ein Signal seitens des Beschuldigten i. S. e. Bestätigung des Rechtsspruchs aus.

Eine Deutung als Anerkennung bzw. Bestätigung des Urteils findet sich auch im älteren Schrifttum, so beispielsweise bei *Bucher*: „(...) diese Erklärung, die Rechtmäßigkeit der Entscheidung anzuerkennen, ist es, was man gewöhnlich die Erklärung des Verzichts nennt."[383] Weitergehend wird im Verzicht nicht nur die Anerkennung der Rechtmäßigkeit, sondern die Anerkennung der Gerechtigkeit der Entscheidung gesehen.[384] Die Anerkennung der Gerechtigkeit eines Urteils seitens Angeklagten, Ankläger und Nebenkläger – also infolge eines allseitigen Verzichts – stellt wohl den Idealfall dar. Sie wirkt sich in mehrerlei Hinsicht positiv aus.

Erstens: Dem Gericht, hinsichtlich dessen Entscheidung auf das Anfechtungsrecht verzichtet wird, wächst Autorität zu. Insbesondere bei einem allseitigen Verzicht erhält das Urteil ein besonderes „Gütezeichen". Den außerhalb des konkreten Verfahrens stehenden Personen wird zum einen die Rechtsfehlerfreiheit und zum anderen – allerdings nicht zwingend – die Angemessenheit des Ergebnisses erklärt. Diese gleiche Wirkung könnte man auch einem bloßen Verstreichenlassen der Rechtsmittelfrist einräumen, allerdings weist eine aktive Erklärung doch eine größere Aussagekraft als ein bloßes Unterlassen auf.[385]

382 So aber *Peters*, Fehlerquellen, Bd. 3, S. 127.

383 *Bucher*, Verzicht, S. 74.

384 *von Kries*, Rechtsmittel, S. 54; *Planck*, Systematische Darstellung, S. 509.

385 *Dencker*, Willensfehler, S. 41, wonach ein Akt der positiven Zustimmung eben mehr sei als ein bloßes Verstreichenlassen der Frist.

Zweitens: Der Beschuldigte kann ein Rechtsmittel einlegen, wenn er mit der ihn betreffenden Entscheidung nicht einverstanden ist. Warum sollte er also nicht auch erklären können, daß er mit ihr einverstanden ist. Er hat durch diese Erklärung die Möglichkeit, sich auch beim Verfahrensende aktiv mit einzubringen und einen Beitrag zur Streitbeendigung zu leisten. Insofern arbeitet der Beschuldigte an der Konfliktlösung – wenn man den Strafprozeß als eine spezifische Form einer solchen versteht[386] – mit.

Drittens: Diese Leistung, sofern sie vom Beschuldigten freiwillig erbracht wird, kann auch für das Opfer eine positive Wirkung haben. Denn es muß gerade nicht erfahren, daß der Prozeß ein weiteres Stadium erreicht. Des weiteren erklärt der Beschuldigte mit der Annahme des Urteils im Falle seiner Verurteilung zu einer Strafe auch die Annahme dieser Strafe für das dem Verfahren vorausgegangene Verhalten gegenüber dem Opfer.

Ein gesetzliches Indiz für die Zuerkennung einer Rechtsfriedensfunktion des Rechtsmittelverzichts sieht *Dencker* infolge einer gründlichen Analyse des § 267 IV in eben dieser Norm. Diese Vorschrift ermögliche bei Erklärung eines Verzichts die Absetzung eines verkürzten Urteils, da die Überzeugung der Verfahrensbeteiligten von der Richtigkeit und Gerechtigkeit des Urteils mittels einer Urteilsbegründung aufgrund des Verzichts gerade nicht erforderlich sei.[387] Denn wenn alle Rechtsmittelberechtigten auf Rechtsmittel verzichteten, könne bereits dadurch vernünftigerweise eine Beruhigung der Rechtsgemeinschaft erwartet werden.[388]

Eine andere Deutung des § 267 IV könnte dahingehend erfolgen, daß eine Abkürzung des Urteils einfach aufgrund der Nichtanfechtbarkeit mit Rechtsmitteln gestattet ist. Der von *Dencker* seinerzeit dagegen erhobene Einwand, daß § 267 IV schließlich nur für den Rechtsmittelverzicht eine Verkürzung zulasse und somit die Abkürzung nicht allein mit der Unanfechtbarkeit des Urteils begründet werden könne[389], kann nach der Erweiterung des § 267 IV nicht mehr gelten.[390] Denn § 267 IV 1, 2. Alt. sieht gerade die Möglichkeit der Abfassung eines abgekürzten Urteils auch bei Fristablauf vor. Ob dieser aber den Rechtsfrieden in gleichem Maße befördert wie ein positiv erklärter Verzicht, ist gerade fraglich. Somit könnte doch wohl eher der Umstand, daß keine Rechtsmittel mehr eingelegt werden können, für die Abkürzung sprechen und nicht eine spezifische Rechtsfriedensfunktion des Verzichts. Bei einer solchen Sichtweise bliebe aber offen, warum dann nicht generell bei unanfechtbaren Urteilen (z. B.

---

386 Vgl. AK-*Wassermann*, StPO, Einl. II Rn. 1.

387 *Dencker*, Willensfehler, S. 37 ff.

388 *Dencker*, Willensfehler, S. 40.

389 *Dencker*, Willensfehler, S. 38.

390 Vgl. 2. Kapitel, III. 1.

solchen des BGH) deren Abkürzung möglich sein sollte.[391] Somit scheint nach wie vor noch einiges für den Ansatz *Denckers* zu sprechen, in § 267 IV 1 einen Hinweis auf die Rechtsfriedensfunktion des Verzichts auf Rechtsmittel zu sehen.

Gegen ein solches Verständnis des § 267 IV wendet sich jedoch *Schulze*, da die Rechtsfolge des § 267 IV nicht durch den Verzicht, sondern durch die Rechtskraft des Urteils eintrete.[392] Zuzugeben ist, daß entweder Verzicht oder Ablauf der Rechtsmittelfrist Voraussetzung für die Anwendbarkeit der Norm ist. Aber der Sinn bzw. die Rechtfertigung eines verkürzten Urteils kann dennoch in dem bereits durch den Verzicht herbeigeführten Rechtsfrieden gesehen werden. Stünde zudem allein die Rechtskraft im Vordergrund, so wäre es doch begründungsbedürftig, warum dann nicht auch Revisionsurteile abgekürzt werden könnten.

3. Vorrang der Rechtssicherheit?

Die Erklärung eines Rechtsmittelverzichts ist also auf Rechtssicherheit und Rechtsfrieden hin ausgerichtet. Diese beiden Begriffe werden auch bei der Frage nach den Zwecken[393] eines Strafverfahrens genannt.[394]

So stellt für *Roxin* das Ziel des Strafverfahrens die „1. materiell richtige, 2. prozeßordnungsgemäß zustande kommende, 3. Rechtsfrieden schaffende Entscheidung über die Strafbarkeit des Beschuldigten" dar.[395] In dieser Sentenz werden die häufigsten im Schrifttum und in der Rechtsprechung genannten Ziele genannt, wobei einzelne Ziele als Hauptziel erscheinen bzw. besonders hervorgehoben werden.[396]

---

391 Nach einhelliger Auffassung erstreckt sich der Anwendungsbereich nur auf grundsätzlich anfechtbare Urteile, d. h. gerade nicht auf Revisionsurteile, vgl. KK-*Engelhardt*, StPO, § 267 Rn. 37; LR-*Gollwitzer*, StPO, § 267 Rn. 123; SK-*Schlüchter*, StPO, § 267 Rn. 60. Insofern kann die Rechtskraft jedenfalls nicht das maßgebliche Kriterium für eine Abkürzung des Urteils sein.

392 *Schulze*, Willensmängel, S. 189.

393 Ziel und Zweck werden hier synonym verwendet, vgl. aber LR-*Rieß*, StPO, Einl. B Rn. 4 ff. Nach *Röhl*, Allgemeine Rechtslehre, S. 502 meint Zweck die dogmatisch festgelegten Verfahrensziele.

394 Als Zwecke sollen hier die Folgen einer Handlung eines Verfahrensbeteiligten verstanden werden, die dieser als erstrebenswert ansieht und daher auch anstrebt; Funktion sind die tatsächlichen Folgen, die infolge der Bestrebungen der Beteiligten eintreten, vgl. *Krack*, Rehabilitierung, S. 31 f.

395 *Roxin*, Strafverfahrensrecht, § 1 Rn. 3.

396 *Beulke*, Strafprozeßrecht, Rn. 3 ff.; *Niese*, Doppelfunktionelle Prozeßhandlungen, S. 111. Insbesondere wird häufig auf den Rechtsfrieden als maßgebliches Ziel abgestellt, vgl. *Krack*, Rehabilitierung, S. 33 ff.; *Rieß*, FS Schäfer, S. 155 (170); *Schmidhäuser*, FS E. Schmidt, S. 511 (521); *E. Wolter*, Rechtskraft, S. 17. Zum Teil wird auch nur auf die materielle Wahrheit und Gerechtigkeit abgestellt, vgl. *Jescheck*, JZ 1970, 201 (204); KK-*W. Schmidt*, StPO, Vor § 359 Rn. 1 ff.; *Paeffgen*, Vorüberlegungen, S. 30,

Bei *Schlüchter* besteht der Prozeß*zweck* in der Harmonisierung der drei Prozeß*ziele* Gerechtigkeit, Rechtssicherheit und Achtung der Menschenwürde.[397]

Der insbesondere vom BVerfG[398] oftmals erwähnte Grundsatz der Funktionstüchtigkeit der Strafrechtspflege scheint m. E. eher die im konkreten Fall abgewogene Zusammenfassung der verschiedenen Prozeßziele zu sein.

Auf überwiegende Ablehnung stößt die Ansicht[399], welche die Herbeiführung der Rechtskraft als alleiniges Prozeßziel ansieht.[400] In der Tat erscheint es nicht überzeugend, ein Verfahren nur durchzuführen, um zu einer unanfechtbaren Entscheidung zu gelangen.[401] Eindeutig wendet sich *Beling* gegen eine solche Betrachtung der Rechtskraft: „Rechtskraft der unrichtigen Entscheidung und damit das Rechtskraftinstitut schlechthin ist notbehelfsmäßige Preisgabe des Prozeßziels."[402] Zuweilen wird die Rechtskraft auch als notwendiges Mittel zur Herbeiführung von Rechtsfrieden und -sicherheit verstanden.[403] Aber ein als notwendig angesehenes Mittel zur Erreichung eines (End-)Zieles kann auch als (Zwischen-)Ziel angesehen werden. So kann man also sowohl ein Mittel als Ziel als auch ein Ziel als Mittel betrachten.[404]

Auf jeden Fall kann aber die gerechte Entscheidung als Verfahrensziel genannt werden. Es ist jedoch darauf hinzuweisen, daß von der richterlichen Tätigkeit nur die Intention auf Gerechtigkeit und Wahrheit verlangt werden kann, da diese beiden Ziele einer absoluten menschlichen Verwirklichung bzw. Erkenntnis

---

39: „Wahrheitssuche und Rechtssuche"; *Stock*, FS Mezger, S. 429 (446); *E. Schmidt*, Strafprozeßrecht, S. 16 f.; *ders.*, LK I, Rn. 20 f. *Röhl*, Allgemeine Rechtslehre, S. 502 hält die gerechte Entscheidung für das oberste Ziel, Rechtsfrieden und -sicherheit dagegen für Unterzwecke.

397 *Schlüchter*, Strafverfahren, Rn. 2; *dies.*, Kernwissen, S. 1; *dies.*, Rudolphi-Symposium, S. 205 (215 f.).

398 BVerfGE 33, 367 (383); 38, 105 (115); 38, 312 (321); 41, 246 (250); 46, 214 (222); 51, 324 (343); 80, 367 (375); BVerfG NJW 2002, 51 (52).

399 *Goldschmidt*, Prozeß als Rechtslage, S. 151 ff.; im Anschluß daran grundsätzlich für die Tätigkeit der Gerichte *Lampe*, GA 1968, 33 (48). Für den Gesetzgeber oder ein höchstes Gericht – *Lampe* denkt hier an das BVerfG – soll dagegen eine Prävalenz der Rechtssicherheit nicht bestehen. Aber *Lampe* stellt auch auf die Herbeiführung von Rechtsfrieden ab (S. 38). Gegen *Lampes* Ansicht, das BVerfG solle mittels Abwägung zwischen Gerechtigkeit und Rechtssicherheit die Rechtskraft durchbrechen können, wendet sich *E. Schmidt*, JZ 1968, 681 (683 f.).

400 *Deml*, Wiederaufnahme, S. 42; *Duttge*, ZStW 2003 (Band 115), 539 (542); *Henkel*, Strafverfahrensrecht, S. 84 f.; *Niese*, Doppelfunktionelle Prozeßhandlungen, S. 111; *E. Schmidt*, JZ 1968, 681 (683); für den Zivilprozeß vgl. *Gaul*, AcP 1968, 27 (51 ff.).

401 So auch *Sax*, ZZP 1954 (Band 67), 21 (26 f.).

402 *Beling*, Strafprozeßrecht, S. 268 (Fußnote 4). So auch *Stock*, FS Mezger, S. 429 (447), für den das Institut der Rechtskraft zur Einschränkung der Prozeßziele führt.

403 *Niese*, Doppelfunktionelle Prozeßhandlungen, S. 112; *Schmidhäuser*, FS E. Schmidt, S. 511 (515).

404 Vgl. *Krack*, Rehabilitierung, S. 31 f.

nicht zugänglich sind.[405] Mit Recht sagt *Sauer*: „Richtende Tätigkeit bedeutet Annäherung eines Lebensverhältnisses an die Gerechtigkeit."[406]

Ohne späteren Ausführungen allzu sehr vorgreifen zu wollen, ist bereits an dieser Stelle eine Argumentation kritisch zu betrachten, die bei der Klärung von Zweifelsfragen beim Rechtsmittelverzicht auf „die Gerechtigkeit" oder „die Rechtssicherheit" als Lösungsgrundlage abstellt. So wird bei der Problematik, ob dieser oder jener erklärte Verzicht unbeachtlich sei oder nicht, darauf abgestellt, daß sich die Lösung aus einem der o. g. Verfahrensziele ergebe. So einleuchtend es zunächst erscheinen mag, für die Wirksamkeit einer Prozeßhandlung die Rechtssicherheit oder für die Unwirksamkeit einer Prozeßhandlung die Gerechtigkeit heranzuziehen, stellt sich eine solche Argumentation bei näherem Hinsehen als fragwürdig dar. Denn eine Bezugnahme auf die Verfahrensziele zur Begründung der Unbeachtlichkeit setzt voraus, daß ein Verfahrensziel ein anderes an Bedeutung übertrifft, die Rechtssicherheit beispielsweise über der Gerechtigkeit steht. Die Verfahrensziele stehen aber gerade in keinem abstrakten Stufenverhältnis, bei der die Rechtssicherheit der Gerechtigkeit voranginge oder umgekehrt. Vielmehr existiert zwischen den Verfahrenszwecken ein Spannungsverhältnis.[407] Für das Prozeßrecht generell stellte das BVerfG fest: „Im Prozeß besteht aus der Natur der Sache eine Spannung zwischen dem Erfordernis der materiellen Gerechtigkeit einerseits und der Rechtssicherheit andererseits."[408]

Betrachtet man die beiden Ziele Gerechtigkeit und Rechtssicherheit, so fallen einem schnell Beispiele für mögliche Konflikte ein: das rechtskräftige, aber fehlerhafte Urteil oder das unverschuldete Versäumen einer Frist. Zu beachten ist aber, daß in der Regel zwischen beiden Zielen kein Widerspruch bestehen wird.[409] So dient beim richtigen Urteil die Rechtskraft als Element der Rechtssicherheit gerade auch der Gerechtigkeit und die größte Orientierungssicherheit bieten natürlich gerechte Urteile. Daher kann das o. g. Spannungsverhältnis nicht als ein das gesamte Strafprozeßrecht durchziehendes angesehen werden. Dennoch ist in den relevanten Konstellationen nach einer Auflösung des Spannungsverhältnisses zu suchen. Die Konfliktlösung zwischen Gerechtigkeit und

405 *Deml*, Wiederaufnahme, S. 40 f.; *Niese*, Doppelfunktionelle Prozeßhandlungen, S. 111; *Paeffgen*, Vorüberlegungen, S. 17, 25; *Sauer*, Allgemeine Prozeßrechtslehre, S. 1 f.; *Schmidhäuser*, FS E. Schmidt, S. 511 (514); *E. Schmidt*, LK I, Rn. 20; *ders.*, JZ 1968, 681.

406 *Sauer*, Allgemeine Prozeßrechtslehre, S. 1.

407 *Meyer-Goßner*, StPO, Einl. Rn. 164; *Peters*, Strafprozeß, S. 83; *Roxin*, Strafverfahrensrecht, § 1 Rn. 3 ff. Für das Recht allgemein *Radbruch*, Mensch im Recht, S. 104.

408 BVerfGE 4, 309 (314 f.); 7, 89 (92); 22, 322 (329); 74, 129 (152); *Sachs*, GG, Art. 20 Rn. 122; Vgl. auch *Dahrmann*, Widerruf, S. 59 und *Seier*, JZ 1988, 683 (686) hinsichtlich der sich beim Rechtsmittelverzicht ergebenden Probleme.

409 *Deml*, Wiederaufnahme, S. 43; *Peters*, Strafprozeß, S. 84.

Rechtssicherheit ist Aufgabe des Gesetzgebers, der dabei einen erheblichen Spielraum hat.[410] Auch die Verfassung räumt weder der Gerechtigkeit noch der Rechtssicherheit generell Vorrang ein; vielmehr werden beide aus dem Rechtsstaatsprinzip abgeleitet und genießen somit gleichermaßen Verfassungsrang.[411]

Ein ausdrücklicher Hinweis auf die vom Gesetzgeber in der StPO getroffene Entscheidung ist diesem Gesetz nicht zu entnehmen. Die Vorschriften über die Wiederaufnahme im 4. Buch der StPO lassen zwar erkennen, daß nur in diesen Fällen ein rechtskräftiges Urteil mittels des Strafprozeßrechts durchbrochen werden kann. Aber auch dann wirkt sich das Prinzip der Rechtssicherheit dahingehend aus, daß die Durchbrechung der Rechtskraft an eine eng begrenzte Anzahl besonderer Ausnahmetatbestände gebunden ist.[412] In den nicht genannten Konstellationen genießt somit die Rechtskraft als Ausprägung der Rechtssicherheit den Vorrang. Diese den §§ 359 ff. zu entnehmende Wertung stellt somit das zulässige Ergebnis der Abwägung des Gesetzgebers zwischen Gerechtigkeit und Rechtssicherheit dar. Die Rechtskraft einer Entscheidung stellt also die Regel und ihre Durchbrechung die Ausnahme dar. Dies bedeutet allerdings nicht, daß sich ein Vorzug der Rechtssicherheit für den Beschuldigten stets nachteilig auszuwirken hat. Dieses läge nahe, wenn Rechtssicherheit eher als kollektives Gut und Gerechtigkeit lediglich im Sinne einer Einzelfallgerechtigkeit verstanden würde. Aber gerade die Vorschriften über die Wiederaufnahme zeigen, daß auch bei der Wiederaufnahme zu *Ungunsten* des Beschuldigten Gerechtigkeitserwägungen hierzu führen. Dahingegen wirken sich in den Fällen des – wohl die Regel darstellenden – Strafklageverbrauchs gerade Rechtssicherheitserwägungen für den Beschuldigten vorteilhaft aus. Sicherheit des Rechts steht somit im Dienste des Einzelnen und sichert – indem sie Willkür vermeidet – die Freiheit des einzelnen.[413]

Eine Präferenz des Prozeßrechts für die Rechtssicherheit – ohne ihr jedoch einen generellen Vorrang einzuräumen – in Gestalt grundsätzlich bestandskräftiger Entscheidungen läßt sich durchaus nachvollziehen. Denn diese ist im Gegensatz zur Gerechtigkeit objektiv bestimmbar. Für die Lösung konfligierender Ziele können immer nur subjektive Gerechtigkeitsvorstellungen herangezogen werden, die freilich Anlaß für weitreichende Kontroversen bilden. Zutreffend bemerkt *Radbruch*: „Aus der Gerechtigkeit allein kann man freilich fertige Rechtssätze nicht ableiten."[414] Dahingegen wird sich die aus der Rechtssicher-

410 BVerfGE 3, 225 (237); 15, 313 (319 f.); 35, 41 (47); 60, 253 (267); Dreier/*Schulze-Fielitz*, GG, Art. 20 (Rechtsstaat) Rn. 136; *Jarass*/Pieroth, GG, Art. 20 Rn. 77; *Peters*, Strafprozeß, S. 84; *Zippelius*, Rechtsphilosophie, S. 173.

411 BVerfGE 7, 194 (196); *Dahrmann*, Widerruf, S. 60 ff.

412 BVerfGE 22, 322 (329).

413 Vgl. *Radbruch*, Mensch im Recht, S. 98.

414 *Radbruch*, Mensch im Recht, S. 92.

heit abzuleitende Lösung des konkreten Falles – nämlich sein Abschluß nach Entscheidung – in der Regel unproblematisch nachvollziehen lassen; ob diese als gerecht bewertet wird, ist allerdings eine andere Frage.

Zusammenfassend läßt sich dennoch feststellen, daß es „das“ Verfahrensziel im Strafprozeß nicht gibt; es kann also nicht auf einen vorrangigen Verfahrenszweck abgestellt werden, aus dessen Beachtung sich Ergebnisse für die Beantwortung konkreter strafprozessualer Fragen gewinnen lassen.

Bezogen auf die Problematik des unwirksamen Rechtsmittelverzichts bedeutet dies beispielsweise, daß sich die Unwirksamkeit nicht stets allein mit dem Hinweis auf die Rechtssicherheit ablehnen läßt. Umgekehrt kann nicht eine generelle Unwirksamkeit des Verzichts bei Willensmängeln des Beschuldigten aufgrund des Vorrangs der Gerechtigkeit postuliert werden. Mit diesen Feststellungen wird aber nicht ausgeschlossen, daß anläßlich der Frage nach der Unwirksamkeit des Rechtsmittelverzichts an der ein oder anderen Stelle Bezug auf die Verfahrensziele der Gerechtigkeit sowie der Rechtssicherheit genommen wird.

3. Kapitel: Die Erklärung des Verzichts

Damit der Rechtsmittelverzicht seine oben beschriebenen Wirkungen auch tatsächlich entfalten kann, muß er – wie jede Prozeßhandlung – vorgenommen bzw. erklärt werden. Im folgenden sollen die in Betracht kommenden Erklärungsberechtigten auf ihre Motive für eine solche weitreichende Erklärung hin untersucht werden. Des weiteren ist hinsichtlich der allgemeinen Prozeßhandlungsvoraussetzungen zu fragen, ob diese beim Rechtsmittelverzicht im gleichen oder gar strengeren Maße zu berücksichtigen sind. Um eine Grundlage für die im nächsten Kapitel folgende Betrachtung möglicher Unwirksamkeitsgründe zu gewinnen, sollen daher in diesem Abschnitt auch die – zum Teil nicht ganz unumstrittenen – Fragen nach dem frühestmöglichen Zeitpunkt der Erklärung, der Geltung des § 274, dem Widerruf eines erklärten Rechtsmittelverzichts sowie dem Teilverzicht erörtert werden.

I. Der Kreis der Erklärungsberechtigten und ihre Beweggründe

1. Beschuldigter

Der Beschuldigte selbst ist natürlich berechtigt, auf die ihm zustehenden Rechtsmittel zu verzichten. Gerade im Rechtsmittelverfahren kommt ihm eine besondere Bedeutung zu; dies verdeutlicht insbesondere die Norm des § 297, wonach letztendlich der Wille des Beschuldigten entscheidend ist. Zwar kann der Verteidiger aus eigenem Recht und im eigenem Namen ein Rechtsmittel einlegen[415], aber diese Befugnis ist bei entgegenstehendem Willen des Beschuldigten eingeschränkt.

Für spätere Fragestellungen ist es nicht ohne Nutzen, nach möglichen Motiven für einen Verzicht des Beschuldigten zu forschen. Dies erscheint gerade bei einer Prozeßhandlung interessant, mit der sich der Beschuldigte einer Rechtsschutzmöglichkeit begibt.

Zu vereinfachend ist in dieser Hinsicht die Feststellung *Hübners*, daß der Verzicht dem Beschuldigten nur Nachteile und keine Vorteile bringe.[416] Eine

---

415 BGHSt 12, 367 (370); BGH GA 1973, 46 (47); OLG Düsseldorf MDR 1983, 512.

416 *Hübner*, Fürsorgepflicht, S. 199. So auch OLG Frankfurt NJW 1971, 949 (950). Insoweit zurückhaltender formuliert *Plötz*, Fürsorgepflicht, S. 307 (Fußnote 303), daß „sachliche Interessen eines Angeklagten am sofortigen Eintritt der Rechtskraft des Urteils nur mehr in Ausnahmefällen vorstellbar“ seien, vgl. aber S. 318: „Die Erklärung des Rechtsmittelverzichts bringt dem Verurteilten (...) keine prozessualen Vorteile“.

solche Sichtweise wird dann bei der Frage nach Möglichkeiten der Befreiung von der Bindungswirkung eher bereit sein, eine solche anzunehmen, als bei differenzierender Betrachtung. Letztere soll hier versucht werden.

Ausgehend von der vorzeitigen Herbeiführung der Rechtskraft bei einem allseitigen Verzicht und der Voraussetzung der Rechtskraft für die Strafvollstreckung wird sich der Beschuldigte eines Rechtsmittelverzichts bedienen, wenn er einen möglichst schnellen Strafantritt wünscht. Bei der Geld- und Freiheitsstrafe mag ein solches Begehren nicht ohne weiteres verständlich erscheinen[417], aber z. B. bei der Nebenstrafe des Fahrverbots (§ 44 StGB) kann der Beschuldigte sehr wohl ein Interesse an einem raschen Beginn haben. Das Fahrverbot wird gem. § 44 II 1 StGB mit der Rechtskraft wirksam, allerdings ist für den Beginn der Verbotsfrist noch die amtliche Verwahrung des Führerscheins erforderlich (§ 44 III 1 StGB). So kann der hierzu Verurteilte durch einen Verzicht, der dann freilich noch einen Verzicht der anderen Anfechtungsberechtigten nach sich ziehen müßte, das Fahrverbot sofort beginnen lassen, wenn er sich hierauf eingestellt und entsprechende Vorkehrungen getroffen hat. Auch bei der Freiheitsstrafe wird darauf hingewiesen, daß z. B. aufgrund eines bevorstehenden Urlaubs der Verurteilte ein Interesse an einem baldigen Strafantritt haben könnte.[418] Der Einwand, daß aufgrund der Zeitspanne zwischen Urteilsverkündung und Strafantritt die Vorverlagerung des Strafvollzuges kaum meßbar sei[419], trifft zumindest für das Fahrverbot nicht zu, da es – die sofortige amtliche Verwahrung des Führerscheins vorausgesetzt – mit dem Verzicht beginnen kann. Wird die Freiheitsstrafe zur Bewährung ausgesetzt, so beginnt die Bewährungszeit gem. § 56a II StGB mit Rechtskraft der Entscheidung.

Der Verurteilte kann aber auch an einem Vollzug einer Maßregel der Sicherung und Besserung Interesse haben: So mag einem therapiewilligen Verurteilten bei einer verfügten Unterbringung in eine Entziehungsanstalt gem. § 64 StGB durchaus an einem zeitnahen Beginn der Therapie gelegen sein.

Im Zusammenhang mit einer vollstreckten Untersuchungshaft wird sich der Beschuldigte durch die Möglichkeit einer Anrechnung gem. § 450 I motivieren lassen.[420] Ein weiterer Beweggrund des in Untersuchungshaft einsitzenden Beschuldigten könnte der Wegfall des Haftgrundes der Verdunkelungsgefahr (§

Ob und wenn ja, welche Vorteile – außer den prozessualen – ein Verzicht dem Beschuldigten bringen kann, läßt *Plötz* aber unbeantwortet.

417 Nicht ganz zu Unrecht wird bei der lebenslangen Freiheitsstrafe darauf hingewiesen, daß hier ein Verzicht besonders bedenklich sei, da er nur Nachteile bringe, vgl. *H. Müller*, Willenserklärungen, S. 87 (Fußnote 23).

418 Vgl. *Dahs*, Handbuch, Rn. 735.

419 *Erb*, GA 2000, 511 (512).

420 *Kumlehn*, Fürsorgepflicht, S. 127 f. Zur Relevanz des § 450 I und seinem Verhältnis zu § 51 I StGB, vgl. 2. Kapitel, III. 2.

112 II Nr. 3) infolge eines erklärten Rechtsmittelverzichts sein.[421] Mangels eines weiteren Verfahrens besteht dann nicht mehr die Gefahr einer Beeinträchtigung der Arbeit der Strafverfolgungsbehörden. Auch wenn (noch) keine Untersuchungshaft vollzogen wird, so könnte dennoch nach einer Verurteilung die drohende Beantragung und die darauf möglicherweise folgende Verhängung der Untersuchungshaft aufgrund von Fluchtgefahr (§ 112 II Nr. 2) – begründet mit der Höhe der verhängten, aber noch nicht rechtskräftigen Strafe – durch die Erklärung eines Rechtsmittelverzichts abgewendet werden. Denn die Untersuchungshaft bezweckt neben der Sicherung des Verfahrens auch noch die Sicherung der Vollstreckung[422], und durch einen Rechtsmittelverzicht signalisiert der Verurteilte, daß von seiner Seite aus keine Beeinträchtigung des Verfahrens bzw. der Vollstreckung zu befürchten ist. So werden in einem Beschluß des BGH, in dem die Verhandlungsfähigkeit bei Abgabe der Verzichtserklärung erörtert wird, die Motive des Beschuldigten mitgeteilt: „Ihm [d. h. dem Beschuldigten] war sogar an dem Eintritt der Rechtskraft gelegen, um nicht »wieder in die Hölle der U-Haft zurückkehren zu müssen«".[423] In diesem Zusammenhang ist bereits zu erwähnen, daß der durch die Staatsanwaltschaft beantragte Haftbefehl nach Urteilserlaß durchaus als Druckmittel zur Abgabe eines Rechtsmittelverzichts wirken kann.[424]

Neben diesen vollstreckungsrechtlichen Gesichtspunkten mag der Beschuldigte mit seiner Erklärung des Rechtsmittelverzichts auch die Staatsanwaltschaft und / oder den Nebenkläger dazu bewegen, ihrerseits auf Rechtsmittel zu verzich-

---

421 *Erb*, GA 2000, 511 (512); *H. Müller*, Willenserklärungen, S. 92, der dies als einzigen Grund für die Beibehaltung des § 302 ansieht. Zum Haftgrund der Verdunkelungsgefahr nach Verkündung des Urteils vgl. SK-*Schlüchter*, StPO, § 268b Rn. 6. – Diese Erwägung kann auch für einen Beschuldigten zutreffen, der sich bisher auf freiem Fuße befunden hat, vgl. *Kumlehn*, Fürsorgepflicht, S. 128.

422 AK-*Deckers*, StPO, § 112 Rn. 9; LR-*Hilger*, StPO, Vor § 112 Rn. 1. Auch wenn die Revisionsinstanz nicht die Anwesenheit des Beschuldigten erfordert, so besteht doch wegen der Möglichkeit der Rückverweisung in die Tatsacheninstanz die Notwendigkeit einer Verfahrenssicherung.

423 BGH NStZ 1996, 297. Der 4. Senat schloß aus dieser Äußerung, daß sich der Beschuldigte der Tragweite seiner Erklärung bewußt war und bejahte deshalb die Verhandlungsfähigkeit. Vgl. auch OLG Stuttgart NJW 1995, 375 (376). – BGHSt 45, 51 (55) bezeichnet das Entscheidungsverhalten angesichts des u. U. nur kurzfristigen Vorteils der Haftentlassung als irrational, aber psychologisch nachvollziehbar.

424 Vgl. die Konstellationen bei BGHSt 17, 14; BGH NJW 2004, 1885; OLG Hamburg MDR 1964, 615; OLG Jena NJW 2003, 3071; *Schroeder*, Strafprozeßrecht, Rn. 298. Zum „posthumen" Haftbefehl aus der Sicht des Verteidigers vgl. *Dahs*, Handbuch, Rn. 736. – Näher dazu unten, 4. Kapitel, III. 1. c) cc).

ten.[425] Dem entspricht die Gewohnheit des Sitzungsvertreters der Staatsanwaltschaft, nicht vor einer Verzichtserklärung des Beschuldigten auf Rechtsmittel zu verzichten.[426] Auch wenn man als alleinigen Gesichtspunkt für die Überlegungen der Staatsanwaltschaft bzgl. einer Rechtsmitteleinlegung die Akzeptanz des Urteils aus Sicht der Staatsanwaltschaft ansieht[427], so wird bei einem Verzicht seitens des Beschuldigten doch eher die Bereitschaft für einen eigenen Verzicht vorhanden sein.

In diesem Zusammenhang spielt auch eine Absprache zwischen Gericht, Staatsanwaltschaft und Beschuldigtem eine Rolle, wenn das Urteil letztendlich auf ihr beruht. Denn in einem solchen Fall werden sowohl Staatsanwaltschaft als auch der Beschuldigte ein Interesse an der „Sicherung ihres Verfahrensergebnisses" haben und somit dieses durch einen Ausschluß der Anfechtungsmöglichkeiten vor einer Überprüfung bzw. Korrektur durch eine Rechtsmittelinstanz bewahren.[428] Der Rechtsmittelverzicht ist bildlich gesprochen der Handschlag zur Bekräftigung einer Absprache. Erklärte der Beschuldigte keinen Rechtsmittelverzicht, so würde dies als Unzuverlässigkeit seinerseits ausgelegt werden. Angesichts dessen und der Gepflogenheit der Staatsanwaltschaft, nur nach Erklärung des Verzichts durch den Beschuldigten ihrerseits auf Rechtsmittel zu verzichten, wird verständlich, warum der Beschuldigte seine Erklärung zuerst abgibt und die Staatsanwaltschaft auch zu einer solchen bewegen kann. Die Praxis der Absprachen ist somit eine sich eher vergrößernde Quelle für die Erklärungen eines Rechtsmittelverzichts und bezeugt seine Relevanz.[429]

Nun zu den Motiven einer Rechtsmittelrücknahme: Einen wichtigen Grund für die Rücknahmeerklärung stellt die erkannte Aussichtslosigkeit des eingelegten Rechtsmittels dar; durch die Rücknahme kann der Beschuldigte somit die unnötigen Kosten eines Rechtsmittelverfahrens zumindest zum Teil vermeiden. Gar Resignation ist in dem Schreiben eines Beschuldigten spürbar, welches der BGH als wirksame Rücknahme einer Revision ansah; der Beschuldigte schrieb folgendes an das Gericht: „ (...) teile Ihnen hiermit mit, daß Rechtsanwalt B ab

---

425 BGH NJW 2004, 1336. Zur beschwichtigenden Einwirkung auf die Strafverfolgungsorgane durch einen Verzicht auf die Entschädigung für Strafverfolgungsmaßnahmen vgl. *Friehe*, Verzicht, S. 78 f.

426 *Heghmanns*, Arbeitsgebiet, Rn. 972 f. sieht dies in seinem Handbuch für Staatsanwälte wohl als Voraussetzung an: „Der Sitzungsvertreter kann grundsätzlich unmittelbar nach Urteilsverkündung einen Rechtsmittelverzicht erklären. Dies setzt allerdings einen vorherigen Verzicht des Angeklagten voraus. (...) Bei einem Freispruch darf der Sitzungsvertreter, selbst wenn er Anklageverfasser ist und die Entscheidung seinem Antrag folgt, generell nicht auf Rechtsmittel verzichten." Ob letzteres wirklich zwingend ist, erscheint doch zweifelhaft.

427 *Erb*, GA 2000, 511 (513).

428 Näher zu den Beweggründen, eine revisionsgerichtliche Überprüfung zu vermeiden *Rönnau*, Absprache, S. 49 ff.

429 Vgl. *Schroeder*, Strafprozeßrecht, Rn 298.

sofort nicht mehr mein Verteidiger ist. Das bereits (vielleicht?) in meinem Fall (ab 29.4.96) unternommene ziehe ich hiermit zurück (...) Ich habe kein Vertrauen mehr in die Justiz, (...) vielleicht habe ich woanders mehr Glück".[430] Die Aussichtslosigkeit erschließt sich dem Verurteilten und seinem Verteidiger zumeist erst nach Zustellung des schriftlichen Urteils mit seiner Begründung. Da diese i. d. R. erst nach der Einlegungsfrist erfolgt, kann die Notwendigkeit bestehen, ein Rechtsmittel zunächst vorsichtshalber einzulegen und dieses später dann – auch aus Kostengründen – zurückzunehmen.[431] Die nicht geringe Anzahl von Rücknahmen ist daher zum Teil auch auf die relativ kurze Einlegungsfrist zurückzuführen.[432]

Auch mag die Erklärung einer Rechtsmittelrücknahme vom Verhalten eines Mitangeklagten beeinflußt werden.[433]

Neben diesen vollstreckungsrechtlichen und prozeßtaktischen Erwägungen sind weitere Motive noch in einem sonst eher vernachlässigten Bereich zu suchen. Die Schwierigkeit ihrer Darstellung und der Nachvollziehbarkeit liegt darin begründet, daß diese Motive im psychologischen Bereich wurzeln. Denn jeder Prozeß – insbesondere der Strafprozeß – berührt nicht nur rechtliche Interessen der Beteiligten, sondern wirkt sich gerade bei den nicht in ihren Berufsrollen beteiligten Personen emotional aus. Für solche Aspekte weist das Verfahren mit seinem rechtlichen Gebäude oftmals nicht genügend Raum auf. Mögliche Nischen sind für den Beschuldigten u. a. die Möglichkeit des letzten Wortes (§ 258 II, 2. Halbsatz) und auch der Rechtsmittelverzicht.

Auf die (mögliche) Rechtsfriedensfunktion des Rechtmittelverzichts wurde bereits hingewiesen.[434] Neben dieser objektiven, d. h. für die Allgemeinheit relevanten, Funktion kann der Beschuldigte auch für sich selbst diesen Rechtsfrieden finden und bestätigen. *Plötz* spricht in diesem Zusammenhang von einer subjektiven Rechtsfriedensfunktion.[435] Das subjektive Empfinden des Rechtsfriedens weist die gleichen Aspekte auf, die bereits geschildert wurden. Für den Beschuldigten ist mit dem Urteil eine – mitunter sehr lange[436] – Zeit der Unge-

---

430 BGH NStZ 1997, 378. Der Generalbundesanwalt hielt aufgrund dieser wirren Erklärung die Revision nicht für wirksam zurückgenommen.

431 *Schroeder*, Strafprozeßrecht, Rn. 300.

432 Vgl. *Becker/Kinzig*, Rechtsmittel im Strafrecht, S. 211.

433 Vgl. BGHR StPO § 302 Abs. 2 Rücknahme 2: hier erfolgte die Rücknahme, weil der Mitangeklagte kein Rechtsmittel eingelegt hatte.

434 Vgl. 2. Kapitel, IV. 2.

435 *Plötz*, Fürsorgepflicht, S. 300 (Fußnote 277). Erstmalig findet sich eine eingehende Betrachtung des Rechtsmittelverzichts unter dem Aspekt des Rechtsfriedens bei *Dencker*, Willensfehler, S. 37 ff. – Nach dem oben verwendeten Sprachgebrauch ist das Streben eines Verfahrensbeteiligten als Zweck oder Ziel zu bezeichnen.

436 Vgl. nur die Fälle aus der Rechtsprechung zur überlangen Verfahrensdauer bzw. zum Beschleunigungsgebot: BVerfG NJW 2002, 207 (208); BGHSt 46, 159 (168 ff.); BGH

wißheit und Anspannung zu Ende.[437] Auch wenn es mit Verkündung – mit Ausnahme der Revisionsurteile – noch nicht rechtskräftig ist, so beseitigt es doch zumindest vorläufig erst einmal die Ungewißheit bzgl. des Verfahrensausganges. In diesem Moment ist der Wunsch des Verurteilten verständlich, das Verfahren zu einem endgültigen Abschluß zu bringen. Dieser verschafft dem Beschuldigten wohl nicht selten ein befreiendes Gefühl.[438] Das bloße Abwarten der Rechtsmittelfrist erscheint zunächst als ein gleichermaßen taugliches Mittel. Warum sollten die nur wenigen Tage nicht abgewartet werden, die gerade angesichts eines u. U. mehrmonatigen Verfahrens doch gar nicht ins Gewicht fielen? Eine solche Sichtweise verkennt die psychische Situation zwar nicht aller, wohl aber doch etlicher Verurteilten. Hier mag die Maxime „je eher, desto besser" gelten, damit endlich Ruhe eintritt. Bezeichnend ist daher auch die im älteren Schrifttum bzw. in der älteren Rechtsprechung zu findende Formulierung, daß sich der „Angeklagte bei einer Entscheidung *beruhige*".[439]

Wenn das Verfahren dem Beschuldigten nun einigermaßen (ge-)recht erscheint und er nicht mit einer aus seiner Sicht völlig unannehmbaren Sanktion bedacht wird, so ist m. E. auch die äußerliche Annahme des Urteils eine Erleichterung für die Strafverbüßung. Diesem Bedürfnis trägt somit der Rechtsmittelverzicht Rechnung. Als Veranschaulichung mag das Schreiben eines Verurteilten dienen, mit dem er einen Rechtsmittelverzicht erklärte. Der BGH als Rechtsmittelgericht stellte in seinem Urteil vom 18. August 1988 fest: „Das genannte Schreiben enthält eindeutig und zweifelsfrei die Erklärung, daß der Angeklagte gegen das Urteil des Landgerichts Bielefeld vom 29. April 1988 kein Rechtsmittel einlegen wolle; denn der Angeklagte schreibt in dem an den Vorsitzenden der Strafkammer gerichteten Brief wörtlich: »Für ihre Neutralität beim Termin ... danke ich Ihnen ganz herzlich und nehme das Urteil an«. Dabei sind die letzten vier Worte doppelt unterstrichen. Am Ende des Schreibens heißt es dann: »Das alles ist Grund genug, um das Urteil gerecht werden zu lassen«. Damit kann nur gemeint sein, daß das Urteil rechtskräftig werden sollte."[440] Auch die ausdrückliche Akzeptanz der verhängten Strafe durch den Beschuldigten wird in einer anderen Entscheidung mitgeteilt, indem der Beschuldigte mit folgenden Worten zitiert wird: „Ich bin mit meiner Strafe einverstanden und

---

NStZ 1996, 506; OLG Zweibrücken StV 2002, 152. – Nach Art. 6 I 1 EMRK ist das Verfahren in einer angemessenen Frist zum Ende zu bringen.

437 Zur psychischen Verfassung des Beschuldigten während und nach der Hauptverhandlung vgl. *Hülle*, JZ 1953, 629: „Ohne Zweifel trifft ihn die Entscheidung [des Gerichts am Ende der Hauptverhandlung] in dem Augenblick, da er sich im Zustande höchster Aufregung befindet."

438 Vgl. *H. Müller*, Willenserklärungen, S. 89.

439 Vgl. RG Rechtsprechung 1, 423; RGSt 2, 78 (79); RG Rechtsprechung 2, 562; RGSt 42, 241; *von Schwarze*, StPO, § 344 Anm. 3. So auch noch OLG Neustadt GA 1956, 92 (93).

440 BGHR StPO § 302 Abs. 1 Satz 1 Rechtsmittelverzicht 7.

möchte in Strafhaft gehen."[441] Die Zufriedenheit mit dem Ergebnis des Verfahrens kann also u. a. durch einen Verzicht auf Rechtsmittel zum Ausdruck gebracht werden.[442]

Zusammenfassend läßt sich festhalten, daß vollstreckungsrechtliche, prozeßtaktische sowie psychologische Gesichtspunke den Entschluß eines Beschuldigten begründen können, auf Rechtsmittel zu verzichten.

Allein diese möglichen Interessen rechtfertigen die – seit Inkrafttreten nahezu unverändert gebliebenen – Reglungen von Verzicht und Rücknahme. Somit kann nicht den Stimmen gefolgt werden, die nicht nur den Rechtsmittelverzicht modifizieren wollen – z. B. Möglichkeit des Verzichts erst einen Tag nach dem Urteil oder Schaffung einer Widerrufsmöglichkeit[443] –, sondern sogar für die Streichung des Rechtsmittelverzichts plädieren.[444] Forderungen nach einer Beschränkung oder Beseitigung der Rücknahme eines Rechtsmittels werden – soweit ersichtlich – nicht erhoben. Deren praktischer Nutzen und Wert für die Prozeßökonomie ist somit unbestritten.[445] Dem vielgestaltigen Interesse des Beschuldigten an einer sofortigen Rechtskraft ist, auch vor dem Hintergrund der noch zu erörternden „Gefahren" eines Rechtsmittelverzichts, Rechnung zu tragen. Den möglicherweise damit verbundenen Risiken kann mit den im folgenden zu behandelnden verfahrensrechtlichen Instrumenten begegnet werden.

2. Verteidiger mit Ermächtigung gem. § 302 II StPO

Ist der Beschuldigte anwaltlich vertreten, so wird die Verzichtserklärung in der Regel wohl von seinem Verteidiger abgegeben. Dies ist jedoch nur mit einer Ermächtigung möglich, so daß der Verteidiger bei Verzicht und Rücknahme – im Gegensatz zur Einlegung eines Rechtsmittels, welches ein eigenes Recht des Verteidigers darstellt[446] – nicht im eigenen Namen handelt. Allgemein werden der Verzicht und v. a. die Rücknahme als ein wichtiges Mittel der Verteidi-

---

441 BGH NStZ 1983, 280 (281) – hierbei handelte es sich um eine Rechtsmittelzurücknahme.

442 BGH NJW 2004, 1336.

443 Auf diese Vorschläge wird eingegangen, wenn es um den Verzicht unmittelbar nach Urteilsverkündung [vgl. 4. Kapitel, III. 2. c)] oder um die Frage des Widerrufs eines erklärten Verzichts [vgl. 3. Kapitel, V. 2.] geht.

444 *Dencker*, Willensfehler, S. 81; *F. Meyer*, Willensmängel, S. 389 spricht zwar von der „Streichung des § 302 StPO", meint aber damit wohl nur den Rechtsmittelverzicht, da sich seine vorangehenden Erörterungen stets nur auf diesen erstrecken.

445 So auch *Dencker*, Willensfehler, S. 81.

446 *Meyer-Goßner*, StPO, § 297 Rn. 3; *Pfeiffer*, StPO, § 297 Rn. 2. Nach einer älteren Gegenansicht wird der Verteidiger bei der Rechtsmitteleinlegung nicht kraft eigenen Rechts, sondern als Vertreter des Beschuldigten tätig, RGSt 66, 209 (211); 66, 265 (266); vgl. dazu auch AK-*Achenbach*, StPO, § 298 Rn. 4 m. w. N.

gungsgestaltung angesehen, die nicht zu entbehren sind.[447] Allerdings wird vor einem unüberlegten Einsatz gewarnt, insbesondere von der Erklärung des Rechtsmittelverzichts unmittelbar nach Verkündung des Urteils wird abgeraten.[448]

Bevor auf die mit der Ermächtigung zusammenhängenden Probleme eingegangen wird, soll zunächst der Frage nachgegangen werden, ob der Verteidiger auch ein eigenes und ggf. welches Interesse an einer Verzichtserklärung im Namen seines Mandanten hat.

Gebührenrechtlich wirkt sich die Einlegung eines Rechtsmittels und die Durchführung des Rechtsmittelverfahrens grundsätzlich positiv für den Verteidiger aus.[449] Aber vorrangig wird sich der Verteidiger bei der Beratung[450] seines Mandanten, ob Verzicht oder Rücknahme erklärt werden soll, doch von den Erfolgsaussichten des Rechtsmittels leiten lassen.[451] Denn letztendlich beeinflußt dies langfristig das Bild des Mandanten von seinem Verteidiger.

Dennoch wird neben den Erfolgsaussichten v. a. im Rahmen von Absprachen allein der Umstand, daß der Verteidiger sich seinen Vorstellungen entsprechend mit der Staatsanwaltschaft und dem Gericht verständigt hat, dazu führen, daß er an der Erklärung eines Verzichts interessiert ist. Denn die Nichterklärung eines Verzichts würde Zweifel an seiner Zuverlässigkeit begründen und damit die Akzeptanz als (Gesprächs-)Partner zukünftiger Verständigungen mindern bzw. sogar beseitigen.[452] Der Verteidiger denkt somit stets auch an das „Verhandlungsklima" in zukünftigen Strafverfahren vor demselben Gericht.[453] Im besonderen Maße gilt dies für den Pflichtverteidiger, der auf eine Bestellung in weiteren Verfahren durch das Gericht hofft und sich dem Gericht in der Rolle als „zuverlässiger" Verteidiger präsentieren will. Die Erwartungshaltung des

---

447 Brüssow/Gatzweiler/Krekeler/Mehle/*Rieß*, Strafverteidiger, § 11 Rn. 99.

448 *Dahs*, Handbuch, Rn. 735; Brüssow/Gatzweiler/Krekeler/Mehle/*Rieß*, Strafverteidiger, § 11 Rn. 99, 128. Zur Problematik des Verzichts unmittelbar nach Urteilsverkündung vgl. 4. Kapitel, III. 2. c).

449 Die Vergütung bestimmt sich nach dem Rechtsanwaltsvergütungsgesetz (RVG): zur Berufung vgl. Nr. 4124 ff. des Vergütungsverzeichnisses (VV) [als Anlage 1 zu § 2 II RVG] sowie zur Revision vgl. Nr. 4130 ff. VV.
Allerdings erhält der Verteidiger unter bestimmten Voraussetzungen auch bei der Rücknahme eines Rechtsmittels eine Gebühr in Höhe der jeweiligen Verfahrensgebühr.

450 Brüssow/Gatzweiler/Krekeler/Mehle/*Rieß*, Verteidiger, § 11 Rn. 106 sieht diesbezüglich stets das Bedürfnis einer sorgfältigen Erörterung mit dem Mandanten. Vgl. dazu auch *Dahs*, Handbuch, Rn. 735.

451 Als Beispiel vgl. nur die bei OLG Köln OLGSt a. F. § 302 StPO, 45 (46) abgedruckte schriftliche Ermächtigung des Verteidigers durch den Beschuldigten. Zu den Interessen eines Verteidigers an einer Verständigung vgl. *Rönnau*, Absprache, S. 55 ff.

452 *Rieß*, FS Meyer-Goßner, S. 645 (650 f.). Nähere Ausführungen zu Rechtsmittelverzicht und Absprachen erfolgen später, vgl. 4. Kapitel, III. 3.

453 So die Einschätzung von BGH NJW 2003, 3426 (3429). Vgl. dazu auch *F. Meyer*, StV 2004, 41 (45).

Gerichts auf Einhaltung der Absprache in diesem Punkt besteht auch gegenüber dem Verteidiger und nicht nur gegenüber dessen Mandanten. Somit kann der Verteidiger durchaus ein eigenes Interesse an einem Rechtsmittelverzicht haben.

a) Geltung des § 302 II StPO für den Rechtsmittelverzicht

Während § 302 I sowohl von der Zurücknahme als auch vom Verzicht spricht, ist in § 302 II bzgl. des Erfordernisses einer Ermächtigung nur die Zurücknahme erwähnt. Daraus können verschiedene Schlüsse gezogen werden. Zum einen könnte es sein, daß der Verteidiger befugt ist, einen Rechtsmittelverzicht für den Angeklagten ohne dessen (zusätzliche) Ermächtigung bzw. allein aufgrund der allgemeinen Vollmacht abzugeben. Zum anderen könnte davon ausgegangen werden, daß die Ermächtigung zur Rücknahme gleichzeitig die Befugnis zum Verzicht enthält. Eine weitere Deutungsmöglichkeit besteht darin, daß der Verteidiger überhaupt nicht im Namen des Beschuldigten auf dessen Anfechtungsrecht verzichten kann.

Diese Folgerungen werden jedoch nicht gezogen. Vielmehr wird unbestritten davon ausgegangen, daß § 302 II auch für die Erklärung eines Verzichts durch den Verteidiger gilt, d. h. der Verteidiger kann nur bei Ermächtigung durch den Beschuldigten auf ein Rechtsmittel verzichten.[454] Eine solche Ermächtigung kann nicht bereits in der Ermächtigung zur Rücknahme gesehen werden.[455]

Zum Teil wird dies mit dem argumentum a minore ad maius begründet, d. h. der Verteidiger muß erst recht hinsichtlich des Verzichts ermächtigt werden, wenn bereits bei der Rücknahme, bei der schließlich bereits Anfechtungserwägungen in Form einer Rechtsmitteleinlegung angestellt wurden, eine Ermächtigung erforderlich ist.[456]

Auch wird § 302 II mittels der Gesetzesanalogie auf den Rechtsmittelverzicht angewandt.[457] Gegen letztere wendet *Friedländer* ein, daß dies nicht dem

---

454 RG JW 1926, 2229; RGSt 64, 164 (165); OGHSt 1, 74 (75); BGH NJW 1952, 273; BayObLGSt 1994, 130 (132); BayObLG NJW 1995, 1230; SK-*Frisch*, StPO, § 302 Rn. 67; *Gerland*, Strafprozeß S. 398; LR-*Hanack*, StPO, § 302 Rn. 68; *Meyer-Goßner*, StPO, § 302 Rn. 30; *Pfeiffer*, StPO, § 302 Rn. 8; *Ramser*, Verzicht, S. 7; HK-*Rautenberg*, StPO, § 302 Rn. 16; Brüssow/Gatzweiler/Krekeler/Mehle/*Rieß*, Strafverteidiger, § 11 Rn. 103 (Fußnote 181); KK-*Ruß*, StPO, § 302 Rn. 20; *E. Schmidt*, LK II, § 302 Rn. 9; *Stenglein*, StPO, § 344 Anm. 5. Auch Nr. 152 I RiStBV geht davon aus.

455 RGSt 64, 164 (166); BGH LM § 302 StPO Nr. 3; BGHSt 3, 46; 10, 320 (321); BayObLGSt 1994, 130 (132); KMR-*Plöd*, StPO, § 302 Rn. 21; LR-*Hanack*, StPO, § 302 Rn. 68; *E. Schmidt*, LK II, § 302 Rn. 11. Andere Ansicht: *Sarstedt/Hamm*, Revision (5. Auflage), Rn. 78.

456 *Schlüchter*, Strafverfahren, Rn. 648.

457 *Ramser*, Verzicht, S. 6; *Roxin*, Strafverfahrensrecht, § 51 Rn. 25.

Willen des Gesetzgebers entsprechen könne, da § 302 I eindeutig Verzicht und Rücknahme und § 302 II nur letztere erwähne.[458]

Das RG begründet die Nichterwähnung des Verzichts in § 302 II damit, daß mit dieser Vorschrift nur allgemein hervorgehoben werden solle, daß nicht wie in § 297 nur der entgegenstehende Wille, sondern bereits der fehlende Wille einer wirksamen Erklärung durch den Verteidiger entgegenstehe.[459]

Grundgedanke der Regelung des § 302 II ist, daß sowohl der Beschuldigte vor einer unerwünschten Prozeßhandlung geschützt wird, die ihm das Anfechtungsrecht nimmt, als auch Rechtsklarheit mittels einer ausdrücklichen Ermächtigung erzeugt wird.[460] Dieses trifft auf Rücknahme und Verzicht gleichermaßen zu. Folglich erwähnten die Entwürfe aus den Jahren 1908, 1909, 1936 sowie 1937, daß sowohl Rücknahme als auch der Verzicht des Verteidigers einer Ermächtigung bedürfen.[461] Daß damit nicht inhaltlich etwas Neues geregelt werden sollte, ergibt sich aus der Begründung zum E 1909, der bzgl. des Entwurfes feststellt: „Die Vorschriften über die Zurücknahme und den Verzicht bei Rechtsmitteln entsprechen im allgemeinen dem geltenden Recht (§§ 344, 345 der Strafprozeßordnung).“[462]

Somit ist festzuhalten, daß auch beim geltenden § 302 II für eine wirksame Verzichtserklärung des Verteidigers eine Ermächtigung erforderlich ist.

b) Anforderungen an die Ermächtigung

aa) Form der Ermächtigung

Es ist allgemein anerkannt, daß für die Ermächtigung gem. § 302 II keine bestimmte Form vorgeschrieben ist, d. h. sie kann schriftlich oder mündlich – also auch telefonisch – erklärt werden.[463] Sie muß im Zeitpunkt der Erklärung des Verteidigers vorliegen; ihr Nachweis kann aber noch nach Erklärung des Ver-

458 *Friedländer*, GS 1901 (Band 58), 401 (405). *Friedländer* will aber auch nicht den Umkehrschluß ziehen, daß der Verteidiger überhaupt nicht für den Beschuldigten den Verzicht erklären kann. Er sieht den Rechtsmittelverzicht nicht als eine Willenserklärung an, die keine Vertretung zuläßt, und folgert aus allgemeinen Grundsätzen zum Verhältnis zwischen Verteidiger und Beschuldigtem, daß der Verzicht nur aufgrund einer Ermächtigung vom Verteidiger erklärt werden kann (a. a. O.), so daß im Ergebnis keine wirkliche Abweichung vorliegt.

459 RGSt 64, 164 (165).

460 SK-*Frisch*, StPO, § 302 Rn. 67.

461 Vgl. 2. Kapitel, II.

462 Begründung zum E 1909, in: Materialien zur Strafrechtsreform, Band 12, S. 176.

463 BVerfG NJW 1993, 456; BGH NJW 1952, 273; BGH NStE Nr. 18 zu § 302 StPO; BGH NStZ-RR 1999, 262; BGH NStZ 2001, 104; BGH NStZ-RR 2003, 241; BGHR StPO § 302 Abs. 1 Satz 1 Rechtsmittelverzicht 6, 8; BGHR StPO § 302 Abs. 2 Rücknahme 6; BayObLG GA 1968, 86; SK-*Frisch*, StPO, § 302 Rn. 69.

zichts geführt werden, z. B. durch anwaltliche Versicherung des Verteidigers.[464] Dieser Nachweis ist nicht Voraussetzung für die Wirksamkeit der Erklärung und kann auch noch nach Entscheidung des Rechtmittelgerichts beigebracht werden.[465] Das Gericht wird in der Regel wohl auf einem Nachweis im Zusammenhang mit der Erklärung bestehen.[466]

Fraglich ist aber, ob eine Ermächtigung durch den Beschuldigten auch konkludent erklärt werden kann. Die Rechtsprechung verfährt diesbezüglich großzügig und läßt auch eine konkludente Ermächtigung ausreichen. Der BGH hat zum Beispiel ein zustimmendes Nicken des Beschuldigten zu dem von seinem Verteidiger zu Protokoll gegebenen Verzicht als eine den Anforderungen des § 302 II genügende Ermächtigung angesehen.[467] Allerdings war dem Urteil eine Verständigung und eine diesbezügliche Besprechung zwischen Verteidiger und Mandanten vorausgegangen, so daß der BGH feststellte, daß „das Gesamtverhalten des Angeklagten als eine ausreichende Ermächtigung i. S. des § 302 II StPO anzusehen (ist).“[468]

Auch die Literatur vertritt zum Teil, daß die Ermächtigung nicht ausdrücklich erklärt werden muß.[469] So wird bereits allein im Nichtwidersprechen des anwesenden Beschuldigten gegenüber der Verzichtserklärung der Verteidigers eine Billigung des Verzichts gesehen.[470] Gleiches soll auch für die Rücknah-

---

464 BGH NJW 1952, 273; BGHR StPO § 302 Abs. 2 Rücknahme 6; BGH NStZ 2003, 241; OLG Celle NdsRPfleger 1973, 132; OLG Brandenburg NStZ-RR 1998, 309; *Kaiser*, NJW 1982, 1367 (1368).

465 OLG Brandenburg NStZ-RR 1998, 309; BayObLG MDR 1982, 249 (Entscheidung des 1. Strafsenats entgegen der bisherigen Rechtsprechung des 3. und 5. Strafsenats). Der Senat hebt allerdings hervor, daß die Entscheidung zur Zeit des Nachweises noch nicht rechtskräftig war und hält dies für einen entscheidenden Unterschied zum Sachverhalt in RGSt 77, 368 (das RG lehnte einen nachträglichen Nachweis ab, da das Rechtsmittelgericht bereits wirksam entschieden hatte).

466 Vgl. Nr. 152 I RiStBV.

467 BGH NStZ 2002, 496; NStZ 2005, 47. Vgl. auch BGH NStZ-RR 1999, 262 (263): Der Beschuldigte nickte mit dem Kopf auf die Frage des Verteidigers, ob dieser die Revision bei fehlenden Erfolgsaussichten zurücknehmen solle. Der 1. Strafsenat sah dies als ausreichende Ermächtigung an.

468 BGH NStZ 2002, 496.

469 *Meyer-Goßner*, StPO, § 302 Rn. 32 mit Hinweis auf RGSt 77, 234. Meines Erachtens lag in diesem Fall aber durchaus eine ausdrückliche Ermächtigung vor. Der Mandant teilte in einem an den Verteidiger gerichteten Schreiben (vgl. den wiedergegebenen Wortlaut auf S. 235) seine Überlegung mit – Rücknahme der Berufung, wenn erneute Hauptverhandlung unvermeidbar sei – und stellte es in das Ermessen des Verteidigers, das Rechtsmittel zurückzunehmen oder nicht.

470 *Koch*, JR 1964, 255; *Ramser*, Verzicht, S. 7; so bereits auch RGSt 77, 368 (369); andere Ansicht: BayObLG NStZ 1995, 142; SK-*Frisch*, StPO, § 302 Rn. 71; KMR-*Plöd*, StPO, § 302 Rn. 21; *Schlüchter*, Strafverfahren, Rn. 653.1 (Fußnote 166). Allgemein zu einem Schweigen des Angeklagten zu Verzichtserklärungen des Verteidigers vgl.

meerklärung des Verteidigers in Anwesenheit des nicht widersprechenden Beschuldigten gelten.[471]

Angesichts der Wirkungen, die ein Verzicht bzw. eine Rücknahme hervorrufen, ist eine solche Sichtweise bedenklich. Vergegenwärtigt man sich das o. g. eigene Interesse des Verteidigers, ist doch die Möglichkeit nicht auszuschließen, daß der Beschuldigte bei einer Verzichtserklärung durch den Verteidiger dieser nicht entgegentritt, da er den Widerspruch vor Gericht scheut bzw. keine zusätzliche Bedenkzeit verlangen will. Vor allem aber spricht der Wortlaut gegen eine weitreichende Möglichkeit der Ermächtigung: „ausdrückliche Ermächtigung" meint gerade nicht, daß der Verteidiger sich nur irgendwie des Willens seines Mandanten versichern muß. Dies stellt auch keinen Widerspruch zu § 303 dar, bei dem zutreffend auch von der Möglichkeit einer Zustimmung durch schlüssiges Handeln ausgegangen wird.[472] Denn § 303 verlangt nur eine Zustimmung und stellt nicht wie bei § 302 II auf eine Ausdrücklichkeit ab. Der Schutzzweck des § 302 II liegt gerade darin, daß nur der Beschuldigte an einen vom Verteidiger erklärten Verzicht gebunden sein soll, der sich aktiv für die Gewährung einer solchen Befugnis entschieden hat.[473] Und wenn der BGH feststellt, daß für eine Ermächtigung „weder eine bestimmte Form vorgeschrieben noch eine ausdrückliche Erklärung notwendig (sei)"[474], so ist dies keine Auslegung innerhalb des Gesetzeswortlauts mehr.[475] Zutreffend stellt daher das BayObLG fest, daß auf das Erfordernis der Ausdrücklichkeit im Hinblick auf die Schutzfunktion des § 302 II nicht verzichtet werden könne.[476]

Schmid, Verwirkung, S. 125 ff. *Schmid* begründet eine stillschweigende Billigung der Erklärung des Verteidigers damit, daß üblicherweise der Angeklagte der Verzichtserklärung seines Verteidigers widerspreche, wenn diese seinen eigenen Belangen zuwiderliefe (a. a. O., S. 128).

471 BGH GA 1968, 86; HK-*Rautenberg*, StPO, § 302 Rn. 18; KMR-*Plöd*, StPO, § 302 Rn. 22, der allerdings bei der Verzichtserklärung des Verteidigers ein Schweigen des Beschuldigten nicht ausreichen lassen will (vgl. a. a. O. Rn. 21) und dessen Lösung daher nicht ganz widerspruchsfrei erscheint. Denn bzgl. der Ermächtigung sind Rücknahme und Verzicht durch den Verteidiger gleich zu behandeln.

472 *Meyer-Goßner*, StPO, § 303 Rn. 5; BayObLG NJW 1985, 754 (755) wertet sogar das bloße Schweigen des Beschuldigten zur Erklärung des Verteidigers als Zustimmung.

473 SK-*Frisch*, StPO, § 302 Rn. 71.

474 BGH NStZ-RR 1999, 262 (263). Vgl. auch BGH NStZ 1995, 356 (357). Andere Ansicht: OLG Braunschweig NJW 1960, 1970.

475 Zur Auslegung des Strafverfahrensrechts vgl. AK-*Loos*, StPO, Einl. III Rn. 2 ff., 10 ff.; *Peters*, Strafprozeß, S. 88 ff. – Hier wird wohl eher von einer gesetzesübersteigenden Rechtsfortbildung (dazu AK-*Loos*, StPO, Einl. III Rn. 25 ff., 35) auszugehen sein.

476 BayObLG NStZ 1995, 142. Auch *Ehrlicher*, NStZ 1995, 357 hebt die Schutzfunktion des § 302 II hervor. OLG Braunschweig NJW 1960, 1970 sieht eine enge Auslegung als geboten an.

Grundsätzlich ist es möglich, daß ein unterbevollmächtigter Verteidiger auf Rechtsmittel verzichtet. Voraussetzung hierfür ist allerdings, daß der Verteidiger zur Unterbevollmächtigung und zur Erklärung eines Rechtsmittelverzichts ermächtigt wurde.[477] Der BGH hat in seinem Beschluß vom 16.12.1994 sogar die Rechtsmittelrücknahme eines unterbevollmächtigten Verteidigers als wirksam angesehen, obwohl festgestellt wurde, daß der Pflichtverteidiger seine Befugnisse – bezüglich der Einlegung eines Rechtsmittels – nicht wirksam durch Untervollmacht übertragen konnte.[478] Dies erscheint als Wertungswiderspruch: Einerseits soll mangels zulässiger Unterbevollmächtigung die Revisionseinlegung unzulässig sein und andererseits wird die Rücknahme durch den scheinbar unterbevollmächtigten Verteidiger als zulässig angesehen.[479] Nicht überzeugen kann es, daß der BGH auf die Kenntnis des Mandanten von der Unterbevollmächtigung abstellt. Denn die bloße Billigung, wenn man diese überhaupt aus der Kenntnis folgern kann, stellt keine ausreichende Ermächtigung dar. Wie oben bereits dargelegt wurde, reicht eine konkludente Ermächtigung gerade nicht aus. Folglich kann auch nicht die einem bestimmten Verteidiger erteilte Ermächtigung an einen anderen Verteidiger weitergegeben werden.

In der o. g. Konstellation gingen die Überlegungen von einem Pflichtverteidiger aus, der einem anderen Verteidiger das Rechtsmittelverfahren überließ. Geht man von der Zulässigkeit einer Unterbevollmächtigung durch einen Wahlverteidiger aus[480], so ist damit aber noch nichts über die Möglichkeit einer „Weitergabe" der Ermächtigung ausgesagt. Auch beim Wahlverteidiger ist eine Übertragung der ihm erteilten Ermächtigung ausgeschlossen. Vielmehr muß der Beschuldigte den neuen Verteidiger *ausdrücklich* ermächtigen.

Zum Teil findet sich in der Rechtsprechung die Forderung, daß ein Beschuldigter bei Erklärung des Rechtsmittelverzichts durch einen ausdrücklich ermächtigten Verteidiger – soweit er anwesend ist – dieser Erklärung noch einmal ausdrücklich zustimmen muß.[481] Dem Verteidiger wird eine gewissenhafte Prüfung

---

477 KG JR 1981, 480 (481); *Meyer-Goßner*, StPO, § 302 Rn. 32.

478 BGH NStZ 1995, 356 (357). Zum Verbot einer Unterbevollmächtigung durch den Pflichtverteidiger vgl. BGH StV 1981, 393; BGH StV 1982, 213; BGHR StPO § 349 Abs. 1 Einlegungsmangel 2; *Ehrlicher*, NStZ 1995, 357; *Meyer-Goßner*, StPO, § 142 Rn. 15; *Schnarr*, NStZ 1996, 214 (216); offen gelassen von BayObLG NJW 1981, 1629; andere Ansicht: LR-*Lüderssen*, StPO, § 142 Rn. 35 m. w. N.

479 *Ehrlicher*, NStZ 1995, 357. Vgl. dazu *Schnarr*, NStZ 1996, 214 (216), der i. E. dem BGH zustimmt und das Nebeneinander von Beistandsbefugnis und anwaltlicher Vertretung hervorhebt und die Unzulässigkeit der Einlegung des Rechtsmittels darin begründet sieht, daß der Pflichtverteidiger versucht hat, seine aus der Beistandsfunktion folgende Befugnis zu übertragen und nicht eine rechtsgeschäftliche Vertretungsmacht.

480 BGH NStZ 1995, 356 (357); KG JR 1981, 480 (481).

481 OLG Koblenz NJW 1951, 933; OLG Neustadt JR 1958, 189; OLG Neustadt NJW 1963, 263 (264); OLG Hamburg NJW 1965, 1821 (1822); OLG Schleswig SchlHA

des Beschuldigtenwillens aufgegeben.[482] Hintergrund dieser Forderungen ist vermutlich der Gedanke, daß der Beschuldigte trotz vorheriger Ermächtigung in der Stunde des Urteils und der Kenntnis seiner Konsequenzen seine Ansicht geändert haben könnte. Zudem wird vertreten, daß bei Anwesenheit des Beschuldigten für dessen Vertretung kein Raum sei und der Verteidiger insoweit nur als Beistand fungiere.[483] Eine abermalige Nachfrage bzw. Zustimmung hätte den Vorteil, daß sie den Beschuldigten davon entlasten würde, bei Änderung seiner Meinung dem Verteidiger bei dessen Verzichtserklärung offen zu widersprechen.

Problematisch ist daran jedoch, daß dies zu einer Entwertung der ursprünglichen Ermächtigung führen würde. Zudem ist eine erneute Zustimmung z. B. dann überflüssig, wenn der Verteidiger und sein Mandant kurz vor Abgabe der Erklärung die Rechtslage erörtert haben. Angesichts der oben aufgestellten Forderung nach einer ausdrücklichen Ermächtigung kann auf dieses zusätzliche Erfordernis der Vergewisserung verzichtet werden.

bb) Zeitpunkt der Ermächtigung

Des weiteren ist im Zusammenhang mit der Ermächtigung strittig, ab welchem Zeitpunkt die Ermächtigung dem Verteidiger frühestens erteilt werden kann. Damit verbunden ist die Frage nach der Zulässigkeit einer bereits in der Verteidigervollmacht erteilten Ermächtigung.

Einerseits werden keine Bedenken gegen eine Ermächtigung erhoben, die bereits in der allgemeinen Prozeßvollmacht des Verteidigers erteilt wird.[484] Neben der Bevollmächtigung für die allgemeine Prozeßvertretung soll zulässig sein, daß bereits in der allgemeinen Prozeßvollmacht – u. U. sogar schon vor der Hauptverhandlung – der Verteidiger auch zu Verzicht und Rücknahme ermächtigt wird. Das Handbuch „Strafverteidigung in der Praxis“ empfiehlt den Verteidigern die Aufnahme der ausdrücklichen Ermächtigung zur Einlegung und

---

1971, 21; OLG Zweibrücken NStZ 1987, 573; *Pusinelli*, NJW 1951, 933; *Roxin*, Strafverfahrensrecht, § 51 Rn. 25; offen gelassen von BayObLG NStZ 1995, 142.

482 OLG Stuttgart Die Justiz 1981, 243 (244); KG Berlin JR 1981, 480 (481), welches allerdings einschränkend darauf hinweist, daß dies nicht zwingend zu einer Rückfrage führe.

483 OLG Hamburg NJW 1965, 1821 (1822).

484 RGSt 24, 142; 64, 164 (166); BGH NJW 1967, 1046 (1047); BGH NStZ 1983, 469; BGH NStZ 1991, 94 (95); OLG Braunschweig NJW 1952, 1428 (1429); BayObLG JZ 1952, 346; OLG Neustadt JR 1958, 189; OLG Köln MDR 1959, 780; OLG Braunschweig NJW 1960, 1970; OLG Neustadt NJW 1963, 263 (264) [vgl. aber die Einschränkung durch den Hinweis auf die Pflicht zur gewissenhaften Prüfung des Mandantenwillens]; OLG Celle NdsRPfleger 1973, 132 (133); BayObLGSt 1984, 9; OLG München NStZ 1987, 342; BayObLG NStE § 302 StPO Nr. 27; von Holtzendorff/*von Schwarze*, Handbuch, Band 2, S. 253; Sarstedt/*Hamm*, Revision, Rn. 134; *Schnarr*, NStZ 1996, 214 (216); *Hermann Müller*, Strafprozeßrecht, S. 137.

Rücknahme von Rechtsmitteln sowie zur Erklärung des Rechtsmittelverzichts in das schriftliche Vollmachtformular.[485] Eine solche Auslegung des § 302 II, die eine Ermächtigung per Strafprozeßvollmacht vor Urteilserlaß für zulässig erachtet, hält sich nach einem Beschluß des BVerfG vom 25.05.1992 noch im Rahmen des den Strafgerichten verfassungsrechtlich zukommenden Auslegungsspielraums.[486]

Einschränkend wird allerdings eine Erteilung der Ermächtigung in der Strafprozeßvollmacht nur dann als unbedenklich angesehen, wenn der Verteidiger erst für die Durchführung des Rechtsmittelverfahrens beauftragt worden ist.[487]

Andererseits zeigt sich in der neueren Rechtsprechung und auch in Teilen der Literatur, daß eine solche Verfahrensweise auch kritisch bzw. ablehnend gesehen wird; eine Ermächtigung in der allgemeinen Prozeßvollmacht reicht danach nicht aus.[488] Bereits *Zachariae* bemerkte in seinem Lehrbuch: „Gegen den auch vorkommenden Satz, daß der Vertheidiger zum Verzicht auf das eingewendete Rechtsmittel einer Spezial-Vollmacht des Beschuldigten bedürfe, ist gewiß nichts zu erinnern."[489]

Der Mandant wird – mit Ausnahme einer Mandatserteilung speziell für das Rechtsmittelverfahren – bei Beauftragung seines Verteidigers noch nicht gleich das Rechtsmittelverfahren und wenn doch, so wohl nicht bereits dessen Beendigung durch Rücknahme im Auge haben. Zu einer Ermächtigung zur Rücknahme eines Wiederaufnahmeantrages mittels einer Prozeßvollmacht erklärte das OLG Braunschweig in seinem Beschluß vom 11.01.1960: „Im allgemeinen wird ein Angekl., der zu Beginn oder im Lauf des Strafverfahrens seinem Verteidiger eine Vollmacht »zur Verteidigung bzw. zur Vertretung in allen Instanzen« er-

---

485 Brüssow/Gatzweiler/Krekeler/Mehle/*Gillmeister*, Strafverteidiger, § 4 Rn. 96. Vgl. auch das Muster einer Strafprozeßvollmacht bei *Bockemühl*, Handbuch, Teil B 1, Rn. 12, das ebenfalls die Ermächtigung zu Verzicht und Rücknahme enthält.

486 BVerfG NJW 1993, 456, das die Subjektstellung des Beschuldigten durch die Möglichkeit des Widerrufs der Ermächtigung gewahrt sieht.

487 BGHR StPO § 302 Abs. 2 Rücknahme 5; BGH NStZ 1998, 531 (532); BGH NStZ-RR 2005, 68; *Meyer-Goßner*, StPO, § 302 Rn. 32.

488 BGH NStZ 2000, 665; OLG Oldenburg, NStZ-RR 2001, 246 (247); dagegen offen gelassen von BGHSt 10, 245 (246); BGHR StPO § 302 Abs. 2 Rücknahme 3; OLG Köln StraFo 2001, 386; LG Zweibrücken NStZ-RR 2002, 177 (178); so wohl auch OLG Köln NJW 1980, 2720, das von einer Spezialvollmacht spricht; KMR-*Plöd*, StPO, § 302 Rn. 22; *Pusinelli*, NJW 1951, 933; *Ramser*, Verzicht, S. 6 f.; *Schlüchter*, Strafverfahren, Rn. 653.1; für das ältere Schrifttum: *Stenglein*, StPO, § 344 Anm. 5.

489 *Zachariae*, Handbuch, Band 2, S. 615 (Fußnote 7).

teilt, dabei noch nicht ein zukünftiges Wiederaufnahmeverfahren in Betracht gezogen haben."[490]

Daher reicht es aus, wenn sich der Verteidiger in der allgemeinen Strafprozeßvollmacht zunächst nur zur Einlegung von Rechtsmitteln ermächtigen läßt. Des weiteren bedeutet eine besondere Ermächtigung zu Rücknahme und Verzicht keine erhebliche Erschwernis der anwaltlichen Tätigkeit; vielmehr ist der Verteidiger dazu gezwungen, dem Mandanten bei Ersuchen um eine zusätzliche Ermächtigung für einen Verzicht die Verfahrenssituation und die Erfolgsaussichten eines Rechtsmittels zu erläutern und nicht vorschnell mit der bereits erteilten Ermächtigung die Entscheidung zu treffen. Daß eine solche Auffassung ein unbegründetes Mißtrauen gegenüber der Person des Verteidigers bedeute[491], erscheint doch zu weit gegriffen. Vielmehr dürfte auch der gewissenhafte Verteidiger ein Interesse daran haben, mit seinem Mandanten in keinen Konflikt aufgrund einer voreiligen Rücknahme oder eines voreiligen Verzichts zu geraten.[492]

Wenn somit eine Verbindung der Ermächtigung zu Rücknahme und Verzicht mit der allgemeinen Strafprozeßvollmacht abgelehnt wird, so ist damit noch nicht festgelegt, ob diese Ermächtigung nicht bereits in einer gesonderten Vollmacht auch schon vor Verkündung des Urteils generell erteilt werden kann bzw. die Ermächtigung zur Rücknahme bereits vor Einlegung eines Rechtsmittels.

Zutreffend wird vertreten, daß sich die Ermächtigung zur Rücknahme nur auf ein bereits eingelegtes, d. h. ein konkretes Rechtsmittel beziehen kann, eine generelle Ermächtigung vor Urteilserlaß zur Rücknahme von Rechtsmitteln ist demnach nicht ausreichend.[493] Für den Rechtsmittelverzicht muß entsprechend

---

490 OLG Braunschweig NJW 1960, 1970. Vgl. aber das Muster einer Strafprozeßvollmacht bei *Bockemühl*, Handbuch, Teil B 1, Rn. 12, das auch für die Rücknahme eines Wiederaufnahmeantrages die Ermächtigung enthält.

491 OLG Braunschweig NJW 1952, 1428 (1429).

492 *Kies*, JZ 1953, 343 (344), der zudem daran erinnert, daß gem. § 138 II auch andere Personen als Rechtsanwälte und Rechtslehrer mit Genehmigung des Gerichts als Wahlverteidiger zugelassen werden können, die möglicherweise keiner berufsständischen oder sonstigen Aufsicht unterliegen.

493 BGH NStZ 2000, 665; KG JW 1926, 2229; KG HESt 1, 194; OLG Oldenburg NStZ-RR 2001, 246 (247); AK-*Achenbach*, StPO, § 302 Rn. 10; SK-*Frisch*, StPO, § 302 Rn. 73; *Gerland*, Strafprozeß, S. 399 (Fußnote 66); LR-*Hanack*, StPO, § 302 Rn. 70; *Kies*, JZ 1953, 343; *Pfeiffer*, StPO, § 302 Rn. 8; *Rosenfeld*, Strafprozeß, S. 249 (Fußnote 11); *Roxin*, Strafverfahrensrecht, § 51 Rn. 25; *Schlüchter*, Strafverfahren, Rn. 653.1; *E. Schmidt*, LK II, § 302 Rn. 10; *Schulze*, Widerruf, S. 251. Vgl. BVerfG NJW 1993, 456, das die andere in der Rechtsprechung vertretene Auffassung für zulässig erachtet. Andere Ansicht: RG Nachschlagewerk Bd. 3, § 302 StPO Nr. 3 sowie die Vertreter der Auffassung, daß eine Ermächtigung auch in der Strafprozeßvollmacht möglich ist (s. o.).

gelten, daß eine Ermächtigung des Verteidigers zur Abgabe dieser Erklärung nur nach Verkündung der Entscheidung zulässig ist.[494] Freilich bleibt damit nur ein geringer zeitlicher Spielraum für eine Ermächtigung zur Verzichtserklärung. Dieser bannt aber zugleich die Gefahren einer voreiligen Verzichtserklärung – zumindest seitens des Verteidigers. Eine Ermächtigung im voraus hinsichtlich etwaiger Rechtsmittel ist daher abzulehnen.

Angeführt werden können hierfür die bereits o. g. Gesichtspunkte. Es ist vor allem darauf hinzuweisen, daß die Schutzfunktion des § 302 II so am besten seine Wirkung zugunsten des Beschuldigten entfalten kann.[495] Denn nur aus der konkreten Prozeßlage heraus kann der Beschuldigte die mit der Verzichtserklärung verbundenen Wirkungen für ihn übersehen.[496] Zudem erscheint dies eine klarere Lösung als jene, die eine Ermächtigung per allgemeiner Strafprozeßvollmacht zulassen, aber den Interessen des Beschuldigten dadurch Rechnung tragen will, indem sie dem Verteidiger auferlegt, daß er „gewissenhaft prüft, welche Entscheidung der Mandant *selbst* wünscht, und daß er sich nach dessen Wunsch richtet.“[497]

c) Erlöschen der Ermächtigung

Ging es bisher um die Erteilung einer Ermächtigung, ist abschließend auf mögliche Gründe des Erlöschens einer Ermächtigung einzugehen. So kann der Beschuldigte beispielsweise mit einem Hinweis auf den Widerruf der Ermächtigung verhindern, daß die Rücknahmeerklärung seines Verteidigers zum Verlust des Anfechtungsrechts führt.

aa) Widerruf der Ermächtigung

(1) Form des Widerrufs

Es ist allgemein anerkannt, daß eine dem Verteidiger erteilte Ermächtigung widerrufen werden kann; dieser Widerruf ist jederzeit ohne Angabe von Gründen formlos möglich.[498] Allerdings ist er ausgeschlossen, wenn der Verteidiger von

---

494 Zumeist beziehen sich die Aussagen zur Ermächtigung nur auf die Rücknahme, vgl. zum Beispiel *Schlüchter*, Strafverfahren, Rn. 653 ff. Aber der Schutzzweckgedanke läßt sich auch auf den Verzicht übertragen, insoweit zutreffend AK-*Achenbach*, StPO, § 302 Rn. 10.

495 *Kies*, JZ 1953, 343 bewertet § 302 II „als Kautel gegen eine etwaige mißbräuchliche oder auf einem Mißverständnis beruhende Rechtsmittelzurücknahme durch den Verteidiger“. Vgl. auch *Schulze*, Widerruf, S. 251 (Fußnote 1).

496 *E. Schmidt*, LK II, § 302 Rn. 10.

497 OLG Neustadt JR 1958, 189; NJW 1960, 263 (264).

498 RGSt 64, 164 (167); BGHSt 10, 245 (246); OLG Celle NdsRPfleger 1973, 132 (133); OLG München NStZ 1987, 342; SK-*Frisch*, StPO, § 302 Rn. 75; *Pfeiffer*, StPO, § 302 Rn. 8. Vgl. auch BVerfG NJW 1993, 456.

seiner Ermächtigung Gebrauch gemacht und auf das Rechtsmittel verzichtet hat.[499] Auch bei der Rücknahme steht der Widerruf einer Ermächtigung der Wirksamkeit einer Rechtsmittelrücknahme nicht entgegen, wenn er nicht vor Eingang der Rücknahmeschrift beim zuständigen Gericht erklärt worden ist.[500]

Der Widerruf kann gegenüber dem Verteidiger erfolgen, d. h. es bedarf keiner Mitteilung an das Gericht.[501] Da die Ermächtigung dem Verteidiger erteilt wird, muß es genügen, wenn der Widerruf dieser Ermächtigung als actus contrarius ebenfalls dem Verteidiger gegenüber erklärt wird. Die Ermächtigung erlischt also unabhängig von der Kenntnis des Gerichts.

Fraglich ist aber, wie es im umgekehrten Fall aussieht, wenn also die Erklärung *nur* dem Gericht gegenüber widerrufen wird. Dieses ist jedoch für einen wirksamen Widerruf als ausreichend anzusehen.[502] Denn während beim Zivilprozeß auch die Interessen des Gegners zu berücksichtigen sind und deshalb eine Anzeige des Vollmachtswiderrufs erforderlich erscheinen lassen, steht beim Widerruf der Verzichtsermächtigung das Interesse des Beschuldigten im Vordergrund. Denn nur mit einem Widerruf der Ermächtigung kann er verhindern, daß ein anderer für ihn bindend auf Rechtsmittel verzichtet. Insoweit wirkt sich eine einfache Handhabung des Widerrufs zugunsten des Beschuldigten aus. Somit kann er auch durch einen Widerruf gegenüber dem Gericht die Ermächtigung zum Erlöschen bringen; für die Wirksamkeit des Widerrufs ist eine Erklärung bzw. Mitteilung gegenüber dem insoweit nicht schutzbedürftigen Verteidiger nicht erforderlich.

Im Gegensatz zur Erteilung der Ermächtigung kann ihr Widerruf auch konkludent erfolgen.[503] Somit wird in der Einlegung eines Rechtsmittels durch den Beschuldigten[504] oder durch die eigene Begründung des eingelegten Rechtsmittels[505] ein Widerruf der Ermächtigung zum Rechtsmittelverzicht gesehen. Genau betrachtet erweist sich diese Schlußfolgerung als unerheblich, denn nach Einlegung einer Revision ist der Verzicht begrifflich bereits nicht mehr möglich, da

---

499 BGH NStZ 1983, 469; BayObLGSt 1994, 244 (245); KMR-*Plöd*, StPO, § 302 Rn. 23.

500 BGH NStZ-RR 2003, 241; *Schlüchter*, Strafverfahren, Rn. 653.2.

501 RGSt 64, 164 (167); BGHSt 10, 245 (246 f.); BayObLG JW 1929, 1489 (1490); *Sax*, JZ 1958, 178. Andere Ansicht RG JW 1932, 3112 Nr. 63, welches eine Anzeige des Widerrufs an das Gericht für erforderlich hält. Zum Erlöschen der Vollmacht im Zivilprozeß vgl. BGHZ 43, 135 (137); *Lüke*, Zivilprozeßrecht, Rn. 123; Thomas/*Putzo*, ZPO, § 87 Rn. 1 ff.

502 BGH NJW 1967, 1046 f.; OLG Celle NdsRPfleger 1973, 132 (133); BayObLGSt 1984, 9 (10); OLG München NStZ 1987, 342; KMR-*Plöd*, StPO, § 302 Rn. 23.

503 OLG München NStZ 1987, 342; SK-*Frisch*, StPO, § 302 Rn. 75; LR-*Hanack*, StPO, § 302 Rn. 73.

504 BGH NJW 1967, 1046 (1047); BayObLG NJW 1995, 1230; offen gelassen von BayObLGSt 1984, 9 (10).

505 BayObLGSt 1984, 9 (10).

dieser gerade voraussetzt, daß ein Rechtsmittel noch nicht eingelegt wurde. Die Revision könnte demnach nur noch zurückgenommen werden. Bezog sich die Ermächtigung lediglich auf einen Verzicht, so ist sie durch die Rechtsmitteleinlegung des Beschuldigten gegenstandslos geworden.

Von Interesse ist vielmehr die Frage, ob durch Einlegung eines Rechtsmittels die Ermächtigung des Verteidigers zur Rücknahme desselben widerrufen wird oder ob diese davon unberührt bleibt. Das Kammergericht sah in seinem Beschluß vom 26.03.1981 in einer Berufungseinlegung des Beschuldigten keinen Widerruf der Ermächtigung des Verteidigers zur Rücknahme und ging daher von der Wirksamkeit der Berufungsrücknahme durch den Verteidiger aus.[506] Diese Ansicht steht auch nicht im Widerspruch zur Rechtsprechung des BGH, welcher in seinem Beschluß vom 21.03.1967 in der Revisionseinlegung durch den Beschuldigten einen Widerruf der Ermächtigung sah; allerdings nahm er nur einen Widerruf der Ermächtigung zum Verzicht an – einen Widerruf der Ermächtigung zur Rücknahme hat er also gerade nicht in Betracht gezogen.

Der Auffassung der Rechtsprechung ist zuzustimmen, denn die Einlegung eines Rechtsmittels kann auch nur deshalb erfolgen, um die Einlegungsfrist zu wahren und dann die nähere Begründung des Urteils abzuwarten. Mit der Einlegung gibt der Beschuldigte somit noch nicht den endgültigen Willen zum Ausdruck, das Rechtsmittelverfahren auf jeden Fall durchzuführen. Zumal die nähere Begründung des Rechtsmittels letztendlich dem Verteidiger überlassen wird und dieser die nähere Prüfung der Erfolgsaussichten unternehmen wird.

Eine weitere Möglichkeit des konkludenten Widerrufs wird in der Bevollmächtigung eines anderen Verteidigers zur Rechtsmitteleinlegung gesehen.[507] Dagegen hat der BGH in seinem Beschluß vom 30.06.2000 einen Widerruf der Ermächtigung zur Rücknahme nicht darin erblickt, daß der Beschuldigte einen weiteren Verteidiger mit der Begründung seines Rechtsmittels beauftragt hat.[508] Dabei wird jedoch verkannt, daß dem Willen des Beschuldigten deutlich zu entnehmen ist, daß er gerade keinen Verzicht auf Rechtsmittel mehr wünscht. Nach § 297 ist in Rechtsmittelangelegenheiten der Wille des Beschuldigten stets vorrangig. Zudem lassen sich durch die Annahme eines konkludenten Widerrufs in diesen Situationen die Probleme eines nicht aufeinander abgestimmten Verhaltens der beteiligten Verteidiger vermeiden und dem Beschuldigten bleibt es unbenommen, eine erneute Ermächtigung zu erteilen. Nur so kann es verhindert werden, daß aus „Versehen" ein Rechtsmittelverlust für den Beschuldigten eintritt.

---

506 KG JR 1981, 480 (481). So auch OLG Celle NdsRPfleger 1973, 132 (133).

507 AK-*Achenbach*, StPO, § 302 Rn. 11; KMR-*Plöd*, StPO, § 302 Rn. 23; KK-*Ruß*, StPO, § 302 Rn. 23; LR-*Hanack*, StPO, § 302 Rn. 73 will auf die Umstände des Einzelfalles abstellen. Andere Ansicht: OLG München NStZ 1987, 342.

508 BGH NStZ 2000, 608; OLG München NStZ 1987, 342; *Meyer-Goßner*, StPO, § 302 Rn. 34; HK-*Rautenberg*, StPO, § 302 Rn. 19.

(2) Zweifel bzgl. der Rechtzeitigkeit des Widerrufs

Abschließend soll im Zusammenhang mit dem Widerruf noch auf die Frage eingegangen werden, wie sich Zweifel hinsichtlich der Rechtzeitigkeit des Zugangs der Erklärung auswirken. Besteht Ungewißheit, ob der Widerruf vor Zugang der Verzichts- oder Rücknahmeerklärung des ermächtigten Verteidigers an das zuständige Gericht wirksam erklärt und zugegangen ist, so soll sich diese nach der Rechtsprechung zu Lasten des Beschuldigten auswirken. Die Ermächtigung des Verteidigers bestehe fort, so daß das Rechtsmittel wirksam zurückgenommen worden sei.[509] Der Grundsatz „in dubio pro reo" gilt demnach also für die Frage der Rechtzeitigkeit des Widerrufs nicht.

Anderer Ansicht zufolge soll bei Zweifeln, ob eine Ermächtigung noch wirksam besteht oder nicht, diese als widerrufen angesehen werden.[510] Diese Auffassung wirkt sich für den Beschuldigten positiv aus, wenn dieser gerade ein Rechtsmittel einlegen will bzw. das eingelegte Rechtsmittel weiterbetreiben möchte.

Hier stellt sich zunächst einmal die Frage nach der Anwendbarkeit des Satzes „in dubio pro reo" im Verfahrensrecht. Während im Bereich des materiellen Strafrechts die Geltung dieses Grundsatzes für die Schuld- und Straffrage allgemein anerkannt ist[511], besteht im Verfahrensrecht nicht nur im einzelnen hinsichtlich dieser Entscheidungsregel Unklarheit.

Während die ältere Rechtsprechung einer Anwendbarkeit des Grundsatzes im Verfahrensrecht ablehnend gegenüber stand[512], hat sich der BGH in seinem Beschluß vom 19.02.1963 von dieser Rechtsprechung abgewendet und eine bis heute gültige Auffassung, welche auch im Schrifttum Unterstützung findet, geprägt: „Die Grundsätze der Gerechtigkeit und der Rechtssicherheit verbieten eine schablonenhafte Antwort, die einheitlich gelten könnte, etwa für alle Verfahrensvoraussetzungen oder Verfahrenshindernisse (...). Sie verlangen vielmehr

---

509 BGHSt 10, 245 (247); BGH NStZ 1983, 469; AK-*Achenbach*, StPO, § 302 Rn. 11; KK-*Pfeiffer*, StPO, Einl. Rn. 20; KK-*Ruß*, StPO, § 302 Rn. 23; KMR-*Stuckenberg*, StPO, § 261 Rn. 144; *Meyer-Goßner*, StPO, § 261 Rn. 35, § 302 Rn. 35; LR-*Hanack*, StPO, § 302 Rn. 75, der dies aber nur bei Zweifeln gelten lassen will, ob gegenüber dem Verteidiger der Widerruf rechtzeitig erfolgt ist. *Dünnebier*, JR 1957, 349 (350) stimmt BGHSt 10, 245 zwar zu, weist aber darauf hin, daß der entschiedene Fall ein Grenzfall sei und daß Modifikationen für solche Fälle notwendig seien, in denen die Schuld an der mangelnden Aufklärbarkeit nicht den Beschuldigten träfe.

510 *Sax*, JZ 1958, 178 (179 f.); *Schlüchter*, Strafverfahren, Rn. 653.2; SK-*Frisch*, StPO, § 302 Rn. 76.

511 BGHSt 10, 373 (374); 12, 116 (119); *Henkel*, Strafverfahrensrecht, S. 352; *Stree*, In dubio pro reo, S. 19; *Zopfs*, Grundsatz, S. 263 ff.

512 RGSt 53, 324; 56, 49 (50); 65, 250 (255); 71; 259 (263); BGHSt 10, 245 (247); 16, 164 (167).

eine den besonderen Umständen der Einzelfrage zugemessene Entscheidung."[513] Die Rechtsprechung entscheidet somit von Fall zu Fall, wobei eher eine Zurückhaltung gegenüber der Anwendung des „in dubio pro reo" - Satzes zu erkennen ist.[514]

Freilich werden in der Literatur Forderungen nach einer weitergehenden Anwendung des Grundsatzes erhoben.[515] Als Grundlage hierfür wird der dem Rechtstaatsprinzip entnommene Satz angeführt, daß niemand bestraft werden dürfe, wenn nicht sicher sei, daß seine Tat der staatlichen Strafgewalt noch unterliege.[516]

Für eine umfassende Klärung dieser Streitfrage ist an dieser Stelle jedoch kein Raum. Vielmehr soll nur untersucht werden, zu welchem Ergebnis die im Einzelfall entscheidende Ansicht hier, d. h. bei Zweifeln bzgl. des rechtzeitigen Widerrufs der Ermächtigung, gelangt.

Doch zunächst ist zu klären, ob sich die Erwägungen zu den Prozeßvoraussetzungen bzw. -hindernissen auf die hier relevante Frage übertragen lassen. Denn bei der Frage nach der Rechtzeitigkeit des Widerrufes bestehen Zweifel darüber, ob bei der Prozeßhandlung des Verteidigers – dem Rechtsmittelverzicht – eine Prozeß*handlungs*voraussetzung in Form einer wirksamen, d. h. nicht widerrufenen, Ermächtigung vorliegt. Bei der Erörterung der Prozeßvoraussetzungen wird vielfach darauf hingewiesen, daß sie nicht mit den Prozeßhandlungsvoraussetzungen verwechselt werden dürfen.[517] Damit ist freilich noch nicht ausgesagt, ob nicht für beide Gruppen die Erwägungen hinsichtlich „in dubio pro reo" glei-

---

513 BGHSt 18, 274 (277) [Ungewißheit bzgl. Verjährung]; BGHSt 46, 349 (352); so bereits KG JR 1954, 470 (471). Aus dem Schrifttum, das ebenfalls auf die Besonderheiten der jeweiligen verfahrensrechtlichen Vorschrift abstellt, vgl. *Beulke*, Strafprozeßrecht, Rn. 273.

514 Weitere Fälle, in denen die Rechtsprechung eine Anwendbarkeit des Zweifelssatzes bejahte: BayObLG JZ 1969, 153 (154) - (Verbrauch der Strafklage); OLG Hamburg NJW 1975, 1750 (1751) - (Rechtzeitigkeit der Einlegung einer Berufung durch die Staatsanwaltschaft); andere Ansicht: KG JR 1954, 470 (471).

515 *Kühne*, Strafprozeßrecht, Rn. 965 f.; *Michael*, Grundsatz, S. 149 ff.; *Roxin*, Strafverfahrensrecht, § 16 Rn. 38 ff.; *E. Schmidt*, LK I, Rn. 198; *Schlüchter*, Strafverfahren, Rn. 389 f. Den Meinungsstand schildert *Zopfs*, Grundsatz, S. 50 ff.

516 *Roxin*, Strafverfahrensrecht, § 16 Rn. 39, der die Anwendung des Grundsatzes auch beim Nachweis von Verfahrensfehlern, wie z. B. Verstöße gegen § 136a, befürwortet; *E. Schmidt*, LK I, Rn. 198; vgl. auch *Henkel*, Strafverfahrensrecht, S. 352 f., der anstatt der Frage nach der jeweiligen Wirkung des Zweifels die Frage für zutreffender hält, ob bei Zweifeln hinsichtlich der tatsächlichen Gegebenheiten von Prozeßvoraussetzungen ein rechtsstaatliches Verfahren statthaft erscheine.

517 Vgl. *Beulke*, Strafprozeßrecht, Rn. 273; *Henkel*, Strafverfahren, S. 231; *Peters*, Strafprozeß, S. 276; *Sauer*, Allgemeine Prozeßrechtslehre, S. 203; *E. Schmidt*, LK I, Rn. 121.

chermaßen gelten. Sowohl die positiven als auch die negativen[518] Prozeßvoraussetzungen müssen gegeben sein bzw. dürfen nicht vorliegen, damit das Gericht in der Sache selbst entscheidet. Sie sind somit Bedingungen für ein Voranschreiten des Verfahrens. Liegen beispielsweise positive Prozeßvoraussetzungen nicht (mehr) vor, was das Gericht von Amts wegen stets zu prüfen hat, so ist das Verfahren nicht weiterzuführen, sondern es ist (ggf. auch nur vorläufig) einzustellen.[519] Sie lassen sich auch unter den Oberbegriff der formellen Strafvoraussetzungen einordnen, welche im Anschluß an *Stree* verstanden werden als „alle prozessualen Erfordernisse positiver und negativer Art, die von den Strafverfolgungsorganen bei der Realisierung des staatlichen Strafanspruchs zu beachten sind. Zu ihnen rechnen also außer den eigentlichen Prozeßvoraussetzungen alle für die Verurteilung prozessual notwendigen Handlungen und Umstände."[520] Für eine Entscheidung des Rechtsmittelgerichts in der Sache ist ein prozessual notwendiger Umstand, daß das Rechtsmittel *nicht* zurückgenommen worden ist. Bei Einschaltung eines Verteidigers gibt es hierfür verschiedene Möglichkeiten: der ermächtigte Verteidiger hat keine Rücknahmeerklärung abgegeben, der Verteidiger wurde nicht ermächtigt oder dem eine Rücknahmeerklärung abgebenden und zunächst ermächtigten Verteidiger wurde rechtzeitig, d. h. vor Zugang von dessen Erklärung, seine Ermächtigung widerrufen. Der rechtzeitige Widerruf einer Ermächtigung und das damit verbundene Entfallen einer Prozeßhandlungsvoraussetzung ist bei Vorhandensein einer Rücknahmeerklärung eines ermächtigten Verteidigers somit für die Weiterführung des Verfahrens ein prozessual notwendiger Umstand. Er weist daher genauso eine Beachtlichkeit auf wie beispielsweise der Umstand der entgegenstehenden Rechtskraft. Zutreffend wird daher darauf hingewiesen, daß sich Prozeßhandlungsvoraussetzungen und Verfahrensvoraussetzungen in einem gewissen Bereich überschneiden.[521] Somit ist festzuhalten, daß auch im Zusammenhang mit Prozeßhandlungsvoraussetzungen eine Erörterung der Anwendbarkeit des Zweifelssatzes nicht von vornherein ausgeschlossen ist.

Damit ist nach den Kriterien zu fragen, mittels derer über die Anwendbarkeit zu entscheiden ist. Der BGH begründete in seiner die Verjährung betreffenden Ent-

---

518 Mit den Begriffen „Verfahrenshindernis" oder „Prozeßhindernis" ist nichts anderes gemeint, vgl. *Peters*, Strafprozeß, S. 274; *Sauer*, Allgemeine Prozeßrechtslehre, S. 204.

519 Zu den Folgen des Fehlens von Prozeßvoraussetzungen vgl. *Beulke*, Strafprozeßrecht, Rn. 290 ff.

520 *Stree*, In dubio pro reo, S. 53. Auch *Sax*, FS Stock, S. 143 (166) und KMR-*Stuckenberg*, StPO, § 261 Rn. 141 sprechen im Zusammenhang mit der Frage nach der Anwendbarkeit des Zweifelssatzes von „Zweifeln über prozessual erhebliche Tatsachen".

521 *Henkel*, Strafverfahrensrecht, S. 231 (Fußnote 6), der zugleich auf die Notwendigkeit einer grundsätzlichen Unterscheidung hinweist.

scheidung die Geltung des Zweifelssatzes mit den Gedanken der Rechtssicherheit und Gerechtigkeit.[522] Eine Entscheidung von Fall zu Fall mit Hilfe der o. g. Verfahrensziele erscheint jedoch nicht stets nachvollziehbar. Zudem findet die gesetzgeberische Ausgestaltung des jeweiligen Umstandes oftmals nicht hinreichend Beachtung. Daher ist die Frage nach der Anwendbarkeit des „in dubio pro reo" – Satzes nach Sinn und Zweck der jeweiligen Verfahrensvorschrift zu beantworten.[523] Es ist also nicht von der grundsätzlichen Anwendbarkeit auszugehen und im Anschluß daran nach Ausnahmen zu fragen, sondern es ist anhand der Bedeutung und des rechtlichen Inhalts der jeweiligen Regelung zu ermitteln, wie sich Zweifel auswirken.

Die bereits oben im Zusammenhang mit der Form der Ermächtigung genannten Erwägungen sind auch an dieser Stelle anzubringen. Am Merkmal der „ausdrücklichen Ermächtigung" zeigt sich die besondere Schutzfunktion, die der Gesetzgeber dem § 302 II zugedacht hat. Im Zusammenhang mit Verzicht und Rücknahme soll der Beschuldigte selbst über das Schicksal eines möglichen bzw. bereits eingelegten Rechtsmittels entscheiden. Dieser Schutzfunktion wird auch die oben beschriebene Ausgestaltung des Widerrufs der Ermächtigung gerecht. Steht daher fest, daß der Mandant einen Verzicht seines Verteidigers nicht mehr wünscht und nicht mehr an die Ermächtigung gebunden sein möchte und diesbezüglich einen Widerruf erklärt hat, so muß dieser Willensäußerung auch Geltung verschafft werden. Eine Optimierung der Schutzfunktion des § 302 II wird somit durch eine Anwendbarkeit des Zweifelssatzes hinsichtlich des Umstands der Rechtzeitigkeit des Widerrufs gewährleistet. Das Fortbestehen und nicht der Fortfall der Ermächtigung ist als begründungsbedürftig anzusehen.[524] Dieses Ergebnis widerspricht auch nicht den von der Rechtsprechung herangezogenen Gedanken der Rechtssicherheit und Gerechtigkeit, denn ein schutzwürdiges Vertrauen in den Fortbestand der Ermächtigung ist nicht ersichtlich; schließlich erfolgt die Ermächtigung des Verteidigers im Interesse seines Mandanten. Auch wird man die Ermöglichung des Rechtsmittelverfahrens wohl nicht als der Gerechtigkeit zuwiderlaufend ansehen können.[525]

In diesem Zusammenhang ist noch die vergleichbare Konstellation der Ungewißheit bzgl. der fristgerechten Rechtsmitteleinlegung zu nennen. Zwar weist *Stree* darauf hin, daß sich die Voraussetzung für die Fortführung eines Strafverfahrens vor einem höheren Gericht wesentlich von den Voraussetzungen unter-

---

522 BGHSt 18, 274 (278 f.).

523 *Krey*, Strafverfahrensrecht I, Rn. 25; *Michael*, Grundsatz, S. 154, 181; *Sax*, JZ 1958, 178 (180); *ders.*, FS Stock, S. 143 (165).

524 Vgl. SK-*Frisch*, StPO, § 302 Rn. 76.

525 *Sax*, JZ 1958, 178 (180).

scheidet, die das Ob des ganzen Verfahrens betreffen.[526] Aber auch hier geht es um tatsächliche Zweifel, ob die Voraussetzung für ein neues Verfahren vorliegt.[527]

Während eine Ansicht[528] Zweifel zu Lasten desjenigen wertet, der Rechtsmittel einlegt, stellt sich die wohl überwiegende Ansicht[529] auf den Standpunkt, daß – zumindest für Rechtsmittel des Beschuldigten[530] – der Zweifelssatz anzuwenden ist. Das Rechtsmittel kann dann also nicht wegen Verspätung verworfen werden. Aber selbst wenn eine Anwendung des Zweifelssatzes zwecks einer Gleichbehandlung aller Verfahrensbeteiligten abgelehnt wird, so wird die Zulässigkeit des Rechtsmittels aus dem „Wesen der Rechtsmittel und ihrem Verhältnis zur Rechtskraft" hergeleitet.[531] Die hierzu vorgebrachten Argumente zielen in die gleiche Richtung wie bei der Frage nach der Rechtzeitigkeit des Widerrufs: Dem Beschuldigten soll die Möglichkeit eines Zugangs zu einem höheren Gericht nicht verwehrt werden, wenn er diesbezüglich einen entsprechenden Willen – in Form des Widerrufs der Ermächtigung zum Verzicht oder der Rechtsmitteleinlegung – gezeigt hat. Diesbezüglich ist auf folgende Bemerkung *Sarstedts* hinzuweisen: „Die Gerechtigkeit ist nach der Wertvorstellung, die dem

---

526 *Stree*, In dubio pro reo, S. 73, der im folgenden unabhängig von den Erörterungen bzgl. der Prozeßvoraussetzungen eine Anwendbarkeit des Zweifelssatzes untersucht.

527 *Michael*, Grundsatz, S. 62.

528 KG JR 1954, 470 (471); OLG Hamm GA 1957, 222 (223); OLG Düsseldorf NJW 1964, 1684: „Zweifel wirken sich zugunsten der Rechtskraft aus".

529 OLG Düsseldorf JZ 1985, 300; *Michael*, Grundsatz, S. 62; *Roxin*, Strafverfahrensrecht, § 51 Rn. 21; *Stree*, In dubio pro reo, S. 75 ff.; *Sulanke*, Entscheidung bei Zweifeln, S. 125 f. Vgl. *Sarstedt*, JR 1954, 471, der eine Heranziehung des Zweifelssatzes ablehnt und insoweit dem KG zustimmt, aber andererseits im Ergebnis das Rechtsmittel als fristgerecht eingelegt behandelt wissen will und somit eine Überprüfung durch ein höheres Gericht offen halten will. *Zopfs*, Grundsatz, S. 361 ff., 365 lehnt eine Heranziehung des Zweifelssatzes ab, da von der Entscheidung, ob ein Rechtsmittel rechtzeitig oder verspätet eingelegt wurde, keine Statusveränderung abhänge.

530 Bei von der Staatsanwaltschaft eingelegten Rechtsmitteln besteht die Schwierigkeit des Zweifelssatzes darin, daß diese Rechtsmittel sowohl zugunsten als auch zuungunsten des Beschuldigten eingelegt werden können. Bestehen hinsichtlich eines zuungunsten des Beschuldigten eingelegten Rechtsmittels Zweifel bzgl. der Rechtzeitigkeit, so wäre bei Anwendung des „in dubio pro reo" – Satzes von dessen Unzulässigkeit auszugehen, d. h. die Zweifel würden sich nicht zugunsten des Rechtsmittelführers auswirken, vgl. OLG Hamburg NJW 1975, 1750; *Sulanke*, Entscheidung bei Zweifeln, S. 126. Neben dieser unterschiedlichen Behandlung verkompliziert sich die Situation aber dadurch, daß das Gericht bei einem von der Staatsanwaltschaft zuungunsten des Beschuldigten eingelegten Rechtsmittel aber auch zugunsten des Beschuldigten entscheiden kann (vgl. § 301). Die Anwendbarkeit des Zweifelssatzes hinge dann somit vom Ergebnis der Entscheidung ab, so OLG Hamm GA 1957, 222 (223), vgl. dazu mit überzeugenden Erwägungen OLG Hamburg NJW 1975, 1750; *Stree*, In dubio pro reo, S. 76 f.; *Sulanke*, Entscheidung bei Zweifeln, S. 126 f.

531 BGH NJW 1960, 2202 (2203).

Gesetz zugrunde liegt, bei dem höheren Gericht in besseren Händen als bei dem unteren."[532] In die gleiche Richtung zielt auch die Erwägung des OLG Hamburg ab, daß im Rechtsmittelverfahren grundsätzlich eine „richtigere" Entscheidung herbeigeführt werde.[533]

Von der Konstellation der Ungewißheit bzgl. der Rechtzeitigkeit des Widerrufs sind diejenigen Fälle zu unterscheiden, in denen bereits ungewiß ist, ob überhaupt ein Widerruf vorliegt. Dies kann im Zweifel nicht zugunsten des Beschuldigten angenommen werden, da dessen Widerrufswille sich zumindest zweifelsfrei geäußert haben muß. Insoweit übereinstimmend wird bzgl. des Zweifels, ob eine Rechtsmittelschrift überhaupt bei Gericht eingegangen ist, ganz überwiegend davon ausgegangen, daß kein Rechtsmittel eingelegt wurde.[534]

Zusammengefaßt ergibt sich also: Es muß zweifelsfrei feststehen, daß der Verteidiger zum Zeitpunkt des Verzichts bzw. der Rücknahme zur Vornahme einer solchen Prozeßhandlung (noch) ermächtigt ist.

bb) Mandatsniederlegung

Die dem Verteidiger erteilte Ermächtigung erlischt ferner, wenn das Mandat endet, indem es z. B. niedergelegt wird. Dies soll auch bei der Mandatsniederlegung eines Wahlverteidigers gelten, wenn dieser damit die Bestellung als Pflichtverteidiger erreichen will.[535] Zur Begründung wird auf die entsprechende Anwendung des § 168 S. 1 BGB abgestellt, wonach eine Vollmacht mit dem zugrunde liegenden Rechtsverhältnis erlischt. Durch die Niederlegung des Wahlmandats erlischt der geschlossene Dienstvertrag und mit ihm also die Ermächtigung, die sich auf gerade dieses Wahlmandat bezog.

---

532 *Sarstedt*, JR 1954,471 (472). Diese Überlegung ließ jedoch der 5. Senat unter Vorsitz *Sarstedts* in seiner Entscheidung BGHSt 10, 245 außer Betracht, als er die Ungewißheit des rechtzeitigen Widerrufs der Rücknahmeermächtigung zuungunsten des Beschuldigten wertete, vgl. *Dünnebier*, JR 1957, 349 (350). *Stree*, In dubio pro reo, S. 78 spricht in diesem Zusammenhang vom Interesse an einer umfassenden Gerechtigkeitsverwirklichung und stellt diesbezüglich die Regel „Im Zweifel zuungunsten der Rechtskraft" auf.

533 OLG Hamburg NJW 1975, 1750. Vgl. dazu auch BGH NJW 1960, 2202 (2203).

534 OLG Hamm NStZ 1982, 43 (44); OLG Düsseldorf JZ 1985, 300; *Roxin*, Strafverfahrensrecht, § 51 Rn. 21; KMR-*Stuckenberg*, StPO, § 261 Rn. 145.

535 BGH MDR 1978, 461; BGHR StPO § 302 Abs. 2 Rücknahme 1; BGH NStZ 1991, 94 (95); OLG Hamm MDR 1958, 707; OLG Düsseldorf MDR 1967, 515; OLG Düsseldorf StV 1982, 127 (128); OLG Bamberg StV 1984, 235; OLG Düsseldorf StV 1986, 143; OLG Koblenz NStZ-RR 2001, 247; LG Zweibrücken NStZ-RR 2002, 177 (178); AK-*Achenbach*, StPO, § 302 Rn. 11; *Meyer-Goßner*, StPO, § 302 Rn. 36; HK-*Rautenberg*, StPO, § 302 Rn. 19. Offen gelassen von OLG Köln OLGSt a. F. § 302 StPO, 45.

Die in der Literatur anzutreffende Gegenansicht[536], die ein fortbestehendes und nur modifiziertes Auftragsverhältnis annimmt, kann nicht überzeugen. Denn nach dieser Ansicht soll sich der Wahlverteidiger konkludent verpflichtet haben, nach seiner Beiordnung das Mandat unverändert weiterzuführen.[537] Als Argument für die fortbestehenden Rechte des Verteidigers wird zudem auf das ebenfalls fortbestehende Vertrauen hingewiesen[538]. Dieses ist aber im Zusammenhang mit den obigen Ausführungen zur ausdrücklichen Ermächtigung kritisch zu sehen. Daher ist mit der rechtlichen Unterbrechung auch das Band zur erteilten Ermächtigung unterbrochen und kann nur durch eine erneute Erteilung wieder aufgenommen werden. Das Erfordernis einer erneuten Ermächtigung im Zusammenhang mit der Pflichtverteidigerbestellung ist für den Beschuldigten vorteilhaft, da dieser sich der Ermächtigung dann wieder bewußt ist.

cc) Anfechtung der Ermächtigung

Ein rückwirkendes Erlöschen der Ermächtigung infolge einer Anfechtung der Ermächtigung durch den Beschuldigten – beispielsweise aufgrund eines Irrtums oder einer Täuschung – wird zutreffend abgelehnt.[539] Denn entscheidend ist allein, daß im Zeitpunkt der Vornahme der Prozeßhandlung durch den Verteidiger dieses Verhalten von einem entsprechenden Willen des Beschuldigten gedeckt ist; eine nachträgliche Willensänderung ist insoweit unerheblich und kann die evtl. eingetretene Rechtskraft nicht mehr beseitigen.

3. Gesetzlicher Vertreter

Ein Rechtsmittelverzicht kann nicht nur durch den Beschuldigten selbst, sondern auch durch seinen gesetzlichen Vertreter erklärt werden. Dies resultiert aus dessen eigenem Recht zur Einlegung von Rechtsmitteln (§ 298).[540] Gesetzliche Ver-

---

536 *Schnarr*, NStZ 1986, 488 (491); AK-*Stern*, StPO, Vor § 140 Rn. 31. Diese Ansicht vertrat bereits der gleiche Senat wie in BGH MDR 1978, 461 in seinem Urteil vom 8.01.1954 (5 StR 565/53): „Die Vollmacht war nicht dadurch erloschen, daß der Verteidiger sich zum Pflichtverteidiger bestellen ließ und zu diesem Zweck die Wahlverteidigung niederlegte.“ [das nicht veröffentlichte Urteil wird zitiert nach *Schnarr*, NStZ 1986, 488 (491)]. Fraglich ist, warum sich der 5. Senat in seinem Beschluß vom 31.01.1978 (MDR 1978, 461) nicht damit auseinandersetzt.

537 AK-*Stern*, StPO, Vor § 140 Rn. 31.

538 *Schnarr*, NStZ 1986, 488 (492 f.).

539 BGH GA 1969, 281; OLG Düsseldorf MDR 1996, 1060; LR-*Hanack*, StPO, § 302 Rn. 73; KMR-*Plöd*, StPO, § 302 Rn. 22.

540 Bis 1935 sah § 298 I auch eine eigene Rechtsmittelbefugnis des Ehemannes vor. Diese wurde durch das Gesetz zur Änderung von Vorschriften des Strafverfahrens und des GVG vom 28.06.1935 (RGBl. I, S. 844) abgeschafft. Vgl. dazu *Henkel*, Strafverfahren, S. 419. Für eine Wiedereinführung sprach sich allerdings 1938 die amtliche Strafpro-

treter sind z. B. bei Minderjährigen in der Regel die Eltern, vgl. § 1629 I BGB; des weiteren kommen der Vormund (§ 1773 BGB) sowie der Ergänzungspfleger (§ 1909 BGB) in Betracht. Diese Personen haben ein selbständiges Recht zur Rechtsmitteleinlegung; es besteht somit unabhängig vom Willen des Beschuldigten. Dieser Unterschied zum Anfechtungsrecht des Verteidigers ergibt sich bereits aus dem Wortlaut der §§ 297, 298. Während § 297 ausdrücklich die Abhängigkeit vom Willen des Beschuldigten statuiert, kann gem. § 298 I der gesetzliche Vertreter gerade „selbständig von den zulässigen Rechtsmitteln Gebrauch machen". Daraus wird ersichtlich, daß der gesetzliche Vertreter für einen Verzicht auf das eigene Rechtsmittel keiner Ermächtigung entsprechend § 302 II bedarf. Es sei denn, er verzichtet im Namen des Beschuldigten auf dessen Rechtsmittel. Dies zeigt, daß bei Rechtsmittelerklärungen – sowohl Einlegung als auch Verzicht – des gesetzlichen Vertreters zu unterscheiden ist, ob er im eigenen oder fremden Namen handelt.

Gleichzeitig ergibt sich aus § 298 I, daß auch derjenige Beschuldigte selbst Rechtsmittel einlegen kann, der über einen gesetzlichen Vertreter verfügt. Voraussetzung für Rechtsmitteleinlegung und -verzicht ist nur die allgemeine Verhandlungsfähigkeit, so daß auch der minderjährige Beschuldigte eine uneingeschränkte Anfechtungsbefugnis hat (vgl. § 55 II 2, 1. Var. JGG).[541]

Dem gesetzlichen Vertreter wird ein selbständiges Rechtsmittelrecht in der Annahme gewährt, daß dieser besonders geeignet sei, eine im Interesse des Beschuldigten liegende Entscheidung bzgl. der Anfechtung zu treffen.[542] Beim gesetzlichen Vertreter des Minderjährigen stellt der BGH darauf ab, daß dieser aufgrund „seiner Reife und Lebenserfahrung besser imstande ist, zu erkennen, was der wahre Vorteil des Minderjährigen erheischt".[543] Dieser Gedanke liegt auch der jugendstrafrechtlichen Regelung in § 67 III JGG zugrunde, der neben dem gesetzlichen Vertreter auch dem Erziehungsberechtigten[544] ein Recht zur Rechtsmitteleinlegung einräumt.[545] Daraus folgt, daß das Anfechtungsrecht nur

---

zeßkommission aus. Befürwortend auch *von Hippel*, Strafprozeß, S. 306 (Fußnote 1), 561.

541 AK-*Achenbach*, StPO, § 298 Rn. 2; *Meyer-Goßner*, StPO, § 298 Rn. 5; *Eisenberg*, JGG, § 55 Rn. 5. Zur Verhandlungsfähigkeit beim Rechtsmittelverzicht siehe näher unten, 3. Kapitel, III. 2.

542 OLG Celle NJW 1964, 417 (418); SK-*Frisch*, StPO, § 298 Rn. 1.

543 BGHSt 10, 174 (176).

544 Die Erziehungsberechtigten sind i. d. R. zugleich die gesetzlichen Vertreter, da die elterliche Sorge die Vertretungsmacht mitumfaßt, vgl. § 1629 I BGB, vgl. dazu auch *Eisenberg*, JGG, § 67 Rn. 5 f.

545 Zu beachten ist, daß § 67 III JGG weitergehend von der Einlegung von Rechtsbehelfen – also nicht nur von Rechtsmitteln – spricht. Dagegen umfaßt § 298 I sonstige Rechtsbehelfe nicht, vgl. dazu auch RGSt 38, 9.

im Interesse des jugendlichen Beschuldigten, also zu dessen Gunsten, ausgeübt werden darf.[546]

Das selbständige Anfechtungsrecht des gesetzlichen Vertreters wird jedoch dadurch beeinträchtigt, daß dieser nicht zwingend von der Verurteilung erfährt – eine wichtige Ausnahme gilt insoweit im Jugendstrafverfahren (vgl. § 67 II JGG); auch eine Wiedereinsetzung in den vorigen Stand soll ausscheiden, wenn der gesetzliche Vertreter erst nach Fristablauf Kenntnis vom Verfahrensausgang erhält.[547] Daher wäre auch eine Zustellung der Entscheidung an den gesetzlichen Vertreter wünschenswert, gleich ob er in der Hauptverhandlung anwesend war oder nicht.

Konsequenz der Selbständigkeit des Anfechtungsrechts ist, daß der gesetzliche Vertreter auch dann noch ein Rechtsmittel einlegen kann, wenn der Beschuldigte bereits auf Rechtsmittel verzichtet hat.[548]

Beruht das Erlöschen der Vertretungsmacht des gesetzlichen Vertreters auf dem Eintritt der Volljährigkeit des minderjährigen Beschuldigten, so geht nach allgemeiner Ansicht das Rechtsmittel auf den Beschuldigten über; dies wird auch dann angenommen, wenn er zuvor auf Rechtsmittel verzichtet hat.[549]

Das RG hatte demgegenüber vertreten, daß mit Wegfall der gesetzlichen Vertretungsmacht das vom gesetzlichen Vertreter eingelegte Rechtsmittel nicht mehr zulässig sei, da es insoweit an einem Träger des Rechtsmittels mangele.[550]

Für den Übergang spricht zunächst der Zweck des § 298 I, nämlich der zusätzliche Schutz des Beschuldigten vor Unbedachtsamkeit.[551] Mit Eintritt der Volljährigkeit bedarf der Beschuldigte dieses Schutzes nicht mehr und muß nun in eigener Verantwortung über das Rechtsmittel befinden. Dieses ist dann so zu behandeln, als ob der Beschuldigte es selbst eingelegt hätte.[552] Entscheidet er

---

546 OLG Celle NJW 1964, 417; *Eisenberg*, JGG, § 67 Rn. 13; *Kohlmann*, JA 1979, 243 (244).

547 BGHSt 18, 21 (25); OLG Schleswig SchlHA 1985, 134; *Meyer-Goßner*, StPO, § 298 Rn. 5. Vgl. aber für die Situation des gesetzlichen Vertreters eines Beschuldigten im Jugendstrafverfahren BayObLG NJW 1954, 1378 (1379). Vgl. auch OLG Hamm GA 1961, 183.

548 KG JW 1933, 2076; OLG Celle NJW 1964, 417 (418); OLG Schleswig SchlHA 1985, 134; *Eckstein*, GA 1916 (Band 84), 391 (392); LR-*Hanack*, StPO, § 298 Rn. 1, 7.

549 BGHSt 10, 174 (176); BGH NJW 1964, 1732; AK-*Achenbach*, StPO, § 298 Rn. 12; SK-*Frisch*, StPO, § 298 Rn. 18; LR-*Hanack*, StPO, § 298 Rn. 17; *Kohlmann*, JA 1979, 243 (244); *Roxin*, Strafverfahrensrecht, § 51 Rn. 8; *Schlüchter*, Strafverfahren, Rn. 662.2; *E. Schmidt*, LK II (Nachtragsband), § 298 Rn. 3; *ders.*, Strafprozeßrecht, S. 171 f. Für eine solche Sichtweise sprach sich auch der Oberreichsanwalt in RGSt 42, 342 aus [vgl. RGSt 42, 342 (345 ff.)].

550 RGSt 42, 342 (343, 345); 49,159 (160).

551 LR-*Hanack*, StPO, § 298 Rn. 1.

552 *Schlüchter*, Strafverfahren, Rn. 622.2. Auf den Schutzzweck der Norm stellt auch *Eisenberg*, JGG, § 55 Rn. 7 ab.

sich anders als sein gesetzlicher Vertreter, so besteht immer noch die Möglichkeit einer Rücknahme des Rechtsmittels. Aber die Möglichkeit des Weiterbetreibens sollte ihm zumindest offen gehalten werden.

Für den Übergang trotz eines Verzichts spricht, daß sich dieser Verzicht nur auf das *eigene* Rechtsmittelrecht bezog. Eine Erstreckung des Verzichts auch auf das Rechtsmittel des gesetzlichen Vertreters würde den o. g. Schutz des § 298 gerade konterkarieren. Zudem kann der Verzicht auch im Hinblick auf das vom gesetzlichen Vertreter eingelegte Rechtsmittel erfolgt sein.[553]

Zusammengefaßt ergibt sich, daß die Verzichtserklärung des gesetzlichen Vertreters grundsätzlich nur dessen eigenes Anfechtungsrecht betrifft; gibt er sie bzgl. des Anfechtungsrechts des Beschuldigten ab, so bedarf er einer ausdrücklichen Ermächtigung entsprechend § 302 II. Der Verzicht des Beschuldigten wirkt sich zu seinem eigenen Schutz nicht auf das Anfechtungsrecht des gesetzlichen Vertreters aus. Hier sei bereits angemerkt, daß die Verhandlungsfähigkeit einer Person, die eines gesetzlichen Vertreters bedarf, um auf Rechtsmittel zu verzichten, nicht ganz unkritisch gesehen wird.[554]

4. Unterschiede zu Erklärungen amtlicher Prozeßsubjekte

Während bisher die Erklärungen des Beschuldigten bzw. die seines Verteidigers im Vordergrund standen, soll nun noch kurz auf die Erklärungen amtlicher Prozeßsubjekte eingegangen werden. Als amtliche Prozeßsubjekte werden im folgenden Richter und die Vertreter der Staatsanwaltschaft verstanden.[555] Hinsichtlich der Erklärung eines Rechtsmittelverzichts kommen freilich nur letztere in Betracht.

Der Staatsanwalt handelt im Gegensatz zum Beschuldigten in einer professionellen Rolle und gibt aus dieser heraus Erklärungen ab. Daraus folgen zwei wichtige Merkmale solcher Erklärungen: Zum einen verfügen amtliche Prozeßsubjekte über entsprechende juristische Kenntnisse[556] – aufgrund Erfahrung, Fortbildung und Spezialisierung wird es sich meist auch um eine detaillierte Fachkenntnis handeln –, und zum anderen wird aufgrund der professionellen Routine eine zumeist niedrigere emotionale Beteiligung am Prozeßgeschehen vorliegen.

---

553 BGHSt 10, 174 (175); SK-*Frisch*, StPO, § 298 Rn. 18; *Roxin*, Strafverfahrensrecht, § 51 Rn. 8.

554 Vgl. dazu 3. Kapitel, III. 2. b).

555 Eine Übersicht über die Arten der Prozeßbeteiligten bietet *Peters*, Strafprozeß, S. 103; zum Begriff des Prozeßsubjekts und der Abgrenzung zu den übrigen Prozeßbeteiligten vgl. *Schlüchter*, Strafverfahren, Rn. 6.

556 Dies nimmt *Peters*, S. 251 zum Anlaß, u. a. zwischen Prozeßhandlungen von Juristen und juristischen Laien zu unterscheiden.

Diese beiden Merkmale dürften beim Neben- und Privatkläger fehlen, weshalb ihre Erklärungen wohl eher auf einer Ebene mit denen des Beschuldigten liegen. So werden beispielsweise bei der Frage nach der Auswirkung von Willensmängeln auf den Bestand des Rechtsmittelverzichts die für den Beschuldigten entwickelten Lösungen auf den Privat- und den Nebenkläger übertragen.[557] Zum Teil wird dies aber auch nur im Grundsatz bejaht und ein strengerer Maßstab für die Annahme einer Unwirksamkeit des Rechtsmittelverzichts angenommen, da Privat- und Nebenkläger nicht in einer der Lage des Beschuldigten vergleichbaren psychischen Belastungssituation stünden.[558] Eine generelle Beurteilung dieser Situation dürfte nur schwerlich möglich sein, zu verschieden sind die psychische Verfassung und der Charakter im Einzelfall.[559]

Hinsichtlich der Erklärungen der amtlichen Prozeßsubjekte wird im allgemeinen zutreffend auf deren hoheitlichen Charakter hingewiesen; soweit Erklärungen in Ausübung öffentlicher Gewalt abgegeben werden, stellen sie Hoheitsakte dar.[560] Dieser Umstand schließt es auch aus, beim Strafprozeß von einem Parteiprozeß zu sprechen.[561] Dies gilt auch für den Rechtsmittelverzicht des Staatsanwalts. Besondere Bedeutung erlangt dieser Umstand bei der Beurteilung der Wirksamkeit von Prozeßhandlungen. Während bei nicht-amtlichen Prozeßsubjekten die Verhandlungsfähigkeit eine Prozeßhandlungsvoraussetzung ist, werden Prozeßhandlungen amtlicher Prozeßsubjekte als wirksam angesehen, solange sie nicht in offensichtlichem Widerspruch zu rechtsstaatlichen Gesichtspunkten stehen.[562] Diese sog. Evidenztheorie findet sich auch im Zusammenhang mit der Problematik nichtiger Urteile. Urteile und andere gerichtliche Entscheidungen sollen dann nichtig sein, wenn sie an einem derart schweren Mangel leiden, daß aus Gründen der Rechtssicherheit und des Rechtsfriedens eine Annahme der Verbindlichkeit unerträglich wäre; zudem müsse der Mangel offensichtlich sein.[563]

---

557 *Dencker*, Willensfehler, S. 75.

558 *Joachim*, Willensmängel, S. 229; *Schulze*, Widerruf, S. 249. Zwar gesteht auch *Dencker*, Willensfehler, S. 75 zu, daß die seelische Belastung anderer Rechtsmittelberechtigter regelmäßig geringer ist, aber er sieht darin keinen Anlaß für eine Differenzierung, da eine Verknüpfung zwischen seelischer Belastung und Willensfehler nicht zwingend sei.

559 Man denke nur an einen gerichtserfahrenen Beschuldigten einerseits und an das Opfer einer Gewalttat als Nebenkläger andererseits.

560 *Dahrmann*, Widerruf, S. 37; *Schroeder*, Strafprozeßrecht, Rn. 391.

561 *Peters*, Strafprozeß, S. 101.

562 *Beulke*, Strafprozeßrecht, Rn. 297; *Schlüchter*, Strafverfahren, Rn. 137 f.

563 BGHSt 29, 351 (353); OLG Jena NStZ-RR 1998, 111; *Beulke*, Strafprozeßrecht, Rn. 507; *Peters*, Strafprozeß, S. 519 ff.; *Roxin*, Strafverfahrensrecht, § 50 Rn. 28 ff.; *Schlüchter*, Strafverfahren, Rn. 137. Vgl. dagegen *Kühne*, Strafprozeßrecht, Rn. 1012.1; AK-*Loos*, StPO, Anhang zu § 264 Rn. 21; *Meyer-Goßner*, StPO, Einl. Rn. 105,

Auch bei der Erörterung von Willensmängeln wird darauf hingewiesen, daß solche Mängel nicht für alle Prozeßsubjekte einheitlich beurteilt werden könnten.[564] So folgert *Peters*, daß bei amtlichen Erklärungen und bei Erklärungen des Verteidigers – also bei Erklärungen von Juristen – das einmal erklärte Wort gelten soll.[565]

Während der Verweis auf den hoheitlichen Charakter eher formaler Art ist, wird zur Begründung einer solchen Differenzierung auf die Rechtssicherheit verwiesen, die bzgl. solcher Erklärungen eine Bestandskraft in stärkerem Maße erfordere.[566]

II. Formulierung der Verzichtserklärung

1. Ausdrückliche Verzichtserklärung

Nachdem die Erklärungsberechtigten in den Blick genommen wurden, soll nun geklärt werden, *was* der Beschuldigte erklären muß, damit die Erklärung einen Rechtsmittelverzicht darstellt. Stets wird zutreffend hervorgehoben, daß der Wille zum Verzicht eindeutig und zweifelsfrei erklärt werden muß; d. h. es muß deutlich zum Ausdruck gebracht werden, daß eine Anfechtung der Entscheidung nicht (mehr) gewünscht wird.[567] Zugleich besteht Einigkeit, daß die Worte „Verzicht" bzw. „verzichten" kein erforderlicher Bestandteil der Erklärung sind.[568] Denn im Strafprozeß gibt es eine Wortform nur noch beim Eid (vgl. § 66c)[569], so daß bei den sonstigen Erklärungen im Strafprozeß die Verwendung bestimmter Worte nicht erforderlich ist und sie sich nur im Rahmen der vorgeschriebenen Ausdrucksformen, z. B. Schriftlichkeit, halten müssen.[570]

LR-*Rieß*, StPO, Ein. J Rn. 127 f. die der Annahme einer Nichtigkeit bei Urteilen ablehnend gegenüber stehen.

564 *Dahrmann*, Widerruf, S. 38 f.; *Peters*, Strafprozeß, S. 267. Vgl. *Dencker*, Willensfehler, S. 76, der im Grundsatz der Staatsanwaltschaft die gleiche Möglichkeit der Wiedereinsetzung einräumt, aber diese Möglichkeit dann doch mit Einschränkungen versieht. Für den Zivilprozeß vgl. *Nußbaum*, Prozeßhandlungen, S. 13.

565 *Peters*, Strafprozeß, S. 251, 267.

566 *Beulke*, Strafprozeßrecht, Rn. 297; *Schlüchter*, Kernwissen, S. 81. Dies meint wohl auch *Peters*, Strafprozeß, S. 267 mit der Begründung „auf derartige Erklärungen muß sich jeder verlassen können."

567 Vgl. aus dem älteren Schrifttum: von Holtzendorff/*von Schwarze*, Handbuch, Band 2, S. 25.

568 RGSt 2, 78 (79); 58, 372 (373); OLG Stuttgart Die Justiz 1981, 371; NJW 1990, 1494.

569 Bei der Wortform ist somit Inhalts- und Formerfordernis untrennbar vereint, vgl. *Kern*, FS Lenel, S. 52 (73).

570 Vgl. *Roxin*, Strafverfahrensrecht, § 22 Rn. 8. Zur Unterscheidung von Wort- und Ausdrucksform vgl. auch *Kern*, FS Lenel, S. 52 (73 ff.).

Fraglich ist, ob z. B. die oftmals gebrauchte Erklärung des Beschuldigten „Ich nehme das Urteil an“[571] einen eindeutigen Verzichtswillen zum Ausdruck bringt. Ebenso stellt sich die Frage bei Formulierungen wie „Ich unterwerfe mich dem Urteil“, „Ich will keine Rechtsmittel einlegen“ oder „Ich erkenne das Urteil an“. *Gerland* bezeichnet diese Formulierungen als „indirekte Erklärungen“ eines Verzichts.[572]

Solche Äußerungen werden zum Teil als für eine Verzichtserklärung *nicht* ausreichend angesehen.[573] U. a. das Urteil des BGH vom 13.06.1952[574] wird in der Literatur als Beleg dafür angeführt, daß die Annahmeerklärung nicht für einen Verzicht ausreichen kann.[575]

Dies ist jedoch ungenau und wird der Entscheidung nicht ganz gerecht. Denn der 4. Strafsenat des BGH hat festgestellt, daß nur dann in der Annahmeerklärung ein Verzicht gesehen werden könne, wenn einwandfrei feststehe, daß der Beschuldigte damit seinen Willen kundgeben wollte, von einer Anfechtung des Urteils abzusehen. Im Ergebnis bejahte der BGH, daß ein entsprechender Wille hinreichend festzustellen ist. Er ließ folglich die Annahmeerklärung ausreichen und verwarf die Revision des Beschuldigten als unzulässig. Auch die Entscheidung des OLG Hamm vom 19.03.1935 stellt auf die Gesamtumstände des Einzelfalls ab, und läßt eine Annahme des Urteils nur deshalb nicht genügen, weil der Beschuldigte vor der Frage des Richters nicht über seine Rechtsmittel belehrt wurde und sieht deshalb die Annahmeerklärung nicht als bestimmte und eindeutige Verzichtserklärung an.[576]

Diese beiden Entscheidungen zeigen zugleich, daß die Frage, ob eine Erklärung eine Verzichtserklärung darstellt, leicht mit der Frage verwechselt oder – wohl näherliegend – vermischt wird, ob die Verzichtserklärung irrtumsbefangen ist. Doch diese beiden Fragen sind auseinanderzuhalten. Das Motiv für eine solche

---

571 *Koch*, JR 1964, 255 (256) hält dies für die üblichste Erklärung. Die Formulierung „Annahme eines Urteils“ als auch heute noch übliche Wendung belegt BGH StV 2004, 636 (637).

572 *Gerland*, JW 1930, 2568.

573 OLG Nürnberg HESt 3, 57 (58); OLG Hamburg HESt 3, 58 (59); OLG Schleswig RPfleger 1966, 214; von Holtzendorff/*von Schwarze*, Handbuch, Band 2, S. 25; *von Schwarze*, StPO § 344 Anm. 3; *R. Schmidt*, JuS 1967, 158 (160); zweifelnd *Rieß*, Kolloquium, S. 191 (194). *Hübner*, Fürsorgepflicht, S. 205 f., leitet bei solchen Äußerungen eine Aufklärungspflicht des Gerichts dahingehend ab, ob tatsächlich ein Verzichtswille vorliegt. – Vgl. auch OLG Hamburg NJW 1953, 1726, wonach der Antrag der Staatsanwaltschaft auf Verwerfung der Berufung keine Rücknahme darstelle.

574 BGH JR 1952, 483.

575 Vgl. *R. Schmidt*, JuS 1967, 158 (159).

576 OLG Hamm JW 1935, 2389. Auch *Krille*, JW 1935, 2389 (2390) stellt in seiner Anmerkung auf die Gesamtumstände der Erklärung ab und spricht der Erklärung, das Urteil anzunehmen, nicht generell die Eignung für eine Verzichtserklärung ab.

Vermengung dürfte die in der damaligen Rechtsprechung vorherrschende und heute noch zuweilen betonte Auffassung sein, daß der Rechtsmittelverzicht „bei Irrtum weder widerrufen noch angefochten werden könne". Mit der Verneinung einer überhaupt wirksam abgegebenen Verzichtserklärung – begründet mit dem Umstand, daß der Erklärende sich der Tragweite seiner Erklärung nicht bewußt war – wird aber dennoch die Beachtlichkeit eines Irrtums im Einzelfall anerkannt, freilich in Anerkennung der Gesamtumstände der Erklärung. Der *äußere* und der *innere* Erklärungstatbestand einer Erklärung sind aber auseinanderzuhalten.[577] Hier geht es (vorläufig) nur um das Vorliegen eines äußeren Erklärungstatbestands, an den sich der Erklärende grundsätzlich festhalten lassen muß – unbeschadet der gedanklich späteren Frage nach Anfechtbarkeit oder Widerruflichkeit des so Erklärten.[578]

Auf die Auswirkungen eines Irrtums wird später noch ausführlich einzugehen sein. Hier bleibt aber festzustellen, daß die Annahme eines Urteils durchaus als Erklärung aufzufassen ist, sich nicht seines Anfechtungsrechts bedienen zu wollen.[579] Denn für den Rechtsunkundigen ist die Annahme eines Urteils der Ausdruck für seinen Willen, kein weiteres Verfahren mehr durchführen zu wollen, und somit sein Ausdruck für den juristischen Begriff „Rechtsmittelverzicht".[580] Dies gilt um so mehr, als der Beschuldigte vor Abgabe seiner Erklärung über seine Anfechtungsmöglichkeiten belehrt wurde (vgl. § 35a S. 1).[581] Und welchen Sinngehalt sollte eine solche Erklärung nach einer Belehrung über Rechtsmittel sonst aufweisen? Der Hinweis, ein Laie könne damit auch nur ausdrücken wollen, daß er zum Urteil nichts mehr zu sagen habe[582], ist nicht sehr überzeugend. Auch die Vorstellung, mit der Annahme des Urteils könne der Be-

577 Vgl. *Joachim*, Willensmängel, S. 11.

578 *Schmid*, Verwirkung, S. 117.

579 So auch RGSt 2, 78 (79); 58, 372 (373); RG JW 1930, 2568 (2569); BGHSt 18, 257 (258); 19, 101 (103); BGHR StPO § 302 Abs. 1 Satz 1 Rechtsmittelverzicht 7; OLG Hamburg NJW 1964, 1039 (1040); OLG Hamm NStZ 1986, 378; OLG Hamm VRS 1999 (Band 96), 212; *Koch*, JR 1964, 255 (256); *Kohlmann*, JA 1979, 243 (246); *Plötz*, Fürsorgepflicht, S. 287; *E. Schmidt*, LK I, Rn. 208; *Schulze*, Willensmängel, S. 121; *Stenglein*, StPO, § 344 Anm. 8.

580 *Koch*, JR 1964, 255 (256) verweist auf den allgemeinen Sprachgebrauch und hält es für verwirrend und mit der Forderung nach volksnaher Justiz für nicht vereinbar, den Beschuldigten, der soeben sein Urteil „angenommen" hat, zu befragen, ob er damit den Verzicht auf Rechtsmittel zum Ausdruck bringen wolle. Auf den allgemeinen Sprachgebrauch verweisen auch *Krille*, JW 1935, 2389 (2390) und *Schulze*, Willensmängel, S. 121.

581 *Joachim*, Willensmängel, S. 26 f.; *H. Müller*, Willenserklärungen, S. 48; *Plötz*, Fürsorgepflicht, S. 287, 329; *Schulze*, Willensmängel, S. 120.

582 Vgl. *Gerland*, JW 1930, 2568.

schuldigte auch nur ausdrücken wollen, daß er das Urteil verstanden habe[583], kann nicht den objektiven Erklärungswert in Frage stellen.[584]

Daher stellt die Annahme eines Urteils eine taugliche Rechtsmittelverzichtserklärung dar. Gleiches gilt für die anderen o. g. Formulierungen.[585]

Somit wird auch bei der Erklärung, die Strafe sofort antreten zu wollen, zu Unrecht eine Verzichtserklärung abgelehnt.[586] Zwar bezieht sich die Erklärung nicht unmittelbar auf das Urteil – wie z. B. bei „Ich unterwerfe mich dem Urteil" – oder auf ein etwaiges Rechtsmittel – so bei der Erklärung „Ich werde keine Rechtsmittel einlegen" –, sondern sie betrifft nur die Strafvollstreckung. Auch wenn dem Beschuldigten nicht ohne weiteres der Zusammenhang zwischen dem Erfordernis der (formellen) Rechtskraft und der Strafvollstreckung bekannt ist, so gibt er doch zum Ausdruck, daß er die im Urteil ausgesprochene Strafe verbüßen will und sich daher sowohl mit Verurteilung als auch mit dem Strafmaß abgefunden hat. Damit kommt gleichzeitig zum Ausdruck, daß er eine Überprüfung des Urteils nicht mehr in Anspruch nehmen will. Der mögliche Umstand, daß der Erklärende überhaupt nichts von einem Anfechtungsrecht wußte, ist wiederum eine Frage der Beachtlichkeit eines Irrtums beim Rechtsmittelverzicht, ändert aber nichts am Vorliegen eines objektiven Erklärungstatbestands.

Bei der bejahenden Antwort auf die Frage des Gerichts, ob auf Rechtsmittel verzichtet werde, oder bei der Verneinung der Frage, ob Rechtsmittel eingelegt werden wollen, liegt jeweils eine Verzichtserklärung vor.[587] Auch hier ist – worauf bereits oben bzgl. des Irrtums hingewiesen wurde – von einer Trennung zwischen Abgabe einer Verzichtserklärung und ihrer Beachtlichkeit auszugehen. Der objektive Erklärungswert eines „Ja" auf die Frage, ob auf Rechtsmittel verzichtet werde, ist präzise und eindeutig.[588]

Keinen umfassenden Rechtsmittelverzicht beinhaltet aber die Verneinung der Frage des Gerichts, ob gegen das amtsgerichtliche Urteil Berufung eingelegt

---

583 *Oetker*, JW 1929, 49 (50); *Siegert*, Prozeßhandlungen, S. 68, der aber bei entsprechender Belehrung einen Verzicht wohl bejahen will.

584 So auch *Schulze*, Willensmängel, S. 121.

585 So z. B. OLG Hamburg NJW 1952, 638 für die Anerkennung eines Urteils.

586 Vgl. RG JW 1890, 108; Löwe/*Hellweg*, StPO (12. Auflage), § 344 Anm. 4 b.

587 Vgl. BGH JR 1952, 483; *Schulze*, Willensmängel, S. 120; *Peters*, Strafprozeß, S. 269 will hier zwischen Juristen- und Laienerklärungen unterscheiden und läßt bei letzteren ein bloßes „Ja" als eindeutige Erklärung *nicht* ausreichen. *Hübner*, Fürsorgepflicht, S. 206 will jedenfalls bei der Frage, ob das Urteil angenommen werde, eine bejahende Antwort nicht ausreichen lassen, da bereits die Frage des Gerichts mißverständlich sei. – Bei der Problematik der Unbeachtlichkeit der Verzichtserklärung wird noch darauf einzugehen sein, ob das Gericht einen Rechtsmittelverzicht „herausfragen" darf.

588 *E. Schmidt*, LK I, Rn. 208; *Schulze*, Willensmängel, S. 120. Zutreffend weist *Plötz*, Fürsorgepflicht, S. 287 darauf hin, daß auch ganz unüberlegte Erklärungen möglicherweise eindeutig und klar sein können.

werde.[589] Denn hier erklärt der Beschuldigte nur, daß er keine Berufung mehr wünsche; er äußert sich aber nicht zu dem noch möglichen Rechtsmittel der (Sprung-) Revision (vgl. § 335 I).[590] Hier liegt somit nur ein Berufungsverzicht vor.

2. *Besondere Anforderungen an die Ermittlung des Verzichtswillens*

Trotz objektiver Eindeutigkeit der Verzichtserklärung könnte man daran denken, zusätzliche Anforderungen an das Bestehen einer Verzichtserklärung zu stellen. Ein wirksamer Rechtsmittelverzicht könnte dann bereits mangels einer beachtlichen Erklärung verneint werden.

Zuweilen finden sich daher Hinweise auf die Berücksichtigung der Umstände des Einzelfalls bzw. der Umstände in der Person des Erklärenden – wie z. B. Ausdrucksweise und Sprachgewandtheit.[591] Diese Forderungen führen jedoch nicht weiter. Vielmehr sind solche einzelfallabhängigen Entscheidungen, ob die jeweiligen Erklärungen die taugliche Formulierung eines Verzichts beinhalten, oftmals zu unbestimmt. Solche Umstände sind bei Art und Umfang der Rechtsmittelbelehrung zu berücksichtigen, sie ändern aber nichts an einer objektiv eindeutigen Erklärung.

Gleichfalls abzulehnen ist der Versuch, mittels Auslegung den eindeutigen objektiven Erklärungstatbestand eines Rechtsmittelverzichts zu widerlegen und dem wahren Willen des Beschuldigten zur Geltung zu verhelfen. Durch dessen Berücksichtigung mittels Auslegung wird das gleichzeitig postulierte Verbot der Anfechtung und des Widerrufs eines Rechtsmittelverzichts scheinbar nicht berührt, da es bereits an einem wirksam erklärten Verzicht fehlen soll. So hat z. B. das OLG Zweibrücken in zwei Entscheidungen darauf hingewiesen, daß die herkömmlichen Auslegungskriterien beim Rechtsmittelverzicht zugunsten der Grundsätze eines fairen Verfahrens, der gerichtlichen Fürsorge und der Aufklärung zurückgedrängt würden.[592] Noch deutlicher kommt ein Abweichen von

---

589 OLG Nürnberg NJW 1949, 519.

590 Die o. g. Entscheidung des OLG Nürnberg könnte jedoch unzutreffend sein, wenn zu dieser Zeit die Möglichkeit einer Sprungrevision nicht bestand. Denn dann könnte die Verneinung der Berufungseinlegung keinen anderen Sinn als einen Verzicht auf Rechtsmittel gehabt haben. § 335 I erlangte erst wieder ab dem 1.10.1950 durch Art. 3 Nr. 143 VereinhG vom 12.09.1950 (BGBl. 1950, S. 455 ff.) Geltung. Für die Übergangszeit galt der vorherige Rechtszustand, vgl. Art. 8 Nr. 107 VereinhG. Die Sprungrevision wurde jedoch durch § 16 I der 1. Vereinfachungsordnung vom 1.09.1939 beseitigt (vgl. LR-*Hanack*, StPO, § 335 Vor Rn. 1).

591 Vgl. RGSt 58, 372 (373); OLG Schleswig NJW 1965, 312 (313); OLG Stuttgart NJW 1990, 1494; OLG Zweibrücken StV 1994, 362 (363). Vgl. auch *Schmid*, Verwirkung, S. 117.

592 OLG Zweibrücken OLGSt StPO § 300 Nr. 2; OLG Zweibrücken StV 1994, 362 (363).

herkömmlichen Auslegungsregeln bei einer Entscheidung des OLG Rostock aus dem Jahre 1922 zum Ausdruck, in der es heißt: „Es gilt nicht der Grundsatz des bürgerlichen Rechts, daß Erklärungen so aufzufassen sind, wie sie vom Erklärungsempfänger zu verstehen waren, sondern ein wesentlicher Irrtum des Erklärenden läßt den Verzicht als von vornherein wirkungslos erscheinen (...).“[593]

Zur Begründung verweist das OLG Zweibrücken auf § 300, dessen Rechtsgedanke die Erforschung des wirklichen Willens fordere; die Auslegung habe daher an die Person des Erklärenden und an die Prozeßsituation anzuknüpfen.[594] So verneinte das Gericht in einem Fall einen eindeutig erklärten Verzicht, da dem ausländischen Beschuldigten aufgrund der unmittelbaren Befragung durch den Vorsitzenden nicht zweifelsfrei die Bedeutung seiner Erklärung bekannt gewesen sei, dies zeige sich zudem in der späteren Berufungseinlegung.[595] Die – vermutlich oftmals nicht ganz auszuräumenden – Zweifel an der Bedeutungskenntnis des Erklärenden sollen sich stets zu dessen Gunsten auswirken.

Die Berücksichtigung eines – hier vielleicht gegebenen – Willensmangels mittels Auslegung ist jedoch der falsche Weg. Insbesondere die Zufälligkeit des jeweiligen Ergebnisses und die Unbestimmtheit der herangezogenen „ergänzenden Auslegungskriterien“ raten davon ab, diesen Weg zu beschreiten. So können auch unüberlegte Erklärungen eindeutig und klar, dagegen wohlüberlegte unklar sein.[596] Die auslegungsorientierte Lösung der Willensmängel, um deren Behandlung es ja in solchen Fällen geht, vernachlässigt die Herausbildung allgemeiner Wertungsmaßstäbe, da sie stets nur die einzelne Erklärung betrachtet. Die Vermengung von Fragen der Auslegung und des Irrtums führt dazu, daß die jeweiligen Besonderheiten und Grundsätze keine hinreichende Beachtung finden.[597]

Zudem wird nicht berücksichtigt, daß die Auslegung einer prozessualen Erklärung nur dann in Betracht kommt, wenn sie nicht eindeutig ist, d. h. die Eindeutigkeit der Erklärung schließt eine Auslegung aus.[598] Daß beim Rechtsmittelverzicht die herkömmliche objektive Auslegungsmethode[599], die bei em-

593 OLG Rostock ZStW 1924 (Band 44), 192.

594 OLG Zweibrücken OLGSt StPO § 300 Nr. 2.

595 OLG Zweibrücken StV 1994, 362 (363).

596 *Plötz*, Fürsorgepflicht, S. 287.

597 Ablehnend auch *Joachim*, Willensmängel, S. 19 f.; *Schulze*, Willensmängel, S. 117 ff.

598 BGHSt 7, 162 (165); *Grunst*, Prozeßhandlungen, S. 338; *Joachim*, Willensmängel, S. 22; vgl. auch *F. Meyer*, Willensmängel, S. 55 mit Beispielen für mögliche Ursachen einer fehlenden Eindeutigkeit.

599 Nach der objektiven Auslegungsmethode kann die Willensermittlung nur in dem Umfang geschehen, in welchem der Wille in der Erklärung Ausdruck gefunden hat. Maßgeblich ist nicht nur der Wortlaut, sondern der *objektiv erkennbare* Sinn. Der bejahenden Antwort auf die Frage, ob auf Rechtsmittel verzichtet werde, kann jedoch nicht entnommen werden, daß kein Verzichtswille vorliegt, vgl. *E. Schmidt*, LK I, Rn. 208. Zur Auslegung von Prozeßerklärungen im Strafprozeß vgl. BGHSt 7, 162 (165); *Beling*, Strafprozeßrecht, S. 198 f.; *Henkel*, Strafverfahrensrecht, S. 243 (Fußnote 24); *Jo-*

pfangsbedürftigen Erklärungen den Empfänger und sein Verständnis zumindest nicht völlig außer Betracht läßt, einer rein subjektiven Auslegung weichen soll, erscheint des weiteren bedenklich.[600] Die Auslegung soll vielmehr nur ermitteln, was mit einer Äußerung objektiv gesagt wurde und nicht, was der Erklärende mit seiner Äußerung sagen wollte.[601]

Dieser Begriff der Eindeutigkeit eignet sich m. E. nicht dazu, das maßgebliche Kriterium eines Schutzes vor den Folgen eines Rechtsmittelverzichts zu sein. Es ist daher abzulehnen, die Willensmängelproblematik auf diese Ebene zu verlagern[602] und die Fragen der Auslegung und des Irrtums zu vermengen. Mit dieser Ansicht wird freilich nicht ausgeschlossen, daß mehrdeutige Erklärungen auslegungsfähig und -bedürftig sind.[603]

3. Konkludenter Rechtsmittelverzicht

Fraglich ist nun noch, ob neben den o. g. Beispielen eines ausdrücklichen Rechtsmittelverzichts ein solcher auch konkludent, also durch schlüssiges Handeln, erklärt werden kann. Im älteren Schrifttum wurde diese Frage zumeist bejaht.[604] So wurde in dem Antritt zur Strafverbüßung ein wirksam erklärter Verzicht auf Rechtsmittel gesehen.[605] In der neueren Rechtsprechung findet sich ei-

---

achim, Willensmängel, S. 19; *F. Meyer*, Willensmängel, S. 53; *Plötz*, Fürsorgepflicht, S. 287; *Roxin*, Strafverfahrensrecht, § 22 Rn. 5; *Schmid*, Verwirkung, S. 116 f.; *E. Schmidt*, LK I, Rn. 206; *R. Schmidt*, JuS 1967, 158 (161); *Schulze*, Willensmängel, S. 117 f.; *Siegert*, Prozeßhandlungen, S. 66. Prägnant formuliert *Sauer*, Allgemeine Prozeßrechtslehre, S. 136: „das im Prozeß Geäußerte ist in dem Sinne maßgebend, wie es vom objektiven Standpunkt verstanden werden muß, nicht wie die Äußernden es verstanden." – Für den Zivilprozeß gilt dasselbe, vgl. RGZ 64, 67 (71); BGHZ 21, 168 (170); Zöller/*Greger*, ZPO, Vor § 128 Rn. 25.

600 *Plötz*, Fürsorgepflicht, S. 287 sieht hierbei ebenfalls die Grenzen des objektiven Auslegungsprinzips als überschritten an.

601 *Schmid*, Verwirkung, S. 116.

602 Zutreffend spricht auch *Plötz*, Fürsorgepflicht, S. 286 von einer Problemverlagerung.

603 Vgl. das Beispiel von *Schulze*, Willensmängel, S. 118: Der Beschuldigte wurde zu einer Freiheitsstrafe verurteilt, und er erklärt: „Da ich nur zu einer Geldstrafe verurteilt wurde, nehme ich das Urteil sofort an." Bei offensichtlichem Irrtümern kann somit ausnahmsweise bereits durch Auslegung eine Lösung erzielt werden, da aus Sicht des Erklärungsempfängers der objektive Erklärungssinn keinen Verzichtswillen beinhaltet, vgl. *Joachim*, Willensmängel, S. 44 ff. Hierin liegt aber keine Überschreitung des objektiven Auslegungsmaßstabes, vgl. *Schulze*, Willensmängel, S. 119. – Eine Mehrdeutigkeit und damit das Erfordernis einer Auslegung bei der „Annahme" eines Urteils sieht generell *F. Meyer*, Willensmängel, S. 56.

604 *Bucher*, Verzicht, S. 89; *Merckel*, GS 1853 (Band 5, Teilband 1), S. 448 (456); *Planck*, Systematische Darstellung, S. 509.

605 *Planck*, Systematische Darstellung, S. 509; *Stenglein*, StPO, § 344 Anm. 8; *Ullmann*, Strafprozeßrecht, S. 586.

ne solche Auffassung im Zusammenhang mit Ordnungswidrigkeitenverfahren: So sieht z. B. das OLG Stuttgart in der vorbehaltlosen Erklärung, die verhängte Geldbuße bezahlen zu wollen, mangels gegenteiliger Anhaltspunkte einen Verzicht auf ein bereits eingelegtes Rechtsmittel.[606]

Dagegen wird in der Bezahlung der durch einen Strafbefehl festgesetzten Geldstrafe *kein* konkludenter Verzicht auf den Einspruch (vgl. § 410 I) gesehen.[607] Diese Rechtsprechung findet auch in der Literatur Zustimmung, so daß Voraussetzung für einen wirksamen Verzicht dessen ausdrückliche Erklärung sein soll.[608] Was für den Verzicht auf den Einspruch zutreffend vertreten wird, muß erst recht für den Verzicht auf Rechtsmittel gelten. Auch diesbezüglich ist eine konkludente Erklärung abzulehnen. Nur so kann der weitreichenden Wirkung dieser Erklärung Rechnung getragen werden. Insoweit lassen sich auch das Verfahren wegen einer Ordnungswidrigkeit und das Strafverfahren nicht vergleichen; die möglichen Folgen wiegen bei letzterem ungleich schwerer. Daher findet sich mit Recht der Hinweis, daß der Verzicht auf Rechtsmittel ausdrücklich erklärt werden muß.[609]

Diese Auffassung könnte jedoch deshalb bezweifelt werden, weil für andere strafprozessuale Verzichtserklärungen allgemein anerkannt ist, daß sie nicht ausdrücklich erklärt zu werden brauchen, so z. B. beim früheren Verzicht auf die Zeugenvereidigung (§ 61 Nr. 5 a. F.)[610], beim Verzicht auf die Einhaltung der Ladungsfrist (§ 217 III)[611] oder beim Verzicht auf die Beweiserhebung bei einem präsenten Beweismittel (§ 245 I 2)[612]. Bereits das RG wies darauf hin, daß

606 OLG Stuttgart NJW 1990, 1494 – die Entscheidung ist insoweit mißverständlich, da aufgrund der Einlegung eines Rechtsmittels eigentlich nur eine Rücknahme des eingelegten Rechtsmittels in Betracht kommt. So auch OLG Stuttgart Die Justiz 1981, 371; OLG Naumburg NZV 1997, 493; AG Freiberg NStZ-RR 1997, 245. Aus dem Schrifttum zu dieser Rechtsprechung: zustimmend *Göhler*, OWiG, § 67 Rn. 41; KK-*Plöd*, StPO, § 302 Rn. 13; ablehnend *Bohnert*, OWiG, § 67 Rn. 47.

607 OLG Hamm VRS (Band 36), 317; OLG Stuttgart DAR 1998, 29; OLG Rostock NZV 2002, 137; LG Hannover MDR 1950, 630; andere Ansicht: wohl OLG Karlsruhe Die Justiz 1965, 243.

608 KK-*Fischer*, StPO, § 410 Rn. 7; LR-*Gössel*, StPO, § 410 Rn. 5; *Meyer-Goßner*, StPO, § 410 Rn. 3; SK-*Weßlau*, StPO, § 410 Rn. 9.

609 OLG Köln NJW 1980, 2720. So bereits *Friedländer*, GS 1901 (Band 58), 401 (407); *von Kries*, Strafprozeßrecht, S. 642; *Oetker*, JW 1929, 49 (50). Aus dem neueren Schrifttum: SK-*Frisch*, StPO, § 302 Rn. 18; LR-*Hanack*, StPO, § 302 Rn. 2, 21; HK-*Rautenberg*, StPO, § 302 Rn. 5 bzgl. der Eindeutigkeit.

610 BGH GA 1976, 115; BGH NJW 1978, 1815; BGH NStZ 1984, 209; OLG Hamm MDR 1980, 953 (954); BayObLG MDR 1983, 511; OLG Koblenz StV 1992, 263; OLG Köln NStZ-RR 1997, 366. – Mit § 59 I n. F. wird die Vereidigung nun auch gesetzlich als Ausnahmefall angesehen.

611 OLG Hamburg JR 1967, 193.

612 RGSt 64, 339 (341); BGH GA 1976, 115; BGH NJW 1978, 1815; *Meyer-Goßner*, StPO, § 245 Rn. 11.

es keinen Grundsatz gebe, daß verfahrensrechtlich wirksame Erklärungen nur ausdrücklich erklärt werden könnten.[613] Dies gilt allerdings nur soweit, als daß das Gesetz für die betreffende Prozeßerklärung keine bestimmte Form vorschreibt.[614] Dies scheint beim Rechtsmittelverzicht auf den ersten Blick der Fall zu sein, da das Gesetz zu der Form des Verzichts schweigt, aber es ist allgemeine Auffassung, daß für den Verzicht als Gegenakt zur Einlegung die Formvorschriften für letztere entsprechend gelten.[615] Auch dies ist vor dem Hintergrund des Schutzzweckes der Formvorschriften zu sehen.

Aber bei den o. g. Beispielen für die Zulässigkeit eines konkludenten Verzichts ist die Folge des Verzichts für den Beschuldigten weit weniger bedeutend als beim Verzicht auf Rechtsmittel, so daß bei letzterem der Schutz des Beschuldigten die Versagung der Möglichkeit eines konkludenten Verzichts erfordert.[616]

Eine gesetzliche Ausnahme kann aber in der Bestimmung des § 329 I 1 (Verwerfung der Berufung bei Nichterscheinen des Beschuldigten) gesehen werden. Die Rechtsprechung geht davon aus, daß dem Beschuldigten aufgrund seines Nichterscheinens ein Verzicht auf die Nachprüfung des angefochtenen Urteils unterstellt werden kann und spricht diesbezüglich von einer Fiktion.[617] Da die Berufung bereits eingelegt wurde, ist genau genommen von der unwiderleglichen Vermutung einer Rücknahme zu auszugehen.[618] In den Fällen des § 329 I 1 wird die Einlegungsfrist des Rechtsmittels jedoch abgelaufen sein, so daß letztendlich die Wirkung dieser vermuteten Rücknahme der eines Verzichts gleich-

---

613 RGSt 64, 339 (341).

614 BGH GA 1976, 115; BGH NJW 1978, 1815; LG Hannover MDR 1950, 630.

615 Vgl. dazu näher 3. Kapitel, III. 3. a).

616 LG Hannover MDR 1950, 630.

617 RGSt 61, 278 (280); 64, 239 (246); BGHSt 15, 287 (289); 24, 143 (150); OLG Köln NJW 1953, 1036; OLG Celle GA 1960, 316 (317); BayObLG JR 1967, 190 (191); KG NJW 1969, 475; OLG Düsseldorf StV 1982, 127 (128); *Meyer-Goßner*, StPO, § 329 Rn. 2; wohl auch *Rosenau*, JR 2000, 81 (83), der die Norm als gesetzliche Ausformung des Prinzips des mangelnden Interesses ansieht. Nach der in der Literatur vertretenen Gegenansicht handelt es sich bei § 329 I 1 um einen Fall der Verwirkung durch schuldhaftes Nichterscheinen, vgl. AK-*Dölling*, StPO, § 329 Rn. 1; LR-*Gössel*, StPO, § 329 Rn. 77; *Schlüchter*, Strafverfahren, Rn. 682.1; *E. Schmidt*, LK II (Nachtragsband), § 329 Rn. 6; neuerdings auch BayObLG JR 2000, 80. Zur Relevanz dieser Frage vgl. einerseits KMR-*Paulus*, StPO, § 329 Rn. 3, der dem Streit keine praktische Bedeutung beimißt und andererseits *Rosenau*, JR 2000, 81 (82), der zur Begründung mittels des Verwirkungsgedankens kritisch bemerkt, daß damit zu sehr ein Sanktionscharakter der Norm betont werde. – Zur revisionsrechtlichen Prüfungskompetenz im Falle eines zum Zeitpunkt der Verwerfung vorliegenden Verfahrenshindernisses vgl. BGH NStZ 2001, 440 (441 f.).

618 *Duttge*, NStZ 2001, 442 (444); *Rosenau*, JR 2000, 81 (82, Fußnote 20); vgl. auch SK-*Frisch*, StPO, § 329 Rn. 2, der im Ergebnis aber von einer Verwirkung ausgeht.

steht: nämlich der Verlust der Befugnis, das Rechtsmittel der Berufung einzulegen.[619] Abgesehen von der Regelung des § 329 I 1, die insoweit einen Sonderfall darstellt und sich daher nicht verallgemeinern läßt[620], ist abschließend festzustellen, daß ein Rechtsmittelverzicht nicht konkludent erklärt werden kann, sondern stets einer ausdrücklichen Äußerung bedarf.

III. Die allgemeinen Prozeßhandlungsvoraussetzungen im Hinblick auf den Verzicht

Nachdem der Beschuldigte, sein Verteidiger und sein gesetzlicher Vertreter als Erklärende eines Rechtsmittelverzichts betrachtet worden sind, soll nun im folgenden auf die Voraussetzungen eingegangen werden, die bei allen Prozeßhandlungen vorliegen müssen, damit sie Wirksamkeit erlangen. Diese Erörterung erfolgt jeweils mit besonderem Blick auf die u. U. rechtskraftherbeiführende Wirkung des Rechtsmittelverzichts.

Die StPO kennt keinen Allgemeinen Teil für Prozeßhandlungen, den Begriff als solchen sucht man in ihr vergebens. Nur einige Prozeßhandlungsvoraussetzungen sind ausdrücklich geregelt, andere haben im Laufe der Zeit durch Rechtsprechung und Wissenschaft eine detaillierte Ausgestaltung erfahren.

1. Zugang beim zuständigen Erklärungsempfänger

Prozessuale Willenserklärungen der Verfahrensbeteiligten sind empfangsbedürftig, d. h. sie müssen dem Empfänger zugehen.[621] Somit muß auch der Rechtsmittelverzicht, um seine Wirksamkeit entfalten zu können, der zuständigen Stelle zugehen. Bestehen Zweifel, ob ein Verzicht überhaupt zugegangen ist, so ist von einem unwirksamen Verzicht auszugehen.[622]

Zuständig ist dasjenige Gericht, welches mit der Sache befaßt ist, also bzgl. des Verzichts das Gericht, welches die Entscheidung erlassen hat.[623] Bereits die Bezeichnung „Gericht“ macht deutlich, daß nicht erst dann von einem Zugang ausgegangen werden kann, wenn die Verzichtserklärung bei der zuständigen Geschäftsstelle eingeht.[624] Auch soll es genügen, daß eine an die Staatsanwalt-

---

619 *Roxin*, Strafverfahrensrecht, § 52 Rn. 24 bezeichnet dies als „scharfe prozessuale Sanktion“. Bei der ggf. statthaften Revision wird zudem die Einlegungsfrist abgelaufen sein.

620 BGH NStZ 2001, 440 (441) spricht von einer Unzulässigkeitsverwerfung der besonderen Art; *Paulus*, NStZ 2001, 445 befürwortet eine enge Auslegung der Vorschrift.

621 BayObLG RPfleger 1976, 64 (65); OLG Hamburg MDR 1983, 154; *Schmid*, FS Dünnebier, S. 101 ff.

622 OLG Stuttgart MDR 1984, 512; OLG Düsseldorf JZ 1985, 300 [Zweifel bzgl. des Eingangs einer Rücknahmeerklärung]; KG, Beschluß vom 1.04.1999 – 1 Ss 18/99.

623 *Ramser*, Verzicht, S. 10.

624 OLG Neustadt NJW 1962, 359; vgl. auch OLG Celle GA 1898 (Band 49), 221.

schaft adressierte und abgesandte Berufungsrücknahmeerklärung zu den Gerichtsakten gelangt.[625]

Hinsichtlich des Verzichts ist damit eine ausreichende Klärung getroffen. Aber bei der Rücknahme wurde bereits ein Rechtsmittel eingelegt. Somit kommen als Erklärungsadressat grundsätzlich zwei verschiedene Gerichte in Betracht: das erstinstanzliche Gericht (iudex a quo) sowie das Rechtsmittelgericht (iudex ad quem), also entweder Berufungs- oder Revisionsgericht. Das Rechtsmittelgericht ist allerdings erst dann mit der Sache befaßt und somit richtiger Erklärungsadressat, wenn das Verfahren bei ihm anhängig geworden ist. Anhängigkeit tritt mit Vorlage der Akten – vgl. §§ 306 II, 2. Halbsatz, 321 S. 2, 347 II – beim Rechtsmittelgericht ein.[626] Dies soll selbst in solchen Fällen gelten, in denen das Rechtsmittelgericht noch nicht einmal zuständig ist.[627] Daher kann die Rücknahme des eingelegten Rechtsmittels auch dann noch gegenüber dem Tatgericht erklärt werden, wenn dieses die Akten noch nicht an das Rechtsmittelgericht vorgelegt hat.

Aber allein der Umstand, daß sich die Akten beim Rechtsmittelgericht befinden, bedeutet noch keine Anhängigkeit. So hat der BGH in einem Beschluß vom 21.03.2001 festgestellt, daß die Akten nur zwecks Entscheidung über einen Wiedereinsetzungsantrag eines Mitangeklagten beim Senat vorlagen; dies reiche aber noch nicht für eine Anhängigkeit aus.[628] Der Beschuldigte konnte demnach die Rücknahme noch wirksam gegenüber dem erstinstanzlichen Landgericht erklären.

Dieser Auffassung ist zuzustimmen, denn Vorlage der Akten bedeutet, daß diese gerade zwecks Entscheidung über das Rechtsmittel vorgelegt werden. Ansonsten wäre das Rechtsmittelgericht bereits dann zuständig, wenn die Akten nur versehentlich in seinen Bereich gelangten. Daher ist das erstinstanzliche Gericht auch dann noch zuständig, wenn sich die Akten zur Zeit der Rücknahme bereits beim Generalbundesanwalt befinden.[629]

Im Zusammenhang mit dem Erfordernis des Zugangs stellt sich noch die Frage, ob der Rechtsmittelverzicht lediglich eine einseitige – freilich empfangsbedürf-

---

625 OLG Hamburg NJW 1952, 638; OLG Karlsruhe JR 1992, 302; AK-*Achenbach*, StPO, § 302 Rn. 12; andere Ansicht: *Sommermeyer*, JR 1992, 303. Vgl. diesbezüglich auch Nr. 152 II RiStBV, wonach die Staatsanwaltschaft verpflichtet ist, bei ihr eingegangene Rücknahmeerklärungen unverzüglich an das Rechtsmittelgericht weiterzuleiten.

626 RGSt 67, 145 (146); BGHSt 12, 217 (219); BayObLG JR 1975, 425 (426); OLG Karlsruhe JR 1992, 302 (303).

627 *Meyer-Goßner*, StPO, § 347 Rn. 5.

628 BGH NStZ-RR 2002, 101.

629 BGHR StPO § 302 Abs. 1 Rücknahme 3.

tige (s. o.) – prozessuale Willenserklärung ist, oder ob er darüber hinaus einer Annahme durch das Gericht bedarf.

Letztere Auffassung vertritt *Plötz*; so sei das Gericht nicht nur Erklärungsadressat, sondern zudem zu einer aktiven Annahme des Rechtsmittelverzichts verpflichtet.[630] Die Annahme durch das Gericht stellt für *Plötz* somit eine Wirksamkeitsvoraussetzung dar. Als Konsequenz daraus läßt er u. a. einen Widerruf bis zu dieser Annahme zu. Letztlich soll diese zusätzliche Wirksamkeitsvoraussetzung dem Schutz des Angeklagten dienen: Bei Vorliegen bestimmter Umstände, z. B. Überrumpelung des Beschuldigten durch das Gericht, sieht *Plötz* in der Annahme der Verzichtserklärung einen Verstoß gegen die Fürsorgepflicht des Gerichts und begründet damit die Unbeachtlichkeit des Verzichts.[631]

Diese Konstruktion ist jedoch nicht unproblematisch. So erlegt sie dem Gericht die Prüfung der „Annehmbarkeit" des Verzichts auf. Es bleibt jedoch unklar, in welchem Zeitraum diese Überlegung zu geschehen hat. Kann das Gericht nicht vielleicht einfach die Annahme verweigern, um den Vorwurf eines Fürsorgepflichtverstoßes zu vermeiden bzw. besteht eine Pflicht des Gerichts zur Annahme von Verzichtserklärungen?[632] Widersprüchlich ist es zudem, wenn *Plötz* annimmt, daß der Rechtsmittelverzicht weiterhin eine Bewirkungshandlung sei.[633] Aber eine Bewirkungshandlung zeichnet sich dadurch aus, daß sie aus sich selbst heraus eine prozessuale Wirkung entfaltet, also gerade nicht auf die Herbeiführung einer anderen, fremden Prozeßhandlung gerichtet ist. Die Annahme durch das Gericht wäre jedoch als eine solche andere, fremde Prozeßhandlung zu sehen.

Daher ist mit der ganz überwiegenden Meinung daran festzuhalten, daß der Rechtsmittelverzicht als *einseitige* Prozeßerklärung[634] bereits mit Abgabe und

630 *Plötz*, Fürsorgepflicht, S. 309.

631 *Plötz*, Fürsorgepflicht, S. 310. Ähnlich wohl auch *Schlüchter*, Strafverfahren, Rn. 650, die in bestimmten Fällen in der *Entgegennahme* eines Verzichts eine Fürsorgepflichtverletzung des Gerichts sieht. Vgl. auch OLG Frankfurt NJW 1971, 949 (951), das bei einem Rechtsmittelverzicht unmittelbar nach Urteilverkündung meint, das Gericht sollte „grundsätzlich davon absehen, einen derartigen Rechtsmittelverzicht entgegenzunehmen". Das OLG Frankfurt geht damit m. E. aber nicht von einem grundsätzlichen Annahmeerfordernis seitens des Gerichts aus.

632 *Plötz*, Fürsorgepflicht, S. 316 (Fußnote 320) sieht die Annahme als eine Amtspflicht an, die nur in Ausnahmefällen verweigert werden könne.

633 *Plötz*, Fürsorgepflicht, S. 312 f. mit der sehr formalen Begründung, daß alle Prozeßhandlungen, die keine Erwirkungshandlungen seien, zu den Bewirkungshandlungen zählten.

634 Auf den Rechtsmittelverzicht als einseitige Erklärung weisen insbesondere hin: BayObLGSt 1963, 135 (137); *Goldschmidt*, Prozeß als Rechtslage, S. 458 f.; *Rosenfeld*, Strafprozeß, S. 249 f.; *E. Schmidt*, LK II (Nachtragsband), § 302 Rn. 2. Für den zivilprozessualen Rechtsmittelverzicht vgl. BGH NJW 1985, 2334.

Zugang – die Zuständigkeit des Erklärungsempfängers vorausgesetzt – wirksam wird.[635]

2. *Verhandlungsfähigkeit*

a) Begriff der Verhandlungsfähigkeit

Eine spezifisch strafverfahrensrechtliche Prozeßhandlungsvoraussetzung[636] ist die Verhandlungsfähigkeit. Während sich z. B. im Zivilprozeß die Fähigkeit einer Partei, Prozeßhandlungen wirksam vornehmen zu können, nach der Prozeßfähigkeit gem. §§ 51, 52 ZPO und damit letztendlich nach Bürgerlichem Recht bestimmt, ist im Strafverfahren allein die Verhandlungsfähigkeit des Beschuldigten maßgeblich.

Darunter wird nach allgemeiner Ansicht die Fähigkeit des Beschuldigten verstanden, physisch und psychisch dem Verfahrensgang zu folgen und seine Interessen vernünftig wahrzunehmen, indem er seine Verteidigung in verständiger und verständlicher Weise führt.[637] Die Verhandlungsfähigkeit ist nicht mit der Geschäftsfähigkeit und der zivilprozessualen Prozeßfähigkeit gleichzusetzen, vielmehr ist sie weitreichender; insbesondere ist sie nicht an strikte Altersgrenzen gebunden, da es sich um die „natürliche" Fähigkeit zur Mitwirkung im Verfahren handelt.[638] Eine Verhandlungsunfähigkeit wird in der Regel nur bei schweren körperlichen oder seelischen Mängeln bzw. Krankheiten angenom-

---

635 BGHR StPO § 302 Abs. 1 Satz 1 Rechtsmittelverzicht 4; LR-*Hanack*, StPO, § 302 Rn. 32, 34; *F. Meyer*, StV 2004, 41 (44); *Meyer-Goßner*, StPO, § 302 Rn. 8; KMR-*Plöd*, StPO, § 302 Rn. 8; HK-*Rautenberg*, StPO, Rn. 7; *Schulze*, Widerruf, S. 124 f. – Auch im Zivilprozeß werden Verzicht und Rücknahme mit Zugang wirksam, vgl. Thomas/Putzo/*Reichold*, ZPO, § 515 Rn. 5.

636 Die Verhandlungsfähigkeit ist sowohl eine Wirksamkeitsvoraussetzung für die Prozeßhandlung als auch eine Prozeßvoraussetzung, vgl. *Beulke*, Strafprozeßrecht, Rn. 277, 297; KK-*Pfeiffer*, StPO, Einl. Rn. 126; *Engisch*, FG Rosenberg, S. 101 (117 f.), bzw. negativ formuliert ist die Verhandlungsunfähigkeit ein Verfahrenshindernis, vgl. Sarstedt/*Hamm*, Revision, Rn. 1127. Nach *Beling*, Strafprozeßrecht, S. 178 handelt es sich nur um eine Prozeßgestaltungsvoraussetzung. Auch findet sich in der älteren Literatur der Gedanke, daß es sich nur um eine Prozeßvoraussetzung handelt, vgl. *Ullmann*, Strafprozeßrecht, S. 260 ff. sowie *von Hippel*, Strafprozeß, S. 274.

637 BGHSt 41, 16 (18); *Henkel*, Strafverfahrensrecht, S. 233; *Meyer-Goßner*, StPO, Einl. Rn. 97; KK-*Pfeiffer*, StPO, Einl. Rn. 126; *Ranft*, Strafprozeßrecht, Rn. 1106. Nachweise aus dem älteren Schrifttum finden sich bei *Engisch*, FG Rosenberg, S. 101 (Fußnote 1, 2). Diese Formulierungen finden sich bereits in RGSt 1, 149 (150 f.); 52, 36 (37).

638 BGH NStZ 1983, 280; OLG Hamburg NJW 1978, 602; so bereits die ältere Rechtsprechung, vgl. RGSt 64, 14; OLG Dresden LZ 1917, Sp. 495. Aus dem Schrifttum: *Beulke*, Strafprozeßrecht, Rn. 277; *Henkel*, Strafverfahrensrecht, S. 233. *Peters*, Strafprozeß, S. 256 spricht von „tatsächlicher Fähigkeit".

men.[639] Bei diesbezüglichen Zweifeln soll der Satz „in dubio pro reo“ nicht gelten.[640]

Insoweit erscheint es konsequent, wenn auch für die Rechtsmitteleinlegung und das sich daraufhin anschließende Rechtsmittelverfahren Verhandlungsfähigkeit im oben beschriebenen Sinne vorausgesetzt wird. Einerseits findet sich der Hinweis, daß sich die Verhandlungsfähigkeit für alle Verfahrensabschnitte einheitlich bestimmt[641], andererseits wird vertreten, daß sie für die verschiedenen Verfahrensstadien auch unterschiedlich bestimmt werden kann[642]. Zutreffend bemerkt *Gerland* zu RGSt 64, 14 – dort wurde die Verhandlungsfähigkeit einheitlich bestimmt –, daß dort der Charakter des Strafprozesses als historischer Vorgang verkannt werde; daher sei nichts dagegen einzuwenden, daß in einem Moment der Beschuldigte verhandlungsfähig und in einem anderen Moment dagegen verhandlungsunfähig sei.[643] Eine unterschiedliche Bewertung wird in der Regel daher rühren, daß in verschiedenen Verfahrensstadien nicht einheitliche Anforderungen an die Person des Beschuldigten gestellt werden.

Letzterer Ansicht hat sich z. B. für das Revisionsverfahren auch der BGH mit seinem Beschluß vom 8.02.1995 („Fall Mielke“) angeschlossen. Danach ist erforderlich, daß der Angeklagte jedenfalls die Fähigkeit hat, über die Einlegung der Revision verantwortlich zu entscheiden. Der 5. Strafsenat läßt aber insoweit offen, ob der Angeklagte darüber hinaus während des Revisionsverfahrens wenigstens zeitweilig zu einer Grundübereinkunft mit seinem Verteidiger über Fortführung oder Rücknahme des Rechtsmittels in der Lage sein muß.[644] Diese Rechtsprechung, die im Revisionsverfahren also geringere Anforderungen an die Verhandlungsfähigkeit stellt, findet Billigung durch das BVerfG, welches insoweit die verfassungsrechtlichen Grenzen der Auslegung des Begriffs der Verhandlungsfähigkeit als gewahrt ansieht.[645]

---

639 BGH bei Dallinger, MDR 1958, 141 (142); BGH NJW 1970, 1981; BVerfG NJW 1995, 1951 (1952); KMR-*Seidl*, StPO, § 205 Rn. 8.

640 BGH bei Dallinger MDR 1973, 902; BGH NStZ 1983, 280; BGH NStZ 1988, 213; andere Ansicht: Sarstedt/*Hamm*, Revision, Rn. 1136 ff. Insoweit nicht ganz eindeutig *Meyer-Goßner*, StPO, § 261 Rn. 34: „(...) gilt für das Verfahrenshindernis der Verhandlungsunfähigkeit jedenfalls *in dubio pro reo* nicht schlechthin (...)“. Zum Teil wird aber bei Zweifeln bzgl. der Verhandlungsfähigkeit angenommen, daß aus rechtsstaatlichen Gründen von der Verhandlungsunfähigkeit auszugehen sei, vgl. LR-*Rieß*, StPO, § 205 Rn. 19a; KMR-*Seidl*, StPO, § 205 Rn. 14.

641 RGSt 64, 14 (15); *R. Schmidt*, JuS 1967, 158 (161).

642 LR-*Rieß*, StPO, § 205 Rn. 15 ff.; LR-*Hanack*, StPO, § 296 Rn. 5; *Pfeiffer*, StPO, Einl. Rn. 15a.

643 *Gerland*, JW 1930, 2568 (2569).

644 BGHSt 41, 16 (19); vgl. aber RGSt 29, 324 (327).

645 BVerfG NJW 1995, 1951 (1952). Aus dem Schrifttum zustimmend: *Pfeiffer*, StPO, Einl. Rn. 15a; *Roxin*, Strafverfahrensrecht, § 21 Rn. 10.

Zutreffend wird im Schrifttum darauf hingewiesen, daß auch die Rechtsmitteleinlegung eines Verhandlungsunfähigen wirksam ist. Ansonsten verkürzte sich der Instanzenzug bei nachträglich eintretender Verhandlungsunfähigkeit.[646] Zudem bedarf der Beschuldigte einer Anfechtungsmöglichkeit in Verfahren, die eine Entscheidung trotz Verhandlungsunfähigkeit erlauben[647] bzw. in denen unzutreffend von der Verhandlungsunfähigkeit ausgegangen wurde.[648]

b) Verhandlungsfähigkeit beim Rechtsmittelverzicht

aa) Mehrheitsmeinung

Auch im Hinblick auf die Prozeßhandlungen des Rechtsmittelverzichts und der -rücknahme geht die ganz überwiegende Meinung im Schrifttum davon aus, daß diesbezüglich Verhandlungsfähigkeit vorliegen muß, d. h. auch der geschäftsunfähige – gleichwohl aber verhandlungsfähige – Verurteilte kann auf Rechtsmittel verzichten oder das von seinem Verteidiger eingelegte Rechtsmittel zurücknehmen.[649] Diese Auffassung wird auch von der Rechtsprechung geteilt.[650] So folgerte bereits das RG aus dem Umstand einer verständigen Teilnahme des Beschuldigten an der Hauptverhandlung, daß er – gemäß dem Grundsatz der einheitlichen Betrachtung (s. o.) – auch bei der anschließenden Abgabe des Rechtsmittelverzichts verhandlungsfähig war.[651] Die Wirksamkeit des Verzichts wurde bejaht, obwohl der von der Berufungsstrafkammer vernommene Sachverständige geäußert hatte, daß die Angeklagte „infolge Schwachsinns wohl kaum in der Lage gewesen (sei), die ganzen Rechtsfolgen eines Rechtsmittelverzichts

---

646 SK-*Frisch*, StPO, § 296 Rn. 7; *Ranft*, Strafprozeßrecht, Rn. 1922; *Roxin*, Strafverfahrensrecht, § 21 Rn. 10; *Sarstedt/Hamm*, Revision (5. Auflage), Rn. 20; andere Ansicht: LR-*Hanack*, StPO, § 296 Rn. 5. BGHSt 41, 16 (20) setzt für das Revisionsverfahren Verhandlungsfähigkeit zumindest bis zum Ablauf der Einlegungsfrist voraus, so daß auch danach wohl nur der verhandlungsfähige Rechtsmittelführer die Revision einlegen kann.

647 Vgl. das Sicherungsverfahren, §§ 413 ff.

648 *Meyer-Goßner*, StPO, § 296 Rn. 5, der sonst aber für die Rechtsmitteleinlegung Verhandlungsfähigkeit fordert. OLG Hamm NJW 1961, 2322 gesteht dem prozeßunfähigen Privatkläger das Recht zu, Rechtsmittel einzulegen, dazu auch *Schmid*, SchlHA 1981, 153 (154). Auch für den Zivilprozeß ist allgemein anerkannt, daß eine prozeßunfähige Partei im Streit um ihre Prozeßfähigkeit als prozeßfähig gilt und somit Rechtsmittel einlegen kann, vgl. BGH NJW 1957, 989 (990); Thomas/Putzo/*Reichold*, ZPO, Vor § 511 Rn. 36; *Schellhammer*, Zivilprozeß, Rn. 1195.

649 Sarstedt/*Hamm*, Revision, Rn. 133; *F. Meyer*, Willensmängel, S. 47 f.; *Roxin*, Strafverfahrensrecht, § 51 Rn. 23; KK-*Ruß*, StPO, § 302 Rn. 2.

650 BGH NStZ 1996, 297; BGH NStZ 1997, 378; 1999, 258; 526 (527); BGH NStZ-RR 1999, 109; BGH NStZ 2000, 38; BGH NStZ-RR 2001, 264; 2002, 101; OLG Hamburg NJW 1978, 602. Kritisch aber BayObLG DRiZ 1933, Sp. 370.

651 RGSt 64, 14 (15).

so schnell zu erfassen". Auch findet sich die Bewertung, daß für die Wirksamkeit der Rücknahmeerklärung die Verminderung der Steuerungsfähigkeit ohne Bedeutung sei.[652]

Eine solche Betrachtung begegnet Bedenken[653] – insbesondere die Ansicht, daß allein aus der Verhandlungsfähigkeit während der Verhandlung dieselbe Fähigkeit ohne weiteres für eine sich anschließende Prozeßhandlung bejaht werden kann.[654] Bei einem solchen Verständnis der Verhandlungsfähigkeit verwundert es auch nicht, daß – soweit ersichtlich – bisher noch kein Verzicht aufgrund mangelnder Verhandlungsfähigkeit von der Rechtsprechung (RG bzw. BGH) für unwirksam befunden wurde.[655] Daß aber gleiches auch für die Rücknahme gelten soll, die u. U. erst viel später erklärt wird, weckt doch Zweifel an der Rechtsprechung zur Verhandlungsfähigkeit im Revisionsverfahren, die als entscheidenden Zeitpunkt die Einlegung ansieht.[656]

bb) Abweichende Auffassungen

Die andere mögliche Auffassung, daß auch im Strafprozeß für die Vornahme von Prozeßhandlungen Prozeß- bzw. Geschäftsfähigkeit erforderlich sei, wird nur selten vertreten. Vereinzelt findet sich eine solche Ansicht im älteren Schrifttum[657]; vor allem ist dort aber die Rede von der Prozeßfähigkeit als prozessualer Handlungsfähigkeit[658].

---

652 BGH NStZ-RR 2004, 341.

653 Vgl. auch *Dencker*, Willensfehler, S. 67; *Engisch*, FG Rosenberg, S. 101 (115); *Kohlmann*, JA 1979, 243 (245).

654 Vgl. die Begründung der Verhandlungsfähigkeit bei BGH NStZ-RR 2001, 264: „Er (der Beschuldigte) hat aktiv an der Verhandlung mitgewirkt und Angaben zu seinen persönlichen Verhältnissen und zur Sache gemacht. Wenn während der Verhandlung, die in Anwesenheit zweier psychiatrischer Sachverständiger stattgefunden hat, das LG keine Zweifel an der Verhandlungsfähigkeit des Besch. hatte und auch solche von dem Verteidiger nicht geäußert wurden, kann die Verhandlungsfähigkeit auch grundsätzlich vom RevGer. bejaht werden." – Das Tatgericht hatte beim Beschuldigten eine krankhafte seelische Störung in Form eines paranoiden Wahns festgestellt und die Voraussetzungen des § 20 StGB für die Tatzeit bejaht. Vgl. auch BGH NStZ-RR 1999, 109 (110); BGH NStZ 1999, 526 (527); BGH NStZ-RR 2000, 38; 2004, 341; 2005, 149 (150).

655 Eine Ausnahme aus der oberlandesgerichtlichen Rechtsprechung stellt der Beschluß des BayObLG vom 17.03.1933 (DRiZ 1933, Sp. 370) dar.
Im Sachverhalt, der OLG Koblenz DRZ 1949, 453 zugrunde lag, geht dagegen *Schönke* in seiner Anmerkung (DRZ 1949, 454) von einer Verhandlungs*un*fähigkeit des Beschuldigten bzgl. der an ihn gerichteten Frage nach einem Rechtsmittelverzicht aus.

656 Vgl. BGHSt 41, 16 (20): „Der Senat neigt aber dazu, es genügen zu lassen, daß der Angeklagte wenigstens bis zum Ablauf der Rechtsmittelfrist des § 341 StPO verhandlungsfähig war."

657 *Beling*, Strafprozeßrecht, S. 190: „Deshalb kann die fehlende Prozeßfähigkeit niemals durch bestehende Verhandlungsfähigkeit ersetzt werden."; *Birkmeyer*, Strafprozeß-

Im neueren Schrifttum fordert lediglich *Dencker*, daß ausschließlich der geschäftsfähige Beschuldigte einen beachtlichen Rechtsmittelverzicht erklären kann[659]. *Dencker* ordnet die mangelnde Geschäftsfähigkeit als eine Fallgruppe in die Kategorie der Willensfehler ein, die zur Unwirksamkeit eines Verzichts führen sollen. Zur Begründung wird die vom BGB getroffene Grundentscheidung für den Schutz Geschäftsunfähiger und nur beschränkt Geschäftfähiger herangezogen, die auch für eine besonders schwerwiegende Entscheidung wie den Rechtsmittelverzicht Bedeutung habe.[660] Dem möglichen Einwand, die dem Gericht obliegende Fürsorgepflicht werde schon grob unvernünftigen Prozeßhandlungen eines geschäftsunfähigen – aber dennoch verhandlungsfähigen – Beschuldigten entgegenstehen, begegnet *Dencker* mit dem Hinweis, daß gerade beim Rechtsmittelverzicht das Gericht hierfür keine geeignete Instanz sei.[661] Dies ist angesichts der Tatsache, daß ein Rechtsmittelverzicht den Interessen des Gerichts durchaus entgegenkommt, nachvollziehbar.

cc) Stellungnahme

Im folgenden soll untersucht werden, ob der Minderheitsmeinung zugestimmt werden kann. Zunächst ist aber einmal von der These Abstand zu nehmen, daß für die Erklärung eines Rechtsmittelverzichts Geschäftsfähigkeit erforderlich ist; vielmehr ist zu fragen, ob nicht die Geschäftsunfähigkeit i. S. d. § 104 Nr. 2 BGB einer wirksamen Verzichtserklärung entgegensteht. Wird dieses bejaht, so ist damit noch nichts über die Wirksamkeit des Verzichts eines jugendlichen Beschuldigten im Jugendstrafverfahren (vgl. § 1 II JGG), also eines beschränkt Geschäftsfähigen i. S. d. § 106 BGB, ausgesagt.

Engisch erwägt, daß dieser Fragenkreis im Zusammenhang mit den Verfahrensprinzipien, insbesondere mit der Dispositionsmaxime, stehen könne.[662] Dem ist zuzustimmen, denn dort im Strafverfahren, wo die Strafverfolgung zur Disposition des Verletzten steht, nämlich bei den Privatklagedelikten gem. § 374

---

recht, S. 297 spricht von Handlungs- und Dispositionsfähigkeit; vgl. auch die Nachweise bei *Engisch*, FG Rosenberg, S. 101 (102, Fußnote 3).

658 Bennecke/*Beling*, Strafprozeßrecht, S. 120 ff.; *von Kries*, Strafprozeßrecht, S. 187, 221 f.; *Ullmann*, Strafprozeßrecht, S. 262; vgl. auch *von Hippel*, Strafprozeß, S. 274, der darunter die Verhandlungsfähigkeit im heutigen Sinne versteht und ausdrücklich die zivilprozessuale Prozeßfähigkeit für nicht anwendbar hält (vgl. a. a. O., S. 274, Fußnote 5).

659 *Dencker*, Willensfehler, S. 66 ff. Vgl. dazu OLG Hamm NJW 1973, 1894, welches der Auffassung *Denckers* in einem obiter dictum mit der Beschränkung auf Geschäftsunfähige beitritt. Diese Auffassung ist jedoch in der Rechtsprechung – soweit ersichtlich – leider nicht wieder aufgegriffen worden.

660 *Dencker*, Willensfehler, S. 66.

661 *Dencker*, Willensfehler, S. 67.

662 *Engisch*, FG Rosenberg, S. 101 (102, 104).

I[663], verlangt das Gesetz zur Verfolgung der Privatklage die Geschäftsfähigkeit des Verletzten, d. h. bei einem geschäftsunfähigen Verletzten ist dessen gesetzlicher Vertreter zur Erhebung der Klage befugt (vgl. § 374 III). Im Privatklageverfahren ist somit die Prozeßfähigkeit entsprechend §§ 51, 52 ZPO und nicht die Verhandlungsfähigkeit Prozeßvoraussetzung und Voraussetzung für eine wirksame Prozeßhandlung.[664] Ein weiteres Beispiel für den Zusammenhang zwischen einer Dispositionsbefugnis im Strafverfahren und dem Erfordernis der Prozeßfähigkeit stellt die Regelung des Strafantrags dar. Denn auch hier ist der geschäftsunfähige bzw. beschränkt geschäftsfähige Verletzte nicht befugt, den Strafantrag zu stellen (vgl. § 77 III StGB). Statt dessen übt der gesetzliche Vertreter das Antragsrecht aus.[665] In diesen beiden Fällen, in denen die Strafverfolgung einer Disposition des Verletzten unterliegt, wird für die Vornahme der Prozeßhandlung „Erhebung der Privatklage" bzw. „Stellung des Strafantrags" nicht nur Verhandlungsfähigkeit, sondern darüber hinaus Prozeßfähigkeit verlangt.

Die Nebenklage begründet zwar nicht die Strafverfolgung, denn der Nebenkläger schließt sich nur einer bereits erhobenen öffentlichen Klage an (vgl. § 395 I). Gleichwohl wird auch hier für die Wirksamkeit des Klageanschlusses die Prozeßfähigkeit des Klägers verlangt – häufig freilich ohne eine nähere Begründung.[666] Der Anschluß eines z. B. minderjährigen Verletzten mit entsprechender Verstandesreife wird mit der Begründung abgelehnt, daß dies zu „Belastungen der Praxis und zu Verfahrensverzögerungen" führen könne.[667] Aber auch hier dürfte die Kernüberlegung sein, daß die Befugnis zur Disposition über einen Akt der Verfahrenseröffnung – bei der Nebenklage gilt dies jedenfalls für den Nebenkläger selbst – nur einem Prozeßfähigen zukommen soll. Des weiteren muß

663 Die Möglichkeiten der Erhebung der öffentlichen Klage gem. § 376 sowie der Übernahme der Verfolgung gem. § 377 II werden einmal außer Betracht gelassen, da doch im Grundsatz die Initiative des Verletzten bzw. Privatklageberechtigten gefragt ist.

664 OLG Dresden GA 1893 (Band 41), 301; OLG Hamm NJW 1961, 2322; AK-*Rössner*, StPO, § 374 Rn. 11; *Schlüchter*, Strafverfahren, Rn. 812. *Roxin*, Strafverfahrensrecht, § 21 Rn. 13 stellt für die Heranziehung der Begriffe der Partei- und Prozeßfähigkeit wohl auf die Ähnlichkeit des Privatklageverfahrens mit einem Parteiverfahren ab. *Schmid*, SchlHA 1981, 153 (154) hält die Bezeichnung „Prozeßfähigkeit" für überflüssig, da diese sich insoweit mit der Geschäftsfähigkeit decke.

665 Vgl. dazu Tröndle/*Fischer*, StGB, § 77 Rn. 9 ff.

666 BGHR StPO § 401 Abs. 1 S. 1 Zulässigkeit 3; LR-*Hilger*, StPO, § 395 Rn. 28; *Meyer-Goßner*, StPO, Vor § 395 Rn. 7; AK-*Rössner*, StPO, Vor § 395 Rn. 17; KK-*Senge*, StPO, § 395 Rn. 2. Vgl. *Schmid*, SchlHA 1981, 153. Ablehnend gegenüber der Prozeßfähigkeit als Voraussetzung für die Nebenklage *Eisenberg*, GA 1998, S. 32 (33, 38).

667 LR-*Hilger*, StPO, § 395 Rn. 28; andere Ansicht *Eisenberg*, GA 1998, 32 (34 ff.), der eine Nebenklage gegen den Willen des Minderjährigen ablehnt und eine Nebenklage des Minderjährigen zulassen will, wenn dieser verstandesreif ist.

der Antragsteller im Klageerzwingungsverfahren prozeßfähig sein.[668] Hier wird zur Begründung auf die Ähnlichkeit mit der Stellung des Privatklägers und auf die Befugnis zum Anschluß als Nebenkläger nach erfolgreichem Klageerzwingungsverfahren (vgl. § 395 I Nr. 3) verwiesen.[669]

Diese Beispiele haben gezeigt, daß auch die Geschäfts- bzw. Prozeßfähigkeit im Strafverfahren eine Rolle spielt.[670] Weniger auf den Umstand der Disposition über ein Verfahren als vielmehr auf den allgemeinen Grundsatz, daß auf der Aktivseite - also auf Seiten der Anklage - des Strafprozesses regelmäßig volle Geschäftsfähigkeit vorausgesetzt wird, will *Schmid* dieses Erfordernis stützen.[671] Ähnlich scheint dies das KG zu sehen, welches die Geschäftsfähigkeit als Voraussetzung für die Prozeßhandlungen von Personen fordert, die nicht als Beschuldigte am Strafverfahren teilnehmen.[672]

Fraglich ist nun, ob sich der zugrunde liegende Gedanke lediglich auf Prozeßhandlungen der o. g. Personen beschränkt oder sich nicht auch auf Prozeßhandlungen des Beschuldigten übertragen läßt. Im folgenden sollen diese Überlegungen nicht für die Vielzahl der Prozeßhandlungen des Beschuldigten, sondern lediglich hinsichtlich des Rechtsmittelverzichts des Beschuldigten angestellt werden.

Wie bereits dargelegt wurde, sind Rechtsmitteleinlegung und Rechtsmittelverzicht Ausdruck der Dispositionsbefugnis.[673] Der Beschuldigte soll über die Weiterführung des Verfahrens in eigener Verantwortung entscheiden. Insoweit ist auch ein eigenes Tätigwerden des Verteidigers in diesem Bereich begrenzt: Er kann weder gegen den Willen des Beschuldigten ein Rechtsmittel betreiben, noch kann er ohne dessen Willen auf Rechtsmittel verzichten oder sie zurücknehmen. Wenn man dem Beschuldigten diesbezüglich schon eine Dispositionsbefugnis einräumt, dann sollte man auch als Voraussetzung für eine sinnvolle Wahrnehmung dieser Befugnis nicht lediglich auf die Verhandlungsfähigkeit als Wirksamkeitsvoraussetzung abstellen. So findet sich bereits im Jahre 1861 bei

---

668 KG JR 1960, 29 (30); OLG Nürnberg MDR 1964, 944; OLG Düsseldorf MDR 1989, 377.

669 LR-*Graalmann-Scheerer*, StPO, § 172 Rn. 46.

670 Des weiteren ist Geschäftsfähigkeit erforderlich beim Verletzten im Adhäsionsverfahren (§§ 403 ff.) sowie beim Beteiligten im Einziehungsverfahren (§§ 431 ff.). Dies beruht unstrittig auf dem Umstand, daß hier vermögensrechtliche Ansprüche geltend gemacht werden, vgl. OLG Nürnberg GA 1965, 118. Dies läßt sich aber als Begründung nicht auf die o. g. Konstellationen übertragen.

671 *Schmid*, SchlHA 1981, 153 (155). So bereits *Sauer*, Allgemeine Prozeßrechtslehre, S. 122. Einen solchen allgemeinen Grundsatz bestreitet OLG Nürnberg GA 1965, 118.

672 KG JR 1960, 29 (30).

673 Vgl. 1. Kapitel, II. 3.

von Tippelskirch die prägnante Formulierung, daß „nur wer dispositionsfähig ist, gültig verzichten kann“.[674]

Hier scheint man nun eines Widerspruchs gewahr zu werden, denn oben wurde noch die Rechtsmitteleinlegung durch einen verhandlungsunfähigen Beschuldigten als wirksam angesehen. Die Einlegung eines Rechtsmittels erweist sich aber - vernachlässigt man einmal die Möglichkeiten gem. § 331 II bzw. § 358 II 2 – gegenüber dem Verzicht als rechtlich lediglich vorteilhaft; im Gegensatz zum Rechtsmittelverzicht begünstigt sie den Beschuldigten.[675] Zudem muß in Verfahren, in denen die Dispositionsfähigkeit gerade bestritten wird, dieselbe unterstellt werden, sonst bliebe der Beschuldigte ohne Rechtsschutz gegen eine solche Entscheidung. Des weiteren sind bei der Rechtsmitteleinlegung – anders als bei der Privatklageerhebung und Strafantragsstellung – keine erheblichen schützenswerten Interessen Dritter betroffen; jedenfalls überwiegen die des Beschuldigten an einer Überprüfung der gerichtlichen Entscheidung.

Gegen die Wirksamkeitsvoraussetzung der Geschäftsfähigkeit beim Rechtsmittelverzicht wird die Norm des § 298 herangezogen, die eine Rechtsmittelbefugnis des gesetzlichen Vertreters statuiert und eine daneben bestehende Rechtsmittelbefugnis des Beschuldigten als selbstverständlich voraussetzt. Dies soll hier auch nicht geleugnet werden. Aus § 298 ergibt sich aber nicht, daß für die Prozeßhandlung des Verzichts nicht etwas anderes gelten kann als für die Prozeßhandlung der Rechtsmitteleinlegung. Der StPO läßt sich keine diesbezügliche Gleichbehandlung aller Prozeßhandlungen entnehmen. Vielmehr wird hinsichtlich der Verhandlungsfähigkeit darauf hingewiesen, daß je nach den Anforderungen für die jeweilige Prozeßhandlung eine unterschiedliche Beurteilung erforderlich sein kann.[676] Zudem muß der gesetzliche Vertreter kein Rechtsmittel einlegen; es muß ja nicht einmal ein gesetzlicher Vertreter vorhanden bzw. bestellt sein. In diesen Konstellationen würde der geschäftsunfähige Beschuldigte über sein eingelegtes Rechtsmittel allein entscheiden. Doch einer solchen Disposition ist die Wirksamkeit zu versagen. Der Zusammenhang zwischen der Disposition über ein (Rechtsmittel-)Verfahren und der dazu erforderlichen Fähigkeit wird bei *Birkmeyer* deutlich, der – freilich nicht nur auf die Prozeßhandlung des Rechtsmittelverzichts beschränkt – für die Ausübung der *prozessualen Verfügungsgewalt* eines Prozeßsubjekts Prozeßfähigkeit im Sinne einer Handlung- und *Dispositions*fähigkeit fordert.[677]

Damit ergibt sich: Der verhandlungsfähige, aber geschäftsunfähige Beschuldigte kann nicht wirksam auf Rechtsmittel verzichten.[678] Dies gilt auch für

674 *von Tippelskirch* GA 1861 (Band 9), S. 577 (584, Fußnote 4).

675 *Roxin*, Strafverfahrensrecht, § 21 Rn. 10.

676 *Meyer-Goßner*, StPO, Einl. Rn. 97.

677 *Birkmeyer*, Strafprozeßrecht, S. 297.

678 So bereits in einem obiter dictum OLG Hamm NJW 1973, 1894. – Im Ergebnis gelangt dazu auch BayObLG DRiZ 1933, Sp. 370, das allerdings einem Geschäftsunfähigen i.

die Rücknahme. Vor dem Hintergrund, daß nach allgemeiner Ansicht z. B. im Revisionsverfahren eine eingeschränkte Verhandlungsfähigkeit als ausreichend angesehen wird, ist gerade hier der Rücknahmeerklärung eines geschäftsunfähigen Beschwerdeführers die Wirksamkeit zu versagen. Zu beachten ist aber, daß dies nur für die Frage der Wirksamkeit der Prozeßhandlung gilt. Hier unterscheiden sich somit Prozeßvoraussetzung und Prozeßhandlungsvoraussetzung.

Bisher wurde nicht auf die Geschäftsfähigkeit als Wirksamkeitsvoraussetzung, sondern nur auf die Geschäftsunfähigkeit als Wirksamkeitshindernis für einen Verzicht abgestellt. Damit bleibt also die Frage nach der Wirksamkeit der Erklärung eines nur beschränkt geschäftsfähigen Beschuldigten offen. Die Ansicht, derer zufolge nur der geschäftsfähige Beschuldigte wirksam einen Rechtsmittelverzicht erklären kann, spricht dem Verzicht eines beschränkt Geschäftsfähigen folglich die Wirksamkeit ab.

Für die Gruppe der beschränkt geschäftsfähigen Beschuldigten ist in diesem Zusammenhang nur diejenige der Jugendlichen – also der vierzehn- bis achtzehnjährigen Beschuldigten – relevant. Für diese gelten vorrangig die Bestimmungen des JGG, aber daneben sind auch noch die allgemeinen Vorschriften anwendbar (vgl. § 2 JGG). Insoweit lassen sich die Ausführungen zum geschäftsunfähigen Beschuldigten nicht ohne weiteres auf den jugendlichen Beschuldigten übertragen. Denn seine Position im Verfahren wird durch die Beteiligung des gesetzlichen Vertreters und des Erziehungsberechtigten verstärkt, so daß verhindert wird bzw. werden soll, daß der Jugendliche allein im Verfahren steht und allein seine Entscheidungen, wie z. B. die Rücknahme eines Rechtsmittels, trifft. Daher könnte die Gewährung einer ausreichenden Beteiligung der o. g. Personen dazu führen, die Disposition des jugendlichen Beschuldigten über sein Rechtsmittelrecht als wirksam anzusehen.

§ 67 JGG kann als Konkretisierung des Rechts des Jugendlichen auf eine verfahrensrechtliche persönliche Unterstützung angesehen werden.[679] Gemäß § 67 I JGG wird dem gesetzlichen Vertreter und dem Erziehungsberechtigten ein Mitwirkungsrecht eingeräumt. Damit dieses wirksam ausgeübt werden kann und nicht leerläuft, besteht auch ein Bedürfnis nach Sicherstellung der Information. Diesem Bedürfnis kommt § 67 II JGG nach, welcher aber bzgl. der Mitteilung nur eine Sollvorschrift ist. Zutreffend entnimmt *Ostendorf* dieser Bestimmung jedoch eine grundsätzliche Mitteilungspflicht, die nur im Falle der Rechtsentziehung (vgl. § 67 IV JGG) oder der praktischen Undurchführbarkeit ausgeschlos-

---

S. d. §§ 104 f. BGB generell die Verhandlungsfähigkeit abspricht. Danach kann also der Geschäftsunfähige nicht auf Rechtsmittel verzichten. Die Entscheidung hat jedoch leider keine weitere Beachtung gefunden, so wird sie z. B. nicht einmal von *Dencker*, Willensfehler, S. 65 ff. zur Unterstützung seiner Ansicht herangezogen.

679 Vgl. *Ostendorf*, JGG, § 67 Rn. 9.

sen ist.[680] Die Anwesenheit des gesetzlichen Vertreters und des Erziehungsberechtigten in der Hauptverhandlung wird durch § 50 II JGG gefördert.[681] Entscheidungen, die in Abwesenheit ergehen, müssen mitgeteilt bzw. zugestellt werden, d. h. der gesetzliche Vertreter bzw. der Erziehungsberechtigte soll auf jeden Fall zumindest den Urteilsspruch erfahren.[682] Daneben wird vereinzelt – über § 67 II JGG hinausgehend – zutreffend eine Rechtsmittelbelehrung entsprechend § 35a verlangt.[683] Nur so kann der gesetzliche Vertreter seine Rechtsmittelbefugnis zugunsten des Beschuldigten effektiv wahrnehmen.

Selbst wenn dem gesetzlichen Vertreter und dem Erziehungsberechtigten ihre Rechte nicht mehr zustehen sollten (vgl. § 67 IV 1 JGG), so hat der Vormundschaftsrichter gem. § 67 IV 3 JGG einen Pfleger zur Wahrnehmung der Interessen des Beschuldigten zu bestellen. Ergänzend sei noch auf die Möglichkeit der Bestellung eines Beistandes gem. § 69 JGG verwiesen, welcher ein Verfahrensbeteiligter mit prozessualer Stellung eigener Art ist und eine individuell fürsorgerische Aufgabe hat.[684] Dieser kurze Blick in das JGG zeigt bereits, daß dem jugendlichen Beschuldigten hier keine geringe Hilfestellung gewährt wird.

Daher ist auch dem jugendlichen Beschuldigten – im Gegensatz zum geschäftsunfähigen Beschuldigten – die Dispositionsmöglichkeit über sein Rechtsmittel einzuräumen. Für die Einlegung ergibt sich dies bereits ausdrücklich aus § 55 II 2 JGG. Gleiches muß aus o. g. Gründen und im Einklang mit der ganz überwiegenden Meinung[685] auch für Verzicht und Rücknahme gelten.

---

680 *Ostendorf*, JGG, § 67 Rn. 8. Zu der anderen von ihm noch angeführten Ausnahme – dem Ausschluß gem. § 51 II JGG – ist auf das Urteil des BVerfG vom 16.01.2003 (NJW 2003, 2004 ff.) zu verweisen, welches § 51 II JGG mit Art. 6 II GG für unvereinbar und nichtig erklärte, soweit die Vorschrift die Ausschließung von Personen erlaubt, die elterliche Verantwortung im Sinne von Art. 6 II GG tragen. – OLG Stuttgart, NJW 1960, 2353 sieht den Sinn der Sollvorschrift des § 67 II JGG darin, daß dem Gericht die Weiterführung des Strafverfahrens auch dann ermöglicht werden soll, wenn die Mitteilungen nicht ausführbar sind. D. h. es geht auch von einer grundsätzlichen Mitteilungspflicht aus.

681 *Ostendorf*, JGG, § 50 Rn. 11 will die Sollvorschrift in eine Mußvorschrift umdeuten. Vgl. auch *Eisenberg*, JGG, § 50 Rn. 21.

682 BayObLG NJW 1954, 1378 (1379); OLG Stuttgart NJW 1960, 2353; *Brunner/Dölling*, JGG, § 67 Rn. 11; *Ostendorf*, JGG, § 67 Rn. 8; andere Ansicht: BGHSt 18, 21 (25).

683 BayObLG NJW 1954, 1378 (1379) [bzgl. der Belehrung des gesetzlichen Vertreters eines Heranwachsenden]; *Ostendorf*, JGG, § 67 Rn. 8. Die überwiegende Meinung sieht § 67 II JGG als vorrangig an, so daß für § 35a kein Raum sei (vgl. § 2 JGG), vgl. BGHSt 18, 21 (25); OLG Stuttgart NJW 1960, 2353; AK-*Kirchner*, StPO, § 35a Rn. 5; *Meyer-Goßner*, StPO, § 35a Rn. 4. Vgl. LR-*Wendisch*, StPO, § 35a Rn. 9 ff., der eine Mitteilung des Urteils für das Gericht als nicht verpflichtend ansieht, aber eine Pflicht zur Rechtsmittelbelehrung dann bejaht, wenn das Urteil dennoch mitgeteilt wird.

684 *Brunner/Dölling*, JGG, § 69 Rn. 1; *Eisenberg*, JGG, § 69 Rn. 3.

685 Aus dem jugendstrafrechtlichen Schrifttum: *Brunner/Dölling*, JGG, § 55 Rn. 2; *Eisenberg*, JGG, § 55 Rn. 5 ff.; *Ostendorf*, JGG, § 55 Rn. 3, der jedoch strenge Vorausset-

Abschließend läßt sich zusammenfassen: Der Beschuldigte muß für die Durchführung des Verfahrens verhandlungsfähig sein. Darüber hinaus ist der Rechtsmittelverzicht eines Geschäftsunfähigen als unwirksam anzusehen.

3. Form der Erklärung

Gerade im Strafverfahren mit seinen besonders bedeutsamen Folgen für den Beschuldigten ist ein besonderes Augenmerk auf die Form zu richten. Bevor auf die formalen Anforderungen an die Erklärung des Rechtsmittelverzichts eingegangen wird, soll zunächst ein Blick auf den Sinn der Form geworfen werden.

Formvorschriften sollen nicht die Verteidigungsrechte des Beschuldigten beeinträchtigen, sondern sie bezwecken gerade (auch) seinen Schutz und wahren seine Rechte.[686] So ist bereits die prozessuale Form an sich ein Schutz eines jeden Beschuldigten. Dies kommt bereits bei *Zachariae* zum Ausdruck, wenn er von „den schützenden Formen des Strafverfahrens" spricht.[687] Auch *Eberhard Schmidt* spricht der Formalisierung eine positive Bedeutung zu; für ihn steht Entformalisierung in einem Zusammenhang mit prozessualer Entartung und Willkür.[688] Die prozessuale Form bietet dagegen Gewähr für Rechtssicherheit und Gleichmäßigkeit des Verfahrens.

a) Anwendbarkeit der Vorschriften für die Rechtsmitteleinlegung

Für Rechtsmittelverzicht und -rücknahme gibt es keine ausdrückliche gesetzliche Regelung, in welcher Form sie erklärt werden müssen. Daraus wurde im älteren Schrifttum geschlossen, daß die Erklärung des Verzichts nicht die Einhaltung einer besonderen Form voraussetzt.[689] Als Argument gegen eine entsprechende Anwendung der Einlegungsvorschriften (vgl. §§ 306 I, 314 I, 341 I) wurde vom OLG Celle in einem Beschluß vom 1.04.1910 angeführt, daß diese gerade nicht bei den allgemeinen Vorschriften über Rechtsmittel stünden und § 299 nur für den Sonderfall eines inhaftierten Beschuldigten gelte.[690] Die zum

---

zungen an die Verhandlungsfähigkeit stellt und diese z. B. verneint, wenn eine Pflichtverteidigung an sich geboten wäre. Aus der allgemeinen strafprozessualen Literatur *Engisch*, FG Rosenberg, S. 101 (114); KK-*Ruß*, StPO, § 302 Rn. 2.

686 GmS OBG NJW 1980, 172 (174); OLG München NJW 2003, 3429 (3430). Vgl. GmS OBG NJW 2000, 2340: „Verfahrensvorschriften (...) dienen letztlich der Wahrung der materiellen Rechte der Prozeßbeteiligten." Nach *Bohne*, SJZ 1949, Sp. 760 (767) sind die Formvorschriften entweder Niederschlag psychologischer Erfahrungen oder Mittel zur Durchsetzung prozeßökonomischer Notwendigkeiten.

687 *Zachariae*, Handbuch, Band 1, S. 145 f.

688 *E. Schmidt*, Strafprozeß und Rechtsstaat, S. 284 (291); *ders.*, LK I, Rn. 22.

689 OLG Celle, GA 1912 (Band 59), 364; Bennecke/*Beling*, Strafprozeßrecht, S. 448; *Friedlaender*, GS 1901 (Band 58), 401 (410 ff.); *von Kries*, Strafprozeßrecht, S. 642; *von Schwarze*, StPO, § 344 Anm. 2.

690 OLG Celle GA 1912 (Band 59), 364.

damaligen Zeitpunkt bereits entgegenstehende Rechtsprechung des Reichsgerichts wurde insoweit abgelehnt.[691]

Nach heutzutage allgemeiner Auffassung gelten jedoch die Regeln für die Einlegung der Rechtsmittel entsprechend.[692] Gem. §§ 306 I, 314 I, 341 I ist eine schriftliche Einlegung oder eine Einlegung zu Protokoll der Geschäftsstelle möglich.[693] Daher gilt entsprechend für den Verzicht, daß er schriftlich oder zu Protokoll der Geschäftsstelle erklärt werden kann.[694] Zum einen ergibt sich dies aus Überlegungen zum Zweck der Formvorschriften im allgemeinen. Diese sollen u. a. auch vor Übereilung schützen. Gerade bei schwerwiegenden Folgen für den Erklärenden ist ein Formerfordernis sinnvoll. Dies gilt auch für Verzicht und Rücknahme, welche für den Erklärenden den Verlust seines Anfechtungsrechts zur Folge haben. Daher wäre es widersprüchlich, daß er Rechtsmittel nur unter Wahrung einer besonderen Form einlegen, aber auf Rechtsmittel in beliebiger Form verzichten könnte. Zum anderen ist § 299 so zu verstehen, daß er für den inhaftierten Beschuldigten nicht eine besondere Erklärungsform vorschreibt, sondern nur die zuständige Stelle für die Erklärung zu Protokoll der Geschäftsstelle modifiziert, um die Abgabe einer entsprechenden Erklärung zu vereinfachen.[695]

b) Erklärung unmittelbar nach Urteilsverkündung

In der Praxis ist häufig zu beobachten, daß der Beschuldigte unmittelbar nach der Verkündung des Urteils in Gegenwart des Gerichts auf Rechtsmittel verzichtet. Fraglich ist, wie sich dies mit den o. g. Formvorschriften verträgt.

Der BGH hat in seinem Beschluß vom 19.08.1982 erklärt, daß ein richterliches Hauptverhandlungsprotokoll der Niederschrift der Geschäftsstelle gleich-

---

691 Vgl. nur die Entscheidungen aus dem Jahre 1880 in RG Rechtsprechung 1, 365; 423; RGSt 2, 78 (79). Auch das OLG Breslau GA 1894 (Band 42), 149 scheint eine Erklärung in Schriftform vorauszusetzen.

692 RGSt 32, 277 (279); 64, 164 (167); BGHSt 18, 257 (260); 31, 109 (111); Düsseldorf JZ 1985, 300; BayObLG wistra 1994, 118 (119); LR-*Hanack*, StPO, § 302 Rn. 15; KK-*Ruß*, StPO, § 302 Rn. 8. Für den Verzicht auf einen Einspruch vgl. OLG Köln, VRS 1986 (Band 71), 54 (56).

693 Vgl. *Meyer-Goßner*, StPO, Einl. Rn. 128 [zur Schriftform], Rn. 131 ff. [zur Erklärung zu Protokoll der Geschäftsstelle].

694 Dies gilt grundsätzlich auch für die Rücknahme. Aber auch die telefonische Rücknahme eines Einspruches gegen einen Bußgeldbescheid wird für zulässig gehalten, vgl. OLG Düsseldorf NJW 1986, 1505. Angesichts der allgemeinen Ansicht, daß die Einlegung eines Einspruches gegen einen Bußgeldbescheid telefonisch erklärt werden kann, verwundert dies nicht, vgl. BGHSt 29, 173 (175); *Meyer-Goßner*, StPO, Einl. Rn. 140. Eine Übertragung dieser vereinfachten Einlegungsart auf Rechtsmittel wird abgelehnt, vgl. BGHSt 30, 64 (67 ff.).

695 Vgl. RG Rechtsprechung 1, 423 (424); BGH NJW 1958, 470 (471).

steht und diese ersetzt.[696] Diese Aussage bezog sich auf die Einlegung einer Rechtsbeschwerde in der Hauptverhandlung eines Bußgeldverfahrens, sie wird aber nach ganz überwiegender Ansicht auch auf den Rechtsmittelverzicht bezogen, so daß dessen Erklärung im Anschluß an die Hauptverhandlung bei entsprechender Protokollierung als der erforderlichen Form gemäß abgegeben angesehen wird.[697] Der Verzicht wird in diesem Fall sofort mit Abgabe und nicht erst mit Fertigstellung des Protokolls wirksam.[698] Ob es sich in diesen Fällen um eine schriftliche Erklärung oder um eine Erklärung zu Protokoll der Geschäftsstelle handelt, hängt davon ab, welche der jeweils geltenden Voraussetzungen eingehalten werden. Eine Erklärung in zuletzt genannter Form liegt vor, wenn die entsprechenden Beurkundungsförmlichkeiten eingehalten werden.[699] Darunter sind – neben der eigentlichen Aufnahme der Erklärung durch den Urkundsbeamten – die anschließende Verlesung, Genehmigung und grundsätzlich auch die Unterzeichnung des Protokolls zu verstehen.[700]

Des weiteren ist zu beachten, daß für die Protokollierung u. a. der Revisionseinlegung gem. § 24 I Nr. 1 RPflG nur der Rechtspfleger zuständig ist. Auf die Verzichtserklärung übertragen bedeutet dies, daß der Protokollführer in der Hauptverhandlung eigentlich ein Rechtspfleger sein müßte. Aber eine Unterzeichnung des Protokolls durch den Vorsitzenden würde diesem Erfordernis auch gerecht, da gem. § 8 I RPflG die Wahrnehmung eines dem Rechtspfleger übertragenen Geschäfts durch einen Richter nicht die Wirksamkeit des Geschäfts – hier die Aufnahme der Verzichtserklärung – berührt.[701]

Zu Recht sieht *Fezer* dies kritisch, da durch eine solche Praxis die als Ausnahme gedachte Vorschrift die Regel des § 24 RPflG unterläuft.[702] Die Möglichkeit der Erklärung zu Protokoll der Geschäftsstelle hat nämlich gerade auch eine Beratungsfunktion und soll nicht nur sicherstellen, daß eine Erklärung for-

---

696 BGHSt 31, 109 (113). Zur Zustimmung aus der Rechtsprechung vgl. OLG Düsseldorf RPfleger 1976, 65; BayObLG wistra 1994, 118 (119).

697 RGSt 32, 277 (280); AK-*Achenbach*, StPO, § 302 Rn. 12; SK-*Frisch*, StPO, § 302 Rn. 46; LR-*Hanack*, StPO, § 302 Rn. 17; *Meyer-Goßner*, StPO, Einl. Rn. 137; § 302 Rn. 19; HK-*Rautenberg*, StPO, § 302 Rn. 8. Vgl. auch BayObLG wistra 1994, 118 (119), wonach es unerheblich ist, ob eine Verzichts- bzw. Rücknahmeerklärung in der Sitzung vor Aufruf der Sache oder nach Urteilsverkündung protokolliert wird.

698 BGH NStZ-RR 2002, 100 (101).

699 SK-*Frisch*, StPO, § 302 Rn. 46.

700 *Schlüchter*, Strafverfahren, Rn. 647. Ein Fehlen der Unterschrift halten für unschädlich RGSt 48, 78 (80, 84); BGHSt 29, 173 (178); *Meyer-Goßner*, StPO, Einl. Rn. 136; KK-*Ruß*, StPO, § 314 Rn. 7.

701 Vgl. BGH NJW 1984, 1974. Aus Gründen der Rechtssicherheit, des Vertrauensschutzes und der Verfahrensökonomie ist diese Regelung durchaus sachgerecht.

702 *Fezer*, JR 1983, 384 (385): „es ist nicht Aufgabe des § 8 Abs. 1 RPflG, bewußte und generelle Kompetenzanmaßungen zu legalisieren“; vgl. auch OLG Düsseldorf RPfleger 1976, 65.

mal in Ordnung ist.[703] Insbesondere bei den in § 24 I RPflG genannten nicht einfachen Rechtsangelegenheiten hat der Rechtspfleger bei der Aufnahme der Erklärung eine beratende und belehrende Funktion und fungiert somit als „Beistand des rechtssuchenden Publikums".[704] Zutreffend wird darauf hingewiesen, daß eine solche Tätigkeit in der Regel nicht mit der sachentscheidenden Funktion des Richters vereinbar ist.[705] So wird denn auch für die Einlegung eines Rechtsmittels allgemein vertreten, daß das Gericht eine solche nicht entgegennehmen und statt dessen den Beschwerdeführer an die Geschäftsstelle verweisen sollte.[706] Denn eine Erklärung zu Protokoll in Anwesenheit des Gerichts sei mit dessen Würde nicht vereinbar.[707] Warum gilt gleiches nicht für den Rechtsmittelverzicht?

In diesem Zusammenhang könnte eine mögliche Lösung der von *Stratenwerth* verfolgte Ansatz sein, den er in der Diskussion um den voreiligen Verzicht unmittelbar nach Urteilsverkündung ohne ausreichende Beteiligung des Verteidigers vorgestellt hat.[708] Bei außerhalb der Hauptverhandlung – also auch bei unmittelbar nach der Urteilsverkündung – abgegebenen Rechtsmittelerklärungen sei die Protokollierung in der Sitzungsniederschrift nicht ausreichend. *Stratenwerth* will die Einlegungsvorschriften für Rechtsmittel wörtlich nehmen und ein Protokoll der *Geschäftsstelle*, d. h. eine vom Urkundsbeamten in eigener Zuständigkeit aufgenommene Beurkundung, verlangen, welche nicht in unmittelbarem Zusammenhang mit der Hauptverhandlung steht. Nur bei einem solchen Verständnis soll der Zweck des Formzwanges überhaupt erreichbar sein.

Soweit ersichtlich hat dieser Vorschlag *Stratenwerths* jedoch keine Gefolgschaft gefunden. Zuzugeben ist, daß mit dieser radikalen Lösung der Beschuldigte am wirksamsten vor Übereilung geschützt würde. Zugleich zeigt dieser Ansatz, daß die Einordnung des richterlichen Protokolls als Erklärung zu Protokoll der Geschäftsstelle mit Recht als problematisch angesehen wird. Aber die Erwägungen *Stratenwerths* sind insoweit unvollständig, da die Einordnung eines solchen Verzichts als *schriftliche* Erklärung außer Betracht bleibt.[709]

So wird im Schrifttum darauf hingewiesen, daß bei Fehlen der Beurkundungsförmlichkeiten die im Protokoll vermerkte Erklärung zwar nicht mehr als eine

---

703 *Fezer*, JR 1983, 384 (385); KMR-*Sax*, StPO, Einl. X Rn. 56.

704 BGH NJW 1957, 990 (991); BGHSt 30, 64 (67); OLG Düsseldorf RPfleger 1976, 65.

705 OLG Düsseldorf RPfleger 1976, 65, das aber gleichwohl unter Hinweis auf § 8 I RPflG die Wirksamkeit der in die Sitzungsniederschrift aufgenommenen Erklärung bejaht.

706 OLG Koblenz VRS 1981 (Band 61), 356; VRS 1982 (Band 62), 297; *Meyer-Goßner/Appl*, Urteile in Strafsachen, Rn. 1023.

707 *Meyer-Goßner*, StPO, Einl. Rn. 137.

708 *Stratenwerth*, JZ 1964, 264 (265).

709 Vgl. zur Kritik an *Stratenwerth* auch *H. Müller*, Willenserklärungen, S. 83.

Erklärung zu Protokoll der Geschäftsstelle angesehen werden, sie aber noch der Schriftform genügen kann.[710]

Da für eine Erklärung in Schriftform die eigenhändige Abfassung und Unterschrift nicht erforderlich sind[711], wird also auch die Protokollierung durch den Urkundsbeamten als eine Erklärung des Beschuldigten in Schriftform i. S. d. §§ 314, 341 angesehen.[712] Verlesung und Genehmigung werden in diesen Fällen *nicht* als Voraussetzung für die Wirksamkeit der Erklärung per Schriftform angesehen.[713] Das OLG Düsseldorf forderte diesbezüglich, daß „der Angekl., der einen Rechtsmittelverzicht erwägt, die für und gegen einen solchen Entschluß sprechenden Gründe reiflich überlegen kann und nicht an unüberlegten und vorschnellen Erklärungen festgehalten wird".[714] Hieran erkennt man das Unbehagen des Gerichts an einem solchen Verständnis der Schriftform.

Daher sind in den Fällen einer „schriftlichen Erklärung unmittelbar nach Urteilsverkündung" im Anschluß an die Aufnahme durch den Urkundsbeamten entsprechend[715] § 273 III 1, 3 zumindest die *Verlesung* und die *Genehmigung* der betreffenden Protokollierung durch den Erklärenden als ergänzende Wirksamkeitsvoraussetzungen zu fordern, da der Inhalt der Niederschrift nur dann als übereinstimmend mit dem Willen des Beschuldigten angesehen werden kann und er ein Minimum an Reflexions- und Korrekturmöglichkeit seiner Entscheidung hat.[716] Denn auch bei einem vom Beschuldigten selbst abgefaßten Schreiben wird er sich das Niedergeschriebene noch einmal durchlesen und die – jedenfalls in der Regel erfolgende – Unterzeichnung dokumentiert nicht nur den Urheber des Schreibens, sondern drückt auch die Billigung des vorstehenden Inhalts aus.

---

710 KK-*Ruß*, StPO, § 302 Rn. 9.

711 GmS OBG NJW 1980, 172 (174); OLG München NJW 2003, 3429 (3430); AK-*Dölling*, StPO, § 314 Rn. 6; *Meyer-Goßner*, StPO, Einl. Rn. 128; *E. Schmidt*, LK II, § 314 Rn. 7; andere Ansicht: RGSt 2, 277 (279); 32, 277 (279).

712 BGH NJW 1984, 1974 (1975); BGH NStZ 1986, 277 (278); OLG Düsseldorf NStZ 1982, 521; AK-*Achenbach*, StPO, § 302 Rn. 13; KK-*Ruß*, StPO, § 302 Rn. 9.

713 BGH wistra 1994, 29; OLG Hamm NStZ 1986, 378; KK-*Ruß*, StPO, § 302 Rn. 9. Die Gegenauffassung liegt OLG Hamburg HESt 3, 58 (59) zugrunde, das aber mit seiner Ansicht – soweit ersichtlich – allein geblieben ist.

714 OLG Düsseldorf NStZ 1982, 521.

715 Eine direkte Anwendbarkeit des § 273 III scheitert daran, daß es sich beim Rechtsmittelverzicht nicht um einen Vorgang *in* der Hauptverhandlung handelt, vgl. dazu sogleich unter III. 3. c). Ansonsten besteht, insbesondere aufgrund der Bedeutung der Prozeßhandlung, eine vergleichbare Interessenlage

716 Vgl. den Sachverhalt bei BGH NJW 1984, 1974 (1975). Auch *R. Schmidt*, JuS 1967, 158 (159) sieht in einer solchen Verfahrensweise die Gewähr dafür, daß es nicht zu unbedachten Verzichtserklärungen kommt. Diese Forderung findet sich bereits in einem Urteil des OLG Hamburg vom 13.09.1949, HESt 3, 58 (59), welches aber in Rechtsprechung und Literatur keine weitere Beachtung gefunden hat.

Zudem lassen sich diese zusätzlichen Erfordernisse mit dem Zweck des Formzwanges begründen. Dieser besteht im Hinblick auf Verzicht und Rücknahme darin, eine unüberlegte Erklärung des Beschuldigten zu verhindern und ihn zu einer gründlichen Überlegung anzuhalten, bei der er das Für und Wider einer solchen Erklärung abwägt.[717] Das Erfordernis der Schriftlichkeit hat hier somit gerade nicht nur eine Beweisfunktion, sondern auch eine Warnfunktion. Letztere ist bei einer Erklärung unmittelbar nach Urteilsverkündung im besonderen Maße relevant. Ließe man allein die bloße Niederschrift genügen, so würde die Warnfunktion völlig leerlaufen. Die Erfordernisse eines Vorlesens und einer Genehmigung vermögen diesen Umstand zumindest ein wenig abzumildern.

Gleiches gilt grundsätzlich für die Rücknahme eines Rechtsmittels. Zudem wird in den Fällen einer Rücknahme in der Hauptverhandlung vor dem Rechtsmittelgericht oftmals nicht nur eine Protokollierung gem. § 273 I, sondern nach § 273 III eine wörtliche Protokollierung vorgenommen; diese setzt eine Verlesung und Genehmigung des betreffenden Protokollinhalts voraus.[718]

Eine solche Verfahrensweise ist nicht selten auch beim Verzicht zu beobachten[719], zumal Nr. 143 I RiStBV dies nahelegt: „Ein unmittelbar nach der Urteilsverkündung erklärter Verzicht auf Rechtsmittel ist im Protokoll zu beurkunden. Es empfiehlt sich, im Protokoll zu vermerken, daß die Erklärung über den Rechtsmittelverzicht verlesen und genehmigt worden ist (§ 273 Abs. 3 StPO).“ Auch im Schrifttum[720] und in der Literatur für Praktiker[721] wird entsprechendes empfohlen bzw. gefordert. Dies und die vielfache Verfahrensweise in der Praxis belegen, daß die o. g. – hier als zwingend verstandenen – Erfordernisse durchaus handhabbar sind. Allerdings ist eine Unterschrift des Verzichtenden nicht notwendig; seine Zustimmung kommt hinreichend durch eine Genehmigung der Niederschrift zum Ausdruck.

Ein Blick auf den Zivilprozeß zeigt, daß dort gem. § 160 III Nr. 8, 2. Alt., 9 ZPO Zurücknahme und Verzicht zu protokollieren und diese Feststellungen nach § 162 I 1 ZPO zu verlesen und von den Beteiligten zu genehmigen sind.[722]

---

717 BGHSt 18, 257 (260); BGH NJW 1984, 1974; OLG Düsseldorf NStZ 1982, 521; OLG Köln VRS 1986 (Band 71), 54 (56); OLG München StV 1998, 646.

718 Vgl. zum Beispiel das wiedergegebene Protokoll der Berufungsstrafkammer des Landgerichts in OLG München StV 1998, 646. Vgl. auch BGHR StPO § 302 Abs. 1 Rücknahme 2.

719 Vgl. BGH NJW 1984, 1974 (1975); NStZ 1999, 526.

720 LR-*Hanack*, StPO, § 302 Rn. 17; *Hübner*, Fürsorgepflicht, S. 196; *Peglau*, JA 2000, 405 (407); SK-*Schlüchter*, StPO, § 273 Rn. 20; *R. Schmidt*, JuS 1967, 158 (159); *Stratenwerth*, JZ 1964, 256.

721 *Dahs/Dahs*, Revision, Rn. 40; *Göbel*, Strafprozeß, Rn. 274 f.; *Haller/Conzen*, Strafverfahren, Rn. 398; *Meyer-Goßner/Appl*, Urteile in Strafsachen, Rn. 1022.

722 *Schellhammer*, Zivilprozeß, Rn. 975 sieht einen Rechtsmittelverzicht auch ohne Protokollierung als wirksam an.

c) Geltung des § 274 StPO bzgl. des protokollierten Rechtsmittelverzichts

Da ein Verzicht in der Regel gleich nach der Urteilsverkündung erklärt wird, dürfte auch die Protokollierung des Verzichts den Regelfall einer Einlegung darstellen. Im Zusammenhang mit der Protokollierung stellt sich die Frage, ob in einem späteren Verfahren – der Beschuldigte legt trotz des Verzichts ein Rechtsmittel ein – mit der Aufzeichnung des Verzichts im Protokoll auch dessen Abgabe bewiesen wird. Die Beweiskraft des Protokolls ist in § 274 geregelt. Danach entfaltet das Protokoll sowohl eine positive Beweiskraft, d. h. die im Protokoll beurkundeten wesentlichen Förmlichkeiten gelten als geschehen, als auch eine negative Beweiskraft, wonach als nicht geschehen gilt, was nicht im Protokoll beurkundet ist.

Ob sich eine solche Beweiskraft auch auf einen protokollierten Rechtsmittelverzicht erstreckt, ist umstritten. Sowohl in der Rechtsprechung als auch im Schrifttum besteht diesbezüglich Uneinigkeit.

Die wohl überwiegende Ansicht nimmt an, daß ein Verzicht dann an der Beweiskraft des § 274 teilnimmt, wenn er nach § 273 III beurkundet worden ist, er also wörtlich protokolliert, verlesen und genehmigt wurde.[723] Wird diese Voraussetzung nicht erfüllt, d. h. wird lediglich die Abgabe einer Verzichtserklärung im Protokoll vermerkt, so soll für die Feststellung das Freibeweisverfahren gelten und das Protokoll soll hierbei nur ein Beweisanzeichen für den Verzicht sein.[724]

Nach der Gegenansicht hat § 274 keine Bedeutung bzgl. des Verzichts, auch wenn er gem. § 273 III protokolliert wird, da er weder zu den geforderten Angaben i. S. d. § 272 gehöre noch eine wesentliche Förmlichkeit gem. § 273 I sei.[725] Zum Teil wird einem nach § 273 III protokollierten Verzicht aber eine erhöhte Beweiskraft zugesprochen.[726]

---

723 BGHSt 18, 257 (258); BGH NJW 1997, 2691; BGH NStZ 1999, 364; 526; OLG Koblenz MDR 1981, 956 (957); OLG Düseldorf StV 1984, 108; offen gelassen OLG Hamm NStZ 1986, 378; KK-*Engelhardt*, StPO, § 273 Rn. 4; *Göbel*, Strafprozeß, Rn. 275; *Koch*, JR 1964, 255 (256); *Lesch*, Strafprozeßrecht, S. 51; *Meyer-Goßner*, StPO, § 274 Rn. 11; *Peglau*, JA 2000, 405 (407); *Pfeiffer*, StPO, § 273 Rn. 2.

724 BGHSt 18, 257 (258); 19, 101 (105); BGHR StPO § 302 Abs. 1 Satz 1 Rechtsmittelverzicht 5.

725 RGSt 40, 133 (134); RG Nachschlagewerk Band 3, S. 376; RGSt 66, 417 (418); OLG Frankfurt NJW 1971, 949 (950); OLG Zweibrücken StV 1994, 362 (363); AK-*Achenbach*, StPO, § 302 Rn. 13; *Dahs/Dahs*, Revision, Rn. 40; SK-*Frisch*, StPO, § 302 Rn. 47; LR-*Gollwitzer*, § 273 Rn. 21; LR-*Hanack*, StPO, § 302 Rn. 17; *Hübner*, Fürsorgepflicht, S. 196; *Reichling*, Protokollierung, S. 80, 283; *H. W. Schmidt*, NJW 1965, 1210; *Stratenwerth*, JZ 1964, 264.

726 LR-*Hanack*, StPO, § 302 Rn. 17; AK-*Achenbach*, StPO, § 302 Rn. 13, der so auch BGHSt 18, 257 (258) versteht. Meines Erachtens kann der Entscheidung des 1. Senats sehr wohl entnommen werden, daß der Senat im Falle einer Protokollierung gem. § 273 III von einer positiven Beweiskraft ausgeht; denn er spricht davon, daß bei einer sol-

Für eine Lösung ist zunächst einmal beim Gegenstand bzw. bei der Reichweite der Beweiskraft des § 274 anzusetzen. Zu klären ist, was unter den „vorgeschriebenen Förmlichkeiten" i. S. d. § 274 zu verstehen ist. Zum einen sind damit die wesentlichen Förmlichkeiten des § 273 I gemeint, zum anderen werden auch die Angaben gem. § 272 dazu gezählt.[727] Letzteres wird zum Teil eingeschränkt und diejenigen Angaben von der Beweiskraft des § 274 ausgenommen, die keine wesentlichen Förmlichkeiten sind, wie z. B. die Angabe der Personalien und die Bezeichnung der Straftat.[728]

Der Rechtsmittelverzicht ist nun aber keine wesentliche Förmlichkeit der erstinstanzlichen Hauptverhandlung, da er stets *nach* Urteilsverkündung und somit *nach* der Hauptverhandlung erklärt wird.[729] Denn gem. § 260 I schließt die Hauptverhandlung mit der Verkündung des Urteils. Ob eine Protokollierung gem. § 273 III von der Beweiskraft des § 274 erfaßt wird, kann letztendlich offen bleiben, da die wörtliche Protokollierung entweder einen „Vorgang in der Hauptverhandlung" oder eine „Aussage oder Äußerung" erfaßt. Wie bereits gesagt, ist der Rechtsmittelverzicht gerade kein Bestandteil der Hauptverhandlung. Zudem meint „Aussage oder Äußerung" die Einlassung des Beschuldigten sowie die Aussagen der Zeugen und Sachverständigen. Der Verzicht auf Rechtsmittel kann aber nicht als eine Einlassung angesehen werden, zudem werden nur Äußerungen bzw. Vorgänge während der Hauptverhandlung erfaßt.[730] Denn § 273 III soll keine Vorgänge außerhalb der Hauptverhandlung den strengen Beweisregeln des § 274 unterwerfen.[731] Der unmittelbar nach Urteilsverkündung erklärte Verzicht nimmt also auch bei wörtlicher Protokollierung nicht an der Beweiskraft teil.

Damit ist aber nicht gesagt, daß ein Verzicht oder eine Rücknahme nie von der Beweiskraft des Protokolls erfaßt werden könnte. Denn die in der Hauptver-

---

chen Verfahrensweise, der „Angeklagte (...) an seiner im Protokoll beurkundeten, verlesenen und von ihm genehmigten Erklärung festgehalten werden müßte" (a. a. O.), so versteht auch SK-*Frisch*, StPO, § 302 Rn. 46 die Entscheidung.

727 RGSt 2, 76 (77); BGHSt 16, 306 (307); AK-*Lemke*, StPO, § 274 Rn. 3; *Roxin*, Strafverfahrensrecht, § 49 Rn. 8; *Stratenwerth*, JZ 1964, 264.

728 LR-*Gollwitzer*, StPO, § 274 Rn. 10; *Meyer-Goßner*, StPO, § 274 Rn. 8. Dagegen ohne Einschränkung: *E. Schmidt*, LK II, § 272 Rn 2;

729 LR-*Gollwitzer*, StPO, § 273 Rn. 21; *Reichling*, Protokollierung, S. 174; SK-*Schlüchter*, StPO, § 273 Rn. 7; *E. Schmidt*, LK II, § 274 Rn. 9; allgemein für Rechtsmittelerklärungen RGSt 66, 417 (418). *Oetker*, JW 1929, 49 (50) sieht daher die Aufnahme in das Hauptverhandlungsprotokoll als unzulässig an, erhebt aber keine Einwände gegen eine äußerliche Verbindung mit diesem.

730 OLG Hamburg NJW 1955, 1201; AK-*Lemke*, StPO, § 273 Rn. 16; SK-*Schlüchter*, StPO, § 273 Rn. 20; *H. W. Schmidt*, NJW 1965, 1210; *Stratenwerth*, JZ 1964, 264.

731 LR-*Gollwitzer*, StPO, § 273 Rn. 21; SK-*Schlüchter*, StPO, § 273 Rn. 20.

handlung vor dem Rechtsmittelgericht erklärte Rücknahme[732] stellt in diesem Verfahren eine wesentliche Förmlichkeit dar, für welche die Protokollierungspflicht gem. § 273 I und folglich auch die Beweiskraft gem. § 274 gilt.[733] Entscheidend für die Frage der Beweiskraft einer Rechtsmittelerklärung ist somit nicht, *daß* oder *wie* sie protokolliert wurde, sondern *wann* sie erklärt und protokolliert wurde. Dies ist auch kein Widerspruch zu der oben aufgestellten Forderung, entsprechend § 273 III zu verfahren, um den Beschuldigten vor unüberlegten bzw. vorschnellen Erklärungen zu bewahren. Denn dieser Zweck kann auch ohne gleichzeitige Anerkennung der Beweiskraft einer solchen Protokollierung verfolgt werden.[734] Vielleicht sieht der BGH in der Bejahung der Beweiskraft einer wörtlichen Protokollierung einen Anreiz für die Vorderrichter, eine solche Protokollierung vorzunehmen.

d) Erklärung in deutscher Sprache

Eine mündliche oder schriftliche[735] Erklärung im Strafverfahren hat in deutscher Sprache zu erfolgen (vgl. § 184 GVG), anderenfalls ist die Erklärung unbeachtlich. Beschuldigte, die der deutschen Sprache nicht mächtig sind, müßten sich somit auch für die Verzichtserklärung eines Dolmetschers nach § 185 I GVG bedienen.[736] § 185 II GVG, der nur für Verhandlungen im Vorverfahren und für Vernehmungen außerhalb der Hauptverhandlung gelten soll[737], ist auf die Verzichtserklärung unmittelbar im Anschluß an die Hauptverhandlung nicht anwendbar.

732 Ein Verzicht während der Verhandlung vor dem Rechtsmittelgericht ist bereits begrifflich ausgeschlossen, da dieser gerade die Nichteinlegung eines Rechtsmittels voraussetzt. Wohl kann aber der Verzicht bzgl. eines anderen Rechtsbehelfs als das den Verhandlungsgegenstand bildende Rechtsmittel während einer Hauptverhandlung in der Rechtsmittelinstanz erklärt und gem. § 273 I protokolliert werden. Eine Pflicht des Gerichts zur Aufnahme in die Sitzungsniederschrift besteht allerdings nicht, vgl. LR-*Gollwitzer*, StPO, § 273 Rn. 22.

733 RGSt 66, 417 (418 f.); OLG Hamburg NJW 1955, 1201; *Dahs/Dahs*, Revision, Rn. 40; LR-*Gollwitzer*, StPO, § 273 Rn. 22; *Meyer-Goßner*, StPO, § 274 Rn. 11; SK-*Schlüchter*, StPO, § 273 Rn. 7; *E. Schmidt*, LK II, § 274 Rn. 9.

734 *Stratenwerth*, JZ 1964, 264.

735 § 184 GVG bezieht sich ausdrücklich nur auf mündliche Erklärungen; die überwiegende Ansicht folgert aus §§ 184 f. GVG aber, daß auch schriftliche Erklärungen nur berücksichtigt werden können, wenn sie in deutscher Sprache abgegeben werden, vgl. BGHSt 30, 182 (183); KG JR 1977, 129; *Meyer-Goßner*, GVG, § 184 Rn. 2; *Roxin*, Strafverfahrensrecht, § 22 Rn. 7; aus der zivilprozessualen Rechtsprechung vgl. RGZ 31, 428 (429); andere Ansicht: LR-*Wickern*, GVG, § 184 Rn. 17.

736 Zum Recht auf Hinzuziehung eines Dolmetschers in jedem Verfahrensstadium vgl. BVerfG NJW 2004, 50 f.

737 *Meyer-Goßner*, GVG, § 184 Rn. 1; § 185 Rn. 9. Zur möglichen Anwendbarkeit der Norm in der Hauptverhandlung vgl. LR-*Wickern*, GVG, § 185 Rn. 5.

Nach teilweise vertretener Ansicht soll aber auch eine in ausländischer Sprache abgegebene Erklärung wirksam sein.[738] Allerdings weist selbst der BGH in seinem Beschluß vom 21.10.1986, welcher im Schrifttum oftmals für die Zulässigkeit einer fremdsprachlichen Erklärung angeführt wird, darauf hin, daß immerhin eine vom Gericht angeordnete Übersetzung einige Tage später vorlag und es – im Gegensatz zur Einlegung eines Rechtsmittels – keine Frist zu wahren galt.[739] Somit kann zumindest im Zeitpunkt des Zugangs der Übersetzung von einer wirksamen Rücknahme in deutscher Sprache ausgegangen werden. Die o. g. Entscheidung kann insofern *nicht* als Beleg für die Wirksamkeit einer auch in fremder Sprache abgefaßten Erklärung herangezogen werden.

Festzuhalten ist somit, daß ein Verzicht in ausländischer Sprache nicht wirksam ist. Erst mit Zugang einer deutschen Übersetzung, sei es auf Veranlassung des Beschuldigten oder auf Anordnung des Richters, wozu dieser allerdings nicht verpflichtet ist[740], erlangt der Verzicht seine Wirksamkeit.[741] Gleiches gilt für die Rücknahmeerklärung.[742] Denn die Anerkennung fremdsprachlicher Rechtsmittelerklärungen – zum Teil wird je nach verwendeter Sprache differenziert[743] – ist zum einen mit dem klaren Gesetzeswortlaut des § 184 GVG nicht vereinbar und zum anderen der Rechtsklarheit abträglich. Bereits bei Eingang einer Erklärung müssen das Gericht und die übrigen Verfahrensbeteiligten sich von ihrem Inhalt Kenntnis verschaffen können.[744] Davon kann bei einer fremdsprachigen Erklärung nicht ausgegangen werden. Zudem ist gerade bei Verzicht und Rücknahme mit einer solchen Auffassung dem Schutz des fremdsprachigen Beschuldigten gedient und verhindert, daß dieser eine Erklärung abgibt, deren Tragweite er nicht übersehen kann.

Aus diesem Grund sind daher Bedenken anzumelden, wenn eine Erklärung ohne eine beigefügte Übersetzung dem Gericht zugeht und dieses sodann eine Übersetzung veranlaßt. Dadurch wird zwar die Verständnisschwierigkeit des Gerichts behoben, aber es ist nicht klar, ob der Beschuldigte den Inhalt seiner Erklärung hinreichend erfaßt hat. Dieses läßt sich auch mit einem Dolmetscher nicht vollständig sicherstellen, zumindest aber erhöht dessen Beiziehung die Chancen einer zutreffenden Erfassung des Inhalts und der Folgen der Erklärung durch den fremdsprachigen Beschuldigten.

---

738 SK-*Frisch*, StPO, § 302 Rn. 48; KK-*Ruß*, StPO, § 302 Rn. 8.

739 BGHR StPO § 302 Abs. 1 Rücknahme 1.

740 BGHSt 30, 182 (184); *Meyer-Goßner*, GVG, § 184 Rn. 2: „nur in ganz besonderen Ausnahmefällen ist eine Übersetzung von Amts wegen zu veranlassen, so bei Rechtsmittelrücknahmen (…)“; andere Ansicht: LR-*Wickern*, GVG, § 184 Rn. 19.

741 Vgl. OLG Hamburg NStZ 1988, 566, wo dem Schreiben eine deutsche Übersetzung beigefügt war.

742 BGHR StPO § 302 Abs. 1 Rücknahme 5; BGH NStZ 2000, 553; OLG Hamburg MDR 1989, 90.

743 LR-*Wickern*, GVG, § 184 Rn. 17.

744 BGHSt 30, 182 (183).

Ein mündlich erklärter, fremdsprachiger Verzicht wird somit erst durch die Übersetzung des Dolmetschers wirksam; eine fremdsprachige Erklärung in Schriftform erlangt nur dann Wirksamkeit, wenn eine Übersetzung dem Schreiben beigefügt ist bzw. vom Beschuldigten später nachgereicht wird.

Ob die o. g. Überlegungen für eine Rechtsmittel*einlegung* gleichermaßen gelten[745], braucht hier nicht entschieden zu werden. Zumindest die speziellen Risiken des Verzichts und der Rücknahme können hier nicht als Einwand geltend gemacht werden.

IV. Der Zeitpunkt der Erklärung

§ 302 I 1 regelt nur, daß Verzicht und Rücknahme vor Ablauf der Einlegungsfrist erklärt werden können. Insbesondere beim Verzicht braucht der Beschuldigte nicht erst die Einlegungsfrist abzuwarten, sondern kann auch vorher auf Rechtsmittel verzichten. Allerdings regelt das Gesetz nicht, ab welchem Zeitpunkt ein Verzicht – auf die Rücknahme ist später noch einzugehen – frühestens bzw. bis zu welchem Zeitpunkt ein Verzicht spätestens erklärt werden kann.

1. Erklärungszeitraum beim Verzicht

Der Beschuldigte kann spätestens bis zum Ablauf der Rechtsmittelfrist auf Rechtsmittel verzichten. Denn mit diesem Zeitpunkt tritt Rechtskraft ein und der Verzicht erübrigt sich, da der Beschuldigte über ein Anfechtungsrecht nicht mehr verfügt. Dagegen findet sich bei *Friedländer* die – soweit ersichtlich – vereinzelt gebliebene Auffassung, daß ein Verzicht auch *nach* Ablauf der Einlegungsfrist Wirkung zu entfalten vermag: Der Verzichtende soll sich dadurch materiell seines etwaigen Rechts auf Wiedereinsetzung begeben.[746] Ein solcher Verzicht kann angesichts der eingetretenen Rechtskraft aber nicht mehr als Rechtsmittelverzicht bezeichnet werden.

---

745 So die h. M., vgl. nur *Meyer-Goßner*, GVG, § 184 Rn. 2; *Roxin*, Strafverfahrensrecht, § 22 Rn. 7. Andere Ansicht: SK-*Frisch*, StPO, Vor § 296 Rn. 215; LR-*Wickern*, GVG, § 184 Rn. 17 ff., die auch fremdsprachige Erklärungen als fristwahrend anerkennen wollen und eine unverzügliche Übersetzung von Amts wegen fordern. Vgl. in diesem Zusammenhang auch § 185 I GVG und Art. 6 III e) EMRK, die dazu beitragen, daß der Beschuldigte seine Verteidigungsrechte effektiv wahrnehmen kann. Der Anspruch auf den unentgeltlichen Beistand eines Dolmetschers besteht während des gesamten Verfahrens, d. h. er gilt auch für die Rechtsmittelerklärungen wie Einlegung und Begründung des Rechtsmittels, vgl. BGHSt 46, 178 (184 f.).

746 *Friedländer*, GS 1901 (Band 58), 401 (414).

Nun zum – umstrittenen – frühestmöglichen Zeitpunkt: In der älteren Rechtsprechung[747] und Literatur[748] wurde ein Rechtsmittelverzicht nur mit Beginn der Einlegungsfrist für zulässig erachtet. Diese läuft ab Verkündung des Urteils (vgl. §§ 314 I, 341 I) bzw. ab Bekanntmachung der Entscheidung für den Fall der sofortigen Beschwerde (vgl. § 311 II). Die Verkündung eines Urteils erfolgt gem. § 268 II 1 durch Verlesung der Urteilsformel und Eröffnung der Urteilsgründe. Etwaige Beschlüsse gem. § 268a oder § 268b sind nicht mehr Bestandteil der Urteilsverkündung; das gleiche gilt für Belehrungen nach §§ 268c, d.[749] Die Bekanntmachung einer sonstigen Entscheidung geschieht nach § 35 I 1 mittels deren Verkündung. Diese Modalitäten betreffen jedoch nur die Verkündung bzw. Bekanntmachung bei Anwesenheit des Beschuldigten.

Im Falle seiner Abwesenheit erfolgt eine Zustellung des Urteils[750] und die Einlegungsfrist beginnt folglich erst ab diesem Zeitpunkt (vgl. §§ 314 II, 341 II).[751] Erfolgt die Urteilsverkündung also in Abwesenheit des Beschuldigten, so kann er nach dieser Ansicht, die auch im heutigen Schrifttum Anhänger gefunden hat[752], erst nach Zustellung des Urteils auf Rechtsmittel verzichten. Beim Strafbefehl, der dem Beschuldigten förmlich zuzustellen ist[753], besteht die Möglichkeit eines Verzichts ebenfalls erst ab Zustellung.

---

747 RGSt 2, 78 (80); RG JW 1894, 396; RG LZ 1922, Sp. 368; KG JW 1930, 2079; OLG Düsseldorf JMBlNRW 1949, 155.

748 *Binding*, Strafprozeßrecht, S. 352; Bennecke/*Beling*, Strafprozeßrecht, S. 448; *Bucher*, Verzicht, S. 68 f.; *Friedländer*, GS 1901 (Band 58), 401 (423 f.); *von Kries*, Rechtsmittel, S. 642; *von Lilienthal*, Strafprozeßrecht, S. 64; *Sieweke*, Entwicklung, S. 59; *Ullmann*, Strafprozeßrecht, S. 586.

749 BGHSt 23, 333 (335 ff.) in bezug auf einen Beschluß gem. § 268a; *Meyer-Goßner*, StPO, § 268 Rn. 8, § 268a Rn. 6.

750 *Meyer-Goßner*, StPO, § 268 Rn. 19. Bei der Hauptverhandlung trotz Ausbleibens des Angeklagten gem. § 232 I ist nach § 232 IV eine Zustellung des Urteils erforderlich. Im Falle der Bekanntmachung einer Entscheidung ergibt sich dies aus § 35 II 1.

751 Auch die Anwesenheit eines Verteidigers ist grundsätzlich für den Fristbeginn ohne Bedeutung, vgl. BGHSt 25, 234. Eine Änderung ergibt sich durch das am 1.09.2004 in Kraft getretene 1. Justizmodernisierungsgesetz (BGBl. I, S. 2198 ff.), wonach in bestimmten Fällen ausreichend ist, daß die Verkündung in Anwesenheit des mit schriftlicher Vollmacht versehenen Verteidigers stattgefunden hat, vgl. §§ 314 II, 341 II n. F. Es kommt dann insoweit auf die Kenntnis des Verteidigers an.

752 AK-*Achenbach*, StPO, § 302 Rn. 17; *Ellersiek*, Beschwerde, S. 155; SK-*Frisch*, StPO, § 302 Rn. 41; *Hanswerner Müller*, NJW 1957, 1347 (1348); *Peters*, JR 1974, 250; Sarstedt/*Hamm*, Revision, Rn. 131 f.; *E. Schmidt*, LK II, § 302 Rn. 4. *Rüping*, Strafverfahren, Rn. 582 hält einen Verzicht vor Beginn der Einlegungsfrist für problematisch.

753 Das Zustellungserfordernis ergibt sich aus § 410 I 1. Eine mündliche Bekanntgabe reicht nicht aus, vgl. KK-*Fischer*, StPO, § 409 Rn. 18; ggf. kann dem anwesenden Beschuldigten der Strafbefehl durch Aushändigung gem. § 37 I 1 i. V. m. § 173 S. 1 ZPO zugestellt werden.

Die heute wohl überwiegende Meinung läßt jedoch im Falle des abwesenden Beschuldigten bereits dann einen Rechtsmittelverzicht zu, wenn er zuvor Gelegenheit hatte, sich über den Inhalt des verkündeten Urteils zuverlässig zu unterrichten; ein Verzicht ist demnach bereits vor Beginn der Einlegungsfrist zulässig.[754] Hervorzuheben ist hier, daß es auf die tatsächliche Kenntnisnahme nicht ankommt, sondern nur die Gelegenheit dazu – z. B. Information durch den Verteidiger – bestehen mußte.[755] Die Kenntniserlangung fällt also in den Risikobereich des abwesenden Beschuldigten.[756]

Weitergehend wird zum Teil auch beim anwesenden Beschuldigten bereits dann ein Verzicht als zulässig angesehen, bevor die Urteilsgründe bekanntgegeben wurden – also mit Verkündung der Entscheidungsformel.[757] Ab diesem Zeitpunkt können auch bereits Rechtsmittel eingelegt werden[758], d. h. der frühestmögliche Zeitpunkt für die Rechtsmitteleinlegung und den Rechtsmittelverzicht würden übereinstimmen.

So einleuchtend dies zunächst erscheinen mag – es werden hierbei jedoch die Unterschiede beider Konstellationen außer Acht gelassen.[759] Hält sich der Beschuldigte für unschuldig, so ist die Einlegung eines Rechtsmittels bereits mit Ausspruch der Verurteilung, also mit Verkündung der Entscheidungsformel gerechtfertigt. Zudem wird durch eine vorschnelle Rechtsmitteleinlegung kein Nachteil begründet. Dagegen verliert der Beschuldigte bei Erklärung des Verzichts vor näherer Kenntnis der Urteilsgründe sein Anfechtungsrecht. Daher kann der Verzicht frühestens *nach* Verkündung der Urteilsgründe erklärt werden. Denn nur deren Kenntnis wird i. d. R. eine sachgerechte Entscheidung über die Anfechtung des Urteils ermöglichen.[760] Auch mit dem Hinweis auf den

---

754 BGHSt 25, 234 (236); BGH NStZ 1986, 208; OLG Köln NJW 1980, 2720; KMR-*Plöd*, StPO, § 302 Rn. 11; *Meyer-Goßner*, StPO, § 302 Rn. 14; *Pfeiffer*, StPO, § 302 Rn. 5; *Roxin*, Strafverfahrensrecht, § 51 Rn. 23; KK-*Ruß*, StPO, § 302 Rn. 6; offen gelassen von OLG Stuttgart Die Justiz 1976, 265; andere Ansicht: wohl LG Frankfurt NJW 1963, 1936 (1937). Bereits *Ramser*, Verzicht, S. 19 hält die Verzichtserklärung vor Beginn der Rechtsmittelfrist für zulässig. Vgl. auch OLG Hamm NJW 1957, 83 (884), wo Gegenstand der Erörterung allerdings ein nicht begründungsbedürftiger Beschluß war und die Beschuldigte von seinem Inhalt sichere Mitteilung erfahren hatte.

755 Vgl. aber OLG Köln NJW 1980, 2720, das „zuverlässige Kenntnis vom Urteilsinhalt" voraussetzt und dann auch einen Verzicht vor Beginn der Einlegungsfrist zuläßt.

756 *Schlüchter*, Strafverfahren, S. 646 (Fußnote 131).

757 OLG Hamm JMBlNRW 1976, 23; LR-*Hanack*, StPO, § 302 Rn. 9; *Meyer-Goßner*, StPO, § 302 Rn. 14; offen gelassen von BGHSt 25, 234 (236).

758 OLG Hamm NJW 1957, 883 (884); SK-*Frisch*, StPO, Vor § 296 Rn. 184; *Meyer-Goßner*, StPO, Vor § 296 Rn. 4. AK-*Achenbach*, StPO, Vor § 296 Rn. 11 hält u. U. bereits eine Rechtsmitteleinlegung vor Erlaß der Entscheidung für zulässig.

759 Vgl. *Peters*, JR 1974, 250.

760 SK-*Frisch*, StPO, § 302 Rn. 39; *Friedländer*, GS 1901 (Band 58), 401 (413).

Schutzzweck des § 302 wird ein Verzicht vor Verkündung der Urteilsgründe abgelehnt.[761]

Damit ist aber noch nicht geklärt, ob der bei Urteilsverkündung abwesende Beschuldigte auch vor Zustellung des Urteils auf Rechtsmittel verzichten kann. Entgegen der o. g. überwiegenden Meinung ist auch dies abzulehnen. Zu verweisen ist auf den Vorzug der auf die Einlegungsfrist abstellenden erstgenannten Ansicht, der darin besteht, daß mit der Zustellung als maßgeblichem Zeitpunkt ein klarer und eindeutiger Zeitpunkt gewählt ist.[762] Die vom RG angestellte Erwägung, daß sich bereits aus dem Wortlaut des § 302 I 1 der frühestmögliche Zeitpunkt eines Verzichts ergebe[763], ist indessen unzutreffend. Zwar erklärt die Norm einen Verzicht vor Ablauf der Einlegungsfrist für zulässig, aber daraus kann nicht gefolgert werden, daß die Frist begonnen haben muß. Denn die Rechtsmittelfrist bezeichnet nur die Frist, vor deren Ablauf das befristete Rechtsmittel spätestens eingelegt werden muß, sie sagt aber nichts darüber aus, ab wann das Rechtsmittel eingelegt werden kann.[764]

Zutreffend ist daher mit *Peters* davon auszugehen, daß der Schutz des Beschuldigten für einen späteren Zeitpunkt, nämlich den der Urteilszustellung, spricht.[765] Er soll gerade nicht von der u. U. unvollkommenen oder gar einseitigen Unterrichtung über den Urteilsinhalt abhängig sein, sondern aufgrund eigener Wahrnehmung verantwortlich über Einlegung oder Verzicht entscheiden.

Gegen den Zeitpunkt der Urteilszustellung spricht auch nicht, daß damit die Herbeiführung rechtskräftiger Entscheidungen herausgezögert und die Verfahrensbeschleunigung übermäßig beeinträchtigt würde. Zum einen betreffen die Urteile in Abwesenheit des Beschuldigten nur eine geringe Zahl von Verfahren, zum anderen kann dem Gedanken der Verfahrensbeschleunigung durch Einhaltung der in § 275 I vorgegebenen Frist Rechnung getragen werden.[766]

Abschließend soll noch kurz auf die Möglichkeit eines Rechtsmittelverzichts *vor* Urteilsverkündung eingegangen werden. Diesbezüglich stimmen die beiden o. g. Ansichten jedoch überein; ein Verzicht vor Urteilsverkündung ist demnach nicht möglich.[767]

---

761 AK-*Achenbach*, StPO, § 302 Rn. 17.

762 *Ellersiek*, Beschwerde, S. 155 spricht insoweit von prozessualer Rechtssicherheit.

763 RGSt 2, 78 (80).

764 OLG Hamm NJW 1957, 883 (884), vgl. auch SK-*Frisch*, StPO, Vor § 296 Rn. 184.

765 *Peters*, JR 1974, 250.

766 *Peters*, JR 1974, 250.

767 BGHSt 43, 195 (205); BGH StV 2000, 542; OLG Stuttgart Die Justiz 1976, 265; NJW 1999, 375 (376); AK-*Achenbach*, StPO, § 302 Rn. 17; *Bucher*, Verzicht, S. 68 f.; *Dencker*, Willensfehler, S. 42; SK-*Frisch*, StPO, § 302 Rn. 39; LR-*Hanack*, StPO, § 302 Rn. 10; *Meyer-Goßner*, StPO, § 302 Rn. 14; *Rieß*, FS Meyer-Goßner, S. 645 (650).

Im älteren Schrifttum wurde hierfür als Begründung angeführt, daß der Verzicht die Anerkennung des Urteils als ein gerechtes darstelle und die Anerkennung der sich im Urteil ausdrückenden Gerechtigkeit selbstverständlich erst nach Kenntnis des Urteilsinhalts erfolgen könne.[768] Bereits angesichts der offensichtlichen sprachlichen Nähe von Aner*kennung* und *Kenntnis* erscheint es überzeugend, daß eine Anerkennung die Kenntnis des anzuerkennenden Gegenstandes voraussetzt.

Auch im neueren Schrifttum und in der Rechtsprechung wird es als selbstverständlich vorausgesetzt, daß eine Verzichtserklärung nicht vor Urteilserlaß abgegeben werden kann.[769] So verweist z. B. das BayObLG in einer Entscheidung lediglich auf einen „allgemeinen Grundsatz, der keine Ausnahme verträgt“[770]. *Hanack* begründet dies dagegen mit der Rechtssicherheit und der – von ihm selbst aber zugleich als fragwürdig bezeichneten – Überlegung, daß ein Verzicht vor Urteilsverkündung möglicherweise die richterliche Sorgfalt bei der noch zu treffenden Entscheidung beeinträchtigen könne.[771] Entscheidendes Argument dürfte letztendlich doch der bereits im älteren Schrifttum angelegte Gedanke sein, daß der Beschuldigte eine so bedeutende Entscheidung wie den Rechtsmittelverzicht erst nach möglicher Erfassung ihrer Tragweite eigenverantwortlich treffen kann.[772] Denn die Rechtsfolge des endgültigen Verlusts des Anfechtungsrechts verträgt sich nicht mit einem vorsorglich erklärten Verzicht, abgegeben z. B. in der Hoffnung, daß „es alles schon nicht so schlimm kommen werde“.

Ergänzend ist noch kurz ein vergleichender Blick auf den Zivilprozeß zu werfen: In diesem ist einhellig anerkannt, daß bereits vor Urteilserlaß auf Rechtsmittel verzichtet werden kann.[773] Der o. g. Gedanke der Rechtssicherheit kann somit nicht allein tragender Grund sein. Als ein in dieser Beziehung wichtiger Unterschied zwischen ZPO und StPO ist jedoch die Möglichkeit zu sehen, daß

768 *von Kries*, Rechtsmittel, S. 54; *Planck*, Systematische Darstellung, S. 509.

769 BGHSt 43, 195 (205); 45, 227 (230); OLG Düsseldorf JMBlNRW 1949, 155; OLG Hamm NJW 1957, 883; OLG Stuttgart NJW 1999, 375 (376); AK-*Achenbach*, StPO, § 302 Rn. 17; *Meyer-Goßner*, StPO, § 302 Rn. 14; KMR-*Plöd*, StPO, § 302 Rn. 11; *Rieß*, FS Meyer-Goßner, S. 645 (649); KK-*Ruß*, StPO, § 302 Rn. 6; *Dencker*, Willensfehler, S. 42 bezeichnet das Urteil als für den Rechtsmittelverzicht notwendigen Bezugspunkt. Zu einem vorzeitigem Verzicht auf Entschädigung nach dem StrEG vgl. *Haas*, MDR 1994, 9 (10 f.).

770 BayObLGSt 1963, 135 (137). Auch BGHSt 43, 195 (205) erklärt lediglich, daß „der Angeklagte frühestens nach Verkündung des Urteils auf Rechtsmittel verzichten (kann)“.

771 LR-*Hanack*, StPO, § 302 Rn. 10.

772 Vgl. SK-*Frisch*, StPO, § 302 Rn. 39. Auch OLG Stuttgart NJW 1999,375 (376) stellt auf die mangelnde Kenntnis ab.

773 Vgl. 1. Kapitel, V. 1.

sich die Parteien eines Zivilverfahrens auch auf das Urteil eines Schiedsrichters einigen können.[774] Folglich können sie sich auch dahingehend verständigen, das Urteil eines erstinstanzlichen Gerichts unabhängig von seinem Inhalt anzunehmen. Eine solche Sichtweise – unbeschadet der von der Rechtsprechung in gewissen Grenzen als zulässig erachteten Absprache – ist der StPO jedoch fremd. Eine im voraus vollzogene Unterwerfung unter die Entscheidung eines Strafgerichts ist daher ausgeschlossen.[775] Die Möglichkeit eines vor Urteilsverkündung wirksam erklärten Verzichts ist daher auszuschließen.

Die Ungewißheit bzgl. des Entscheidungsinhalts vor Urteilserlaß und die mangelnde Erkennbarkeit der Tragweite der Verzichtserklärung könnte der Beschuldigte jedoch dann vermeiden, wenn er einen Verzicht vor Urteilserlaß mit einer Bedingung versehen würde. So könnte er z. B. den Rechtsmittelverzicht unter der Bedingung erklären, daß er höchstens bis zu einer Freiheitsstrafe von zwei Jahren verurteilt werde. Eine solche Konstellation wäre beispielsweise im Rahmen von Absprachen vorstellbar. Die Erklärung an sich würde dann zwar auch vor Urteilsverkündung erfolgen. Aufgrund der beigefügten Bedingung träte die Wirksamkeit der Erklärung aber nicht vor Urteilsverkündung ein, so daß sich die o. g. Einwände nicht ohne weiteres auf diese Konstellation übertragen lassen.

Um die Möglichkeit eines bedingten Verzichts näher zu untersuchen, ist auf die Problematik bedingter Prozeßhandlungen einzugehen.

2. Exkurs: Bedingte Prozeßhandlungen

a) Allgemeine Auffassung

In nahezu allen Lehrbüchern und Kommentaren zum Strafprozeßrecht findet sich der Hinweis auf die grundsätzliche Bedingungsfeindlichkeit von Prozeßhandlungen. Bei Vornahme der Prozeßhandlung darf diese also nicht mit der Bedingung verknüpft werden, daß sie erst ab Eintritt eines bestimmten, zukünftigen und daher ungewissen Ereignisses Wirksamkeit erlangen soll (sog. aufschiebende Bedingung), oder daß sie nur bis zum Eintritt eines solchen Ereignisses wirksam sein soll (sog. auflösende Bedingung).[776] Auch die Rechtsprechung

---

774 Vgl. das 10. Buch der ZPO, §§ 1025 ff. Zu den Gründen für die Vereinbarung einer Entscheidung im Schiedsverfahren vgl. *Lüke*, Zivilprozeßrecht, Rn. 485. Gegen den Schiedsspruch steht den Parteien kein Rechtsmittel zu, da er die Wirkung eines rechtskräftigen Urteils hat (§ 1055 ZPO); in engem Umfang besteht aber die Möglichkeit einer Aufhebung des Schiedsspruches, vgl. § 1059 ZPO.

775 *Schröder*, StraFo 2003, 412 (413, Fußnote 7).

776 SK-*Frisch*, StPO, Vor § 296 Rn. 261 ff.; *Kohlrausch*, StPO, § 302 Anm. 1; *Roxin*, Strafverfahrensrecht, § 22 Rn. 11; *Schlüchter*, Strafverfahren, Rn. 145, 621; KMR-*Stöckel*, StPO, § 395 Rn. 23; andere Ansicht: Bennecke/*Beling*, Strafprozeßrecht, S.

geht davon aus, daß Prozeßhandlungen allgemein bedingungsfeindlich sind.[777] Gerade für den Rechtsmittelverzicht und die Rücknahme wird die Bedingungsfeindlichkeit hervorgehoben.[778] Somit wäre auch der vor Urteilserlaß unter einer Bedingung erklärte Rechtsmittelverzicht, der bereits oben als Prozeßhandlung in Form einer sog. Bewirkungshandlung aufgefaßt wurde, unzulässig.

Als Begründung werden immer wieder zwei Gesichtspunkte angeführt: Zum einen vertrage sich eine Bedingung nicht mit dem öffentlich-rechtlichen Charakter einer Prozeßhandlung bzw. der öffentlich-rechtlichen Natur des Strafverfahrens[779], zum anderen stünden der Zulässigkeit einer bedingten Prozeßhandlung und einem daraus folgenden Schwebezustand die Grundsätze der Verfahrenssicherheit und -klarheit entgegen[780]. Letzterem Aspekt läßt sich auch die Aussage zuordnen, daß die Funktion einer Prozeßhandlung das Gestalten bzw. Fortführen des Verfahrens sei und die Bedingtheit einer Prozeßhandlung diesem Voranschreiten zuwiderliefe – man denke z. B. nur an einen Strafantrag mit auflösender Bedingung.[781]

---

289 f., 447; *Bucher*, Verzicht, S. 72; *Eckstein*, GS 1916 (Band 84), 345 (349); differenzierend *Sauer*, Allgemeine Prozeßrechtslehre, S. 135, 225.
Für das Zivilprozeßrecht gilt dies auch, vgl. *Musielak*, ZPO, Einl. Rn. 62; *Schellhammer*, Zivilprozeß, Rn. 1260; Zöller/*Greger*, ZPO, Vor § 128 Rn. 20. Zum öffentlichen Recht vgl. *Illian*, Verzicht, S. 112 ff., 224 ff.

777 BGHSt 5, 183 (184); 25, 187 (188); BGH NStZ-RR 2002, 101; OLG Hamm NJW 1973, 257; MDR 1974, 777. Vgl. auch BVerfGE 40, 272 (275).

778 RGSt 60, 354 (355); 60, 355 (356); 66, 265 (268); BGH DAR 1970, 125; BGH NStZ 1988, 213; BGHR StPO § 302 Abs. 2 Rücknahme 2; BGH NStZ-RR 2002, 101; OLG Bamberg HESt 2, 134 (135); OLG Zweibrücken NJW 1965, 1033; *Friedländer*, GS 1901 (Band 58), 401 (415 f.); *Henkel*, Strafverfahrensrecht, S. 241; *Koch*, JR 1964, 255, *Meyer-Goßner*, StPO, Vor 296 Rn. 5, § 302 Rn. 7; KMR-*Plöd*, StPO, § 302 Rn. 7; HK-*Rautenberg*, StPO, § 302 Rn. 5; *Rieß*, FS Meyer-Goßner, S. 645 (647); *Roxin*, Strafverfahrensrecht, § 22 Rn. 11, § 51 Rn. 26; KMR-*Sax*, StPO, Einl. X Rn. 41. Eine Ausnahme bildet insoweit das Lehrbuch von Bennecke/*Beling*, Strafprozeßrecht, S. 289. Vgl. für die Prozeßhandlung im verwaltungsgerichtlichen Verfahren BVerwG NJW 1954, 852.

779 RGSt 57, 83; 60, 355 (356); 66, 265 (267); BGHSt 5, 183 (184); OLG Bamberg HESt 2, 134 (135); OLG Köln NJW 1963, 1073 (1074); OLG Hamm NJW 1973, 257; *Beulke*, Strafprozeßrecht, Rn. 299; *Eckstein*, GS 1916 (Band 84), 345 (349).

780 BGH MDR 1976, 413 (414); BGHR StPO § 302 Abs. 2 Rücknahme 2; *Henkel*, Strafverfahrensrecht, S. 241; *Roxin*, Strafverfahrensrecht, § 22 Rn. 11. Für den Zivilprozeß findet sich die gleiche Argumentation, vgl. *Lüke*, Zivilprozeßrecht, Rn. 212.

781 So *Kühne*, Strafprozeßrecht, Rn. 682; KMR-*Sax*, StPO, Einl. X Rn. 41; *Schmid*, GA 1982, 95 (101). Auch für den Zivilprozeß wird dieses Argument herangezogen, vgl. Zöller/*Greger*, ZPO, vor § 128 Rn. 20.

b) Ausnahmen

Trotz dieser o. g. Erwägungen finden sich – zum Teil in der StPO ausdrücklich normiert – zahlreiche Ausnahmen von der These der Bedingungsfeindlichkeit der Prozeßhandlungen.

Als zulässig werden sog. Rechtsbedingungen angesehen.[782] Hierbei ist Inhalt der Bedingung eine bereits vom Gesetz vorgesehene Voraussetzung für die Wirksamkeit der Prozeßhandlung, so wenn z. B. ein Rechtsmittel unter der Bedingung seiner Zulässigkeit eingelegt wird.[783] Bei der Rechtsbedingung handelt es sich bereits um gar keine echte Bedingung.[784] Ihre Zulässigkeit rührt daher, daß der Erklärende nur das zur Bedingung macht, was das Gesetz selbst bereits vorsieht, und er somit keine zusätzlichen Wirksamkeitsvoraussetzungen aufstellt, die einen Schwebezustand schaffen.[785]

Eine echte Bedingung liegt aber z. B. dann vor, wenn die Berufung nur für den Fall der Verwerfung des Antrags auf Wiedereinsetzung – z. B. in den Fällen gem. § 235 I 1 oder § 412 S. 1 – eingelegt wird.[786] Doch genau dies erklären § 315 II und § 342 II in bezug auf die Revision für zulässig. Diese Vorschriften gestatten somit eine bedingte Rechtsmitteleinlegung.

Ein weiteres Beispiel für eine als zulässig angesehene bedingte Prozeßhandlung ist der an eine Bedingung geknüpfte Beweisantrag.[787] So wird ein Beweisantrag für zulässig gehalten, der unter der Bedingung gestellt wurde, daß das Gericht einen Zeugen für glaubwürdig halte[788] oder eine bestimmte Entscheidung treffe[789]. In diesen Fällen entscheidet das Gericht somit nur bei Eintritt der Bedingung.

Des weiteren darf nach überwiegender Meinung die Zurücknahme eines Strafantrags an die Bedingung geknüpft werden, daß der Antragsteller von den Kosten freigestellt werde.[790] Dies entschied der BGH erstmals in seinem Urteil

---

782 BGHSt 25, 187 (188); BGH NStZ-RR 2002, 101; *Bohlander*, ZRP 1998, 165 (166); *Meyer-Goßner*, StPO, Vor § 296 Rn. 5; KMR-*Sax*, StPO, Einl. X Rn. 42; *Schlüchter*, Strafverfahren, Rn. 621, 700.

783 So wird z. B. die Einlegung eines Einspruchs davon abhängig gemacht, daß der Strafbefehl erlassen wird, vgl. BGHSt 25, 187 (188); *Schmid*, GA 1982, 95 (101). Für den Zivilprozeß vgl. BGHZ 4, 54 (55).

784 BGHSt 25, 187 (188). Dies wird auch in der zivilrechtlichen Rechtsgeschäftslehre so gesehen, vgl. *Flume*, Bürgerliches Recht AT, Band 2, S. 680: nicht die privatautonome Bestimmung, sondern das Gesetz entscheide über die Wirksamkeit des Geschäfts.

785 *Schmid*, GA 1982, 95 (100 f.).

786 Vgl. KMR-*Sax*, StPO, Einl. X Rn. 43.

787 *Beulke*, Strafprozeßrecht, Rn. 299; *Henkel*, Strafverfahrensrecht, S. 241; *Pfeiffer*, StPO, § 244 Rn. 15; *Sauer*, Allgemeine Prozeßrechtslehre, S. 225.

788 BGH NStZ 1989, 191. Vgl. auch RG JW 1929, 261.

789 BGHSt 29, 396; *Kühne*, Strafprozeßrecht, Rn. 683.

790 BGHSt 9, 149 (154); 16, 105 (107); *Henkel*, JZ 1956, 766 (768); *Kühne*, Strafprozeßrecht, Rn. 682; *Meyer-Goßner*, StPO, § 470 Rn. 5.

vom 28.03.1956 in Abkehr von der damals herrschenden Rechtsansicht unter Berufung auf § 470 S. 2; dessen Sinn und Zweck – eine Erleichterung der Rücknahme infolge einer Kostenübernahme durch den Angeklagten – wäre durch eine nur unbedingte Strafantragsrücknahme nicht erreichbar.[791] Der Strafantrag selbst soll dagegen nicht mit einer Bedingung versehen werden können.[792]

Diese – nicht abschließenden – Ausnahmen zeigen also, daß der Grundsatz der Bedingungsfeindlichkeit vielfach Durchbrechungen findet. Aus der bereits oben kritisch angesprochenen Charakterisierung einer Erklärung oder Handlung im Verfahren als Prozeßhandlung lassen sich nicht deduktiv Ergebnisse dergestalt erzielen, daß mittels Feststellung der Bedingungsfeindlichkeit *der* Prozeßhandlungen auch diese oder jene konkrete Prozeßhandlung als bedingungsfeindlich anzusehen ist.[793] Vielmehr ist die einzelne Erklärung auf ihre Besonderheiten hin zu untersuchen, erst danach ist sie in den Gesamtzusammenhang einzuordnen. Daher ist das „Schlagwort“ der Bedingungsfeindlichkeit von Prozeßhandlungen nicht mehr als ein Indiz – aus der Erfahrung stammend, daß eine Vielzahl von Prozeßhandlungen nun einmal bedingungsfeindlich sind. Dies ersetzt aber nicht die Untersuchung und Begründung im Einzelfall. *Sauer* bezeichnet die Nachprüfung der allgemeinen Grundsätze über Prozeßhandlungen bei den jeweiligen Einzelthemen zutreffend als „wissenschaftliche Pflicht“.[794]

c) Bedingter Rechtsmittelverzicht

Die o. g. Fälle der zulässigen bedingten Prozeßhandlungen haben gezeigt, daß Prozeßhandlungen dann mit einer Bedingung versehen werden können, wenn dies mit der besonderen Zweckbestimmung vereinbar ist und das mit der Sache befaßte Gericht die durch die Bedingung hervorgerufene Ungewißheit selbst beseitigen kann.[795]

---

791 BGHSt 9, 149 (154 f.).

792 RGSt 14, 96 (97); 74, 185 (188); OLG Oldenburg MDR 1954, 55; Tröndle/*Fischer*, StGB, § 77 Rn. 26.

793 Vgl. als Beispiel nur BGH NStZ 1988, 213: „Die Verzichtserklärung ist als Prozeßhandlung bedingungsfeindlich (...)“; hier wird sichtbar, daß die Einordnung in die Kategorie „Prozeßhandlung“ die Begründung ersetzt. – So wie hier *Rieß*, ZStW 2004 (Band 116), 188 (193).

794 *Sauer*, Allgemeine Prozeßrechtslehre, S. 131.

795 BGHSt 29, 396; BayObLG MDR 1974, 250. *Henkel*, Strafverfahrensrecht, S. 241 unterscheidet zwischen den stets bedingungsfeindlichen Bewirkungshandlungen und den Erwirkungshandlungen, bei denen die Frage der Bedingungsfeindlichkeit „weniger eindeutig“ zu beantworten sei; für Klageerhebung und Rechtsmitteleinlegung lehnt *Henkel* jedenfalls die Verknüpfung mit einer Bedingung ab. *Haas*, MDR 1994, 9 (11) sieht zumindest sachfremde Bedingungen als unzulässig an, d. h. bei sachlichem Zusammenhang hält er Bedingungen für nicht ausgeschlossen. – Für den Zivilprozeß vgl. Zöller/*Greger*, ZPO, Vor § 128 Rn. 20; *Lüke*, Zivilprozeßrecht, Rn. 212 ff.

Damit können aber bereits zu Beginn der Überlegungen solche Rechtsmittelverzichte für unzulässig erklärt werden, die an außerprozessuale Umstände anknüpfen. So ist z. B. die Verzichtserklärung nach Urteilsverkündung unter der Bedingung, daß sämtliche Rechtsmittelberechtigte auf ihre Rechtsmittel verzichteten, unwirksam.[796] Auch die Bedingung, daß die Verzichtserklärung nur solange Bestand haben solle, wie die Staatsanwaltschaft ihr Rechtsmittelrecht nicht ausübe, ist unzulässig.

Schwieriger ist jedoch die o. g. Konstellation – der Verzicht wird vor Urteilserlaß unter der Bedingung erklärt, daß das Urteil eine Freiheitsstrafe von bis zu zwei Jahren beinhalte – zu beurteilen.

Ein weiteres (mögliches) Beispiel aus der Praxis für die Möglichkeit eines vorab erklärten Rechtsmittelverzichts außerhalb des Bereichs der Absprachen schildert *Bohlander*[797]: Nach Ablauf der Bewährungszeit beantragt die Staatsanwaltschaft bei der zuständigen Strafvollstreckungskammer den Erlaß der Strafe (vgl. § 56g StGB). Sie sendet die Hauptakten bzw. das Vollstreckungsheft sowie das Bewährungsheft an die Strafvollstreckungskammer und erklärt, daß sie bei antragsgemäßer Entscheidung bereits zu diesem Zeitpunkt auf Rechtsmittel verzichtet. Da dieses jedoch nach der h. M. unzulässig ist und der Erlaßbeschluß des Rechtskraftvermerks bedarf, muß die Strafvollstreckungskammer die Akten an die Staatsanwaltschaft zurücksenden; diese erklärt nun den Verzicht auf die sofortige Beschwerde und sendet die Akten wieder an das Gericht zurück, damit dieses den Rechtskraftvermerk anbringen kann. Danach gehen die Akten zum Verbleib wieder an die Staatsanwaltschaft zurück. Ein vorab erklärter Rechtsmittelverzicht unter der Bedingung, daß das Gericht antragsgemäß entscheide, hätte den Ablauf nicht unwesentlich beschleunigt.

Doch nun soll das erstgenannte Beispiel erneut aufgegriffen werden: Ist der dort bedingt erklärte Rechtsmittelverzicht wirksam, wenn das Gericht innerhalb des in der Bedingung genannten Strafrahmens bleibt und den Beschuldigten z. B. zu einer Freiheitsstrafe von einem Jahr und neun Monaten verurteilt? Bei Bejahung dieser Frage wäre das Urteil – zumindest für den Beschuldigten – rechtskräftig. Zu beachten ist aber, daß die Wirksamkeit des Verzichts – die Zulässigkeit der Bedingung einmal unterstellt – erst mit Eintritt der Bedingung, also mit Urteilsverkündung, einträte.

Die Bedingung könnte hier sowohl als auflösende Bedingung – der Rechtsmittelverzicht wird bereits vor Urteilserlaß wirksam erklärt, aber im Falle einer der Bedingung nicht entsprechenden Verurteilung wird die Wirksamkeit beseitigt – als auch als aufschiebende Bedingung verstanden werden. In letzterem Fall träte die Wirksamkeit erst mit Erlaß eines der Bedingung entsprechen-

---

796 Vgl. *Haas*, MDR 1994, 9 (11) im Hinblick auf den Verzicht auf Haftentschädigung.

797 *Bohlander*, ZRP 1998, 165 f.

den Urteils ein. Im Beispielsfall kommt jedoch nur eine aufschiebende Bedingung in Betracht, da der erklärte Rechtsmittelverzicht im Falle einer auflösenden Bedingung bis zum Eintritt der Bedingung gar keine Wirkung zu entfalten vermag. Zudem wurde bereits oben darauf hingewiesen, daß eine Erklärung, die vor Urteilserlaß Wirksamkeit erlangt, ausscheidet. Somit handelt es sich hier um einen aufschiebend bedingt erklärten Rechtsmittelverzicht. Eine auflösend bedingte Erklärung ist nämlich dann anzunehmen, wenn die Prozeßhandlung jedenfalls zunächst einmal Geltung haben soll[798] – beim Verzicht vor Urteilserlaß kann dies jedoch ausgeschlossen werden.

Fraglich ist nach dieser begrifflichen Klärung nun, ob und inwieweit die oben erwähnten Argumente (vgl. a) gegen eine bedingte Prozeßhandlung auch beim Rechtsmittelverzicht durchgreifen. Die für eine Bedingungsfeindlichkeit angeführte Ungewißheit der Rechtslage bzw. Rechtsunsicherheit kann hier gerade nicht zur Ablehnung einer Bedingung herangezogen werden. Denn aus dem Inhalt der o. g. Bedingung läßt sich nach Urteilserlaß exakt bestimmen, ob der vorher erklärte Verzicht nun Wirksamkeit erlangt oder nicht. Über die Verfahrenslage besteht zum Zeitpunkt des Urteilserlasses keine Ungewißheit; das Verfahren wird durch diese bedingte Prozeßhandlung auch nicht hinausgezögert. Denn selbst im Regelfall – also bei einem unbedingten Rechtsmittelverzicht nach Urteilsverkündung – würde das Verfahren nicht einem früheren Ende zugeführt. Diese mangelnde Ungewißheit beruht auf zwei Umständen: Zum einen handelt es sich hier um eine sog. innerprozessuale Bedingung, die an prozeßinterne Umstände anknüpft und somit vom Gericht verbindlich geklärt werden kann.[799] Zum anderen liegt eine aufschiebende Bedingung vor; im Gegensatz zur auflösenden Bedingung wird hierbei nicht eine einmal eingetretene Rechtswirkung – z. B. die subjektive relative Rechtskraft – wieder beseitigt.[800] Und nur dieses Entfallen einer einmal erreichten Prozeßlage konfligiert mit dem Wesen des auf Fortentwicklung angelegten Prozesses.

So erklärt es sich auch, daß in Fällen, bei denen bedingte Prozeßhandlungen anerkannt bzw. für möglich gehalten werden, diese Möglichkeit auf aufschiebende Bedingungen beschränkt wird, die an innerprozessuale Umstände anknüpfen.[801] Festzuhalten ist somit, daß der Einwand der Unklarheit und eine Argumentation mit der Funktion einer Prozeßhandlung nicht gegen einen bedingten Rechtsmittelverzicht angebracht werden können.

---

798 *Flume*, Bürgerliches Recht AT, Band 2, S. 682.

799 Vgl. *Beulke*, Strafprozeßrecht, Rn. 299.

800 Daher werden auflösende Bedingungen strikt abgelehnt, vgl. *Schmid*, GA 1982, 95 (101).

801 Vgl. OLG Köln NJW 1963, 1073 (1074); *Beulke*, Strafprozeßrecht, Rn. 299; *Pfeiffer*, StPO, § 244 Rn. 15; *Schmid*, GA 1982, 95 (102 ff.). Im Zivilprozeßrecht werden innerprozessuale Bedingungen bei Prozeßhandlungen allgemein als zulässig angesehen, vgl. *Musielak*, ZPO, Einl. Rn. 62; Zöller/*Greger*, ZPO, Vor § 128 Rn. 20.

Das weitere Gegenargument bezog sich auf den Charakter der Prozeßhandlung als öffentlich-rechtlich und die öffentlich-rechtliche Natur des Strafprozesses insgesamt. Zu Recht kennzeichnet *Schmid* dies als petitio principii, denn die Zuordnung des Strafprozeßrechts zum öffentlichen Recht beantwortet nicht die Frage, ob und inwieweit Bedingungen an Prozeßhandlungen geknüpft werden können.[802] Die öffentlich-rechtliche Natur allein kann also die Bedingungsfeindlichkeit von Prozeßhandlungen nicht hinreichend begründen.

Die herkömmlichen Argumente können folglich nicht gegen die Zulässigkeit eines bedingten Rechtsmittelverzichts in der hier beschriebenen Art angeführt werden. Denn entscheidend ist in der o. g. Konstellation, daß die Erklärung vor Urteilserlaß abgegeben wird und sofort mit Urteilserlaß beachtlich bzw. unbeachtlich wird. Mit dieser Feststellung ist aber nicht die Anerkennung eines bedingten Rechtsmittelverzichts verbunden. Die Unzulässigkeit eines bedingten Verzichts könnte sich aber aus anderen Erwägungen ergeben.

Bei der Frage nach der Unzulässigkeit von Bedingungen ist nämlich die Prozeßhandlung nicht nur isoliert, sondern es ist zudem der Gesamtzusammenhang zu betrachten. So wird auch im Bürgerlichen Recht neben gesetzlich geregelten Fällen[803] der Unzulässigkeit von Bedingungen auf den Gesetzeszweck abgestellt, um die Unzulässigkeit einer Bedingung zu begründen.[804] Zum Teil wird ausdrücklich darauf hingewiesen, daß vom Grundsatz der Bedingungsfeindlichkeit nur dann Ausnahmen zu gewähren seien, soweit die Bedingung mit der besonderen Zweckbestimmung der Prozeßhandlung vereinbar sei.[805] Ein Beispiel aus dem Strafprozeßrecht: Die Frage der Zulässigkeit von Bedingungen bei Rechtsmitteleinlegungen wird vor dem Hintergrund des Zwecks der Rechtsmittelgewährung betrachtet.[806] Daher ist auch der Rechtsmittelverzicht im Kontext des Strafverfahrens und seiner weitreichenden Konsequenzen zu sehen. So fordert *Hanack* gleich zu Beginn seiner Kommentierung, vor allem an die

---

802 *Schmid*, GA 1982, 95 (97). SK-*Frisch*, StPO, Vor § 296 Rn. 262 bezeichnet eine solche Begründung als „reichlich unspezifisch und zu wenig überzeugend". Ablehnend auch *E. Schmidt*, JR 1962, 290 (292) sowie *F. Meyer*, Willensmängel, S. 36, der die inhaltliche Unbestimmtheit der Formel rügt – allerdings bezogen auf die Frage, ob ein Rechtsmittelverzicht widerrufen werden kann.

803 Vgl. §§ 388 II, 925 II, 1311 S. 2, 1594 III, 1750 II 1, 1947, 2180 II 2, 2202 II 2 BGB.

804 *Medicus*, AT, Rn. 851 f. nennt als Beispiel, daß ein Arbeitsvertrag nicht unter einer auflösenden Bedingung geschlossen werden kann, da dies dem Zweck des Kündigungsschutzes zuwiderlaufen würde. Im Zivilrecht sind bei Rechtsgeschäften zudem die Interessen des Geschäftsgegners zu beachten, vgl. *Flume*, Bürgerliches Recht AT, Band 2, S. 697 f.

805 LR-*Schäfer*, StPO (24. Auflage), Einl. Kap. 10 Rn. 37.

806 Vgl. SK-*Frisch*, StPO, Vor § 296 Rn. 263. *Haas*, MDR 1994, 9 (11) stellt bei seiner Untersuchung der Einstellung des Verfahrens gem. §§ 153, 153a unter der Bedingung des Verzichts auf Haftentschädigung ebenfalls auf den Zweck der betreffenden Vorschriften ab.

Wirksamkeit einer Verzichts- oder Rücknahmeerklärung unter Schutzzweckgesichtspunkten strenge Anforderungen zu stellen.[807]

Auch wenn die StPO die Rechtsmittel gegen gerichtliche Entscheidungen zur Disposition des Beschuldigten stellt, so steht sie auch in diesem Bereich der Rechtsmittel nicht einem Parteiverfahren i. S. d. ZPO gleich. Die StPO geht insgesamt von einem Fürsorgebedürfnis[808] des Beschuldigten aus und wirkt insoweit zum Teil paternalistisch. So statuiert sie z. B. eine Vielzahl von Belehrungs- und Hinweispflichten. Damit erscheint eine Erklärung des Verzichts auf Rechtsmittel – auch wenn sie erst nach Urteilserlaß wirksam wird – nur schwerlich vereinbar. Denn die Erklärung – unbeschadet wann sie genau Wirksamkeit erlangt – erfolgt nun einmal vor Urteilserlaß und die Bedenken gegen eine solche Verfahrensweise wurden bereits oben dargestellt. Diese Einwände lassen sich daher im Grundsatz auch auf die Konstellation eines bedingten Rechtsmittelverzichts übertragen. Dem kann nicht entgegnet werden, daß der Verzicht erst später wirksam werde und bis dahin widerrufen werden könne, denn der Erklärende bleibt auch vor Eintritt der Bedingung an seine Erklärung gebunden.[809]

Des weiteren kann gegen die Zulässigkeit eines bedingten Verzichts die Norm des § 35a S. 1 angeführt werden, welche eine Belehrungspflicht beinhaltet. Bei einem bedingten Verzicht vor Urteilserlaß wäre die Rechtsmittelbelehrung im Anschluß an die Urteilsverkündung sinnlos; ihr Schutzzweck würde vollständig verfehlt. Der Beschuldigte würde sich seines Anfechtungsrechts begeben, ohne daß er vom Gericht über die ihm zustehenden Rechtsmittel informiert wurde.[810] Das ohne ordentliche Rechtsmittelbelehrung beim Beschuldigten vielleicht vorhandene Gefühl, daß irgendein Rechtsbehelf möglich sei, kann keine tragfähige Grundlage für einen Verzicht darstellen.[811] An dieser Stelle könnte eingewendet werden, daß der Beschuldigte bei Voraberklärung eines Verzichts sich wahrscheinlich zuvor hinreichend vergewissert hat, worauf er denn genau verzichtet. Aber den bedingten Verzicht von dieser unbestimmten Möglichkeit abhängig zu machen, erscheint im Gegensatz zur gesetzlich vorgeschriebenen Rechtsmittelbelehrung nicht vorzugswürdig.

Zudem käme ein vorab erklärter Verzicht regelmäßig[812] einem Geständnis gleich, welches aber nicht direkt, sondern nur indirekt erklärt werden würde.

---

807 LR-*Hanack*, StPO, § 302 Rn. 2.

808 Zu den darauf beruhenden Fürsorgepflichten des Gerichts vgl. unten 4. Kapitel, II. und III.

809 Vgl. nur Larenz/*Wolf*, AT, § 50 Rn. 46.

810 Bereits *Oetker*, JW 1929, 49 (50) begründete u. a. damit die Unwirksamkeit eines Verzichts vor Urteilsverkündung und Belehrung.

811 *Hanswerner Müller*, NJW 1957, 1347 (1348).

812 Legt der Beschuldigte zuvor ein Geständnis ab und erklärt erst danach einen bedingten Rechtsmittelverzicht, so scheint der Einwand des „indirekten Geständnisses" nicht zu greifen. Aber auch bei einem direkten Geständnis, das mit einem bedingten Verzicht

Denn die Erklärung *während* des Verfahrens, das Urteil bis zu einer bestimmten Strafe annehmen zu wollen, spricht dafür, daß der Beschuldigte den Anklagevorwurf zumindest teilweise einräumt, ohne aber nähere Ausführungen zum Sachverhaltsgeschehen zu machen. Dies ist mit dem Aufklärungszweck des Strafverfahrens – Ermittlung des wahren Sachverhalts[813] – nur schwerlich vereinbar. Die Aufklärung des Geschehens – geprägt durch den Amtsermittlungsgrundsatz (vgl. nur § 244 II[814]) – könnte durch den Umstand beeinträchtigt werden, daß das Gericht angesichts der Kenntnis des existenten Rechtsmittelverzichts die „Schmerzgrenze" des Beschuldigten nun genau kennt und ein Urteil unter Einhaltung der vom Beschuldigten gesetzten Grenze erläßt.[815] Der Blick auf die „verlockende Rechtskraft" könnte von einer eigentlich noch fortzusetzenden Aufklärung ablenken. Dabei begründet die Aufklärungspflicht für alle Prozeßbeteiligten einen *unverzichtbaren* Anspruch darauf, daß die Beweisaufnahme auf alle Tatsachen und alle tauglichen und zulässigen Beweismittel erstreckt wird, welche entscheidungsrelevant sind.[816]

Diese Erwägungen führen in der hier vorgestellten Konstellation zur Annahme einer Bedingungsfeindlichkeit des Rechtsmittelverzichts. Folge dieser Bedingungsfeindlichkeit ist, daß bei Erklärung eines bedingten Rechtsmittelverzichts dieser insgesamt unwirksam ist, d. h. die Unzulässigkeit der Bedingung führt nicht nur zur Unwirksamkeit der Bedingung.[817] Eine Beseitigung nur der Bedingung und somit die Annahme eines unbedingten Verzichts stünde – zumindest beim bedingt erklärten Verzicht auf Rechtsmittel – den Interessen des Beschuldigten vollkommen entgegen.

Somit bleibt es bei der unter a) getroffenen Aussage, daß ein Verzicht frühestens nach Urteilsverkündung erklärt werden kann.

---

verbunden wird, besteht die Gefahr, daß eine nähere Auseinandersetzung des Gerichts mit dem Geständnis unterbleibt.

813 Vgl. nur BVerfGE 57, 250 (275); 63, 45 (61); BVerfG StV 2003, 593 (594); *Schorn*, Strafrichter, S. 212; vgl. auch *Sauer*, Allgemeine Prozeßrechtslehre, S. 61, der als leitenden Grundsatz die „möglichste prozessuale Wahrheit" ansieht.

814 Besonders anschaulich war die frühere Fassung des § 244 II: „Das Gericht hat von Amts wegen alles zu tun, was zur Erforschung der Wahrheit notwendig ist."

815 BGH StV 2004, 4 hält dies für eine „begründete Besorgnis".

816 BGHSt 1, 94 (96); 32, 115 (124); LR-*Gollwitzer*, StPO, § 244 Rn. 38; *Meyer-Goßner*, StPO, § 244 Rn. 11; *Schlüchter*, Strafverfahren, Rn. 471 (Fußnote 190e). Daraus folgt z. B., daß auch ein abgelegtes Geständnis auf seine Glaubwürdigkeit hin überprüft werden muß, vgl. OLG Stuttgart NJW 1999, 375 (376).

817 *Schlüchter*, Strafverfahren, Rn. 145; *Schmid*, GA 1982, 95 (105 f.) m. w. N. Ob die Unwirksamkeit der unzulässig bedingten Prozeßhandlung selbst auch im Falle einer bedingten Rechtsmitteleinlegung gilt, bleibt hier dahingestellt. Zu den möglichen Rechtsfolgen bei unzulässig bedingten Rechtsgeschäften vgl. *Medicus*, BGB AT, Rn. 853.

3. Erklärungszeitraum bei der Rücknahme

Bis zur endgültigen Entscheidung über das Rechtsmittel kann dieses vom Beschuldigten noch zurückgenommen werden.[818] Wird z. B. das Berufungsurteil vom Revisionsgericht aufgehoben, so fehlt es an einer Entscheidung über die Berufung, so daß die Berufung selbst noch zurückgenommen werden kann.[819] Auch im Falle eines – noch nicht rechtskräftigen – Verwerfungsbeschlusses nach § 319 I oder § 346 I ist mangels endgültiger Entscheidung über das Rechtsmittel dessen Zurücknahme noch möglich.[820] Zu weiteren Grenzen, die einer wirksamen Rücknahme möglicherweise gezogen sind, erfolgen später noch genauere Ausführungen.[821]

Der frühestmögliche Zeitpunkt ergibt sich bereits aus dem Begriff der Rücknahme. Denn diese setzt die Einlegung eines Rechtsmittels voraus.[822] Ab diesem Zeitpunkt kann es auch zurückgenommen werden.

V. Der Widerruf eines Rechtsmittelverzichts

Die Frage nach der Möglichkeit eines Widerrufs stellt sich dann, wenn der Beschuldigte seine Meinung ändert und die Erklärung des Rechtsmittelverzichts ungeschehen machen möchte. Vergleichbar der Rechtslage bei der zivilrechtlichen Willenserklärung (z. B. der Antrag des Verkäufers auf Abschluß eines Kaufvertrages) ist für die Frage der Widerruflichkeit der Prozeßerklärung maßgeblich, ob sie bereits dem Erklärungsempfänger zugegangen ist. Denn auch beim Rechtsmittelverzicht handelt es sich um eine empfangsbedürftige Erklärung. Somit ist im folgenden zwischen dem Widerruf vor Zugang des Verzichts und dem Widerruf nach Zugang bzw. Wirksamwerden des Verzichts zu unterscheiden.

1. Widerruf des noch nicht zugegangenen Rechtsmittelverzichts

In Rechtsprechung[823] und Schrifttum[824] ist es allgemeine Auffassung, daß ein dem Gericht noch nicht zugegangener Rechtsmittelverzicht widerrufen werden

---

818 LR-*Hanack*, StPO, § 302 Rn. 11. – § 372 MStGO schloß demgegenüber eine Rücknahme nach Beginn der Hauptverhandlung aus, vgl. dazu *Stenglein*, MStGO, § 372 Anm. 8.

819 SK-*Frisch*, StPO, § 302 Rn. 35. Dies gilt allerdings nicht, wenn die Aufhebungsentscheidung nur einen Teil, z. B. nur den Rechtsfolgenausspruch, betrifft, vgl. dazu auch OLG Stuttgart NJW 1982, 897 f.

820 BGH NStZ 1998, 52 (53).

821 Vgl. 5. Kapitel, I.

822 Vgl. 1. Kapitel, II. 2.

823 BGH GA 1973, 46 (47); BGH NStZ 1996, 202; 1997, 378; OLG Dresden LZ 1917, Sp. 495; BayObLG DRiZ 1933, Sp. 370; OLG Hamburg NJW 1952, 638; JR 1960, 353.

kann. In der allgemeinen Rechtsgeschäftslehre bestimmt § 130 I 2 BGB dies für die zivilrechtliche Willenserklärung.[825] Bis zum Wirksamwerden des Rechtsmittelverzichts kann der bereits geschaffene äußere Erklärungstatbestand wieder getilgt werden; die ursprüngliche Erklärung ist als ungeschehen anzusehen.

Der Widerruf ist an keine besondere Form geknüpft; die Einlegungsvorschriften für Rechtsmittel, welche für die Erklärung des Verzichts entsprechend gelten, finden somit keine Anwendung.[826] Der Widerruf des Verzichts muß also nicht in der Form erfolgen, in welcher der Verzicht abgegeben wurde; somit ist auch ein telefonischer Widerruf möglich.[827] Die Einlegung eines Rechtsmittels kann ebenfalls einen Widerruf des Verzichts darstellen, wenn sie zuvor beim zuständigen Gericht eingeht.[828]

Gehen Verzicht und dessen Widerruf in Form eines Rechtsmittels gleichzeitig, d. h. am selben Tage, beim zuständigen Gericht ein und läßt sich die Reihenfolge des Eingangs nicht klären, so ist mit der überwiegenden Ansicht von einem rechtzeitigen Widerruf und einem somit zulässigen Rechtsmittel auszugehen.[829] Auch § 130 I 2, 2. Alt. BGB läßt für den Widerruf der zivilrechtlichen Willenserklärung den gleichzeitigen Zugang des Widerrufs genügen.[830] Geht der Wider-

---

824 *Dahrmann*, Widerruf, S. 47; *Friedländer*, GS 1901 (Band 58), 401 (418); SK-*Frisch*, StPO, § 302 Rn. 56; LR-*Hanack*, StPO, § 302 Rn. 39; HK-*Rautenberg*, StPO, § 302 Rn. 11; KMR-*Sax*, StPO, Einl. X Rn. 21; *E. Schmidt*, LK II (Nachtragsband), § 302 Rn. 3; *Siegert*, Prozeßhandlungen, S. 156.

825 Vgl. RGZ 104, 133 (136 f.), wo die Norm auch in bezug auf den Widerruf eines Rechtsmittelverzichts herangezogen wird. Auch für den Widerruf eines Verzichts im öffentlichen Recht soll § 130 I BGB Anwendung finden, vgl. *Illian*, Verzicht, S. 121.

826 SK-*Frisch*, StPO, § 302 Rn. 56; LR-*Hanack*, StPO, § 302 Rn. 39.

827 BGH NStZ 1996, 202; OLG Hamburg JR 1960, 353 (353); HK-*Rautenberg*, StPO, § 302 Rn. 11; *E. Schmidt*, LK II (Nachtragsband), § 302 Rn. 3.

828 RG HRR 1939 Nr. 819; BGH GA 1973, 46 (47); OLG Hamburg NJW 1952, 638; LG München I NStE Nr. 29 zu § 302 StPO [Einspruchseinlegung als Widerruf der Einspruchsrücknahme]; KMR-*Plöd*, StPO, § 302 Rn. 12. Vgl. auch BGH NJW 1967, 1046 (1047), wonach in einer Rechtsmitteleinlegung der Widerruf der Ermächtigung des Verteidigers zum Verzicht gesehen wird.

829 BGH NJW 1960, 2202 (2203); BGH NStZ 1992, 29; BGHR StPO § 302 Abs. 1 Rücknahme 4; SK-*Frisch*, StPO, § 302 Rn. 58; LR-*Hanack*, StPO, § 302 Rn. 40; KMR-*Plöd*, StPO, § 302 Rn. 12; *Ramser*, Verzicht, S. 21; *Siegert*, Prozeßhandlungen, S. 156; wohl auch *E. Schmidt*, LK II (Nachtragsband), § 302 Rn. 3; andere Ansicht: BGH LM § 349 StPO Nr. 2; BGHR StPO § 302 Abs. 1 Satz 1 Rechtsmittelverzicht 11.

830 Näher dazu *Medicus*, BGB AT, Rn. 299 f. – Diese Vorschrift enthält allerdings keine Vermutung für die Gleichzeitigkeit des Zugangs und somit keine Beweiserleichterung. Den rechtzeitigen Zugang des Widerrufs muß derjenige beweisen, der sich auf den Zugang beruft – also in der Regel der Widerrufende.

ruf dem Gericht auch nur kurze Zeit später als der Verzicht zu, so ist er unbeachtlich und vermag den Verzicht nicht zu tilgen.[831]

In den Fällen der Gleichzeitigkeit von Verzicht und Widerruf gibt es zwar einen Beleg für einen geäußerten Verzichtswillen, aber dessen fortdauernde Existenz wird durch den vorhandenen Widerruf erschüttert. Durch den gleichzeitigen Eingang konnte kein schutzwürdiges Vertrauen in einen wirksamen Verzicht und die dadurch eintretende formelle Rechtskraft entstehen. Zudem läßt sich § 300 der Rechtsgedanke entnehmen, daß auf die für den Beschwerdeführer günstigere Beurteilung abzustellen ist.[832] Denn bei Bejahung eines wirksamen Verzichts ist die Konsequenz für den Beschuldigten – Verlust des Anfechtungsrechts – weitaus gravierender als der Nachteil, falls ein unwirksamer Verzicht bzw. ein Rechtsmittel angenommen und dieses durchgeführt wird, obwohl der Beschuldigte tatsächlich einen Verzicht erklären wollte. Zumal in letzterem Falle – ein ursprünglich gewolltes Rechtsmittel soll nicht durchgeführt werden – aufgrund der bereits erfolgten Einlegung eines Rechtsmittels nur die Zurücknahme und nicht der Verzicht den Willen zur Nichtweiterführung des Rechtsmittels zum Ausdruck bringen würde.[833] Auch kann bei irrtümlicher Annahme des Willens, daß der Beschuldigte ein Rechtsmittel einlegen will, dieser immer noch mit der Zurücknahme reagieren. Daher ist bei gleichzeitigem Eingang von Verzicht und Rechtsmittel letzteres als zuerst eingegangen anzusehen, so daß der Verzicht wirksam widerrufen wurde. Eine Beeinträchtigung der Rechtssicherheit könnte nur dann geltend gemacht werden, wenn feststünde, daß das Rechtsmittel verspätet eingelegt worden wäre.[834] Doch dies ist in der Konstellation des gleichzeitigen Eingangs von Verzicht und Rechtsmittel gerade nicht der Fall. Denn der Verzicht auf Rechtsmittel setzt voraus, daß die Einlegungsfrist noch nicht abgelaufen ist.

In diesen Fällen erscheint es zudem sinnvoll, daß das Gericht den Beschuldigten auf den gleichzeitigen Eingang beider Erklärungen hinweist, damit dieser

---

831 Vgl. BGHR StPO § 302 Abs. 1 Satz 1 Rechtsmittelverzicht 4.

832 LR-*Hanack*, StPO, § 302 Rn. 40. § 300 enthält insoweit einen allgemeinen Rechtsgedanken, vgl. *Pfeiffer*, StPO, § 300 Rn. 1. Zweifelnd hinsichtlich dieses Begründungsansatzes SK-*Frisch*, StPO, § 302 Rn. 58.

833 LR-*Hanack*, StPO, § 302 Rn. 41 geht demgegenüber davon aus, daß ein später abgesandter Verzicht, der später als die Einlegungserklärung zugeht, grundsätzlich als Verzicht wirkt. Aber ein wirksam eingelegtes Rechtsmittel kann nur durch eine Zurücknahme seine Wirkung verlieren und eine solche kann nicht im nachträglich eingehenden Verzicht gesehen werden, vgl. daher die zutreffende Entscheidung in BGHR StPO § 302 Abs. 1 Rücknahme 4 und OLG Hamburg NJW 1952, 638. BGHR StPO § 302 Abs. 1 Satz 1 Rechtsmittelverzicht 11 sieht dagegen in einer Verzichtserklärung zugleich eine Rücknahmeerklärung bzgl. des gleichzeitig eingelegten Rechtsmittels, weil der Verzichtswille angeblich offensichtlich zu Tage lag. Vgl. zu dieser Konstellation auch *E. Schmidt*, LK II (Nachtragsband), § 302 Rn. 3.

834 BGH NJW 1960, 2202 (2203).

sein weiteres Vorgehen danach ausrichten kann.[835] Denn in den Fällen der nicht aufklärbaren Reihenfolge des Eingangs der Erklärungen ist zu beachten, daß diese Unklarheit immerhin in den Verantwortungsbereich des Gerichts fällt – daraus sollten dem Beschuldigten keine Nachteile erwachsen.[836]

Zum Teil wird versucht, diese allgemein anerkannte Möglichkeit des Widerrufs eines noch nicht zugegangenen Verzichts zu erweitern, indem die Grenze des Zugangs hinausgeschoben wird.[837] Hierfür wird z. B. das Institut der „Gesamterklärung" herangezogen, wonach nicht bloß der Verzicht isoliert gesehen wird, sondern er zusammen mit unmittelbar darauf folgenden Äußerungen eine Erklärungseinheit bilden soll.[838] *Peters* hebt insbesondere bei Erklärungen juristischer Laien die Notwendigkeit einer solchen Betrachtungsweise hervor: „Bei ihnen [d. h. den juristischen Laien] ist von der Gesamtheit ihrer Äußerungen auszugehen. Sie stellen eine Einheit dar. (...) Geht man von einer Gesamterklärung aus, so kann eine Zurücknahme oder ein Rechtsmittelverzicht auch wegen des inneren Widerspruchs der Erklärung nicht angenommen werden."[839]

Zur Erläuterung mag folgendes Beispiel dienen: Der Beschuldigte verzichtet nach der Urteilsverkündung auf Rechtsmittel; bevor das Gericht abtritt, überlegt er es sich anders und erklärt, daß er doch ein Rechtsmittel einlegen wolle.[840]

Der Rechtsmittelverzicht ist dem Gericht als zuständigem Erklärungsempfänger zugegangen, ein Widerruf im oben verstandenen Sinne scheidet danach aus.[841] Anders aber die „Lehre von der Gesamterklärung": Aufgrund des Gesamtverhaltens, also mehrerer Erklärungen während eines bestimmten Zeitraumes, wird gefolgert, daß ein endgültiger Verzicht nicht gewollt war. Diese Ansicht basiert wohl auf der geläufigen Alltagserfahrung, daß die „Zunge nicht sel-

835 Relevant könnte dies z. B. in der Konstellation sein, daß der Beschuldigte meint, wirksam auf Rechtsmittel verzichtet zu haben und tatsächlich aufgrund o. g. Wertung von einer wirksamen Rechtsmitteleinlegung auszugehen ist. Dann ist unter Kostengesichtspunkten eine frühzeitige Rücknahme vorteilhafter. Diese wird aber nur dann erfolgen, wenn dem Beschuldigten bewußt ist, daß er ein Rechtsmittel wirksam eingelegt hat.

836 Vgl. SK-*Frisch*, StPO, Vor § 296 Rn. 187, § 302 Rn. 58.

837 So gibt auch *Joachim*, Willensmängel, S. 34 zu, daß „bei widerruflichen Prozeßhandlungen ein praktischer Unterschied zwischen Widerruf und Berichtigung nicht besteht".

838 OLG Hamburg HESt 3, 58; OLG Hamm RPfleger 1952, 492 f. – allerdings ist dort nicht ausdrücklich von der Gesamterklärung die Rede; *Joachim*, Willensmängel, S. 34 ff.; *Kumlehn*, Fürsorgepflicht, S. 176; *F. Meyer*, Willensmängel, S. 57 ff.; *H. Müller*, Willenserklärungen, S. 49 f.; *Peters*, Strafprozeß, S. 267 f.; *R. Schmidt*, JuS 1967, 158 (161). Vgl. dazu auch *Schulze*, Willensmängel, S. 123 ff.

839 *Peters*, Strafprozeß, S. 267 f.

840 Beispiel nach *Peters*, Strafprozeß, S. 267.

841 Auch *Kumlehn*, Fürsorgepflicht, S. 176 gesteht zu, daß „eine an sich unwiderrufliche Erklärung" vorliegt.

ten schneller ist als der Verstand".[842] Auch wenn nur von „Richtigstellung durch eine anderslautende Erklärung"[843] bzw. „Berichtigung der Erklärung"[844] gesprochen wird, so stellt dies stellt jedoch faktisch die Anerkennung eines Widerrufs dar, indem nur die letztere Äußerung als maßgebend angesehen wird.

Gegen eine solche Konstruktion sprechen jedoch gewichtige Einwände. So bleibt unklar, bis zu welchem Zeitpunkt – die diskutierten Fälle betreffen nur Erklärungen im Anschluß an die Hauptverhandlung – von einer Erklärungseinheit ausgegangen werden kann. Wenn auf das Abtreten des Gerichts abgestellt wird, so erscheint dies mehr oder weniger willkürlich.[845] Man stelle sich nur einmal folgenden Fall vor: Der Beschuldigte erklärt Rechtsmittelverzicht, daraufhin erklären dies ebenfalls die Staatsanwaltschaft und der Nebenkläger; kann nun der Beschuldigte gegenüber dem noch anwesenden Gericht seinen Verzicht widerrufen? Kann der vorangegangenen Erklärung des Beschuldigten noch wirklich mittels einer Auslegung begegnet werden, die – basierend auf der späteren Erklärung – zu einem dem ursprünglichen, klar geäußerten Willen entgegengesetzten Ergebnis führt?[846]

Die Konstellationen, in denen mittels der Gesamterklärung im Ergebnis ein den Beschuldigten bindender Verzicht verneint wird, betreffen u. a. solche Situationen, in denen der Beschuldigte zu einem Verzicht gedrängt wurde oder er keine Gelegenheit hatte, seinen Verteidiger zu konsultieren oder er einem Irrtum unterlag. An diese Umstände muß angeknüpft werden, wenn es um die Frage eines bindenden Verzichts geht und nicht an den konturenlosen Begriff der Gesamterklärung. Denn damit kann nicht der Frage aus dem Weg gegangen werden, ob ein und ggf. welcher Verfahrensverstoß der Erklärung zugrunde liegt und welche Rechtsfolge er hat. Zudem erscheint in Fällen, in denen die Verteidigungsposition des Beschuldigten nicht beeinträchtigt ist (vgl. das o. g. Beispiel), eine in das freie Belieben gestellte Widerrufsmöglichkeit nicht gerechtfertigt. Mit Recht rügt *Plötz* diesbezüglich die Gefährdung der Rechtsklarheit, die von der Konzeption der Gesamterklärung ausgeht.[847]

---

842 Vgl. *Schulze*, Willensmängel, S. 124 (Fußnote 1).

843 *Kumlehn*, Fürsorgepflicht, S. 176.

844 *R. Schmidt*, JuS 1967, 158 (162).

845 *F. Meyer*, Willensmängel, S. 57 f. will eine Berichtigung nur bis zur Vornahme einer nächsten Prozeßhandlung zulassen, die auf der in Frage stehenden aufbaut; zweifelhaft ist dabei, daß nach seiner Ansicht die Verzichtserklärung der Staatsanwaltschaft keine prozessuale Überholung bewirken soll. *Meyer* bemerkt aber zugleich, daß das Kriterium des räumlichen und zeitlichen Zusammenhangs sehr eng gefaßt werden muß.

846 *Schulze*, Willensmängel, S. 124, 126 bezeichnet dies als „Überschreitung der Grenzen der objektiven Auslegungsmethode", welche zur Rechtsunsicherheit führe. Dazu bereits 3. Kapitel, II. 2.

847 *Plötz*, Fürsorgepflicht, S. 289.

2. Widerruf des zugegangenen Rechtsmittelverzichts

Von der o. g. Konstellation ist diejenige zu unterscheiden, in der ein Widerruf nach Zugang des Rechtsmittelverzichts dem Gericht zugeht. Parallel zu der Frage, ob Prozeßhandlungen mit einer Bedingung versehen werden können, wird die Frage nach der Zulässigkeit eines solchen nachträglichen Widerrufs von der ganz überwiegenden Meinung abschlägig beschieden. Gerade hinsichtlich eines erklärten Rechtsmittelverzichts wird in Rechtsprechung[848] und Literatur[849] besonders auf dessen Unwiderruflichkeit hingewiesen, so daß eine nachträgliche Befreiung von der Bindungswirkung des Verzichts allein aufgrund eines erklärten Widerrufs ausscheidet.

Parallel zur Begründung der Bedingungsfeindlichkeit wird zur Rechtfertigung dieser Unwiderruflichkeit in – nicht nur der älteren – Rechtsprechung[850] und Literatur[851] auf die öffentlich-rechtliche Natur der Prozeßhandlung bzw. des Prozesses sowie auf die erforderliche Sicherstellung eines geordneten Verfahrens verwiesen.

Zum Teil findet sich auch der Hinweis auf die grundsätzliche Widerruflichkeit von Prozeßhandlungen, und nur ausnahmsweise wird die Unwiderruflichkeit entweder ausdrücklich aus dem Gesetz oder stillschweigend aus der speziellen Funktion der jeweiligen Prozeßhandlung geschlossen.[852] Letzteres gelte insbesondere für Verzicht und Rücknahme.

Auch wenn sich beide Ansichten im Ansatz unterscheiden, so gelangen sie doch hinsichtlich des Rechtsmittelverzichts im Ergebnis übereinstimmend zu

---

848 RGSt 42, 241 (242); 64, 14 (15); 57, 83; BGHSt 10, 245 (247); BGH NJW 1960, 2202; BGH GA 1973, 46 (47); BGH NStZ 1983, 280 (281); 1984, 181; 329; BGHR StPO § 302 Abs. 1 Satz 1 Rechtsmittelverzicht 4, 8, 11; BGHR StPO § 302 Abs. 2 Rücknahme 2, 6, 7, 8; BGH NStZ 1997, 148; 1999, 258 (259); 526; BGH NStZ-RR 2000, 294; BGHSt 45, 51 (53); BGH NStZ 2004, 55 (56); BGH NStZ-RR 2005, 149 (150); OLG Hamburg MDR 1964, 614; OLG Köln NJW 1968, 2349; OLG Frankfurt NJW 1971, 949 (950); KG JR 1981, 480 (481); OLG Stuttgart NJW 1990, 1494; OLG Nürnberg NStZ 1997, 302.

849 AK-*Achenbach*, StPO, § 302 Rn. 21; *Dencker*, Willensfehler, S. 16 f.; *Dünnebier*, JR 1957, 349; SK-*Frisch*, StPO, § 302 Rn. 56; *Friedländer*, GS 1901 (Band 58), S. 401 (418); LR-*Hanack*, StPO, § 302 Rn. 46; *Koch*, JR 1964, 255; *Kohlmann*, JA 1979, 243 (245); KMR-*Plöd*, StPO, § 302 Rn. 9, 11; HK-*Rautenberg*, StPO, § 302 Rn. 3; *Roxin*, Strafverfahrensrecht, § 51 Rn. 26 ff.; KK-*Ruß*, StPO, § 302 Rn. 15; KMR-*Sax*, StPO, Einl. X Rn. 21. KMR-*Stöckel*, StPO, § 395 Rn. 23 für den Verzicht auf die Nebenklage.

850 RGSt 57, 83; 60, 354 (355); 60, 355 (356); 66, 265 (267); OLG Frankfurt NJW 1971, 949 (950); OLG Nürnberg NStZ 1997, 302.

851 *Ranft*, Strafprozeßrecht, Rn. 1936; *Rüping*, Strafverfahren, Rn. 584.

852 *Roxin*, Strafverfahrensrecht, § 22 Rn. 13, § 51 Rn. 26, 28; *E. Schmidt*, LK I, Rn. 208, 262; *Goldschmidt*, Prozeß als Rechtslage, S. 466, 470 f. nur bzgl. Erwirkungshandlungen; *Henkel*, Strafverfahrensrecht, S. 241 differenziert zwischen Erwirkungs- und Bewirkungshandlungen. Vgl. auch *Beulke*, Strafprozeßrecht, Rn. 300.

dessen Unwiderruflichkeit. Da hier zudem nur die Prozeßhandlung des Verzichts untersucht werden soll, kann die Frage nach einer generellen Widerruflichkeit der Prozeßhandlungen offen bleiben.

Wie bereits oben bei der Untersuchung der Bedingungsfeindlichkeit gezeigt wurde, kann aus der Zugehörigkeit des Rechtsmittelverzichts zum Kreis der Prozeßhandlungen allein nichts gefolgert werden. Somit helfen Erwägungen, daß Verzicht und Rücknahme in ihrer Eigenschaft als Prozeßhandlungen bzw. Prozeßerklärungen unwiderruflich seien[853], nicht weiter.[854] Die Überlegungen müssen vielmehr beim Rechtsmittelverzicht selbst ansetzen. Es wurde bereits dargelegt, daß hierbei allgemeine Verweise auf den öffentlich-rechtlichen Charakter des Verzichts und des Verfahrens nicht ausreichen.[855] Als Ansatzpunkt ist vielmehr von der für den Rechtsmittelverzicht zentralen Norm des § 302 sowie der speziellen prozessualen Funktion des Verzichts auf Rechtsmittel auszugehen.[856]

Ausgehend vom Wortlaut des § 302 I 1 wird auf die Bedeutung des Wortes „wirksam" für die Frage der Widerruflichkeit verwiesen: Damit werde ein Schwebezustand, der bei freier Widerrufsmöglichkeit gegeben wäre, ausgeschlossen[857]. Daß dadurch nur die Möglichkeit einer Verzichts- oder Rücknahmeerklärung vor Ablauf der Frist ausgedrückt werden soll, überzeugt nicht, denn dies kommt bereits hinreichend durch die Verwendung des Wortes „kann" zum Ausdruck. Eines Hinweises darauf mittels des Begriffes „wirksam" bedarf es dafür nicht.

Dieses Verständnis wird insbesondere durch einen Blick auf die Entstehungsgeschichte des § 302 I bestätigt. Während die ersten beiden Entwürfe der StPO die Möglichkeit eines Widerrufs vorsahen, enthielt der dritte Entwurf eine solche Möglichkeit nicht und statt dessen wurde das Wort „wirksam" eingefügt.[858] Der Gesetzgeber ging davon aus, daß der Verzicht die gleiche Wirkung

853 Vgl. nur BGHR StPO § 302 Abs. 2 Rücknahme 6; BGHSt 45, 51 (53); BGH StV 2004, 636 (638); *Pfeiffer*, StPO, § 302 Rn. 1. *R. Schmidt*, JuS 1967, 158 (161) stellt der rechtsgeschäftlichen Erklärung die unwiderrufliche und unanfechtbare Prozeßerklärung gegenüber. – Aus dem Zivilprozeßrecht für die Unwiderruflichkeit der Klagerücknahme vgl. OLG Saarbrücken, MDR 2000, 722, wonach die Klagerücknahme eine Prozeßhandlung und als solche unanfechtbar und unwiderruflich sei.

854 *Dencker*, Willensfehler, S. 14 f.; *Rieß*, ZStW 2004, 188 (193).

855 Vgl. auch die Kritik bei *Dahrmann*, Widerruf, S. 42; *Dencker*, Willensfehler, S. 14, 49; *E. Schmidt*, JR 1962, 292.

856 *E. Schmidt*, JR 1962, 292. Vgl. die ausführliche Auslegung des § 302 I im Hinblick auf die Widerrufsmöglichkeit bei *F. Meyer*, Willensmängel, S. 34 ff.

857 AK-*Achenbach*, StPO, § 302 Rn. 21; *Dencker*, Willensfehler, S. 16 f.; LR-*Hanack*, StPO, § 302 Rn. 46.

858 Vgl. 1. Entwurf: § 238 S. 3; 2. Entwurf: § 244 S. 3; 3. Entwurf: § 288. Vgl. auch 2. Kapitel, II.

wie der Ablauf der Rechtsmittelfrist aufweisen solle[859], damit ist ein Widerruf nach Zugang der Verzichtserklärung jedoch nicht vereinbar. Somit spricht die Entstehungsgeschichte gegen die Möglichkeit eines Widerrufs.[860]

Blickt man auf andere Prozeßhandlungen, so wird die Möglichkeit der Zurücknahme bzw. des Widerrufs ausdrücklich angeordnet: § 52 III 2 für den Verzicht auf das Zeugnisverweigerungsrecht, § 77d StGB für den Strafantrag, §§ 153 III, 153d II für die Anklage in bestimmten Fällen, § 302 I 1 für die eingelegten Rechtsmittel, § 391 I 1 für die Privatklage, § 402 für die Anschlußerklärung des Nebenklägers, § 404 IV für den Antrag im Adhäsionsverfahren sowie § 411 III 1 für Klage und Einspruch im Strafbefehlsverfahren. Daraus könnte nun geschlossen werden, daß für Verzicht und Rücknahme ein Widerruf ausscheidet.[861] Aber § 156 bestimmt bzgl. der erhobenen öffentlichen Anklage, daß eine Zurücknahme *nicht* zulässig ist[862]; es gibt somit auch eine ausdrückliche Bestimmung über die Unzulässigkeit eines Widerrufs bzw. einer Rücknahme. Aber der systematische Zusammenhang mit § 267 IV und § 450 ergibt, daß der Rechtsmittelverzicht die gleiche Wirkung wie der Fristablauf aufweisen muß, nämlich die Fähigkeit, eine den Widerruf ausschließende rechtskräftige Entscheidung herbeizuführen.[863]

Zu dieser Auffassung gelangt man auch mittels der teleologischen Auslegung, denn Verzicht und Rücknahme bezwecken gerade den Abschluß des Verfahrens und die Herbeiführung einer rechtskräftigen Entscheidung.[864] Damit wäre aber ein Widerruf, durch den – zusätzlich zu den gesetzlich vorgesehenen Möglichkeiten (Wiedereinsetzung und Wiederaufnahme) – die Fortdauer der Rechtskraft in das Belieben der Rechtsmittelberechtigten gestellt würde, nicht vereinbar. Grundlage des Verzichts ist zwar die Dispositionsbefugnis des Beschuldigten über sein Rechtsmittelrecht.[865] Diese kann er durch Einlegung eines Rechtsmittels oder durch Verzicht wahrnehmen; sie besteht jedoch nur bis zum Eintritt der Rechtskraft der Entscheidung. Durch den Verzicht wird die Entscheidung rechtskräftig; der Beschuldigte verliert damit seine Dispositionsfrei-

---

859 Vgl. *Hahn*, Materialien, Band 3, Abteilung 1, S. 246.

860 AK-*Achenbach*, StPO, § 302 Rn. 21; *F. Meyer*, Willensmängel, S. 38 f.; *Rogall*, StV 1998, 643.

861 Für den zivilprozessualen Rechtsmittelverzicht stellt BGH NJW 1985, 2334 u. a. darauf ab, daß das Verfahrensrecht keine § 290 ZPO (Widerruf des Geständnisses) vergleichbare Vorschrift kenne.

862 Durch den Eröffnungsbeschluß ist die öffentliche Klage rechtshängig und entzieht sie damit der Dispositionsbefugnis der Staatsanwaltschaft, vgl. BGHSt 29, 224 (229).

863 *F. Meyer*, Willensmängel, S. 38. KMR-*Sax*, StPO, Einl. X Rn. 21 geht bei „prozeßtragenden" oder „prozeßgestaltenden" Prozeßhandlungen, dazu zählt er u. a. auch den Rechtsmittelverzicht, von deren Unwiderruflichkeit aus.

864 Zu den Beweggründen des Beschuldigten vgl. 3. Kapitel, I. 1.

865 Vgl. 1. Kapitel, II. 3.

heit.[866] Auch läßt sich anführen, daß gerade die Ausübung der Dispositionsbefugnis – durch Erklärung des Verzichts – den Ausschluß weiterer Befugnisse nach sich zieht. Darin wird die Erwartung sichtbar, daß der Beschuldigte seine Belange selbst hinreichend geltend macht und sich daran auch festhalten lassen muß. Die Unwiderruflichkeit des Verzichts ist dann die prozessuale Last als Kehrseite zur prozessualen Möglichkeit.[867]

Auch der Verzicht im öffentlichen Recht – sowohl der materiell-rechtliche als auch der verfahrensrechtliche – wird als unwiderruflich angesehen; die Argumentation entspricht im wesentlichen der hier dargestellten.[868] So wird – gerade auch im Hinblick auf den Rechtsmittelverzicht – u. a. auf die Rechtsunsicherheit verwiesen, die mit der Zulässigkeit eines Widerrufs einherginge.[869] Auch wird darauf hingewiesen, daß ein Verzicht einen Rechtsvorteil zum Erlöschen bringe und infolgedessen nichts mehr vorhanden sei. Daher bedürfe es erst eines neuen Rechtssetzungsakts, um wieder einen neuen, d. h. mit dem ursprünglichen übereinstimmenden, Rechtsvorteil zur Existenz zu bringen.[870]

Festhalten läßt sich somit, daß die ganz überwiegende Auffassung mit Recht von einer Unwiderruflichkeit des Verzichts nach Zugang der Erklärung an die zuständige Stelle ausgeht. Lediglich bei der Begründung dieses Ergebnisses ist differenzierter zu verfahren.

De lege ferenda findet sich jedoch immer wieder der Hinweis im Schrifttum, daß die Unwiderruflichkeit kein Dogma sei, der Einführung einer Widerrufsmöglichkeit somit keine zwingenden dogmatischen Erwägungen entgegenstünden.[871] Von diesem Standpunkt aus wäre es jedoch naheliegender, für die Streichung des Rechtsmittelverzichts zu plädieren.[872] Denn mit der Schaffung

---

866 So ausdrücklich BGH NJW 1985, 2334 für den Zivilprozeß.

867 Vgl. *Plötz*, Fürsorgepflicht, S. 106 f. Zu den – hier nicht gemeinten – prozessualen Möglichkeiten bzw. Aussichten und der prozessualen Last als Elemente einer prozessualen Betrachtungsweise vgl. *Goldschmidt*, Prozeß als Rechtslage, S. 268 ff., 335 ff.

868 *Brüggemann*, Verzicht, S. 14 f.; *Illian*, Verzicht, S. 121 ff., 225; *Wilde*, Verzicht, S. 69. Aus der verwaltungsgerichtlichen Rechtsprechung vgl. OVG Münster DVBl 1952, 414 (415); BVerwG DÖV 1960, 391. Vgl. auch 1. Kapitel, V. 3. Zum Widerruf des zivilprozessualen Rechtsmittelverzichts vgl. 1. Kapitel, V. 1.

869 *Wilde*, Verzicht, S. 69 f., 167.

870 *Brüggemann*, Verzicht, S. 14.

871 *Rogall*, StV 1998, 643 (645). Vgl. den Vorschlag von *Lobe*, DJZ 1926, Sp. 1669 (1673), der die Einführung folgender Vorschrift vorschlägt: „Der Verzicht auf Rechtsmittel kann vom Angeklagten binnen einer Woche nach Zustellung der Urteilsgründe schriftlich oder zu Protokoll des Gerichtsschreibers widerrufen werden. Dieselbe Befugnis steht demjenigen zu, der selbständig ein Rechtsmittel einlegen kann."

872 So *Dencker*, Willensfehler, S. 80 f.

einer Widerrufsmöglichkeit würde dem Hauptanliegen des Verzichts – die Herbeiführung *sofortiger* Rechtskraft – gerade die Grundlage entzogen.

VI. Teilverzicht und Teilrücknahme eines Rechtsmittels

1. Begriffliche Klärung und Voraussetzungen

Unter einem Teilverzicht wird im folgenden nicht verstanden, daß der Beschuldigte nur auf eines von zwei ihm zustehenden Rechtsmitteln – z. B. Berufung und Sprungrevision gegen ein amtsgerichtliches Urteil – verzichtet. Bezieht sich der Rechtsmittelverzicht nur auf die Revision, so ist der Deutlichkeit halber von einem Revisionsverzicht und nicht von einem Teilverzicht auf Rechtsmittel zu sprechen.

Teilverzicht meint vielmehr, daß der Beschuldigte entweder nur bezüglich einer von *mehreren* Taten im prozessualen Sinn, die den Urteilsgegenstand bilden, Rechtsmittelverzicht erklärt oder nur hinsichtlich einzelner der auf eine Tat bezogenen Entscheidungen auf Rechtsmittel verzichtet (z. B. Verzicht nur auf die Anfechtung des Schuldspruches). Die Folge ist jeweils, daß die Anfechtbarkeit nur bezüglich eines Teils des Urteils noch besteht und hinsichtlich des anderen – aufgrund des Verzichts unanfechtbaren – Teils Rechtskraft eintritt (sog. Teilrechtskraft).[873] Die Teilrechtskraft wird als im Dienste der Prozeßökonomie stehend angesehen.[874]

Bei der erstgenannten Möglichkeit spricht man im Ergebnis von der vertikalen Teilrechtskraft, bei der zweitgenannten Alternative von horizontaler Teilrechtskraft.[875] Das Rechtsmittelgericht wäre somit bei seiner Entscheidung an den in Rechtskraft erwachsenen Teil des Urteils gebunden (vgl. § 327). Bei der vertikalen Rechtskraft ist dies allgemein anerkannt, da eine Trennung zwischen verschiedenen Prozeßgegenständen als unproblematisch angesehen wird; hinsichtlich der verschiedenen Taten hätten ja auch jeweils eigene Verfahren durchgeführt werden können.[876]

Ob, unter welchen Voraussetzungen und inwieweit ein Teilverzicht, der sich z. B. nur auf den Schuldspruch bezieht und damit die Anfechtbarkeit bzgl. des Strafmaßes offen hält (sog. horizontale Teilrechtskraft), ebenfalls zu einer

---

873 *Beulke*, Strafprozeßrecht, Rn. 505, 543; *Kühne*, Strafprozeßrecht, Rn. 1022.

874 KMR-*Sax*, StPO, Einl. XIII Rn. 89; *Schlüchter*, Strafverfahren, Rn. 643. Vgl. BGHSt 16, 46 (48): „(...) so erfordert der Grundsatz der Prozeßwirtschaftlichkeit die Beschränkbarkeit des Rechtsmittels."

875 KK-*Ruß*, StPO, Einl. Rn. 168; *Schlüchter*, Strafverfahren, Rn. 598.

876 *Meyer-Goßner*, StPO, § 318 Rn. 9; *Roxin*, Strafverfahrensrecht, § 51 Rn. 18 f.; KK-*Ruß*, StPO, Einl. Rn. 168, § 318 Rn. 9; *Schlüchter*, Strafverfahren, Rn. 643.

Bindung des Rechtsmittelgerichts an die Feststellungen, die dem in Teilrechtskraft erwachsenen Urteil zugrunde liegen, führt, ist umstritten.[877]
Ohne auf die Zweifelsfragen zur Teilrechtskraft im einzelnen einzugehen, soll im folgenden nur ein kurzer Überblick über die Voraussetzungen eines Teilverzichts gegeben werden. Dessen Zulässigkeit richtet sich insoweit nach den Grundsätzen für die Zulässigkeit einer Teilanfechtung.[878] Denn der Teilverzicht ermöglicht ja gerade noch die Anfechtung des Urteilsabschnitts, der nicht Gegenstand des Verzichts ist.

Daß eine Teilanfechtung grundsätzlich zulässig ist, ergibt sich bereits aus dem Gesetz: § 318 S. 1 läßt ausdrücklich die Beschränkung auf bestimmte Beschwerdepunkte zu; die §§ 316 I, 327, 343 I, 344, 352 setzen grundsätzlich die Zulässigkeit einer Teilanfechtung bzw. einer Beschränkung des Rechtsmittels voraus („*soweit* das Urteil angefochten ist").[879] Zur näheren Bestimmung der Zulässigkeit wird auf die von Rechtsprechung und Schrifttum allgemein anerkannte sog. Trennbarkeitsformel abgestellt. Danach ist eine Beschränkung nur möglich, soweit sie sich auf einen abtrennbaren Teil des Urteils bezieht, der einer – rechtlich und tatsächlich – selbständigen Beurteilung und Entscheidung zugänglich ist.[880] Zudem muß die abschließende Entscheidung, die trotz des stufenweisen Zustandekommens als einheitliches Ganzes angesehen wird, in sich

877 Eine Bindung bejahen: BGHSt 30, 340 (342 f.); 44, 119 (120); *Meyer-Goßner*, StPO, § 327 Rn. 5; *Pfeiffer*, StPO, § 318 Rn. 8; *Ranft*, Strafprozeßrecht, Rn. 2059; KK-*Ruß*, StPO, § 318 Rn. 9; OLG Hamm NJW 1954, 613 geht sogar von einer Bindung an einen offensichtlich unrichtigen Schuldspruch aus. – Es wird aber darauf hingewiesen, daß der Grund dieser Bindung nicht in der Rechtskraft liegt, die Bezeichnung „horizontale Teilrechtskraft" sei insofern verwirrend, da sie mit der Vollrechtskraft nichts gemeinsam habe; die innerprozessuale Bindungswirkung bestehe aufgrund des Grundsatzes der Einheitlichkeit der Urteilsfeststellungen, denn der Rechtskraft fähig seien nur Entscheidungen und nicht Feststellungen, vgl. BGHSt 30, 340 (342); *Meyer-Goßner*, StPO, Einl. Rn. 188, § 318 Rn. 31; *Schlüchter*, Strafverfahren, Rn. 643. Kritisch zu einer Bindungswirkung: *Henkel*, Strafverfahrensrecht, S. 393; KMR-*Sax*, StPO, Einl. XIII Rn. 87 ff.

878 BGHSt 33, 59; SK-*Frisch*, StPO, § 302 Rn. 7; *Pfeiffer*, StPO, § 302 Rn. 1; KK-*Ruß*, StPO, § 302 Rn. 7.

879 Allgemeine Ansicht: *Schlüchter*, Strafverfahren, Rn. 634, 643. Zu den Vorteilen und Risiken einer Rechtsmittelbeschränkung aus der Sicht des Verteidigers vgl. instruktiv Sarstedt/*Hamm*, Revision, Rn. 158 ff.

880 RGSt 42, 241 (242); 58, 238 (239); 69, 100 (111); BGHSt 5, 252; 10, 100 (101); 16, 237 (239); 19, 46 (48); 21, 256 (258); 24, 185 (187 f.); 27, 70 (72); 39, 390 (391); 47, 32 (35); *Beulke*, Strafprozeßrecht, Rn. 542; SK-*Frisch*, StPO, § 318 Rn. 7 ff.; Sarstedt/*Hamm*, Revision, Rn. 147; *Pfeiffer*, StPO, § 318 Rn. 2; *Roxin*, Strafverfahrensrecht, § 51 Rn. 15; *Schlüchter*, Strafverfahren, Rn. 634, 639, 643.

widerspruchsfrei sein.[881] Des weiteren wurde in einer falschen Beratung durch das Berufungsgericht, aufgrund derer die Beschränkung des Rechtsmittels erfolgte, ein Unwirksamkeitsgrund der Beschränkung gesehen.[882]

Wie bereits oben erwähnt, bestehen keine Bedenken gegen eine Trennung mehrerer Prozeßgegenstände. Innerhalb desselben Prozeßgegenstandes wird eine Trennung wohl auch überwiegend zwischen Schuld- und Straffrage zugelassen[883], auch innerhalb des Rechtsfolgenausspruches selbst ist eine Beschränkung möglich (bei der Geldstrafe z. B. auf die Höhe oder die Anzahl der Tagessätze).[884] Parallel dazu ist somit auch ein entsprechender Teilverzicht zulässig.

Ergibt sich nach den o. g. Grundsätzen die Unzulässigkeit einer bestimmten Teilanfechtung bzw. eines Teilverzichts, so stellt sich die Frage nach der Wirkung des Teilverzichts. Bei unwirksamer Rechtsmittelbeschränkung ist nicht das Rechtsmittel insgesamt unzulässig, sondern das Urteil ist entsprechend § 318 S. 2 unbeschränkt angefochten.[885] Gleiches gilt auch für den unzulässigen Teilverzicht: Er ist also mit der Folge unwirksam, daß das Urteil insgesamt – freilich unter Beachtung der Einlegungsfrist – anfechtbar bleibt.

2. Teilanfechtung als gleichzeitiger Teilverzicht

Legt der Beschuldigte ein Rechtsmittel ein und beschränkt es zulässig nach Maßgabe o. g. Grundsätze, so stellt sich die Frage, ob er damit zugleich einen Teilverzicht hinsichtlich des nicht angefochtenen Teils des Urteils erklärt, m. a. W.: Führt die wirksame Teilanfechtung zu einem Teilverzicht bzw. führt die wirksame nachträgliche Rechtsmittelbeschränkung zu einer Teilrücknahme?

---

881 BGHSt 7, 283 (285); 10, 71 (72); 24, 185 (188); 29, 359 (364); 30, 340 (342); 47, 32 (35); BayObLG NStZ 2000, 275; *Meyer-Goßner*, StPO, § 318 Rn. 7; *Ranft*, Strafprozeßrecht, Rn. 2051 ff.

882 OLG Zweibrücken StV 1982, 13.

883 RGSt 64, 164; BGHSt 19, 46 (48); OLG Hamm NJW 1954, 613; *Meyer-Goßner*, StPO, § 318 Rn. 16; *Pfeiffer*, StPO, § 318 Rn. 4 f.; Sarstedt/*Hamm*, Revision, Rn. 151. Zu den Schwierigkeiten, insbesondere bei den sog. doppelrelevanten Tatsachen, vgl. *Schlüchter*, Strafverfahren, Rn. 637.1. Ablehnend dagegen: *Grünwald*, Teilrechtskraft, S. 155 ff., 258, 266; *Henkel*, Strafverfahrensrecht, S. 393; *E. Schmidt*, LK II, § 318 Rn. 7. Vgl. dazu auch *Spendel*, ZStW 1955 (Band 67), 556 (558 ff.).

884 RGSt 39, 393 (394); BGHSt 27, 70 (72 f.); 34, 90 (92); *Meyer-Goßner*, StPO, § 318 Rn. 18 f.; Sarstedt/*Hamm*, Revision, Rn. 156. Häufig findet sich auch eine Beschränkung auf die Strafaussetzung zur Bewährung, vgl. *Beulke*, Strafprozeßrecht, Rn. 52.

885 RGSt 51, 305 (307); 54, 82 (83); BGHSt 6, 229 (230); 21, 256 (258); OLG Zweibrücken StV 1982, 13; *Beulke*, Strafprozeßrecht, Rn. 542; *Meyer-Goßner*, StPO, § 344 Rn. 7c; KK-*Ruß*, StPO, § 318 Rn. 10; *Schlüchter*, Strafverfahren, Rn. 637.1; *E. Schmidt*, LK II, § 344 Rn. 5. *Roxin*, Strafverfahrensrecht, § 51 Rn. 17 wendet § 318 S. 2 analog an; OLG Düsseldorf NStZ 1989, 289 stellt auf den Rechtsgedanken des § 318 S. 2 ab. Andere Ansicht: *Wolf*, JR 1992, 428 (430), wonach das unzulässig beschränkt eingelegte Rechtsmittel zur Unzulässigkeit des gesamten Rechtsmittels führt.

Diese Frage ist nicht – wie es vielleicht auf den ersten Blick scheinen mag – nur von theoretischem Interesse, sondern hat große praktische Relevanz. Zum einen hängt davon die Zulässigkeit einer nachträglichen Erweiterung der Teilanfechtung ab, die bei Annahme eines Teilverzichts die Unzulässigkeit der Erweiterung des Rechtsmittels zur Folge hätte. Bei Bejahung einer wirksamen Teilrücknahme wäre eine Erweiterung ebenfalls ausgeschlossen.

Die andere praktisch wichtige Auswirkung ist im Zusammenhang mit dem Ermächtigungserfordernis gem. § 302 II bei Rücknahme und Verzicht des Verteidigers zu sehen. Die Annahme eines Teilverzichts bzw. einer Teilrücknahme führte dazu, daß die Teilanfechtung bzw. die nachträgliche Beschränkung durch den Verteidiger nur mit besonderer Vollmacht[886] gestattet wäre.[887] Bei der Frage, ob nicht zugleich eine Teilrücknahme vorliege, ist bei deren Beantwortung zudem an die Kostentragungspflicht gem. § 473 I 1 zu denken: Eine bloße Konkretisierung des Umfangs der Anfechtung wäre im Gegensatz zur Teilrücknahme kostenneutral.[888] Nachdem die Relevanz dieser Frage aufgezeigt wurde, ist auf deren Beantwortung durch Rechtsprechung und Wissenschaft einzugehen.

Die frühere Rechtsprechung ging bei einer Teilanfechtung bzw. einer nachträglichen Beschränkung von einem gleichzeitig erklärten Teilverzicht bzw. einer gleichzeitig erklärten Teilrücknahme mit den oben dargestellten Konsequenzen aus.[889] Die Teilanfechtung wäre demnach identisch mit dem Teilverzicht. Freilich scheiterte nicht selten die Bejahung z. B. einer wirksamen Teilrücknahme und damit verbunden die nachträgliche Beschränkung des Rechtsmittels an einer fehlenden ausdrücklichen Ermächtigung i. S. d. § 302 II.[890] Diese Ansicht erfuhr auch im damaligen Schrifttum mehrheitlich Zustimmung.[891]

---

886 Vgl. 3. Kapitel, I. 2. b).

887 *Mezger*, Teilrechtskraft, S. 9 stellt auf die „weitreichenden Folgen einer Rechtsmittelbeschränkung" ab und sieht daher das Erfordernis einer analogen Anwendung des § 302 II. Da *Mezger* in der nachträglichen Beschränkung eines Rechtsmittels eine Teilrücknahme sieht, ist unverständlich, warum er von einer Analogie ausgeht.

888 *Dahs/Dahs*, Revision, Rn. 70. Zur Kostentragungspflicht gem. § 473 I bei Teilrücknahme vgl. AK-*Meier*, StPO, § 473 Rn. 12.

889 RG Rechtsprechung Band 4, 732; RGSt 39, 393 (394); 42, 241 (242); OGHSt 1, 74 (75); BGHSt 3, 46; 10, 100 (101); 10, 320 (321); 16, 237 (239); 33, 59; vgl. auch die Nachweise in BGHSt 38, 4 (5); KG JR 1950, 633 (634); OLG Hamm GA 1973, 380; OLG Karlsruhe Die Justiz 1986, 307. Für den Zivilprozeß vgl. BGH BB 1990, 517.

890 BGHR StPO § 302 Abs. 2 Beschränkung 2; OLG Hamm GA 1973, 380; vgl. auch RGSt 64, 164 (165); BGHSt 3, 46 (47); 10, 320 (321): Unwirksamkeit des Teilverzichts aufgrund fehlender entsprechender Vollmacht. So auch OGHSt 1, 74 (75), obwohl eigentlich eine unwirksame Teil*rücknahme* vorlag.

891 *Birkmeyer*, Strafprozeßrecht, S. 699; *von Hippel*, Strafprozeß, S. 570; *von Kries*, Strafprozeßrecht, S. 650; *A. Mayer*, MDR 1979, 196; *Mezger*, Teilrechtskraft, S. 8 f.; *Peters*, Strafprozeß, S. 214; *E. Schmidt*, LK II (Nachtragsband), § 302 Rn. 13; *Spendel*, ZStW 1955 (Band 67), 556 (563). Eine ablehnende Haltung findet sich dagegen bereits bei *von Kries*, Strafprozeßrecht, S. 642; *Ramser*, Verzicht, S. 11; *Ullmann*, Strafprozeß-

Eine Umkehr in der Rechtsprechung vollzog sich mit dem Beschluß des 4. Strafsenats des BGH vom 13.06.1991, in dem die bisherige Rechtsprechung – nach entsprechender Anfrage bei den anderen Senaten – aufgegeben wurde.[892] Danach ist in der bloßen Teilanfechtung noch kein Teilverzicht zu erblicken, so daß hinsichtlich des noch nicht angefochtenen Urteils keine Rechtskraft eintritt. Die somit noch bestehende Möglichkeit der Erweiterung des Rechtsmittels ist nach überwiegender Ansicht bis zum Ablauf der Einlegungsfrist (§§ 314 I, 341 I) gegeben.[893] Doch in der Literatur wird teilweise vertreten, daß bei der Teilanfechtung eine Erweiterung über die Einlegungsfrist hinaus bis zum Ablauf der *Begründungsfrist* (§§ 317, 345 I) möglich ist.[894]

Dieser Minderheitsmeinung ist zuzustimmen, denn bei der Einlegung wird nur das „Ob“ und erst bei der Rechtfertigung bzw. Begründung wird das „Inwieweit“ der Anfechtung des Urteils erklärt. Insbesondere gilt dies für die Revision.[895] Dafür spricht bereits der Wortlaut der entsprechenden Vorschrift; so bestimmt § 344 I: „Der Beschwerdeführer hat die Erklärung abzugeben, inwieweit er das Urteil anfechte und dessen Aufhebung beantrage (Revisionsanträge), und die Anträge zu begründen.“ Die Begründungsschrift besteht somit zum einen aus der Angabe des Umfangs der Anfechtung und zum anderen aus der Anfechtungsbegründung. Damit ist freilich eine Beschränkung bereits bei Einlegung nicht ausgeschlossen, nur der Gesetzgeber hat dies als Regelfall der Rechtsmittelbegründung zugeordnet. Denn eine Beschränkung des Rechtsmittels ist erst nach Kenntnis der Urteilsbegründung sinnvoll; so setzt denn auch der Lauf der Revisionsbegründungsfrist die Zustellung des Urteils voraus (vgl. § 344 I 2 bzw. § 317 für die Berufungsbegründung). Daß mit dem Abstellen auf die Begründungsfrist kein schutzwürdiges Vertrauen des Gerichts und anderer Verfahrensbeteiligter beeinträchtigt wird, zeigt sich in der allgemeinen Anerkennung des Übergangs von der Revision zur Berufung oder umgekehrt während der laufenden Revisionsbegründungsfrist.[896] Unterbleibt gar eine Bezeichnung des Rechtsmittels bis zum Ablauf der Revisionsbegründungsfrist, so wird das

---

recht, S. 586 für die Teilanfechtung, bei nachträglicher Beschränkung nimmt *Ullmann* dagegen eine Teilrücknahme an (S. 589).

892 BGHSt 38, 4 (5 ff.), bestätigend BGHSt 38, 366 (367); BGHR StPO § 302 Abs. 1 Konkretisierung 1; OLG Koblenz NStZ-RR 2001, 247.

893 BGHSt 38, 366 (367); BayObLG JR 1968, 108 (109); NStZ-RR 1999, 269 (270); *Dahs/Dahs*, Revision, Rn. 70; AK-*Dölling*, StPO, § 318 Rn. 3; KK-*Kuckein*, StPO, § 341 Rn. 2; *Meyer-Goßner*, StPO, § 344 Rn. 4. Noch offen gelassen in BGHSt 38, 4 (7).

894 SK-*Frisch*, StPO, § 318 Rn. 14, 20; *Grünwald*, Teilrechtskraft, S. 73 f.; LR-*Hanack*, StPO, § 344 Rn. 7. So wohl auch BayObLG DRiZ 1933, Rechtsprechung Nr. 564.

895 Nach § 317 kann aber auch die Berufung begründet werden.

896 BGHSt 5, 338 (339 ff.); 17, 44 (46 ff.); *Beulke*, Strafprozeßrecht, Rn. 551; *Meyer-Goßner*, StPO, § 335 Rn. 3 ff., 10.

Rechtsmittel als Berufung behandelt.[897] Vor Ablauf der Begründungsfrist wird sich also das Rechtsmittelgericht nicht mit dem Rechtsmittel inhaltlich auseinandersetzen. Daher ist dem Beschuldigten bei Teilanfechtung zuzugestehen, diese bis zum Ablauf der jeweiligen *Begründungs*frist zu erweitern.

Doch bereits vor der o. g. Entscheidung des BGH findet sich eine entsprechende Auffassung in der Rechtsprechung. So hatte 1967 das BayObLG[898] entschieden, daß in der Einlegung eines beschränkten Rechtsmittels für sich allein noch kein Verzicht liege; ein solcher Teilverzicht müsse eindeutig erklärt werden. Wolle der Beschuldigte endgültig auf eine unbeschränkte Anfechtung verzichten, so müsse sich dies aus ganz besonderen Umständen ergeben.[899] Diese Erwägungen spielen auch beim o. g. Beschluß des BGH[900] sowie bei Stellungnahmen des Schrifttums eine Rolle.[901]

Zudem wird hinsichtlich einer späteren Beschränkung des Rechtsmittels darauf hingewiesen, daß darin nur eine Konkretisierung des zunächst noch unbestimmten Anfechtungswillens liege; insbesondere die Revision werde zunächst einmal unbeschränkt eingelegt und dann durch die Begründungsschrift innerhalb der Monatsfrist näher konkretisiert.[902] Daher stelle die Beschränkung des Rechtsmittels keine Teilrücknahme, sondern nur eine Konkretisierung des unbeschränkten Rechtsmittels dar.[903] Bezüglich des fehlenden Vollmachtserfordernisses wird darauf hingewiesen, daß der Verteidiger auch ohne besondere Vollmacht berechtigt sei, das Urteil überhaupt nicht anzufechten, so daß bei einer nur beschränkten Anfechtung für eine Vollmacht auch kein Bedürfnis bestehe.[904]

---

897 BGHSt 2, 63 (71); OLG Köln MDR 1980, 690.

898 BayObLG JR 1968, 108 f.

899 BayObLG JR 1968, 108 (108 f.); vgl. die zustimmende Anmerkung von *Sarstedt*, JR 1968, 109 (110). Bestätigend BayObLG NStZ-RR 1999, 269 (270). Vgl. bereits RGSt 64, 164: „Ob eine solche Beschränkung eines Rechtsmittels (...) als ein Teilverzicht (...) anzusehen ist, bleibt der Auslegung vorbehalten. (...) im Zweifel [muß] gegen einen Verzicht entschieden werden." Diese Entscheidung des RG zeigt, daß es verfehlt ist, aus einer Beschränkung automatisch einen Teilverzicht zu folgern.

900 Ein Hinweis auf die Entscheidung des BayObLG findet sich in BGHSt 38, 4 ff. allerdings nicht.

901 Vgl. SK-*Frisch*, StPO, § 318 Rn. 13; LR-*Gössel*, StPO, § 318 Rn. 9; LR-*Hanack*, StPO, § 302 Rn. 44.

902 BGHSt 38, 4 (6); Sarstedt/*Hamm*, Revision, Rn. 145 ff.; SK-*Frisch*, StPO, § 302 Rn. 10; KK-*Ruß*, StPO, § 302 Rn. 7. Gleiche Erwägungen gelten auch bei der Beschränkung der Berufung in der Berufungsbegründung (§ 317), vgl. HK-*Rautenberg*, StPO, § 302 Rn. 17.

903 OLG Koblenz NStZ-RR 2001, 247: aber nur für eine Beschränkung innerhalb der Begründungsfrist (vgl. §§ 317, 345 I), anderenfalls liegt eine Teilrücknahme vor. So wohl auch AK-*Dölling*, StPO, § 318 Rn. 3.

904 BGHSt 38, 4 (6); SK-*Frisch*, StPO, § 318 Rn. 20; *Schlüchter*, Strafverfahren, Rn. 635.

Es kann also festgehalten werden, daß eine Teilanfechtung einen Teilverzicht nicht enthalten muß, aber enthalten kann. Auch mit einer nachträglichen Rechtsmittelbeschränkung ist m. E. nicht zwingend eine Teilrücknahme verbunden, wohl ist jede Teilrücknahme eines Rechtsmittels – den Ablauf der Einlegungsfrist vorausgesetzt – dessen nachträgliche Beschränkung.

Teile der Literatur[905] hatten diese Ansicht bereits vor dem Rechtsprechungswandel vertreten, heutzutage kann dies – zumindest für eine Ablehnung der Identität von Teilanfechtung und Teilverzicht – als allgemeine Auffassung im Schrifttum gelten.[906]

Hinsichtlich der Frage, ob eine nachträgliche Rechtsmittelbeschränkung eine Teilrücknahme darstelle, sind die Auffassungen nicht so eindeutig. Es findet sich der Hinweis, daß die Teilanfechtung zwar keinen Teilverzicht beinhalte, aber die nachträgliche Beschränkung eine Teilrücknahme sei[907], so daß der Verteidiger eine entsprechende Vollmacht benötige.

Auf den ersten Blick erscheint dies als widersprüchlich und als eine nicht verständliche Ungleichbehandlung von Verzicht und Rücknahme. Aber bei näherem Hinsehen liegen dieser Differenzierung durchaus nachvollziehbare Erwägungen zugrunde – zumindest dann, wenn die für eine Erweiterung des nur teilweise angefochtenen Rechtsmittels maßgebliche Frist, nämlich die Begründungsfrist (s. o.), abgelaufen ist. Denn dann kann der Beschuldigte sein Rechtsmittel nicht mehr erweitern, also die Beschränkung nicht mehr ungeschehen machen. Das Zusammentreffen von Rechtsmittelbeschränkung und Fristablauf führt also zur (formellen) Teilrechtskraft, d. h. der Unanfechtbarkeit der Entscheidung bzgl. des nicht angefochtenen Teils.

---

905 LR-*Gollwitzer*, StPO (22. Auflage), § 302 Rn. 6d; *Grünwald*, Teilrechtskraft, S. 72 f.; *Sarstedt*, JR 1968, 109 (110).

906 AK-*Achenbach*, StPO, § 302 Rn. 20; *Dahs/Dahs*, Revision, Rn. 70; LR-*Gössel*, StPO, § 318 Rn. 9; LR-*Hanack*, StPO, § 344 Rn. 7; *Meyer-Goßner*, StPO, § 302 Rn. 29 f.; *Pfeiffer*, StPO, § 302 Rn. 1; Sarstedt/*Hamm*, Revision, Rn. 144; widersprüchlich KK-*Ruß*, StPO, § 302 Rn. 7 einerseits und § 318 Rn. 9 andererseits.

907 LR-*Hanack*, StPO, § 344 Rn. 7 f.; SK-*Frisch*, StPO, § 318 Rn. 15: „Eine in diesem Sinne als (Teil-) Zurücknahme des Rechtsmittels zu qualifizierende nachträgliche Beschränkung – etwa in der Revisionsbegründungsschrift (…) – ist (…) nicht mehr änderbar (…), insbesondere kann das Rechtsmittel in diesem Fall auch nicht mehr durch eine weitere Begründungsschrift, selbst wenn diese noch innerhalb der für die Begründung maßgebenden Frist (§§ 317, 345) bei Gericht eingeht, wieder erweitert werden (…)". Verwunderlich erscheint hier, daß *Frisch* eine Erweiterung selbst in der Begründungsfrist ablehnt, obwohl er dies bei der Teilanfechtung zulassen will. Vgl. auch *Eisenberg*, JGG, § 55 Rn. 12, der u. a. – insoweit unzutreffend – als Beleg *Meyer-Goßner*, StPO, § 302 Rn. 29 anführt.

Erfolgt die Beschränkung des unbeschränkt eingelegten Rechtsmittels nach Ablauf der Begründungsfrist[908], liegt somit eine Teilrücknahme vor.[909] Infolgedessen bedarf der Verteidiger in diesen – und nur in diesen – Fällen der nachträglichen Beschränkung des Rechtsmittels einer Ermächtigung i. S. d. § 302 II. Angesichts des endgültigen Verlusts des Anfechtungsrechts in diesen Konstellationen und des mit § 302 II verfolgten Schutzzweckes[910] erscheint dies durchaus angebracht.

Daher ist die pauschale Aussage, daß jede nachträgliche Beschränkung eine Teilrücknahme sei[911], unzutreffend. Denn entscheidend ist allein, ob die für eine Erweiterung maßgebliche Frist abgelaufen ist. Richtig ist aber, daß jede Teilrücknahme eine Beschränkung des Rechtsmittels darstellt.

3. Teilverzicht und Teilrücknahme ohne Ermächtigung

Nach der hier vertretenen Ansicht liegt u. U. in der Beschränkung eine Teilrücknahme, die einer ausdrücklichen Ermächtigung bedarf. Auch bei einem grundsätzlich zulässigen – ausdrücklich erklärten – Teilverzicht gilt § 302 II, so daß eine Ermächtigung erforderlich ist.[912]

Abschließend ist nun noch auf die Frage einzugehen, welche Folge das Fehlen einer solchen erforderlichen Ermächtigung auslöst. Der BGH hat in seinem Urteil vom 4.07.1952 vertreten, daß bei fehlender Ermächtigung und einer bloßen Teilanfechtung zwar der darin eigentlich liegende Teilverzicht unwirksam sei, aber dennoch nur eine beschränkte Revision vorliege; denn maßgeblich sei allein der Wille des Beschuldigten, nur ein beschränktes Rechtsmittel einzulegen.[913] Freilich besteht innerhalb der Einlegungsfrist noch die Möglichkeit einer Erweiterung des Rechtsmittels.

---

908 Die herrschende Meinung, die eine Erweiterung nur bis zum Ablauf der Einlegungsfrist zuläßt, müßte ab diesem Zeitpunkt bei einer nachträglichen Rechtsmittelbeschränkung von einer Teilrücknahme ausgehen, vgl. *Sarstedt*, JR 1968, 109 (110). Nach beiden Ansichten liegt unstrittig dann eine Teilrücknahme vor, wenn spätestens die Begründungsfrist abgelaufen ist und die Beschränkung z. B. in der Hauptverhandlung erklärt wurde, vgl. BayObLG JR 1968, 108 (109); OLG Düsseldorf VRS 1999 (Band 96), 213 (214).

909 OLG Düsseldorf VRS 1999 (Band 96), 213 (214). Zutreffend auch OLG Koblenz NStZ-RR 2001, 247: Beschränkung der Berufung innerhalb der Begründungsfrist gem. § 317 stellt keine Teilrücknahme dar.

910 Vgl. dazu 3. Kapitel, I. 2.

911 SK-*Frisch*, StPO, § 318 Rn. 15; *Meyer-Goßner*, StPO, § 473 Rn. 20, vgl. aber zutreffend *dens.*, StPO, § 302 Rn. 29.

912 OLG Düsseldorf NStZ 1989, 289; *Meyer-Goßner*, StPO, § 302 Rn. 30; *Peters*, Strafprozeß, S. 214; SK-*Frisch*, StPO, § 318 Rn. 19. Bei Teilverzicht und -rücknahme besteht kein geringeres Schutzbedürfnis als bei vollständigem Verzicht bzw. vollständiger Rücknahme. *Schlüchter*, Strafverfahren, Rn. 635 wendet § 302 II analog an.

913 BGHSt 3, 46 (47); bestätigend BGHSt 10, 320 (321). Dagegen läßt der BGH in seinem Urteil vom 29.10.1975 (3 StR 340/75) die Frage offen, ob BGHSt 3, 46 weiterhin zu

Diese Auffassung des BGH – das Bestehenbleiben eines *beschränkten* Rechtsmittels – ist jedoch auf starke Kritik gestoßen.[914] Mit Recht wird auf den Widerspruch hingewiesen, der darin liegt, den Teilverzicht als wirkungslos, die Beschränkung dagegen als wirksam anzusehen.[915] Zudem kann es keinen Unterschied machen, ob die Beschränkung sich auf einen nicht abtrennbaren Teil des Urteils bezieht und daher wirkungslos oder der Verteidiger zu einer Beschränkung überhaupt nicht ermächtigt ist.[916] In beiden Fällen muß die Wirkungslosigkeit der Beschränkung zum unbeschränkten Rechtsmittel führen. Daher geht die Gegenansicht zutreffend davon aus, daß die Unwirksamkeit des Verzichts bzw. der Teilrücknahme aufgrund der fehlenden Ermächtigung zu einem unbeschränkten Rechtsmittel führt.[917] Bei dieser Lösung ist der Beschuldigte nicht gehindert, das Rechtsmittel noch wirksam zu beschränken, wenn er ein unbeschränktes Rechtsmittel partout nicht durchführen will. Dagegen dürfte der Hinweis, daß selbst beim bestehenbleibenden beschränkten Rechtsmittel noch die Erweiterungsmöglichkeit gegeben sei[918], in der Regel aufgrund des Ablaufs der Wochenfrist nicht weiterhelfen. Zudem trägt nur die Gegenansicht dem Schutzzweck des Ermächtigungserfordernisses hinreichend Rechnung, bei der in BGHSt 3, 46 vertretenen Lösung (s. o.) würde er dagegen weitgehend leerlaufen.

Festzuhalten ist somit, daß in den Fällen einer fehlenden bzw. nicht hinreichenden Ermächtigung trotz einer erklärten Teilrücknahme bzw. eines erklärten Teilverzichts das Rechtsmittel als unbeschränkt anzusehen ist.

---

folgen sei [zitiert nach *A. Mayer*, MDR 1979, 196 (197)]. Vgl. auch BGHR StPO § 302 Abs. 2 Beschränkung 1, wo die Beschränkung mangels Ermächtigung als unwirksam, die Revision gleichwohl als unbeschränkt angesehen wird. Ob darin eine Abkehr von BGHSt 3, 46 zu sehen ist, bleibt offen, da das Rechtsmittel zunächst unbeschränkt eingelegt worden war und erst später in der Begründungsschrift beschränkt wurde. Dagegen lag in BGHSt 3, 46 von vornherein nur eine beschränkte Revision vor. – Zustimmung aus dem Schrifttum: SK-*Frisch*, StPO, § 302 Rn. 11; LR-*Gollwitzer*, StPO (24. Auflage), § 302 Rn. 27.

914 SK-*Frisch*, StPO, § 318 Rn. 19; *A. Mayer*, MDR 1979, 196; *Meyer-Goßner*, StPO, § 302 Rn. 31a; *Peters*, Strafprozeß, S. 214; *E. Schmidt*, LK II (Nachtragsband), § 302 Rn. 13; *Spendel*, ZStW 1955, 556 (563).

915 *A. Mayer*, MDR 1979, 196; *E. Schmidt*, LK II (Nachtragsband), § 302 Rn. 13.

916 *E. Schmidt*, LK II (Nachtragsband), § 302 Rn. 13.

917 So bereits OGHSt 1, 74 (75); vgl. auch zutreffend OLG Düsseldorf NStZ 1989, 289.

918 So SK-*Frisch*, StPO, § 302 Rn. 11.

4. Kapitel: Die Unbeachtlichkeit eines erklärten Rechtsmittelverzichts

Im vorangegangenen Kapitel wurden u. a. die Voraussetzungen untersucht, die es rechtfertigen, bei einer Erklärung von einem grundsätzlich wirksamen Rechtsmittelverzicht auszugehen. Nun soll der Frage nachgegangen werden, ob es auch Konstellationen gibt, in denen ein solcher Verzicht trotz eindeutiger Erklärung und Erfüllung der allgemeinen Prozeßhandlungsvoraussetzungen *keine* Wirkung entfaltet. Diese Frage hat gerade vor dem Hintergrund der festgestellten Unwiderruflichkeit nach Erklärungszugang weitreichende Bedeutung.

Bevor die einzelnen Konstellationen näher erläutert werden, erfolgt zunächst eine begriffliche Klärung der Bezeichnung des Rechtsmittelverzichts als „unwirksam“ bzw. „unbeachtlich“. Auch wird kurz auf die Überlegung eingegangen, ob die Aufstellung von zusätzlichen, spezifischen Wirksamkeitsvoraussetzungen genauer ist als die Einordnung bestimmter Konstellationen als Fälle der Unwirksamkeit.

I. Vorüberlegungen

1. Terminologie

Noch bevor die dogmatische Begründung der ausnahmsweisen Unbeachtlichkeit eines Verzichts behandelt wird, soll die Kategorie der Unbeachtlichkeit näher erörtert werden. Insoweit besteht, insbesondere wenn man die ältere Literatur mit einbezieht, kein einheitlicher Sprachgebrauch.

Damit verbunden ist die Frage nach den sog. prozessualen Wertkategorien, d. h. den Maßstäben rechtlicher Bewertung für faktische Vorgänge im Prozeßgeschehen.[919] Die Ansicht, welche spezifische prozessuale Wertkategorien generell ablehnt[920], vermag nicht zu überzeugen. Denn sie geht von einem für Prozeßrecht und materielles Recht einheitlichen Bewertungsmaßstab aus.[921] Doch das Verdienst der Allgemeinen Prozeßlehre ist es, die Unterschiede des Prozeßrechts zum materiellen Recht herausgearbeitet und somit eine eigenständige prozessua-

---

919 *Paulus*, GS K. Meyer, S. 309 (318 f.); *Sauer*, Allgemeine Prozeßrechtslehre, S. 214 spricht von „prozessualer Würdigung“.

920 *Grunst*, Prozeßhandlungen, S. 212 ff. Vgl. dazu *Rieß*, ZStW 2004 (Band 116), 188 (191).

921 *Grunst*, Prozeßhandlungen, S. 213 f., die selbst zwischen einer imperativischen und einer funktionalen bzw. dogmatischen Kategorie differenziert.

le Betrachtungsweise entwickelt zu haben.[922] Dieser korrespondieren aber auch eigenständige prozessuale Wertkategorien.[923] Im Gegensatz zum materiellen Recht bewerten sie einen „konkreten Vorgang im Hinblick auf seine Ordnungsmäßigkeit im Funktionszusammenhang des prozessualen Verfahrens".[924] Auch ergibt sich die Notwendigkeit eigener prozessualer Kategorien aus den unterschiedlichen Zwecken, die materielles und Prozeßrecht verfolgen.[925]

Die prozessualen Wertkategorien sind unterschiedliche Ausdrucksformen des Begriffes der prozessualen Tauglichkeit bzw. des Begriffes der Prozeßeignung.[926] Allgemein ist anerkannt, daß die prozessualen Wertungen von denen des materiellen Rechts – beispielsweise rechtmäßig oder rechtswidrig – zu trennen sind.[927]

Zu Recht wird davon ausgegangen, daß die prozessuale Wertung hinsichtlich eines in ihren Bereich fallenden Gegenstandes, beispielsweise einer Prozeßhandlung, entweder ablehnend oder billigend Stellung nimmt.[928] Eine dritte Möglichkeit scheidet insoweit aus.

Hier soll die Untersuchung ausschließlich im Hinblick auf den Rechtsmittelverzicht erfolgen, d. h. auf eine systematische Darstellung der verschiedenen Möglichkeiten prozessualer Kategorien wird verzichtet.[929]

Vornehmlich im älteren Schrifttum ist im Zusammenhang mit der fehlenden Bindungswirkung eines Rechtsmittelverzichts oder einer -zurücknahme von der

---

922 *Sax*, ZZP 1954 (Band 67), 21 f.

923 *Sax*, ZZP 1954 (Band 67), 21 (23).

924 Sax, ZZP 1954 (Band 67), 21 (23).

925 *Paulus*, GS K. Meyer, S. 309 (318 f.).

926 *Foth*, Reines Prozeßrecht, S. 51. *Paulus*, GS K. Meyer, S. 309 (320 f.) faßt daher die verschiedenen prozessualen Wertungen auch unter die Begriffe der „Prozeßordnungsmäßigkeit" bzw. „Prozeßordnungswidrigkeit" zusammen.

927 *Foth*, Reines Prozeßrecht, S. 51; *Henkel*, Strafverfahrensrecht, S. 239; *Paulus*, GS K. Meyer, S. 309 (319); LR-*Rieß*, StPO, Einl. J Rn. 16; KMR-*Sax*, StPO, Einl. X Rn. 4; *ders.*, ZZP 1954 (Band 67), 21 (23). – Zu den sog. „doppelfunktionellen Prozeßhandlungen" vgl. die gleichnamige Arbeit von *Niese* aus dem Jahre 1950. Diese Prozeßhandlungen gestalten nicht nur das Verfahren, sondern sie haben auch Bedeutung im Bereich des materiellen Rechts, vgl. dazu auch *Henkel*, Strafverfahrensrecht, S. 238. KMR-*Sax*, StPO, Einl. X Rn. 4 bezweifelt, daß damit ein Erkenntnisgewinn verbunden ist. *Peters*, Strafprozeß, S. 254 zieht den Begriff „doppelwirksame Prozeßhandlungen" vor.

928 So ausdrücklich nur *Sauer*, Grundlagen, S. 106. Diese Grundannahme liegt aber allen entsprechenden Darstellungen zugrunde.

929 Vgl. dazu aus Sicht der Allgemeinen Prozeßrechtslehre ausführlich *Sauer*, Grundlagen, S. 106 ff., *ders.*, Allgemeine Prozeßrechtslehre, S. 214 ff.

Gültigkeit bzw. Ungültigkeit der Prozeßhandlung die Rede.[930] Als ungültig wird eine Prozeßhandlung dann angesehen, wenn sie an einem begriffswesentlichen Mangel leidet.[931] Der ungültige Prozeßakt sei nicht nur fehlerhaft, sondern bereits ein Nichtprozeßakt; Folge der Ungültigkeit sei die Unbeachtlichkeit des betreffenden Aktes; auf die Geltendmachung könne daher verzichtet werden.[932]

Die heute ganz überwiegende Ansicht bewertet den Rechtsmittelverzicht entweder als „wirksam" oder „unwirksam".[933] Nach *Sauer* ist eine Prozeßhandlung dann wirksam, wenn sie ihren Zweck erreicht; im Gegensatz zur Gültigkeit erfolgt nicht eine generelle, sondern eine konkrete Betrachtung.[934] Bei der Frage nach der Wirksamkeit untersucht er also die Prozeßhandlung im konkreten Fall auf ihre prozessuale Zweckmäßigkeit hin. Ob die herrschende Meinung bei der Verwendung dieser Wertungskategorie ein solches Verständnis zugrunde legt, bleibt offen. In der Regel erfolgt die Bewertung mit wirksam bzw. unwirksam ohne ein näheres Eingehen auf diese Kategorie prozessualer Wertung. Vermutlich rührt dies von der gesetzlichen Terminologie in § 302 I 1 her.

Auch erfolgt bisweilen eine Zusammenfassung der Ungültigkeit und der Unwirksamkeit unter dem Begriff der Nichtigkeit.[935] Nichtigkeit der Prozeß-

---

930 *Sauer*, Allgemeine Prozeßrechtslehre, S. 135; *Schäfer*, Strafprozeßrecht, S. 133; vgl. aus dem aktuellen Schrifttum *Roxin*, Strafverfahrensrecht, § 22 Rn. 6, der sowohl von Gültigkeit als auch von Wirksamkeit spricht. Aus der Rechtsprechung: OLG Hamburg NJW 1969, 1976 (1977); vgl. auch BGHSt 17, 14 (18 f.) einerseits und S. 20 f. andererseits, wo von der Wirksamkeit eines Verzichts die Rede ist. – Für den Zivilprozeß: *Lange*, ZZP 1928 (Band 53), 246 (250); *Nußbaum*, Prozeßhandlungen, S. 66 ff.; unerörtert bleibt diese Fragestellung bei Thomas/*Putzo*, ZPO, Einl. III Rn. 1 ff.

931 *Schäfer*, Strafprozeßrecht, S. 132.

932 *Sauer*, Allgemeine Prozeßrechtslehre, S. 221, 225

933 RGSt 64, 14; BGH JR 1952, 483; BGHSt 19, 101 (103); BGH GA 1969, 281; BGHSt 46, 257; 47, 238; BGH NJW 2004, 1885; OLG Hamm NJW 1956, 1330; OLG Bremen NJW 1961, 2271; OLG Hamburg NJW 1964, 1039 (1040); OLG München StV 1998, 646; OLG Brandenburg StraFo 2001, 136; OLG Jena NJW 2003, 3071; KG NStZ-RR 2004, 175 (176); *Beulke*, Strafprozeßrecht, Rn. 544; *Dahrmann*, Widerruf, S. 23, 65 (Fußnote 200); *Koch*, JR 1964, 255; *Kühne*, Strafprozeßrecht, Rn. 680; *Meyer-Goßner*, StPO, § 302 Rn. 10, 23 ff.; *Oehler*, JZ 1964, 227 (228); *Peters*, Strafprozeß, S. 231, 234; *Pfeiffer*, StPO, § 302 Rn. 3 f. Aus dem älteren Schrifttum bereits *Beling*, Strafprozeßrecht, S. 204; *Siegert*, Prozeßhandlungen, S. 67, 69. – OLG Koblenz DRZ 1949, 453 spricht demgegenüber lediglich von einem „nicht bindenden Rechtsmittelverzicht".

934 *Sauer*, Grundlagen, S. 106 f.; *ders.*, Allgemeine Prozeßrechtslehre, S. 215, 223 f. Nach *Dahrmann*, Widerruf, S. 65 (Fußnote 200) umfaßt diese Kategorie die Prozeßhandlungen, die bei materiell-rechtlicher Betrachtungsweise als ungültig oder nichtig zu bezeichnen wären. – Zum Begriff der Unwirksamkeit im Bürgerlichen Recht vgl. Larenz/*Wolf*, AT, § 44 Rn. 1 ff.

935 *Beling*, Strafprozeßrecht, S. 202; *Sauer*, Allgemeine Prozeßrechtslehre, S. 220 f.; *ders.*, JR 1951, 257 (258) lehnt aber eine Zusammenfassung unter den Begriff der Nichtbeachtlichkeit ab. – Eine Erörterung der Nichtigkeit findet im älteren Schrifttum v. a. im

handlung bedeute für jeden Beteiligten die Unbeachtlichkeit, d. h. eine Geltendmachung sei nicht erforderlich.[936]

Hier wird im Anschluß an die Untersuchungen *Goldschmidts* und *Eberhard Schmidts* der prozessualen Kategorie „beachtlich" bzw. „unbeachtlich" der Vorzug eingeräumt.[937] Zuzugeben ist allerdings, daß damit allein noch keine inhaltlichen Kriterien für die Bestimmung der Unbeachtlichkeit gewonnen sind. Es handelt sich eher um einen begrifflich-systematischen Gewinn.[938]

Ausgangspunkt für eine Begründung dieser Begriffswahl ist der unterschiedliche Charakter der Prozeßhandlungen. Sie lassen sich hinsichtlich ihrer prozessualen Wirkung in die bereits o. g. Erwirkungs- und Bewirkungshandlungen einteilen. Daher ist auch für die Frage nach der prozessualen Wertung zwischen den beiden Arten von Prozeßhandlungen zu differenzieren.[939]

Die entsprechenden Wertkategorien ergeben sich aus der prozessualen Betrachtung und müssen sich auf die funktionale Bedeutung der verschiedenen Prozeßhandlungen beziehen.[940] Für den Rechtsmittelverzicht als Bewirkungshandlung ist daher von Bedeutung, daß er aus sich heraus die Rechtslage ändert. Für seine Eignung, die Prozeßlage zu gestalten, ist daher allein erheblich, ob der Verzicht auf Rechtsmittel für das Gericht beachtlich ist oder nicht.[941] Eine prozessuale Wirkung tritt nur dann ein, wenn die Prozeßhandlung beachtlich ist. Die Beachtlichkeit ist somit eine Vorfrage der Wirkung, d. h. die Frage der Wirkung einer Bewirkungshandlung läßt erst dann beantworten, wenn die Frage der Beachtlichkeit geklärt ist. Der Vorzug besteht in der größeren Klarheit, dies

---

Zusammenhang mit dem nichtigen Urteil statt, vgl. *Gerland*, Strafprozeß, S. 295; *von Hippel*, Strafprozeß, S. 375 sowie die Nachweise bei *Sauer*, Allgemeine Prozeßrechtslehre, S. 223; aus der Rechtsprechung vgl. RGSt 40, 271 (273).

936 *Sauer*, Allgemeine Prozeßrechtslehre, S. 220, 225. Vgl. auch *Goldschmidt*, Prozeß als Rechtslage, S. 371.

937 *Goldschmidt*, Prozeß als Rechtslage, S. 371, 457, 471; *E. Schmidt*, LK I, Rn. 227 ff., 241; *ders.*, Strafprozeßrecht, S. 78.

938 Vgl. *Paulus*, GS K. Meyer, S. 309 (318 f.), der bei grundsätzlicher Anerkennung prozessualer Wertkategorien aber deren unterschiedliche Qualität leugnet; sie sollen alle nämlich über die Prozeßordnungsgemäßheit Auskunft geben. Vgl. auch *Rieß*, ZStW 2004 (Band 116), 188 (191), der einer exklusiven Bedeutung kritisch gegenüber steht, aber doch von „arbeitstechnischen Vorteilen" spricht.

939 *Dahrmann*, Widerruf, S. 23; *Henkel*, Strafverfahrensrecht, S. 239 f.; *Joachim*, Willensmängel, S. 252; *Niese*, Doppelfunktionelle Prozeßhandlungen, S. 91. – Andere Ansicht: *Sauer*, JR 1951, 257 (258 [Fußnote 5]).

940 *E. Schmidt*, LK I, Rn. 230.

941 So auch *Foth*, Reines Prozeßrecht, S. 64 f.; *Henkel*, Strafverfahrensrecht, S. 240; *Joachim*, Willensmängel, S. 253 f.; *Niese*, Doppelfunktionelle Prozeßhandlungen, S. 93; LR-*Schäfer*, StPO (24. Auflage), Einl. Kap. 10 Rn. 31. Zu den Wertkategorien der Erwirkungshandlungen vgl. *Foth*, Reines Prozeßrecht, S. 52 ff.; *Niese*, Doppelfunktionelle Prozeßhandlungen, S. 94 ff.; *E. Schmidt*, LK I, Rn. 234 ff.

zeigt insbesondere die schwierige Abgrenzbarkeit zwischen Ungültigkeit, Unwirksamkeit und Nichtigkeit.[942]

Zum Teil wird eine Ablehnung der zuvor genannten prozessualen Wertkategorien auch damit begründet, daß diese materiellrechtliche Wertkategorien seien.[943] Nach *Goldschmidts* Ansicht handelt es sich bei der Beachtlichkeit um die „prozessuale Übersetzung" des materiellrechtlichen Begriffes der „Gültigkeit" oder „Wirksamkeit".[944]

Gegen die Wertkategorie der Beachtlichkeit spricht beim Verzicht auf Rechtsmittel auch nicht, daß das Gesetz insoweit von der „Wirksamkeit" spricht.[945] Denn zutreffend weist *Eberhard Schmidt* darauf hin, daß die Wahl der Wertkategorien in der StPO nicht nach einheitlichen Gesichtspunkten erfolgt ist; das Sprachgefühl sei insoweit für die Wahl des Wertausdrucks maßgeblich gewesen.[946]

2. Methodisches Überlegungen

a) Einzelfallabwägung oder einheitlicher Maßstab

Zu Beginn der methodischen Überlegungen stellt sich die Frage, ob die Umstände des konkreten Falles oder abstrakte Kriterien zur Begründung der Unbeachtlichkeit eines Rechtsmittelverzichts heranzuziehen sind.[947]

Die Rechtsprechung zeichnete sich bisher dadurch aus, daß sie bei der Annahme der Unbeachtlichkeit eines Rechtsmittelverzichts von den Umständen des Einzelfalls ausging. Im Vordergrund der Überlegungen stand somit eine einzelfallbezogene Abwägung der Gerechtigkeit mit der Rechtssicherheit. Letztere solle für die Rechtsbeständigkeit der Verzichtserklärung streiten, wohingegen die Gerechtigkeit für die ausnahmsweise Berücksichtigung beispielsweise eines Willensmangels spreche.[948] Grundsätzlich wurde der Rechtssicherheit in Form der Bindungswirkung eines Verzichts der Vorrang eingeräumt.

---

942 *Niese*, Doppelfunktionelle Prozeßhandlungen, S. 92. *Grunst*, Prozeßhandlungen, S. 215 (Fußnote 1183) hält eine Differenzierung nicht für erforderlich; so sei beispielsweise die Zulässigkeit eine andere Form bzw. Stufe der Wirksamkeit.

943 *Foth*, Reines Prozeßrecht, S. 53 ff. spricht diesbezüglich von „mit der prozessualen Begriffswelt inkompatiblen Wertkategorien".

944 *Goldschmidt*, Prozeß als Rechtslage, S. 371, 457 (Fußnote 2423). Dagegen wendet sich ausdrücklich *Sauer*, JR 1951, 257 (258).

945 *Foth*, Reines Prozeßrecht, S. 44.

946 *E. Schmidt*, LK I, Rn. 231 (Fußnote 431); vgl. auch *dens.*, LK I, Rn. 227 zu den Wertkategorien des GG und des BGB. Vgl. dazu auch *Foth*, Reines Prozeßrecht, S. 42 ff.

947 *Erb*, GA 2000, 511 (520).

948 OLG Hamburg NJW 1969, 1976 (1977).

Aber der BGH hob in einer Entscheidung aus dem Jahre 1961 ausdrücklich hervor: „Das Gebot der Gerechtigkeit zwingt zu Ausnahmen von der unbedingten Gültigkeit der Rechtsmittelerklärungen und von der grundsätzlichen Unbeachtlichkeit erwiesener Willensmängel“.[949] Diese – seitens des BGH erstmalige – Anerkennung der grundsätzlichen Möglichkeit eines unbeachtlichen Rechtsmittelverzichts aufgrund eines Willensmangels hat seitdem in der gesamten Rechtsprechung Zustimmung gefunden.[950]

Die Unbeachtlichkeit des Rechtsmittelverzichts soll sich auf „besonders gelagerte Ausnahmefälle“ beschränken. Begründet wird die Unbeachtlichkeit eines Verzichts und die Durchbrechung der Rechtssicherheit mit dem „Gebot der Gerechtigkeit“[951], „Gründen der Gerechtigkeit“[952] oder den „besonderen verfahrensrechtlichen Gegebenheiten“[953]. Die Bezugnahme auf die Besonderheiten des Einzelfalles tragen somit zur Wahrung des Ausnahmecharakters der Unbeachtlichkeit eines Verzichts bei.[954]

In der neueren Rechtsprechung des BGH findet sich zunehmend eine Präzisierung der Unbeachtlichkeitsgründe, indem unter Verzicht auf eine Argumentation mit den Verfahrenszielen „Rechtssicherheit“ und „Gerechtigkeit“ versucht wird, besondere Verfahrenskonstellationen herauszuarbeiten. Dies zeigt sich bereits an dem o. g. Topos der „besonderen verfahrensrechtlichen Gegebenheiten“. Dabei bleibt die Rechtsprechung jedoch nicht stehen, sondern sie versucht diese Gegebenheiten zu beschreiben. Somit nähert sie sich einer Fallgruppenbildung an. Exemplarisch kommt dies in BGHSt 45, 51 (53) aus dem Jahre 1999 zum Ausdruck: „Die Rechtsprechung erkennt allerdings Ausnahmen an. In Betracht kommen namentlich drei Fallgruppen: Schwerwiegende Willensmängel, unzulässige Absprachen und sonstige Umstände der Art und Weise des Zustandekommens des Rechtsmittelverzichts.“ Knapp ein Jahr später findet sich die – soweit ersichtlich – letzte Entscheidung des BGH, in der im Zusammenhang mit der Unbeachtlichkeit des Rechtsmittelverzichts allgemein auf Gerechtigkeitsgründe Bezug genommen wird.[955] Freilich bieten auch die o. g. Fallgruppen noch hinreichend Spielraum, um die Belange des Einzelfalls zu berücksichtigen.

---

949 BGHSt 17, 14 (18).

950 BGHSt 45, 51 (53); OLG Hamburg NJW 1969, 1976 (1977); OLG Frankfurt NJW 1971, 949 (950); OLG Koblenz NStZ-RR 1996, 306 (307).

951 BGHSt 17, 14 (18); KG JR 1977, 34.

952 BGH NStZ 2000, 441 (442); BGHSt 45, 51 (53); OLG Frankfurt NJW 1971, 949 (950).

953 BGHSt 47, 238 (239).

954 *Erb*, GA 2000, 511 (522).

955 Vgl. BGH (Beschluß vom 13.01.2000 - 4 StR 619/99) NStZ 2001, 441 (442) sowie spätere Entscheidungen des 5. Strafsenats, in denen entweder nur noch auf die „besonderen verfahrensrechtlichen Gegebenheiten“ abgestellt wird (BGHSt 47, 238 [239]) oder die Ausnahmen ohne nähere Begründungen genannt werden (BGH wistra 2002, 26 [27]; BGH NJW 2004, 1885).

Man denke nur an den nicht sehr bestimmten Begriff der „schwerwiegenden Willensmängel" – unklar bleibt, ob sich die Schwere auf die Intensität des Willensmangels oder auf dessen Folgen für den Beschuldigten zu beziehen hat. Gleichfalls bietet der Bereich der „Art und Weise des Zustandekommens" als mögliche Ausnahme von der Beachtlichkeit des Verzichts ein weites Feld für Einzelfallerwägungen.

Bereits das OLG Hamburg merkte im Jahre 1969 an, daß von der höchstrichterlichen Rechtsprechung nicht die Grenzen für die Zulassung von Ausnahmen festgelegt worden seien.[956] Damit wird genau die Kritik des Schrifttums an der Rechtsprechung beschrieben. Zwar werden die Entscheidungen zur Unbeachtlichkeit eines Verzichts auf Rechtsmittel in den allermeisten Fällen im Ergebnis gebilligt, aber das methodische Vorgehen stößt auf Widerspruch.[957] Die Notwendigkeit einer gelegentlichen Durchbrechung der Bindungswirkung eines Verzichts wird zugestanden bzw. nachdrücklich gefordert, aber für die praktische Umsetzung werden v. a. einheitliche Maßstäbe bzw. Kriterien verlangt.

So wird die – zumindest frühere – Rechtsprechung als zu allgemein und uneinheitlich kritisiert.[958] Insbesondere die Gerechtigkeitserwägungen sind auf Widerspruch bzw. Ablehnung gestoßen.[959]

Zutreffend wird auf die dadurch bedingte Rechtsungleichheit und die infolgedessen vorherrschende Rechtsunsicherheit hingewiesen. Auch bei der neueren Rechtsprechung, die erkennbar versucht, den Eindruck bloßer Billigkeitsentscheidungen zu vermeiden, wird die fehlende Abgeschlossenheit der Entwicklung bemängelt.[960]

Das Schrifttum will dagegen mit Recht die Problematik nicht mittels Einzelfallerwägungen lösen. Statt dessen wird versucht, allgemeine Wertungen zu konkretisieren und einheitliche Maßstäbe für die Beurteilung der relevanten Konstellationen zu entwickeln. Diese erfahren zunächst eine eingehende Beschreibung bzw. Typisierung, so daß Fallgruppen entstehen. Für diese wird versucht, Lösungen zu entwickeln, die über den Einzelfall hinaus Bestand haben. Das

---

956 OLG Hamburg NJW 1969, 1976 (1977).

957 Hinsichtlich BGHSt 17, 14 vgl. nur die Anmerkungen von *E. Schmidt*, JR 1962, 290 ff. und *Oehler*, JZ 1963, 227 f.

958 AK-*Achenbach*, StPO, § 302 Rn. 22; SK-*Frisch*, StPO, § 302 Rn. 25; LR-*Hanack*, StPO, § 302 Rn. 50; Brüssow/Gatzweiler/Krekeler/Mehle/*Rieß*, Strafverteidigung, § 11 Rn. 122; KMR-*Sax*, StPO, Einl. X Rn. 29.

959 *Joachim*, Willensmängel, S. 270; *E. Schmidt*, JR 1962, 290 (293). Vgl. auch *Dahs*, FS Schmidt-Leichner, S. 17 (21): „Das Postulat der »gerechten Entscheidung des Einzelfalls« ist für den Strafprozeß ein inhaltlich und in den Grenzen nicht faßbarer Begriff und damit in seiner Anwendbarkeit von zweifelhaftem Wert." – Vgl. dagegen aber *H. W. Schmidt*, NJW 1965, 1210 (1211).

960 SK-*Frisch*, StPO, § 302 Rn. 25.

Bestreben geht also dahin, die Voraussetzungen und die Abgrenzung des unbeachtlichen Verzichts abstrakt festzulegen.[961] Durch Herausarbeitung eines allgemeinen Wertungsmaßstabs soll eine einheitliche Rechtsanwendung gewährleistet werden. Denn die Rechtssicherheit wird nicht so sehr durch die Unbeachtlichkeit eines Rechtsmittelverzichts als durch die Art der Bestimmung der Ausnahmen beeinträchtigt.[962]

Der Weg dahin und die hierbei erzielten Ergebnisse sind jedoch mitunter sehr unterschiedlich.

So untersucht *Dencker* in seiner Dissertation „Willensfehler bei Rechtsmittelverzicht und Rechtsmittelzurücknahme im Strafprozeß“ aus dem Jahre 1971 die relevanten Konstellationen darauf, ob der mit dem Verzicht verfolgte Zweck – die Herbeiführung von Rechtsfrieden – erreicht wird oder nicht.[963] Im Ergebnis gelangt er zu einer weitgehenden Befreiung des Beschuldigten von der Bindungswirkung eines Verzichts.

In der jüngst erschienenen Dissertation „Willensmängel beim Rechtsmittelverzicht des Angeklagten im Strafverfahren“ von *Frank Meyer* wird dagegen ein anderer Weg beschritten. *Meyer* nimmt bei den einzelnen Willensmängeln, wobei er diesen Begriff sehr weit faßt, jeweils eine Verantwortungsabschichtung vor.[964] Eine Unbeachtlichkeit des Verzichts bejaht er nur dann, wenn die Ursache für den Willensmangel nicht in den Verantwortungsbereich des Beschuldigten fällt.[965] Trage dagegen der Beschuldigte für den Willensmangel Verantwortung, so müsse er sich auch an dem Verzicht festhalten lassen. Zur Vereinheitlichung trägt also der – für die jeweilige Konstellation ermittelte – Verantwortungsmaßstab bei.[966] Ohne auf diese Untersuchungen hier schon näher einzugehen, wird doch das Bemühen sichtbar, innerhalb einer Fallgruppe einheitliche Lösungen zu erzielen.

Hier soll ebenfalls versucht werden, bei der Frage nach der Unbeachtlichkeit eines Verzichts Kriterien anzugeben, die unabhängig von den Umständen des Einzelfalls zu einer Lösung herangezogen werden können. Eine Abwägung zwischen Gerechtigkeit und Rechtssicherheit im Einzelfall als allgemeiner Lösungsmaßstab wird somit grundsätzlich abgelehnt. Dies heißt aber nicht, daß ausnahmsweise in einzelnen Konstellationen nicht doch einmal hierauf zurückgegriffen wird.

---

961 *Dahs*, FS Schmidt-Leichner, S. 17 (21); *Erb*, GA 2000, 511 (522 ff.).

962 *Erb*, GA 2000, 511 (522); *F. Meyer*, Willensmängel, S. 28.

963 *Dencker*, Willensfehler, S. 37 ff., 57.

964 *F. Meyer*, Willensmängel, S. 25, vgl. auch S. 192: „Die Verantwortungsverteilung hat im Rahmen der vorliegenden Untersuchung somit die Funktion, den Begriff der Gerechtigkeit handhabbar zu machen.“

965 *F. Meyer*, Willensmängel, S. 27.

966 So betont *F. Meyer*, Willensmängel, S. 27 f., daß nur die Abstraktheit des Untersuchungsansatzes der Rechtssicherheit Rechnung trage.

b) Beachtlichkeitsvoraussetzungen oder Unbeachtlichkeitsgründe?

Die Entscheidung, auf Einzelfallabwägungen zugunsten eines abstrakten Maßstabs zu verzichten, führt zu der weiteren Frage, wie dieser Maßstab beschaffen sein sollte. Grundsätzlich bieten sich zwei Möglichkeiten an: zum einen die Aufstellung positiv umschriebener Voraussetzungen für einen beachtlichen Verzicht, zum anderen negativ formulierte Gründe, die zur Unbeachtlichkeit des Verzichts führen.

Letztere Konstellation, also die fehlende Formulierung von Voraussetzungen, belegt nach *Frischs* Auffassung ein „theoretisches Defizit". Denn Sachverhalte der Unwirksamkeit zu umschreiben, sei vielfach einfacher, als die Voraussetzungen der Wirksamkeit exakt zu formulieren.[967] *Frisch* will somit nicht dabei stehen bleiben, lediglich bestimmte personale Voraussetzungen positiv zu benennen – wie beispielsweise die Verhandlungsfähigkeit –, sondern auch das Zustandekommen des Rechtsmittelverzichts soll davon abhängen, daß bestimmte *Voraussetzungen* erfüllt werden.[968] Nur wenn diese positiv zu benennenden Umstände gegeben seien, könne von einer wirklichen Disposition über das Rechtsmittel in Form eines Verzichts ausgegangen werden.[969]

Es ist jedoch zu bezweifeln, ob die Benennung von Umständen, die zur Unbeachtlichkeit führen, wirklich von geringerem Erkenntnisgewinn ist als die Aufstellung von Beachtlichkeitsvoraussetzungen. Vielmehr ist entscheidend, wie präzise die Umstände beschrieben werden, die zur Unbeachtlichkeit eines Verzichts führen. Beruht die Unbeachtlichkeit auf allgemeinen Gerechtigkeitserwägungen, erscheint es verständlich, handhabbarere Beachtlichkeitsvoraussetzungen zu verlangen. Vermeidet man jedoch diese Unschärfe, so kann ein „theoretisches Defizit" nicht beklagt werden.

Auch für die Rechtsfolge – bezogen auf den Rechtsmittelverzicht – sind keine Unterschiede zwischen den beiden methodischen Alternativen festzustellen. Dies ist eher eine Frage des Erfordernisses einer Geltendmachung der Unbeachtlichkeit – gleichgültig, ob bezogen auf fehlende Voraussetzungen oder auf vorliegende besondere Umstände.[970] So sehen auch Vertreter des Schrifttums, die Umstände herausgearbeitet haben, welche zur Unbeachtlichkeit eines Verzichts führen, von einer besonderen Erklärung bzw. Geltendmachung der Unbeachtlichkeit ab.

Zudem ist es auch nur eine Frage der Formulierung, ob auf fehlende Voraussetzungen oder auf eingetretene Beachtlichkeitshindernisse abgestellt wird. So kann als Voraussetzung für die Beachtlichkeit eines Rechtsmittelverzichts

---

967 SK-*Frisch*, StPO, § 302 Rn. 21.

968 SK-*Frisch*, StPO, § 302 Rn. 21, 26.

969 SK-*Frisch*, StPO, § 302 Rn. 26.

970 Dazu ausführlicher in diesem Kapitel unter IV.

beispielsweise das Vorhandensein einer Rechtsmittelbelehrung verlangt werden; kein Unterschied ergibt sich dann zum Unbeachtlichkeitsgrund der fehlenden Rechtsmittelbelehrung.

Eine vergleichbare Situation findet sich im Bereich der (fehlenden) Prozeßvoraussetzungen und (vorliegenden) Prozeßhindernisse[971] im Strafprozeß.[972] Hierbei geht die ganz überwiegende Meinung mit Recht davon aus, daß beide Begriffe gleichbedeutend und somit austauschbar sind.[973] Diese Erkenntnis beruht ebenfalls auf der nahezu beliebigen Formulierungsmöglichkeit.[974] So stellen sich Prozeßvoraussetzungen als das Nichtvorhandensein von Prozeßhindernissen dar[975], oder m. a. W.: Prozeßhindernisse sind gegeben, wenn Prozeßvoraussetzungen fehlen. Daher verwundert es nicht, wenn zum Teil nur von positiven und negativen Prozeßvoraussetzungen gesprochen wird.[976] Angesichts dieser Gleichstellung ist daher nicht nur das Gegebensein der Prozeßvoraussetzungen in jeder Verfahrenslage von Amts wegen zu prüfen, sondern auch das Fehlen der Prozeßhindernisse.[977]

---

971 Für Prozeßhindernisse findet sich auch der Ausdruck „Verfahrenshindernisse"; damit ist jedoch keine inhaltliche Abweichung verbunden, vgl. OLG Celle NStZ 1983, 233; *E. Schmidt*, LK I, Rn. 193.

972 Etwas anderes gilt für den Zivilprozeß, da dort unter Prozeßvoraussetzungen nur die von Amts wegen zu prüfenden Zulässigkeitsvoraussetzungen verstanden werden, vgl. Thomas/Putzo/*Reichold*, ZPO, Vor § 253 Rn. 10 ff. Zum Teil wird auch der Begriff der Sachurteilsvoraussetzungen bevorzugt, vgl. *Lüke*, Zivilprozeßrecht, Rn. 149. Dagegen sind Prozeßhindernisse jene Zulässigkeitsvoraussetzungen, deren Fehlen das Gericht nur bei Rüge durch eine Partei berücksichtigt – das Gesetz spricht insoweit von verzichtbaren Rügen (vgl. § 532 ZPO).

973 *Kühne*, Strafprozeßrecht, Rn. 680; LR-*Rieß*, StPO, Einl. J Rn. 45; *Volk*, Strafprozeßrecht, § 14 Rn. 3. Aus dem älteren Schrifttum: *Beling*, Strafprozeßrecht, S. 96; *Dohna*, Strafprozeßrecht, S. 51; *Henkel*, Strafverfahren, S. 297; *von Hippel*, Strafprozeß, S. 372. – Andere Ansicht: OGHSt 1, 203 (207 f.) – Anwendung des Zweifelssatzes nur auf Prozeßvoraussetzungen, nicht aber auf Prozeßhindernisse. In neuerer Zeit kritisch *Meyer-Goßner*, StPO, Einl. Rn. 142: durch die Gleichbehandlung werde verhindert, rechtliche Unterschiede erfassen zu können; *Meyer-Goßner* schlägt daher vor, zwischen Befassungsverboten und Bestrafungsverboten zu differenzieren (a. a. O., Rn. 143 ff.).

974 *Henkel*, Strafverfahren, S. 297; *Niese*, DRZ 1949, 505 (506). Vgl. BGH NJW 1975, 85 (886), wo die Anwesenheit als Prozeßvoraussetzung oder die Abwesenheit als Prozeßhindernis gesehen wird. *Sauer*, Allgemeine Prozeßrechtslehre, S. 204 weist sogar auf die Entbehrlichkeit des Begriffes „Prozeßhindernis" hin; lediglich aus sprachlichen Gründen – zwecks Vermeidung von Negativen – solle er beibehalten werden.

975 *Henkel*, Strafverfahrensrecht, S. 352.

976 *Niese*, DRZ 1949, 505 (507); *E. Schmidt*, LK I, Rn. 193.

977 BGHSt 6, 304 (305 f.); 29, 94; OLG Celle NStZ 1983, 233; *E. Schmidt*, LK I, Rn. 195. Einschränkend *Meyer-Goßner*, StPO, Einl. Rn. 150, wonach dies nur für Verfahrenshindernisse gelten soll, die ein Befassungsverbot darstellen.

Festgehalten werden kann, daß es für die folgenden Überlegungen nicht ausschlaggebend ist, ob Konstellationen herausgearbeitet werden, in denen von der Unbeachtlichkeit des Verzichts ausgegangen werden muß, oder ob besondere Pflichten des Gerichts bzw. das Vorliegen bestimmter Umstände als Voraussetzungen für die Beachtlichkeit des Verzichts genannt werden.

II. Fürsorgepflichtverstoß als Grundlage der Unbeachtlichkeit

Nach diesen Vorüberlegungen wird versucht, die möglichen Konstellationen der Unbeachtlichkeit eines Verzichts auf eine gemeinsame Grundlage zurückzuführen. Als eine solche wird hier ein Verstoß gegen die prozessuale Fürsorgepflicht vorgeschlagen. Mittels einer solchen dem Gericht und anderen Justiz- bzw. Rechtspflegeorganen auferlegten Pflicht werden die verschiedenen diskutierten Konstellationen eines unbeachtlichen Rechtsmittelverzichts einer vergleichbaren Betrachtung unterworfen. Es werden Gemeinsamkeiten dieser Fälle offengelegt und eine einheitlichere Wertung ermöglicht. Dafür bedarf es aber zunächst einer einführenden Betrachtung der Fürsorgepflicht im allgemeinen, bevor einzelne Fürsorgepflichten in bezug auf den Rechtsmittelverzicht erörtert werden.

1. Die Fürsorgepflicht im allgemeinen Verständnis

a) Begriff

Der Begriff der Fürsorgepflicht findet sich zwar nicht im für den Strafprozeß maßgebenden Gesetz, der StPO, dafür aber in jedem Stichwortverzeichnis eines Lehrbuches zum Strafprozeßrecht; zudem erfährt die Fürsorgepflicht eine eingehende Behandlung in mehreren strafprozessualen Dissertationen.[978] Auch die Rechtsprechung bedient sich dieses Begriffes in verschiedenen Zusammenhängen. Erstmalig war von einer Fürsorgepflicht in einer Entscheidung des OLG Hamburg aus dem Jahre 1955 die Rede.[979] Der BGH argumentierte mit ihr erstmals in einem Urteil aus dem Jahre 1963.[980] Geprägt bzw. zuerst verwendet hat diesen Begriff *Niethammer* in einer Urteilsanmerkung aus dem Jahre 1953.[981]

---

978 Vgl. *Kumlehn*, Gerichtliche Fürsorgepflicht im Strafverfahren (1976); *Hegmann*, Fürsorgepflicht gegenüber dem Beschuldigten im Ermittlungsverfahren (1980); *Plötz*, Die gerichtliche Fürsorgepflicht im Strafverfahren (1980); *Hübner*, Allgemeine Verfahrensgrundsätze, Fürsorgepflicht oder fair trial? (1983); *Kielwein*, Die prozessuale Fürsorgepflicht im Strafverfahren (1985).

979 OLG Hamburg NJW 1955, 1938, welches zudem von einer nicht eng auszulegenden Fürsorgepflicht ausgeht.

980 BGH NJW 1963, 1114 (1115), wo aber noch offen gelassen wird, ob bei einer Fürsorgepflichtverletzung aufgrund der Beschränkung der Verteidigung des Beschuldigten diese für sich allein einen Revisionsgrund bildet oder nur im Rahmen des § 338 Nr. 8

Faßt man die verschiedenen Begriffsbestimmungen zusammen, so offenbart sich als Gemeinsamkeit bzw. charakteristisches Merkmal der gerichtlichen Fürsorge, daß es um eine Hilfestellung des Gerichts für den Beschuldigten geht, so daß dieser zu einer selbstbestimmten und eigenverantwortlichen Interessenwahrnehmung befähigt wird.[982] Diese Verantwortung des Gerichts gegenüber dem Beschuldigten ist es, welche die Fürsorgepflicht als eine Generalklausel zum Schutz des Angeklagten „vor Mißbrauch der im Gerichtsverfahren ausgeübten staatlichen Macht“[983] erscheinen läßt. Auch wenn diese Bezeichnung den Eindruck erweckt, daß ohne eine Fürsorgepflicht der Beschuldigte völlig schutzlos staatlicher bzw. gerichtlicher Willkür ausgeliefert wäre – was sicherlich so nicht zutrifft –, verdeutlicht sie doch unmißverständlich die Intention der Fürsorgepflicht. Zutreffend ist die Kennzeichnung von *Roxin*, daß die gerichtliche Fürsorgepflicht „v. a. gegenüber dem rechtsunkundigen Angeklagten das wichtigste Regulativ für eine fair gehandhabte Inquisitionsmaxime ist“.[984]

Als Bestandteile der prozessualen Fürsorgepflicht sind vorrangig Pflichten zur Belehrung und Aufklärung zu nennen – dazu näher beim Überblick über die einzelnen Erscheinungsformen.

Die Bezeichnung als „gerichtliche“ Fürsorgepflicht meint nur, daß das Gericht als wichtigster Adressat anzusehen ist; sie schließt aber nicht aus, daß eine Pflicht zur prozessualen Fürsorge auch andere Verfahrensbeteiligte trifft. Nach überwiegender Meinung wird dies für die Vertreter der Staatsanwaltschaft angenommen.[985] Darüber hinaus wird eine solche Pflicht zutreffend auch für andere Justizorgane in Betracht gezogen, wie z. B. den Urkundsbeamten, was insbesondere bei dessen Aufnahme von Erklärungen zu Protokoll der Geschäftsstelle relevant wird.[986] Im Ergebnis wird eine Pflicht zur prozessualen Fürsorge somit

---

beachtlich ist. Zuweilen wird auch das Urteil in BGHSt 22, 118 (122) als erstmalige Erwähnung der Fürsorgepflicht in der Rechtsprechung des BGH genannt.

981 *Niethammer*, JZ 1953, 472 (473).

982 OLG Saarbrücken VRS 1963 (Band 25), 66 (67); *Geppert*, Jura 1992, 597 (600 f.); *Hegmann*, Fürsorgepflicht, S. 88; *Kumlehn*, Fürsorgepflicht, S. 2; *R. Schmidt*, JuS 1967, 158 (162); vgl. auch Tilch/Arloth/*Grüneberg*, Rechts-Lexikon, Bd. 2, S. 3397.

983 *Wolf*, Verfahrensrecht, S. 179.

984 *Roxin*, Strafverfahrensrecht, § 42 Rn. 23. Zustimmend SK-*Rogall*, StPO, Vor § 133 Rn. 114.

985 *Gössel*, Strafverfahrensrecht I, S. 166; *Hegmann*, Fürsorgepflicht, S. 87; *Kumlehn*, Fürsorgepflicht, S. 3; *Meyer-Goßner*, StPO, Einl. Rn. 161; *Plötz*, Fürsorgepflicht, S. 210; SK-*Rogall*, StPO, Vor § 133 Rn. 115; *Zipf*, Strafprozeßrecht, S. 90; *Hübner*, Fürsorgepflicht, S. 20 ff. – allerdings nur soweit es nicht um die typische Verfolgungspflicht der Staatsanwaltschaft geht. Vgl. aber KMR-*Sax*, StPO, Einl. XII Rn. 12, der dies für wenig sinnvoll hält. *Roxin*, Strafverfahrensrecht, § 42 Rn. 23 stellt nur auf eine „gerichtliche Fürsorgepflicht“ ab, er spricht aber im Zusammenhang mit den außergerichtlichen Aktivitäten des Verteidigers von einer Fürsorgepflicht (§ 19 Rn. 61).

986 *Maiwald*, FS Lange, S. 745 (747); LR-*Rieß*, StPO, Einl. H Rn. 127; *Schulze*, Willensmängel, S. 219. Vgl. dazu *Hübner*, Fürsorgepflicht, S. 19

auf alle Organe der (Straf-)Rechtspflege bezogen.[987] Ob dazu auch der Verteidiger zählt, ist umstritten. Eine nähere Erörterung dieser Frage soll erst an späterer Stelle erfolgen, nämlich wenn es um die Einwirkung des Verteidigers auf die Willensbildung seines Mandanten geht.

Der Kreis der Fürsorgeberechtigten besteht nicht nur aus dem Beschuldigten, sondern auch aus den anderen Verfahrensbeteiligten, wie z. B. den Zeugen oder dem Nebenkläger.[988] Dennoch kann der Beschuldigte als der wichtigste Fürsorgeberechtigte gelten.

Die begriffliche Klärung abschließend soll noch die Grenze der Fürsorgepflicht beleuchtet werden. Sie ergibt sich m. E. bereits aus der o. g. Beschreibung der Fürsorge und ihrem Ziel. Denn aus der angestrebten Selbstbestimmung und Eigenverantwortung des Beschuldigten wird bereits ersichtlich, daß sich damit keine Bevormundung durch ein Rechtspflegeorgan verträgt, d. h. die Entscheidung für oder gegen eine bestimmte Prozeßhandlung muß stets beim Beschuldigten verbleiben.[989] Es soll ihm mit der Hilfe des Gerichts bzw. der Fürsorgeverpflichteten nur eine hinreichende Entscheidungsgrundlage bereitet werden. Auf dieser trifft dann der Beschuldigte selbst eine Entscheidung, mag sie für ihn auch unvorteilhaft sein. Die Eigenverantwortung des Beschuldigten schließt somit Fürsorgepflichten nicht aus. Vielmehr ist der Ansatzpunkt für solche Pflichten dort, wo den Beschuldigten eine Eigenverantwortung trifft, nämlich bei der Wahrnehmung seiner Prozeßrechte.[990]

Die Aufgabe des Gerichts ist es nicht, jeglichen prozessualen Nachteil vom Beschuldigten fernzuhalten. Dies schließt auch aus, dem Beschuldigten eine Fürsorge aufzudrängen. Sie beinhaltet vielmehr nur Aufklärung und Hinweise, so daß er in die Lage versetzt wird, selbst zu entscheiden.

Neben der abzulehnenden Bevormundung des Beschuldigten ist auch eine Gängelung der Verteidigung grundsätzlich als grenzüberschreitend anzusehen. Diese abstrakte Grenze der Fürsorgepflicht im Einzelfall zu konkretisieren, ist freilich ein anderes – nicht einfach zu lösendes – Problem.[991] Sicherlich wird

---

987 *Kumlehn*, Fürsorgepflicht, S. 2, 37 f.; *Meyer-Goßner*, StPO, Einl. Rn. 161; LR-*Rieß*, StPO, Einl. H Rn. 127; SK-*Rogall*, StPO, Vor § 133 Rn. 115; *R. Schmidt*, Jus 1967, 158 (162).

988 *Hübner*, Fürsorgepflicht, S. 23 f.; LR-*Rieß*, StPO, Einl. H Rn. 126; SK-*Rogall*, StPO, Vor § 133 Rn. 115. Beim Sachverständigen besteht Uneinigkeit: ablehnend SK-*Rogall*, a. a. O., bejahend *Plötz*, Fürsorgepflicht, S. 211. Vgl. dazu auch *Maiwald*, FS Lange, S. 745 (747), der eine Erstreckung der Fürsorgepflicht auf den Sachverständigen zumindest nicht ausschließt.

989 *Geppert*, Jura 1992, 597 (601). Auch *Rzepka*, Fairneß, S. 348 weist darauf hin, daß aufgedrängte Hilfe durch das Gebot der Fairneß nicht eingefordert wird.

990 Vgl. *Plötz*, Fürsorgepflicht, S. 106.

991 *Jung*, Gesetz und Recht II, S. 107 (121).

aber eine Übernahme bzw. Ersetzung der Verteidigung durch das Gericht als Inhalt einer Fürsorgepflicht ausscheiden.

Als weitere Grenze ist auf die dem Gericht auferlegte Pflicht zur Wahrheitserforschung hinzuweisen, d. h. notwendige und prozessual zulässige Maßnahmen zur Aufklärung des Sachverhalts dürfen nicht mit Hinweis auf die Fürsorgepflicht unterlassen werden.[992]

b) Dogmatische Einordnung der Fürsorgepflicht – Grundpositionen

Nach der begrifflichen Bestimmung der Fürsorgepflicht stellt sich die Frage, ob damit nur bereits existierende, gesetzlich geregelte Fürsorgepflichten umschrieben werden und ob es sich daher bei den darüber hinausgehenden, geforderten Verhaltensweisen lediglich um sog. officia nobilia handelt, also gerade um keine Rechtspflichten. Demgegenüber stünde ein Verständnis, das über die bereits bestehenden Pflichten der Rechtspflegeorgane hinaus auch neue Rechtspflichten mittels des Gedankens der prozessualen Fürsorgepflicht für begründbar hält. Bei einem solchen Verständnis käme der Fürsorgepflicht auch weitgehende dogmatische Bedeutung zu. Diesen beiden skizzierten Grundpositionen lassen sich auch die in Rechtsprechung und Schrifttum vertretenen Ansichten zuordnen, wobei im Detail auch Überschneidungen und weitere Differenzierungen zu verzeichnen sind.

aa) Kritische bzw. ablehnende Ansicht gegenüber einer Fürsorgepflicht

Eine im Schrifttum vertretene Ansicht spricht der Fürsorgepflicht einen eigenständigen dogmatischen Wert ab, da sie nichts statuiere, was sich nicht bereits aus anderen Normen bzw. Grundsätzen ergebe.[993] So wird in Arbeiten dargelegt, daß sich alle im Zusammenhang mit der Fürsorgepflicht angesprochenen problematischen Konstellationen auch mit konkreteren Regelungen lösen lassen und ein Bezug auf die Fürsorgepflicht lediglich eine Untermauerung des gefundenen Ergebnisses darstellt.[994] Diese kritische Haltung stützt sich zum einen auf die angebliche begriffliche Unschärfe[995] und zum anderen auf eine zu starke Betonung der sozialstaatlichen Komponente in Form des Fürsorgegedankens[996]. So

---

992 LR-*Rieß*, StPO, Einl. H Rn. 125; SK-*Rogall*, StPO, Vor § 133 Rn. 114. Vgl. auch *Maiwald*, FS Lange, S. 745 (763).

993 *von Löbbecke*, GA 1973, 200 (206); *E. Müller*, Recht und Gesetz II, S. 123 (123, 129).

994 So die Einschätzung von *Jung*, Recht und Gesetz II, S. 107 (111, 117). Vgl. die Arbeit von *Hübner*, Fürsorgepflicht, S. 120 ff.; 160 ff., 185 ff., 213 ff., 233 ff. mit den jeweiligen Lösungsalternativen. *Dahs*, Rechtliches Gehör, S. 43 ff. sieht die relevanten Konstellationen nahezu vollständig vom Regelungsgehalt des Art. 103 I GG als erfaßt an.

995 *Hübner*, Fürsorgepflicht, S. 253; *Kühne*, Strafprozeßrecht, Rn. 286 ff.; *von Löbbecke*, GA 1973, 200 (202 f.).

996 Vgl. *E. Schmidt*, JZ 1965, 733 (734).

wird auf die Gefahr verwiesen, daß eine zu starke Betonung der Fürsorgepflicht leicht in Widerspruch zum Gebot der richterlichen Neutralität geraten kann.[997] Auch vertrage sich die Prozeßsubjektsstellung des Beschuldigten nicht mit dem Begriff der Fürsorge: Je mehr der Beschuldigte seine Stellung als Prozeßsubjekt ausfülle, um so weniger Fürsorge bedürfe er.[998]

Zum Teil wird – trotz grundsätzlich kritischer Haltung gegenüber einem selbständigen Grundsatz – auf die Funktion der Fürsorgepflicht als „Erinnerungs-, Interpretations- und Handlungshilfe für den Richter" verwiesen.[999]

bb) Befürwortende Ansicht

Die grundsätzliche Gegenposition mißt der prozessualen Fürsorgepflicht insoweit eine eigenständige Bedeutung bei, als daß auch über die gesetzlich geregelten Fälle hinaus eine Pflicht zur Belehrung o. ä. angenommen wird. Während die erstgenannte Ansicht von einer bloßen Sammelbezeichnung für bereits existierende Pflichten ausgeht, vertritt die wohl überwiegende Meinung, daß es sich bei den aus der Fürsorgepflicht geforderten Verhaltensweisen um – zumindest zum Teil – normersetzende Rechtspflichten handele.[1000] Der Fürsorgepflicht komme nicht nur begriffliche Relevanz, sondern auch eine eigenständige dogmatische Bedeutung zu, m. a. W.: sie stelle ein selbständiges Institut des Strafverfahrens dar.[1001] Diese Einschätzung geht sogar soweit, der Fürsorgepflicht die Eigenschaft eines „Motors für die Rechtsentwicklung im Strafprozeß" und somit zusätzlich rechtspolitische Bedeutung zuzumessen.[1002] Eine solche ü-

---

997 Tilch/Arloth/*Grüneberg*, Rechts-Lexikon, Bd. 2, S. 3397; *E. Müller*, Gesetz und Recht II, S. 123 (125).

998 *Hübner*, Fürsorgepflicht, S. 254; *E. Müller*, Gesetz und Recht II, S. 123 (125).

999 *Jung*, Recht und Gesetz II, S. 107 (118), der darauf hinweist, daß es sich dabei nicht um ein bloßes nobile officium handele; Interpretationshilfe heiße, daß die entsprechende Norm in eine bestimmte Richtung interpretiert werden müsse. Meines Erachtens ist dies aber ein Widerspruch zu *Jungs* Feststellung, daß für einen übergeordneten Grundsatz der prozessualen Fürsorgepflicht zumindest im Verhältnis zum Beschuldigten kein Raum sei (S. 117). Vgl. auch *Kühne*, Strafprozeßrecht, Rn. 289, der von der Bedeutung der Fürsorgepflicht als Auslegungstopos spricht.

1000 BVerfGE 57, 250 (276, 280); BGHSt 26, 1 (4); BGH NJW 1963, 1114 (1115); 1988, 571; 1992, 849; BGH NStZ 1984, 18; OLG Celle NJW 1961, 1319; *Beulke*, Strafprozeßrecht, Rn. 383; *Geppert*, Jura 1992, 597 (600); *Gössel*, Strafverfahrensrecht I, S. 166; *Kielwein*, Fürsorgepflicht, S. 168, 176; *Kohlmann*, JA 1979, 243 (246); HK-*Krehl*, StPO, Einl. Rn. 18; *F. Meyer*, Willensmängel, S. 222; *Meyer-Goßner*, StPO, Einl. Rn. 157, 162; LR-*Rieß*, StPO, Einl. H Rn. 122; SK-*Rogall*, StPO, Vor § 133 Rn. 112 f.; *ders.*, StV 1998, 643; *Steiner*, Fairneßprinzip, S. 177; *Wolf*, Verfahrensrecht, S. 179; *Zipf*, Strafprozeßrecht, S. 90.

1001 LR-*Rieß*, StPO, Einl. H Rn. 120.

1002 Diese Formulierung stammt von *Kleinknecht* (erstmals in StPO [30. Auflage, 1971], Einl. 7 Anm. A); in den weiteren Bearbeitungen des Kommentars findet sie sich allerberschwengliche Charakterisierung ist freilich nicht ohne Kritik geblieben[1003], aber sie zeigt deutlich das Bestreben, die erkannten – rechtsstaatlich bedenklichen – Defizite einer Verfahrensordnung zu kompensieren.

Allerdings wird gleichzeitig darauf hingewiesen, daß die Abgrenzung der Rechtspflicht zu anderen Verhaltensweisen, die bloße officia nobilia sind, nicht einfach sei, da die Grenzen jeweils fließend seien.[1004]

Über die Anerkennung einzelner Rechtspflichten hinaus wird sogar von einer selbständigen Prozeßmaxime gesprochen.[1005]

Durch Heranziehen der Fürsorgepflicht zur Lösung der im Zusammenhang mit dem Rechtsmittelverzicht interessierenden Konstellationen wurde bereits deutlich, daß sich auch diese Arbeit zu dem die Fürsorgepflicht grundsätzlich befürwortenden Schrifttum zählt.

c) Überblick über die Erscheinungsformen

Nach der Darstellung der beiden Grundpositionen zur Fürsorgepflicht sind zunächst die ausdrücklich geregelten Pflichten darzustellen, die auf den Gedanken der prozessualen Fürsorge zurückzuführen sind; später ist auf weitere Pflichten einzugehen, die entsprechend der o. g. befürwortenden Ansicht selbständig durch Rechtsprechung und Literatur geformt worden sind.

aa) Ausdrücklich geregelte Fürsorgepflichten

Als Ausdruck der Rechtspflegeorgane für die prozessuale Fürsorge sind v. a. die Hinweis- und Belehrungspflichten[1006] zu nennen. Diese verpflichten sowohl Ge-

---

dings nur bis zur 36. Auflage aus dem Jahre 1983 (zuletzt bearbeitet von *Karlheinz Meyer*). Vgl. *Hegmann*, Fürsorgepflicht, S. 89; *Plötz*, Fürsorgepflicht, S. 333, der das veränderte Erscheinungsbild des modernen Strafprozesses nicht zuletzt auf die Ausformung des Fürsorgezwecks der StPO zurückführt.

1003 *von Löbbecke*, GA 1973, 200 (206).

1004 LR-*Rieß*, StPO, Einl. H Rn. 122. *Kielwein*, Fürsorgepflicht, S. 176, hält den Begriff des officium nobile für ein „Relikt aus jener Zeit des liberal-formalen Rechtsstaates“ und geht dementsprechend davon aus, daß die Fürsorgepflicht stets eine Rechtspflicht sei.

1005 OLG Saarbrücken VRS 1963 (Band 25), 66 (67); *Krey*, Strafverfahrensrecht II, Rn. 257; *Plötz*, Fürsorgepflicht, S. 333; *Schmid*, Verwirkung, S. 309 f.; *Schulze*, Willensmängel, S. 151. LR-*Rieß*, StPO, Einl. H Rn. 122 (Fußnote 340) bezeichnet diese Auffassung als „heute ganz h. M.“.

1006 Ein Hinweis soll der ersten (ursprünglichen) Information dienen; Belehrungen sollen der Beseitigung aktueller bzw. latenter Fehlvorstellungen dienen, vgl. *Hegmann*, Fürsorgepflicht, S. 20 (Fußnote 1). Ob das Gesetz dieser begrifflichen Unterscheidung jeweils folgt, ist zweifelhaft, vgl. nur die Formulierung in § 136 I 2, 3, 4. Darüber hinaus spricht es zudem von „mitteilen“ (vgl. § 222a) und „bekanntmachen“ (vgl. § 228 III), ohne damit wohl Unterschiede hervorheben zu wollen, vgl. dazu *Hübner*, Fürsorgepflicht, S. 135 f.; *Schorn*, JR 1967, 203 (204). So sprechen denn auch u. a. LR-*Gollwitzer*, StPO, § 228 Rn. 24 und *Meyer-Goßner*, StPO, § 228 Rn. 13 im Zusamricht als auch die Strafverfolgungsorgane wie Staatsanwaltschaft und Polizei, den Beschuldigten auf seine Rechte hinzuweisen bzw. über sie zu belehren, um so die sachgerechte Wahrnehmung seiner Verteidigung zu ermöglichen.[1007] Für das Gericht finden sich solche Pflichten beispielsweise in den §§ 35a, 115 III, IV, 117 IV 2, 136 I 2, 3, 4, 243 IV 1, 265 I, II, 266 III 2, 268a III 1, 2, 268c, 268d. Des weiteren finden sich auch Mitteilungspflichten, wie z. B. in §§ 201 I oder 222a, wobei letztere wohl eher nicht Ausdruck der prozessualen Fürsorgepflicht sein dürfte.[1008] Staatsanwaltschaft und Polizei haben gem. §§ 98 II 7, 163a III 2, IV 2 i. V. m. § 136 I 2, 3, 4 den Beschuldigten zu belehren bzw. auf seine Rechte hinzuweisen.

Neben diesen Hinweis- und Belehrungspflichten ist auch die Pflicht zur Gewährung einer angemessenen Vorbereitung auf veränderte Prozeßlagen ein Ausdruck prozessualer Fürsorgepflicht.[1009] Solche Konstellationen sind z. B. in den §§ 145 III und 265 III, IV geregelt.[1010]

Des weiteren ist ein wichtiger Aspekt der Fürsorgepflicht die Überlegung des Gerichts, dem Beschuldigten bei Schwere der Tat oder bei schwieriger Sach- und Rechtslage einen Verteidiger zu bestellen – selbst wenn der Beschuldigte auf eine Verteidigerbestellung zunächst verzichtet hat.[1011] Diesem Gedanken trägt § 140 II Rechnung, der somit die Generalklausel bzw. den Auffangtatbestand für Fälle der notwendigen Verteidigung darstellt.[1012]

Dieser kurze – nicht abschließend zu verstehende[1013] – Überblick über gesetzlich normierte Fürsorgepflichten zeigt, daß im Vordergrund der Fürsorgepflichten steht, dem Beschuldigten eine solche Teilnahme am Strafverfahren zu ermöglichen, wie sie dem Bild der StPO vom Beschuldigten als einem Prozeßsubjekt entspricht.

---

menhang mit der Bestimmung des § 228 III vertretbar von der „Belehrung“ des Beschuldigten.

1007 SK-*Rogall*, StPO, Vor § 133 Rn. 110. – Auch im Hinblick auf Zeugen existieren Belehrungspflichten als Ausdruck der gerichtlichen Fürsorgepflicht, vgl. §§ 52 III 1, 55 II, 57.

1008 Vielmehr handelt es sich um die Vorverlegung der Besetzungsrüge zur Vermeidung von Verfahrensverzögerungen, vgl. *Meyer-Goßner*, StPO, § 222a Rn. 1; KK-*Tolksdorf*, StPO, § 222a Rn. 1; *Hegmann*, Fürsorgepflicht, S. 20 leitet dagegen die Fürsorglichkeit dieser Norm aus § 222b her.

1009 BVerfGE 57, 250 (280); KK-*Pfeiffer*, StPO, Einl. 32.

1010 *Schorn*, MDR 1966, 639 (640) meint, daß die Fürsorgepflicht in § 265 IV einen „maßgeblichen gesetzlichen Niederschlag“ gefunden hat.

1011 Vgl. *Schorn*, MDR 1966, 639 (640).

1012 *Beulke*, Strafprozeßrecht, Rn. 167; *Meyer-Goßner*, StPO, § 140 Rn. 21 f. sowie Rn. 25 zu den Fällen einer Verteidigerbestellung über den Wortlaut des § 140 II hinaus. Zur Entwicklung der notwenigen Verteidigung, die von einer erheblichen Ausdehnung geprägt ist, vgl. *Rieß*, FS Reichsjustizamt, S. 375 (411 ff.).

1013 Vgl. nur die Darstellung der Fürsorgepflichten bei *Schorn*, MDR 1966, 639 ff.

bb) Gesetzlich nicht normierte Fürsorgepflichten

Entsprechend dem von der überwiegenden Meinung vertretenen Ansatz bezeichnen die Fürsorgepflichten nicht nur bereits gesetzlich geregelte Pflichten, sondern darüber hinaus von Rechtsprechung und Literatur in Fortbildung des Rechts geschaffene zusätzliche Pflichten des Gerichts bzw. anderer Rechtspflegeorgane. Hier soll und kann nur ein Ausschnitt dieser Fürsorgepflichten gezeigt werden, um die allen Konstellationen gemeinsamen Grundgedanken deutlicher erscheinen zu lassen. Eine alle Fürsorgepflichten umfassende Arbeit existiert – soweit ersichtlich – auch nicht; die Schwierigkeit dürfte nicht zuletzt an der nicht immer einheitlichen Herleitung bzw. Begründung liegen. Nicht verwunderlich ist es daher auch, daß nach einer gesetzlichen Fixierung dieser Pflichten gerufen wird, um eine einheitlichere Berücksichtigung zu ermöglichen.[1014]

Im Mittelpunkt stehen wiederum gerichtliche Fürsorgepflichten hinsichtlich der Aufklärung des Beschuldigten. So wird v. a. bei den Antragsrechten des Beschuldigten darauf hingewiesen, daß zumindest der unverteidigte Beschuldigte nur dann wirksam ein Antragsrecht gebrauchen kann, wenn ihm dieses auch bekannt ist. Dies läßt sich anhand des Rechtes, einen Aussetzungsantrag gem. § 246 II zu stellen, verdeutlichen. Für den Beschuldigten ist es ein nicht unbedeutendes Recht, z. B. die Aussetzung zu beantragen, wenn der von der Staatsanwaltschaft präsentierte Zeuge zu spät namhaft gemacht wurde. Es ist aber wirkungslos, wenn er hinsichtlich dieser Befugnis keine Kenntnis hat. Daher verlangt die überwiegende Meinung bei einem unverteidigten Beschuldigten eine diesbezügliche Belehrungspflicht des Gerichts.[1015] *Roxin* fordert sogar, daß das Gericht den Rechts-unkundigen generell im Rahmen der Fürsorgepflicht auf Antragsrechte hinweist.[1016]

Über den eigentlichen Anwendungsbereich des § 246 II hinaus wird dann eine Aussetzungspflicht des Gerichts angenommen, wenn dem Verteidiger keine Einsicht in die zwischenzeitlich wesentlich umfangreicher gewordenen Ermittlungsakten gewährt worden ist.[1017] So wird im Hinblick auf die Aussetzung allgemein darauf hingewiesen, daß sich eine diesbezügliche Pflicht auch außerhalb der gesetzlich vorgeschriebenen Fälle aus der Fürsorgepflicht des Gerichts ergeben kann; insbesondere soll dies dann gelten, wenn eine Aussetzung zur Vorbereitung der Verteidigung erforderlich erscheint.[1018] Bei den nicht gesetzlich ge-

---

1014 Vgl. *Kumlehn*, Fürsorgepflicht, S. 178 f.

1015 BGH NJW 1963, 1114 (1115) [in diesem Fall hatte der Beschuldigte allerdings einen Verteidiger, so daß der Senat im Ergebnis keine Verletzung der Fürsorgepflicht feststellte]; OLG Celle NJW 1974, 1258 (1259); LR-*Gollwitzer*, StPO, § 246 Rn. 12; *Meyer-Goßner*, StPO, § 246 Rn. 3.

1016 *Roxin*, Strafverfahrensrecht, § 11 Rn. 12.

1017 OLG Hamm MDR 1975, 422.

1018 BGH NJW 1965, 2164 (2165); BGH JR 1998, 251 (252); OLG Celle NJW 1961, 1319; OLG Hamm NJW 1969, 943 (944); *Meyer-Goßner*, StPO, § 228 Rn. 3; *Plötz*, Fürsorregelten Fürsorgepflichten handelt es sich somit nicht nur um Belehrungs- und Hinweispflichten, sondern um zusätzlich geforderte Verhaltensweisen, die eine effektive Verteidigung ermöglichen sollen.[1019]

Dafür sind folgende Forderungen, die sich aus der Fürsorgepflicht ergeben sollen, weitere Belege: die Terminabstimmung des Gerichts mit dem Verteidiger[1020] oder die Wartepflicht bei Abwesenheit des Verteidigers[1021].

Auch die Kundgabe eines prozessualen Fehlers des Gerichts wird auf die gerichtliche Fürsorgepflicht gestützt: So soll das Gericht bei unzulässiger Zeugenvereidigung auf diesen Umstand hinweisen, damit nicht der Eindruck beim Beschuldigten entstehe, daß gegen die Zeugenaussage „nichts mehr zu machen sei".[1022] Durch solche weitgehenden Aufklärungspflichten wird sichergestellt, daß der Beschuldigte, der in der Regel ein juristischer Laie ist, sein Wissensdefizit über rechtliche Gegebenheiten ausgleichen und somit an diesem neuen Kenntnisstand seine Verteidigungsstrategie ausrichten kann. In diese Richtung dürfte auch die mittels der Fürsorgepflicht begründete Forderung abzielen, daß das Gericht auf die Ergebnisse seiner freibeweislichen Ermittlungen hinzuweisen hat.[1023]

Neben diesen neu herausgebildeten Pflichten bestehen aber auch Fürsorgepflichten, die bereits bestehende Belehrungspflichten ergänzen bzw. „verdichten". So verlangt § 265 I nur einen Hinweis bei Veränderung des rechtlichen Gesichtspunktes. Doch auch bei einer Abweichung vom Tatbild der Anklage[1024], d. h. der angeklagte Sachverhalt ändert sich ohne rechtliche Auswirkung, wird ein Bedürfnis des Beschuldigten nach Information gesehen. Infolgedessen wird aus der Fürsorgepflicht auch in diesen Fällen eine Hinweispflicht des Gerichts hergeleitet.[1025] Bedeutung erlangt diese Pflicht freilich nur, wenn nicht bereits gem. § 265 IV von Amts wegen oder auf Antrag die Hauptverhandlung ausgesetzt wird.[1026] Der Beschuldigte erhält so die Gelegenheit, sich umfassend gegen

---

gepflicht, S. 249 ff.; *Roxin*, Strafverfahrensrecht, § 42 Rn. 11; KMR-*Sax*, StPO, Einl. XII Rn. 8.

1019 Vgl. dazu *Hübner*, Fürsorgepflicht, S. 227 ff.

1020 BGH NJW 1992, 849; OLG Frankfurt StV 2001, 157 (158).

1021 Vgl. *Beulke*, Strafprozeßrecht, Rn. 383 mit weiteren Beispielen zur Fürsorgepflicht des Gerichts in diesem Bereich.

1022 KMR-*Sax*, StPO, Einl. XII Rn. 9. So bereits – allerdings ohne Bezugnahme auf die Fürsorgepflicht – RGSt 72, 219 (220); BGHSt 4, 130 (131 f.).

1023 BGH NJW 1990, 584 (585 f.).

1024 Beispiele relevanter Konstellationen bei HK-*Julius*, StPO, § 265 Rn. 9.

1025 *Geppert*, Jura 1992, 597 (601); LR-*Gollwitzer*, StPO, § 265 Rn. 80; HK-*Krehl*, StPO, Einl. Rn. 18; *Pfeiffer*, StPO, Einl. Rn. 24, § 265 Rn. 8; *Wolf*, Verfahrensrecht, S. 179. Zu einer analogen Anwendung des § 265 I, II oder einer Heranziehung des § 243 IV 1, 2 in solchen Fällen vgl. AK-*Loos*, StPO, § 265 Rn. 21 f. *Loos* (a. a. O.) sieht grundsätzlich ein Bedürfnis nach rechtlicher Information.

1026 KK-*Engelhardt*, StPO, § 265 Rn. 24.

den Vorwurf zu verteidigen und erfährt einen wirksamen Schutz vor Überraschungen.[1027]

§ 228 III statuiert als Soll-Bestimmung zumindest für den Regelfall eine Belehrung des Beschuldigten über sein Recht, eine Aussetzung des Verfahrens bei Nichteinhaltung der Ladungsfrist zu verlangen.[1028] Die überwiegende Meinung spricht in diesem Zusammenhang – oftmals ohne weitere Begründung – von einer Belehrungs*pflicht*.[1029] Zutreffend wird eine solche Pflicht mit der gerichtlichen Fürsorgepflicht begründet.[1030] So wird deutlich, daß nur eine Kenntnisverschaffung den Beschuldigten in die Lage versetzt, seine Verteidigung effektiv zu gestalten.

Die Fürsorgepflichten beschränken sich nicht nur auf den Bereich der Belehrungspflichten und der Gewährleistung einer effektiven Verteidigung, sondern die Rechtsprechung hat in Einzelfällen eine solche Pflicht auch direkt auf die persönliche Fürsorge bezogen. So soll die Fürsorgepflicht nach einer Entscheidung des BGH sogar gebieten, daß das Gericht sich selbst um einen Therapieplatz für den Beschuldigten bemüht, wenn die Voraussetzungen der §§ 56, 56c III StGB vorliegen.[1031]

Zusammengefaßt ergibt sich für die gesetzlich nicht fixierten Fürsorgepflichten, daß der Beschuldigte durch sie in die Lage versetzt werden soll, eigenverantwortlich seine Verfahrensrechte wahrzunehmen, um so seine Stellung als Prozeßsubjekt umfassend auszufüllen.[1032]

2. Herleitung der Fürsorgepflicht

Bisher wurde nur dargelegt, daß und in welcher Form es die Fürsorgepflichten gibt. Nicht näher eingegangen wurde auf ihre Grundlagen. Gerade bei den gesetzlich nicht normierten Fürsorgepflichten wird diese Frage relevant, wenn man mit der überwiegenden Meinung die Fürsorgepflicht zur Begründung selbständiger neuer Pflichten heranzieht.

Gemeinsam ist allen Überlegungen, daß die Wurzel der Fürsorgepflichten in verfassungsrechtlichen Prinzipien bzw. Vorschriften zu finden ist. Hinsichtlich der weiteren Spezifizierung bestehen jedoch unterschiedliche Auffassungen. Im Ergebnis hat dies auf die Anerkennung bzw. die einzelne Ausgestaltung der

1027 LR-*Gollwitzer*, StPO, § 265 Rn. 79 f.

1028 KK-*Tolksdorf*, StPO, § 228 Rn. 12 spricht von einer Ordnungsvorschrift.

1029 HK-*Julius*, StPO, § 228 Rn. 1; *Meyer-Goßner*, StPO, § 228 Rn. 13; *Schlüchter*, Strafverfahren, Rn. 430.

1030 LR-*Gollwitzer*, StPO, § 228 Rn. 24; *Schorn*, MDR 1966, 639 (640).

1031 BGH NJW 1991, 3289 (3290). Zustimmend KK-*Pfeiffer*, StPO, Einl. Rn. 32.

1032 *Kielwein*, Fürsorgepflicht, S. 64 f. hält den Zusammenhang zwischen Fürsorgepflicht und Subjektstellung der Verfahrensbeteiligten für unstrittig.

Fürsorgepflichten freilich keine Auswirkungen, weshalb die genaue Bestimmung zum Teil auch offen gelassen wird.[1033]

Mehrheitlich wird im Schrifttum die Fürsorgepflicht aus dem Gebot des fairen Verfahrens (Grundsatz des fair trial) hergeleitet.[1034] Dieses findet zwar in der StPO selbst keine Erwähnung[1035], aber seine Geltung wird aus Art. 2 I GG – zum Teil werden auch noch weitere Grundrechte herangezogen – in Verbindung mit dem Rechtsstaatsprinzip abgeleitet.[1036] Infolge der Bezugnahme auf die Grundrechte wird daher nicht nur von einem Grundsatz bzw. Prinzip, sondern zudem von einem Prozeßgrundrecht gesprochen.[1037] Zum Teil findet sich auch die Auffassung, daß die Grundlage des fair trial ausschließlich im Rechtsstaatsprinzip des GG (Art. 20 III, 28 I) zu finden sei, auf die Grundrechte wird insoweit kein Bezug genommen.[1038] An dieser Stelle kann die genaue Einordnung jedoch offen gelassen werden.[1039]

1033 Vgl. *F. Meyer*, Willensmängel, S. 222.

1034 *Gössel*, Strafverfahrensrecht I, S. 166; *Kielwein*, Fürsorgepflicht, S. 167 f.; *Roxin*, Strafverfahrensrecht, § 42 Rn. 23; KMR-*Sax*, StPO, Einl. XII Rn. 4; *Schlüchter*, Strafverfahren, Rn. 35.3; Maunz/Dürig/*Schmidt-Aßmann*, GG, Art. 19 Abs. 4 Rn. 31; *Steiner*, Fairneßprinzip, S. 204; *Volk*, Strafprozeßrecht, § 18 Rn. 10; *Wolf*, Verfahrensrecht, S. 179; SK-*Wolter*, StPO, Vor § 151 Rn. 54b. – *Maiwald*, FS Lange, S. 745 (764) zieht den Begriff des fair trial insgesamt dem der Fürsorgepflicht vor, da in letzterem die Subjektstellung des Beschuldigten sprachlich nicht zum Ausdruck komme; inhaltlich deckt sich aber die hier vertretene Auffassung von Fürsorge, insbesondere deren Zweck und Grenzen, mit der Ansicht *Maiwalds*. Zu dieser somit lediglich terminologischen Frage vgl. auch LR-*Rieß*, StPO, Einl. H Rn. 120 (Fußnote 337) sowie *Rzepka*, Fairneß, S. 348. – Zur generellen Bedeutung des Fairneßprinzips vgl. *Geppert*, Jura 1992, 597 ff.; *Roxin*, Strafverfahrensrecht, § 11 Rn. 9 ff.; *Steiner*, Fairneßprinzip, S. 116 ff., 209 f.

1035 Zwar enthält auch Art. 6 I 1 EMRK den fair trial-Grundsatz, aber er gewährt nur einen Mindeststandard, so daß er für darüber hinausgehende Ansprüche des Beschuldigten – wie z. B. gewisse Fürsorgepflichten – keine eigenständige Bedeutung hat, insoweit kommt nur das verfassungsrechtliche Rechtsstaatsprinzip in Betracht, vgl. dazu *Dörr*, Faires Verfahren, S. 71 ff., 147; *Heubel*, Fair trial, S. 35; *Meyer-Goßner*, MRK, Art. 6 Rn. 4; *ders.*, StPO, Einl. Rn. 19.

1036 BVerfGE 38, 105 (111); 52, 214 (219); 57, 250 (274 f.); 70, 297 (308); 86, 288 (317, 326); BVerfG NJW 2001, 2245 (2246); NJW 2004, 2887; Sachs/*Degenhart*, GG, Art. 103 Rn. 44; Pieroth/*Jarass*, GG, Art. 20 Rn. 94; *Meyer-Goßner*, StPO, Einl. Rn. 19; KK-*Pfeiffer*, StPO, Einl. 28; *Schlüchter*, Strafverfahren, Rn. 35.2. Kritisch zu einer Herleitung u. a. aus den Grundrechten *Dörr*, Faires Verfahren, S. 143 f., 177, der infolgedessen auch den Charakter eines Prozeßgrundrechts ablehnt.

1037 Erstmals in BVerfGE 41, 246 (249). Vgl. auch BVerfGE 57, 250 (275); 78, 123 (126); BVerfG NJW 2004, 2887; Sachs/*Degenhart*, GG, Art. 103 Rn. 44; *Roxin*, Strafverfahrensrecht, § 11 Rn. 12; *Rzepka*, Fairneß, S. 450. So auch Thomas/*Putzo/Reichold*, ZPO, Einl. I Rn. 27 für den Zivilprozeß.

1038 BGHSt 24, 125 (131); 32, 345 (351); 37, 10 (13); BGH NJW 1992, 849; *Geppert*, Jura 1992, 597 (599); *Sachs*, GG, Art. 20 Rn. 163; Dreier/*Schulze-Fielitz*, GG, Art 20

Auch in der Rechtsprechung wird die Fürsorgepflicht, wenn überhaupt eine nähere Begründung erfolgt, stets im Zusammenhang mit dem fair trial-Grundsatz genannt.[1040] Das Recht auf ein faires Verfahren wird als wesentlicher Grundsatz eines rechtsstaatlichen Verfahrens angesehen[1041], nach der Rechtsprechung des BVerfG handelt es sich um ein „unverzichtbares Element der Rechtsstaatlichkeit des Strafverfahrens“.[1042]

Ein solches mit Verfassungsrang ausgestattetes Verfahrensgrundrecht bzw. -prinzip bedarf der Konkretisierung, damit es im einzelnen handhabbar wird.[1043] Als eine solche Konkretisierung können u. a. die bereits genannten Fürsorgepflichten der Rechtspflegeorgane verstanden werden. Sie verfeinern und realisieren somit den Grundgedanken, der schon dem Fairneßprinzip immanent ist: nämlich – soweit mit den Verfahrenszielen vereinbar – die Kompensation überlegener Machtpositionen, so daß dem Beschuldigten die Möglichkeit gegeben wird, auf Gang und Ergebnis des Verfahrens Einfluß zu nehmen.[1044] Der Bestand an aktiven verfahrensrechtlichen Befugnissen[1045] wird zum Teil erst durch die verschiedenen Fürsorgepflichten mit Leben erfüllt.

Vereinzelt findet sich auch der Hinweis, daß die Fürsorgepflichten ihre Grundlage in Art. 1 I GG – der Garantie der Unverletzlichkeit der Menschenwürde –

(Rechtsstaat) Rn. 202 ff. – Auch das BVerfG ging in früheren Entscheidungen lediglich vom Rechtsstaatsprinzip als Grundlage aus, vgl. BVerfGE 26, 66 (71). Ab BVerfGE 38, 105 (111); 39, 156 (163) ist eine stärkere Grundrechtsorientierung der Rechtsprechung festzustellen.

1039 Vgl. *Beulke*, Strafprozeßrecht, Rn. 28, der ebenfalls eine genaue Einordnung offen läßt.

1040 BVerfGE 57, 250 (280); BGHSt 25, 325 (330 f.); BGH StV 1983, 268; OLG Düsseldorf NStZ 1984, 90; OLG Düsseldorf StV 1993, 237 (238). Vgl. dagegen BGH NStZ 2004, 636, wo zur Begründung der Fürsorgepflicht keine näheren Ausführungen erfolgen.

1041 BVerfGE 26, 66 (71); 40, 95 (99); 46, 202 (210). *Roxin*, Strafverfahrensrecht, § 11 Rn. 9 hält es sogar für das „oberste Gebot des gesamten Strafprozeßrechts“.

1042 BVerfGE 38, 105 (111).

1043 BVerfGE 57, 250 (276), welches aber zugleich für die Konkretisierung eine behutsame Vorgehensweise anmahnt. Vor einer zu weitgehenden Konkretisierung warnt auch KK-*Pfeiffer*, StPO, Einl. 28. Kritisch zur Konkretisierung durch Bildung von Fallgruppen *Steiner*, Fairneßprinzip, S. 122 f. – Zur Bedeutung solcher sog. prozessualen Zwischenbegriffe bzw. Verfahrensprinzipien mittlerer Reichweite für die Rechtsfortbildung vgl. AK-*Loos*, StPO, Einl. III Rn. 28.

1044 BVerfGE 26, 66 (71); 46, 202 (210); 63, 45 (61); BGHSt 36, 305 (309); *Jarass*/Pieroth, GG, Art. 20 Rn. 94; *Kielwein*, Fürsorgepflicht, S. 167 f.; *Schlüchter*, Strafverfahren, Rn. 35.2; *Steiner*, Fairneßprinzip, S. 117.

1045 Vgl. dazu BVerfGE 63, 45 (61).

finden; eine Bezugnahme auf das Rechtsstaatsprinzip fehlt insoweit.[1046] Doch eine solche Herleitung hat bisher keine Gefolgschaft gefunden. Zwar ist zuzugestehen, daß aus der Menschenwürde folgt, daß der Beschuldigte kein bloßes Objekt des Strafverfahrens sein darf[1047]; aber über die Bejahung der Subjektstellung hinaus lassen sich nur schwerlich aus Art. 1 I GG weiterführende Konsequenzen für die Ausgestaltung dieser Subjektstellung herleiten. Es würde eine Überstrapazierung des Art. 1 I GG darstellen, aus ihm die Notwendigkeiten bestimmter Hinweispflichten zu folgern, die z. B. einer effektiven Verteidigung dienen.[1048]

Eher als Ergänzung denn als Ablehnung der zuerst genannten Auffassung ist jene Meinung anzusehen, die die Fürsorgepflicht sowohl auf das Rechtsstaats- als auch auf das Sozialstaatsprinzip stützt. Die Fürsorgepflichten in Form der Hinweis- und Belehrungspflichten sollen jeweils neben ihrem rechtsstaatlichen Gehalt somit auch eine sozialstaatliche Komponente aufweisen.[1049]

Gerade die Bezeichnung als *Fürsorge*pflicht verleiht einer solchen Sichtweise Überzeugungskraft. Seit dem Bekenntnis des GG zum „sozialen Rechtsstaat" (vgl. Art. 28 I 1 sowie Art. 20 I GG) wird mit dem Sozialstaatsgedanken der Begriff der Fürsorge verbunden.[1050] Der diesem Begriff zugrundeliegende – auch auf das Strafverfahren übertragbare – Gedanke besagt folgendes: Sozialstaatlichkeit fordert den Ausgleich von Nachteilen zur chancengleichen Entfaltung, also die Gewährleistung nicht nur der formal rechtlichen, sondern der realen Freiheit.[1051] Ein weiteres Beispiel für das Vordringen sozialstaatlichen Gedankenguts ist die Ausdehnung des Anwendungsbereiches notwendiger Verteidigung in der Reformgeschichte der StPO.[1052]

Unter Einhaltung der o. g. Grenzen der Fürsorgepflicht soll diese Pflicht verhindern, daß sich die faktische Stellung des Beschuldigten zu weit von der,

---

1046 *Gössel*, Strafverfahrensrecht I, S. 165; *Schorn*, MDR 1966, 639; vgl. auch *Kumlehn*, Fürsorgepflicht, S. 21 ff., 36, der im Ergebnis aber noch andere Grundrechte und Verfassungsprinzipien heranzieht.

1047 BVerfGE 57, 250 (275); 63, 45 (61).

1048 Kritisch auch *Hübner*, Fürsorgepflicht, S. 236 ff.

1049 *Geppert*, Jura 1992, 597 (600); HK-*Krehl*, StPO, Einl. Rn. 18; *Krey*, Strafverfahrensrecht II, Rn. 257; AK-*Loos*, StPO, Einl. III Rn. 29; *Pfeiffer*, StPO, Einl. Rn. 24; *Rieß*, FS Reichsjustizamt, S. 375 (433 f.); SK-*Rogall*, StPO, Vor § 133 Rn. 110; *Zipf*, Strafprozeßrecht, S. 89. Kritisch zu den sozialstaatlichen Grundlagen *Kumlehn*, Fürsorgepflicht, S. 31 f. – Zu weiteren sozialstaatlichen Verpflichtungen des Strafverfahrens vgl. *Roxin*, Strafverfahrensrecht, § 2 Rn. 10.

1050 Vgl. *Jarass*/Pieroth, GG, Art. 20 Rn. 104. Gerade aufgrund dieser Verbindung des Begriffes mit dem sozialstaatlichen und verwaltungsrechtlichen Bereich wird er abgelehnt, vgl. *E. Schmidt*, JZ 1965, 733 (734); *Rzepka*, Fairneß, S. 348.

1051 *Jarass*/Pieroth, GG, Art. 20 Rn. 107.

1052 Vgl. *Rieß*, FS Reichsjustizamt, S. 375 (414).

die das Gesetz mit seinen Verfahrensrechten für ihn vorsieht, entfernt. Während der rechtsstaatliche Grundsatz die Bereitstellung von bestimmten Verfahrensrechten fordert, stellt die sozialstaatlich inspirierte Fürsorgepflicht deren effiziente Wahrnehmung sicher.[1053] Zutreffend kann daher von der Fürsorgepflicht als Ergänzung der rechtsstaatlichen Seite des Verfahrens durch eine sozialstaatliche Komponente gesprochen werden.[1054] Der rechtsstaatliche Charakter der StPO wird so mit sozialstaatlichem Gedankengut verknüpft. Zusammenfassend ergibt sich: Die Fürsorgepflichten finden ihre Begründung im Rechtsstaats- *und* Sozialstaatsprinzip des Grundgesetzes.

3. Abgrenzung der Fürsorgepflichten

Bevor die speziellen Fürsorgepflichten im Hinblick auf den Rechtsmittelverzicht untersucht werden, erfolgt noch eine knappe Abgrenzung der Fürsorgepflicht von anderen Aufgaben des Gerichts und von einigen Verfahrensgrundsätzen, welche oftmals im Zusammenhang mit der Fürsorgepflicht genannt werden. Eine solche Abgrenzung kann eine Konturenlosigkeit verhindern bzw. zumindest verringern; zudem wird der Inhalt der Fürsorgepflichten nochmals verdeutlicht.

Fürsorgepflicht meint *nicht* die allgemeine Fürsorge für die Justizförmigkeit des Verfahrens im Sinne einer allgemeinen Verfahrensfürsorge.[1055] Die Fürsorgepflicht im hier verstandenen Sinne bezieht sich auf die Verfahrensbeteiligten, insbesondere auf den Beschuldigten. Sie ist somit personenbezogen, wohingegen die allgemeine Verfahrensfürsorge sachbezogen ist.[1056] Eine zu weit verstandene Fürsorgepflicht bzw. eine globale Fürsorge wäre auch dogmatisch von geringem Wert, denn die Justizförmigkeit des Verfahrens schlägt sich bereits hinreichend in der StPO als Verfahrensordnung und den verfahrens- und verfassungsrechtlichen Grundsätzen nieder.[1057] Zudem wäre bei einer so verstandenen Fürsorgepflicht auch nicht ausgeschlossen, daß sich die Fürsorge für das Verfahren zu Lasten des Beschuldigten auswirken würde.[1058] Daß sich die aus den Fürsorgepflichten ergebenden Verhaltensweisen nach der hier vertretenen Auffas-

---

1053 *Geppert*, Jura 1992, 597 (600).

1054 *Krey*, Strafverfahrensrecht II, Rn. 257.

1055 *Hegmann*, Fürsorgepflicht, S. 48 f.; *Kielwein*, Fürsorgepflicht, S. 117; *Maiwald*, FS Lange, S. 745 (750 f., 761); *Plötz*, Fürsorgepflicht, S. 95; *E. Schmidt*, JZ 1965, 733 (734). Vgl. dagegen OLG Zweibrücken NStZ 1982, 298; *Kumlehn*, Fürsorgepflicht, S. 40, 94 ff.

1056 SK-*Rogall*, StPO, Vor § 133 Rn. 113. *Hegmann*, Fürsorgepflicht, S. 48 verweist darauf, daß man sich eine Pflicht zur Fürsorge gegenüber einem „entpersönlichten Vorgang wie dem Strafverfahren" kaum vorstellen könne.

1057 *Kielwein*, Fürsorgepflicht, S. 117; *Maiwald*, FS Lange, S. 745 (761); *E. Müller*, Recht und Gesetz II, S. 123 (124).

1058 *Kielwein*, Fürsorgepflicht, S. 115.

sung manchmal auch positiv auf das Verfahren an sich auswirken, wird aber damit nicht bestritten.

Wird die allgemeine Verfahrensfürsorge nicht von den Fürsorgepflichten umfaßt, so scheiden damit als Bestandteil der Fürsorgepflicht auch die Pflichten des Gerichts aus, die sich aus der Sitzungsleitung ergeben. Der Vorsitzende übt gem. § 176 GVG die Sitzungspolizei aus und trägt somit auch Fürsorge für die Aufrechterhaltung der Ordnung in der Sitzung, wobei ihm die Maßnahmen gem. §§ 177 f. GVG zustehen. Diese Vorschriften zeigen bereits, daß es diesbezüglich nicht des Begriffes der Fürsorgepflicht bedarf.[1059] Zudem würde eine Beschränkung der Fürsorgepflicht auf diesen Bereich lediglich eine Fürsorgepflicht des Gerichts begründen und eine solche der Staatsanwaltschaft negieren.

Die folgenden Grundsätze bzw. Verfahrensprinzipien werden gelegentlich im Zusammenhang mit der Fürsorgepflicht erwähnt. Zunächst ist dies das Gebot der Verfahrensbeschleunigung. In BGHSt 26, 1 (4) findet sich der Hinweis, daß das Beschleunigungsgebot aus „dem Rechtsstaat und der allgemeinen prozessualen Fürsorgepflicht“ folge.[1060] Damit kann aber nicht die Fürsorgepflicht als Hilfestellung für den Beschuldigten gemeint sein; eher drückt dies eine Pflicht i. S. einer allgemeinen Verfahrensfürsorge aus, die bereits oben von der hier behandelten Fürsorgepflicht abgegrenzt wurde. Das Beschleunigungsgebot verfolgt nämlich eine doppelte Zielrichtung: zum einen schützt es den Beschuldigten vor einer überlangen Verfahrensdauer (vgl. auch Art. 6 I 1 EMRK), zum anderen besteht es auch im öffentlichen Interesse.[1061] Als Gründe hierfür sind die Verfahrensökonomie sowie die erschwerte Wahrheitsfindung bei einem langandauernden Verfahren zu nennen. Nicht zuletzt ist an die mit der möglichen Verhängung einer Strafe verfolgten Zwecke zu denken. Die Verfahrensökonomie kann sich jedoch auch zuungunsten des Beschuldigten auswirken[1062] oder umgekehrt kann die Fürsorgepflicht auch das Beschleunigungsgebot konterkarieren, z. B. bei einer auf der Fürsorgepflicht beruhenden Aussetzung. Daher ist das Beschleunigungsgebot als selbständiges Rechtsinstitut anzusehen, wobei freilich Überschneidungen mit einer entsprechenden Fürsorgepflicht nicht ausgeschlossen sind.[1063]

Ein weiterer Grundsatz des Strafverfahrens, der nicht nur dort Geltung beansprucht, sondern das gesamte Recht prägt, ist der Grundsatz der Verhältnismä-

---

1059 *Maiwald*, FS Lange, S. 745 (751 f.); *Plötz*, Fürsorgepflicht, S. 72.

1060 So auch *Gössel*, Strafverfahrensrecht I, S. 166; *Meyer-Goßner*, StPO, Einl. Rn. 160, der allerdings bemerkt, daß sich das Beschleunigungsgebot mehr und mehr zu einem selbständigen Rechtsinstitut entwickele.

1061 LR-*Rieß*, StPO, Einl. G Rn. 31.

1062 BGHSt 26, 228 (232).

1063 SK-*Wolter*, StPO, Vor § 151 Rn. 54b; *Zipf*, Strafprozeßrecht, S. 89 f.

ßigkeit.[1064] Auch er ist nicht mit dem Begriff der Fürsorgepflicht identisch; vielmehr hat er sich zu einem eigenständigen Rechtsinstitut entwickelt.[1065] Er weist weniger Bedeutung für die allgemeine Verfahrensdurchführung auf, sondern gelangt v. a. bei Zwangsmaßnahmen bzw. Grundrechtseingriffen im Vorverfahren als Korrektiv zur Anwendung.[1066] Der Grundsatz der Verhältnismäßigkeit ist also eher maßnahmebezogen und insofern geeignet, von der Fürsorgepflicht gesondert betrachtet zu werden.[1067]

Abschließend ist noch auf den Grundsatz des rechtlichen Gehörs (Art. 103 I GG) einzugehen. Zum Teil findet sich die Auffassung, daß die Fürsorgepflichten mehrheitlich bereits Bestandteil dieses Grundsatzes sind. Denn sie stellten nur einzelne Erfüllungsphasen der umfassenden Gehörgewährungspflicht des Gerichts dar; insoweit erübrige sich die Fürsorgepflicht als selbständiges Rechtsinstitut.[1068] Einer solchen Ansicht ist jedoch zu widersprechen. Vielmehr ist dem BGH zuzustimmen, daß die u. a. aus dem Fairneßprinzip stammende Fürsorgepflicht – zumindest zum Teil – über die Verbürgung des rechtlichen Gehörs hinausreicht.[1069] Insbesondere wenn es um die Effizienz der Verteidigung geht, z. B. die Gewährung eines zusätzlichen Zeitraumes zur Vorbereitung, erscheint es klarer, auf die Fürsorgepflicht anstatt auf den Grundsatz des rechtlichen Gehörs abzustellen. Aber auch hier gibt es Überschneidungen.[1070]

Am Ende dieser knappen abgrenzenden Betrachtung ist festzuhalten, daß sich die in den Fürsorgepflichten enthaltenen Gedanken nicht bereits vollständig von anderen Verfahrensgrundsätzen erfassen lassen. Zugleich wurde noch einmal deutlich, daß die Fürsorgepflichten v. a. eine effektive Wahrnehmung der Ver-

---

1064 LR-*Rieß*, StPO, Einl. H Rn. 92 ff.

1065 *Hübner*, Fürsorgepflicht, S. 47; *Meyer-Goßner*, StPO, Einl. Rn. 158; *Zipf*, Strafprozeßrecht, S. 89 f.

1066 LR-*Rieß*, StPO, Einl. H Rn. 95.

1067 Vgl. *Hegmann*, Fürsorgepflicht, S. 81 f.; *Hübner*, Fürsorgepflicht, S. 47, 124; *Roxin*, Strafverfahrensrecht, § 2 Rn. 7; *Pfeiffer*, StPO, Einl. Rn. 22. So wird die Verhältnismäßigkeit z. B. im Lehrbuch von *Volk* ausschließlich bei den Eingriffen und Zwangsmaßnahmen (§ 10 Rn. 1 ff.) erörtert und findet sich nicht ausdrücklich bei den Prozeßmaximen (§ 18 Rn. 1 ff.); vgl. auch die Kommentierung bei *Meyer-Goßner*, StPO, Einl. Rn. 20 ff.

1068 *Dahs*, Rechtliches Gehör, S. 44. Vgl. auch LR-*Rieß*, StPO, Einl. H Rn. 75 (Fußnote 181).

1069 BGH NJW 1990, 584 (585); so auch *Plötz*, Fürsorgepflicht, S. 231; *Schorn*, MDR 1966, 639; SK-*Wolter*, StPO, Vor § 151 Rn. 54b. Auch das Gebot der Verfahrensfairneß soll über die Verbürgung des rechtlichen Gehörs hinausreichen, vgl. BGHSt 36, 305 (309). – Für das Zivilverfahren: Baumbach/Lauterbach/Albers/*Hartmann*, ZPO, § 139 Rn. 7.

1070 *Plötz*, Fürsorgepflicht, S. 230.

fahrensrechte durch den Beschuldigten bezwecken. Insoweit kann es zutreffen, daß die Befolgung der Fürsorgepflicht – z. B. Erteilung eines Hinweises auf ein Antragsrecht o. ä. – zugleich der Sachverhaltsaufklärung[1071] oder der Gewährung des rechtlichen Gehörs dient[1072].

4. Fürsorgepflichten in bezug auf den Rechtsmittelverzicht

Ausdrücklich genannte Fürsorgepflichten in bezug auf den Rechtsmittelverzicht sind zunächst nicht ersichtlich. Auch bei der Regelung des § 302 I 2, welche unter bestimmten Umständen eine Zustimmung des Beschuldigten zur Zurücknahme eines Rechtsmittels der Staatsanwaltschaft verlangt, kann nicht von einer Fürsorgepflicht des Gerichts ausgegangen werden. Zwar dient diese Bestimmung dem Schutze des Beschuldigten, aber sie ist nicht Ausdruck einer im o. g. Sinne verstandenen Fürsorgepflicht.

Angesichts dieser Ausgangslage ist daher zu untersuchen, ob sich aus den o. g. Grundgedanken der Fürsorgepflicht auch hinsichtlich Verzicht und Rücknahme entsprechende Pflichten des Gerichts oder der Staatsanwaltschaft konkretisieren lassen. Solche Pflichten wären dann ein weiteres Beispiel für nicht gesetzlich geregelte Fürsorgepflichten, die unter dem Oberbegriff der Fürsorgepflicht im einzelnen zu finden sind. Diesbezüglich wäre die Fürsorgepflicht somit nicht nur Auslegungshilfe bzw. Sammelbezeichnung für bestehende Pflichten des Gerichts und anderer Rechtspflegeorgane.

Zunächst ist – unter Einbeziehung der Grundlage des Verzichts – nach der Funktion solcher Fürsorgepflichten beim Verzicht auf Rechtsmittel zu fragen. Anschließend ist der jeweilige Inhalt zu bestimmen, wobei zuvor als Maßstab für eine solche Inhaltsbestimmung der Vergleich mit dem Regelungsgehalt verschiedener Normen fruchtbar gemacht wird, die ihrerseits Ausdruck der Fürsorgepflicht sind. Nach Ermittlung bzw. Bestimmung der Fürsorgepflichten ist auf den Verstoß durch die Fürsorgeverpflichteten einzugehen. Die Frage der Revisibilität ist durch Anerkennung von Fürsorgepflichten bereits grundsätzlich bejaht. In diesem Zusammenhang ist auch die Rechtsfolge eines solchen Verstoßes zu erörtern. Endlich werden in einem weiteren Teil die typischen Fürsorgepflichtverstöße dargestellt und die bei der Inhaltsbestimmung aufgezeigten Grundlinien der Fürsorgepflichten stärker konturiert.

1071 *Gössel*, Strafverfahrensrecht, S. 166; *Schorn*, MDR 1966, 639 sieht u. a. in der Aufklärungspflicht eine Grundlage der Fürsorgepflicht. Vgl. dagegen *Plötz*, Fürsorgepflicht, S. 83, wonach sich Wahrheitserforschungspflicht und prozessuale Fürsorge in ihrer Zielsetzung unterscheiden sollen.

1072 Vgl. LR-*Rieß*, StPO, Einl. H Rn. 75.

a) Funktion

Der allgemeine Gedanke, der den Fürsorgepflichten zugrunde liegt, wurde letzten Endes in der Stärkung der Beschuldigtenstellung gesehen. Es soll dem Beschuldigten - ohne eine Gleichstellung mit der Staatsanwaltschaft und Etablierung eines Parteiprozesses - ermöglicht werden, seine Rechte effektiv auszuüben. Als ein solches Recht ist auch die Möglichkeit des Beschuldigten anzusehen, auf Rechtsmittel zu verzichten oder sie zurückzunehmen. Bereits zu Beginn der Arbeit wurde als Grundlage dieser Möglichkeiten die Dispositionsmaxime angesehen.[1073] Insofern ist es zutreffend, wenn hervorgehoben wird, daß eine solche Entscheidung auch Ausdruck der Dispositionsmacht des Beschuldigten sein muß.[1074] Gesteht man dem Beschuldigten das Recht zu, auf Rechte - hier sein Anfechtungsrecht - zu verzichten, so geht man gleichzeitig davon aus, daß er auch in der Lage ist, sich darüber Gedanken zu machen und eine eigene Entscheidung zu treffen. Gerade dadurch, daß dem Beschuldigten einmal ausnahmsweise eine Dispositionsbefugnis zukommt, wird die Subjektstellung des Beschuldigten im Strafverfahren besonders deutlich. Damit diese Idealvorstellung auch tatsächlich Geltung erlangt, muß sich der Beschuldigte seiner Rechte bewußt sein. Je mehr Eigenverantwortung der Beschuldigte hat - insbesondere bei der Entscheidung über die rechtskräftige Verfahrensbeendigung -, desto größer ist die Notwendigkeit, die Fähigkeit des Umgangs damit sicherzustellen. Der zugestandene Einfluß auf das Verfahren beinhaltet Verantwortung und zugleich Risiken.[1075] Insbesondere beim Rechtsmittelverzicht mit seiner gewichtigen Rechtsfolge wird sichtbar, daß zwischen dem Leitbild einer eigenverantwortlichen Entscheidung eines Prozeßsubjekts und der Realität - deutlich ablesbar in den von der Rechtsprechung zu entscheidenden Fällen zu Verzicht und Rücknahme - ein bisweilen tiefer Graben besteht. Als Stichworte seien diesbezüglich nur die später im einzelnen zu erörternden Konstellationen der Willensmängel und der Absprachen genannt. Die Risiken, daß der Beschuldigte keine eigenverantwortliche Entscheidung trifft und somit nicht als Prozeßsubjekt entscheidet, sind nicht gering. Sie zu reduzieren, kann mittels der Aufstellung von Fürsorgepflichten - hergeleitet aus dem Gebot des fairen Verfahrens als Bestandteil des Rechtsstaatsprinzips und dem Sozialstaatsgedanken - erreicht werden. Die Funktion der Fürsorgepflichten beim Rechtsmittelverzicht läßt sich mit einer Formulierung *Maiwalds* treffend beschreiben, nämlich als einer „Annäherung der faktischen Stellung des Beschuldigten an einen Idealtypus des Beschuldigten (...), der die Beschränkung seines Verhaltens durch die Förmlichkeiten des Prozesses ebenso wie seine Möglichkeiten der Mitgestaltung

---

1073 Vgl. 1. Kapitel, II. 3.

1074 SK-*Frisch*, StPO, § 302 Rn. 26.

1075 *Plötz*, Fürsorgepflicht, S. 106.

kennt".[1076] Die Fürsorgepflichten tragen also dazu bei, den oben beschriebenen Graben aufzufüllen und die Stellung des Beschuldigten als Prozeßsubjekt zu festigen.

Zur Subjektstellung sei abschließend noch bemerkt, daß sie nicht absolut zu verstehen ist. Beim Subjektbegriff handelt es sich sowohl um die Beschreibung der dem Beschuldigten zustehenden Handlungs- bzw. Einwirkungsmöglichkeiten im Strafverfahren als auch um ein rechtspolitisches Gestaltungsprinzip.[1077] Letzteres hilft insofern bei der Fortentwicklung des bestehenden Strafverfahrenrechts weiter, wobei allerdings einschränkend festzustellen ist, daß es eines von mehreren Prinzipien ist. Die Entwicklungsgeschichte der StPO ist aber von einer zunehmenden Verstärkung der Subjektstellung des Beschuldigten geprägt.[1078] Dieser Entwicklung kann somit gerade beim Rechtsmittelverzicht durch die Herausbildung von Fürsorgepflichten Rechnung getragen werden, da im Bereich der Rechtsmittel die Subjektstellung des Beschuldigten besonders deutlich hervortritt.

Des weiteren läßt sich die Fürsorgepflicht beim Rechtsmittelverzicht noch unter methodischen Gesichtspunkten betrachten. Denn sie kann als einigendes Band der verschiedenen problematischen Konstellationen beim Verzicht angesehen werden. Mittels der Fürsorgepflicht kann versucht werden, das Typische an diesen prozessualen Situationen herauszuarbeiten und einer möglichst einheitlichen Bewertung zu unterwerfen.

b) Fürsorgepflicht nach Beendigung der Hauptverhandlung

Nachdem die Funktion einer Fürsorgepflicht im Zusammenhang mit dem Verzicht geklärt wurde, ist kurz zu der Frage Stellung zu nehmen, ob die Fürsorgepflicht im Strafverfahren auch den Zeitraum *nach* der Hauptverhandlung umfaßt, sie also nicht nur Pflichten des Gerichts während der Hauptverhandlung beinhaltet.

Der Rechtsmittelverzicht kann frühestens nach Urteilsverkündung erklärt werden, damit also erst nach dem Ende der Hauptverhandlung (vgl. § 260 I). Eine als erforderlich angesehene Belehrung durch das Gericht nach Urteilsver-

---

1076 *Maiwald*, FS Lange, S. 745 (754).

1077 *Rieß*, FS Reichsjustizamt, S. 375 (384, 432); *Roxin*, Strafverfahrensrecht, § 18 Rn. 1; *E. Schmidt*, Strafprozeßrecht, Rn. 74 leitet aus der Eigenschaft als Gestaltungsprinzip die Forderung ab, daß alle Prozeßhandlungen des Beschuldigten Ausfluß seiner freien sittlichen Persönlichkeit sein sollen.

1078 *Rieß*, FS Reichsjustizamt, S. 375 (433 f.), der zugleich auch diese Entwicklung zu erklären versucht. – Die Vorstellung vom Beschuldigten als Prozeßsubjekt setzt erst mit der Herausbildung des reformierten Strafprozesses im 19. Jahrhundert ein und liegt der RStPO von 1877 zugrunde, vgl. dazu *Roxin*, Strafverfahrensrecht, § 18 Rn. 1; *E. Schmidt*, Strafprozeßrecht, Rn. 72 f.

kündung ist möglicherweise kein Bestandteil der Hauptverhandlung mehr, so daß die Begründung einer Belehrungspflicht mittels einer – auf die Hauptverhandlung beschränkten – Fürsorgepflicht ins Leere laufen würde.

Dagegen sprechen jedoch folgende Erwägungen: Zum einen ist bereits fraglich, ob entsprechende gerichtliche Verhaltensweisen nicht doch Bestandteil der Hauptverhandlung sind. Auch wenn der Rechtsmittelverzicht selbst es jedenfalls nicht mehr ist, so ist damit aber noch keine Aussage über das davor liegende Verhalten der Rechtspflegeorgane getroffen. Die der Urteilsverkündung folgende Belehrung im Hinblick auf einen Rechtsmittelverzicht könnte noch Bestandteil derselben sein. So wird z. B. auch für die Rechtsmittelbelehrung nach § 35a angenommen, daß sie noch als Nebenbestandteil der Entscheidung ein Teil der Hauptverhandlung ist.[1079]

Zum anderen könnte die o. g. Einschränkung bereits auf einer unzutreffenden Prämisse beruhen – nämlich der Beschränkung der Fürsorgepflichten auf die Hauptverhandlung. Auch wenn dieser Verfahrensabschnitt am meisten in das Bewußtsein der Verfahrensbeteiligten und auch der Öffentlichkeit dringen dürfte, so beschränken sich die Rechte des Beschuldigten nicht nur auf diesen Verfahrensabschnitt. Im Gegenteil: Entscheidende Weichen werden oftmals bereits im Ermittlungsverfahren gestellt; gerade hier droht die Subjektstellung – auch unter besonderer Berücksichtigung der Ermittlungssituation – vernachlässigt zu werden. Zutreffend werden daher auch im Ermittlungsverfahren Fürsorgepflichten des Gerichts bejaht.[1080] Sie sind vielmehr vom Beginn des Verfahrens an bis zur Rechtskraft der Entscheidung möglich; Fürsorgepflichten können somit das gesamte Strafverfahren durchziehen.[1081] Die Erörterung von Fürsorgepflichten im einzelnen während des Hauptverfahrens – also nicht nur beschränkt auf die Hauptverhandlung als Teil des Hauptverfahrens[1082] – ist nicht von vornherein abzulehnen. Das Hauptverfahren selbst endet mit der Rechtskraft des dort verkündeten Urteils, ggf. schließt sich ein Rechtsmittelverfahren an.[1083] Belehrungen und Hinweise im Zusammenhang mit dem Rechtsmittelverzicht als Bestandteil des Hauptverfahrens können somit Gegenstand von Fürsorgepflichten sein.

1079 OLG Hamm NJW 1954, 812; KK-*Maul*, StPO, § 35a Rn. 5; *Schorn*, Strafrichter, S. 212, 307.

1080 Vgl. nur die Dissertation von *Hegmann*, Fürsorgepflicht gegenüber dem Beschuldigten im Ermittlungsverfahren, passim; *Schorn*, JR 1967, 203.

1081 *Kumlehn*, Fürsorgepflicht, S. 3; *Schorn*, JR 1967, 203; vgl. auch *Maiwald*, FS Lange, S. 745 (747).

1082 *Beulke*, Strafprozeßrecht, Rn. 2.

1083 *Meyer-Goßner*, StPO, Einl. Rn. 64.

c) Normative Grundlagen bzw. Kriterien zur Inhaltsbestimmung

Zur Ermittlung und Herausarbeitung der Fürsorgepflichten in bezug auf den Rechtsmittelverzicht sind anhand einiger – für die Subjektstellung des Beschuldigten besonders wichtiger – Topoi die inhaltlichen Grundlagen für solche Fürsorgepflichten zu schaffen. Diese Maßstäbe dienen somit als Richtschnur für die Bestimmung des Inhalts spezieller rechtsmittelverzichtsbezogener Fürsorgepflichten. Zur Vorbereitung dieser Inhaltsbestimmung ist zum einen auf normative Grundlagen und zum anderen auf die Interessen des Beschuldigten zurückzugreifen.

aa) Normierte Grundlagen

Zum Teil wird im Zusammenhang mit der Begründung neuer, d. h. gesetzlich bisher nicht fixierter, Fürsorgepflichten ausdrücklich darauf hingewiesen, daß die hierfür relevanten Konstellationen rechtsähnlich zu den gesetzlich geregelten Fällen sein müssen.[1084] Durch Aufdeckung gemeinsamer Strukturen läßt sich so auch in anderen Fällen die Notwendigkeit einer Fürsorgepflicht begründen. Daher ist im Zusammenhang mit dem Rechtsmittelverzicht insbesondere auf die Pflicht zur Rechtsmittelbelehrung gem. § 35a und die Norm des § 136a einzugehen und sind die damit verbundenen Überlegungen auf den Rechtsmittelverzicht des Beschuldigten zu beziehen.

Zuvor ist aber noch Art. 19 IV GG und der Zusammenhang zwischen den Rechtsmittelregelungen – dazu zählt auch der Verzicht auf Rechtsmittel – und dem Justizgewährungsanspruch zu beleuchten.

Des weiteren kann auf § 139 ZPO als Maßstab zur Inhaltsbestimmung der Fürsorgepflichten in bezug auf den Rechtsmittelverzicht ein verfahrensvergleichender Blick geworfen werden. Im folgenden werden also Maßstäbe für die Ausgestaltung der Fürsorgepflicht aufgezeigt.

(1) Art. 19 IV GG

Auf den ersten Blick mag es verwundern, im Zusammenhang mit dem Rechtsmittelverzicht und den dazugehörigen Fürsorgepflichten auf Art. 19 IV GG einzugehen. Denn nach überwiegender Meinung beinhaltet diese Norm nur die Rechtsweggarantie und gewährleistet daher nicht einen Rechtsweg gegen gerichtliche Entscheidungen.[1085] Prägnant formuliert: Art. 19 IV GG gewährt

---

1084 KMR-*Sax*, StPO, Einl. XII Rn. 5.

1085 BVerfGE 4, 74 (94 f.); 11, 232 (233); 28, 21 (36); 35, 263 (271); 40, 272 (274); 41, 23 (26); 54, 143; 83, 24 (31); 92, 365 (410); BVerfG NJW 2003, 1924; speziell für das Strafverfahren vgl. BVerfGE 49, 329 (342); BGHSt 28, 57 (58); SK-*Frisch*, StPO, Vor § 296 Rn. 17; LR-*Hanack*, StPO, Vor § 296 Rn. 10; *Sachs*, GG, Art. 20 Rn. 164; *Schlüchter*, Strafverfahren, Rn. 614. Nach der vereinzelt gebliebenen Gegenansicht von

Rechtsschutz durch den Richter, nicht aber gegen den Richter.[1086] Zum Teil wird die Gewährleistung eines Instanzenweges aus anderen Verfassungsgrundsätzen hergeleitet[1087]; mehrheitlich wird aber auch dies abgelehnt.[1088]

Tatsächlich geht das Grundgesetz aber von einem gewissen Instanzenzug aus (vgl. nur Art. 95 I GG); dem Gesetzgeber wird insoweit ein Gestaltungsspielraum zugestanden.[1089] Nimmt der Gesetzgeber diesen jedoch wahr – z. B. durch Ausgestaltung des Rechtsmittelrechts –, so unterliegt er diesbezüglich aber dem Gebot der Effektivität des Rechtsschutzes.[1090] Dieses Gebot läßt sich dem Rechtsstaatsprinzip entnehmen und erfährt eine Verstärkung durch die Regelungen der Art. 103 I und 104 II 1 GG[1091]; als subjektives Recht des einzelnen leitet es sich bei Rechtsverletzungen durch die öffentliche Gewalt aus Art. 19 IV GG her.[1092] Das Gebot des effektiven Rechtsschutzes gilt auch im Strafprozeß.[1093]

Infolgedessen darf im Rahmen der gegebenen Rechtsmittel (vgl. §§ 296 ff.) der Zugang zum Rechtsmittelgericht nicht in unzumutbarer, aus Sachgründen

---

Lorenz, Rechtsschutz, S. 242 ff. gewährleistet Art. 19 IV GG einen Instanzenzug i. S. d. Eröffnung einer Nachprüfungsmöglichkeit auf Verfahrensfehler.

1086 Diese Formulierung stammt von *Dürig*, vgl. Maunz/Dürig/*Schmidt-Aßmann*, GG, Art. 19 Abs. 4 Rn. 96. Vgl. auch BK-*Schenke*, GG, Art. 19 Abs. 4 Rn. 275, der dies mit einer teleologischen Reduktion des Art. 19 IV GG begründet; ansonsten käme man zu einem die Rechtskraft ausschließenden Rechtsschutz ad infinitum. Richtig ist daran, daß man dem Betroffenen nicht einen unendlichen Instanzenweg gewähren kann, aber warum sollte nicht zumindest die Gewährleistung einer weiteren Instanz von Art. 19 IV GG erfaßt sein. Eine unüberschaubare Ausweitung der Rechtsschutzmöglichkeiten wäre damit sicherlich nicht verbunden.

1087 *Hegmann*, Fürsorgepflicht, S. 54 folgert die Möglichkeit der Anrufung eines Rechtsmittelgerichts aus dem Grundsatz des effektiven Rechtsschutzes; *Rzepka*, Fairneß, S. 436 begründet die Notwendigkeit von Rechtsmitteln im Strafverfahren mit dem Fairneßgrundsatz; *Schlüchter*, Strafverfahren, Rn. 614 stützt die Garantie eines Instanzenzuges auf das Rechtsstaatsprinzip des Art. 20 III GG.

1088 SK-*Frisch*, StPO, Vor § 296 Rn. 18; LR-*Hanack*, StPO, Vor § 296 Rn. 10. – Zur Überprüfbarkeit einer Verletzung des Grundrechts aus Art. 103 I GG vgl. BVerfG 107, 395 ff. sowie 1. Kapitel, I. 1.

1089 Sachs/*Detterbeck*, GG, Art. 95 Rn. 9; Maunz/Dürig/*Herzog*, GG, Art. 95 Rn. 6, 46.

1090 BVerfGE 40, 272 (275); 96, 27 (39); LR-*Hanack*, StPO, Vor § 296 Rn. 12; *Sachs/Krüger*, GG, Art. 19 Rn. 143. Kritisch dazu *Lorenz*, Rechtsschutz, S. 150 f.; *ders.*, AöR 1980 (Band 105), 623 (633 ff.). Zur Kritik vgl. wiederum BK-*Schenke*, GG, Art. 19 Abs. 4 Rn. 384.

1091 BK-*Schenke*, GG, Art. 19 Abs. 4 Rn. 383.

1092 BVerfGE 51, 150 (156); 60, 253 (269); 65, 1 (70); *Wolf*, Gerichtsverfassungsrecht, S. 266 nennt als weitere Grundlage noch Art. 6 I EMRK. Andere Ansicht: *Lorenz*, AöR 1980 (Band 105), 623 (640,648), der das jeweilige Grundrecht heranziehen will.

1093 *Hegmann*, Fürsorgepflicht, S. 54.

nicht mehr zu rechtfertigender Weise erschwert werden.[1094] Effektiver Rechtsschutz meint also die tatsächliche Gewährleistung des dem einzelnen eingeräumten Anspruches auf gerichtlichen Rechtsschutz.Bezogen auf den Rechtsmittelverzicht bedeutet dies: Die grundsätzliche Entscheidung für Rechtsmittel im Strafverfahren kann selbstverständlich an eine Fristeinhaltung oder andere Voraussetzungen geknüpft werden, z. B. auch daran, daß kein Verzicht erklärt wurde. Aber wenn die Ausgestaltung dieser Einschränkungen sachwidrig oder willkürlich ist, widerspricht dies dem Gebot des effektiven Rechtsschutzes.

Wird der Verzicht auf Rechtsmittel dem Beschuldigten abverlangt, stellt dies eine Einschränkung dar, die nicht mehr mit den Erfordernissen eines ordnungsgemäßen Prozeßablaufs, der Verfahrensökonomie oder der Rechtssicherheit begründet werden kann, wie dies z. B. beim Erfordernis eines Rechtsschutzbedürfnisses in Form der Beschwer oder der Einlegungsfrist der Fall ist. Daher sind beim Rechtsmittelverzicht als negativer Rechtsmittelvoraussetzung bzw. als Rechtsmittelhindernis durchaus Fälle denkbar, in denen das Verhalten eines Rechtspflegeorgans als sachwidrige konkrete Ausgestaltung des Rechtsmittelrechts anzusehen ist, so daß dieses Verhalten nicht mehr im Einklang mit dem Gebot eines effektiven Rechtsschutzes steht.

Das Recht des Beschuldigten auf effektiven Rechtsschutz verträgt sich nicht mit einer Hervorrufung des Rechtsmittelverzichts – im Ergebnis eine Einschränkung des dem Beschuldigten grundsätzlich zugestandenen Anfechtungsrechts – durch einen manipulierten Willen des Beschuldigten, z. B. durch eine unrichtige Auskunft oder gar eine Täuschung. Aber nicht nur das Unterlassen solcher sachwidrigen Willensbeeinflussungen erscheint rechtsschutzförderlich, sondern auch die aktive Verhinderung einer Entstehung von Willensmängeln beim Beschuldigten. Nur so läßt sich das Rechtsschutzsystem der StPO effektiv nutzen.

(2) § 136a StPO

Geht es um etwaige Willensmängel bei Prozeßhandlungen, ist auch ein Blick auf § 136a zu werfen. Die 1950[1095] eingeführte Norm gilt dem Wortlaut nach zwar nur für Vernehmungen, aber es gab und gibt immer wieder Stimmen, die sie allgemein auf prozessuale Willenserklärungen angewendet wissen wollen.

Doch zunächst zu den zwei Grundgedanken, auf denen die Norm beruht. Nach überwiegender Auffassung ist § 136a zum einen Ausdruck des Gebots der

---

1094 BVerfGE 10, 264 (268); 40, 272 (274 f.); 41, 23 (26); 44, 302 (305 f.); 49, 329 (341); 60, 253 (269); 74, 228 (234); 77, 275 (284); 93, 99 (108); BVerfG NJW 2004, 2887; *Sachs*, GG, Art. 20 Rn. 164; Maunz/Dürig/*Schmidt-Aßmann*, GG, Art. 19 Abs. 4 Rn. 233; *Wolf*, Gerichtsverfassungsrecht, S. 267.

1095 § 136a wurde eingeführt durch das Rechtsvereinheitlichungsgesetz vom 12.09.1950, BGBl. I, S. 455 (644).

Achtung der Menschenwürde und damit der Subjektstellung des Beschuldigten; zum anderen liegt der Vorschrift der fair-trial-Gedanke zugrunde, d. h. die beispielhaft genannten Vernehmungsmethoden werden als nicht vereinbar mit einem rechtsstaatlichen Verfahren angesehen.[1096] Weitreichende Bedeutung erhält die Norm durch das umfassende Verwertungsverbot des § 136a III 2.

Nach der Einführung des § 136a zogen einige Oberlandesgerichte die Norm auch zur Begründung der Unwirksamkeit eines Rechtsmittelverzichts heran – zumeist in entsprechender Anwendung.[1097] Dies fand auch im damaligen Schrifttum zum größten Teil Zustimmung.[1098]

Der 2. Strafsenat des BGH stellte aber in seinem Urteil vom 6.12.1961[1099] im ersten Leitsatz unmißverständlich klar: „§ 136a StPO ist auf die Erklärungen des Rechtsmittelverzichts und der Rechtsmittelrücknahme nicht entsprechend anwendbar.“ Dies kann seitdem auch im Schrifttum als ganz überwiegende Meinung angesehen werden.[1100]

Gleichwohl kann diese Vorschrift im Rahmen einer Inhaltsbestimmung der Fürsorgepflichten beim Rechtsmittelverzicht herangezogen werden. So sprach sich auch der BGH im o. g. Urteil für eine Berücksichtigung der *Grundgedanken* des § 136a aus.[1101] Diese können in einem Schutz der Willensentschließung und -betätigung gesehen werden.[1102]

1096 *Beulke*, Strafprozeßrecht, Rn. 130; AK-*Gundlach*, StPO, § 136a Rn. 1; LR-*Hanack*, StPO, § 136a Rn. 3; *Joerden*, JuS 1993, 927; *Pfeiffer*, StPO, § 136a R. 1. Vgl. auch die Ausführungen von *Krack*, NStZ 2002, 120 ff., wonach die Wahrung der Menschenwürde als Normzweck des § 136a ausscheide. Statt dessen hält *Krack* vorrangig den Schutz von Allgemeininteressen für maßgeblich; so stellt er auf den Schutz der Wahrheitsfindung (vgl. S. 121 f.) und die positive Vernehmungsatmosphäre als Funktionsbedingung des Strafverfahrens (vgl. S. 122 ff.) ab.

1097 OLG Bremen JZ 1955, 680 (681); OLG Hamm JMBlNRW 1956, 250; OLG Düsseldorf NJW 1960, 210 (211).

1098 *Henkel*, Strafverfahrensrecht, S. 243; *Mölders*, NJW 1960, 210 (212); *E. Schmidt*, JR 1962, 290 (292); *ders.*, LK II (Nachtragsband), § 302 Rn. 3; *Siegert*, DRiZ 1953, 98 (101).

1099 BGHSt 17, 14 ff.

1100 *Dahrmann*, Widerruf, S. 83 f.; *Joerden*, JuS 1993, 927 (928); *F. Meyer*, Willensmängel, S. 92 f.; *Meyer-Goßner*, StPO, Einl. Rn. 110; *Oehler*, JZ 1963, 227; *Plötz*, Fürsorgepflicht, S. 294 ff.

1101 BGHSt 17, 14 (18). Zustimmend OLG Frankfurt NJW 1971, 949 (950); *Grunst*, Prozeßhandlungen, S. 342; *Joachim*, Willensmängel, S. 162 ff., 201; *Kühne*, Strafprozeßrecht, Rn. 680; *Pfeiffer*, StPO, § 136a Rn. 5; *Roxin*, Strafverfahrensrecht, § 22 Rn. 6. Ablehnend – im Hinblick auf § 136a als Maßstab einer Verantwortungsverteilung – *F. Meyer*, Willensmängel, S. 94 f., der bei einer Anbindung an die Grundgedanken des § 136a u. a. eine Verengung der Perspektive befürchtet. Daher wird hier zur Inhaltsbestimmung der Fürsorgepflichten auch nicht nur auf §136a rekurriert.

1102 Vgl. dazu LR-*Hanack*, StPO, § 136a Rn. 1; *Mölders*, NJW 1960, 211 (212); *Schlüchter*, Strafverfahren, Rn. 87.

Daher ist es mit der Fürsorgepflicht gegenüber dem Beschuldigten nicht vereinbar, daß beispielsweise das Gericht auf die Willensfreiheit des Beschuldigten einwirkt, um ihn zu einer Verzichtserklärung zu bewegen. Die Fürsorgepflicht gebietet also dem jeweiligen fürsorgeverpflichteten Organ, eine Täuschung und Drohung im Hinblick auf den Rechtsmittelverzicht zu unterlassen.

(3) § 35a StPO

Die Bestimmung des § 35a S. 1, die eine Belehrung des Beschuldigten über seine Möglichkeiten der Rechtsmitteleinlegung vorschreibt, kann als eine konkrete, einfachgesetzliche Ausprägung des Grundsatzes des effektiven Rechtsschutzes angesehen werden.[1103] Im Zusammenhang mit der Pflicht zur Rechtsmittelbelehrung wird auch von einem rechtsstaatlichen Erfordernis gesprochen.[1104] Innerhalb ihres Regelungsbereiches soll sie eine umfassende Rechtsinformation des Betroffenen garantieren.[1105] Weitere Bestimmungen über Rechtsbehelfsbelehrungen finden sich z. B. in den §§ 98 II 7, 115 IV, 235 S. 2, 319 II 3, 409 I Nr. 7.

Auch der Gesetzgeber, der die Norm 1953 durch das 3. StÄG einfügte, wollte die Rechtsschutzmöglichkeiten des Beschuldigten verbessern, indem er die ursprüngliche Belehrungsvorschrift des § 268 III a. F. – eine Soll-Bestimmung – zu einer Belehrungs*pflicht* erweiterte.[1106] Diese Vorgängerregelung hatte selbst erst 1926 Aufnahme in die StPO gefunden.[1107] Bereits zu dieser Soll-Vorschrift wurde seitens des Schrifttums Zustimmung geäußert, da sie helfe, überstürzte Rechtsmittelverzichte und mißverständliche Erklärungen zu verhindern.[1108]

Allgemein verlangt die Belehrungspflicht vom Adressaten nicht nur, daß er den Beschuldigten belehrt, sondern dies muß auch in klarer, unmißverständlicher Art und Weise geschehen.[1109] Bestehende Unklarheiten hat das Gericht zu beseitigen, ggf. hat es die Belehrung zu wiederholen oder durch ein Merkblatt zu

1103 LR-*Wendisch*, StPO, § 35a Rn. 1. So auch BVerwG MDR 1976, 603 (604) für die Rechtsmittelbelehrung im verwaltungsgerichtlichen Verfahren. – Die ZPO kennt demgegenüber grundsätzlich keine Belehrung über Rechtsmittel, vgl. BVerfGE 93, 99 (108 f.); Baumbach/Lauterbach/Albers/*Hartmann*, § 139 Rn. 79; kritisch dazu *Friese*, NJW 1954, 660 (661).

1104 *Schorn*, JR 1967, 203. Vgl. auch die amtliche Begründung des Gesetzesentwurfs, BT-Drs. Nr. 1/3713, S. 46.

1105 *Hübner*, Fürsorgepflicht, S. 130. Vgl. OLG Neustadt GA 1956, 92 (94).

1106 § 35 a wurde durch Art. 4 Nr. 5 des 3. StÄG vom 4.08.1953 eingefügt (BGBl. I, S. 735 ff.).

1107 § 268 III a. F. wurde durch das Gesetz zur Abänderung der StPO vom 27.12.1926 (RGBl. 1926 I, S. 529 [531]) eingefügt, vgl. dazu *Siegert*, Prozeßhandlungen, S. 68.

1108 *Gerland*, JW 1930, 2568 (2569), der zugleich bedauerte, daß sich nur eine Soll-Vorschrift durchgesetzt hatte; *Oetker*, JW 1929, 49 (50).

1109 BGHSt 24, 15 (25); *Schorn*, Strafrichter, S. 308; LR-*Wendisch*, StPO, § 35a Rn. 13.

ergänzen.[1110] Die mündliche Belehrung des anwesenden Beschuldigten ist bei Aushändigung eines schriftlichen Merkblattes allerdings *nicht* entbehrlich[1111]; gleiches gilt für einen Beschuldigten mit anwesendem Verteidiger, denn nur so kann er sich selbst ein Bild von der Lage machen.[1112]

§ 35a zeigt, daß es erforderlich ist, den Beschuldigten vor seiner Rechtsunkenntnis und deren nachteiligen Folgen im Bereich der Rechtsmittel zu schützen.[1113] Dieses läßt sich auch auf den Rechtsmittelverzicht übertragen. Denn was nützt es dem Beschuldigten, über das ihm zustehende Rechtsmittel informiert zu sein, zugleich aber über die Auswirkungen seines Rechtsmittelverzichts zu irren und infolgedessen sein Anfechtungsrecht zu verlieren? Nach § 35a S. 2 soll der Beschuldigte sogar auf die Konsequenzen eines nachlässigen Verhaltens während des Berufungsverfahrens aufmerksam gemacht werden: So ist bei der Berufungsmöglichkeit u. a. über die mögliche Verwerfung gem. §§ 329, 330 durch das Gericht zu belehren.[1114]

Gerade bei den Absprachen erscheint ein Schutz vor Rechtsunkenntnis des Beschuldigten erforderlich: Hier kann nämlich die ausdrückliche Belehrung über die Anfechtungsmöglichkeit – eventuell verbunden mit dem Hinweis auf die mangelnde Bindungswirkung des vorher vereinbarten Verzichts – verhindern, daß der Beschuldigte irrtümlich von der Bindungswirkung des Verzichts ausgeht und deshalb die Einlegung eines Rechtsmittels unterläßt bzw. auf Rechtsmittel verzichtet.

Ein solches Verständnis entspricht der großen Bedeutung, die § 35a von Stimmen aus der Literatur zugemessen wird; so ist die Rede von einer „unter dem Gesichtspunkt der Fürsorgepflicht sehr wesentliche(n) Grundbelehrungsnorm, die für sämtliche Verfahrensabschnitte gilt" und infolgedessen als Vorstufe zu einer allgemeinen Belehrungsvorschrift gelten könne.[1115]

1110 OLG Koblenz MDR 1977, 425; OLG Saarbrücken NJW 2003, 2182 (2183); *Meyer-Goßner*, StPO, § 35a Rn. 7; LR-*Wendisch*, StPO, § 35a Rn. 25 ziehen zur Begründung erhöhter Sorgfalt im Umgang mit dem Beschuldigten die Fürsorgepflicht heran. Vgl. auch OLG Neustadt GA 1956, 92 (93 f.); KG VRS 2000 (Band 99), 440 (441).

1111 LR-*Wendisch*, StPO, § 35a Rn. 23, der aber zusätzlich zur mündlichen Belehrung bei einem unverteidigten Beschuldigten die Ergänzung durch ein Merkblatt fordert. Andere Ansicht wohl: OLG Düsseldorf VRS 1999 (Band 96), 111 (112); *Meyer-Goßner*, StPO, § 35a Rn. 7.

1112 KK-*Maul*, StPO, § 35a Rn. 6; *Meyer-Goßner*, StPO, § 35a Rn. 4.

1113 *Friese*, NJW 1954, 660; KK-*Maul*, StPO, § 35a Rn. 1; *Warda*, MDR 1957, 717.

1114 Einen weiteren Hinweis auf die Folgen des Ausbleibens erhält der Beschuldigte durch die Ladung zur Berufungshauptverhandlung, vgl. § 323 I 2.

1115 *Hübner*, Fürsorgepflicht, S. 46.

(4) § 139 ZPO

Im Zusammenhang mit den vorstehenden Bemerkungen bzgl. einer generellen Belehrungs- bzw. Hinweisvorschrift ist abschließend noch auf § 139 ZPO einzugehen, die als eine der wichtigsten Vorschriften der ZPO angesehen wird.[1116] Diese Norm statuiert eine Frage-, Hinweis- und Aufklärungspflicht des Gerichts, die vor und in jeder mündlichen Verhandlung und im schriftlichen Verfahren besteht.[1117] Es verwundert daher nicht, wenn die aus § 139 ZPO fließenden Pflichten unter dem Oberbegriff der Fürsorgepflicht zusammengefaßt werden.[1118] Diese Einschaltung des Gerichts kann als Regulativ der im Zivilverfahren grundsätzlich geltenden Verhandlungs- und Dispositionsmaxime gelten.

Aufgrund der Hinweispflichten läßt sich der Vorschrift ein Verbot von Überraschungsentscheidungen entnehmen, d. h. eine rechtliche Überrumpelung ist unzulässig.[1119] Die Parteien werden so in die Lage versetzt, die Folgen ihres Verhaltens einschätzen zu können und erhalten Aufschluß über die Verfahrenslage.

Zum Teil findet sich die Forderung nach einer entsprechenden Anwendung der Norm im Strafverfahren bzw. nach Einfügung einer entsprechenden Vorschrift in die StPO.[1120] Denn sowohl im Zivilverfahren als auch im Strafverfahren gehe es um die konkrete Ausprägung des rechtlichen Gehörs. Im Strafverfahren seien an die Hinweispflichten sogar höhere Anforderungen zu stellen als im Zivilprozeß, da im letzteren den Parteien die Disposition über das Verfahren überantwortet worden sei.[1121] Eine mangelnde Rechtsähnlichkeit kann – zumindest bzgl. des Rechtsmittelverzichts – dieser Forderung nicht entgegengehalten werden, da auch im Strafverfahren diesbezüglich der Dispositionsgrundsatz gilt.[1122]

Ohne die Frage einer entsprechenden Anwendung genauer klären zu wollen, soll durch den hier vorgenommenen Bezug zu § 139 ZPO lediglich gezeigt werden, daß der Zivilprozeß mit der bei ihm vorherrschenden Parteiherrschaft eine Art Generalklausel im Bereich der richterlichen Fürsorgepflichten kennt.

1116 Baumbach/Lauterbach/Albers/*Hartmann*, ZPO, § 139 Rn. 1, der zudem annimmt, die Vorschrift enthalte die Magna Charta des Zivilprozesses.

1117 Baumbach/Lauterbach/Albers/*Hartmann*, ZPO, § 139 Rn. 5; Thomas/Putzo/*Reichold*, ZPO, § 139 Rn. 1.

1118 Baumbach/Lauterbach/Albers/*Hartmann*, ZPO, § 139 Rn. 7.

1119 BGH NJW 1989, 2756 (2757); Thomas/Putzo/*Reichold*, ZPO, § 139 Rn. 15.

1120 Vgl. *von Galen/Wartenberg*, ZRP 2001, 445 (449); *Kumlehn*, Fürsorgepflicht, S. 109, 179. Auch *Meyer-Goßner*, StPO, Einl. Rn. 157 zieht bei der wesentlichen Pflicht, durch Fragen und Hinweise auf eine vollständige Erklärung hinzuwirken, einen Vergleich mit § 139 ZPO heran. Ablehnend *Hübner*, Fürsorgepflicht, S. 255; *Plötz*, Fürsorgepflicht, S. 182 f. Vgl. dazu auch *F. Meyer*, Willensmängel, S. 216 f.

1121 *von Galen/Wartenberg*, ZRP 2001, 445 (449).

1122 *F. Meyer*, Willensmängel, S. 216 f.

Darüber hinausgehend wird angenommen, daß § 139 ZPO nur den gebotenen Mindestumfang der richterlichen Aufgaben bestimmt.[1123]

Trotz der grundsätzlichen Verschiedenheit der Verfahrensordnungen und Prozeßsituationen kann aber einer der o. g. Grundgedanken des § 139 ZPO – aufgrund der Anerkennung der Fürsorgepflicht im Strafprozeß – auch für den strafprozessualen Rechtsmittelverzicht fruchtbar gemacht werden.[1124] Eine Überrumpelung des Beschuldigten, der im Strafverfahren im besonderen Maße schutzwürdig ist, verbietet sich insbesondere beim Rechtsmittelverzicht aufgrund der dortigen spezifischen Entscheidungssituation.[1125] Auch wenn es sicher in der Mehrzahl der Fälle beim Rechtsmittelverzicht eher um eine tatsächliche als eine rechtliche Überrumpelung handeln dürfte, so ist diese gleichermaßen als unzulässig zu bewerten. Vermeiden läßt sich eine Überrumpelung durch eine hinreichende Belehrung des Beschuldigten, wie dies z. B. § 35a zumindest hinsichtlich der Rechtsmittel vorsieht. Daß eine Belehrung bzw. ein Hinweis auch bzgl. anderer Verfahrensrechte nicht nur sinnvoll, sondern notwendig sein kann, wurde bereits zu Beginn der Erörterung der Fürsorgepflicht erwähnt. Daher verwundert es nicht, wenn die Einführung einer umfassenden Belehrungsnorm vorgeschlagen wird.[1126] Eine solche Regelung findet sich beispielsweise in § 3 der österreichischen StPO.[1127] Daneben existiert aber noch eine ausdrückliche Bestimmung über die Pflicht zur Belehrung des Beschuldigten über die ihm zustehenden Rechtsmittel (vgl. § 268 S. 2 öStPO).

Hier können die Überlegungen auf den Rechtsmittelverzicht beschränkt bleiben, so daß für die folgende genauere Inhaltsbestimmung festgehalten werden kann: Die Fürsorgepflichten gebieten bzgl. des Rechtsmittelverzichts eine Warnung und Belehrung des Beschuldigten, so daß dieser sich auf die Folgen

---

1123 Baumbach/Lauterbach/Albers/*Hartmann*, ZPO, § 139 Rn. 7. *F. Meyer*, Willensmängel, S. 217 sieht in § 139 ZPO eine inhaltliche Konturierung der Fürsorgepflicht; die Norm regele nur das „Wie" der gerichtlichen Fürsorge. – Aber es kann davon ausgegangen werden, daß § 139 ZPO die Fürsorgepflicht voraussetzt.

1124 Auch *Plötz*, Fürsorgepflicht, S. 183 geht von „weitgehender inhaltlicher Übereinstimmung" aus.

1125 *Gössel*, Strafverfahrensrecht I, S. 166; *Plötz*, Fürsorgepflicht, S. 230; 318 f.; *Roxin*, Strafverfahrensrecht, § 47 Rn. 3. Zur Unterlassung einer Überrumpelung aufgrund der Fürsorgepflicht bei der Frage nach der Zustimmung zu einer Nachtragsanklage vgl. *Schorn*, Strafrichter, S. 294.

1126 Vgl. *Hübner*, Fürsorgepflicht, S. 255; *Kumlehn*, Fürsorgepflicht, S. 179.

1127 Die Vorschrift lautet: „Alle im Strafverfahren tätigen Behörden haben die zur Belastung und die zur Verteidigung des Beschuldigten dienenden Umstände mit gleicher Sorgfalt zu berücksichtigen und sie sind verpflichtet, den Beschuldigten, auch wo es nicht ausdrücklich vorgeschrieben ist, über seine Rechte zu belehren." Der erste Teil entspricht insoweit der deutschen Regelung in § 160 II, die sich allerdings nur auf die Staatsanwaltschaft bezieht.

seines Verhaltens einstellen kann.[1128] Zudem ist – ausgehend von einem Verbot der Überrumpelung – dem Beschuldigten eine Überlegungszeit und Beratungsmöglichkeit bzgl. der Erklärung eines Verzichts zu gewähren, wenn dieser sich seiner Sache unsicher ist. Angesichts der gesetzlichen Einlegungsfristen, auf die der Richter in seiner Rechtsmittelbelehrung hinzuweisen hat[1129], sollte dies selbstverständlich sein.

bb) Interessen des Beschuldigten

Für die Inhaltsbestimmung der einzelnen Fürsorgepflichten kommt den Interessen des Beschuldigten ein besonderes Gewicht zu, da sie schließlich seine Subjektstellung gewährleisten sollen, so daß der erklärte Rechtsmittelverzicht tatsächlich Ausdruck seiner Dispositionsmacht ist. Deutlich tritt ein Bezug auf die Interessen des Beschuldigten zur Bestimmung des Inhalts der Fürsorgepflicht bei einer Entscheidung des 5. Strafsenats des BGH vom 18.02.2004 zutage; der Senat führt aus, daß „das Gericht hätte (...) aufklären müssen, um einer erkennbaren Gefahr einer den Interessen des Angekl. zuwiderlaufenen Revisionsrücknahme entgegenzutreten."[1130]

Freilich soll mit dieser Berücksichtigung seiner Interessen nicht gesagt werden, daß sie alleiniger Maßstab für eine Inhaltsbestimmung sind. Denn nicht jedes vielleicht wünschenswerte Recht bzw. jede für den Beschuldigten vorteilhafte Verfahrensposition läßt sich auf rechtsstaatlich unverzichtbare Erfordernisse des fair trial-Gebots i. V. m. dem Sozialstaatsprinzip zurückführen, so daß eine Fürsorgepflicht zu dessen Statuierung herangezogen werden könnte.[1131] Hier kann es nur um notwendige Gewährleistungen seitens der Rechtspflegeorgane gehen.

Für die Ermittlung der Interessen des Beschuldigten im Zusammenhang mit dem Rechtsmittelverzicht kann auf die Erörterung der Motive für die Erklärung eines Verzichts zurückgegriffen werden. Danach kommen vollstreckungsrechtliche Motive, prozeßtaktische Überlegungen und psychologische Beweggründe in Betracht.[1132]

Betrachtet man eine vollstreckungsrechtlich motivierte Verzichtserklärung des Beschuldigten, z. B. veranlaßt durch den Wunsch eines möglichst schnellen Strafantritts, so hat er ein Interesse an einem zutreffenden Verständnis des Urteils. Eine vollstreckungsrechtlich begründete Entscheidung macht nur Sinn, wenn Bedeutung und Ausmaß des Urteils und seiner Rechtsfolgen richtig beur-

---

1128 *Plötz*, Fürsorgepflicht, S. 318, 326 mit einem entsprechenden Formulierungsvorschlag für eine Ergänzung des § 302.

1129 *Meyer-Goßner*, StPO, § 35a Rn. 10; *Warda*, MDR 1957, 717 (720 f.).

1130 BGH NStZ 2004, 636.

1131 Zur Zurückhaltung bei der Herleitung konkreter Rechts aus dem Fairneßgebot vgl. BVerfGE 63, 45 (61).

1132 Vgl. 3. Kapitel, I. 1.

teilt werden können. Unrichtige Auskünfte seitens der Rechtspflegeorgane können zu einer unzutreffenden Einschätzung der Verfahrenssituation führen und sind daher den Interessen des Beschuldigten gegenläufig. Der Beschuldigte wird daher bei Erklärung eines Verzichts davon ausgehen, daß die ihm mitgeteilte Rechtslage auch der tatsächlichen entspricht. Zur eigenen Beurteilung der Situation und der Frage einer frühzeitigen Strafvollstreckung wird er ggf. zudem ein Interesse an einer Vergewisserung bei seinem Verteidiger haben.

In den Fällen eines prozeßtaktisch motivierten Verzichts geht der Beschuldigte von einer bestimmten prozessualen Rechtslage aus. Daher wird er auch diesbezüglich das Interesse an einer Kenntnis der tatsächlichen Verfahrenslage haben. Insbesondere bei Absprachen kann der Beschuldigte nur dann eine Entscheidung treffen, wenn er sich über die Frage der Bindungswirkung eines vereinbarten Verzichts und über den Stand der Absprache – insbesondere über die „Erfüllung" seitens Gericht und Staatsanwaltschaft – bei Urteilsverkündung Klarheit verschafft hat. In Zweifelsfällen und komplexen Verfahren kann er durchaus ein Interesse an einer Rücksprache mit seinem Verteidiger haben, um sich über die rechtliche Beurteilung der Absprache zu vergewissern.

Besteht die Motivation in dem Wunsch, das Verfahren möglichst schnell zu Ende zu bringen, so wird auch hierbei der Beschuldigte davon ausgehen, daß die ihm mitgeteilten Rechtsfolgen der wirklichen Rechtslage entsprechen.

d) Inhalte rechtsmittelverzichtsbezogener Fürsorgepflichten

Die vorangegangenen Überlegungen verdichten sich zu folgenden Inhalten der Fürsorgepflichten, die aufgrund des Gebots des fairen Verfahrens als Teil des Rechtsstaatsprinzips und des Sozialstaatsgrundsatzes im Umfeld des Rechtsmittelverzichts bestehen. Die jeweiligen Inhalte lassen sich drei Pflichtengruppen zuordnen, wobei eine nähere Ausgestaltung bzw. Differenzierung bei den einzelnen Fallgruppen erfolgen wird.

Zunächst einmal besteht eine Verpflichtung des Gerichts zur Information bzgl. der Folgen und Tragweite des Rechtsmittelverzichts vor Erklärung desselben.[1133] Zu unterlassen sind fehlerhafte Auskünfte oder gar Täuschungen, die eine mögliche Anfechtung des Urteils als entbehrlich erscheinen lassen und die Bedeutung eines Rechtsmittelverzichts somit herabsetzen.[1134] Die Fürsorgeverpflichteten haben also – soweit es ihren Verantwortungsbereich betrifft – die Entstehung

1133 OLG München StV 1998, 646; *Grunst*, Prozeßhandlungen, S. 342; *Plötz*, Fürsorgepflicht, S. 325 f., der sogar einen entsprechenden Gesetzesvorschlag unterbreitet; *R. Schmidt*, JuS 1967, 158 (162).

1134 LR-*Rieß*, StPO, Einl. J Rn. 33; *R. Schmidt*, JuS 1967, 158 (162).

von Willensmängeln zu verhindern.[1135] Der Beschuldigte sollte wissen, worauf und mit welcher Konsequenz er verzichtet. Dieser Pflicht kann das Gericht durch Belehrungen oder Hinweise nachkommen.[1136]

Des weiteren kann von einer Verpflichtung des Gerichts ausgegangen werden, den Beschuldigten nicht zu überrumpeln und ihn somit vor einer vorschnellen Verzichtserklärung zu bewahren.[1137] Dies schließt auch ein, die von ihm in Anspruch genommene Überlegungszeit zu respektieren und ggf. auf die Möglichkeit einer Bedenkzeit hinzuweisen.[1138] Auch eine Einflußnahme auf den Beschuldigten zugunsten der Abgabe einer Verzichtserklärung verträgt sich nicht mit der Fürsorgepflicht des Gerichts.[1139]

Zuletzt ist auf die Verpflichtung der Gewährleistung einer effektiven Verteidigung[1140] auch in diesem Bereich des Verfahrens hinzuweisen, d. h. der Verteidiger darf nicht umgangen werden.[1141] Der Beschuldigte kann sich in der – für ihn überaus wichtigen – Frage der Rechtsmitteleinlegung eines Verteidigers bedienen, um diese nicht unkomplizierte Angelegenheit gemeinsam zu erörtern. Das Gericht muß bei Bedarf hierfür einen nötigen Freiraum gewähren und die Entscheidung des Beschuldigten, sich mit seinem Verteidiger zu beraten, respektieren.[1142]

e) Verstoß gegen die Fürsorgepflichten

aa) Voraussetzungen einer Fürsorgepflichtverletzung

Nach einer näheren Bestimmung der Fürsorgepflichten in bezug auf den Rechtsmittelverzicht stellt sich nun die Frage, wann ein beachtlicher Verstoß gegen eine solche Pflicht vorliegt und ob ein Fürsorgepflichtverstoß allein bereits zur

---

1135 *Beulke*, Strafprozeßrecht, Rn. 301; *Gössel*, Strafverfahrensrecht I, S. 166; LR-*Rieß*, StPO, Einl. H Rn. 123; SK-*Rogall*, StPO, Vor § 133 Rn. 116; *ders.*, StV 1998, 643.

1136 *Plötz*, Fürsorgepflicht, S. 318; LR-*Rieß*, StPO, Einl. H Rn. 123.

1137 OLG Zweibrücken StV 1994, 362 (363); OLG München StV 1998, 646; *Beulke*, Strafprozeßrecht, Rn. 383; *Gössel*, Strafverfahrensrecht I, S. 166; *Kohlmann*, JA 1979, 243 (246); KK-*Pfeiffer*, StPO, Einl. Rn. 32; *Plötz*, Fürsorgepflicht, S. 320; *Zipf*, Strafprozeßrecht, S. 211.

1138 SK-*Frisch*, StPO, § 302 Rn. 28.

1139 SK-*Frisch*, StPO, § 302 Rn. 28; *Grunst*, Prozeßhandlungen, S. 341; LR-*Rieß*, StPO, Einl. H Rn. 123, Einl. J Rn. 33; *Schlüchter*, Strafverfahren, Rn. 650.

1140 Nach gefestigter Rechtsprechung ist es geboten, dem Beschuldigten die jederzeitige Möglichkeit zu einer geordneten und effektiven Verteidigung zu gewähren, BGHSt 45, 51, 57; BGH NStZ 2004, 636..

1141 OLG Schleswig NJW 1965, 312 (313); OLG Düsseldorf StV 1993, 237 (238); *R. Schmidt*, JuS 1967, 158 (162).

1142 BGH StV 1983, 268; *Kumlehn*, Fürsorgepflicht, S. 39; *Plötz*, Fürsorgepflicht, S. 302, 322. Vgl. auch BGH NJW 1963, 1114 (1115) hinsichtlich der Beratung über einen Aussetzungsantrag.

Rechtsfolge der Unbeachtlichkeit – dazu genauer gleich unter f) – führt, oder ob darüber hinaus noch weitere Voraussetzungen vorliegen müssen.

Eine Verletzung der Fürsorgepflicht wird hier darin gesehen, daß das fürsorgeverpflichtete Organ seiner ihm auferlegten Pflicht nicht nachkommt. D. h. allein die unrichtige Auskunft, die nicht erfolgte Belehrung des Beschuldigten oder die Nichtgewährung einer Beratungsmöglichkeit mit dem Verteidiger stellen jeweils einen Fürsorgepflichtverstoß dar.[1143]

Offen bleibt bei dieser Feststellung aber, ob für den Eintritt einer Rechtsfolge allein ein objektiver Fürsorgepflichtverstoß ausreicht oder ob nicht ein subjektives Element hinzukommen muß, um von einer Fürsorgepflichtverletzung i. S. eines vorwerfbaren Verhaltens zu sprechen. M. a. W.: Muß das Gericht bei Erteilung einer unrichtigen Auskunft zumindest eine Möglichkeitsvorstellung bzgl. der Unrichtigkeit der Auskunft haben, so daß von Vorwerfbarkeit oder gar Verschulden gesprochen werden kann? Muß dem Staatsanwalt als unstrittig ebenfalls fürsorgeverpflichtetem Organ bewußt sein, daß er den Beschuldigten unzulässigerweise zu einem Rechtsmittelverzicht drängt?

Zur Beantwortung dieser Frage, ab wann von einer Fürsorgepflichtverletzung ausgegangen werden kann, ist ein Blick auf die Bestimmung des § 337 I, II zu werfen. Eine Revision ist u. a. dann begründet, wenn das Urteil auf einer Gesetzesverletzung beruht (Abs. 1). In Abs. 2 der Vorschrift wird die Gesetzesverletzung definiert: „Das Gesetz ist verletzt, wenn eine Rechtsnorm nicht oder nicht richtig angewendet worden ist." Diese Nichtanwendung oder nicht richtige Anwendung wird aber nach allgemeiner Ansicht ausschließlich aufgrund objektiver Gesichtspunkte betrachtet, d. h. die Gesetzesverletzung braucht nicht verschuldet zu sein.[1144] Ein Fehler des Gerichts muß nicht auf einer ausdrücklichen Entscheidung beruhen, so kann eine Verfahrensverletzung darin bestehen, daß eine gesetzlich vorgeschriebene Verfahrenshandlung unterblieben oder fehlerhaft

1143 Vgl. SK-*Wolter*, StPO, Vor § 151 Rn. 54b.

1144 BGHSt 20, 98 (99); 22, 266 (268); KK-*Kuckein*, StPO, § 337 Rn. 22 f.; *Roxin*, Strafverfahrensrecht, § 53 Rn. 32; HK-*Temming*, StPO, § 337 Rn. 8. Demgegenüber geht die Rechtsprechung bei gesetzeswidrigen Einschränkungen der Öffentlichkeit davon aus, daß diese nicht rügefähig sind, wenn sie ohne Kenntnis des Gerichts geschehen, vgl. RGSt 2, 301 (302); 71, 377 (380); BGHSt 21, 72 (74); 22, 297 (300 f.). Hier stellt die Rechtsprechung somit ausnahmsweise auf die Vorwerfbarkeit der Gesetzesverletzung ab. Ablehnend *Roxin*, Strafverfahrensrecht, § 45 Rn. 19; *E. Schmidt*, LK II (Nachtragsband), § 338 Rn. 21. – Ob bei § 337 im Zusammenhang mit bestimmten Verfahrensrügen trotz des fehlenden Verschuldenserfordernisses von einer „objektiven Fahrlässigkeit" gesprochen werden kann, soll hier nicht weiter nachgegangen werden. Unstrittig ist jedenfalls, daß für eine Gesetzesverletzung i. S. d. § 337 keine subjektive bzw. individuelle Fahrlässigkeit oder Vorsatz erforderlich ist.

vorgenommen worden ist.[1145] Maßgeblich ist insoweit stets, was die einzelne Verfahrensnorm fordert.

Diese Betrachtungsweise läßt sich auch auf den Fürsorgepflichtverstoß übertragen, da es sich bei ihm letztendlich auch um die Nichterfüllung einer Rechtspflicht handelt. Zwar liegt beim Rechtsmittelverzicht keine gesetzlich begründete, sondern eine verfassungsrechtlich abgeleitete Fürsorgepflicht vor. Aber es ist kein Grund ersichtlich, bei den Fürsorgepflichten bzgl. der Feststellung ihrer Verletzung allein aufgrund eines unterschiedlichen Ursprungs zu differenzieren.

Unter „Gesetz" als Tatbestandsmerkmal des § 337 ist gem. § 7 EGStPO jede Rechtsnorm zu verstehen. Dazu wird aber auch ungeschriebenes Recht gezählt[1146], so z. B. jedes ausdrückliche oder stillschweigende Gebot der Rechtsordnung bzw. alle Grundsätze, die sich aus dem Sinn und Zusammenhang der gesetzlichen und verfassungsrechtlichen Vorschriften ergeben.[1147] Entscheidend ist allein die rechtliche Wirkung und die ihr innewohnende rechtliche Bindung des Gerichts.[1148] Infolge der Anerkennung der Fürsorgepflichten als Rechtspflichten können auch sie als Rechtsnormen im o. g. Sinne angesehen werden, d. h. die Norm des § 337 kann zur Klärung von Zweifelsfragen herangezogen werden.

Fraglich ist nur, ob auch die im Rahmen des § 337 gemachten Einschränkungen anzuwenden sind. So wird versucht, die Überprüfung auf Verfahrensfehler mittels der Kennzeichnung von Normen als bloße Sollvorschriften oder mittels der sog. Rechtskreistheorie, wonach nur solche Verfahrensfehler beachtlich sein sollen, die den Rechtskreis des Beschuldigten berühren, einzuschränken.[1149] Selbst bei Anwendung dieser nicht unumstrittenen[1150] Modifizierungen des § 337 ergäben sich keine Einschränkungen bei der Verletzung von Fürsorgepflichten in bezug auf den Rechtsmittelverzicht. Denn zum einen ist die Fürsorgepflicht gerade keine bloße Sollvorschrift, sondern sie begründet eine stets zu erfüllende Rechtspflicht. Zum anderen sind die jeweiligen Fürsorgepflichten keine reinen Ordnungsvorschriften, deren Verletzung den Rechtskreis des Beschuldigten nicht berührte, sondern sie bestehen gerade in seinem Interesse.

1145 BGH MDR 1981, 157; LR-*Hanack*, StPO, § 337 Rn. 69; *Meyer-Goßner*, StPO, § 337 Rn. 9.

1146 *Kühne*, Strafprozeßrecht, Rn. 1071; *Peters*, Strafprozeß, S. 636; *Schlüchter*, Strafverfahren, Rn. 694.1.

1147 LR-*Hanack*, StPO, § 337 Rn. 7; AK-*Maiwald*, StPO, § 337 Rn. 7.

1148 *Peters*, Strafprozeß, S. 636.

1149 BGHSt 11, 213 (214 ff.); Dahs/*Dahs*, Revision, Rn. 34, 89 f.; KK-*Kuckein*, StPO, § 337 Rn. 44; *Meyer-Goßner*, StPO, § 337 Rn. 4. Vgl. dagegen zweifelnd BGHSt 25, 325 (329).

1150 Vgl. die Kritik von *Kühne*, Strafprozeßrecht, Rn. 1082; AK-*Maiwald*, StPO, § 337 Rn. 14. Zu Recht wird darauf hingewiesen, daß sich die Betroffenheit des Beschwerdeführers allein aus der Beschwer ergibt.

Als Ergebnis läßt sich daher festhalten, daß von einer Fürsorgepflichtverletzung bereits dann ausgegangen werden kann, wenn gegen die auferlegte Fürsorgepflicht objektiv verstoßen wird. Maßgeblich ist somit allein die objektive Sachlage.[1151]

bb) Beruhen des Rechtsmittelverzichts auf einer Fürsorgepflichtverletzung

Im Zusammenhang mit der Fürsorgepflichtverletzung stellt sich weiterhin die Frage, ob diese allein die Rechtsfolge auslöst, oder ob nicht der erklärte Rechtsmittelverzicht darauf beruhen muß, d. h. der Verzicht also gerade aufgrund des Fürsorgepflichtverstoßes erklärt wurde.
Zum Teil wird diesbezüglich das Erfordernis eines Willensmangels aufgestellt, so daß für die behauptete Unwirksamkeit des Rechtsmittelverzichts ein nicht vom Beschuldigten zu verantwortender Willensmangel erforderlich sein soll.[1152] Als Anknüpfungspunkt für eine Rechtsfolge sei nur ein durch den Fürsorgepflichtverstoß verursachter Willensmangel tauglich, der einer positiven Feststellung bedürfe.[1153] Der Rechtsmittelverzicht muß nach dieser Ansicht auf einem Fürsorgepflichtverstoß beruhen; der Willensmangel stellt insoweit das Bindeglied dar.

Hier wird jedoch allein die Fürsorgepflichtverletzung als Grundlage für die Unbeachtlichkeit des Verzichts angenommen.[1154] Damit ist nicht gesagt, daß einem Willensmangel keine Bedeutung zukommt, im Gegenteil: er wird noch als *eine* Fallgruppe im Rahmen typischer Fürsorgepflichtverstöße zu untersuchen sein. Aber es ist zu bezweifeln, daß sich mit dem Begriff des Willensmangels sämtliche Konstellationen zutreffend beschreiben lassen.[1155] Dennoch stellt sich

1151 So auch ausdrücklich *Schlüchter*, Strafverfahren, Rn. 650 (Fußnote 154), die dafür die Interessen des Beschuldigten anführt.

1152 So die Konzeption von *F. Meyer*, Willensmängel, S. 25, 214 f. *Meyer* geht vom einem weitreichenden Willensmangelbegriff (S. 26 f.) als Ausgangspunkt seiner Untersuchung aus und nimmt für jeden Willensmangel in einzelnen eine Verantwortungsabschichtung vor; liege die Verantwortung für die Entstehung des Willensmangels in bezug auf den Rechtsmittelverzicht nicht beim Beschuldigten, so sei dieser nicht daran gebunden (S. 25). Als Maßstab zur Verantwortungsabschichtung zieht *Meyer* u. a. auch die Fürsorgepflichten (S. 214 ff.) heran.

1153 *Dahrmann*, Widerruf, S. 80 f.; *F. Meyer*, Willensmängel, S. 278. Auch BGHSt 17, 14 (18) spricht von „erwiesenen Willensmängeln".

1154 Vgl. Plötz, Fürsorgepflicht, S. 310; OLG Schleswig NJW 1965, 312 (313), das für die Beurteilung der Unbeachtlichkeit ebenfalls allein auf einen Verfahrensverstoß abstellt.

1155 Standen in den älteren Arbeiten zu den Willensmängeln beim Rechtsmittelverzicht noch ausschließlich Irrtümer des Beschuldigten aufgrund unrichtiger Auskunft, Täuschung und Drohung zur Diskussion [vgl. nur *Dencker*, Willensfehler, S. 57 ff. sowie unten, 4. Kapitel, III. 1. a)], so sind die heutzutage erörterten Fälle umfangreicher geworden (vgl. nur die Darstellung der einzelnen Konstellationen bei *F. Meyer*, Willensmängel, S. 87 ff.) und erfassen auch neue problematische Konstellationen, wie z. B.

die Frage, ob die Verletzung der Fürsorgepflicht ursächlich für die Erklärung des Verzichts sein muß.

Insoweit ist an die Regelung des § 337 I anzuknüpfen, wonach für eine begründete Revision das Urteil auf einer Gesetzesverletzung *beruhen* muß.[1156] Fraglich ist nun, was unter „beruhen" zu verstehen ist. Auf den ersten Blick legt die Formulierung das Erfordernis eines ursächlichen Zusammenhanges zwischen Gesetzesverletzung und Urteil nahe. Dies wird auch überwiegend so vertreten, allerdings mit dem gewichtigen Zusatz, daß diese Kausalität keines positiven Beweises bedürfe.[1157] Die Kausalität liege bereits dann vor, wenn nicht auszuschließen sei, daß die Verurteilung des Beschuldigten auf einem Verfahrensfehler beruhe; die *Möglichkeit* des Beruhens auf dem Fehler wird insoweit als ausreichend angesehen.[1158] Zum Teil wird – nicht zu Unrecht – darauf hingewiesen, daß Begriffe wie „Kausalität" und „ursächlicher Zusammenhang" mindestens mißverständlich seien, da sie sich auf psychische Vorgänge bezögen. Statt dessen wird u. a. auf das Erfordernis eines normativen Zusammenhangs abgestellt, ohne daß aber hinsichtlich des Ergebnisses Unterschiede bestehen.[1159] Daher kann als allgemeine Ansicht festgehalten werden, daß ein Beruhen i. S. d. § 337 I angenommen wird, wenn das Urteil ohne den gerügten Fehler möglicherweise anders ausgefallen wäre.[1160] Der Nachweis des Nichtberuhens obliegt

---

den Rechtsmittelverzicht im Zusammenhang mit Absprachen. Dafür scheint m. E. die Einfügung in das Willensmängelbild nicht stets angebracht, so auch *Grunst*, Prozeßhandlungen, S. 338; *Rieß*, ZStW 2004 (Band 116), 188 (193). So wird in der neueren Rechtsprechung einem Rechtsmittelverzicht, der im Zusammenhang mit einer Absprache erklärt wurde, auch ohne die Bezugnahme auf einen Willensmangel u. U. die Wirksamkeit versagt [vgl. 4. Kapitel, III. 3. c) aa)]. Aber auch die Einordnung des unüberlegten Verzichts als Willensmangel wird z. B. abgelehnt, vgl. *Plötz*, Fürsorgepflicht, S. 291. Den Verzicht unmittelbar nach Urteilsverkündung behandelt *Dencker*, Willensfehler, S. 68 ff. getrennt von den Willensmängeln und sieht ihn als besondere Fallgruppe an.

1156 Zum Sinn dieses Erfordernisses vgl. *Herdegen*, NStZ 1990, 513 (514).

1157 RGSt 9, 69; BGHSt 1, 346 (350); 8, 155 (158); 20, 160 (164); 22, 278 (280); BGH NStZ 1996, 400; *Beulke*, Strafprozeßrecht, Rn. 565; KK-*Kuckein*, StPO, § 337 Rn. 33; *Meyer-Goßner*, StPO, § 337 Rn. 37; *Roxin*, Strafverfahrensrecht, § 53 Rn. 30.

1158 BGHSt 1, 346 (350); 22, 278 (280); BGH StV 2002, 3; Dahs/*Dahs*, Revision, Rn. 458; *Peters*, Strafprozeß, S. 648 f.; *Roxin*, Strafverfahrensrecht, § 53 Rn. 30. Vgl. OLG Schleswig NJW 1965, 312 (313): „Der Verfahrensverstoß hat sich auf die Verzichtserklärung des Angeklagten ausgewirkt." Daß er die einzige Ursache war, wird nicht gesagt und offenbar auch nicht verlangt.

1159 *Schlüchter*, Strafverfahren, Rn. 4.1, 722, 725; *dies.*, FS Krause, 485 (488 ff.).

1160 BVerfGE 4, 412 (417); BGHSt 20, 160 (164); 21, 288 (290); BGH StV 1990, 52; NStZ 1996, 400; *Kühne*, Strafprozeßrecht, Rn. 1081; AK-*Maiwald*, StPO, § 337 Rn. 18; *Schlüchter*, Strafverfahren, Rn. 722. Zum Beweismaß und der Bestimmung eines solchen bei Fällen, in denen psychisch vermittelte Kausalität eine Rolle spielt: *Herdegen*, NStZ 1990, 513 (516 f.).

dem Revisionsgericht, d. h. der Beschwerdeführer muß nicht darlegen, daß das Urteil möglicherweise auf dem Verfahrensfehler beruht. Die Beweislast trifft insoweit das Revisionsgericht.[1161]

Überträgt man diese Aussagen zu § 337 I auf den Fürsorgepflichtverstoß und den Rechtsmittelverzicht, so tritt die entsprechende Rechtsfolge der Fürsorgepflichtverletzung nur dann nicht ein, wenn ein Zusammenhang sicher ausgeschlossen werden kann. Die Möglichkeit, daß der Rechtsmittelverzicht durch die Nichtbeachtung einer entsprechenden Fürsorgepflicht hervorgerufen wurde, ist insoweit ausreichend.[1162] Den diesbezüglichen Nachweis muß nicht der Beschuldigte, sondern das Rechtsmittelgericht erbringen, wenn es das Rechtsmittel infolge des erklärten Verzichts als unzulässig verwerfen will. Der Beschuldigte kann sich daher auf den Nachweis der verletzten Fürsorgepflicht beschränken, er muß also darlegen[1163], daß trotz eines Fürsorgebedürfnisses das Gericht dieser Pflicht nicht nachgekommen ist. Praktisch wird der Nachweis eines fehlenden Zusammenhangs dem Rechtsmittelgericht in der Regel wohl nicht möglich sein.[1164]

Im Ergebnis kommt die hier vertretene Ansicht der o. g. Auffassung, die stets einen Willensmangel voraussetzt, sehr nahe. Denn jene Meinung verlangt zwar einen Willensmangel infolge einer Täuschung, Drohung, Absprache oder Fürsorgepflichtverletzung; aber entscheidend ist, daß eine Beweiserleichterung gewährt wird.[1165] Der Beschuldigte wird damit also seiner Nachweisobliegenheit bzgl. des Vorhandenseins eines Willensmangels enthoben.[1166] *Frank Meyer* spricht im Zusammenhang mit der Fallgruppe der Fürsorgepflichtverletzungen von einer Vermutung für das Vorliegen eines Willensmangels; der Angeklagte müsse lediglich das Vorliegen einer entsprechenden Gefahrensituation nachwei-

---

1161 Dahs/*Dahs*, Revision, Rn. 460; *Herdegen*, NStZ 1990, 513 (516); KK-*Kuckein*, StPO, § 337 Rn. 33; *Meyer-Goßner*, StPO, § 337 Rn. 37. Zur „Argumentationslast" des Beschuldigten in der Beruhensfrage vgl. RGSt 66, 10 (11); *Herdegen*, NStZ 1990, 513 (517).

1162 Vgl. die Feststellung des OLG Schleswig NJW 1965, 312 (313): „Der Verfahrensverstoß hat sich auch auf die Verzichtserklärung des Angeklagten ausgewirkt."

1163 *Schulze*, Willensmängel, S. 247 spricht in Anlehnung an § 45 I 1 von „Glaubhaftmachung".

1164 Vgl. BGHSt 21, 288 (290); *Kühne*, Strafprozeßrecht, Rn. 1081; *Roxin*, Strafverfahrensrecht, § 53 Rn. 30 zur seltenen Möglichkeit eines direkten Ausschlusses des Zusammenhangs zwischen Fehler und Urteil. Entsprechend für den Nachweis eines ursächlichen Willensmangels: *Joachim*, Willensmängel, S. 265.

1165 *F. Meyer*, Willensmängel, S. 279.

1166 Zur Gegenansicht, die dem Beschuldigten die Beweislast für das Vorliegen eines Willensmangels auferlegt, vgl. OLG Koblenz DRZ 1949, 453, das eine diesbezüglich strenge Beweisführung hervorhebt; *Dahrmann*, Widerruf, S. 91; *Gerland*, JW 1933, 2568 (2569).

sen, da diese im Regelfall zu einem Willensmangel führe.[1167] Gelinge ihm dieser Nachweis, so werde das Vorliegen eines Willensmangels vermutet.[1168]

Fraglich ist bei dieser Ansicht, ob diese Vermutung unwiderleglich sein soll, sie also den Nachweis eines nicht vorliegenden Willensmangels ausschließt. Da diese Auffassung jedoch nur allgemein von einer Vermutung spricht, kann wohl nicht davon ausgegangen werden, daß sie damit eine Widerlegung ausschließen will, zumindest wäre die Unwiderleglichkeit dann erwähnenswert. Zum Teil findet sich aber auch – wie bei der hier vertretenen Auffassung – die Einschränkung der Vermutung dahingehend, daß der Verzicht wirksam sei, wenn die Verursachung eines Willensmangels ausgeschlossen werden könne.[1169] Angesichts der praktischen Schwierigkeit eines solchen Nachweises – ebenso wie beim Beruhen i. S. d. § 337 I – gelangt diese Ansicht zum gleichen Ergebnis wie der hier aufgezeigte Lösungsweg. Zudem zeigt sich, daß die Zwischenschaltung eines stets erforderlichen Willensmangels aufgrund der – nur schwerlich zu widerlegenden – Vermutung praktisch ins Leere läuft und somit als entbehrlich angesehen werden kann. Entscheidendes Gewicht kommt daher allein der Verletzung einer Fürsorgepflicht zu.

f) Rechtsfolge einer Fürsorgepflichtverletzung

Nach der Klärung der Voraussetzungen einer Verletzung der Fürsorgepflicht im Zusammenhang mit einem Rechtsmittelverzicht ist auf die Frage der Rechtsfolge einer solchen Verletzung einzugehen. Die hier bevorzugt mit dem Begriff der Unbeachtlichkeit bezeichnete Rechtsfolge soll nun näher erläutert werden. Zwar wird stets bei einer Argumentation mit der verletzten Fürsorgepflicht von der Unwirksamkeit bzw. Unbeachtlichkeit – also im Ergebnis von der mangelnden Bindungswirkung – des Rechtsmittelverzichts ausgegangen.[1170] Eine nähere Erörterung erfolgt aber zumeist nicht. Angesichts des Umstandes, daß Verfahrensfehler – wie z. B. die Verletzung einer Fürsorgepflicht – grundsätzlich nicht bereits einzelne Prozeßhandlungen unwirksam machen, sondern nur zur Anfechtung der darauf beruhenden Entscheidung führen[1171], ist die Unbeachtlichkeit der Prozeßhandlung selbst zumindest erörterungswürdig, wenn nicht gar begründungsbedürftig. *R. Schmidt* stellt diesbezüglich fest: „Die Wirkungen eines Ver-

1167 *F. Meyer*, Willensmängel, S. 279 f.; *Schulze*, Willensmängel, S. 247; *Plötz*, Fürsorgepflicht, S. 180 spricht davon, daß bei einer Fürsorgepflichtverletzung die „im Erfahrungssatz pauschalierte Möglichkeit eines Willensmangels" besteht.

1168 *F. Meyer*, Willensmängel, S. 279 f. Vgl. auch *Joachim*, Willensmängel, S. 264.

1169 *Joachim*, Willensmängel, S. 264 f.

1170 BGH StV 1983, 268; BGHSt 45, 51 (57); OLG Düsseldorf StV 1993, 237 (238); *Beulke*, Strafprozeßrecht, Rn. 301; *Gössel*, Strafverfahrensrecht I, S. 166; *Krey*, Strafverfahrensrecht II, Rn. 258; *Plötz*, Fürsorgepflicht, S. 310; *R. Schmidt*, JuS 1967, 158 (162); *Zipf*, Strafprozeßrecht, S. 90, 211.

1171 *Gössel*, Strafverfahrensrecht I, S. 166.

stoßes gegen die Fürsorgepflicht können so vielfältig sein, wie die Verstöße selber."[1172] Daher soll im folgenden anhand verschiedener Argumente aufgezeigt werden, daß die allgemeine Ansicht bei einer Verletzung der Fürsorgepflicht mit Recht zur Annahme einer Unbeachtlichkeit gelangt.

Grundsätzlich führen Verfahrensfehler nur dazu, daß die Entscheidung – ggf. in einer anderen Instanz – überprüft wird. Die von dem Verfahrensfehler berührte Prozeßhandlung bleibt erst einmal beachtlich bzw. wirksam. Diese Überlegung greift beim Rechtsmittelverzicht nicht. Denn er ist gerade der Grund des durch die Fürsorgepflichtverletzung bedingten Verlusts des Anfechtungsrechts. Das Festhalten an der Bindungswirkung des Verzichts führte dazu, daß eine Pflichtverletzung der Rechtspflegeorgane beim Rechtsmittelverzicht irreversibel wäre; der oben bejahte Charakter einer Rechtspflicht liefe ins Leere. Daher vermag beim Rechtsmittelverzicht nur die Verneinung einer Bindungswirkung die Verletzungsfolge zu beseitigen.[1173] Der Beschuldigte ist also so zu stellen, als wäre die Fürsorgepflicht nicht verletzt worden; dies entspricht dem Gedanken der Naturalrestitution.[1174] Der Beschuldigte kann also mangels eines beachtlichen Verzichts dennoch Rechtsmittel einlegen.[1175]

Eine ähnliche Konstellation findet sich bei der Rechtsmittelbeschränkung eines Beschuldigten, die auf einer Fürsorgepflichtverletzung beruht. Auch in diesem Fall eines teilweisen Verlusts des Anfechtungsrechts gehen die Rechtsmittelgerichte von der Unwirksamkeit (der Beschränkung) als einzig sinnvoller Rechtsfolge aus und gelangen somit zu einem unbeschränkten Rechtsmittel.[1176] Wird in diesen Fällen die Unbeachtlichkeit der Beschränkung vertreten, so erscheint eine Übertragung dieser Rechtsfolge auf den Rechtsmittelverzicht aufgrund der strukturellen Gleichheit beider Prozeßhandlungen sachgerecht.

Bei fortbestehender Bindungswirkung wäre dem Beschuldigten die Möglichkeit genommen, den Verfahrensverstoß, der in der Fürsorgepflichtverletzung liegt, zu rügen. Er müßte die Folgen eines Verfahrensfehlers tragen, dessen Entstehung in einem anderen Verantwortungsbereich wurzelt. Durch die Verneinung der Bindungswirkung kommt zum Ausdruck, daß nicht er, sondern das Gericht die Verantwortung trägt.[1177] Darin soll sich der allgemeine Rechtsgedanke

---

1172 *R. Schmidt*, JuS 1967, 158 (162).

1173 Vgl. auch *F. Meyer*, Willensmängel, S. 128.

1174 *R. Schmidt*, JuS 1967, 158 (162) weist darauf hin, daß dieser Gedanke auch außerhalb des gesetzlich geregelten Schadensersatzrechts den Weg weist, wie die nachteiligen Folgen von Pflichtverletzungen zugunsten des Geschädigten zu beseitigen sind.

1175 Zu der Möglichkeit einer Verfassungsbeschwerde als weiteren Rechtsbehelf vgl. *Kumlehn*, Fürsorgepflicht, S. 135.

1176 OLG Zweibrücken StV 1982, 13 [das Berufungsgericht hatte in diesem Fall eine Beschränkung der Berufung empfohlen]; OLG Düsseldorf NStZ 1984, 90.

1177 Vgl. *F. Meyer*, Willensmängel, S. 25.

des § 44 S. 2 widerspiegeln, wonach dem Beschuldigten aus einem Versehen der Rechtspflegeorgane keine Nachteile erwachsen dürfen.[1178]

Auch in anderem Zusammenhang wird auf die Unwirksamkeit einer Prozeßhandlung abgestellt: so wird im Rahmen der Abspracheproblematik die Unwirksamkeit eines Geständnisses aufgrund eines Verstoßes gegen den fair trial – Grundsatz bejaht, um damit den „status quo ante“ wiederherzustellen.[1179] Hier soll der Verfahrensverstoß also unmittelbar zur Unverwertbarkeit des Geständnisses führen.

Des weiteren spricht für die Unbeachtlichkeit als Rechtsfolge, daß so eine Gleichstellung mit den Konstellationen erreicht wird, bei denen bereits mangels Einhaltung der allgemeinen und besonderen Prozeßhandlungsvoraussetzungen eine Beachtlichkeit des Verzichts verneint wird.[1180] Zu Beginn der Arbeit wurde dargestellt, daß sich der Verlust des Anfechtungsrechts als Konsequenz des Verzichts zum einen durch Aufstellung besonders restriktiver Voraussetzungen, zum anderen durch Ausnahmen vom Verbot der Unanfechtbarkeit bzw. Unwiderruflichkeit mildern läßt.[1181] Im Ergebnis stellen sich alle Lösungsansätze als Ausnahme vom Grundsatz der Beachtlichkeit dar, so daß für sie die Unbeachtlichkeit gleichermaßen als Rechtsfolge in Betracht kommt.

Endlich ist noch auf die Begründung mittels des Zwecks eines Rechtsmittelverzichts einzugehen: Infolge der Fürsorgepflichtverletzung soll der Zweck des Verzichts – die Herbeiführung einer rechtsbefriedenden Verfahrensbeendigung – verfehlt werden, so daß deshalb eine Beendigung des Verfahrens und somit die fortbestehende Wirksamkeit des Verzichts abzulehnen sei.[1182]

Festgehalten werden kann, daß nach allgemeiner Ausfassung zutreffend von der Unbeachtlichkeit als Rechtsfolge einer Fürsorgepflichtverletzung ausgegangen wird.

III. Typisierungen der Fürsorgepflichtverletzungen

Nach den eher allgemein gehaltenen Ausführungen zur Fürsorgepflicht sollen im folgenden die praktisch relevanten und allgemein diskutierten Konstellationen im Hinblick auf Verletzungen der Fürsorgepflicht durch die Rechtspflegeorgane untersucht werden. Neben dem Versuch einer Lösung der Problematik des konkreten Falles erfahren die o. g. Fürsorgepflichten gleichzeitig eine Präzisierung. Zudem bedarf es einer Klärung, ob sich wirklich sämtliche Konstellati-

1178 *H. Müller*, Willenserklärungen, S. 59.

1179 *Beulke/Sowada*, JZ 2005, 67 (73); *Meyer-Goßner*, StPO, Einl. Rn. 119g. Zur Unverwertbarkeit eines Geständnisses vgl. auch BGHSt 42, 191 (193).

1180 Vgl. SK-*Frisch*, StPO, § 302 Rn. 26. Für zivilprozessuale Prozeßhandlungen gilt dies entsprechend, vgl. Thomas/*Putzo*, ZPO, Einl. III, Rn. 17.

1181 Vgl. BGHSt 46, 257 (259); *Kumlehn*, Fürsorgepflicht, S. 176.

1182 SK-*Frisch*, StPO, § 302 Rn. 28.

onen mit einer entsprechenden Fürsorgepflicht erfassen lassen. Sollte dies nicht der Fall sein, so bedarf es weiterer Überlegungen, ob und inwieweit sich eine Unbeachtlichkeit der Verzichtserklärung auf eine andere (ggf. ergänzende) Grundlage stützen läßt.

Bei den Konstellationen der möglichen Fürsorgepflichtverletzungen ist zunächst auf diejenige der Willensmängel einzugehen. Ihr wurde ursprünglich bei der Erörterung der Unbeachtlichkeit eines Rechtsmittelverzichts die alleinige Aufmerksamkeit zuteil. Um hier den Begriff des Willensmangels nicht zu strapazieren[1183], werden weitere Konstellationen aufgrund der besonderen Umstände ihres Zustandekommens zu einer zweiten Fallgruppe zusammengefaßt. Zugleich wird damit gezeigt, daß nach der hier vertretenen Auffassung ein Willensmangel nicht stets Voraussetzung für die Annahme der Unbeachtlichkeit ist. Endlich ist auf die Bedeutung eines Rechtsmittelverzichts im Zusammenhang mit einer Absprache einzugehen. Obgleich sie nichts anderes als entweder die Grundlage eines Willensmangels oder zumindest ein besonderer Umstand des Zustandekommens eines Rechtsmittelverzichts ist, soll diese Konstellation aufgrund ihrer besonderen praktischen Relevanz als eine eigene Fallgruppe untersucht werden.

1. Willensmängel

a) Ausgangslage

Unter dem Begriff des Willensmangels sind hier sowohl die Fälle einer fehlerhaften Willensbildung aufgrund äußerer Einflüsse (z. B. in Form von Täuschung oder Drohung) als auch diejenigen Konstellationen zu verstehen, in denen Wille und Erklärung unbewußt auseinander fallen (z. B. die herkömmlich mit Erklärungs- und Inhaltsirrtum bezeichneten Fälle).[1184] Die Art des Irrtums ist jedoch für dessen strafprozessuale Bewertung bei einer Bezugnahme auf Fürsorgepflichten m. E. unerheblich[1185], so daß diesbezüglich eine detaillierte Darstellung unterbleiben kann. Zutreffend spricht *Joachim* davon, daß „in erster Linie auf die prozessualen Pflichten des Gerichts und der anderen Strafverfolgungsorgane abzustellen (sei)".[1186] Daher wird bei den einzelnen Willensmängeln auch auf Verletzungen der Fürsorgepflicht abgestellt, anstatt nach der Art des Willensmangels zu fragen.

Welche Auswirkungen werden den Willensmängeln beim Rechtsmittelverzicht beigemessen? Bevor ein möglicher Lösungsweg mittels der Fürsorgepflichten

---

1183 Vgl. dazu bereits 4. Kapitel, II. 4. e) bb).

1184 *Joachim*, Willensmängel, S. 11 ff., 17; *F. Meyer*, Willensmängel, S. 71 ff.; *H. Müller*, Willenserklärungen, S. 16 f.

1185 So auch *Joachim*, Willensmängel, S. 214 f.; *H. Müller*, Willenserklärungen, S. 61 f.

1186 *Joachim*, Willensmängel, S. 216.

beschritten wird, soll zunächst eine knappe Bestandsaufnahme erfolgen. Nicht zuletzt die Willensmängel waren es, die bereits in der älteren Rechtsprechung und Lehre zu einer Beschäftigung mit der Frage der Anfechtbarkeit bzw. der Unwirksamkeit des Rechtsmittelverzichts geführt haben.

In der älteren Rechtsprechung ist überwiegend eine Ablehnung gegenüber der Beachtlichkeit von Willensmängeln mit der Folge der Unbeachtlichkeit des Verzichts zu finden. Im Anschluß an die Entscheidung des 7. Zivilsenats des RG[1187] entschied der 4. Strafsenat, daß unwiderrufliche Prozeßerklärungen, zu denen unstrittig auch der Rechtsmittelverzicht gezählt wurde[1188], nicht wegen eines Irrtums oder anderer Willensmängel angefochten werden könnten.[1189] Der entscheidende Satz der Begründung des Beschlusses lautete: „Die öffentlichrechtliche Natur des Prozesses verlangt aber im Hinblick auf die im öffentlichen Interesse zu fordernde Sicherstellung eines geordneten Fortganges des Verfahrens, daß eine unzweideutige Verfügung eines Prozeßbeteiligten über ein Rechtsmittel der Rechtswirksamkeit nicht um deswillen entbehren darf, weil die dem Gerichte gegenüber abgegebene Erklärung mit dem inneren Willen des Erklärenden nicht übereinstimmt."[1190] Kurz gesagt: das Auseinanderfallen von Wille und Erklärung ist beim Rechtsmittelverzicht irrelevant. Die reichsgerichtliche Rechtsprechung prägte somit die Entscheidungen der Gerichte noch Jahrzehnte später.[1191] Diese strikte Haltung führte aber nur zu einer Verlagerung der Willensmängelproblematik auf andere Ebenen[1192]; so wurde gleichzeitig beispielsweise die notwendige Eindeutigkeit eines Verzichtswillens und eine diesbezüglich zweifelsfreie Feststellung ausdrücklich hervorgehoben.[1193]

Aber es sind auch gegenteilige Urteile in der damaligen Rechtsprechung ersichtlich: So berücksichtigte das OLG Rostock einen Motivirrtum des Beschuldigten, als dieser auf Rechtsmittel verzichtete, obwohl er die mündlich verkündete Entscheidung in einem wesentlichen Punkte – nämlich dem des verkündeten Strafmaßes – falsch verstanden hatte.[1194] Es wies zudem darauf hin, daß ein „wesentlicher Irrtum" des Erklärenden den Verzicht von vornherein wir-

---

1187 RGZ 81, 177 ff.

1188 Vgl. nur RGSt 1, 92; 2, 78 (79); 32, 277 (280); 40, 133 (135); 64, 14 (15).

1189 RGSt 57, 83. Die Begründung wurde fast wörtlich aus RGZ 81, 177 (178) übernommen.

1190 RGSt 57, 83.

1191 Vgl. RG JW 1929, 49; RGSt 64, 14 (15); BGHSt 5, 338 (341); BayObLG JW 1926, 2770; OLG Bremen NJW 1961, 2271.

1192 *Schulze*, Willensmängel, S. 117.

1193 RGSt 58, 372; 64, 164 (166); OLG Hamm JW 1935, 2389. Vgl. auch BGH JR 1952, 483.

1194 OLG Rostock ZStW 1924 (Band 44), 192. Auch das OLG Frankfurt JW 1924, 331 (332) entschied in einem ähnlichen Fall zugunsten des Beschuldigten und entband ihn von der Bindungswirkung seines Verzichts.

kungslos erscheinen lasse[1195] – eine nicht gerade präzise und zudem großzügige Behandlung der Irrtumsproblematik. Auch das RG selbst wich zum Teil von seinen Grundsätzen ab und verneinte beispielsweise die Wirksamkeit eines Rechtsmittelverzichts nach einer unzutreffenden Belehrung des Beschuldigten durch das Gericht über die Rechtsmittelmöglichkeiten.[1196] Bereits 1893 erklärte das RG im Zusammenhang mit der Rücknahme eines Vertagungsantrages durch den Beschuldigten, daß der Prozeßakt – nach unserer heutigen Terminologie die Prozeßhandlung – eines Beschuldigten, der infolge einer Drohung des Staatsanwalts vorgenommen werde, nicht bindend sei.[1197] Einen Erklärungsirrtum erkannte das OLG Koblenz unter Berufung auf den Schutzgesetzcharakter der StPO als beachtlich an und führte aus: „Dagegen darf ein Angekl. nicht an eine Erklärung gebunden sein, deren objektiver Sinn nicht seinem wahren Willen entspricht.“[1198]

Die heutige Rechtsprechung erkennt ausnahmsweise Gründe an, die zu einer Berücksichtigung von Willensmängeln führen, sie geht aber grundsätzlich von der Wirksamkeit und weiterhin von der Unwiderruflichkeit bzw. Unanfechtbarkeit eines erklärten Verzichts aus.[1199] Sie war bzw. ist zum Teil immer noch durch eine im Einzelfall erfolgende Abwägung von Rechtssicherheit und Gerechtigkeit geprägt; insoweit kann auf die obigen Ausführungen verwiesen werden.[1200] Als richtungsweisend wird insoweit die Entscheidung des BGH aus dem Jahre 1961 angesehen, in der er die Möglichkeit der Unbeachtlichkeit eines Verzichts in bestimmten Fällen eines Irrtums anerkannte.[1201] Aber bereits im Jahre 1952 stellte der 4. Strafsenat in einem Urteil im Hinblick auf die Unwiderruflichkeit des Rechtsmittelverzichts fest, daß es „mit rechtsstaatlichen Grundsätzen nicht zu vereinbaren (wäre), wenn der Angekl. nur aus formellen Gründen an den äußeren Wortsinn einer Erklärung gebunden wäre, der mit seinem Willen nicht im Einklang steht“.[1202] Damit hatte sich der BGH – zumindest was

---

1195 OLG Rostock, a. a. O.

1196 RG JW 1933, 1069 (1070).

1197 RG GA 1893 (Band 41), 384 (385 f).

1198 OLG Koblenz DRZ 1949, 453. Vgl. dazu die ablehnende Anmerkung von *Schönke*, DRZ 1949, 454.

1199 Vgl. BGH NJW 2005, 1440 (1445): „Das Gesetz geht von der grundsätzlichen Wirksamkeit des Rechtsmittelverzichts aus.“

1200 Vgl. dazu bereits 4. Kapitel, I. 2. a). Noch im Jahre 2000 stellte der 4. Strafsenat des BGH darauf ab, daß der Rechtsmittelverzicht bei schwerwiegenden Willensmängeln aus Gründen der Gerechtigkeit unwirksam sein könnte, BGH NStZ 2000, 441 (442).

1201 BGHSt 17, 14 (18) – im Ergebnis verneinte der BGH allerdings mangels einer Drohung einen beachtlichen Willensmangel. Seitdem ständige Rechtsprechung: BGH wistra 1994, 30; BGHSt 45, 51 (53); BGH StV 2000, 542 (543); BGHSt 46, 257 (258); BGH wistra 2002, 26 (27); BGHSt 47, 238 (239). Vgl. auch OLG Frankfurt NJW 1971, 949 (950).

1202 BGH JR 1952, 483. Bestätigend z. B. OLG München StV 1998, 646.

einen Inhalts- und Erklärungsirrtum betrifft – vom reichsgerichtlichen Dogma der Unbeachtlichkeit von Irrtümern verabschiedet. Das Urteil liegt auf einer Linie mit der o. g. Entscheidung des OLG Koblenz. Motivirrtümer werden demgegenüber in der Rechtsprechung als unbeachtlich gewertet.[1203] Ausnahmen werden für Fälle anerkannt, in denen dem Verzicht z. B. eine unrichtige Auskunft seitens des Gerichts zugrunde liegt.[1204] Vorbereitet wurde diese Auffassung des BGH bereits von einer entsprechenden Judikatur einiger Oberlandesgerichte, die einem Rechtsmittelverzicht die Bindungswirkung aufgrund einer unrichtigen Auskunft des Gerichts versagten.[1205]

Das Schrifttum hat insoweit eine parallele Entwicklung genommen. Im älteren Teil findet sich ganz überwiegend eine ablehnende Haltung gegenüber der Berücksichtigung von Willensmängeln; bei einer Einwirkung in Form von Täuschung, Zwang oder Drohung werden hingegen mehrheitlich Ausnahmen befürwortet.[1206] Die Begründung stimmt mit derjenigen der Rechtsprechung weitgehend überein.

Aber noch mehr als in der Rechtsprechung sind in der Lehre auch einflußreiche Gegenstimmen zu verzeichnen. Namhafte Vertreter des damaligen Schrifttums wie *Beling* und *Gerland* sprachen sich für eine Berücksichtigung von – zumindest unverschuldeten – Willensmängeln aus.[1207] Im Schrifttum ist seitdem – gewissermaßen als Kompromiß – eine starke Orientierung an der *Art* des Willensmangels zu erkennen: Beruht der Willensmangel auf einer Täuschung oder Drohung, so wird eine Bindung des Beschuldigten verneint, wohingegen der Motivirrtum als eindeutig unbeachtlich angesehen wird.[1208] Dem Er-

---

1203 BGH GA 1969, 281; BGHR StPO § 302 II Rücknahme 2; BGH wistra 1994, 30; OLG Bremen NJW 1961, 2271; OLG Frankfurt StV 1987, 289.

1204 BGHSt 46, 257 (258).

1205 Vgl. OLG Bremen JZ 1955, 680 (681); OLG Hamm JMBlNRW 1956, 250; OLG Düsseldorf NJW 1960, 210 (211).

1206 *Feldmann*, NJW 1960, 210 (211); *Henkel*, Strafverfahrensrecht, S. 242 f.; *Kohlrausch*, StPO (24. Aufl.), § 302 Anm. 1; *Sauer*, Grundlagen, S. 172; *Sarstedt*, JR 1968, 109 (110); *Schäfer*, Strafprozeßrecht, S. 136; *E. Schmidt*, LK I, Rn. 208 f. Bei Täuschung und Drohung wird eine entsprechende Anwendung des § 136a befürwortet, vgl. *Henkel*, Strafverfahrensrecht, S. 243 m. w. N. *Sauer*, Grundlagen, S. 172 geht von der Unbeachtlichkeit einer Drohung aus. – Noch unerörtert ist diese Problematik in den ersten Kommentaren zur StPO von 1877, vgl. beispielsweise *von Schwarze*, StPO, § 344.

1207 *Beling*, Strafprozeßrecht, S. 204; *Gerland*, JW 1930, 2568 (2569), vgl. aber *dens.*, Strafprozeß, S. 398, wo die Relevanz eines Irrtums bei der Verzichtserklärung noch abgelehnt wird.

1208 *Friedländer*, GS 1901 (Band 58), 401 (406); *Lange*, ZZP 1928 (Band 53), 246 (253); *Oehler*, JZ 1963, 227 (228); *Peters*, Strafprozeß, S. 268 ff.; *H. W. Schmidt*, NJW 1965, 1210 (1211). *Dahrmann*, Widerruf, S. 82 stellt zwar noch auf die Art des Irrtums ab, aber er fragt zusätzlich nach den Umständen seiner Entstehung; zudem bezweifelt er,

klärungsirrtum wird eher als dem Inhaltsirrtum Beachtung geschenkt,[1209] bei letzterem wird zum Teil zwischen Laien- und Juristenerklärungen unterschieden.[1210] Diese Art der Differenzierung zwischen Inhalts- und Erklärungsirrtum einerseits und dem Motivirrtum andererseits findet sich auch noch im neueren Schrifttum.[1211]

Auf dieser teilweisen Anerkennung beachtlicher Willensmängel bauen neuere Ansichten auf, die aber eine andere Differenzierung vornehmen. Es wird heutzutage im Schrifttum in der Regel nicht auf die Art des Willensmangels abgestellt, sondern nach den Umständen seiner Entstehung und insbesondere danach gefragt, wer für die Verursachung des Willensmangels die Verantwortung trägt.[1212] Der Schwerpunkt moderner Willensmängeldogmatik im Bereich der strafprozessualen Prozeßhandlungen besteht somit in einer Verantwortungsabschichtung.[1213] An deren Ende muß sich der Beschuldigte nur an solchen willensmängelbehafteten Verzichten festhalten lassen, für deren Verursachung er die – zumindest überwiegende – Verantwortung trägt. Auch weiterreichende Ansichten werden in der Literatur vertreten, so daß auch im Verantwortungsbereich des Beschuldigten liegende Irrtümer beachtlich sein sollen.[1214]

---

ob wirklich jeder Motivirrtum unbeachtlich ist (S. 81). Auch *Beling*, Strafprozeßrecht, S. 205 spricht sich für die Unbeachtlichkeit des Motivirrtums aus.

1209 *Oehler*, JZ 1963, 227 (228).

1210 *Peters*, Strafprozeß, S. 268 ff.

1211 Vgl. LR-*Hanack*, StPO, § 302 Rn. 53.

1212 *Beulke*, Strafprozeßrecht, Rn. 301; SK-*Frisch*, StPO, § 302 Rn. 30; *H. Müller*, Willenserklärungen, S. 50 ff., 60 ff.; *Plötz*, Fürsorgepflicht, S. 291.

1213 So zuletzt in der Dissertation von *F. Meyer*, Willensmängel beim Rechtsmittelverzicht des Angeklagten im Strafverfahren (2003), der in einer ausführlichen und zumeist überzeugenden Bearbeitung der Thematik eine Prüfung der Verantwortlichkeit für sämtliche relevanten Konstellationen vornimmt. Zuvor findet sich ein solcher Untersuchungsansatz bereits in den Dissertationen von *Dahrmann*, Widerruf, S. 79 ff.; *Joachim*, Willensmängel, S. 222, 270; *H. Müller*, Willenserklärungen, S. 60 ff. Eine Unterscheidung anhand der Verantwortlichkeit dürfte zurückgehen auf *Oetker*, JW 1929, 49 (51): „Ist aber ohne jedes Verschulden der Partei eine von ihr nicht gewollte Verzichtserklärung erfolgt, so ist es doch unbillig und mit der materiellen Wahrheit, wie sie im Strafprozeß angestrebt wird, unvereinbar, den Willensmangel zu ignorieren." Auch *Kohlrausch*, StPO (24. Aufl.), § 302 Anm. 2 sieht die Unanfechtbarkeit bei einem schuldlosen Irrtum als bedenklich an. *Oetker* spricht zwar noch von einem „Verschulden" des Irrtums, meint aber wohl im Ergebnis nichts anderes als die Verantwortlichkeit für die Entstehung des Irrtums; kritisch zur Anwendung eines Verschuldensmaßstabes im Prozeßrecht und zu *Oetkers* Ansicht: *Dahrmann*, Widerruf, S. 94 ff.

1214 *Dencker*, Willensfehler, S. 57; *Roxin*, Strafverfahrensrecht, § 51 Rn. 27 mit der nicht unerheblichen Einschränkung, daß der Willensmangel innerhalb der Einlegungsfrist geltend gemacht werden müsse.

b) Nicht von außen verursachter Willensmangel

Zunächst ist auf die Fallgruppe derjenigen Willensmängel einzugehen, denen der Beschuldigte bei Erklärung des Verzichts unterliegt, ohne daß ein äußerer Umstand dazu beigetragen hätte. Der Irrtum ist also *nicht* durch fremdes Verhalten – Tun oder Unterlassen – verursacht worden.

Entsprechend dem oben skizzierten Ansatz der Verantwortungsabschichtung wird in solchen Fällen von der heute wohl überwiegenden Meinung der Verantwortungsbereich des Beschuldigten als eröffnet angesehen. Der Beschuldigte soll also die Verantwortung für einen solchen Willensmangel tragen, d. h. ein Irrtum ist nach dieser Auffassung unbeachtlich und der Verzicht somit wirksam bzw. beachtlich.[1215] Diese Folge sei die Kehrseite der Entscheidungsfreiheit; wer autonom handele, müsse auch die Nachteile seiner Entschlüsse verantworten – auch wenn diese fehlerhaft seien.[1216] Dem Beschuldigten treffe mithin eine Obliegenheit zur sorgfältigen Wahrnehmung seines Selbstbestimmungsrechts.[1217]

Bereits das RG stellte fest, daß sich aus der öffentlich-rechtlichen Natur des Prozesses für die handelnden Personen eine erhöhte Verantwortlichkeit ergäbe.[1218] Zu einer Verantwortungsverlagerung könne es nur dann kommen, wenn der Irrtum auf einer prozeßordnungswidrigen Beeinflussung der Entscheidungsautonomie beruhe und somit nicht der Sphäre des Beschuldigten entstamme.[1219]

Greift man dagegen auf die Fürsorgepflicht zurück, so ist als entscheidendes Kriterium die Erkennbarkeit des Irrtums heranzuziehen. Auch wenn der Willensmangel nicht einer fremden Sphäre entspringt, so begründet doch seine Erkennbarkeit eine Fürsorgepflicht des Gerichts. In solchen Fällen gebietet sie ein Einschreiten in Form einer Aufklärung bzw. eines Hinweises. Erst recht gilt dies dann, wenn dem Gericht der Irrtum des Beschuldigten bewußt ist.[1220]

Erkennt z. B. das Gericht, daß der Verzichtserklärung ein Irrtum des Beschuldigten zugrunde liegt, so gelangt der Beschuldigte durch eine Nachfrage oder einen Hinweis des Gerichts in seine ursprüngliche Verfahrenslage und Ent-

---

1215 *Grunst*, Prozeßhandlungen, S. 346, 350; *F. Meyer*, Willensmängel, S. 69 f.; *H. Müller*, Willenserklärungen, S. 60; *Oetker*, JW 1929, 49 (51); KMR-*Sax*, StPO, Einl. X Rn. 30, 32.

1216 *F. Meyer*, Willensmängel, S. 68; *Grunst*, Prozeßhandlungen, S. 349 f.

1217 *F. Meyer*, Willensmängel, S. 69.

1218 RGZ 81, 177 (178). Vgl. auch *Sauer*, Prozeßrechtslehre, S. 136: „Sämtliche Prozeßsubjekte sind zu erhöhter Vorsicht und Verantwortlichkeit in ihren Handlungen und Erklärungen verpflichtet (...).“

1219 *F. Meyer*, Willensmängel, S. 70; KMR-*Sax*, StPO, Einl. X Rn. 31. *H. Müller*, Willenserklärungen, S. 61 sieht in diesen Fällen der Fremdverursachung selbst ein leichtes Mitverschulden des Beschuldigten als unschädlich an.

1220 Vgl. *Plötz*, Fürsorgepflicht, S. 330.

scheidungssituation zurück. Das Gericht als Erklärungsempfänger gibt zu verstehen, daß es die Erklärung des Beschuldigten nicht als letzte Äußerung in diesem Zusammenhang ansieht und eröffnet ihm eine neue Entscheidungsmöglichkeit. Unterläßt das Gericht ein entsprechendes Verhalten, so liegt darin eine Verletzung der Fürsorgepflicht, die zur Unbeachtlichkeit des Verzichts führt.

Diese Auffassung soll an einem Sachverhalt beispielhaft erläutert werden, der einem Urteil des OLG Koblenz zugrunde lag.[1221] Der Senat erklärte den Rechtsmittelverzicht eines Beschuldigten für unwirksam, den dieser auf die Frage des Strafkammervorsitzenden erklärt hatte. Zur Begründung führte der Senat an, daß der schwerhörige Beschuldigte einem Erklärungsirrtum erlegen sei, da er die Frage des Vorsitzenden nicht verstanden habe und daher mit seinem „Ja" nicht auf Rechtsmittel verzichten wolle.[1222]

Stellt man auf die jeweiligen Verantwortungsbereiche ab, so entspringt dieser Erklärungsirrtum dem Verantwortungsbereich des Beschuldigten, so daß er auch für dessen Konsequenzen einzustehen hat. Bereits zwanzig Jahre vor der Entscheidung bemerkte *Oetker*, daß ein schwerhöriger Beschuldigter sich vor seiner Verzichtserklärung sorgfältig über den Inhalt des Urteils zu vergewissern habe, damit er keinen Irrtümern erliege.[1223]

Vom hier vertretenen Standpunkt aus ist maßgeblich, ob für das Gericht der Irrtum erkennbar war. Ergibt sich aus der vorangegangenen Verhandlung, daß ein Beschuldigter den Äußerungen der Verfahrensbeteiligten nicht folgen konnte, er z. B. des öfteren nachfragte und seine Antworten nicht den Fragen des Gerichts entsprachen, so ist es für das Gericht erkennbar, daß die mit bloßem „Ja" erfolgende Antwort auf die Frage nach einem Rechtsmittelverzicht möglicherweise irrtumsbefangen war. Aber die Schwerhörigkeit muß deutlich zutage getreten sein, damit von einer Erkennbarkeit des Irrtums ausgegangen werden kann. Da der Verzicht jedoch stets nach Durchführung der Hauptverhandlung erklärt wird, besteht auch ausreichend Gelegenheit, auf Anhaltspunkte der körperlichen Beeinträchtigung zu stoßen. In solchen Fällen gebietet die Fürsorgepflicht eine Rücksichtnahme auf die körperlichen Verhältnisse des Beschuldigten. Bei Schwerhörigkeit und für den Beschuldigten wichtigen Entscheidungen reicht es daher nicht aus, sich nur mit einer objektiv eindeutigen Antwort wie „Ja" oder „Nein" zu begnügen. Vielmehr sollte der Beschuldigte zur Vermeidung von Mißverständnissen dazu angehalten werden, sich vollständig zu erklären bzw. das Gericht hat sich zu vergewissern.[1224]

1221 OLG Koblenz DRZ 1949, 453.

1222 *Schönke*, DRZ 1949, 454 gelangt in seiner Anmerkung zum gleichen Ergebnis; er geht aber bereits von der Verhandlungsunfähigkeit des Beschuldigten aus.

1223 *Oetker*, JW 1929, 49 (51).

1224 Vgl. *H. Müller*, Willenserklärungen, S. 60 (Fußnote 104).

Hervorzuheben ist hier noch einmal, daß bereits die *Erkennbarkeit* eine Fürsorgepflicht auslöst und nicht erst die positive Kenntnis. Ansonsten wäre dasjenige Rechtspflegeorgan im Vorteil, das sich möglichst wenig Gedanken um die prozessuale Situation des Beschuldigten machte. Zudem wäre eine die Fürsorgepflicht auslösende positive Kenntnis eines Rechtspflegeorgans nur schwerlich festzustellen. Letztendlich würde ein Abstellen auf die Kenntnis des Willensmangels zur Vermutung einer Kenntnis bei bestimmten Indizien führen, damit die Fürsorgepflicht nicht völlig an Bedeutung verlöre.

Im Ergebnis geht die hier vertretene Auffassung gar nicht so weit über die o. g. Ansichten hinaus. Denn ganz überwiegend ist anerkannt, daß offenbare bzw. offensichtliche Irrtümer des Beschuldigten – unabhängig von der Frage der Verantwortung – zu berücksichtigen sind.

Bereits Zivilsenate des Reichsgerichts gestanden dem Erklärenden bei einem offensichtlichen Willensmangel die Berichtigung der Erklärung zu.[1225] Auch im strafprozessualen Schrifttum zum Rechtsmittelverzicht wird bei offensichtlichen Irrtümern eine Korrektur vorgenommen und dem irrtumsbefangenen Verzicht die Wirksamkeit abgesprochen.[1226]

Aber auch hier stellt sich wiederum die Frage, wann der Willensmangel als offensichtlich anzusehen ist. Einerseits nehmen einige Stimmen in der Literatur nur dann einen offensichtlichen Irrtum und damit eine Berichtigungsmöglichkeit an, wenn der Mangel im Willen dem Empfänger *bekannt* ist und lassen somit eine bloße Erkennbarkeit nicht ausreichen.[1227] Es sei zu weitgehend und gefährde die Prozeßsicherheit, den offensichtlichen Willensmangel dem nur erkennbaren gleichzustellen.[1228]

Andererseits wird bereits dann von einer Offensichtlichkeit ausgegangen, wenn der Irrtum (für einen objektiven Betrachter) ohne weiteres bzw. zweifelsfrei *erkennbar* ist.[1229] Zu Recht wird darauf hingewiesen, daß der Prozeß auch

---

1225 RGZ 81, 177 (179); 105, 310 (311 f.); 351 (356); 134, 130 (133, 135).

1226 *Bindokat*, NJW 1956, 51; *Lange*, Willensmängel, S. 65; *ders.*, ZZP 1928 (Band 53), 246 (252); *F. Meyer*, Willensmängel, S. 60; *H. Müller*, Willenserklärungen, S. 46 f.; *Peters*, Strafprozeß, S. 267. – Überwiegend wird der offensichtliche Willensmangel als Auslegungsproblem behandelt. So verweist *F. Meyer* (a. a. O.) darauf, daß bei einem erkennbaren Willensmangel das Fehlen eines dahinterstehenden entsprechenden Erklärungswillens evident sei.

1227 *Schulze*, Willensmängel, S. 119; *Sauer*, Allgemeine Prozeßrechtslehre, S. 136 – der Verweis auf RGZ 81, 177 ff. in Fußnote 14 ist aber unzutreffend, da das RG nur davon ausgeht, „daß dem Empfänger der Erklärung die hierbei untergelaufene Unrichtigkeit irgendwie *erkennbar* sein muß" (S. 179) [Hervorhebung vom Verf.].

1228 *H. Müller*, Willenserklärungen, S. 47 f.; *Schulze*, Willensmängel, S. 119.

1229 *Bindokat*, NJW 1956, 51; *Joachim*, Willensmängel, S. 47; *Lange*, Willensmängel, S. 62 ff.; *F. Meyer*, Willensmängel, S. 60. So auch das RG, vgl. RGZ 81, 177 (179); 105, 310 (311 f.); 351 (356); 134, 130 (135). Zur Gleichstellung von Offensichtlichkeit und Ervom Erklärungsempfänger – beim Verzicht im Strafprozeß das Gericht – eine Anspannung der Aufmerksamkeit fordert, so daß nicht nur positive Kenntnis verlangt werden kann, sondern bereits die Erkennbarkeit genügt.[1230]

Der Vergleich mit diesem Lösungsansatz zeigt, daß oben zu Recht von der Erkennbarkeit als entscheidendem Maßstab ausgegangen wurde.

Abschließend ist bei den nicht von außen beeinflußten Willensmängeln auf die Verzichte einzugehen, die aufgrund einer bestimmten Erwartung des Beschuldigten an ein Verhalten des Gerichts oder eines anderen Verfahrensbeteiligten abgegeben werden. Wird diese Erwartung enttäuscht, so berechtigt dies den Beschuldigten nicht, den Verzicht als ungeschehen anzusehen. Auf enttäuschte Erwartungen kann die Unbeachtlichkeit des Verzichts nicht gestützt werden.[1231] *Luhmann* bemerkt zutreffend anläßlich seiner verfahrenstheoretischen Überlegungen: „Verfahren erzeugen nicht nur bleibende Einsichten, sondern auch bleibende Enttäuschungen."[1232] Letztere sind also ständige Begleiter eines Verfahrens. Angesichts der Vielzahl von Erwartungen der verschiedenen Verfahrensbeteiligten, wäre eine solche Berücksichtigung auch unmöglich. Eine bloße innere Erwartung des Beschuldigten kann keine Fürsorgepflichten des Gerichts auslösen. Etwas anderes gilt freilich dann, wenn die Erwartung des Beschuldigten durch ein Verhalten des Gerichts berechtigterweise hervorgerufen wurde, so daß von einem „Vertrauendürfen" des Beschuldigten ausgegangen werden kann, und zu einem Willensmangel führt. Eine von Amts wegen ausgelöste enttäuschte Erwartung kann dagegen sehr wohl zu einer Fürsorgepflicht führen.[1233] Dies ist Gegenstand der Erörterungen im nächsten Abschnitt.

c) Durch Justizorgane verursachter Willensmangel

Nach der Untersuchung der ohne eine Beeinflussung entstandenen Willensmängel ist nun der Blick auf die Willensmängel zu richten, die infolge eines Verhaltens von Justizorganen entstanden sind. Sie werden getrennt nach unrichtiger Auskunft, Täuschung und Drohung betrachtet.

Als Justizorgan ist hier nicht nur das Gericht, sondern auch die Staatsanwaltschaft zu verstehen. Bereits oben wurde darauf hingewiesen, daß Gericht und Staatsanwaltschaft unstrittig eine Fürsorgepflicht u. a. gegenüber dem Be-

---

kennbarkeit bei der nicht ernstlich gemeinten Prozeßhandlung vgl. *E. Schmidt*, LK I, Rn. 207.

1230 *Lange*, Willensmängel, S. 65 f.; *ders.*, ZZP 1928 (Band 53), 246 (252).

1231 BGHSt 45, 227 (230); BGH StV 2000, 543 (543); BGH NStZ 2001, 220; BGH wistra 2002, 108; OLG Frankfurt StV 1987, 289; OLG Karlsruhe wistra 1997, 156 (157); *Meyer-Goßner*, StPO, § 302 Rn. 22; *Rieß*, Kolloquium, S. 191 (195); KK-*Ruß*, StPO, § 302 Rn. 13.

1232 *Luhmann*, Legitimation durch Verfahren, S. 112.

1233 Vgl. SK-*Schlüchter*, StPO, Vor § 213 Rn. 52.

schuldigten haben. Daher können beide Justizorgane auch einer gemeinsamen Betrachtung unterzogen werden.[1234] Zu diesem Kreis zählt aber auch die Geschäftsstelle des Gerichts. Denn diese kann ebenfalls auf den Beschuldigten einwirken bzw. ihn beeinflussen. Belegt wird dies durch einen Fall aus der Rechtsprechung des OLG Hamm: Dort nahm der Beschuldigte seine Berufung zurück, da ihm der Beamte der Geschäftsstelle die Auskunft erteilt hatte, daß sich die Berufung auch zu seinem Nachteil auswirken könne.[1235] Da die Staatsanwaltschaft jedoch kein Rechtsmittel eingelegt hatte, traf diese Auskunft aufgrund des Verbots der reformatio in peius (vgl. § 331 I) nicht zu. In diesem Fall führte somit eine fehlerhafte Auskunft seitens der Geschäftsstelle zur irrtumsbefangenen Rücknahme. Daher ist auch die Geschäftsstelle als fürsorgeverpflichtetes Organ in die Betrachtung mit einzubeziehen, wenn von einer Verursachung durch Justizorgane die Rede ist.

aa) Unrichtige Auskunft

Die hier behandelte Fallgruppe umfaßt jene Konstellationen, in denen der Beschuldigte vor der Erklärung des Verzichts und im Zusammenhang mit diesem seitens der Justizorgane eine unrichtige Auskunft erteilt bekommt, wie z. B. eine unzutreffende Belehrung über die ihm zustehenden Rechtsmittel. Des weiteren werden Erklärungen und Zusagen genannt, die sich als inhaltlich unzutreffend, rechtswidrig oder kompetenzwidrig darstellen.[1236] Entscheidend ist, daß durch das Verhalten der Justizorgane eine Fehlvorstellung erzeugt wird. Zum Teil werden diese Sachverhalte auch mit objektiver Irreleitung[1237] oder objektiver Täuschung umschrieben. Letztere Formulierung läßt erkennen, daß es gerade nicht um eine bewußte oder gar absichtliche, sondern um eine versehentliche Irreführung des Beschuldigten geht. Letztere dürfte bei einer Verursachung des Willensmangels durch Justizorgane die Regel darstellen. Zudem ließen sich bewußte Täuschungen durch ein Rechtspflegeorgan nur schwerlich nachweisen.

Der Begriff der unrichtigen Auskunft ist von der Täuschung abzugrenzen; eine inhaltliche Übereinstimmung mit der Täuschung i. S. d. § 136a scheint nicht zu bestehen. Aber ganz unstrittig ist dies nicht. So wird bei § 136a darauf hingewiesen, daß unbeabsichtigte Irreführungen zwar nicht erfaßt werden.[1238] Allerdings wird bisweilen ergänzt, daß dies nur für tatsächliche Fragen gelte;

1234 So auch *Schulze*, Willensmängel, S. 218 f. Vgl. auch *F. Meyer*, Willensmängel, S. 8, der Gericht und Staatsanwaltschaft unter dem Begriff der „Strafverfolgungsorgane" zusammen behandelt.

1235 OLG Hamm NJW 1960, 1967 (1968).

1236 *F. Meyer*, Willensmängel, S. 104 f.

1237 *F. Meyer*, Willensmängel, S. 87 ff., 104.

1238 BGHSt 31,395 (400); 35, 328 (329); BGH NStZ 1990, 195; OLG Oldenburg NJW 1967, 1069.

falsche Rechtserklärungen stünden Täuschungen stets gleich.[1239] Danach wäre auch die versehentlich unrichtige Rechtsauskunft des Gerichts eine beachtliche (objektive) Täuschung i. S. d. § 136a.[1240] Diese Auffassung stößt allerdings auch auf Kritik bzw. Ablehnung.[1241]

Dieser kurze Blick auf § 136a, der sich eigentlich nur auf Aussagen im Rahmen von Vernehmungen – also sog. Wissenserklärungen – bezieht, zeigt, daß grundsätzlich auch versehentliche Falschauskünfte von Justizorganen Rechtsfolgen nach sich ziehen können.

Daß dies nicht nur eine Erörterung rein theoretischer Fälle ist, mögen folgende zwei Beispiele zeigen. In einem Sachverhalt, der dem RG im Jahre 1932 zur Entscheidung vorlag, hatte der Vorsitzende einer Strafkammer den Beschuldigten dahingehend belehrt, daß das Urteil der Strafkammer nicht mehr mit der Revision anfechtbar sei, da bereits die Staatsanwaltschaft gegen das schöffengerichtliche Urteil Berufung eingelegt hätte.[1242] Zwar sah die Notverordnung vom 14.06.1932 eine Beschränkung der Rechtsmittel vor,[1243] aber dem Beschuldigten blieb auf jeden Fall eine Möglichkeit der Rechtsmitteleinlegung. Diese wurde ihm nicht durch die Einlegung eines Rechtsmittels durch die Staatsanwaltschaft genommen.[1244] Die Belehrung des Strafkammervorsitzenden war insoweit fehlerhaft und der Beschuldigte ging bei seinem Rechtsmittelverzicht von einer unzutreffenden Verfahrenslage aus. Offen bleibt allerdings, warum der Beschuldigte trotz der angeblichen Rechtskräftigkeit des Urteils überhaupt auf Rechtsmittel verzichtete.

Das zweite Beispiel ist jüngeren Datums und entstammt einem Beschluß des 2. Strafsenats des BGH vom 10.01.2001.[1245] Das LG hatte zuvor den Beschuldigten – einem Kommunalbeamten – u. a. zu einer Freiheitsstrafe von einem Jahr verurteilt und ihm in der Urteilsbegründung mitgeteilt, daß durch dieses Strafmaß sein Status als Beamter nicht nach § 24 I Nr. 1 BRRG berührt werde, da die Verurteilung ein Jahr nicht übersteige. Mit dieser Äußerung verkannte das Gericht jedoch die tatsächliche Rechtslage, nach der das Beamtenverhältnis bereits bei einer Verurteilung von *mindestens* einem Jahr beendet wird. Diesem fatalen Irrtum erlag nicht nur der Vorsitzende, sondern auch der Beisitzer, der

---

1239 *Meyer-Goßner*, StPO, § 136a Rn. 13, der aber zugleich darauf hinweist, daß die Vorschrift zu weit gefaßt sei und daher einschränkend ausgelegt werden müsse.

1240 OLG Bremen JZ 1955, 680 (681); NJW 1967, 2022; OLG Düsseldorf NJW 1960, 210; OLG Hamm NJW 1960, 1967.

1241 BGH StV 1989, 515; AK-*Gundlach*, StPO, § 136a Rn. 38; LR-*Hanack*, StPO, § 136a Rn. 42; SK-*Rogall*, StPO, § 136a Rn. 48, der aber bei unrichtigen Angaben über Rechtsfragen die prozessuale Fürsorgepflicht heranzieht.

1242 RG JW 1933, 1069.

1243 Vgl. 1. Kapitel, I. 2.

1244 RG JW 1933, 1069 (1070).

1245 BGHSt 46, 257 ff.

Staatsanwalt sowie der Verteidiger – also insgesamt 4 Juristen![1246] Der Beschuldigte vertraute auf die rechtliche Beurteilung der Strafkammer und verzichtete nach Rücksprache mit seinem Verteidiger angesichts der nichteintretenden beamtenrechtlichen Nebenfolge auf Rechtsmittel. Sein Irrtum bezog sich auf die Rechtsfolgen des Urteils und somit mittelbar auf die Tragweite des Rechtsmittelverzichts.

Die beiden Obergerichte haben jeweils den Verzicht des Beschuldigten als unwirksam angesehen und so dem Beschuldigten die Möglichkeit eröffnet, ein – im Ergebnis jeweils erfolgreiches – Rechtsmittel einzulegen.

Damit befinden sie sich im Einklang mit der ganz herrschenden Meinung in Rechtsprechung[1247] und Literatur[1248], die den Rechtsmittelverzicht, der aufgrund einer unrichtigen Auskunft des Gerichts zustande gekommen ist, als unbeachtlich ansieht. Ausdrücklich wird – auch in der Rechtsprechung – darauf hingewiesen, daß bereits eine versehentliche Falschauskunft zur Unbeachtlichkeit führen kann.[1249] Dies gilt für unrichtige Auskünfte der Staatsanwaltschaft gleichermaßen, zum Teil wird allgemein von amtlicher Falschauskunft gesprochen.[1250] Zur Begründung wird insbesondere auf den Vertrauensschutz abgestellt, den der Beschuldigte genieße, wenn er sich im Prozeß auf die rechtliche Beurteilung eines Justizorgans verlasse.[1251] Auf andere Prozeßhandlungen, wie z. B. die Rücknahme des Strafantrags, soll dies aber nicht ohne weiteres übertragbar sein.[1252]

1246 Vgl. auch OLG Koblenz NStZ-RR 1996, 306, wo die Beteiligten ebenfalls einem entsprechenden Irrtum erlagen.

1247 Aus der Rechtsprechung vgl. OLG Bremen JZ 1955, 680; OLG Düsseldorf NJW 1960, 210; OLG Hamm NJW 1960, 1967; OLG Köln NJW 1968, 2349; OLG Hamm NJW 1976, 1952; OLG Zweibrücken NStZ 1982, 348; KG JR 198, 480; OLG Koblenz NStZ-RR 1996, 306 (307).

1248 AK-*Achenbach*, StPO, § 302 Rn. 24; SK-*Frisch*, StPO, § 302 Rn. 30; *Grunst*, Prozeßhandlungen, S. 353 – allerdings sei der Willensmangel nur für die Dauer der Rechtsmittelfrist beachtlich; *Hamm*, NStZ 2001, 494 (495); LR-*Hanack*, StPO, § 302 Rn. 24; *F. Meyer*, Willensmängel, S. 123 ff. 129; *Meyer-Goßner*, StPO, Einl. Rn. 110; § 302 Rn. 22; *Oehler*, JZ 1966, 227 (228); *Pfeiffer*, StPO, § 302 Rn. 4; KK-*Ruß*, StPO, § 302 Rn. 13.

1249 BGHSt 46, 257 (258); OLG Stuttgart Die Justiz 1995, 448; OLG Koblenz NStZ-RR 1996, 306 (307).

1250 *Meyer-Goßner*, StPO, § 302 Rn. 22; *Schlüchter*, Strafverfahren, Rn. 650. Offen gelassen von BGH StV 1988, 372 – vgl. dazu *F. Meyer*, Willensmängel, S. 90 f.

1251 Ausführlich zu den Grundlagen des Vertrauensschutzes und der Übertragung dieser Grundsätze auf den Strafprozeß: *F. Meyer*, Willensmängel, S. 106 ff., 119 ff.; vgl. zuvor bereits *Oehler*, JZ 1966, 227 (228), der bei einer Abwägung dem Vertrauensschutz den Vorrang gegenüber der Rechtssicherheit einräumt.

1252 Vgl. LK-*Jähnke*, StGB, § 77d Rn. 7, der eine Rücknahme als wirksam ansieht, obwohl sie auf einem Irrtum beruht, der durch eine unrichtige Rechtsauskunft seitens der Polizei hervorgerufen wurde. Vgl. aber KG JR 1988, 480.

Betrachtet man diese Konstellationen vor dem oben entwickelten Hintergrund der Fürsorgepflichten, so ist der allgemeinen Auffassung zuzustimmen. Denn die Fürsorgepflicht gebietet nicht nur, dem Beschuldigten eine Belehrung über seine Rechte zukommen zu lassen, sondern sie verlangt auch, Auskünfte zu unterlassen, die den Beschuldigten irreführen.[1253] Nur so kann er eine eigenverantwortliche Entscheidung treffen, die Ausdruck seiner Verfügungsmacht ist. Falschauskünfte verzerren die tatsächliche prozessuale Lage und verhindern, daß der Beschuldigte die Tragweite seiner Entscheidung überblickt. Unzutreffende Rechtsauskünfte verletzen daher die Fürsorgepflicht des Auskunft erteilenden Rechtspflegeorgans.[1254] Daher liegt in den o. g. Fällen jeweils eine Fürsorgepflichtverletzung vor, so daß von einem unbeachtlichen Verzicht auszugehen ist.

Auf die Fürsorgepflicht ist auch zurückzugreifen, wenn es um die Frage geht, inwieweit der Zuständigkeit des die Auskunft erteilenden Organs Bedeutung zukommt. So wird zum Teil die Beachtlichkeit eines durch die Justizorgane beeinflußten Willensmangels eingeschränkt, wenn das betreffende Organ kompetenzwidrig handelte.[1255] Eine falsche Auskunft der Geschäftsstelle über die Bedeutung der Rechtsmittelrücknahme sei insofern kein Grund für die Unbeachtlichkeit der Zurücknahme. Kompetenzwidrige Falschauskünfte seien demnach irrelevant, der Vertrauensschutz insoweit nicht einschlägig.[1256]

Gegen eine solche Einschränkung der möglichen Unbeachtlichkeitsgründe sprechen jedoch zwei Gründe: zum einen der Charakter der Stellung des Urkundsbeamten, zum anderen generelle Überlegungen zur Frage einer erforderlichen Zuständigkeit des Organs für seine erteilten Auskünfte.

Auch der Urkundsbeamte der Geschäftsstelle ist gegenüber dem Beschuldigten zur Fürsorge verpflichtet. Nach §§ 314, 341 kann die Einlegung eines Rechtsmittels auch zu Protokoll der Geschäftsstelle erfolgen. Bereits im Rahmen der Erörterungen der Form des Verzichts wurde auf die entsprechende Geltung dieser Vorschriften für den Verzicht hingewiesen. Der zuständige Beamte in der Geschäftsstelle ist der Urkundsbeamte als Organ der Rechtspflege. Innerhalb seines Aufgabenbereiches[1257] handelt er eigenverantwortlich.[1258] Insbesondere wenn es um die Aufnahme von Erklärungen zu Protokoll geht, wie z. B. bei Rechtsmittelerklärungen, obliegen ihm auch eine Beratung und Unterstützung

---

1253 *Kühne*, Strafprozeßrecht, Rn. 680; *Peters*, Strafprozeß, S. 271; *Plötz*, Fürsorgepflicht, S. 327, 331; *Dencker*, Willensfehler, S. 63 bezeichnet dies als „generelle Pflicht für Staatsorgane".

1254 *Plötz*, Fürsorgepflicht, S. 331; *Schulze*, Willensmängel, S. 217.

1255 *Oehler*, JZ 1963, 227 (228).

1256 *Oehler*, JZ 1963, 227 (228).

1257 Vgl. beispielsweise die Tätigkeiten gem. §§ 168 ff., 271 I, 158, 451 I.

1258 *Pfeiffer*, GVG, § 153 Rn. 2.

des Rechtsschutzsuchenden.[1259] Eine Fürsorgepflicht gegenüber dem Beschuldigten kann somit bejaht werden.[1260] Sie wird auch nicht durch die Verfahrensherrschaft des Gerichts aufgehoben.[1261] Wendet sich der Beschuldigte an die Geschäftsstelle, so darf er von ihr erwarten, daß ihm keine unzutreffenden rechtlichen Auskünfte erteilt werden; dies gilt jedenfalls für die Angelegenheiten, mit denen die Geschäftsstelle betraut ist. Dazu gehört u. a. auch die Protokollierung der Rücknahme eines Rechtsmittels. Erteilt der Urkundsbeamte dem Beschuldigten diesbezüglich eine unrichtige Auskunft – wie im bereits o. g. Fall des OLG Hamm[1262] –, so liegt eine Fürsorgepflichtverletzung eines Rechtspflegeorgans vor. Sie zieht die gleiche Rechtsfolge nach sich wie z. B. die Fürsorgepflichtverletzung des Gerichts, nämlich die Unbeachtlichkeit des Verzichts.[1263] Zieht man die Fürsorgepflicht heran, so ist die Frage nach der Kompetenz des jeweiligen Justizorgans hinfällig.[1264] Entscheidend ist vielmehr, daß eine Fürsorgepflicht verletzt wurde.

Selbst die Ansichten, welche die Fürsorgepflicht nicht als Lösungsansatz heranziehen, gehen zum Teil bei kompetenzwidrigen unrichtigen Auskünften von einer Unbeachtlichkeit des Verzichts aus.[1265] Insoweit wird also keine Beschränkung auf zuständige Rechtspflegeorgane vorgenommen. Denn der Laie könne nicht die Zuständigkeitsregelungen innerhalb der Justiz kennen.[1266] Er verlasse sich nur darauf, daß die Auskunft durch ein amtliches Rechtspflegeorgan erteilt wurde. Kompetenzüberschreitungen im Innenverhältnis unter den einzelnen Organen der Strafrechtspflege dürften sich nicht zum Nachteil des Beschuldigten auswirken.[1267] So werde zudem die Schwierigkeit umgangen, die Zuständigkeit im Einzelfall genau zu bestimmen. Danach wäre z. B. auch bei der unzutreffenden Auskunft eines Urkundsbeamten, die nicht in dessen Zuständigkeit fällt, ein beachtlicher Irrtum gegeben. Diese überzeugenden Argumente zeigen, daß die Frage der Zuständigkeit von der wohl überwiegenden Ansicht mit Recht als unerheblich angesehen wird. Diese Auffassung stimmt daher mit der eigenen Fürsorgepflichtkonzeption überein.

1259 Vgl. bereits 3. Kapitel, III. 3. a). *H. Müller*, Willenserklärungen, S. 55; *Peters*, Strafprozeß, S. 157; *Schulze*, Willensmängel, S. 219.

1260 Vgl. 4. Kapitel, II. 1. a). *Schulze*, Willensmängel, S. 219 spricht von einer „ähnlichen prozessualen Fürsorgepflicht wie Gericht und Staatsanwaltschaft".

1261 *Plötz*, Fürsorgepflicht, S. 332.

1262 OLG Hamm NJW 1960, 1967 (1968).

1263 *Plötz*, Fürsorgepflicht, S. 332.

1264 In den Fällen einer Auskunft des Urkundsbeamten der Geschäftsstelle über Rechtsmittel wird zudem in der Regel keine Kompetenzüberschreitung vorliegen.

1265 *Dencker*, Willensfehler, S. 62 (Fußnote 194); *Grunst*, Prozeßhandlungen, S. 353 (Fußnote 1932); *H. Müller*, Willenserklärungen, S. 55 f.

1266 *Dencker*, Willensfehler, S. 62 (Fußnote 194).

1267 *H. Müller*, Willenserklärungen, S. 56.

Aber die Kompetenzüberschreitung bei Erteilung einer unrichtigen Auskunft wird nur bis zur Grenze ihrer Evidenz als irrelevant angesehen.[1268] Sei die Überschreitung der Zuständigkeit für eine Auskunft offensichtlich, könne der Beschuldigte nicht mehr auf Richtigkeit der Auskunft vertrauen, da die Schutzwürdigkeit seines Vertrauens entfalle. Zugleich wird aber darauf hingewiesen, daß der Beschuldigte nicht überfordert werden darf; an die Evidenz der Fehlerhaftigkeit sind somit strenge Anforderungen zu stellen.[1269]

Auch bei einer Anwendung der Fürsorgepflicht auf die Konstellationen der Falschauskünfte stellt sich die Frage, inwieweit eine Mitverursachung bzw. ein Mitverschulden des Beschuldigten die Fürsorgepflichtverletzung des Justizorgans aufhebt. Setzt also die Unbeachtlichkeit des Verzichts voraus, daß der Willensmangel ausschließlich auf der Verursachung durch ein Justizorgan beruht?

Das versehentliche Nichterkennen – also leichte Fahrlässigkeit – der Fehlerhaftigkeit der Auskunft oder Zusage wirkt sich nicht zu Lasten des Beschuldigten aus; an der Unbeachtlichkeit des Verzichts ändert sich nichts. Der Beschuldigte darf auch leicht fahrlässig auf die Richtigkeit der Äußerungen von Justizorganen vertrauen.[1270] Ansonsten würde ihm abverlangt, den amtlichen Äußerungen zu mißtrauen, ein für das Prozeßgeschehen und den Prozeßverlauf unvorteilhafter Umstand. Ist dagegen die Fehlerhaftigkeit für den Beschuldigten – einem in der Regel juristischen Laien – offensichtlich, so ist an die o. g. Ansicht zur Frage der Zuständigkeit des Organs anzuknüpfen und eine Beachtlichkeit des Willensmangels zu verneinen. In den sehr seltenen Fällen einer Evidenz der Fehlerhaftigkeit ist also von einem beachtlichen Verzicht auszugehen. In diesen Konstellationen kann zudem davon ausgegangen werden, daß sich die Fürsorgepflichtverletzung wahrscheinlich nicht auf die Erklärung eines Verzichts ausgewirkt hat. Die fehlende Kausalität wird insoweit vermutet. Daher wäre bereits aus diesem Grund von einer Beachtlichkeit des Verzichts auszugehen.

Schwierig ist die Beantwortung der oben aufgeworfenen Frage aber für den Bereich einer Mitverursachung bzw. Mitverschuldens zwischen leichter Fahrlässigkeit eines Nichterkennens und Offensichtlichkeit der Fehlerhaftigkeit. Zum Teil wird für den Schutz des Vertrauens auf die Richtigkeit amtlicher Äußerun-

---

1268 *F. Meyer*, Willensmängel, S. 120, 124, 129; insoweit strenger KMR-*Sax*, StPO, Einl. X Rn. 35.

1269 *F. Meyer*, Willensmängel, S. 124.

1270 *H. Müller*, Willenserklärungen, S. 58. Vgl. *F. Meyer*, Willensmängel, S. 87, der verlangt, daß die durch die Strafverfolgungsorgane hervorgerufene Fehlvorstellung zumindest mitursächlich für die Abgabe der Verzichtserklärung sein muß. Damit wird anerkannt, daß neben der objektiven Irreleitung des Beschuldigten noch andere Faktoren ursächlich sein können, so z. B. auch sein eigenes Verhalten.

gen die grobe Fahrlässigkeit als Grenze gezogen.[1271] Aber die Grenze zur offensichtlichen Falschauskunft ist fließend. Die o. g. Argumente sprechen auch in den Fällen einer grob fahrlässig verkannten Falschauskunft für eine Unbeachtlichkeit des Verzichts. Zudem bindet bereits das Verfahren selbst in einem nicht unbeträchtlichen Ausmaße die Aufmerksamkeit des Beschuldigten, so daß der Vorwurf einer grob fahrlässigen Unkenntnis der Falschauskunft schwerlich erhoben werden kann. Der Beschuldigte sollte so wenig wie möglich mit dem Risiko der unrichtigen Äußerung belastet werden. Denn auch ein grob fahrlässiges Nichterkennen der Falschauskunft vermag an dem Umstand, daß die unrichtige Auskunft aus dem Bereich der Justizorgane stammt, nichts zu ändern.

bb) Täuschung

Unter Täuschung kann in Anlehnung an die begriffliche Bestimmung des Merkmals in § 136a die *bewußte* Irreführung des Beschuldigten verstanden werden.[1272] Dessen Irrtum ist bei einer Täuschung also nicht bloße Folge eines Versehens, sondern beabsichtigt oder zumindest in Kauf genommen. Die Gerichte haben bisher – soweit ersichtlich – noch kein Verhalten eines Justizorgans als Täuschung bewertet. Da ein solcher Nachweis auch nur schwerlich möglich sein wird und die Rechtsprechung bereits bei unrichtigen Auskünften die Unwirksamkeit eines Rechtsmittelverzichts annimmt, ist dies nicht weiter verwunderlich.[1273]

Wenn oben bereits die unrichtige Auskunft als ein Verstoß gegen die Fürsorgepflicht angesehen wurde, so gilt dies erst recht für eine Täuschung des Beschuldigten durch ein Justizorgan. D. h. die bewußte Irreführung des Beschuldigten, damit dieser einen Rechtsmittelverzicht erklärt, stellt eine Verletzung der Fürsorgepflicht dar und führt somit zur Unbeachtlichkeit des Verzichts.[1274]

Auch ohne Heranziehung der Fürsorgepflichten wird dies im Ergebnis so im Schrifttum gesehen. Die ältere Lehre befürwortete eine entsprechende Anwendung des § 136a und übertrug dies auch auf andere Konstellationen beim Rechtsmittelverzicht.[1275] Das neuere Schrifttum lehnt überwiegend – auch im

---

1271 *H. Müller*, Willenserklärungen, S. 58.

1272 *Beulke*, Strafprozeßrecht, Rn. 135 ff.; *Peters*, Strafprozeß, S. 270; *Pfeiffer*, StPO, § 136a Rn. 8; SK-*Rogall*, StPO, § 136a Rn. 48.

1273 *Dencker*, Willensfehler, S. 62 nimmt an, daß bei einer Willensbeeinflussung durch Justizorgane die unvorsätzliche Irreführung den Regelfall darstellt. Zur Schwierigkeit eines Täuschungsnachweises vgl. OLG Düsseldorf NStZ-RR 1996, 307 (308).

1274 Vgl. OLG Hamburg NJW 1969, 1976 (1977); KG NStZ-RR 2004, 175 (176); *Dencker*, Willensfehler, S. 63; *Peters*, Strafprozeß, S. 271; *Schlüchter*, Strafverfahren, Rn. 650 f.

1275 *Mölders*, NJW 1960, 211 (212); *E. Schmidt*, LK I, Rn. 209; LK II (Nachtragsband I), § 136a Rn. 5, § 302 Rn. 3; *ders.*, JR 1962, 290 (291); *Siegert*, DRiZ 1953, 98 (101).

Falle einer Täuschung – eine Anwendbarkeit des § 136a ab.[1276] Dennoch geht auch dieses bei einer Täuschung von der Unwirksamkeit eines Verzichts aus.[1277] So wird die Täuschung zu jenen unlauteren Mitteln gezählt, mittels derer sich ein beachtlicher Verzicht nicht erlangen lasse.[1278] Den Organen der Strafrechtspflege sei schlechthin jede Täuschung des Beschuldigten über die Bedeutung und Tragweite einer prozessualen Willenserklärung verboten.[1279] Auch könne ein durch Täuschung herbeigeführter Rechtsmittelverzicht nicht als eine wirkliche Disposition des Beschuldigten über sein Anfechtungsrecht angesehen werden; ein so zustande gekommener Verzicht führe daher nicht zu einer Verfahrensbeendigung mit rechtsbefriedender Wirkung.[1280]

Während bei einem durch Täuschung herbeigeführten Verzicht die Beurteilung der Beachtlichkeit somit keine Probleme aufweist, stellt sich die Beurteilung einer Drohung ungleich schwieriger dar.

cc) Drohung

Herkömmlich wird die Drohung als Inaussichtstellen eines Übels angesehen, auf dessen Verwirklichung der Drohende Einfluß zu haben vorgibt oder der Bedrohte dies zumindest annimmt.[1281] Die Problematik besteht nun darin, daß der Beschuldigte im gesamten Strafverfahren mit einer Vielzahl von Übeln bedroht wird – man betrachte nur die verschiedenen Zwangsmaßnahmen. Obgleich er zu aktiver Mitwirkung nicht verpflichtet ist, sondern diese Maßnahmen nur zu dulden hat, werden sie in der Regel darauf gerichtet sein, den Beschuldigten zu einem bestimmten – auch rechtlich erheblichen – Verhalten zu bewegen. Unstrittig stellen sie für ihn ein Übel dar. Doch nicht jedes Inaussichtstellen eines solchen Übels kann als eine prozeßordnungswidrige bzw. rechtswidrige Drohung qualifiziert werden.

Dennoch wird für den Rechtsmittelverzicht, wenn er unter einer Drohung zustande gekommen ist, seine Unbeachtlichkeit in Betracht gezogen.[1282] Schwierig und bis heute umstritten ist jedoch, wann eine zur Unbeachtlichkeit führende Drohung bejaht werden kann.

1276 AK-*Achenbach*, StPO, § 302 Rn. 29; *Plötz*, Fürsorgepflicht, S. 294 ff. Andere Ansicht: *Kühne*, Strafprozeßrecht, Rn. 680.

1277 *Oehler*, JZ 1963, 227 (228); HK-*Rautenberg*, StPO, § 302 Rn. 2; KK-*Ruß*, StPO, § 302 Rn. 13.

1278 *Meyer-Goßner*, StPO, § 302 Rn. 10.

1279 *H. Müller*, Willenserklärungen, S. 67 f.

1280 SK-*Frisch*, StPO, § 302 Rn. 26.

1281 AK-*Gundlach*, StPO, § 136a Rn. 47; LR-*Hanack*, StPO, § 136a Rn. 48; SK-*Rogall*, StPO, § 136a Rn. 61. Vgl. auch Tröndle/*Fischer*, StGB, § 240 Rn. 31.

1282 *Dahrmann*, Widerruf, S. 85; *Dahs*, FS Schmidt-Leichner, S. 17 (27 f.); LR-*Hanack*, StPO, § 302 Rn. 51. Allgemein für Prozeßhandlungen *Siegert*, DRiZ 1953, 98 (101).

Nicht überzeugend ist es, ausschließlich von der Intensität der Drohung auszugehen und die Unwirksamkeit des Verzichts nur dann zu bejahen, wenn ein unwiderstehlicher Zwang auf den Beschuldigten einwirkt.[1283]

Geht es um das Handeln von staatlichen Organen im Strafverfahren, kann vielmehr nur entscheidend sein, ob das Verhalten eines Justizorgans mit der StPO vereinbar ist, m. a. W. ob es gesetzlich ist oder nicht.[1284] Denn eine prozeßordnungsgemäße Maßnahme muß sich der Beschuldigte gefallen lassen. Für die Unbeachtlichkeit des Rechtsmittelverzichts ist insbesondere maßgeblich, ob das betreffende Organ seine Fürsorgepflicht gegenüber dem Beschuldigten mit der Inaussichtstellung eines Übels verletzt hat oder nicht.

Zunächst verletzt das Gericht bzw. die Staatsanwaltschaft ihre Fürsorgepflicht, wenn mittels einer nicht von der StPO vorgesehenen Maßnahme auf den Beschuldigten eingewirkt wird, um ihn zu einer Verzichtserklärung zu bewegen. D. h. Verhaltensweisen, die von vornherein unzulässig sind, führen zur Unbeachtlichkeit des Verzichts. Mit Recht wird im Schrifttum darauf hingewiesen, daß solche Konstellationen praktisch ausgeschlossen sind und somit nicht zur alltäglichen Verfahrenswirklichkeit gehören.[1285]

Praktisch relevant sind jedoch diejenigen Fälle, in denen sich die Justizorgane eines zulässigen prozessualen Mittels bedienen, um auf den Willen des Beschuldigten einzuwirken. Im Zusammenhang mit dem Rechtsmittelverzicht kommt v. a. die Ankündigung oder der Erlaß eines Haftbefehls als ein grundsätzlich von der StPO vorgesehenes Zwangsmittel in Betracht. So ist auch in den meisten von der Rechtsprechung behandelten Fällen eines durch Drohung zustande gekommenen Verzichts die beantragte bzw. in Aussicht gestellte Untersuchungshaft Mittel der Drohung.[1286] Folgende zwei Fälle aus der Rechtsprechung sollen einmal näher dargestellt werden.

In der schon zuvor des öfteren genannten Entscheidung des BGH aus dem Jahre 1961[1287] entschied sich der Beschuldigte nach Urteilsverkündung und Rechtsmittelbelehrung, noch keine Erklärung über einen Rechtsmittelverzicht abzugeben. Daraufhin beantragte der Staatsanwalt einen Haftbefehl wegen Verdunkelungsgefahr. Infolgedessen verzichtete der Beschuldigte nach Rücksprache mit seinem Verteidiger auf Rechtsmittel. Nach der Verzichtserklärung nahm

---

1283 So aber *Beling*, Strafprozeßrecht, S. 204; *Oehler*, JZ 1963, 227 (228); *Peters*, Strafprozeß, S. 272.

1284 Vgl. SK-*Frisch*, StPO, § 302 Rn. 31; *H. Müller*, Willenserklärungen, S. 71 f.

1285 *F. Meyer*, Willensmängel, S. 147; *Schulze*, Willensmängel, S. 231 f. – ein eindeutig gesetzwidriger Haftbefehl sei in einem Rechtsstaat schlechterdings nicht vorstellbar.

1286 Vgl. BGH NJW 2004, 1885; OLG Schleswig SchlHA 1969, 154; KG JR 1977, 34. Ein Beispiel für die Erzwingung eines Rechtsmittelverzichts im verwaltungsgerichtlichen Verfahren bietet BVerwGE 19, 159 ff. – die Zurückhaltung einer Bauerlaubnis bis zur Erklärung des Verzichts sah der Senat als eine mit Art. 19 IV GG unvereinbare Einwirkung auf die Entschlußfreiheit an.

1287 BGHSt 17, 14 ff.

der Staatsanwalt den Antrag zurück und erklärte selbst auch den Verzicht auf Rechtsmittel. Der 2. Strafsenat des BGH bejahte im Ergebnis einen wirksamen Verzicht und sah im – allerdings unsachgemäßen[1288] – Antrag des Staatsanwalts keine Drohung. Der bloße Antrag versetze den Beschuldigten nicht unmittelbar in eine Zwangslage, dies könne nur der Erlaß des Haftbefehls selbst.[1289]

Aus neuerer Zeit stammt die Entscheidung des OLG Jena.[1290] Im dortigen Sachverhalt hatte die Strafvollstreckungskammer eine Strafrestaussetzung zur Bewährung widerrufen. Der Beschluß wurde dem Verurteilten im Anschluß an die mündliche Anhörung mitgeteilt. Nach der Rechtsmittelbelehrung und der Ankündigung des Gerichts, einen Sicherungshaftbefehl (vgl. § 453c I) zu erlassen, wenn der Verurteilte nicht auf Rechtsmittel verzichte, erklärte der Beschuldigte einen solchen Verzicht. Zur Beachtlichkeit eines so zustande gekommenen Verzichts äußerte sich das OLG Jena, als hielte es das Ergebnis für selbstverständlich, folgendermaßen: „Denn der Rechtsmittelverzicht war nach den vom Verurteilten geschilderten Umständen, unter denen der Verzicht erklärt wurde, unwirksam."[1291] Eine nähere Begründung erfolgte nicht.

Anhand dieser beiden Fälle soll erläutert werden, ob die jeweils handelnden Organe möglicherweise gegen eine ihnen obliegende Fürsorgepflicht verstoßen haben. Zunächst ist das Verhalten der Staatsanwaltschaft zu betrachten. Bei der Beantragung eines Haftbefehls durch den Staatsanwalt handelt es sich – auch im Hauptverfahren – um eine prozessual zulässige Maßnahme.[1292] Ein von der Staatsanwaltschaft beantragter Haftbefehl entfaltet erst durch gerichtlichen Erlaß eine rechtliche Wirkung in bezug auf den Beschuldigten, d. h. der Antrag stellt eine Erwirkungshandlung dar. Daher wird vertreten, daß selbst ein unbegründeter Antrag auf Erlaß eines Haftbefehls niemals eine Drohung gegenüber dem

1288 Der 2. Strafsenat befand den Antrag für nicht sachgemäß, da eine Verdunkelung durch den Beschuldigten ausgeschlossen war, denn der ihn belastende Zeuge befand sich in Strafhaft, so daß eine unmittelbare Beeinflussung durch den Beschuldigten ausschied, vgl. BGHSt 17, 14 (20).

1289 BGHSt 17, 14 (20 f.). Vgl. dazu *Busch*, LM § 136a StPO, Nr. 13; *Hanack*, JZ 1973, 659 (660); *Oehler*, JZ 1963, 227 f.; *E. Schmidt*, JR 1962, 290 ff.

1290 OLG Jena NJW 2003, 3071 f.

1291 OLG Jena NJW 2003, 3071.

1292 Daß § 125 II nach Anklageerhebung ausschließlich das Gericht als zuständiges Organ im Zusammenhang mit dem Haftbefehl erwähnt, schließt aber nicht eine Antragstellung durch den Staatsanwalt aus, vielmehr besteht nur keine Antragspflicht mehr, vgl. *Pfeiffer*, StPO, § 125 Rn. 3. Die Staatsanwaltschaft ist vor Erlaß des Haftbefehls nach Klageerhebung mindestens vorher anzuhören, vgl. § 33 I, II.

Beschuldigten darstellen kann.[1293] Erst der gerichtliche Erlaß bringe den Beschuldigten in eine unmittelbare Zwangslage.[1294]

Meines Erachtens kann die Staatsanwaltschaft auch durch die bloße Beantragung der Anordnung von Untersuchungshaft ihre Fürsorgepflicht verletzen. Denn für den Laien baut sich bereits mit Beantragung oder schon mit der Ankündigung eines Antrags die Drohkulisse der Untersuchungshaft auf; insbesondere wird dies dann anzunehmen sein, wenn sich der Staatsanwalt direkt an den Beschuldigten wendet. Dann verfehlt auch ein bloßer Hinweis auf einen Haftbefehl, „den das Gericht sicher erlassen werde", nicht seine psychologische Wirkung.[1295] So kritisierte bereits das RG bei einer Ankündigung des Staatsanwalts, bei einem weiteren Beharren des Angeklagten auf einem Vertagungsantrag einen Haftbefehl zu beantragen, daß sich der Staatsanwalt direkt an den Angeklagten gewandt hatte. Eine solche direkte Konfrontation des Angeklagten sei von der StPO nicht gedeckt.[1296] Mit *Eberhard Schmidt* ist daher davon auszugehen, daß der Qualifizierung eines Antrags als Drohung nicht entgegensteht, daß das Übel – hier die Freiheitsentziehung – erst mittels der Einschaltung eines Dritten – hier des Gerichts – verwirklicht werden kann.[1297]

Damit ist noch nicht gesagt, daß jede Beantragung eines Haftbefehls im Zusammenhang mit der Erklärung eines Verzichts eine Drohung darstellt. Eine Fürsorgepflichtverletzung der Staatsanwaltschaft ist zunächst einmal bei einem begründeten Haftbefehlsantrag auszuschließen. Damit macht sie nur von den ihr eingeräumten prozessualen Möglichkeiten Gebrauch. Die Zulässigkeit und Begründetheit einer Erwirkungshandlung besagt ja gerade, daß der vom Prozeßbeteiligten begehrte Erfolg in Übereinstimmung mit dem Prozeßrecht steht.[1298] Die prozeßordnungsgemäße Nutzung von Zwangsmaßnahmen muß sich der Beschuldigte gefallen lassen.

Aber auch wenn ein zulässiger Antrag unbegründet sein sollte, kann nicht automatisch ein Verstoß gegen die Fürsorgepflicht angenommen werden.[1299] Denn ihre Aufgabe ist es nicht, den Beschuldigten von sämtlichen negativen Verfahrensfolgen zu verschonen. Auch die Staatsanwaltschaft kann sich bei Beurteilung der Rechts- und Sachlage irren; sie ist nicht davor gefeit, daß die gerichtliche Beurteilung anders ausfällt. Die nachträgliche, ablehnende Entschei-

---

1293 *Busch*, LM § 136a StPO, Nr. 13; *Dahrmann*, Widerruf, S. 86; *F. Meyer*, Willensmängel, S. 140; *Plötz*, Fürsorgepflicht, S. 297.

1294 *Hanack*, JZ 1973, 659 (660), der aber gleichzeitig auch auf die „Autorität des staatsanwaltschaftlichen Antrags" hinweist; *Plötz*, Fürsorgepflicht, S. 297.

1295 *H. Müller*, Willenserklärungen, S. 76 f.; *Joachim*, Willensmängel, S. 207, 210.

1296 RG GA 1893 (Band 41), 384 (385) – das RG sah im Ergebnis die drohungsbedingte Rücknahme des Vertagungsantrags als unwirksam an.

1297 *E. Schmidt*, JR 1962, 290 (294). Auch *Dahs*, FS Schmidt-Leichner, S. 17 (27 f.) läßt für eine Drohung die Antragstellung oder deren Ankündigung ausreichen.

1298 *E. Schmidt*, JR 1962, 290 (293).

1299 Vgl. *Grunst*, Prozeßhandlungen, S. 357.

dung des Gerichts mangels Begründetheit kann aber nicht stets dazu führen, das Verhalten der Staatsanwaltschaft als Verletzung der Fürsorgepflicht und somit als relevante Drohung zu qualifizieren.

Etwas anderes muß aber gelten, wenn der zulässige Antrag *nur* dazu dient, den Beschuldigten zu einer Verzichtserklärung zu bewegen.[1300] Dies kann wohl dann angenommen werden, wenn der Antrag offensichtlich unbegründet ist.[1301] Dann stellt sich nämlich das als Drohung wirkende prozessuale Verhalten der Staatsanwaltschaft nicht mehr als bloßes Verfahrensrisiko für den Beschuldigten, sondern als Beeinträchtigung seiner Subjektstellung dar.[1302] Eine solche Einschränkung zu vermeiden, ist Zweck der Fürsorgepflichten. Durch die Stellung eines offensichtlich unbegründeten Haftbefehlsantrags verletzt die Staatsanwaltschaft ihre Fürsorgepflicht, indem sie das Verfügungsrecht des Beschuldigten über die Rechtsmittelbefugnis nicht hinreichend beachtet. Des weiteren scheint es mit der Fürsorgepflicht nicht mehr vereinbar, wenn die Notwendigkeit eines Haftbefehls erst im Zusammenhang mit dem Rechtsmittelverzicht erörtert wird.[1303] Auf diese unvorbereitete Situation meint der überrumpelte Beschuldigte nur mit der Erklärung eines Verzichts reagieren zu können. Dagegen kann der Staatsanwalt bereits am Schluß seines Plädoyers einen entsprechenden Antrag stellen und dadurch eine Verknüpfung mit dem Verzicht vermeiden .[1304]

In der Mehrzahl der Fälle eines im Ergebnis unbegründeten Haftbefehlsantrags wird jedoch eine Fürsorgepflichtverletzung der Staatsanwaltschaft zu verneinen sein. Denn solange eine gerichtliche Entscheidung noch nicht in Rechtskraft erwachsen ist, kann eine Verfahrensfortführung und die damit möglicherweise einhergehende Verdunkelung – d. h. die Erschwerung der Wahrheitser-

---

1300 *Eidam*, StV 2005, 201 (202) zieht als Kriterium zur Bestimmung des Schutzbereiches des § 136a I 2 ebenfalls die Finalität des Verhaltens der Strafverfolgungsbehörden heran; so soll der Grundsatz der Selbstbelastungsfreiheit verletzt sein, wenn die Untersuchungshaft gezielt eingesetzt wird, um eine Aussage herbeizuführen.

1301 Vgl. KG JR 1977, 34 (35), das die Wirksamkeit einer Berufungsrücknahme verneinte, da dem erlassenen Haftbefehl ersichtlich eine gesetzliche Grundlage fehlte. Vgl. auch BGH NJW 2004, 1885 (5. Strafsenat), in der – in Abgrenzung zu BGHSt 17, 14 – auf die Unvertretbarkeit des staatsanwaltschaftlichen Haftantrags abgestellt wird; der 5. Senat bezeichnet die Abhängigkeit zwischen Haftverschonung und Rechtsmittelverzicht als „eklatant sachwidrig". BGH StV 2004, 636 (637) (4. Strafsenat) stellt ebenfalls auf die offensichtliche Rechtswidrigkeit der Invollzugsetzung des Haftbefehls ab.

1302 Vgl. *Grunst*, Prozeßhandlungen, S. 357.

1303 Im Fall, der BGHSt 17, 14 zugrund lag, kritisierte das OLG Düsseldorf als vorlegende Instanz, daß wegen des zeitlichen Zusammenhangs mit der Befragung über einen Rechtsmittelverzicht auf den Angeklagten in unangemessener Weise Zwang ausgeübt worden sei (BGHSt 17, 14 [16]). Vgl. auch den Sachverhalt in BGH NJW 2004, 1885 und BGH StV 2004, 636.

1304 Vgl. Vordermayer/von Heintschel-Heinegg/*Hammerdinger*, Handbuch, Teil D, 2. Kapitel Rn. 74.

mittlung[1305] – nicht ausgeschlossen werden. Zwar muß nicht stets bei einem fehlenden Rechtsmittelverzicht die Gefahr einer Verdunkelung seitens des Beschuldigten gegeben sein, aber sie kann in einzelnen Fällen auch nicht ausgeschlossen werden. Zur Sicherung des Rechtsmittelverfahrens kommt dann die Untersuchungshaft in Betracht.

Da die Staatsanwaltschaft somit oftmals nicht grundlos den Haftbefehl beantragt, muß wenigstens die Entscheidung des Beschuldigten seiner Subjektstellung entsprechen. Denn er muß entscheiden, ob er sich sein Anfechtungsrecht auch um den Preis der (möglichen) Untersuchungshaft erhalten möchte. Damit der Beschuldigte diese Entscheidung auch in möglichst zutreffender Kenntnis der Verfahrenslage treffen kann, ist in der Situation eines beantragten Rechtsmittelverzichts auch auf die Fürsorgepflicht des Gerichts abzustellen.

Um den Beschuldigten nicht im Unklaren über die Erfolgsaussichten eines Haftbefehlsantrags zu lassen, gebietet die Fürsorgepflicht des Gerichts, zunächst über den Antrag der Staatsanwaltschaft zu entscheiden. Mangels eines Rechtsmittelverzichts muß das Gericht beurteilen, ob tatsächlich die Gefahr einer Verdunkelung besteht. Verneint das Gericht eine solche Gefahr, besteht für den Beschuldigten keine Notwendigkeit mehr, allein aufgrund der Vermeidung der Untersuchungshaft auf Rechtsmittel zu verzichten. Gelangt das Gericht dagegen zur Überzeugung, daß eine Verdunkelungsgefahr besteht und erläßt es daher einen Haftbefehl, kann der Beschuldigte nun immer noch auf Rechtsmittel verzichten. Der Vorteil einer solchen Entscheidung des Gerichts vor Abgabe einer Erklärung des Beschuldigten besteht darin, daß in Fällen eines im Ergebnis unbegründeten Antrags der Beschuldigte sein Anfechtungsrecht nicht zur Abwendung einer ihm tatsächlich gar nicht drohenden Gefahr aus der Hand gibt. Das Gericht hat bei Beantragung eines Haftbefehls oder bei der Ankündigung eines solchen Antrags durch den Staatsanwalt den Beschuldigten darauf hinzuweisen, daß dieser erst die Entscheidung des Gerichts über den Antrag abwarten kann.[1306] Bezogen auf andere Erwirkungshandlungen läßt sich die Fürsorgepflicht des Gerichts so fassen, daß einem Antrag der richterliche Hinweis auf die noch notwendige endgültige Entscheidung zu folgen hat.

Erläßt das Gericht ohne einen vorangehenden Antrag den Haftbefehl (vgl. §§ 125 II, 453 I) oder kündigt es den Erlaß eines solchen an, so darf auch dieser erlassene bzw. angekündigte Haftbefehl nicht offensichtlich unbegründet sein. Ansonsten ist zu vermuten, daß das Gericht durch die Inaussichtstellung der Untersuchungshaft allein auf die Verzichtserklärung des Beschuldigten hinwirken

1305 *Beulke*, Strafprozeßrecht, Rn. 213; *Roxin*, Strafverfahrensrecht, § 30 Rn. 11. Kritisch zum Haftgrund der Verdunkelungsgefahr *E. Schmidt*, JR 1962, 290.

1306 Zur gerichtlichen Belehrungspflicht über die prozessuale Rechtslage vgl. *Dencker*, Willensfehler, S. 61; *Plötz*, Fürsorgepflicht, S. 298, 326.

wollte. Dieses verträgt sich ebensowenig wie beim Staatsanwalt mit der Fürsorgepflicht der Justizorgane.

Überträgt man diese Gedanken zur Fürsorgepflicht auf die beiden o. g. Sachverhalte, so ist im ersten Fall der Antrag der Staatsanwaltschaft nicht als offensichtlich unbegründet anzusehen, d. h. eine Verletzung der Fürsorgepflicht seitens der Staatsanwaltschaft scheidet aus. Allerdings hätte das Gericht den Beschuldigten darauf hinweisen müssen, daß zum einen noch eine Entscheidung des Gerichts erforderlich sei und zum anderen der Beschuldigte diese Entscheidung erst abwarten solle, bevor er hinsichtlich seines Anfechtungsrechts eine Erklärung abgibt. Dann nämlich hätte das Gericht vermutlich den Antrag der Staatsanwaltschaft auf Erlaß eines Haftbefehls abgelehnt. Der insoweit mitgeteilte Sachverhalt läßt diesen Schluß zu.[1307] Selbst der 2. Strafsenat des BGH bemerkte zum Haftgrund der Verdunkelungsgefahr in der konkreten Verfahrensituation: „Bedenken gegen das Vorgehen des Staatsanwalts bestehen hier nur aus dem Grunde, weil nach den Umständen eine Verdunkelungsgefahr kaum in Betracht kommen konnte (...)".[1308] Der Beschuldigte hätte also bei einem Abwarten der Ablehnung des Haftbefehlsantrags durch das Gericht infolgedessen keine Verzichtserklärung abgegeben. Die fehlende Belehrung bzgl. dieser Möglichkeit durch das Gericht stellt eine Fürsorgepflichtverletzung dar, welche richtigerweise zur Unbeachtlichkeit des Verzichts in diesem Fall führen muß.[1309]

Auch im zweiten Sachverhalt, der dem OLG Jena zur Beurteilung vorlag, ist der entscheidende Gesichtspunkt, daß das Gericht nicht näher dargelegt hat, ob ein Sicherungshaftbefehl tatsächlich begründet werden konnte. Es hat ausschließlich auf den Zusammenhang zwischen Verzicht und Haftbefehl abgestellt und damit seine Fürsorgepflicht verletzt. Das OLG Jena hat daher zu Recht die Beachtlichkeit des Verzichts verneint.[1310]

d) Durch Verteidiger verursachter Willensmangel

aa) Vorfrage: Fürsorgepflicht des Verteidigers

Die hier vertretene Konzeption geht von der Fürsorgepflichtverletzung als Grundlage der Unbeachtlichkeit eines Verzichts aus. Daher stellt sich bei Erörterung der durch den Verteidiger verursachten Willensmängel zunächst die Frage, ob dem Verteidiger überhaupt eine Fürsorgepflicht obliegt. Die Beantwortung dieser Vorfrage kann sich allerdings nur auf den Bereich des Rechtsmittelver-

---

1307 Vgl. auch *E. Schmidt*, JR 1962, 290 (290 f., 294).

1308 BGHSt 17, 14 (20).

1309 Im Ergebnis ebenso *E. Schmidt*, JR 1962, 290 (294).

1310 In BGH NJW 2004, 1885 geht der 5. Strafsenat ebenfalls zu Recht von einer Unwirksamkeit des Verzichts aus.

zichts erstrecken, d. h. Aussagen zur Stellung des Verteidigers für das gesamte Strafverfahren bzw. zu anderen Prozeßhandlungen sind damit nicht verbunden.

Die ganz überwiegende Ansicht erkennt generell nur *staatliche* Strafverfolgungsorgane als Träger der Fürsorgepflichten an.[1311] Demnach bliebe der Verteidiger als nichtstaatliches Rechtspflegeorgan bei einer Lösung mittels Fürsorgepflichten unberücksichtigt. Vorrangig stützt sich diese Ansicht darauf, daß der Verteidiger nicht zum „Gehilfen des Gerichts" gemacht werden soll. Es sei ausreichend, die ihm obliegenden Pflichten aus seiner Beistandsaufgabe herzuleiten.[1312] Auch die Selbständigkeit seiner Tätigkeit spreche gegen eine „Einbindung" in den staatlichen Bereich. Zum Teil wird auch ganz einfach nicht die Notwendigkeit gesehen, warum dem Verteidiger eine Fürsorgepflicht auferlegt werden sollte.[1313]

Eine solche Sichtweise verkennt aber, daß es zumindest hier – bei der Frage des unbeachtlichen Rechtsmittelverzichts – nicht um eine Beschränkung der Möglichkeiten effektiver Verteidigung geht. Vielmehr ist der Blick vom Verteidiger abzuwenden und auf den Beschuldigten zu richten. Die Fürsorgepflichten sollen nicht vorrangig die Möglichkeiten prozessualer Interaktion des Fürsorgeverpflichteten beschränken, sondern sie bezwecken die Realisierung der Subjektstellung des Beschuldigten.

Die Feststellung, ob dem Verteidiger Fürsorgepflichten obliegen, kann nur ausgehend von seiner Stellung und seinen Funktionen im relevanten Bereich erfolgen. Die rechtliche Stellung ist anhand der konkreten Einzelregelungen der StPO zu ermitteln.[1314] Für den hier interessierenden Bereich des Rechtsmittelverzichts sind dies die §§ 296 ff., also die Vorschriften über die Rechtsmittelbefugnis.

Zwar wird dem Verteidiger ein eigenes Anfechtungsrecht gewährt, dessen Geltendmachung darf aber nur in Abstimmung mit dem Beschuldigten erfolgen. Das Rechtsmittel ist als ein solches des Beschuldigten anzusehen.[1315] So verbietet § 297 die Rechtsmitteleinlegung des Verteidigers gegen den ausdrücklichen Willen des Beschuldigten. Gerade ein Vergleich mit dem Anfechtungsrecht des gesetzlichen Vertreters in § 298 zeigt, daß der Verteidiger nicht befugt ist, entgegen dem Beschuldigtenwillen zu dessen vermeintlich Bestem zu handeln. Ein solches Verhalten wird nur dem gesetzlichen Vertreter zugestanden, nicht aber dem Verteidiger als in der Regel gewähltem Beistand. Dieser Vorrang des Beschuldigtenwillens zeigt sich des weiteren an der Regelung des § 302 II.[1316]

1311 *Plötz*, Fürsorgepflicht, S. 211 f., 332; LR-*Rieß*, StPO, Einl. H Rn. 127; SK-*Rogall*, StPO, Vor § 133 Rn. 115. Offen gelassen von *Zipf*, Strafprozeßrecht, S. 90.

1312 LR-*Rieß*, StPO, Einl. H Rn. 127.

1313 Vgl. *Hübner*, Fürsorgepflicht, S. 18.

1314 *Roxin*, Strafverfahrensrecht, § 19 Rn. 6.

1315 Brüssow/Gatzweiler/Krekeler/Mehle/*Rieß*, Strafverteidigung, Bd. 1, § 11 Rn. 20.

1316 Vgl. dazu 3. Kapitel, I. 2.

Auch wenn der Beschuldigte eine unvernünftige, für den Verteidiger als Fachmann nicht nachvollziehbare, Entscheidung getroffen hat, muß dieser sie respektieren. Er kann bzw. muß vielleicht sogar versuchen, den Beschuldigten von seiner Meinung zu überzeugen, aber dies hat in sachlicher und argumentativer Form zu geschehen.

Betrachtet man nun die Funktion, die dem Verteidiger im Rechtsmittelverfahren – hierzu sei auch die Überlegung gerechnet, ob überhaupt Rechtsmittel eingelegt werden sollen – zukommt, so ist v. a. die Beratungsfunktion zu nennen. Während sich Verteidigungsfragen im Ermittlungsverfahren oder in der Hauptverhandlung dem Beschuldigten noch einigermaßen erschließen werden, wirft der Rechtsmittelbereich schwierige Rechtsfragen auf. Selbst wenn im erstinstanzlichen Verfahren der Beschuldigte noch unverteidigt war, so wird er sich doch spätestens bei der Durchführung des Rechtsmittelverfahrens eines juristisch geschulten Beistands bedienen wollen. Damit er dieses Verfahren eigenverantwortlich betreiben kann, ist er auf möglichst zutreffende Informationen über die rechtliche Verfahrenslage und die Verfahrenspraxis durch den Verteidiger angewiesen.[1317] So wird der Beschuldigte bei der Rücknahme eines Rechtsmittels in der Regel eine vernünftige Entscheidung nur mit Hilfe eines Verteidigers treffen können. Ein Informationsdefizit im Bereich der Rechtsmittel würde die Subjektstellung des Beschuldigten nachhaltig beeinträchtigen. Daher ist auch seitens des Verteidigers eine Beeinflussung außerhalb zulässiger prozessualer Verhaltensformen zu unterlassen. Der Verteidiger hat nicht seinen eigenen Willen durchzusetzen, sondern seine Kenntnisse dem Beschuldigten zugänglich zu machen. Anschaulich ist diesbezüglich *Belings* Bezeichnung des „Verteidigers als Prozeßsubjektsgehilfen".[1318] Die Orientierung an der Fürsorgepflicht kann zum einen helfen, unzulässige Verhaltensweisen näher zu konkretisieren. Andererseits bleibt fehlerhaftes Verteidigerverhalten in diesem Bereich nicht folgenlos. Ließe man eine Fürsorgepflicht des Verteidigers nicht zu, so wäre ein durch seine unlautere Beeinflussung zustande gekommener Verzicht beachtlich.

Ein Vergleich mit der Wiedereinsetzung gem. § 44 S. 1 zeigt, daß es prozessualen Wertungen nicht völlig widerstrebt, das Verschulden des Verteidigers *nicht* dem Beschuldigten zuzurechnen; denn dort ist allgemeine Ansicht, daß eine Wiedereinsetzung auch dann in Betracht kommt, wenn die Fristversäumnis auf den Verteidiger zurückzuführen ist.[1319] Die unterschiedliche Behandlung gegenüber dem Zivilprozeß (vgl. § 85 II ZPO) kann mit der dort bestehenden Haftung des Rechtsanwalts begründet werden; im Strafprozeß stellt dagegen die Möglichkeit eines Ersatzanspruches des Beschuldigten gegen den Verteidiger

---

1317 Vgl. *Hübner*, Fürsorgepflicht, S. 212; *Krause*, NStZ 2000, 225 (227).

1318 *Beling*, Strafprozeßrecht, S. 119, 148.

1319 RGSt 70, 186 (190); BGHSt 14, 306 (308); *Beulke*, Strafprozeßrecht, Rn. 306; *Hamm*, NStZ 2001, 494 (495); *Pfeiffer*, StPO, § 44 Rn. 6; *Saenger*, JuS 1991, 842 (843).

keinen befriedigenden Ausgleich dar.[1320] Nur die Nichtzurechnung des Verteidigerverschuldens wird der besonderen Situation gerecht, in der sich der Beschuldigte befindet; diese mangelnde Zurechnung wird allerdings beschränkt auf den Schuld- und Rechtsfolgenausspruch.[1321] Denn nur diese können sich einschneidend auf „Ehre, Freiheit, Familie, Beruf und damit das gesamte Leben des Angeklagten" auswirken.[1322]

Ein Verschulden des Rechtsanwalts eines Privat- oder Nebenklägers wird dagegen zugerechnet.[1323] Diese mangelnde Berücksichtigung des Verteidigerverschuldens zu Lasten des Beschuldigten ist daher nicht an dem Umstand des Strafprozesses festzumachen, sondern erklärt sich aus der besonderen Situation des Beschuldigten.[1324] Dies läßt sich auch auf die Problematik beim Rechtsmittelverzicht übertragen. Ob der Satz, daß fehlerhaftes Verteidigerverhalten dem Beschuldigten grundsätzlich nicht zum Nachteil gereichen dürfe, allgemein gilt, mag dahingestellt bleiben. Zumindest bzgl. des Rechtsmittelverzichts läßt sich zusammenfassend feststellen, daß eine dem Verteidiger obliegende Fürsorgepflicht bejaht werden kann.[1325]

Daß sich die Aufstellung von Fürsorgepflichten des Verteidigers hinsichtlich der Verzichtserklärung des Beschuldigten auch mit den verschiedenen Ansichten zur Rechtsstellung des Verteidigers im System der Rechtspflege vereinbaren läßt, soll im folgenden kurz aufgezeigt werden. Gleichzeitig wird daran sichtbar, daß sich aus einer das gesamte Verteidigerverhalten umfassenden Theorie zur Rechtsstellung des Verteidigers nicht ohne weiteres befriedigende Lösungen konkreter Einzelfragen erzielen lassen.

Nach der wohl herrschenden Organtheorie nimmt der Verteidiger (auch) öffentliche Aufgaben wahr.[1326] Nach der Rechtsprechung kann insoweit sogar von einer allgemeinen Prozeßförderungspflicht ausgegangen werden.[1327] Hin-

---

1320 *H. Müller*, Willenserklärungen, S. 54 f. (Fußnote 88).

1321 Versäumt der Verteidiger die Frist zur Einlegung der sofortigen Beschwerde gegen die Kostenentscheidung, so wird dem Beschuldigten nach überwiegender Ansicht eine Wiedereinsetzung in den vorigen Stand versagt, vgl. BGHSt 26, 126 (127).

1322 Vgl. BGHSt 30, 309 (310). So ähnlich bereits BayObLGSt 1951, 556 (558); *Kalthoener*, Wiedereinsetzung, S. 69.

1323 BGHSt 30, 309 (311); OLG München NJW 1965, 120; BayObLGSt 1970, 9 (14 ff.). Andere Ansicht: LR-*Wendisch*, StPO, § 44 Rn. 61.

1324 BayObLGSt 1970, 9 (17).

1325 So auch *Kumlehn*, Fürsorgepflicht, S. 37; *Roxin*, Strafverfahrensrecht, § 19 Rn. 61.

1326 *Augstein*, NStZ 1981, 52 (53 f.); *Haller/Conzen*, Strafverfahren, Rn. 183; *Krey*, Strafverfahrensrecht II, Rn. 536 ff.; *Meyer-Goßner*, StPO, Vor § 137 Rn. 1; *Roxin*, Strafverfahrensrecht, § 19 Rn. 2 ff.; *Schlüchter*, Strafverfahren, Rn. 101; *Schroeder*, Strafprozeßrecht, Rn. 149.

1327 BGHSt 9, 20 (22); 12, 367 (369); 38, 111 (115). Vgl. bereits RG JW 1926, 2756.

gewiesen wird v. a. auf die Bestimmung des § 1 BRAO;[1328] der Verteidiger sei also zum Tätigwerden innerhalb der rechtsstaatlichen Rechtspflege verpflichtet.[1329] Das BVerfG umschrieb die anwaltliche Tätigkeit folgendermaßen: „Nach § 1 BRAO ist der Rechtsanwalt ein unabhängiges Organ der Rechtspflege. Sein Beruf ist ein staatlich gebundener Vertrauensberuf, der ihm eine auf Wahrheit und Gerechtigkeit verpflichtete amtsähnliche Stellung zuweist."[1330]

Angesichts der von der Organtheorie hervorgehobenen Betonung der öffentlichen Stellung erscheint eine Auferlegung von Fürsorgepflichten aus dieser Sicht vertretbar. Danach kann zumindest hinsichtlich des Rechtsmittelverzichts – gestützt auf die Organtheorie – von gleichen Anforderungen in Gestalt der Fürsorgepflichten an die staatlichen Rechtspflegeorgane und an den Verteidiger ausgegangen werden.

Geht man dagegen von der eingeschränkten Organtheorie aus, die eine Begrenzung der Berücksichtigung öffentlicher Interessen auf die Effektivität der Rechtspflege in ihrem Kernbereich vornimmt[1331], so werden wohl zumindest Fürsorgepflichten, die ein Unterlassen von Täuschung und Drohung fordern, dem Verteidiger obliegen.

Eine Abkehr vom Organverständnis vollziehen die Parteiinteressenvertretertheorie[1332] und die Vertragstheorie[1333] als gemäßigte Form der erstgenannten Ansicht. Ein Bezug auf öffentliche Zwecke lehnen diese Auffassungen ab; maßgeblich sei allein das Interesse des Beschuldigten an einer effektiven Verteidigung. Durch diese Betrachtungsweise soll vorrangig Beschränkungen der Verteidigungsbefugnisse entgegen getreten werden, um eine Aushöhlung des Rechts auf Verteidigung zu verhindern. Aber hier dienen die Fürsorgepflichten nicht dazu, den Beschuldigten in seiner Verteidigung einzuschränken. Durch Fürsorgepflichten, die einer Entstehung von Willensmängeln infolge einer Beeinflussung durch den Verteidiger vorbeugen sollen, wird dem Beschuldigten gerade eine effektive und eigenverantwortliche Wahrnehmung seiner Rechtsmittelbefugnis ermöglicht. Mittels einer Fürsorgepflicht kann im Falle ihrer Verletzung

1328 Zu der Organstellung von Verteidigern, die nicht Rechtsanwälte sind, vgl. *Krey*, Strafverfahrensrecht I, Rn. 537 ff., der sich mit überzeugenden Argumenten insoweit für eine Gleichbehandlung ausspricht.

1329 Vgl. auch *Schlüchter*, Strafverfahren, Rn. 101. Kritisch zum Begriff „Organ der Rechtspflege": *Ostendorf*, NJW 1978, 1345 (1350).

1330 BVerfGE 38, 105 (119). Vgl. auch BVerfGE 16, 214 (216); 34, 293 (300); 53, 207 (214).

1331 *Beulke*, Strafprozeßrecht, Rn. 150 m. w. N.

1332 *Ostendorf*, NJW 1978, 1345 (1349). Vgl. auch die Nachweise bei *Augstein*, NStZ 1981, 52 ff.

1333 LR-*Lüderssen*, StPO, Vor § 137 Rn. 33 ff.; AK-*Stern*, StPO, Vor § 137 Rn. 45 ff. Auch die Pflichtverteidigung soll mit der Vertragstheorie vereinbar sein, vgl. Brüssow/Gatzweiler/Krekeler/Mehle/*Kempf*, Strafverteidigung, Band 1, § 1 Rn. 46; ablehnend *Roxin*, Strafverfahrensrecht, § 19 Rn. 3.

durch den Verteidiger dessen Fehlverhalten erfaßt werden und dem Beschuldigten bleibt seine Anfechtungsmöglichkeit grundsätzlich erhalten. Zwar werden bestimmte Verhaltensweisen des Verteidigers eingeschränkt, aber ganz gewiß nicht solche, die Gegenstand eines Vertrages zwischen dem Beschuldigten und seinem Verteidiger wären. Der Beschuldigte erwartet gerade zutreffende Auskünfte hinsichtlich seiner Verfahrenssituation und keine Täuschungen von seinem Verteidiger. Die Fürsorgepflichten des Verteidigers im Bereich des Rechtsmittelverzichts lassen sich daher auch mit den Konzeptionen der o. g. Theorien vereinbaren.

bb) Unrichtige Auskunft

Zur Verdeutlichung der Problematik soll auf zwei Entscheidungen der Rechtsprechung zurückgegriffen werden. In einem Sachverhalt, der dem OLG Frankfurt im Jahre 1970 zur Beurteilung vorlag, äußerte der Verteidiger seinem Mandanten gegenüber, daß die Untersuchungshaft bis zur Berufungshauptverhandlung im Falle einer Verwerfung der Berufung nicht auf die Strafe angerechnet werde; der Beschuldigte wollte dieses Risiko nicht auf sich nehmen, sondern verzichtete auf Rechtsmittel.[1334] Diese Auskunft war unzutreffend, da die drei Monate zuvor in Kraft getretene Vorschrift des § 60 I a. F. StGB, der dem heutigen § 51 I 1 StGB entsprach, eine Anrechnung der Untersuchungshaft grundsätzlich vorsah.[1335] Das OLG Frankfurt sah den Verzicht – nicht zuletzt im Hinblick auf die Stellung des Pflichtverteidigers – als unwirksam an.[1336]

In einem anderen Sachverhalt, der einer Entscheidung des 2. Strafsenats des BGH im Jahre 1967 zugrunde lag, berief sich der Beschuldigte darauf, daß sein Verteidiger ihm eine unrichtige Belehrung über die Dauer des gegen ihn verhängten Berufsverbots erteilt hatte.[1337] Infolgedessen hatte er einen Rechtsmittelverzicht erklärt. Der BGH ging von der Wirksamkeit des Verzichts aus.[1338]

Wie bereits oben bei den Ausführungen zur Fürsorgepflicht der Justizorgane angemerkt wurde, ist auch hier entscheidend, daß der Beschuldigte eine zutreffende Vorstellung von den Folgen hat, die seine Verzichtserklärung auslöst. Zur konkreten Inhaltsbestimmung der dem Verteidiger obliegenden Fürsorgepflichten kann auch an die Überlegungen angeknüpft werden, die im Rahmen der zi-

1334 OLG Frankfurt NJW 1971, 949 ff.

1335 Vgl. dazu 2. Kapitel, III. 2.

1336 OLG Frankfurt NJW 1971, 849 (850).

1337 BGH GA 1969, 281.

1338 Vgl. auch BGHR StPO § 302 Abs. 1 Satz 1 Rechtsmittelverzicht 8, S. 2, wonach die unrichtige Auskunft eines Verteidigers allein nicht zur Unwirksamkeit des Verzichts führt. So auch OLG Stuttgart Die Justiz 1990, 469 (470).

vilrechtlichen Haftung des Verteidigers angestellt werden.[1339] Mittels der Konzeption einer Verletzung der Fürsorgepflicht soll u. a. erreicht werden, eine für die Lage des Beschuldigten sachgerechte Rechtsfolge des fehlerhaften Verteidigerverhaltens zu erreichen – nämlich die Unbeachtlichkeit des Verzichts und die Erhaltung der Rechtsmittelbefugnis. So werden auch bei der Frage nach der zivilrechtlichen Haftung Aufklärungspflichten[1340], die Pflicht zur Rechtsprüfung[1341] sowie Beratungs- und Belehrungspflichten[1342] genannt, die dem Verteidiger obliegen. Die Belehrungspflicht des Verteidigers soll den Mandanten in die Lage versetzen, eigenverantwortlich über die Geltendmachung seiner Rechte und Interessen zu entscheiden.[1343] Ausdrücklich wird auf die Pflicht verwiesen, den Beschuldigten über die Folgen von Erklärungen und Prozeßhandlungen zu belehren.[1344]

Dazu kann angesichts seiner weitreichenden Wirkungen auch der Verzicht auf Rechtsmittel gezählt werden. Eine Fürsorgepflicht zur Belehrung betrifft zum einen die unmittelbaren Folgen der Verzichtserklärung, z. B. die Rechtskraftwirkung, zum anderen die Folgen einer Nichterklärung des Verzichts. Denn auch letztere prägen maßgeblich die Überlegungen, ob eine Erklärung abgegeben werden soll.

So hatte im erstgenannten Fall der Beschuldigte sicherlich eine Vorstellung von den Folgen eines Verzichts, er irrte aber über die Notwendigkeit bzw. die Vorteile einer Verzichtserklärung – im Ergebnis also über die Tragweite und Bedeutung des Rechtsmittelverzichts. Eine solche Fehlvorstellung zu vermeiden, kann als Inhalt einer Fürsorgepflicht angesehen werden.

Auch der zweite Fall betrifft die Tragweite eines Verzichts; vergleichbar ist er dem bereits erwähnten Sachverhalt aus BGHSt 46, 257 ff., wo der Beschuldigte auf Rechtsmittel in Unkenntnis der Nebenfolgen des Urteils verzichtete. Wird ihm eine unzutreffende Vorstellung über die gerichtliche Entscheidung mit ihren rechtlichen Folgen vermittelt, so hat dies auch Einfluß auf die Vorstellung hinsichtlich der Bedeutung eines Verzichts auf die Anfechtung der Entschei-

---

1339 Vgl. dazu *Krause*, NStZ 2000, 225 ff. Die Mehrzahl der Entscheidungen der Rechtsprechung befaßt sich allerdings mit den Pflichten des – v. a. im Zivilprozeß tätigen – Rechtsanwalts; die Grundsätze lassen sich aber auch auf den Verteidiger übertragen, vgl. OLG Nürnberg StV 1997, 481 ff.

1340 BGH NJW 1961, 601 (602).

1341 Hier ist insbesondere die Kenntnis der neuesten Gesetze und höchstrichterlichen Rechtsprechung zu nennen, vgl. BGH NJW 1983, 1665; 1992, 3237 (3239); OLG Nürnberg StV 1997, 481 (482 f.); LG Berlin StV 1991, 310 (312); *Borgmann*, NJW 2000, 2953 (2958).

1342 LR-*Lüderssen*, StPO, Vor § 137 Rn. 45.

1343 Vgl. für den Rechtsanwalt in Zivilsachen: *Borgmann*, NJW 2000, 2953 (2958).

1344 *Krause*, NStZ 2000, 225 (227).

dung.[1345] Somit kann in beiden Fällen von einer Fürsorgepflichtverletzung und damit von einer Unbeachtlichkeit des Verzichts ausgegangen werden.

Für die Betrachtung ist es unerheblich, daß andere Verfahrensbeteiligte ebenfalls eine unrichtige Auskunft erteilen; die Rechtsunkenntnis mehrerer kann insoweit nicht zu der Entlastung eines Rechtspflegeorgans führen.[1346]

Fraglich ist, ob von einer Fürsorgepflichtverletzung und damit von einer Unbeachtlichkeit des Verzichts bereits dann ausgegangen werden kann, wenn eine unvorsätzliche Falschauskunft des Verteidigers vorliegt.

Ein anderer Ansatz – die bereits oben beschriebene Lehre von den Verantwortungsbereichen – ist aber insoweit nicht einheitlicher Meinung. So nimmt beispielsweise *Frisch* an, daß eine Beteiligung des Verteidigers an der Entstehung der Fehlvorstellung grundsätzlich dem Verantwortungsbereich des Rechtspflegesystems zuzuschlagen ist.[1347] Da insoweit nicht der Verantwortungsbereich des Beschuldigten berührt sei, könne dieser auch nicht an seinem Verzicht festgehalten werden. Eine Beschränkung auf vorsätzliche Irreleitungen nimmt *Frisch* nicht vor.

Nach der Auffassung von *Frank Meyer*, der ebenfalls grundsätzlich von einer Verantwortungsabschichtung ausgeht, ermöglichen nur dysfunktionale Einflußnahmen seitens des Verteidigers eine Verantwortungsverlagerung vom Beschuldigten auf den Verteidiger.[1348] Lediglich objektiv fehlerhafte Belehrungen seien nicht dysfunktional; ein rollenwidriges Verhalten des Verteidigers liege nur dann vor, wenn der Verteidiger mittels der Beeinflussung Eigen- oder Fremdinteressen durchsetzen wolle, also in der Regel bei vorsätzlicher Beeinflussung.[1349] Nach dieser Meinung scheidet also eine Berücksichtigung des Willensmangels bei unvorsätzlicher Falschauskunft aus. Denn wie sollte der Verteidiger andere Interessen als die des Beschuldigten verfolgen, wenn ihm die Unrichtigkeit seiner Belehrung unbekannt ist.

Allein diese beiden Stellungnahmen aus dem Schrifttum, das nach einer Verantwortungsverteilung entscheiden will, zeigen, daß der Begriff der Verantwortung nicht unbedingt ein stets klarer und eindeutig zu bestimmender sein muß. Vielmehr geht es auch hier um die Frage, ob im Ergebnis eher der Beschuldigte oder eher die Rechtssicherheit erwartende Allgemeinheit – eine prä-

---

1345 *Dencker*, Willensfehler, S. 57 f., 62 sieht stets dann den Verzicht als unwirksam an, wenn ein Irrtum über den Inhalt des Urteils vorliegt.

1346 So auch für die zivilrechtliche Haftung des Verteidigers OLG Nürnberg StV 1997, 481 (483); *Krause* NStZ 2000, 225 (228).

1347 SK-*Frisch*, StPO, § 302 Rn. 30.

1348 *F. Meyer*, Willensmängel, S. 168 ff., 177. Als dysfunktional versteht *Meyer* solche Verhaltensweisen, mit denen der Verteidiger Fremd- oder Eigeninteressen durchsetzen will.

1349 *F. Meyer*, Willensmängel, S. 178.

zisere Bestimmung dieser Gruppe erscheint nur schwerlich möglich – mit den Folgen eines durch den Verteidiger verursachten Willensmangels belastet werden soll.[1350] Zudem ist m. E. zu bezweifeln, ob die Differenzierung anhand der Funktionalität des Verteidigerverhaltens das entscheidende Kriterium einer Entscheidung für oder gegen die Bindungswirkung eines Verzichts ist. Denn *Frank Meyers* Ansicht liegt die Prämisse zugrunde, daß eine objektiv fehlerhafte Belehrung zwar die Autonomie des Beschuldigten verkürze, aber dessen Rolle als Prozeßsubjekt nicht antaste. Daher handele der Verteidiger noch seiner prozessualen Funktion entsprechend.[1351] Insoweit trage der Beschuldigte das Risiko einer Verschlechterung seiner Verfahrenssituation.[1352]

Aber wenn das Gesetz bereits bei der Einlegung eines Rechtsmittels einer Manipulation des Beschuldigtenwillens entgegensteht (vgl. § 297), sollte die Beeinflussung des Beschuldigten beim Verzicht erst recht keinen Bestand haben können, indem die Beachtlichkeit des Verzichts bejaht wird. Während die Einlegung infolge fehlerhafter Beratung vom Beschuldigten selbst durch eine Rücknahme rückgängig gemacht werden kann, besteht diese Möglichkeit beim beeinflußten Verzicht gerade nicht. Eine Verfälschung des Beschuldigtenwillens ist unabhängig vom Motiv der Falschauskunft gegeben; die innere Einstellung des Verteidigers – also Versehen oder Absicht – zur Fehlerhaftigkeit seines Verhaltens kann ebenfalls nicht ausschlaggebend für die Schutzwürdigkeit des Beschuldigten in dieser Verfahrenssituation sein. Daher ist mit Recht bereits bei objektiv unrichtiger Auskunft von einer Fürsorgepflichtverletzung mit den entsprechenden Rechtsfolgen auszugehen.

Eine andere – nicht weniger wichtige – Frage ist, wann eine relevante unrichtige Auskunft vorliegt. Beim Verteidiger stellt sich nämlich das Problem, daß er weitaus häufiger als das Gericht gegenüber seinem Mandanten Prognosen, d. h. seine Einschätzung der prozessualen Entwicklung, abgibt. Problematisch ist daran, daß es sich hierbei nicht um Tatsachen, also Geschehnisse der Gegenwart oder Vergangenheit, handelt, sondern um zukünftige prozessuale Lagen. Insbesondere ist dies bei strategischen Auskünften des Verteidigers relevant. Die Auskunft über das Recht, als Beschuldigter eine Einlassung zu verweigern – also über das Bestehen eines Rechts, ist der Frage nach Unrichtigkeit oder Richtigkeit der Auskunft durchaus zugänglich. Anders sieht dies bei dem Rat des Verteidigers aus, aufgrund prozeßtaktischer Überlegungen auf eine Einlassung zu verzichten oder eine solche gerade vorzunehmen. Auch beim Rechtsmittel-

---

1350 Eine Lösung grundsätzlich zu Lasten des Beschuldigten wird beispielsweise vertreten von: *Dahs*, FS Schmidt-Leichner, S. 17 (29); *H. Müller*, Willenserklärungen, S. 61. Eine Zuordnung zum Bereich der Rechtspflege nehmen dagegen vor: *Dahrmann*, Widerruf, S. 80; SK-*Frisch*, StPO, § 302 Rn. 30; *Hübner*, Fürsorgepflicht, S. 211 f.

1351 *F. Meyer*, Willensmängel, S. 170, 177.

1352 *F. Meyer*, Willensmängel, S. 170, 177.

verzicht kann die Prozeßtaktik eine Rolle spielen, so wenn es beispielsweise um die Vermeidung von Untersuchungshaft geht.[1353]

Bei der Frage nach der zivilrechtlichen Haftung des Verteidigers wird die Schwierigkeit der Beurteilung verteidigungsstrategischer Entscheidungen ebenfalls gesehen. Es wird konstatiert, daß verbindliche oder allgemein anerkannte Regeln für eine strategische Verteidigung nicht existieren. Strategische Entscheidungen seien gerade weitgehend situationsabhängig, so daß der Grundsatz des sichersten Weges keine Geltung beanspruchen könne.[1354] Demgemäß unterlägen solche Entscheidungen des Verteidigers keiner gerichtlichen Nachprüfung im Rahmen der Frage nach einer zivilrechtlichen Haftung.[1355]

Hinsichtlich Verzicht und Rücknahme ist insbesondere die Konstellation von Bedeutung, in der der Verteidiger seine Meinung über die Erfolgsaussichten eines Rechtsmittels mitteilt. Fraglich ist, ob die im Ergebnis unzutreffende Prognose eines Verteidigers einer Fürsorgepflichtverletzung aufgrund einer unrichtigen Auskunft gleichgestellt werden kann.

So verneinen Ansichten, die auf eine objektive Irreleitung abstellen, den irreführenden Charakter bei objektiv fehlerhaften persönlichen Einschätzungen des Verteidigers.[1356] Dagegen sieht *Frisch* einen Verzicht bereits dann als unwirksam an, wenn er durch unrichtige Auskünfte eines Verteidigers hervorgerufen wurde und führt als Beispiel die Auskunft über die Erfolgsaussichten eines Rechtsmittels an.[1357]

Bei Angaben des Verteidigers über die Chancen eines Rechtsmittels, z. B. im Rahmen der Überlegungen hinsichtlich einer Rechtsmittelrücknahme, ist allerdings zu berücksichtigen, daß der Verteidiger eine Auskunft darüber gibt, wie die Rechtsprechung voraussichtlich entscheiden wird. Damit erklärt er – zumindest bei Rechtsfragen – aber zugleich, wie bisher die Rechtsprechung entschieden hat. Denn die Mitteilung einer Prognose wird in der Regel auch eine Erklärung über ihre Grundlage beinhalten. Die Wirklichkeitsaussage liegt somit in der Behauptung einer gegenwärtigen Bedingung – z. B. eine bestimmte Auffassung in der Rechtsprechung – für das in der Zukunft eintretende Ereignis – beispielsweise die Zurückweisung der Revision als unbegründet. Zudem ist zu berück-

---

1353 Vgl. die Sachverhalte bei BGHSt 17, 14 (15); 25, 234 (236).

1354 *Krause*, NStZ 2000, 225 (228).

1355 *Krause*, NStZ 2000, 225 (229), der zudem darauf hinweist, daß Beispiele aus der Rechtsprechung nicht bekannt seien, in denen dem Mandanten aufgrund eines strategischen Fehlers des Verteidigers Schadensersatz zugesprochen worden sei.

1356 *F. Meyer*, Willensmängel, S. 150, der aber eine vorsätzliche Irreleitung als beachtlich ansieht und den Willensmangel dem Verantwortungsbereich des Verteidigers zuweist. Vgl. auch *Dencker*, Willensfehler, S. 64 f., der eine Fehlinformation nur dann als beachtlich ansieht, wenn diese eine Täuschung darstellt, d. h. die lediglich unzutreffende Auskunft über die Erfolgsaussichten eines Rechtsmittels ist demnach ohne Folgen im Hinblick auf die Beachtlichkeit des Verzichts.

1357 SK-*Frisch*, StPO, § 302 Rn. 30.

sichtigen, daß der Verteidiger durch die Auskunft, daß z. B. eine Revision keinen Erfolg haben werde, erklärt, daß er selbst von der Aussichtslosigkeit überzeugt sei. Angesichts dieser Überlegungen verwundert es nicht, daß auch im Bereich des materiellen Strafrechts Prognosen als Äußerungen täuschungsgeeigneter Tatsachen verstanden werden.[1358]

Daher erscheint es hier aus dem Blickwinkel einer eventuellen Fürsorgepflichtverletzung vertretbar, zumindest dann einen Verstoß gegen die Fürsorgepflicht anzunehmen, wenn der Verteidiger seine Beurteilung der Rechtslage bzw. der Erfolgsaussichten eines Rechtsmittels nicht mehr auf sachliche Anhaltspunkte, wie z. B. eine höchstrichterliche Rechtsprechung, stützen kann.

Zur Verdeutlichung sei der Sachverhalt herangezogen, der dem 4. Strafsenat des BGH im Jahre 1990 zur Entscheidung vorlag.[1359] Der Beschuldigte hatte dort nur deshalb die Rücknahme eines Rechtsmittels erklärt, weil sein Verteidiger ihm erklärt hatte, daß er „allein keine Chance habe", nachdem der Mitangeklagte sein Rechtsmittel angeblich zurückgezogen hatte. Der BGH sah die Rücknahme als wirksam an; den Irrtum wertete er als unbeachtlichen Motivirrtum. Aufgrund der Auskunft des Verteidigers mußte der Beschuldigte davon ausgehen, daß Voraussetzung einer erfolgreichen Revision stets die gemeinsame Rechtsmitteleinlegung mehrerer Angeklagter sei.[1360] In dieser Auskunft nur eine nicht überprüfbare Einschätzung der prozessualen Lage bzw. eine strategische Entscheidung des Verteidigers zu sehen, würde die besondere Situation des Beschuldigten verkennen. Er vertraut ja gerade auf die Verteidigerkenntnis der gesetzlichen Bestimmungen sowie der Rechtsprechung und der entsprechenden Erfahrungssätze. Selbst wenn man also die Kennzeichnung als richtig bzw. unrichtig für die Einschätzung der prozessualen Lage ablehnt, so besteht doch hier das Bedürfnis einer Gleichbehandlung mit den Fällen einer unrichtigen Auskunft, nämlich die Bejahung eines Fürsorgepflichtverstoßes und damit der Unbeachtlichkeit des Verzichts bzw. der Rücknahme.[1361]

1358 Vgl. dazu Tröndle/*Fischer*, StGB, § 263 Rn. 5 ff.; aus der Rechtsprechung: OLG Koblenz NJW 1976, 63. Zur Problematik von Tatsachenbehauptungen bei Rechtsausführungen vgl. *Loos*, NJW 1980, 847. – Prognosen zukünftiger Tatsachen sollen allerdings nach nicht unumstrittener Ansicht dann unter den Täuschungsbegriff fallen, wenn derselbe Gewißheitsgrad behauptet wird, wie er für Aussagen über vergangene und gegenwärtige Tatsachen verlangt wird, nämlich die Sicherheit, vgl. BGH bei Dallinger MDR 1973, 18; *Loos*, NJW 1980, 847.

1359 BGHR StPO § 302 II Rücknahme 2.

1360 Diese Deutung aus der Sicht des Beschuldigten erscheint mir nicht fernliegend. Wollte der Verteidiger mit seiner Äußerung nur auf die faktischen Chancen und nicht auf rechtliche Voraussetzungen abstellen, so hätte dies m. E. deutlicher erfolgen müssen; zudem wäre dann die Aussage „keine Chance" wohl übertrieben.

1361 So wohl auch SK-*Frisch*, StPO, § 302 Rn. 30.

Zuletzt soll noch auf die Frage eingegangen werden, ob bei einer unrichtigen Auskunft eine Differenzierung zwischen der Art des Verteidigers, d. h. ob ein Pflicht- oder ein Wahlverteidiger die unrichtige Auskunft erteilt hat, erforderlich ist.

Die o. g. Entscheidung des OLG Frankfurt hebt in ihrer Begründung ausdrücklich hervor, daß es sich um einen Pflichtverteidiger handelte, der eine unrichtige Belehrung erteilte; die Rechtsfolge eines durch den Wahlverteidiger beeinflußten Willensmangels läßt der Senat ausdrücklich offen.[1362] Das Gesetz sehe die Mitwirkung eines Pflichtverteidigers neben Richter und Staatsanwalt in bestimmten Fällen vor, die damit erfolgte Aufgabenteilung rechtfertige daher auch die gleiche Bewertung von Handlungen dieser Organe.[1363]

Das OLG Koblenz stellte in einem Beschluß vom 2.05.1996 ausdrücklich klar, daß die „etwaige unrichtige Belehrung durch einen Wahlverteidiger insoweit unbeachtlich (ist)“; gleichzeitig erkannte es aber die Möglichkeit eines unwirksamen Verzichts an, wenn er auf einer unrichtigen Belehrung des Pflichtverteidigers beruht.[1364] Auch im Schrifttum findet sich bisweilen eine solche Differenzierung.[1365]

Diese Unterscheidung vermag aber nicht zu überzeugen.[1366] Denn Pflicht- und Wahlverteidiger unterscheiden sich nicht in ihren Aufgaben bzw. Funktionen, sondern nur in der Begründung ihrer Verteidigerstellung, also durch wen jemand als Verteidiger berufen wird.[1367] Zudem hat der Beschuldigte auch in den Fällen einer notwendigen Verteidigung ein Mitspracherecht (vgl. § 142 I 2, 3).[1368] Eine Differenzierung anhand der Art des Eintretens in das Verfahren würde zudem eine Relativierung der Schutzwürdigkeit des Beschuldigten bedeuten, d. h. er wäre bei der (finanziellen) Möglichkeit einer eigenen Verteidigerwahl und Inanspruchnahme eines Wahlverteidigers schlechter gestellt als bei einer Verteidigerbestellung durch das Gericht. Des weiteren ist problematisch, wie ein Wechsel, der bisherige Wahlverteidiger läßt sich z. B. als Pflichtvertei-

---

1362 OLG Frankfurt NJW 1971, 949 (951). So auch OLG Nürnberg OLGSt (1964-1976) § 302 StPO, S. 15 (18).

1363 OLG Frankfurt NJW 1971, 949 (951).

1364 OLG Koblenz NStZ-RR 1996, 306 (307).

1365 KMR-*Sax*, StPO, Einl. X Rn. 33 f., wonach es zum Risikobereich des Beschuldigten gehöre, ob er eine zu sachgerechter Verteidigung oder Beratung geeignete und fähige Persönlichkeit auswähle. LR-*Hanack*, StPO, § 302 Rn. 54 scheint sich eher an dem Umstand zu orientieren, ob eine notwendige Verteidigung gem. § 140 vorliegt.

1366 So auch *F. Meyer*, Willensmängel, S. 160 f., der im Rahmen seiner Verantwortungsabschichtung eine entsprechende Unterscheidung ablehnt. Vgl. auch SK-*Frisch*, StPO, § 302 Rn. 30; *Hübner*, Fürsorgepflicht, S. 211 f.

1367 *Meyer-Goßner*, StPO, Vor § 137 Rn. 1; Brüssow/Gatzweiler/Krekeler/Mehle/*Kempf*, Strafverteidigung, Band 1, § 1 Rn. 46; AK-*Stern*, StPO, Vor § 137 Rn. 12.

1368 Vgl. auch Art. 6 III c EMRK, wonach der Beschuldigte u. a. einen Anspruch auf einen Verteidiger seines Vertrauens hat.

diger bestellen[1369], zu behandeln wäre. Diese anerkannte Möglichkeit eines Wechsels zeigt zudem, daß sich Wahl- und Pflichtverteidiger nicht anhand der Art ihrer Aufgaben unterscheiden. Abschließend ist also festzuhalten, daß eine Beeinflussung durch Pflicht- und Wahlverteidiger gleich zu behandeln ist.

cc) Täuschung

Nachdem oben bereits bei einer objektiv unrichtigen Auskunft des Verteidigers eine Fürsorgepflichtverletzung angenommen wurde, muß dies erst recht bei einer vorsätzlichen Willensbeeinflussung, d. h. einer Täuschung, durch den Verteidiger gelten. So wird zum Teil auch in der Literatur, die eine lediglich objektive Irreleitung für unbeachtlich hält, darauf hingewiesen, daß etwas anderes im Falle einer vorsätzlichen Irreleitung zu gelten habe. So bejaht z. B. *Frank Meyer* in diesen Fällen stets die Dysfunktionalität des Verteidigerverhaltens und damit eine Verlagerung der Verantwortung vom Beschuldigten auf den Verteidiger.[1370] Gerade die – freilich nur schwer nachweisbaren[1371] – Fälle einer Täuschung zeigen, daß die Leugnung einer Relevanz der Verteidigerbeeinflussung auf den Bestand des Rechtsmittelverzichts nicht haltbar ist. Denn bei der vorsätzlichen Beeinflussung des Beschuldigten ist die Verfälschung des im Rechtsmittelverfahren maßgeblichen Beschuldigtenwillens offenbar. Der Verteidiger negiert die Autonomie des Beschuldigten als Verfahrenssubjekt. Daher verwundert es nicht, daß die BRAO zu den Grundpflichten eines Rechtsanwalts u. a. das Unterlassen der bewußten Verbreitung von Unwahrheiten zählt, da dieses ein unsachliches Verhalten darstellt (vgl. § 43a III BRAO). Dieser Forderung, die unabhängig von der Motivation des Rechtsanwalts für sein Verhalten Geltung beansprucht, kann nur zugestimmt werden.

Die Bejahung der Beachtlichkeit eines Verzichts bei einer Täuschung durch den Verteidiger würde zudem das Ermächtigungserfordernis des § 302 II und dessen Schutzzweck mitunter ins Leere laufen lassen. Denn ein Verzicht des Verteidigers für den Beschuldigten ist nur mit dessen Ermächtigung beachtlich. Dazu stünde es im Widerspruch, wenn der Verteidiger durch Beeinflussung des Beschuldigten diesen selbst zu einem beachtlichen Verzicht bringen könnte.

Die Nichtberücksichtigung der Täuschung eines Verteidigers bzw. die Gleichbehandlung mit Täuschungen Dritter, die außerhalb des Verfahrens stehen, verkennt zudem, daß der Beschuldigte bei seiner Suche nach Rechtsrat und fachlichem Beistand gerade auf die Inanspruchnahme eines Verteidigers – zu-

---

1369 Vgl. nur *Meyer-Goßner*, StPO, § 142 Rn. 7.

1370 *F. Meyer*, Willensmängel, S. 171, 178.

1371 So verwundert es nicht, daß Gegenstand von Entscheidungen der Rechtsprechung bisher nur Fälle einer unvorsätzlichen unrichtigen Auskunft waren. – Dies ist m. E. auch der kritische Punkt an *F. Meyers* Ansatz, der auf eine – nachzuweisende – vorsätzliche Einflußnahme abstellt (vgl. *dens.*, Willensmängel, S. 178). Ein solcher Nachweis wird aber nahezu unmöglich sein.

meist in Form des Rechtsanwalts – angewiesen ist. § 3 BRAO bestimmt insoweit: „Der Rechtsanwalt ist der berufene unabhängige Berater und Vertreter in allen Rechtsangelegenheiten.“ Der Rechtsanwalt ist also gerade das zuständige und als kompetent angesehene Organ zur Beratung eines Rechtsratsuchenden. Die Berücksichtigung einer Täuschung als Fürsorgepflichtverletzung trägt somit dem Vertrauen Rechnung, welches ihm aufgrund seiner Stellung in der Rechtspflege entgegengebracht wird.[1372]

dd) Drohung

Der Erklärung eines Verzichts infolge einer Drohung seitens des Verteidigers wird nur selten Beachtung geschenkt. Es ist das Verdienst *Frank Meyers*, diesen Fragenkomplex einer gründlichen Betrachtung unterzogen zu haben. Zustimmung verdient seine Ausgangsthese, daß bei einer Drohung stets von einer Dysfunktionalität der Einflußnahme ausgegangen werden kann.[1373] Aber eine Einschränkung findet dieser Grundsatz durch die Forderung an den Beschuldigten, sich zumutbarer Abwehrmittel zu bedienen.[1374] Bei sog. verteidigungsspezifischen Drohungen, also solchen, die einen unmittelbaren Bezug zur prozessualen Tätigkeit des Verteidigers aufweisen (z. B. die angedrohte Niederlegung des Mandats[1375]), sieht *Meyer* eine effektive und zumutbare Abwehrmöglichkeit in der Beendigung des Verteidigungsverhältnisses.[1376] Bei nicht-verteidigungsspezifischen Drohungen, z. B. die Ankündigung einer Körperverletzung oder einer Anzeige einer Steuerschuld, spricht er der Tatsache, daß die Drohung seitens des Verteidigers erfolgte, eine Bedeutung ab und stellt sie den Drohungen außerprozessualer Dritter gleich.[1377]

Diese Konzeption scheint m. E. zu wenig dem Umstand Rechnung zu tragen, daß sich der Beschuldigte gerade an den Verteidiger mit der Erwartung einer effektiven Verteidigung gewandt hat. Dies wird ein Beschuldigter auch von sei-

1372 Vgl. *Dahrmann*, Widerruf, S. 80.

1373 *F. Meyer*, Willensmängel, S. 182.

1374 *F. Meyer*, Willensmängel, S. 183.

1375 BGH NStZ 1986, 277 (278) verneint für eine solche Ankündigung des Verteidigers das Merkmal der Drohung. – Als weiteres Beispiel läßt sich die Erklärung ansehen, die Verteidigung im Rechtsmittelverfahren nicht ordentlich zu führen.

1376 *F. Meyer*, Willensmängel, S. 183 f.

1377 *F. Meyer*, Willensmängel, S. 185. Bei Willensmängeln infolge Drohungen außerprozessualer Dritter zieht *Meyer* als Wertungsmaßstab das Solidaritätsprinzip in Ausgestaltung des § 34 StGB heran (S. 201 ff., 205) und hält Willensmängel dann für beachtlich, „wenn zum Zeitpunkt der Verzichtserklärung ein Eingriff in das Leben oder die körperliche Freiheit oder eine wesentliche Verletzung der körperlichen Integrität des Angeklagten oder eines Familienangehörigen unmittelbar bevorsteht.“ (S. 213). Gleiches soll für die akute Gefahr existenzbedrohender Vermögenseinbußen gelten.

nem Pflichtverteidiger erwarten. Problematisch erscheint *Frank Meyers* Lösung v. a. bei der Drohung mit der Mandatsniederlegung, wenn kein Rechtsmittelverzicht erklärt werde. Hier ergibt sich ja bereits aus der Qualifizierung als Drohung, daß es sich bei der Beendigung des Mandats um ein Übel für den Beschuldigten handelt. Dann kann es doch keine zumutbare Abwendung der Drohung sein, wenn man vom Beschuldigten verlangt, daß er selbst das Übel verwirklichen solle. Bedeutung kann die Drohung mit der Mandatsniederlegung v. a. dann erlangen, wenn der Verteidiger z. B. ankündigt, auch in weiteren laufenden Verfahren, in denen er eingearbeitet ist und den Beschuldigten vertritt, sein Mandat niederzulegen.

Wenn der Verteidiger davon überzeugt ist, daß ein Rechtsmittel keine Erfolgsaussichten hat, so muß er versuchen, seinen Mandanten argumentativ diese Einschätzung zu vermitteln. Aber eine Ausübung von Druck seitens des Verteidigers und infolgedessen eine Beeinträchtigung der Entscheidungsfreiheit des Beschuldigten ist nicht mehr vereinbar mit den Fürsorgepflichten des Verteidigers.[1378] Denn diese sollen gerade eine eigenverantwortliche Wahrnehmung der Rechtsmittelbefugnis garantieren. So bestimmt § 43a III 1 BRAO ausdrücklich: „Der Rechtsanwalt darf sich bei seiner Berufsausübung nicht unsachlich verhalten".

Auch die Gleichstellung des Verteidigers mit außerprozessualen Dritten bei den sog. nicht-verteidigungsspezifischen Drohungen verkennt die besondere Stellung des Verteidigers und das ihm entgegengebrachte Vertrauen. Die besonderen Rechte[1379] und auch Pflichten[1380], die dem Verteidiger als einem Verfahrensbeteiligten im Strafprozeß eingeräumt werden, legen nahe, daß an sein Verhalten nicht derselbe Maßstab angelegt werden kann, wie an das Verhalten von Personen, die außerhalb des Verfahrens stehen.

Zudem wäre auch hier die Annahme eines beachtlichen Verzichts nur schwerlich vereinbar mit der Wertung des § 302 II: Der Verteidiger könnte ohne Ermächtigung auf das Anfechtungsrecht nicht selbst unmittelbar einwirken, aber er dürfte es mittelbar über eine Beeinflussung des Beschuldigten, so daß dieser nicht in Übereinstimmung mit seinem Willen auf das Anfechtungsrecht verzichtet. Nicht nur eigenmächtiges Vorgehen des Verteidigers, sondern auch die

---

1378 *Dencker*, Willensfehler, S. 60 sieht die mangelnde Freiwilligkeit der Verzichtserklärung als entscheidend an und spricht ihr die Eignung ab, den durch einen Verzicht angestrebten Rechtsfriedenszustand zu erreichen. Maßgeblich ist also auch für ihn, daß die notwendige Entscheidungsfreiheit nicht gegeben ist.

1379 Aus der StPO vgl. nur die Rechte, die sich aus § 53 I 1 Nr. 2 sowie aus den §§ 147 f. ergeben.

1380 Vgl. beispielsweise die strafbewehrte Verschwiegenheitspflicht in § 203 I Nr. 3, 4. Var. StGB. Auch in § 43a BRAO ist die Verpflichtung zur Verschwiegenheit neben anderen Grundpflichten geregelt. Zur allgemeinen Berufspflicht vgl. § 43 BRAO, dazu kritisch *Kleine-Cosack*, BRAO, § 43 a Rn. 1.

weitaus gravierenderen Verhaltensweisen wie Täuschung und Drohung sollten daher zu einem unbeachtlichen Verzicht führen.

e) Durch außerprozessuale Dritte verursachter Willensmangel

aa) Unrichtige Auskunft und Täuschung

Ein Willensmangel des Beschuldigten kann nicht nur durch ein Verhalten der Justizorgane oder des Verteidigers verursacht werden, sondern er läßt sich mitunter auch auf den Einfluß eines außerprozessualen Dritten zurückführen. Mit dieser Gruppenbezeichnung soll nur ausgedrückt werden, daß es sich nicht um ein Organ der Rechtspflege handelt.[1381] Diese Fallgruppe erfaßt somit auch den Mitbeschuldigten, der nach Urteilsverkündung dem Beschuldigten eine unrichtige rechtliche Auskunft gibt oder den Nebenkläger, der den Beschuldigten mittels Zwang zur Rücknahme des eingelegten Rechtsmittels bewegt.[1382] Des weiteren zählen zu dieser Gruppe Personen, die mit dem prozessualen Geschehen in keinerlei Verbindung stehen, wie z. B. Angehörige, Arbeitskollegen oder Nachbarn des Beschuldigten.

Diesem hier zu untersuchenden Personenkreis obliegen keine Fürsorgepflichten gegenüber dem Beschuldigten. Eine Verpflichtung zur Verhinderung von Willensmängeln läßt sich daher nicht begründen. Mangels einer Fürsorgepflicht kann somit auch kein die Unbeachtlichkeit begründender Fürsorgepflichtverstoß vorliegen.

Fraglich ist nun, ob bei dieser Fallgruppe auch neben der in dieser Arbeit vertretenen Konzeption – Begründung der Unbeachtlichkeit mittels einer Fürsorgepflichtverletzung – eine Möglichkeit besteht, den Beschuldigten von der Bindungswirkung des Verzichts zu befreien.

Eine Lösung kann nur anhand einer Betrachtung der beiden widerstreitenden Verfahrensziele gefunden werden. Bei der in Frage stehenden Unbeachtlichkeit des Rechtsmittelverzichts sind dies zum einen die Gerechtigkeit und zum anderen die Rechtssicherheit. Eine stärkere Betonung der Gerechtigkeit führte hier zur Unbeachtlichkeit des Verzichts, denn der Beschuldigte soll nicht an Erklärungen gebunden werden, die durch ein Fehlverhalten anderer hervorgerufen wurden. Mißt man dagegen der Rechtssicherheit mehr Bedeutung zu, so gelangt man zur Bejahung eines beachtlichen Verzichts.

Wie bereits dargelegt wurde[1383], ist eine einheitliche Lösung dieses Widerspruchs – der sich bei vielen, wenn nicht gar allen strafprozessualen Zweifels-

---

1381 Der Rechtsanwalt des Neben- oder Privatklägers wird – trotz seiner Organstellung – im Verhältnis zum Beschuldigen wohl als Dritter angesehen werden können, da er ihm gegenüber nicht als Rechtspflegeorgan auftritt, sondern eher als Vertreter des Neben- oder Privatklägers, vgl. *Joachim*, Willensmängel, S. 242 (Fußnote 1).

1382 Vgl. *H. Müller*, Willenserklärungen, S. 68.

1383 Vgl. 2. Kapitel, IV. 3.

fragen stellt – für sämtliche Bereiche der StPO nicht möglich. So wurde für den hier interessierenden Bereich der Rechtskraft bereits dargestellt, daß die StPO auch bei unrichtigen Urteilen, die möglicherweise stark in die Rechtsgüter des Verurteilten eingreifen, das Institut der Rechtskraft kennt und insoweit der Rechtssicherheit Rechnung trägt. Aber auch hier findet das Verfahrensziel der Rechtssicherheit keine absolute Verwirklichung, vielmehr wird dem Gedanken der Gerechtigkeit u. a. bereits durch die grundsätzliche Rechtsmittelbefugnis des Verurteilten Rechnung getragen; zudem ist die Wiederaufnahme als Durchbrechung der Rechtskraft Ausdruck des Gerechtigkeitsgedankens.

Auf die grundsätzliche Betonung der Rechtssicherheit beim Rechtsmittelverzicht, der u. a. ein Instrument zur frühzeitigen Herbeiführung der Rechtskraft ist, wurde bereits bei der Erörterung der Möglichkeit eines Widerrufs hingewiesen.[1384] Für eine Verneinung der Beachtlichkeit des Verzichts außerhalb einer Fürsorgepflichtverletzung bleibt somit nur eine Bezugnahme auf Gerechtigkeitserwägungen übrig. Zu Beginn dieses Kapitels wurde eine Lösung von Zweifelsfragen beim Rechtsmittelverzicht mittels einer Abwägung im Einzelfall grundsätzlich abgelehnt. Dies heißt aber nicht, daß in Fällen, wo eine Lösung mittels der Fürsorgepflichten nicht weiter führt, nicht doch auf diesen Widerstreit der beiden Verfahrensprinzipien zurückgegriffen werden könnte.[1385] Fraglich ist daher, ob bei unrichtigen Auskünften und Täuschungen eines Dritten ausnahmsweise aus Gerechtigkeitserwägungen eine Unbeachtlichkeit des Verzichts angenommen werden kann. Es müssen also gewichtige Gründe vor-

---

1384 Vgl. 3. Kapitel, V. sowie 2. Kapitel, IV. 1.

1385 Vgl. aber *F. Meyer*, Willensmängel, S. 194: „Ein Spannungsverhältnis zwischen Rechtssicherheit und Gerechtigkeit besteht im Falle objektiver Irreleitung und Drohung durch außerprozessuale Dritte nicht.“ Er begründet dies damit, daß die Folgen der Unwirksamkeit des Verzichts nicht den Verursacher des Willensmangels träfen, sondern die Rechtspflege, da diese eine Einbuße an Rechtssicherheit hinnehmen müßte. – Anders wohl BGHSt 17, 14 (18), wonach auch bei Verursachung des Willensmangels durch Dritte das Gebot der Gerechtigkeit zu Ausnahmen zwingen könne. So auch *H. Müller*, Willenserklärungen, S. 68; *Oehler*, JZ 1963, 227 (228); LR-*Schäfer*, StPO (24. Auflage), Einl. Kap. 10 Rn. 34.
Die Auffassung *F. Meyers* vermag nicht zu überzeugen, denn auch in anderen Bereichen der StPO werden Durchbrechungen der Rechtssicherheit zugelassen, obwohl die dazu führenden Umstände auf Dritte zurückzuführen sind. So wird z. B. auch dann eine Wiedereinsetzung gewährt, wenn ein Verschulden Dritter – beispielsweise die verzögerte Beförderung der Rechtsmittelschrift durch die Post – zur Nichteinhaltung einer Frist geführt hat, vgl. *Meyer-Goßner*, StPO, § 44 Rn. 15 f.; LR-*Wendisch*, StPO, § 44 Rn. 39. Auch das Verschulden des Verteidigers wird dem Beschuldigten nicht zugerechnet und steht einer Wiedereinsetzung nicht entgegen. Eine Anwendung des § 44 erfolgt jeweils im Interesse der materiellen Gerechtigkeit, vgl. *Kalthoener*, Wiedereinsetzung, S. 2.
Zudem ist zweifelhaft, ob eine Einbuße an Rechtssicherheit ausschließlich die Rechtspflege belastet und nicht vielmehr die Rechtsgemeinschaft insgesamt.

liegen, um eine Ausnahme vom Grundsatz der Beachtlichkeit des Verzichts zuzulassen.

Entscheidendes Gewicht ist dem Umstand beizumessen, daß die unrichtige Auskunft – ob unvorsätzlich oder vorsätzlich – nicht von einem zur Beratung und Unterrichtung des Beschuldigten in Rechtsangelegenheiten berufenen Organ erteilt wird. Daher sehen die Auffassungen, die auf eine Verantwortungsabschichtung abstellen, in diesen Fällen keinen Anlaß für eine Verlagerung der Verantwortung vom Beschuldigten auf andere Personen bzw. sie lehnen die Möglichkeit der Vornahme einer Verantwortungsverteilung ab.[1386] Denn der Beschuldigte kann nicht davon ausgehen, daß die ihm erteilten Auskünfte von Nicht-Rechtspflegeorganen die gleiche Qualität haben wie die der Rechtspflegeorgane. Ein schutzbedürftiges Vertrauen, welches aus Gründen der Gerechtigkeit zu berücksichtigen wäre, ist hier nicht zu erblicken.[1387] Dies muß auch dann gelten, wenn der Beschuldigte seinen Auskunftsgeber für kompetent hält und z. B. auf die „langjährige Gerichtserfahrenheit" eines Mithäftlings vertraut und infolgedessen über die Bedeutung einer Rücknahme des Rechtsmittels irrt.

So wird auch im Rahmen der Verschuldensprüfung bei der Wiedereinsetzung gem. § 44 darauf hingewiesen, daß beliebige Dritte nicht das gleiche Vertrauen wie ein Rechtsanwalt oder ein amtliches Organ genießen und ihr Verschulden einer Wiedereinsetzung entgegensteht.[1388] So hat die Rechtsprechung eine Wiedereinsetzung in den vorigen Stand versagt und damit im Ergebnis der Rechtssicherheit den Vorzug gegeben, wenn die Fristversäumung auf einen Angehörigen[1389] oder einen Bekannten[1390] zurückzuführen ist.

Daher verwundert es nicht, daß die ganz überwiegende Meinung auch bei der Verursachung des Rechtsmittelverzichts durch Dritte im Rahmen einer Abwägung der Rechtssicherheit den Vorzug vor der Gerechtigkeit einräumt.[1391] Insoweit genieße das öffentliche Vertrauen in die Rechtsbeständigkeit des Urteils Vorrang.[1392]

Das Festhalten an der Beachtlichkeit des Verzichts verdient Zustimmung.[1393] Diese Wertung findet Bestätigung in einem Vergleich mit der Be-

1386 *Joachim*, Willensmängel, S. 241; *F. Meyer*, Willensmängel, S. 194 f., 201.

1387 *F. Meyer*, Willensmängel, S. 200.

1388 *Saenger*, JuS 1991, 842 (843); LR-*Wendisch*, StPO, § 44 Rn. 48.

1389 BGH NStZ 1996, 50 [Sohn]; OLG Hamm JMBlNRW 1982, 59 (60) [Ehefrau]; LG Mainz NJW 1975, 2113 (2114) [Vater]. Vgl. aber OLG Zweibrücken StV 1992, 360.

1390 OLG Hamm JMBlNRW 1975, 166.

1391 *Joachim*, Willensmängel, S. 242; *H. Müller*, Willenserklärungen, S. 61, 68; *Schröder*, StraFo 2003, 412 (414).

1392 KG JR 1988, 480; *H. Müller*, Willenserklärungen, S. 68; LR-*Schäfer*, StPO (24. Auflage), Einl. Kap. 10 Rn. 34.

1393 So auch KMR-*Sax*, StPO, Einl. X Rn. 36.

stimmung des § 136a.[1394] Zum einen verbietet diese Norm die Beeinträchtigung der Willensfreiheit und bestimmt zum anderen, daß im Falle eines Verstoßes gegen dieses Verbot, die Wissenserklärung des Beschuldigten nicht verwertbar ist (vgl. § 136a III 2). Dies gilt nach ganz herrschender Ansicht aber grundsätzlich nur für Beeinträchtigungen durch staatliche Organe, d. h. eine Drittwirkung wird der Norm abgesprochen.[1395] Die Täuschung des Beschuldigten durch eine Privatperson im Rahmen privater Ermittlungen begründet kein Verwertungsverbot; das Gericht kann daher die infolge der Täuschung erzielten Beweise verwerten.[1396]

Mit der Ablehnung einer Beachtlichkeit von unrichtigen Auskünften und Täuschungen außerprozessualer Dritter ist aber nicht gleichzeitig ausgeschlossen, daß nicht aufgrund der Erkennbarkeit des Willensmangels die Fürsorgepflicht des Gerichts an Bedeutung gewinnt.[1397] Insoweit kann der Beschuldigte nicht schlechter gestellt werden als bei den Willensmängeln, die nicht auf eine äußere Beeinflussung zurückzuführen sind. Ist der Willensmangel beispielsweise für das Gericht erkennbar, so gebietet dessen Fürsorgepflicht eine entsprechende Aufklärung des Beschuldigten.[1398]

1394 Vgl. *Kühne*, Strafprozeßrecht, Rn. 680, der die Grundgedanken des § 136a heranziehen will und deswegen auch bei einer Täuschung durch private Dritte eine Anfechtbarkeit bejaht. *Kühne* erörtert aber nicht, warum § 136a bzw. dessen Grundgedanken gerade auch für private Dritte gelten sollen. Zudem dürfte mit dieser Auffassung der Gehalt des § 136a überstrapaziert werden.

1395 BGHSt 27, 355 (357); 34, 39 (52); 34, 362 (363); 34, 365 (369); OLG Oldenburg NJW 1953, 1237; *Beulke*, Strafprozeßrecht, Rn. 131; *Pfeiffer*, StPO, § 136a Rn. 2; *Roxin*, Strafverfahrensrecht, § 24 Rn. 48. § 136a gilt auch nicht für den Verteidiger, vgl. BGHSt 14, 189 (192). – Andere Ansicht: *Gössel*, Strafverfahrensrecht I, S. 192 f.; *Schroeder*, Strafprozeßrecht, Rn. 133.

1396 OLG Oldenburg NJW 1953, 1237; *Kleinknecht*, NJW 1966, 1537 (1541 f.). Etwas anderes gilt aber dann, wenn die Strafverfolgungsorgane gezielt Privatpersonen in ihre Ermittlungen mit einbeziehen, vgl. BGHSt 42, 139 (155 ff.); 44, 129 (133 ff.); *Schroeder*, Strafprozeßrecht, Rn. 113.

1397 So weist auch *Peters*, Strafprozeß, S. 271 darauf hin, daß es bei der Täuschung eines privaten Dritten bei den allgemeinen Grundsätzen über den Irrtum bei Prozeßhandlungen verbleibe. Zumeist wird es sich um einen Inhaltsirrtum handeln. Für dessen Behandlung differenziert *Peters* zwischen Laien- und Juristenerklärungen und läßt bei Laienerklärungen ein bloßes „Ja" nicht ausreichen (vgl. S. 269). Diese Unterscheidung hilft aber hier nicht weiter, wenn der getäuschte Beschuldigte ausdrücklich erklärt, daß er auf Rechtsmittel verzichte.

1398 Vgl. 4. Kapitel, III. 1. b).

bb) Drohung

Grundsätzlich ist von der o. g. Bewertung auch bei einen Rechtsmittelverzicht auszugehen, der durch eine von einem außerprozessualen Dritten ausgesprochene Drohung beeinflußt wurde. Der strengere Maßstab in dieser Fallgruppe als bei Drohungen seitens der Justizorgane oder des Verteidigers rührt daher, daß hier gerade nicht die zur Rechtspflege berufenen Organe ihre Pflichten verletzen und den Verfahrenszielen zuwiderhandeln.[1399]

Eine Ausnahme, d. h. ein Zurücktreten der Rechtssicherheit, ist aber dann zu befürworten, wenn es sich um eine nicht mehr hinnehmbare bzw. unzumutbare Drohung handelt.[1400] Angesichts der schwerwiegenden Beeinträchtigung der Entscheidungsfreiheit ist dem Gedanken der Gerechtigkeit der Vorzug einzuräumen.[1401]

Als Beispiel wird immer wieder die ernstzunehmende Todesdrohung genannt, unter der der Beschuldigte einen Verzicht oder eine Rücknahme erklärt.[1402] *Volk* bringt hierzu folgendes Beispiel: Der Beschuldigte – ein Mitglied einer kriminellen Organisation – hat zunächst die Schuld anderer auf sich genommen und will nach seiner Verurteilung aber doch die Aufhebung des Urteils erreichen. Unter dem Eindruck einer Todesdrohung seiner Organisation nimmt er das eingelegte Rechtsmittel jedoch zurück.[1403]

Zutreffend wird die Schwelle für die Unzumutbarkeit der Drohung nach allgemeiner Ansicht niedriger angesetzt, d. h. nicht nur die Bedrohung des Lebens, sondern auch die gegen Leib und Freiheit gerichtete Drohung kann im Einzelfall unzumutbar sein.[1404]

Auch hier kann die Bestätigung dieser Wertung mittels eines Vergleiches mit der Regelung des § 136a erfolgen. Zwar gilt das Verbot der Willensbeeinträchtigung und v. a. das Verwertungsverbot grundsätzlich *nicht* bzgl. der Beweisgewinnung durch Privatpersonen. Aber dieser Grundsatz wird nicht uneingeschränkt durchgehalten. Neben der bereits o. g. gezielten Einschaltung durch die Strafverfolgungsorgane wird auch dann ein Verwertungsverbot angenom-

---

1399 Vgl. *Joachim*, Willensmängel, S. 244.

1400 *Dahrmann*, Widerruf, S. 87 f.; *F. Meyer*, Willensmängel, S. 201 ff., 213; *H. Müller*, Willenserklärungen, S. 72 f.; KMR-*Sax*, StPO, Einl. X Rn. 36; *Volk*, Strafprozeßrecht, § 15 Rn. 8.

1401 *H. Müller*, Willenserklärungen, S. 72; *Oehler*, JZ 1963, 227 (228).

1402 BGHSt 17, 14 (18); KG JR 1988, 480; *Gössel*, Strafverfahrensrecht I, S. 161; KMR-*Sax*, StPO, Einl. X Rn. 36.

1403 *Volk*, Strafprozeßrecht, § 15 Rn. 8.

1404 *Joachim*, Willensmängel, S. 245; *Oehler*, JZ 1963, 227 (228). Vgl. neuerdings ausführlich *F. Meyer*, Willensmängel, S. 202 ff., der insoweit § 34 StGB als Maßstab heranzieht. Nach *Dencker*, Willensfehler, S. 60: „Drohung und Zwang führen daher, gleichgültig von wem sie ausgeübt werden, stets zur Wiedereinsetzungsmöglichkeit.“ Kritisch zu dieser sehr weitgehenden Lösung: *Schulze*, Willensmängel, S. 243.

men, wenn es sich um gravierende Rechtsverstöße des Privaten handelt. Dieser Gedanke geht wohl auf *Kleinknecht* zurück, der im Jahre 1966 dazu ausführte: „Jedoch kann in seltenen extremen Fällen die Gewinnung des Beweises oder des Wissens durch die außerprozessualen Vorgänge in einem so starken Grad mit dem Makel der Menschenrechtswidrigkeit gegenüber dem Beschuldigten behaftet sein, daß es den Rechtspflegeorganen um ihres Ansehens und ihrer Glaubwürdigkeit willen nach der Rechtsidee im Einzelfall nicht zugemutet werden kann, auf den durch die Privatperson beschafften Beweis zurückzugreifen."[1405]

Diese Auffassung hat sich seitdem mit Recht allgemein durchgesetzt.[1406] Auch wenn es nicht immer leicht sein dürfte, die „seltenen extremen Fälle" zu erkennen und vom o. g. Grundsatz eine Ausnahme zuzulassen, so trifft *Kleinknecht* doch den Kern der Überlegungen. Denn er erkennt, daß eine Ausnahme, also die Berücksichtigung der Verfehlungen Privater und somit die Unverwertbarkeit der so zustande gekommenen Beweise, in bestimmten Fällen nicht zu Lasten der Rechtspflege geht. Dies ist nämlich dann der Fall, wenn die Verwertbarkeit für die Rechtsgemeinschaft insgesamt nicht nachvollziehbar wäre, ein Festhalten an der Verwertbarkeit auch unter dem Verfahrensziel des Rechtsfriedens nicht akzeptabel wäre.

Überträgt man diese Gedanken auf den Rechtsmittelverzicht, so stellt sich die ausnahmsweise Berücksichtigung der Drohung eines privaten Dritten bei Unzumutbarkeit der Drohung als angemessene Reaktion auf diese Willensbeeinträchtigung dar.[1407] Diese ausnahmsweise Berücksichtigung des privaten Verhaltens und die Annahme eines unbeachtlichen Verzichts außerhalb einer Fürsorgepflichtverletzung besteht in diesen Fällen auch im Interesse der Rechtspflege.

2. Sonstige besondere Umstände des Zustandekommens des Rechtsmittelverzichts

Neben Willensmängeln des Beschuldigten kommen auch andere Anknüpfungspunkte für eine Verletzung der Fürsorgepflicht in Betracht. Diese lassen sich in der – zugegebenermaßen sehr weit gefaßten – Fallgruppe der sonstigen besonderen Umstände des Zustandekommens eines Rechtsmittelverzichts zusammenfassen.[1408] Mit den besonderen Umständen sind die Abweichungen von demjenigen Fall gemeint, den die Prozeßordnung als Regelfall vorsieht, nämlich das Zustan-

---

1405 *Kleinknecht*, NJW 1966, 1537 (1543).

1406 Vgl. BGHSt 34, 362 (363); *Beulke*, Strafprozeßrecht, Rn. 131; KK-*Boujong*, StPO, § 136a Rn. 3; LR-*Hanack*, StPO, § 136a Rn. 10; *Joerden*, JuS 1993, 927 (928); *Pfeiffer*, StPO, § 136a Rn. 2.

1407 Vgl. auch *Gössel*, Strafverfahrensrecht I, S. 161; *Schlüchter*, Strafverfahren, Rn. 650 (Fußnote 154).

1408 Vgl. auch BGHSt 45, 51 (53); BGH NStZ 2005, 114; *Beulke/Angerer*, NStZ 2002, 443; *Meyer-Goßner*, StPO, § 302 Rn. 23.

dekommen eines Rechtsmittelverzichts unter Einhaltung sonstiger prozessualer Vorschriften, auch wenn diese auf den ersten Blick nicht unmittelbar mit dem Rechtsmittelverzicht in Verbindung gebracht werden.

a) Fehlende Rechtsmittelbelehrung

Die Grundgedanken, die der Verpflichtung zur Rechtsmittelbelehrung gem. § 35a zugrunde liegen, wurden bereits im Zusammenhang mit der groben Inhaltsbestimmung der Fürsorgepflichten genannt.[1409] Hervorzuheben ist hier noch einmal die Vermeidung einer Rechtsunkenntnis des Beschuldigten im Hinblick auf seine prozessualen Rechte – hier in Gestalt der Rechtsmittel.

Bedeutung erlangt die Rechtsmittelbelehrung für den Verzicht auf Rechtsmittel dadurch, daß sie dem Beschuldigten eine Vorstellung vermittelt, was er unter Rechtsmittel zu verstehen hat. Sie trägt u. a. dazu bei, daß der Beschuldigte die Tragweite seiner Verzichtserklärung erfassen kann. Dafür ist nicht ausreichend, daß er nur eine ungefähre Vorstellung darüber hat, welche Rechtsmittel gegeben sind.[1410] Bereits zuvor wurde darauf hingewiesen, daß die Fürsorgepflichten im einzelnen u. a. bezwecken, daß der Beschuldigte über eine tragfähige Entscheidungsgrundlage verfügt. In diesem Zusammenhang ist daher auch die Belehrungspflicht gem. § 35a zu sehen.

Damit verträgt es sich aber nicht, wenn das für die Belehrung zuständige Gericht[1411] dem anwesenden Beschuldigten lediglich ein schriftliches Merkblatt über die möglichen Rechtsmittel und ihre Einlegungsmodalitäten überreicht. Zum Teil wird in Rechtsprechung und Schrifttum die rein schriftliche Belehrung jedoch als ausreichend angesehen.[1412] Gegen eine zusätzliche, d. h. zur mündlichen Belehrung hinzutretende, schriftliche Belehrung ist freilich nichts einzuwenden; sie sollte vielmehr stets erfolgen (vgl. Nr. 142 I 2 RiStBV).[1413] Aber sie kann bei einem anwesenden Beschuldigten die unmittelbar nach Urteilsverkündung erfolgende Belehrung nicht ersetzen, sondern nur ergänzen.[1414] Denn wenn die mündliche Belehrung bereits zumeist formelhaft erfolgen wird, so gilt dies

---

1409 Vgl. 4. Kapitel, II. 4. c) aa) (2).

1410 Vgl. allgemein für das Prozeßrecht *Hanswerner Müller*, NJW 1957, 1347 (1348).

1411 Die Belehrung ist Aufgabe des erkennenden Gerichts, vgl. OLG Hamm NJW 1954, 812; OLG Schleswig SchlHA 1955, 227; LR-*Wendisch*, StPO, § 35a Rn. 21. Zur Belehrung durch die Staatsanwaltschaft vgl. *Warda*, MDR 1957, 717 (720).

1412 OLG Schleswig SchlHA 1955, 227; OLG Stuttgart MDR 1990, 74; OLG Düsseldorf VRS 1999 (Band 96), 111 (112); *Meyer-Goßner*, StPO, § 35a Rn. 7; *Roxin*, Strafverfahrensrecht, § 47 Rn. 3, der die schriftliche Belehrung allerdings auf „geeignete Fälle" beschränken will.

1413 KG VRS 2000 (Band 99), 440 (441); OLG Saarbrücken NJW 2003, 2182 (2183); so bereits *Hülle*, JZ 1953, 629 (630); *Warda*, MDR 1957, 717 (720). LR-*Wendisch*, StPO, § 35a Rn. 23 fordert dies nur, wenn der zu Belehrende keinen Verteidiger hat.

1414 LR-*Wendisch*, StPO, § 35a Rn. 23.

erst recht bei einer schriftlichen Belehrung; auf den einzelnen Beschuldigten mit ggf. erkennbaren Verständnisschwierigkeiten kann insoweit nicht eingegangen werden.

Diese Auffassung liegt wohl auch der Belehrungsnorm des § 268c zugrunde. Denn dort wird ausdrücklich in Satz 3 der Vorschrift bestimmt, daß bei Abwesenheit des Angeklagten eine schriftliche Belehrung erforderlich ist. Bei der Belehrung im Anschluß an die Urteilsverkündung (Satz 2) wird aber von einer mündlichen Belehrung ausgegangen.[1415] Gleiches hat auch für die Rechtsmittelbelehrung zu gelten.

Die Belehrungspflicht des erkennenden Gerichts stellt somit eine ausdrücklich normierte Fürsorgepflicht dar. Wird ihr nicht genügt, was auch bei einer unvollständigen Belehrung anzunehmen ist[1416], verletzt das Gericht seine Fürsorgepflicht. Aufgrund dieses Fürsorgepflichtverstoßes ist – entgegen der wohl überwiegenden Ansicht[1417] – der erklärte Rechtsmittelverzicht unbeachtlich.[1418] Ohne eine wirksame Rechtsmittelbelehrung ist ein beachtlicher Verzicht auf Rechtsmittel grundsätzlich nicht möglich. Ausnahmsweise wird dies nicht gelten, wenn ein Zusammenhang zwischen der Fürsorgepflichtverletzung und dem Verzicht sicher ausgeschlossen werden kann.[1419]

Gegen diese Lösung läßt sich auch nicht die Regelung des § 44 S. 2 anführen[1420], die die Fristversäumung aufgrund mangelnder Rechtsmittelbelehrung stets als unverschuldet ansieht. Diese Norm sagt nicht zugleich aus, daß sich die mangelnde Rechtsmittelbelehrung ausschließlich im Bereich der Wiedereinsetzung in den vorigen Stand auswirken könne.[1421] Denn bei einem Rechtsmittelverzicht aufgrund einer unterlassenen Rechtsmittelbelehrung steht gerade dieser Verzicht und nicht nur die Fristversäumung einer Rechtsmitteleinlegung entgegen. Bevor die Überwindung der Fristversäumung erörtert wird, ist daher zunächst die Beachtlichkeit des Verzichts zu untersuchen. Diesbezüglich steht aber § 44 S. 2 nicht entgegen.

1415 So auch *Meyer-Goßner*, StPO, § 268c Rn. 2. Diese Auffassung ist aber nicht ganz widerspruchsfrei zu den Ausführungen zur Rechtsmittelbelehrung, da *Meyer-Goßner* dort die Aushändigung eines Merkblattes genügen lassen will, vgl. *dens.*, § 35a Rn. 7.

1416 Zur Gleichstellung von unvollständiger und unterbliebener Belehrung vgl. *Meyer-Goßner*, StPO, § 44 Rn. 23; LR-*Wendisch*, StPO, § 35a Rn. 30 f.

1417 BGH bei Dallinger, MDR 1973, 557; BGH NStZ 1984, 181; 329; BGH NStZ-RR 1999, 262; 2000, 38; 2003, 54; KK-*Maul*, StPO, § 35a Rn. 15; KK-*Ruß*, StPO, § 302 Rn. 12; *Schulze*, Willensmängel, S. 213 f.

1418 Im Ergebnis so auch *Hanswerner Müller*, NJW 1957, 1347 (1348); *Plötz*, Fürsorgepflicht, S. 321 – allerdings nur für den Fall des erfragten sofortigen Rechtsmittelverzichts.

1419 Vgl. 4. Kapitel, II. 4. e) bb).

1420 So aber KK-*Maul*, StPO, § 35a Rn. 15.

1421 So wohl *Hülle*, JZ 1953, 629; LR-*Wendisch*, StPO, § 35a Rn. 29.

In der Praxis wird ein Fehlen der Rechtsmittelbelehrung nicht selten auf einen Verzicht auf die Belehrung zurückzuführen sein. Fraglich ist, ob dann auch noch von einer Fürsorgepflichtverletzung ausgegangen werden kann.

Die Beantwortung dieser Fragestellung hängt davon ab, ob ein Verzicht auf die Rechtsmittelbelehrung zulässig ist und er das Gericht von dieser Verpflichtung wirksam befreien kann. Mit Recht wird allgemein ein Verzicht als möglich angesehen.[1422] Denn die Belehrungspflicht besteht im Interesse des Beschuldigten und die Inanspruchnahme dieses Rechts steht somit auch zu seiner Disposition.[1423]

Neben den üblichen Prozeßhandlungsvoraussetzungen ist allerdings einschränkend zu verlangen, daß der Verzicht nur dann beachtlich ist, wenn der Beschuldigte über einen Verteidiger verfügt und somit seine Belehrung sichergestellt ist. In Rechtsprechung und Literatur wird dies so ausdrücklich nicht verlangt.[1424] Dennoch kann aber nur der anwesende Verteidiger die mangelnde Belehrung durch das Gericht kompensieren[1425] und die Gefahr verringern, daß der Rechtsmittelverzicht unter Verkennung seiner Tragweite erklärt wird. Das Vorhandensein eines anwesenden Verteidigers des Beschuldigten ist somit Voraussetzung einer Beachtlichkeit des Belehrungsverzichts. Ist der Beschuldigte unverteidigt, so ist ein Verzicht auf die Belehrung unbeachtlich und das Fehlen der Belehrung stellt sich als Fürsorgepflichtverletzung dar, die zur Unbeachtlichkeit des Rechtsmittelverzichts führt.[1426]

Des weiteren kann ein Verzicht nur dann beachtlich sein, wenn er ausdrücklich erklärt wird; ein konkludenter Verzicht ist entgegen der überwiegenden Meinung[1427] angesichts der Bedeutung der Rechtsmittelbelehrung als Entscheidungsgrundlage für einen etwaigen Rechtsmittelverzicht als unzureichend anzusehen.

Weiterhin ist fraglich, wie der Sachverhalt zu beurteilen ist, daß der Verteidiger des Beschuldigten auf die Belehrung verzichtet.[1428] Nach überwiegender Ansicht

---

1422 BGH NStZ 1984, 329; OLG Hamm NJW 1956, 1330 (1331); OLG Zweibrücken MDR 1978, 861; OLG Stuttgart MDR 1990, 74; AK-*Kirchner*, StPO, § 35a Rn. 13; *Pfeiffer*, StPO, § 35a Rn. 1; *Warda*, MDR 1957, 717 (720).

1423 OLG Hamm NJW 1956, 1330 (1331).

1424 Vgl. OLG Hamm NJW 1956, 1330 (1331); MDR 1978, 337. Ausnahmsweise sieht OLG Hamm NJW 1983, 530 (531) einen Verzicht als unwirksam an, da der Beschuldigte u. a. seinen Verteidiger nicht zur Seite hatte.

1425 Ablehnend insoweit *Warda*, MDR 1957, 717 (720), da keine Gewähr bestehe, daß die Belehrung durch den Verteidiger tatsächlich erfolge.

1426 Im Ergebnis so auch die überzeugende Entscheidung OLG Hamm NJW 1983, 530 (531).

1427 KK-*Maul*, StPO, § 35a Rn. 16; KMR-*Paulus*, StPO, § 35a Rn. 16.

1428 Vgl. OLG Zweibrücken MDR 1978, 861.

soll dies für einen Verzicht ausreichen.[1429] Es wird zwar eine Ermächtigung des Verteidigers verlangt; diese wird aber ohne weiteres dann bejaht, wenn der Verteidiger zu Rücknahme und Verzicht des Rechtsmittels gem. § 302 II ermächtigt ist.[1430] Denn diese beinhalte erst recht die Ermächtigung zum Verzicht auf die Rechtsmittelbelehrung.[1431] Auch wird bereits dann eine Ermächtigung angenommen, wenn der Verteidiger in Anwesenheit des Beschuldigten den Verzicht erklärt; insoweit könne von einer Billigung ausgegangen werden.[1432]

Eine solche Auffassung verwässert aber zu sehr den Bedeutungsgehalt einer Ermächtigung. Diese muß sich konkret auf den Verzicht auf die Rechtsmittelbelehrung beziehen. Zudem ist eine konkludente Ermächtigung, z. B. durch Gewährenlassen des Verteidigers, nicht ausreichend. Insofern gelten die gleichen Anforderungen wie bei der Ermächtigung zum Verzicht auf Rechtsmittel.[1433]

Es läßt sich somit festhalten, daß ein beachtlicher Verzicht auf die Rechtsmittelbelehrung nicht leichtfertig bejaht werden sollte. Auch wenn die Rechtsmittelbelehrung vom Beschuldigten aufgrund seiner Verfassung nach Urteilsverkündung und der Art der Belehrung nicht selten nur unzureichend aufgefaßt wird[1434], so verringert sie doch die Gefahr einer völligen Unkenntnis – und dies mit einfachen Mitteln ohne großen Aufwand. Demgegenüber ist der Vorteil einer Ersparung der Rechtsmittelbelehrung – bei allem Effizienzstreben – doch eher als sehr bescheiden einzuschätzen.

b) Unzureichende Beteiligung eines Verteidigers

Als ein Bereich der Fürsorgepflichten wurde die Verpflichtung zur Gewährleistung einer effektiven Verteidigung genannt. Das Recht auf Verteidigung in jeder Lage des Verfahrens wird gewährleistet durch § 137 I 1 sowie Art. 6 III c EMRK.[1435] Das Recht auf den Beistand eines Verteidigers hat nach der Urteils-

1429 BGH NStZ 1984, 181; *Meyer-Goßner*, StPO, § 35a Rn. 6.

1430 OLG Hamm MDR 1978, 337; KMR-*Paulus*, StPO, § 35a Rn. 16; *Pfeiffer*, StPO, § 35a Rn. 1; LR-*Wendisch*, StPO, § 35a Rn. 20.

1431 OLG Zweibrücken MDR 1978, 861; KK-*Maul*, StPO, § 35a Rn. 4; KMR-*Paulus*, StPO, § 35a Rn. 16.

1432 OLG Hamm NJW 1956, 1330 (1331); MDR 1978, 337.

1433 Vgl. 3. Kapitel, I. 2. b).

1434 *Hülle*, JZ 1953, 629 (630).

1435 Allgemein ist anerkannt, daß dieses Recht auch verfassungsrechtlich im Rechtsstaatsprinzip verbürgt ist, vgl. BVerfGE 26, 66 (71); 38, 105 (111); 39, 156 (163); 66, 313 (319). Ausdrücklich genannt wird das Recht auf Verteidigung im GG nicht; eine Erwähnung findet sich allerdings in Art. 91 II BayVerf: „Jeder wegen einer strafbaren Handlung Angeklagte kann sich eines Verteidigers bedienen." – Auch der Inquisitionsprozeß kannte zwar das Recht auf einen Beistand, aber nur in Form der „formellen Defension", womit nicht das gesamte Verfahren erfaßt wurde. Die wichtige Erstreverkündung keine geringere Bedeutung als in den Verfahrensstadien zuvor. Die Fragen im Zusammenhang mit der Rechtsmittelbefugnis werden sich dem Beschuldigten ohne die Inanspruchnahme eines sachkundigen Verteidigers nur selten vollständig erschließen.[1436] Angesichts dieser Bedeutung des Verteidigers – auch hinsichtlich der Aufklärung über die Folgen eines Rechtsmittelverzichts – sind nun die Konstellationen zu untersuchen, in denen sich die Mitwirkung des Verteidigers entweder überhaupt nicht oder nur unzureichend vollzieht.

aa) Fehlen eines Verteidigers im Falle notwendiger Verteidigung

In bestimmten Fällen sieht es das Gesetz als notwendig an, daß ein Verteidiger am Verfahren mitwirkt.[1437] Hat der Beschuldigte – zumeist aufgrund mangelnder finanzieller Mittel – selbst keinen Verteidiger, so wird ihm von Amts wegen ein Verteidiger bestellt (sog. Offizial- oder Pflichtverteidiger). Das Institut der notwendigen Verteidigung besteht zwar vor allem, aber nicht allein im Interesse des Beschuldigten. Denn zugleich hat auch die Allgemeinheit ein Interesse an einem prozeßordnungsgemäßen Strafverfahren.[1438] Die Vorschriften über die notwendige Verteidigung stellen sich als eine Konkretisierung des Rechtsstaatsprinzips dar.[1439]

Die notwendige Verteidigung bezieht sich auf das gesamte Strafverfahren, sie gilt somit auch noch nach Urteilsverkündung und für das Rechtsmittelverfahren.[1440]

In diesem Zeitraum kann der Beschuldigte auf Rechtsmittel verzichten oder bereits eingelegte zurücknehmen. Fraglich ist nun, ob sich das Fehlen eines Verteidigers – z. B. aufgrund einer Nichtbestellung entgegen § 140 I – auf die Beachtlichkeit der Verzichtserklärung des Beschuldigten auswirkt.

Eine größer werdende Anzahl von Stimmen läßt das Fehlen eines notwendigen Verteidigers allein nicht ausreichen, um dem Verzicht die Wirksamkeit zu

ckung auf jede Lage des Verfahrens vollzieht sich erst im reformierten Strafprozeß, vgl. *Rieß*, FS Reichsjustizamt, S. 373 (405).

1436 *Beulke/Angerer*, NStZ 2002, 443 (444); SK-*Frisch*, StPO, § 302 Rn. 28.

1437 Vgl. §§ 117 IV 1, 118a II 3, 140 I, II, 350 III 1, 364a, 364b I 1, 408b S. 1, 418 IV. Zur Entwicklung des Instituts der notwendigen Verteidigung vgl. *Rieß*, FS Reichsjustizamt, S. 373 (411 ff.).

1438 BVerfGE 70, 297 (322 f.); BGHSt 3, 395 (397 f.).

1439 BVerfG 46, 202 (210); KK-*Laufhütte*, StPO, § 140 Rn. 1.

1440 KK-*Laufhütte*, StPO, § 140 Rn. 4 f.; *Meyer-Goßner*, StPO, § 140 Rn. 7. Ausnahmsweise gilt dies aber nicht für die Revisionsverhandlung, vgl. BGHSt 19, 258 (259); *Roxin*, Strafverfahrensrecht, § 19 Rn. 18. Zur Bedeutung einer effektiven Verteidigung im Zusammenhang mit der Einleitung eines Rechtsmittelverfahrens vgl. BGH NStZ 2004, 636.

versagen.[1441] Nur wenn besondere Umstände hinzuträten, komme eine Unwirksamkeit in Betracht.[1442] Dies wird z. B. dann angenommen, wenn das Gericht das Fehlen des Verteidigers gerade ausnutzt, um den Beschuldigten zu einem Verzicht zu bewegen.[1443]

Demgegenüber hält die noch überwiegende Meinung einen Verzicht für unwirksam, wenn entgegen den Vorschriften über die notwendige Verteidigung der Beschuldigte bei Erklärung des Verzichts über keinen Verteidiger verfügt.[1444] Auf zusätzliche Umstände wird insoweit nicht abgestellt. Zur Begründung wird vorrangig auf die Wertung des Gesetzes verwiesen, die von einer Verpflichtung des Gerichts spricht.[1445] Auch könne ein Verzicht, der dieser gesetzlichen Wertung widerspreche, nicht zur rechtsbefriedenden Verfahrensbeendigung beitragen.[1446] Zudem stelle nur die Mitwirkung eines Verteidigers sicher, daß der Beschuldigte Bedeutung und Tragweite seiner Erklärung überblicke.[1447]

Dieser Gedanke ist auch Ausgangspunkt für eine Betrachtung unter dem Blickwinkel der Fürsorgepflichten des Gerichts. Auch wenn das Gericht dem Beschuldigten eine Vorstellung über die Tragweite des Verzichts vermitteln kann, so ist doch im Zusammenhang mit der Wahrnehmung der Rechtsmittelbefugnis die Einbeziehung eines Verteidigers sehr ratsam. Insoweit obliegt es der Eigenverantwortung des Beschuldigten, ob er das Recht, sich eines Verteidigers zu bedienen, in Anspruch nimmt. Dieser Grundsatz findet gerade bei der notwendigen Verteidigung insoweit eine Durchbrechung, als dem Beschuldigten die Entscheidung abgenommen wird, ob ihm ein Verteidiger als Beistand im Verfahren zur Seite stehen soll. Diese gewisse Einschränkung der Entscheidungsfreiheit

---

1441 OLG Hamburg NStZ 1997, 53; OLG Naumburg NJW 2001, 2190; OLG Brandenburg StraFo 2001, 136; *Peglau*, JA 2000, 405 (406); *Pfeiffer*, StPO, § 302 Rn. 4; *Rogall*, StV 1998, 643 (644); KK-*Ruß*, StPO, § 302 Rn. 12.

1442 OLG Hamburg NStZ 1997, 53 f.; so wohl bereits OLG Hamburg NJW 1964, 1039 (1040), wo das Gericht zusätzlich noch die Jugend des Beschuldigten sowie die erhebliche Höhe der Strafe berücksichtigt hatte und im Ergebnis die Unwirksamkeit des Verzichts annahm.

1443 *Peglau*, NStZ 2002, 464 (465).

1444 BGHSt 47, 238 (242); OLG Düsseldorf VRS 1993 (Band 84), 297 (298); StV 1993, 237 (238); NStZ 1995, 147; StV 1998, 647; OLG Frankfurt NStZ 1993, 507; OLG Köln NStZ-RR 1997, 336; StV 1998, 645; OLG Stuttgart Die Justiz 1985, 175 (176); AK-*Achenbach*, StPO, § 302 Rn. 27; Dahs/*Dahs*, Revision, S. 21; SK-*Frisch*, StPO, § 302 Rn. 29; *Kühne*, Strafprozeßrecht, Rn. 680; HK-*Rautenberg*, StPO, § 302 Rn. 6; *Roxin*, Strafverfahrensrecht, § 51 Rn. 27. Für das Jugendstrafverfahren *Eisenberg*, JGG, § 55 Rn. 13. Differenzierend LR-*Hanack*, StPO, § 302 Rn. 57, wonach nur die im Anschluß an die Urteilsverkündung abgegebene Verzichtserklärung unwirksam sein soll.

1445 *Beulke/Angerer*, NStZ 2002, 443 (444).

1446 SK-*Frisch*, StPO, § 302 Rn. 29.

1447 OLG Düsseldorf NStZ 1995, 147; StV 1998, 647.

des Beschuldigten ist aber erforderlich, um die effektive Sicherung seiner Subjektstellung im Verfahren zu gewährleisten.[1448] Freilich kann eine fruchtbare Zusammenarbeit nicht erzwungen werden, also das „Wie" der Verteidigung kann und darf das Gericht mit dem Institut der notwendigen Verteidigung nicht beeinflussen bzw. steuern.

Fraglich ist nun aber, worin bei der Konstellation eines ohne Beistand des notwendigen Verteidigers erklärten Verzichts eine Fürsorgepflichtverletzung des Gerichts liegt, die zur Unbeachtlichkeit des Verzichts führt.

Zunächst könnte man daran denken, daß die Fürsorgepflicht dem Gericht gebietet, den Beschuldigten darauf hinzuweisen, daß er sich vor Abgabe einer Erklärung mit einem Verteidiger beraten könne.[1449] Also nicht allein der Umstand, daß kein Verteidiger bestellt wurde, stellt einen Fürsorgepflichtverstoß dar, sondern erst die mangelnde Belehrung. Gegen eine solche Betrachtungsweise spricht aber, daß damit der Beschuldigte in die Verantwortung genommen wird, obwohl in den Fällen der notwendigen Verteidigung bei einem unverteidigten Beschuldigten doch gerade eine Bestellung von Amts wegen erforderlich ist.[1450] In diesen Fällen soll es gerade nicht der Entscheidung des Beschuldigten überlassen bleiben, ob ein Verteidiger zu seinen Gunsten am Verfahren mitwirkt oder nicht. Der Fürsorgezweck des Instituts der notwendigen Verteidigung würde damit verfehlt.[1451]

Als zweite Möglichkeit könnte die Fürsorgepflicht dahingehend zu bestimmen sein, daß das Gericht selbst den Beschuldigten über Bedeutung und Tragweite des Verzichts belehrt. Daß dies grundsätzlich begrüßenswert ist, wurde bereits an anderer Stelle erörtert.[1452] Fraglich ist aber, ob allein damit dem Beschuldigten im Falle einer notwendigen Verteidigung in ausreichendem Maße geholfen wird. M. a. W.: Kann die Belehrung des Gerichts den notwendigen Verteidiger ersetzen? Bejaht man diese Frage, so ist trotz Fehlens eines notwendigen Verteidigers der Verzicht wirksam, wenn das Gericht den Beschuldigten aufgeklärt hat. Eine solche Fürsorgepflicht hilft in der hier untersuchten Konstellation allein jedoch nicht weiter. Das Gericht kann die Aufgabe bzw. Tätigkeit eines (notwendigen) Verteidigers nicht ersetzen[1453] – insbesondere wenn es um Entscheidungen hinsichtlich der Wahrnehmung der Rechtsmittelbefugnis geht. Insoweit kann keine Parallele zur Rechtsmittelbelehrung gezogen werden. Denn dort geht es um die Vermittlung der Rechtsmittelkenntnis, während beim Rechtsmittelverzicht auch taktische Entscheidungen eine Rolle spielen können. Diese kann der Beschuldigte aber nur mit einem Verteidiger erörtern.

1448 *Rieß*, FS Reichsjustizamt, S. 373 (405).

1449 *F. Meyer*, Willensmängel, S. 255.

1450 *Meyer-Goßner*, StPO, § 140 Rn. 4.

1451 *Plötz*, Fürsorgepflicht, S. 324. Kritisch auch LR-*Hanack*, StPO, § 302 Rn. 57.

1452 Vgl. 4. Kapitel, II. 4. d).

1453 BGHSt 45, 51 (57); LR-*Hanack*, StPO, § 302 Rn. 57.

Daher ist bereits die Bestellung eines Pflichtverteidigers in den gesetzlich vorgesehenen Fällen Inhalt einer Fürsorgepflicht des Gerichts. Allein ihre Verletzung, also die Nichtbestellung eines Verteidigers, führt zur Unbeachtlichkeit des Verzichts. Dies gilt nicht nur für den Fall des sofortigen Verzichts[1454], denn die Schutzbedürftigkeit des Beschuldigten im Falle notwendiger Verteidigung widerspricht einer solcher Eingrenzung. Ein Hinzutreten weiterer Umstände ist somit nicht erforderlich. Damit wird dem Grundgedanken der notwendigen Verteidigung Rechnung getragen, nämlich daß die Durchführung des Verfahrens nur unter Mitwirkung eines Verteidigers möglich ist.[1455] Bestandteil eines Prozesses ist eben auch die Prozeßhandlung des Rechtsmittelverzichts.

Zudem weist diese Ansicht den Vorzug größerer Klarheit auf, da sie zur Begründung der Unbeachtlichkeit des Verzichts nicht noch auf das Hinzutreten weiterer Umstände abstellt. Insbesondere die immer wieder angeführte Gerichtserfahrenheit eines Beschuldigten vermag nicht den in der Nichtbestellung liegenden Fürsorgepflichtverstoß zu entkräften.[1456] Zum einen ist bereits problematisch, wann ein Beschuldigter so gerichtserfahren ist, daß die Beteiligung eines Verteidigers bei der Entscheidung über einen Verzicht als entbehrlich angesehen werden kann.[1457] Zum anderen ist allgemein anerkannt, daß auch dann gem. § 140 ein Verteidiger zu bestellen ist, wenn es sich um einen rechtskundigen Beschuldigten handelt.[1458] Selbst bei einem angeklagten Rechtsanwalt oder bei den anderen nach § 138 I zu Verteidigern wählbaren Personen besteht in den Fällen einer notwendigen Verteidigung die Pflicht der Mitwirkung eines Verteidigers, d. h. sie können sich nicht selbst verteidigen.[1459] Dies belegt, daß es dem Gesetzgeber weniger um die bloße Sicherung der Rechtskenntnisse des Beschuldigten, als vielmehr um die Bereitstellung eines Beistands geht, der nicht selbst unmittelbar durch das Verfahren berührt ist.

Gegen das hier aufgestellte Erfordernis des Vorhandenseins eines Verteidigers läßt sich nicht anführen, daß der Beschuldigte seine Rechtsmittelentscheidungen auch gegen Empfehlungen seines Verteidigers treffen kann.[1460] Aber ein solches Verhalten setzt gerade eine eigene fundierte Meinungsbildung bei ausreichender Kenntnislage voraus, damit es tatsächlich zum Vorteil des Beschuldigten wirkt. Nicht umsonst liegt u. a. auch bei schwieriger Sach- und Rechtsla-

---

1454 So aber *Rieß*, Kolloquium, S. 191 (197).

1455 *E. Schmidt*, LK II, § 140 Rn. 1.

1456 Vgl. OLG Hamburg NStZ 1997, 53 (54); *Peglau*, JA 2000, 405 (406). So wohl auch *F. Meyer*, Willensmängel, S. 253, wonach u. a. besondere Kenntnisse des Angeklagten dazu führen könnten, daß die Verpflichtung des Gerichts im Einzelfall entfalle.

1457 Vgl. auch OLG Neustadt GA 1956, 92 (94) in bezug auf die Rechtsmitteleinlegung.

1458 *Meyer-Goßner*, StPO, § 140 Rn. 2.

1459 BGH NJW 1954, 1415; OLG Hamm StraFo 2004, 170; *Roxin*, Strafverfahrensrecht, § 19 Rn. 25.

1460 So OLG Hamburg NStZ 1997, 53.

ge gem. § 140 II 1 ein Fall der notwendigen Verteidigung vor. Ein Hinweis auf diese mögliche Autonomie des Beschuldigten vermag somit nicht die Wertung des Gesetzes zu entkräften.[1461]

Diese bezweckt zwar nicht, daß der Beschuldigte vor einer Entscheidung stets den Rat seines Verteidigers einholt.[1462] Aber sie will sicherstellen, daß er jederzeit im Verfahren dazu die Möglichkeit hat.

Daß allein die Nichtbestellung einen Fürsorgepflichtverstoß darstellt, der zur Unbeachtlichkeit des Rechtsmittelverzichts führt, bestätigt auch ein Vergleich mit der Rechtsfolge, die das Revisionsrecht für den Fall der Nichtbestellung vorsieht.[1463] Der notwendige Verteidiger ist eine Person, deren Anwesenheit das Gesetz vorschreibt. Daher ist bei seiner vorschriftswidrigen Abwesenheit ein zwingender Aufhebungsgrund bzw. ein absoluter Revisionsgrund i. S. d. § 338 Nr. 5 gegeben.[1464] Im Rahmen der Revision kommt es also nicht darauf an, daß der Beschuldigte aufgrund des fehlenden notwendigen Verteidigers tatsächlich in seiner Verteidigung beeinträchtigt war. Daher erscheint es angemessen und der Schutzwürdigkeit des Beschuldigten entsprechend, daß an eine Prozeßhandlung wie den Verzicht, die diese Rügemöglichkeit abschneidet, der gleiche strenge Maßstab angelegt wird.

bb) Abwesenheit des bestellten bzw. gewählten Verteidigers

Nun sollen die Konstellationen untersucht werden, in denen zwar dem Beschuldigten ein Verteidiger bestellt wurde bzw. er über einen Wahlverteidiger verfügt, dieser aber während der Hauptverhandlung oder im Zeitraum vor Erklärung des Rechtsmittelverzichts unmittelbar nach Urteilsverkündung nicht anwesend ist; der Beschuldigte verfügt also gerade in der – bezogen auf den Verzicht – kritischen Situation nach Urteilsverkündung über keinen rechtlichen Beistand. Die Nichtanwesenheit des Verteidigers kann verschiedene Gründe haben, so kann sein Fehlen z. B. auf einer mangelnden Benachrichtigung, auf einem Ausschluß vom Verfahren oder sonstigen Gründen beruhen. Diese Ursachen sollen im folgenden kurz dargestellt werden, bevor dann zu den möglichen Fürsorgepflichten in den einzelnen Situationen Stellung genommen wird.

1461 SK-*Frisch*, StPO, § 302 Rn. 29.

1462 Dies führt OLG Naumburg NJW 2001, 2190 gerade als Argument dafür an, daß die unterlassene Bestellung nicht stets zur Unwirksamkeit des Verzichts führt.

1463 *F. Meyer*, Willensmängel, S. 251 lehnt eine Berücksichtigung der Wertung des § 338 Nr. 5 ab. – Dagegen zieht auch das BayObLG NStZ 1990, 250 – allerdings in anderem Zusammenhang – zur Unterstreichung der Bedeutung der notwendigen Verteidigung die Norm des § 338 Nr. 5 heran.

1464 BGHSt 15, 306; OLG Hamm NStZ 1982, 298; OLG Köln NStZ-RR 1997, 336 (337); *Kühne*, Strafprozeßrecht, Rn. 187; *Pfeiffer*, StPO, § 338 Rn. 20.

(1) Ursachen für die Abwesenheit des Verteidigers

Eher theoretisch als praktisch wird die Konstellation sein, in der der Verteidiger auf Wunsch des Beschuldigten der Hauptverhandlung fernbleibt bzw. sich unmittelbar nach Urteilsverkündung entfernt.

Des weiteren besteht die Möglichkeit einer eigenmächtigen Abwesenheit des Verteidigers, d. h. obwohl er als Verteidiger bestellt bzw. gewählt und zum Termin geladen wurde, bleibt er der Hauptverhandlung fern oder verläßt diese sofort nach Urteilsverkündung.[1465]

Als dritte mögliche Fallgruppe kann die Ursache der Abwesenheit in äußeren Umständen liegen. Zum einen zählt hierzu die mangelnde Ladung des Verteidigers zur Hauptverhandlung (vgl. § 218 S. 1). Als Beispiel sei auf den Beschluß des OLG Schleswig vom 5.10.1964 verwiesen.[1466] Der Beschuldigte hatte zwar gegenüber dem Schöffengericht die Wahl eines Verteidigers angezeigt, dieser hatte aber weder einen Eröffnungsbeschluß erhalten, noch wurde er zur Hauptverhandlung geladen. Nach Urteilsverkündung verzichtete der Beschuldigte ohne den Beistand seines Verteidigers auf Rechtsmittel. Das OLG Schleswig sah diesen Verzicht mit Hinweis auf die Ausschaltung des Verteidigers als unwirksam an.

Zum anderen kann ein Grund in der unterlassenen Benachrichtigung hinsichtlich eines Haftprüfungstermins (vgl. § 118a I) liegen. Diese Konstellation spielte im Urteil des BGH vom 21.04.1999 eine Rolle.[1467] Im Rahmen einer Haftprüfung hatte die Vorsitzende einer Strafkammer zwar die Wahlverteidigerin des Beschuldigten über den Termin informiert, aber sie hatte eine Benachrichtigung der Pflichtverteidigerin unterlassen.[1468] Bedeutung erlangte dieser Umstand v. a. deshalb, weil die Wahlverteidigerin der Vorsitzenden bereits bei

---

1465 Vgl. OLG Köln VRS 1975 (Band 48), 213: In der Berufungsverhandlung entfernte sich der Verteidiger nach der Urteilsverkündung und während der Begründung des Urteils durch den Vorsitzenden aus dem Sitzungssaal und kehrte nicht mehr zurück. Der Beschuldigte erklärte sodann – ohne den Beistand seines Verteidigers – einen Verzicht auf Rechtsmittel.

1466 OLG Schleswig NJW 1965, 312 f. Vgl. als weiteres Beispiel OLG Hamm VRS 1999 (Band 96), 212. Dort hatte der Beschwerdeführer eingewandt, daß sein vor dem Amtsgericht erklärter Verzicht unwirksam sei, da die Ladung seines Verteidigers unterblieben sei. Das OLG Hamm erklärte den Verzicht im Ergebnis für wirksam, wobei sich dem Beschluß nicht eindeutig entnehmen läßt, ob der Verteidiger nicht doch anwesend war und seiner Beratungsfunktion nachkommen konnte. Vgl. auch BGH, Beschluß vom 23.08.2004 – 1 StR 199/04 (bisher unveröffentlicht): dort war nur einer von zwei Wahlverteidigern geladen worden.

1467 BGHSt 45, 51 ff. (= BGH NJW 1999, 2449 ff. mit ausführlicherer Sachverhaltsschilderung).

1468 Zu der Möglichkeit, daß neben einem Wahlverteidiger noch ein Pflichtverteidiger bestellt wird, vgl. *Meyer-Goßner*, StPO, § 141 Rn. 1a; ablehnend *Fezer*, Strafprozeßrecht, 4/43.

einem Gespräch vor dem Termin erklärt hatte, daß sie mit dem Beschuldigten gesprochen habe, aber das Verfahren – gemeint war die Haftprüfung – für falsch halte und am Haftprüfungstermin nicht teilnehmen werde. Die Wahlverteidigerin teilte später mit, daß sie den Beschuldigten hinsichtlich des Rechtsmittelverzichts nicht beraten hätte. Der 5. Strafsenat des BGH sah den Verzicht im Ergebnis „wegen der Art und Weise des vom Gericht zu verantwortenden Zustandekommens“ als unwirksam an.[1469]

Eine weitere, nicht vom Beschuldigten oder Verteidiger ausgehende, Ursache stellt der Ausschluß bzw. die Zurückweisung des Verteidigers dar. Nach §§ 138a f. kann der Verteidiger durch gerichtlichen Beschluß (vgl. § 138c I 1) von der Mitwirkung im Strafverfahren ausgeschlossen werden. Aufgrund des Verbots der Mehrfachverteidigung gem. § 146 kann der Verteidiger nach § 146a I 1 zurückgewiesen werden. So hatte in einem dem OLG Köln vorliegenden Sachverhalt der Beschuldigte zwar die Möglichkeit, den Rechtsmittelverzicht mit seinem Verteidiger zu erörtern; aber der Verteidiger wirkte entgegen § 146 an dem Verfahren mit.[1470] Der 1. Strafsenat stellte klar, daß der Umstand des Verteidigerausschlusses für die Wirksamkeit des Verzichts ohne Bedeutung sei. Im Ergebnis kann der Entscheidung zwar zugestimmt werden. Zur Begründung ist aber darauf abzustellen, daß der Verteidiger – obwohl seine Mitwirkung gegen § 146 verstieß – nicht zurückgewiesen wurde und somit seiner Beratungsfunktion nachkommen konnte. Die Folgen des Verstoßes gegen § 146 treten nicht kraft Gesetzes ein, sondern der Verteidiger muß ausdrücklich zurückgewiesen werden.[1471] Erst dann ist eine Mitwirkung zugunsten des Beschuldigten ausgeschlossen und die Problematik der Nichtanwesenheit des Verteidigers erlangt Bedeutung.

Zuletzt soll noch der Frage nachgegangen werden, ob der sog. Scheinverteidiger dem nichtanwesenden Verteidiger gleichgestellt werden und daher zu den o. g. Fällen gezählt werden kann. Stellt also die Nichtzulassung eines Rechtsanwalts und die mangelnde Verteidigereigenschaft einen Umstand dar, der berechtigt, von einem abwesenden Verteidiger zu sprechen? Dieser Überlegung liegt folgender Sachverhalt zugrunde, über den der 5. Strafsenat des BGH zu entscheiden hatte[1472]: Die Beschuldigte erklärte nach Urteilsverkündung und Rücksprache mit ihrem Wahlverteidiger – es lag ein Fall der notwendigen Verteidigung gem. § 140 I Nr. 1 vor – den Verzicht auf Rechtsmittel. Sie verfügte somit scheinbar über einen Verteidiger und hatte zudem die Möglichkeit, sich vor der Verzichtserklärung anwaltlich beraten zu lassen, in Anspruch genommen. Tatsächlich hatte die Landesjustizverwaltung dem Verteidiger bereits drei

---

1469 BGHSt 45, 51 (55) mit ablehnender Anmerkung *Peglau*, JA 2000, 405 (406 f.) und zustimmender Anmerkung *Baier*, NStZ 2000, 160 (161).

1470 OLG Köln NStZ 1981, 490.

1471 *Meyer-Goßner*, StPO, § 146a Rn. 1. Gleiches gilt für den Ausschluß gem. § 138a.

1472 BGHSt 47, 238 ff.

Monate zuvor die Zulassung als Rechtsanwalt widerrufen. Zum Zeitpunkt der Hauptverhandlung wirkte also kein zugelassener Rechtsanwalt und damit kein Verteidiger i. S. d. § 138 I am Verfahren mit.[1473] Der BGH sah den Verzicht als unwirksam an, da ein Fall der notwendigen Verteidigung vorlag und die Beschuldigte „vor Abgabe der Prozeßerklärung des Rechtsmittelsverzichts ohne den bei einer erstinstanzlichen Verhandlung vor dem Landgericht gesetzlich zwingend vorgeschriebenen Beistand eines zugelassenen Verteidigers (war); ihr fehlte folglich die rechtsstaatlich unverzichtbare Rechtsberatung".[1474] Der Senat hebt die gesetzlichen Anforderungen an die Person des Verteidigers hervor und hält in diesem Punkt Rechtsklarheit für unverzichtbar.[1475]

Der Entscheidung ist zuzustimmen. Auch wenn die Sachkunde des Scheinverteidigers nicht zu bezweifeln ist, er also noch über die fachliche Kompetenz verfügt, hat diese Auffassung doch den großen Vorzug der Rechtsklarheit. Auf die konkrete Verteidigungstätigkeit und die mögliche Sachkunde im Einzelfall abzustellen, ist angesichts der damit verbundenen Abgrenzungsschwierigkeiten nur wenig sinnvoll. Einziger Maßstab können insoweit nur die gesetzlichen Bestimmungen der StPO, hierbei ist insbesondere § 138 I relevant, und ihre Voraussetzungen an die Person des Verteidigers sein. Damit wird zugleich verhindert, daß das Gericht im Ergebnis die Fähigkeit des Verteidigers beurteilen muß und zu entscheiden hat, ob die materiellen Voraussetzungen einer wirksamen Verteidigung gegeben sind.[1476] Entscheidend ist somit allein die Einhaltung der formellen Voraussetzungen, die einer richterlichen Einzelwertung entzogen sind.

(2) Konkretisierung der Fürsorgepflicht

Zunächst ist an die bereits o. g. Feststellung zu erinnern, daß im Falle der Abwesenheit des Verteidigers nicht das Gericht die Aufgabe der Belehrung und Beratung des Verteidigers übernehmen kann.[1477] Eine Konkretisierung der Fürsorge-

---

1473 Im Zivilprozeß können die dem Anwaltszwang unterliegenden Prozeßhandlungen (vgl. § 78 ZPO) nur von einem zugelassenen Rechtsanwalt vorgenommen werden. Eine unwirksame Prozeßhandlung kann aber durch Genehmigung eines postulationsfähigen Prozeßbevollmächtigten geheilt werden, vgl. Thomas/*Putzo*, ZPO, § 78 Rn. 2. Im Zivilprozeß ist somit ebenfalls allein die Zulassung als formelle Voraussetzung relevant.

1474 BGHSt 47, 238 (239 f.).

1475 BGHSt 47, 238 (240); zustimmend in ihrer Anmerkung *Beulke/Angerer*, NStZ 2002, 443 (444).

1476 *Beulke/Angerer*, NStZ 2002, 443 (444). Dies wird auch deutlich an der grundsätzlichen Unzulässigkeit des Einschreitens des Gerichts bei einem unfähigen Verteidiger, vgl. *Beulke*, Strafprozeßrecht, Rn. 169. In Extremfällen soll allerdings beim Pflichtverteidiger ein Widerruf der Bestellung zulässig sein, vgl. BGH bei Holtz MDR 1996, 120; KG StV 1993, 236 (237); insoweit ablehnend *Beulke*, Strafprozeßrecht, Rn. 169 m. w. N.

1477 So auch BGHSt 45, 51 (57); LR-*Hanack*, StPO, § 302 Rn. 57.

pflicht dahingehend, daß sie bei Abwesenheit des Verteidigers eine Belehrung des Beschuldigten beinhaltet, ist somit abzulehnen.

Bevor auf die einzelnen Konstellationen eingegangen wird, kann bereits für alle gemeinsam festgehalten werden, daß im Falle der notwendigen Verteidigung die Abwesenheit des Verteidigers einer Beachtlichkeit des Verzichts entgegensteht. Insoweit kann auf die Erörterungen unter aa) verwiesen werden. Bei notwendiger Verteidigung bedarf es also keiner Differenzierung, worin die Ursache der Abwesenheit des Verteidigers liegt. Die Fälle eines abwesenden notwendigen Verteidigers sind bezogen auf die Beachtlichkeit des Verzichts mit den Fällen einer Nichtbestellung des Pflichtverteidigers gleichzustellen. Auch bei einer Abwesenheit des notwendigen Verteidigers auf Wunsch des Beschuldigten kann nicht etwas anderes gelten. Denn die notwendige Verteidigung bezieht sich auf das gesamte Verfahren.[1478] Weder Beschuldigter noch Verteidiger können auf die Anwesenheit eines notwendigen Verteidigers verzichten.[1479] Ein Fernbleiben des Verteidigers ist nur im Ausnahmefall des § 231c gestattet. Des weiteren läßt sich die unbedingte Anwesenheit des notwendigen Verteidigers auch aus § 145 I ersehen, wonach bei Abwesenheit entweder der Vorsitzende dem Beschuldigten einen anderen Verteidiger zu bestellen hat (§ 145 I 1) oder das Gericht eine Aussetzung des Verfahrens beschließt (§ 145 I 2).[1480] Diese Verhaltensalternativen können im Falle der notwendigen Verteidigung bei Abwesenheit des Verteidigers als gesetzliche Konkretisierung der Fürsorgepflicht des Gerichts angesehen werden. Erklärt der Beschuldigte einen Verzicht unmittelbar nach Urteilsverkündung, obwohl sein Verteidiger abwesend ist und zudem das Gericht seinen o. g. Pflichten nicht nachgekommen ist, so begründet dieser Fürsorgepflichtverstoß die Unbeachtlichkeit des Verzichts.

1478 BGH NStZ 1992, 503; AK-*Stern*, StPO, § 140 Rn. 3.

1479 BayObLG NStZ 1990, 250; KK-*Laufhütte*, StPO, § 140 Rn. 4. Vgl. für die Besetzung des Gerichts BGHSt 35, 164 (165).

1480 Wollte man die Fürsorgepflicht in bezug auf den Rechtsmittelverzicht bei einem nicht anwesenden notwendigen Verteidiger ausschließlich auf § 145 I stützen, so könnte dagegen eingewandt werden, daß Hauptverhandlung i. S. d. § 145 nur den Zeitraum bis zur Urteilsverkündung einschließlich dieser (vgl. BGH bei Dallinger MDR 1973, 372) erfaßt, der Rechtsmittelverzicht als darauf folgende Prozeßhandlung also nicht mehr erfaßt sei. Doch die Vorschrift soll den Beistand eines Verteidigers in allen wesentlichen Teilen der Hauptverhandlung sichern, so insbesondere für Vernehmungen oder Befragungen des Beschuldigten, vgl. RGSt 38, 216 (217); 44, 16 (18). Für den nicht weniger wichtigen Rechtsmittelverzicht sollte diese Vorschrift daher zumindest entsprechende Anwendung finden. Vgl. auch KK-*Laufhütte*, StPO, § 145 Rn. 4 i. V. m. § 140 Rn. 4, der als wesentlichen Teil der Hauptverhandlung wohl auch den Rechtsmittelverzicht ansieht. – Hier wird die Fürsorgepflicht zudem aus einer Gesamtschau der die notwendige Verteidigung betreffenden Vorschriften begründet.

Für die Fälle des abwesenden Verteidigers bei nicht notwendiger Verteidigung sind zur Konkretisierung der Fürsorgepflichten die eingangs genannten Konstellationen getrennt zu betrachten.

Entfernt sich der Wahlverteidiger auf Wunsch des Beschuldigten während der Hauptverhandlung oder unmittelbar danach, so daß dem Beschuldigten keine anwaltliche Beratung zur Seite steht, so obliegt dem Gericht allein aufgrund der Abwesenheit des Verteidigers keine Fürsorgepflicht. Verläßt der Verteidiger den Beschuldigten auf dessen Wunsch hin, so ist die Situation nicht anders zu behandeln, als hätte der Beschuldigte keinen Wahlverteidiger in Anspruch genommen. Diese Eigenverantwortung wird dem Beschuldigten in den Fällen der freiwilligen Verteidigung gerade zugestanden. Selbstverständlich gelten aber die Fürsorgepflichten, die bereits oben im Zusammenhang mit den Willensmängeln genannt wurden.

Nun soll die Konstellation betrachtet werden, in der sich ein Verteidiger eigenmächtig entfernt bzw. nicht auf Wunsch des Beschuldigten der Hauptverhandlung fernbleibt. Der Beschuldigte hat wie im zuerst genannten Fall auch hier keine Möglichkeit, vor Erklärung eines Verzichts die Beratung durch einen Verteidiger in Anspruch zu nehmen. Der maßgebliche Unterschied liegt jedoch darin, daß sich die Nichtanwesenheit nicht auf den Willen des Beschuldigten zurückführen läßt. Durch die Beauftragung eines Verteidigers hat er nämlich seinen Willen geäußert, im Verfahren die Dienste eines Verteidigers in Anspruch nehmen zu wollen.

Nicht überzeugen kann der Hinweis, daß der Vorsitzende davon ausgehen dürfe, daß der Verteidiger vor seinem Entfernen mit dem Beschuldigten die Möglichkeit eines Verzichts erörtert habe; daher sei an der Wirksamkeit des Verzichts nicht zu zweifeln.[1481] Problematisch ist daran, daß dies lediglich eine Vermutung ist. Zudem erscheint es zweifelhaft, ob der Verteidiger bereits vor der mündlichen Urteilsbegründung am Schluß der Hauptverhandlung mit seinem Mandanten die Möglichkeit eines Rechtsmittelverzichts erörtern kann.

Eine Lösung könnte in § 228 II zu finden sein. Danach besteht in Fällen der Verhinderung des (nicht notwendigen[1482]) Verteidigers gerade kein Recht, die Aussetzung der Verhandlung zu verlangen. Denn es gehe grundsätzlich zu Lasten des Beschuldigten, wenn er keinen Verteidiger finde, der bereit bzw. in der Lage sei, ihn zu verteidigen.[1483] Daraus könnte geschlossen werden, daß in diesen Fällen keine weitere gerichtliche Fürsorgepflicht besteht. Aber die Vor-

1481 OLG Köln VRS 1975 (Band 48), 213 (215).

1482 In Fällen der Verhinderung eines notwendigen Verteidigers gilt § 145 I.

1483 OLG Düsseldorf GA 1979, 226 (227); OLG Stuttgart StV 1988, 145 (146), das aber auf die Möglichkeit einer Aussetzung gem. § 265 IV hinweist. Abgemildert wird diese Auffassung allerdings dadurch, daß bei Verspätung des Verteidigers allgemein eine Wartepflicht des Gerichts angenommen wird, vgl. *Meyer-Goßner*, StPO, § 228 Rn. 11 m. w. N.

schrift schließt nicht aus, daß das Gericht zumindest verpflichtet ist, die Hauptverhandlung zu unterbrechen und den Beschuldigten darauf hinzuweisen, daß er den Beistand eines Verteidigers in Anspruch nehmen kann. Nur so kann verhindert werden, daß das vom Beschuldigten zu Beginn des Verfahrens in Anspruch genommene Recht auf Verteidigung mittels eines professionellen Beistands nicht in bezug auf eine Beratung über den Verzicht ins Leere läuft.

Zudem wird eine Unterbrechung (vgl. §§ 229 I, II) – bezogen auf den Rechtsmittelverzicht – ausreichend für die Belange des Beschuldigten sein. Da über kürzere Unterbrechungen der Vorsitzende nach pflichtgemäßem Ermessen entscheidet[1484], kann in den Fällen der Erklärung eines Verzichts auf Rechtsmittel von einer Ermessensreduzierung auf Null ausgegangen werden. Sollte eine kürzere Unterbrechung nicht ausreichen, so kommt ausnahmsweise doch eine Aussetzung in Betracht. Hierfür ist jedoch § 265 IV Anknüpfungspunkt, der eine gesetzlich normierte Fürsorgepflicht darstellt.[1485] Dieser „Auffangtatbestand" greift auch bei Veränderungen der Verfahrenslage, beispielsweise wird hier die unvorhergesehene Beeinträchtigung des Rechts auf Verteidigung genannt.[1486]

Es besteht somit eine Fürsorgepflicht des Gerichts, dem Beschuldigten vor Erklärung seines Verzichts die Inanspruchnahme eines ggf. neu zu wählenden Verteidigers zu ermöglichen. Wird dagegen verstoßen, so ist der Verzicht unbeachtlich.

Im folgenden sollen die Konstellationen auf Fürsorgepflichtverstöße untersucht werden, in denen die Abwesenheit des Verteidigers auf äußeren Umständen bzw. einem Verhalten des Gerichts beruht.

Erhält der (nicht notwendige) Verteidiger keine Ladung zur Hauptverhandlung, so kann zwar grundsätzlich auf § 228 II verwiesen werden. Aber die Vorschrift versagt dem Beschuldigten nur das Recht auf Aussetzung des Verfahrens. In den Fällen einer unterlassenen Ladung wird von einer Verpflichtung des Gerichts ausgegangen, den Beschuldigten auf seine bestehenden Befugnisse hinzuweisen.[1487] Zu diesen Befugnissen wird die Stellung eines Aussetzungsantrags gezählt.[1488]

Im Hinblick auf die Sicherstellung der Beratung durch einen bereits gewählten Verteidiger erscheint es jedoch angebracht, den Beschuldigten nicht mit einem Hinweis auf die Beantragung einer Aussetzung zu überfordern. Sachgerechter dürfte es sein, von einer Verpflichtung des Gerichts zur Unterbrechung

1484 *Meyer-Goßner*, StPO, § 228 Rn. 9, der ausdrücklich darauf hinweist, daß bei der Entscheidung die Fürsorgepflicht des Gerichts zu beachten ist.

1485 OLG Hamm VRS 1988 (Band 74), 36 (37); OLG Stuttgart StV 1988, 145 (146); *Meyer-Goßner*, StPO, § 265 Rn. 43.

1486 *Meyer-Goßner*, StPO, § 265 Rn. 43.

1487 LR-*Gollwitzer*, StPO, § 218 Rn. 19.

1488 OLG Celle NJW 1974, 1258 (1259); LR-*Gollwitzer*, StPO, § 218 Rn. 22; SK-*Schlüchter*, StPO, § 218 Rn. 27 ff.

der Hauptverhandlung auszugehen. Zutreffend ist daher die – in Rechtsprechung und Literatur nicht wieder aufgegriffene – Forderung des OLG Schleswig: „Das Gericht hätte nicht ohne den Verteidiger verhandeln dürfen, sondern hätte die Hauptverhandlung vertagen müssen."[1489] Festgehalten werden kann aber, daß auf jeden Fall dann eine Verletzung der Fürsorgepflicht bejaht werden kann, wenn das Gericht bei unterlassener Ladung mit der Hauptverhandlung ohne weiteres beginnt bzw. fortfährt.

Fraglich ist, ob und ggf. worin ein Fürsorgepflichtverstoß im o. g. Fall anzunehmen ist, in dem nur die Wahlverteidigerin und nicht die Pflichtverteidigerin vom Haftprüfungstermin benachrichtigt wurde. Der 5. Strafsenat des BGH geht von der Verpflichtung des Gerichts aus, die Pflichtverteidigerin vom Termin zu benachrichtigen. Zur Begründung zieht der Senat ausdrücklich die prozessuale Fürsorgepflicht des Gerichts heran.[1490]

Der Entscheidung ist zuzustimmen. Denn § 118a I verlangt ausdrücklich eine Benachrichtigung u. a. des Verteidigers von der mündlichen Verhandlung im Rahmen einer Haftprüfung. Diese hat nämlich gerade den Sinn, daß der Beschuldigte in persönlicher Form seine Belange und die Gründe geltend machen kann, die gegen eine Aufrechterhaltung der Untersuchungshaft sprechen. In dieser Situation erscheint ein Verteidiger gerade nicht entbehrlich. Das Ergebnis läßt sich jedoch nicht allein auf § 118a stützen. Denn unklar bleibt, ob der Vorschrift nicht bereits durch die Benachrichtigung *eines* Verteidigers genügt wird[1491]; wäre dies der Fall, so läge insoweit kein Verstoß vor.

Entscheidend kann aber nur sein, daß der Beschuldigte im Haftprüfungstermin tatsächlich über einen Beistand verfügt, der ihn beraten kann. Insoweit kommt der Fürsorgepflicht hier eine eigenständige Bedeutung zu, als sie eine effektive Verteidigung zu gewährleisten versucht. Danach liegt ein Fürsorgepflichtverstoß in der Durchführung der Haftprüfung ohne die Eröffnung einer Möglichkeit der Verteidigerkonsultation. Erst eine so verstandene Fürsorgepflicht erfüllt das Verteidigungsrecht des Beschuldigten mit Leben und geht über die eher formale Benachrichtigung hinaus.

Aber auch wenn von zwei (Wahl-)Verteidigern nur einer von beiden geladen wird und an der Hauptverhandlung teilnimmt, ist ein Verstoß gegen die Fürsorgepflicht zu bejahen. Zwar verfügt der Beschuldigte im Gegensatz zur o. g. Konstellation über einen Verteidiger, dennoch ist aber von einer unzulässigen

---

1489 OLG Schleswig NJW 1965, 312 (313).

1490 BGHSt 45, 51 (57). *Peglau*, JA 2000, 405 (406) hält eine solche Fürsorgepflicht für zu weitgehend.

1491 So die Auffassung von BGH NStZ-RR 1997, 364 [Urteilszustellung nur an einen von mehreren Verteidigern]; *Peglau*, JA 2000, 405 (406). Von einer Pflicht zur Benachrichtigung sämtlicher Verteidiger geht *Baier*, NStZ 2000, 160 (161) aus. BGHSt 45, 51 (57) läßt eine Entscheidung insoweit offen.

Beschränkung der Verteidigungsrechte auszugehen.[1492] Die StPO gesteht dem Beschuldigte zu, sich der Unterstützung mehrerer Verteidiger zu versichern (vgl. § 137 I 2). Daher sind auch *alle* gewählten Verteidiger zur Hauptverhandlung zu laden, wenn ihre Wahl dem Gericht angezeigt wurde.[1493] Denn ansonsten drohte das Recht auf mehrere Verteidiger geschmälert zu werden. Zu beachten ist in diesem Zusammenhang, daß dem Beschuldigte kein konkludenter Verzicht auf sein Beratungsrecht mit den von ihm gewählten Verteidigern unterstellt werden darf – beispielsweise durch eine rügelose Einlassung oder das Unterlassen eines Aussetzungsantrages. Denn dies kommt nur in Betracht bei sicherer Kenntnis des Beschuldigten von seinen Rechten, wobei dies sicherlich der Ausnahmefall sein wird.[1494]

Abschließend ist noch auf die Fälle des Ausschlusses bzw. der Zurückweisung eines Verteidigers einzugehen. Bei Ausschluß eines nicht notwendigen Verteidigers gem. §§ 138a f. sieht § 138c III 4 die Beiordnung eines anderen Verteidigers vor. Der Beschuldigte muß zwar den Beistand seines gewählten Verteidigers entbehren, aber diese Folge des Ausschlusses wird durch die Bestellung eines anderen Verteidigers gemildert. Dieser Verteidiger kann dann für eine sachgerechte Erörterung der Möglichkeiten eines Verzichts sorgen.

Im Falle einer Zurückweisung gem. § 146a I ordnet das Gesetz zwar keine Beiordnung eines anderen Verteidigers an, aber dem Beschuldigten wird nach zutreffender Auffassung das Recht zugestanden, eine Aussetzung der Hauptverhandlung zu verlangen.[1495] Hier erscheint eine bloße Unterbrechung wohl nicht als ausreichend, da im Gegensatz zu den o. g. Konstellationen sich ein anderer Verteidiger ganz neu in das Verfahren einarbeiten muß. Auch die sachkundige Erörterung eines Rechtsmittelverzichts kann nur dadurch gewährleistet werden.

cc) Keine Gelegenheit zur Beratung mit anwesendem Verteidiger

Im Gegensatz zu den unter aa) und bb) erörterten Konstellationen verfügt der Beschuldigte in den nun zu behandelnden Fällen zwar über einen Verteidiger, der auch anwesend ist, aber ihm wird keine Beratungsmöglichkeit mit seinem Verteidiger gegeben.

Aufgegriffen wurde diese Problematik durch das Urteil des BGH vom 12.02.1963.[1496] Im dortigen Sachverhalt hatte der Beschuldigte auf Rechtsmittel

---

1492 So auch BGH NStZ 2005, 114..

1493 BGHSt 36, 259 (260); so wohl auch BGH, Beschluß vom 23.08.2004 - 1 StR 199/04 (bisher unveröffentlicht); LR-*Gollwitzer*, StPO, § 218 Rn. 9; *Meyer-Goßner*, StPO, § 218 Rn. 5; KK-*Tolksdorf*, StPO, § 218 Rn. 4.

1494 Vgl. BGH NStZ 2005, 114.

1495 BayObLG NStZ 1988, 281; KMR-*Müller*, StPO, § 146a Rn. 9; AK-*Stern*, StPO, § 146a Rn. 17.

1496 BGHSt 18, 257 ff.

verzichtet. Sein Verteidiger rügte daraufhin, daß er nicht die Möglichkeit hatte, seinen Mandanten diesbezüglich zu beraten. Bei Möglichkeit einer Erörterung hätte der Beschuldigte sicherlich nicht auf Rechtsmittel verzichtet, da die Staatsanwaltschaft aufgrund der unzulässigen Strafaussetzung zur Bewährung auf jeden Fall Rechtsmittel eingelegt hätte. Der BGH lehnte eine Bindung des Beschuldigten an seine Verzichtserklärung ab und stellte folgende Anforderung auf, die inzwischen als ständige Rechtsprechung gelten kann: „Einem Angeklagten, der in der Hauptverhandlung im Beisein eines Verteidigers erschienen ist, wird regelmäßig Gelegenheit geboten werden müssen, sich mit seinem Verteidiger zu besprechen, oder der Verteidiger muß Gelegenheit erhalten, seinen Mandanten zu beraten."[1497] Auch das Schrifttum hat sich dieser Rechtsprechung angeschlossen.[1498]

Diese Forderung des BGH kann als Inhalt einer gerichtlichen Fürsorgepflicht verstanden werden. Die Verpflichtung des Gerichts zur Ermöglichung einer Beratung mit dem Verteidiger ist aber dahingehend zu ergänzen, daß das Gericht den Beschuldigten auf diese Möglichkeit hinzuweisen hat.[1499] Diese konkrete Fürsorgepflicht veranschaulicht noch einmal die Intention der Fürsorgepflichten, nämlich die Gewährleistung eines effektiven Rechts auf Verteidigung. Mit diesem Ziel wäre das Umgehen des Verteidigers nicht zu vereinbaren, daher ist in solchen Fällen von einer Unbeachtlichkeit des Verzichts auszugehen.[1500] Denn seine Anwesenheit, ob nun beigeordnet oder frei gewählt, bringt doch gerade das Bedürfnis des Beschuldigten nach Beistand zum Ausdruck.

c) Erklärung des Rechtsmittelverzichts unmittelbar nach Urteilsverkündung

Im Regelfall wird der Rechtsmittelverzicht direkt nach der Urteilsverkündung erklärt.[1501] Entscheidungen der Gerichte, die sich mit der Beachtlichkeit eines Verzichts auseinandersetzen, belegen dies. Demgegenüber scheidet die Erklärung einer Rücknahme unmittelbar nach Urteilsverkündung aus, da sie zunächst die Einlegung eines Rechtsmittels voraussetzt. Die Rücknahme eines Rechtsmit-

---

1497 BGHSt 18, 257 (260). Vgl. auch BGHSt 19, 101 (103 f.); BGH StV 1983, 268; BGHSt 45, 51 (57); BGH NStZ-RR 1997, 305; OLG Schleswig NJW 1965, 312 (313); OLG Düsseldorf StV 1998, 647. BGHSt 47, 238 (239) spricht von „der gebotenen Einhaltung der Verfahrensregeln vor Herbeiführung eines wirksamen Rechtsmittelverzichts"; der 5. Strafsenat scheint damit von einem revisiblen Richterrecht auszugehen.

1498 SK-*Frisch*, StPO, § 302 Rn. 28; *Hanack*, JZ 1973, 659 (660); KMR-*Plöd*, StPO, § 302 Rn. 15; KK-*Ruß*, StPO, § 302 Rn. 12. Kritisch *Peglau*, JA 2000, 405 (406).

1499 So auch OLG Köln NStZ 1981, 490. Andere Ansicht: *F. Meyer*, Willensmängel, S. 266 f., wonach sich das Gericht darauf verlassen könne, daß der Beschuldigte hinreichend von seinem Verteidiger bereits belehrt werde.

1500 BGHSt 19, 101 (104); BGH StV 1983, 268; BGH NStZ 1984, 18; OLG Schleswig NJW 1965, 312 (313); StV 1998, 647.

1501 *Erb*, GA 2000, 511.

tels erfolgt daher naturgemäß in größerem zeitlichen Abstand zum Urteil und zur Rechtsmitteleinlegung. Dies scheint u. a. ein Grund dafür zu sein, daß Streitigkeiten um die Beachtlichkeit einer Rücknahme geringer als beim Verzicht sind.

Es verwundert daher nicht, wenn die Erklärung eines Verzichts unmittelbar nach Urteilsverkündung mit Bedenken gesehen wird.[1502] Im folgenden soll daher diese Situation auf mögliche Fürsorgepflichten des Gerichts hin untersucht werden. Dabei ist zwischen einem aus eigenem Entschluß erklärten und einem sog. herausgefragten Verzicht zu unterscheiden.

aa) Erklärung aufgrund eines eigenen Entschlusses

Diese Konstellation zeichnet sich allein dadurch aus, daß der Verzicht unmittelbar nach Urteilsverkündung und Rechtsmittelbelehrung[1503] erklärt wird. Daß der Verzicht auf eine Veranlassung durch den Vorsitzenden zurückzuführen ist, soll hier noch nicht erörtert werden.

Die Bedenken gegen einen sofortigen Verzicht – wenn auch aufgrund eigenen Entschlusses – knüpfen zumeist an die Ausnahmesituation an, in der sich der Beschuldigte am Ende der Hauptverhandlung und nach Urteilsverkündung befindet.[1504] So ist insbesondere im Falle einer Verurteilung der Beschuldigte vielfältigen Gefühlen und Gedanken ausgesetzt.[1505] Auch die körperlichen Strapazen einer mitunter sehr langen Hauptverhandlung mögen sich in einer Erschöpfung des Beschuldigten niedergeschlagen haben. In diesem Zusammenhang wird von einer „psychischen Extremsituation"[1506] oder von einer „Schockwirkung der Verurteilung"[1507] gesprochen. Infolgedessen wird die Gefahr eines unüberlegten Verzichts gesehen; der regelmäßig überforderte Beschuldigte könne in dieser Situation nur schwerlich die Tragweite seiner Entscheidung absehen.[1508]

Daher verwundert es nicht, wenn vereinzelt allein deshalb die Unwirksamkeit eines Verzichts gefordert wird, weil er sofort im Anschluß an die Urteilsverkündung erklärt wurde.[1509] Nur so könne der Beschuldigte vor unüberlegten

---

1502 *Rieß*, Kolloquium, S. 191 (198), sieht generell keine überzeugenden Gründe für die Rechtfertigung eines sofortigen Verzichts.

1503 Fehlt bereits eine vollständige Rechtsmittelbelehrung, so liegt nach hier vertretener Ansicht bereits eine Fürsorgepflichtverletzung vor, vgl. 4. Kapitel, III. 2. a).

1504 OLG Neustadt GA 1956, 92 (93).

1505 BGHSt 19, 101 (103) spricht von einer „starken seelischen Beanspruchung durch eine zweitägige Hauptverhandlung" vor einer Schwurgerichtskammer.

1506 *Erb*, GA 2000, 511 (515).

1507 *Dahs*, FS Schmidt-Leichner, S. 17 (18).

1508 *Erb*, GA 2000, 511 (515); *Dahs*, Schmidt-Leichner, S. 17 f.

1509 *Lobe*, DJZ 1926, Sp. 1669 (1673); *Stratenwerth*, JZ 1964, 264 (265). De lege lata spricht sich *Erb*, GA 2000, 511 (526) dafür aus, daß ein Verzicht generell frühestens

Entscheidungen bewahrt werden und die ihm zugestandene Einlegungsfrist als Überlegungsfrist nutzen. Für das Jugendstrafverfahren findet sich auch die ausdrückliche Forderung eines Verbots des sofortigen Rechtsmittelverzichts.[1510]

Demgegenüber sieht die ganz überwiegende Meinung in diesem Umstand *allein* keinen Grund, einem Verzicht die Wirksamkeit zu versagen, d. h. ein Rechtsmittelverzicht soll auch sofort nach Urteilsverkündung möglich sein.[1511] Freilich wird aber die nicht ganz unwichtige Forderung erhoben, in solchen Fällen genau zu prüfen, ob der Beschuldigte sich der Tragweite seiner Erklärung bewußt war.[1512] Der sofortige Verzicht wird demnach höchstens als ein Indiz für die mangelnde Kenntnis der Bedeutung verstanden. Eine Unwirksamkeit wird aber nur dann bejaht, wenn weitere Umstände hinzutreten, wie z. B. die mangelnde Beratungsmöglichkeit mit dem Verteidiger oder besondere Gründe in der Person des Beschuldigten dafür sprechen, daß er die Tragweite seiner Entscheidung nicht absehen konnte.[1513]

Anhaltspunkte im Gesetz, die gegen die Zulässigkeit eines sofortigen Verzichts sprechen, sind denn auch nicht ersichtlich.[1514] § 302 I 1 hebt sogar ausdrücklich hervor, daß der Verzicht auch vor Ablauf der Einlegungsfrist erklärt werden kann. Einen Mindestüberlegungszeitraum, nach dessen Ablauf erst ein Verzicht erklärt werden könnte, gibt es mit Recht nicht. Auch die Richtlinie Nr. 142 II für das Straf- und Bußgeldverfahren (RiStBV) hat nur die Veranlassung

---

am Tage nach der Urteilsverkündung erklärt werden kann. Ein vorheriger Verzicht wäre nach dieser Ansicht somit unwirksam. – Die gleiche Forderung findet sich im Zusammenhang mit dem absprachebdingten Rechtsmittelverzicht, vgl. *Koch*, HRRS 2005, 245 (248).

1510 Vgl. den Beschluß der Unterkommission III des 22. Deutschen Jugendgerichtstages 1992: „Ein Rechtsmittelverzicht sofort im Anschluß an die Urteilsverkündung sollte im Hinblick auf die Tragweite der Entscheidung ausdrücklich untersagt werden“ (in: *DVJJ*, Jugend im sozialen Rechtsstaat, S. 459).

1511 RGSt 40, 133 (134); BGHSt 18, 257 (258); BGH NStZ 2000, 441 (442); BGH NJW 2005, 1440 (1445); AK-*Achenbach*, StPO, § 302 Rn. 13; *Erb*, GA 2000, 511 (523); LR-*Hanack*, StPO, § 302 Rn. 9, 17; *F. Meyer*, Willensmängel, S. 237.

1512 AK-*Achenbach*, StPO, § 302 Rn. 14; *Meyer-Goßner*, StPO, § 302 Rn. 24.

1513 Vgl. LR-*Hanack*, StPO, § 302 Rn. 55; *Rogall*, StV 1998, 1998, 643 (645) – eine Unüberlegtheit müsse im Einzelfall festgestellt werden.

1514 Von Interesse in diesem Zusammenhang ist jedoch die Resolution des Reichstages vom 17.12.1926, in der die Reichsregierung ersucht wurde, „bei den Landesregierungen dahin zu wirken, daß Vorkehrungen getroffen werden, die es verhüten, daß der Angekl. veranlaßt wird, Erklärungen über den Verzicht auf Rechtsmittel … in unmittelbarem Anschluß an die Urteilsverkündung abzugeben.“ (zitiert nach *Gerland*, JW 1930, 2568 [2569]). Vgl. dazu auch LR-*Niethammer*, StPO (19. Auflage), § 268 Anm. 9. Diese Resolution stand im Zusammenhang mit der Novelle, durch die in § 268 III a. F. die Belehrungspflicht hinsichtlich der Rechtsmittel eingefügt wurde. – Fraglich ist aber, warum der Reichstag nicht selbst auf eine entsprechende Änderung der gesetzlichen Regelung des Verzichts hinwirkte.

des Beschuldigten zu einer Verzichtserklärung durch das Gericht im Blick und bezieht sich nicht auf den Verzicht, der aufgrund eines eigenen Entschlusses erklärt wird.

Von (rechtshistorischem) Interesse dürfte in diesem Zusammenhang sein, daß die Militärstrafgerichtsordnung (MilStGO) vom 1.12.1898[1515] einen Verzicht vor dem erkennenden Gericht als unzulässig ansah. Die MilStGO gewährte in Art. 371 grundsätzlich die Möglichkeit eines Verzichts auf Rechtsmittel. Zwar sagte sie nichts über den Adressaten einer Verzichtserklärung aus, aber im Zusammenhang mit den Vorschriften über die Einlegung eines Rechtsmittels (vgl. Art. 369) ergibt sich nach zutreffender Ansicht, daß die Rechtsmittelerklärungen – dazu zählt unstrittig auch der Verzicht – nur gegenüber dem Gerichtsherrn[1516] abgegeben werden konnten.[1517] Das Gericht selbst war für solche Erklärungen nicht zuständig, seine Aufgabe erschöpfte sich in der Urteilsfällung.[1518] Daraus ergibt sich, daß ein Verzicht sofort nach Urteilsverkündung nicht erklärt werden konnte. An dieser Stelle ist zudem auf die bereits erwähnten Strafprozeßordnungen aus dem Partikularrecht hinzuweisen, die teilweise unterschiedliche Schutzmechanismen in bezug auf einen sofort erklärten Verzicht vorsahen.[1519]

Fraglich ist nun, ob im Zusammenhang mit dem sofortigen Verzicht Fürsorgepflichten des Gerichts bestehen, die bei einem solchen Verzicht verletzt sein könnten. Ausgangspunkt ist zunächst der Zweck der Fürsorgepflichten. Dieser wird in der Stärkung der Subjektstellung des Beschuldigten gesehen. Damit wäre es nun aber nicht vereinbar, wenn man dem Gericht Fürsorgepflichten auferlegte, die einen sofortigen Verzicht ausschlössen. Denn dies würde dem Beschuldigten eine Möglichkeit des prozessualen Verhaltens nehmen.[1520] Aber zu

---

1515 Wiedereingeführt wurde die MilStGO durch das Gesetz über die Wiedereinführung der Militärstrafgerichtsbarkeit vom 12.05.1933 (RGBl. I, S. 264 ff.). Zu Beginn des Krieges trat 1939 die Kriegsstrafverfahrensordnung vom 17.08.1938 (RGBl. 1939 I, S. 1457 ff.) in Kraft, die Rechtsmittel gegen Entscheidungen nicht zuließ.

1516 Vgl. dazu §§ 12 13, 19 ff. MilStGO. Der Gerichtsherr ist in seinem Befehlsbereich Inhaber der Gerichtsbarkeit, wohingegen das erkennende Gericht in der MilStGO nur für bestimmte Aufgaben berufen ist.

1517 RMG 1, 2 (4); 13 (14); 39; *Beling*, ZStW 1904 (Band 24), 245 (274); *Rissom*, MSchrKrim 1909/1910 (Band 6), 407 (408 f.); andere Ansicht: RMG 1, 17 (18); 8, 42 (48); *Stenglein*, MilStGO, Art. 371/372 Anm. 6, der ohne nähere Begründung auch eine Verzichtsmöglichkeit gegenüber dem Gericht annimmt. Diese Gegenansicht kann aber nicht überzeugend darlegen, warum sie Rechtsmitteleinlegung und Zurücknahme anders behandelt als den Verzicht auf Rechtsmittel.

1518 *Rissom*, MSchrKrim 1909/1910 (Band 6), 407 (408).

1519 Vgl. 2. Kapitel, I.

1520 *Geier*, LM (1961-1965) § 302 StPO Nr. 12 spricht insoweit von einem „ernsten Bedürfnis".

bezweifeln ist, ob bei einem nicht aufgrund äußerer Einflüsse motivierten Verzicht, der unmittelbar nach Urteilsverkündung erklärt wird, überhaupt ein Bedürfnis für eine Fürsorgepflicht besteht.[1521] Insoweit wird zutreffend darauf hingewiesen, daß der Beschuldigte, der von sich aus einen Verzicht erklärt, mit dieser Möglichkeit vertraut ist bzw. sich bereits Gedanken über diese Prozeßhandlung gemacht hat.[1522] Die Versagung der Beachtlichkeit eines sofortigen Verzichts wäre sogar eine Einschränkung seiner Dispositionsfreiheit und damit seiner Möglichkeit, sich eigenverantwortlich im Prozeß zu betätigen. Genauso wie der Beschuldigte sich sofort zu einer Rechtsmitteleinlegung entschließen kann, sollte er auch die Möglichkeit haben, sich ohne eine weitere Überlegungszeit mit der Entscheidung zufrieden geben zu können.[1523] Wollte man zudem den Verzicht erst ab einem bestimmten Überlegungsmoment zulassen, so stellte sich als nächste Frage, wann der Beschuldigte zu einer nicht unüberlegten Entscheidung in der Lage ist.[1524] Nahezu unlösbar wäre diese Schwierigkeit, würde man einen einzelfallbezogenen Zeitraum heranziehen und beispielsweise auf eine „angemessene Überlegungszeit" abstellen.[1525] Letztendlich wäre durch den Ausschluß des sofortigen Verzichts der weitaus größte Anwendungsbereich des Rechtsmittelverzichts berührt; die Herbeiführung sofortiger Rechtskraft wäre ausgeschlossen. Dies spricht auch gegen jene historische Regelungen, die Bedenkzeiten o. ä. vorsahen.

bb) Erklärung aufgrund einer Frage des Vorsitzenden

Oftmals wird ein unmittelbar im Anschluß an die Urteilsverkündung erklärter Verzicht auf einer Frage des Vorsitzenden beruhen, ob der Beschuldigte nicht „noch eine Erklärung abgeben wolle" bzw. „auf Rechtsmittel verzichten wolle".[1526] Ein solcher „herausgefragter Verzicht"[1527] war und ist Gegenstand der Kritik.[1528] So erstreckte der Gesetzgeber die Möglichkeit der verkürzten Urteils-

1521 Die Ausführungen zu den nicht von außen verursachten, erkennbaren Willensmängeln bleiben hiervon jedoch unberührt, vgl. 4. Kapitel, III. 1. b).

1522 *Erb*, GA 2000, 511 (523); SK-*Frisch*, StPO, § 302 Rn. 28. So bemerkt auch *Rogall*, StV 1998, 643 (645), daß Spontaneität nicht zwingend ein unüberlegtes Handeln des Beschuldigten sein müsse. Vgl. auch BGH NStZ-RR 1997, 305.

1523 SK-*Frisch*, StPO, § 302 Rn. 28. Vgl. auch *Bucher*, Verzicht, S. 69 f., der ausdrücklich auf eine Gleichbehandlung von Einlegung und Verzicht hinweist.

1524 Das Bayerische Strafgesetzbuch von 1813 sah in bestimmten Fällen das Erfordernis der Bestätigung eines sofortigen Verzichts innerhalb von 24 Stunden vor, vgl. 2. Kapitel, I.

1525 So *Dencker*, Willensfehler, S. 72 f.

1526 Vgl. BGH JR 1952, 483; BGHSt 19, 101 (102); BGH StV 2004, 4 (5).

1527 So die geläufige Bezeichnung, die geprägt wurde von *Dahs*, FS Schmidt-Leichner, S. 17 ff.

1528 BGHSt 18, 257 (261); *Erb*, GA 2000, 511 (515, 523); LR-*Hanack*, StPO, § 302 Rn. 55 (Fußnote 130); *Lobe*, DJZ 1926, Sp. 1669 (1673); *E. Schmidt*, LK II (Nachtragsband), § 302 Rn. 3; *Schorn*, Strafrichter, S. 308.

absetzung im Jahre 1974 auch auf die Fälle, in denen kein Rechtsmittel eingelegt wird und die Rechtsmittelberechtigten die Einlegungsfrist verstreichen lassen (vgl. § 267 IV 1, 2. Alt.), um zu verhindern, daß das Gericht zwecks Arbeitserleichterung auf den Beschuldigten und andere Verfahrensbeteiligte auf die Abgabe eines Verzichts hinwirkt.[1529] Dennoch, so wird seitens des Schrifttums zum Teil beklagt, habe sich an der Praxis nicht viel geändert, der Vorsitzende befrage immer noch den Beschuldigten bzgl. der Abgabe einer Verzichtserklärung.[1530]

Die Gründe für dieses Unbehagen sind dieselben, die bereits unter aa) gegen die Beachtlichkeit eines sofortigen Verzichts angeführt wurden. Hinzu kommt noch, daß bei einer Frage des Vorsitzenden dessen Autorität an Bedeutung erlangt, insbesondere bei Suggestivfragen wie z. B. der Äußerung „Sie wollen das Urteil doch sicher annehmen, oder?". Die Frage nach einem Verzicht soll die Gefahr erhöhen, daß der Beschuldigte eine unsachgemäße Entscheidung trifft.[1531]

Umstritten ist, ob sich die Frage des Vorsitzenden auf die Beachtlichkeit des Verzichts auswirkt. Rechtsprechung und Literatur bieten insoweit kein einheitliches Bild; selbst innerhalb der Rechtsprechung gibt es unterschiedliche Auffassungen.[1532]

Das Gesetz vermag keinen Anhaltspunkt zu geben, die zentrale Vorschrift des § 302 ist für diese Frage unergiebig. Nebenbei sei bemerkt, daß Art. 371 des Bayerischen Strafgesetzbuches von 1813 sogar ausdrücklich eine Frage des Vorsitzenden vorsah: „Sogleich nach Verlesung des Urteils ist der Angeschuldete von dem Untersuchungsrichter über das ihm zustehende Rechtsmittel deutlich zu unterrichten und zu befragen: ob er sich desselben bedienen wolle oder nicht?" Eine Einschränkung findet diese Bestimmung aber dadurch, daß dem Beschuldigten auf Verlangen eine Bedenkzeit zu gewähren ist. Zudem muß bei einer schwereren Strafe als bei einer Verurteilung zum Arbeitshause der unmittelbar nach dem Urteil erklärte Verzicht wiederholt werden, damit die „Entsagung rechtsgültig" wird. Der damalige Gesetzgeber legte dem Gericht zwar eine Pflicht zur Frage nach dem Verzicht auf, aber er traf gleichzeitig Schutzvorkehrungen zugunsten des Beschuldigten.

1529 Vgl. 2. Kapitel, III. 1.

1530 *Dahs*, FS Schmidt-Leichner, S. 17 (18); *Grunst*, Prozeßhandlungen, S. 341.

1531 *Plötz*, Fürsorgepflicht, S. 300.

1532 Grundsätzlich gebilligt wird die Frage nach einem Verzicht von: BGH StV 2004, 4 (5); NJW 2004, 1336 (1337); OLG Köln VRS 1975 (Band 48), 213 (215); ablehnend dagegen OLG Neustadt GA 1956, 92 (93); so bereits auch RMG 1, 49 (50). Zum Teil beruht die kritische Haltung gegenüber dem herausgefragten Verzicht aber auf den besonderen Umständen des Einzelfalls, vgl. OLG Zweibrücken wistra 1994, 156.

Für die heutige Rechtslage könnte die Richtlinie Nr. 142 II StBV relevant sein.[1533] Sie lautet: „Der Angeklagte soll nicht veranlaßt werden, im unmittelbaren Anschluß an die Urteilsverkündung zu erklären, ob er auf Rechtsmittel verzichtet. Erklärt er, ein Rechtsmittel einlegen zu wollen, so ist er an die Geschäftsstelle zu verweisen.“ Es handelt es sich jedoch lediglich um eine Verwaltungsvorschrift, so daß eine rechtliche Bindung für die Gerichte abzulehnen ist.[1534] Der empfehlende Charakter kommt bereits in dem Wort „soll“ zum Ausdruck. Eine Nichtbeachtung dieser Vorschrift scheint somit allein noch keine Rechtsfolgen, insbesondere die Unbeachtlichkeit des Verzichts, auslösen zu können.[1535] Lediglich wenn besondere Umstände hinzukommen, wird zum Teil eine Unwirksamkeit des Verzichts in Rechtsprechung und Lehre bejaht.[1536]

Es findet sich aber auch die Ansicht, daß ein Verstoß gegen diese Richtlinie zur Unwirksamkeit des herausgefragten Verzichts führt.[1537] Als Grund wird die abstrakte Gefahr einer unüberlegten Äußerung genannt; zudem liefe ein Herausfragen des Verzichts dem Schutzzweck der gesetzlichen Rechtsmittelfristen zuwider.[1538]

Fraglich ist nun aber, ob in dieser Konstellation dem Gericht besondere Fürsorgepflichten obliegen, deren Verletzung die Unbeachtlichkeit des Verzichts nach sich ziehen würde. Man könnte daran denken, daß bereits die Frage nach der Verzichtserklärung eine Verletzung der Fürsorgepflicht gegenüber dem Beschuldigten darstellte.[1539] Bereits die Frage wäre dann eine so intensive Beeinträchtigung der Entscheidungsfreiheit, daß nicht mehr von einer eigenverantwortlichen Entscheidung ausgegangen werden könnte.

1533 RiStBV vom 1.01.1977; Vorgänger waren die Richtlinien für das Strafverfahren vom 1.08.1953. Davor fand sich eine entsprechende Regelung bereits in Nr. 224 III der Richtlinien für das Strafverfahren vom 13.04.1935; sie beruhten auf einer allgemeinen Verfügung des Reichjustizministers.

1534 OLG Köln VRS 1975 (Band 48), 213 (214).

1535 BGH NJW 2004, 1336 (1337); OLG Düsseldorf RPfleger 1999, 96; *F. Meyer*, Willensmängel, S. 239 ff.; *Meyer-Goßner*, StPO, § 302 Rn. 24; KMR-*Plöd*, StPO, § 302 Rn. 15; *H. W. Schmidt*, NJW 1965, 1210 (1211); *R. Schmidt*, JuS 1967, 158 (162). So auch *Koch*, JR 1964, 255, der meint, daß die Frage nach einem Verzicht „Sache des juristischen Taktgefühls“ sei.

1536 BGHSt 19, 101 (103 f.); OLG Köln VRS 1975 (Band 48), 213 (215); OLG Zweibrücken OLGSt StPO § 300 Nr. 2; *F. Meyer*, Willensmängel, S. 242.

1537 *Erb*, GA 2000, 511 (524, 526); so bereits *Ramser*, Verzicht, S. 27 ff. Ähnlich auch *Plötz*, Fürsorgepflicht, S. 321, der aber zusätzlich für die Unwirksamkeit fordert, daß eine Rechtsmittelbelehrung unterblieben ist.

1538 *Erb*, GA 2000, 511 (524); *F. Meyer*, Willensmängel, S. 233.

1539 So fordert AK-*Achenbach*, StPO, § 302 Rn. 27 vom Tatrichter, daß dieser „in Wahrnehmung seiner prozessualen Fürsorgepflicht den Angeklagten von einem übereilt erklärten Rechtsmittelverzicht abhält“.

Eine solche Sichtweise vernachlässigt aber, daß es nicht Aufgabe der Fürsorgepflicht ist, vom Beschuldigten jegliche verfahrensrechtliche Nachteile fernzuhalten. So wird er auch zu Beginn der Hauptverhandlung gefragt, ob er sich einlassen möchte (vgl. § 243 IV 1). Die Frage nach dem Rechtsmittelverzicht kann daher als „eine grundsätzlich statthafte Beanspruchung der eigenverantwortlichen Subjektrolle des Angeklagten" angesehen werden.[1540] Die Fürsorgepflicht bezweckt nur, sicherzustellen, daß der Beschuldigte eine eigenverantwortliche Entscheidung trifft. Eine solche wird ihm aber nicht bereits mit der Frage, ob er auf Rechtsmittel verzichten wolle, abgenommen.

Vielmehr ist zu überlegen, ob nicht die Frage bzw. der Hinweis des Vorsitzenden selbst erst eine Fürsorgepflicht auslöst. Wenn das Gericht dem Beschuldigten die Möglichkeit eröffnet, sofort einen Verzicht zu erklären, der protokolliert wird, so hat es damit zugleich die Pflicht, daß der Beschuldigte die Tragweite seiner Entscheidung auch erfassen kann. Verfügt der Beschuldigte über einen Verteidiger, so greifen bereits die o. g. Fürsorgepflichten: Auf die Möglichkeit der Beratung mit seinem Verteidiger hat der Vorsitzende hinzuweisen.[1541] Insbesondere bei einem Beschuldigten mit einem anwesenden Verteidiger bestehen keine Bedenken gegen die Zulässigkeit einer Frage.[1542]

Beim unverteidigten Beschuldigten hat der Vorsitzende sicherzustellen, daß infolge der Frage dennoch eine eigenverantwortliche Entscheidung möglich ist. Daher wäre das Verhalten des Vorsitzenden zu einseitig, wenn er nur auf die Möglichkeit einer Verzichtserklärung hinweisen bzw. danach fragen würde.[1543] Die Frage nach einem Verzicht ist um einen Hinweis auf dessen Folgen – insbesondere die Unwiderruflichkeit – zu ergänzen.[1544] Des weiteren ist darauf hinzuweisen, daß der Beschuldigte auch noch später auf Rechtsmittel verzichten könne.[1545] Ihm darf nicht suggeriert werden, daß nur die Möglichkeit eines sofortigen Verzichts besteht.[1546] So enthielt bereits eine Allgemeine Verfügung des preußischen Justizministers vom 2.01.1928 die Empfehlung, „den Angeklagten

---

1540 *Plötz*, Fürsorgepflicht, S. 299. So wohl auch SK-*Frisch*, StPO, § 302 Rn. 28.

1541 *Dahs*, FS Schmidt-Leichner, S. 17 (26).

1542 *Heghmanns*, Arbeitsgebiet des Staatsanwalts, Rn. 972.

1543 *Kumlehn*, Fürsorgepflicht, S. 126 hält die Frage für unzulässig, lediglich der Hinweis auf die Möglichkeit eines Verzichts sei zulässig. Fraglich ist aber, ob sich das Verhalten des Vorsitzenden wirklich so eindeutig abgrenzen läßt. Zudem kann auch ein entsprechend formulierter und sprachlich ausgedrückter Hinweis beim Beschuldigten die Fehlvorstellung hervorrufen, daß nur ein sofortiger Verzicht möglich sei. Es ist bezeichnend, daß *Erb*, GA 2000, 511 (524) bereits dann die Unwirksamkeit des Verzichts bejaht, wenn „irgendein Hinweis des Gerichts auf die Möglichkeit einer solchen Erklärung" dem Verzicht vorausgegangen ist.

1544 *Dahs*, FS Schmidt-Leichner, S. 17 (24, 30); *R. Schmidt*, JuS 1967, 158 (162).

1545 *F. Meyer*, Willensmängel, S. 244.

1546 *Grunst*, Prozeßhandlungen, S. 342.

darauf hinzuweisen, daß er sich jederzeit der Geschäftsstelle vorführen lassen könne, um dort einen etwaigen Verzicht zu erklären".[1547]

Kommt der Vorsitzende diesen zusätzlichen Belehrungen nach, so bestehen keine Bedenken gegen die Beachtlichkeit eines Verzichts, der auf einer Frage des Gerichts beruht.

d) Besondere Umstände in der Person des Beschuldigten

In Rechtsprechung und Literatur wird bisweilen unter Hervorhebung der Umstände des Einzelfalls dem Verzicht aus Gründen der Gerechtigkeit die Wirksamkeit versagt. Zur Methode der Berücksichtigung der Belange des Einzelfalls kann auf die zu Beginn des Kapitels gemachten Ausführungen verwiesen werden.[1548]

Als maßgebliche Umstände des Einzelfalls werden immer wieder die Jugendlichkeit des Beschuldigten oder die Verständnisschwierigkeiten eines Ausländers sowie die Verurteilung zu einer besonders hohen Strafe genannt.[1549] In diesen Fällen sei es nicht auszuschließen, daß sich der Beschuldigte gar nicht der Tragweite seiner Verzichtserklärung bewußt gewesen ist.

Überträgt man diese Gedanken auf die Konzeption mittels der Fürsorgepflichten, so könnten bei Vorliegen der o. g. Umstände eventuell zusätzliche bzw. besondere Fürsorgepflichten relevant werden. Dieser Frage soll im folgenden nachgegangen werden.

aa) Jugendliches Alter des Beschuldigten

Dem Jugendlichen steht neben seinem gesetzlichen Vertreter ein eigenes Anfechtungsrecht zu; folglich kann er auf Rechtsmittel auch selbst verzichten bzw. eingelegte Rechtsmittel zurücknehmen.[1550]

In diesem Zusammenhang wird zum Teil auch dann eine Ausnahme von der grundsätzlichen Beachtlichkeit des Verzichts zugelassen, wenn dem Jugendlichen mit Rücksicht auf seine geistige Entwicklung die genügende Einsichtsfähigkeit für die betreffende Prozeßhandlung fehlt.[1551]

Bei Heranziehung dieses Umstandes ist bereits problematisch, daß anscheinend nicht nur Jugendliche im Sinne des JGG (vgl. dort § 1 II) gemeint sind. So

---

1547 Allgemeine Verfügung des Justizministers, PrJMBl 1928, S. 12. Zudem solle vermieden werden, daß dem Angeklagten zu einem Verzicht zugeredet werde.

1548 Vgl. 4. Kapitel, I. 2. a).

1549 Vgl. OLG Hamburg NJW 1964, 1039 (1040); OLG Frankfurt NJW 1966, 1376; OLG Oldenburg NStZ 1982, 520; OLG Düsseldorf MDR 1986, 75; OLG Zweibrücken StV 1994, 362 (363); AK-*Achenbach*, StPO, § 302 Rn. 26.

1550 OLG Düsseldorf MDR 1986, 75; SK-*Frisch*, StPO, § 302 Rn. 59; *Meyer-Goßner*, StPO, § 296 Rn. 5.

1551 OLG Düsseldorf MDR 1986, 75; AK-*Achenbach*, StPO, § 302 Rn. 26.

findet sich im Zusammenhang mit dem Rechtsmittelverzicht der Hinweis auf einen „jugendlichen Angeklagten" auch bei einem Beschuldigten, der zum Zeitpunkt der Verurteilung bereits 21 Jahre alt war.[1552] Wollte man für jugendliche Beschuldigte eigenständige Fürsorgepflichten des Gerichts begründen, so wäre damit zugleich die Schwierigkeit einer Abgrenzung der maßgeblichen Alterszeiträume verbunden.

Darüber hinaus können eventuelle Besonderheiten bei jugendlichen Beschuldigten bereits auf anderem Wege hinreichend Berücksichtigung finden, so daß es keiner spezifischen Fürsorgepflicht bei einem durch jugendliche Beschuldigte erklärten Verzicht bedarf. Die Belange des Jugendlichen sind bei der Frage zu berücksichtigen, ob ein Fall der notwendigen Verteidigung im Sinne des § 140 II, insbesondere unter dem Aspekt der Unfähigkeit der Selbstverteidigung, vorliegt.[1553] Bestehen bei einem jugendlichen Beschuldigten Zweifel, ob er mit seinen geistigen Fähigkeiten dem Verfahren folgen kann, so ist § 140 II anwendbar.[1554] Hierin ist dann – auch im Hinblick auf den Rechtsmittelverzicht – die Fürsorgepflicht des Gerichts zu sehen, die im Falle der Nichtbestellung des Verteidigers verletzt wird.

So läßt sich auch in den von der Rechtsprechung erörterten problematischen Fällen in der Regel eine sachgerechte Lösung über die bisherigen hier genannten Fürsorgepflichten, wie z. B. die Bestellung eines Verteidigers im Falle einer notwendigen Verteidigung[1555] oder die Rechtsmittelbelehrung[1556], erzielen.

Des weiteren ist es ebenfalls abzulehnen, den Umstand einer „Gerichtsunerfahrenheit" zu berücksichtigen und ggf. hieran besondere Fürsorgepflichten zu knüpfen.[1557] Ein Abstellen auf die vermutlichen Kenntnisse des Beschuldigten

---

1552 OLG Oldenburg NStZ 1982, 520 mit Hinweis auf OLG Schleswig NJW 1965, 312 (313). Auch OLG Hamburg NJW 1964, 1039 (1040) berücksichtigt bei einem 22jährigen Beschuldigten die „Jugend des Angeklagten"; OLG Düsseldorf NStZ 1982, 521 verweist bei einem 24jährigen Beschuldigten auf dessen „jugendliches Alter".

1553 Darüber hinaus benennt § 68 Nr. 2-4 JGG weitere Fälle einer notwendigen Verteidigung.

1554 OLG Celle StV 1991, 151; *Eisenberg*, JGG, § 68 Rn. 23, 27; *Meyer-Goßner*, StPO, § 140 Rn. 30; *Pfeiffer*, StPO, § 140 Rn. 7. – Zum Teil findet sich im Schrifttum auch die Forderung, daß im Jugendstrafverfahren generell die Notwendigkeit einer Verteidigung besteht, vgl. die Nachweise bei *Eisenberg*, JGG, § 68 Rn. 21.

1555 OLG Hamburg NJW 1964, 1039 (1040); OLG Hamm MDR 1975, 599 (600); OLG Frankfurt NStZ 1993, 507.

1556 So fehlte im Sachverhalt, der OLG Frankfurt NJW 1966, 1376 zugrunde lag, bereits die Belehrung der Beschuldigten. Zudem wurde der Beschuldigten keine Gelegenheit gegeben, sich mit ihrem Verteidiger zu beraten. Diese beiden Fürsorgepflichtverstöße führen bereits zur Unbeachtlichkeit des Verzichts.

1557 So wohl OLG Zweibrücken StV 1994, 362 (363). Vgl. OLG Hamm VRS 1999 (Band 96), 212, das u. a. zur Begründung der Wirksamkeit des Verzichts auf die Gerichtserfahrenheit des Beschuldigten abstellt.

im Einzelfall ist mangels Unbestimmtheit des Begriffs der Gerichtserfahrenheit nicht weiterführend.[1558] Müßte nicht auch ein Beschuldigter als gerichtsunerfahren gelten, der mehrere Verhandlungen vor dem Strafrichter hinter sich hat, aber nun das erst Mal vor einem Schwurgericht steht? Allein das bloße Vertrautsein mit dem Ablauf der Hauptverhandlung bedeutet nicht, daß der Beschuldigte auch über die entsprechenden Kenntnisse verfügt.

bb) Nichtdeutschsprachige Ausländer

Nicht nur bei jugendlichen Beschuldigten wird auf die Problematik der ausreichenden Erfassung der Bedeutung des Verzichts verwiesen, sondern auch hinsichtlich nichtdeutschsprachiger Ausländer bzw. Ausländer mit Verständnisschwierigkeiten.[1559] So wird zum Teil bereits dann eine Unwirksamkeit des Verzichts bejaht, wenn Zweifel daran bestehen, ob ein sprachunkundiger Beschuldigter die Tragweite seiner Erklärung verstanden hat.[1560]

Aber auch hier stellt sich die Frage nach besonderen Fürsorgepflichten nicht. Diese Konstellationen lassen sich bereits mit den zuvor genannten bzw. aufgestellten Fürsorgepflichten sachgerecht erfassen.

Zum einen ist – wie beim jugendlichen Beschuldigen – einer evtl. Beeinträchtigung der Verteidigungsfähigkeit aufgrund sprachlicher Schwierigkeiten bereits mit dem Institut der notwendigen Verteidigung zu begegnen. So führt die eingeschränkte Verteidigungsfähigkeit gem. § 140 II zur Bestellung eines Verteidigers.[1561] Dies soll selbst bei einfacher Sach- und Rechtslage gelten.[1562] Zudem werden in den Fällen, in denen der Beschuldigte über einen Verteidiger verfügt, die o. g. Fürsorgepflichten hinsichtlich der Gewährleistung einer effektiven Verteidigung relevant. Bei ihrer Nichtbeachtung bedarf es dann insoweit keiner Berücksichtigung des Umstands mehr, daß ein Ausländer den Verzicht erklärt hat.

1558 Vgl. OLG Neustadt GA 1956, 92 (94).

1559 AK-*Achenbach*, StPO, § 302 Rn. 26; *Peters*, Strafprozeß, S. 269: „Erst recht ist ein zur Unwirksamkeit führender Irrtum bei Ausländern möglich".

1560 OLG Schleswig RPfleger 1966, 214; OLG München StV 1998, 646; *Pfeiffer*, StPO, § 302 Rn. 3. Vgl. auch OLG Zweibrücken StV 1994, 362 (363), wo hinzukommt, daß der Beschuldigte ohne anwaltlichen Beistand unmittelbar nach der Urteilsverkündung auf Rechtsmittel verzichtete.

1561 KG StV 85, 448 (449); OLG Celle NStZ 1987, 521; KK-*Laufhütte*, StPO, § 140 Rn. 24; *Meyer-Goßner*, StPO, § 140 Rn. 24, 30a; *Roxin*, Strafverfahrensrecht, § 19 Rn. 19. Vgl. auch OLG Zweibrücken StV 1988, 379; LG Köln StV 1990, 59, die stets vom Erfordernis einer Verteidigerbeiordnung ausgehen; dagegen mit überzeugenden Argumenten OLG Düsseldorf RPfleger 1999, 96 (97).

1562 *Kühne*, Strafprozeßrecht, Rn. 729.

Als Beispiel sei auf den Sachverhalt verwiesen, der dem Beschluß des OLG München zugrunde lag[1563]: Der Beschuldigte – ein äthiopischer Staatsangehöriger – beherrschte nur unvollkommen die deutsche Sprache und war daher in seiner Verständigungsfähigkeit beeinträchtigt. Er verfügte zwar über einen Wahlverteidiger, dieser war aber während der Berufungshauptverhandlung nicht anwesend. Der Beschuldigte nahm sein eingelegtes Rechtsmittel zurück. Da er sich bereits seit mehr als drei Monaten in Abschiebehaft befand, lag ein Fall der notwendigen Verteidigung vor. Durch die Nichtbestellung eines Verteidigers bzw. das Verhandeln ohne den Wahlverteidiger verstieß das Gericht gegen seine Fürsorgepflicht.[1564] Dies ist der Grund für die Unbeachtlichkeit und nicht die Zweifel, ob sich der Beschuldigte aufgrund der Verständnisschwierigkeiten der Bedeutung und Tragweite seiner Erklärung bewußt war.[1565] Die herkömmlichen Fürsorgepflichten sind insoweit ausreichend.

Zum anderen erfährt der sprachunkundige bzw. der in seiner Verständigung beeinträchtigte Beschuldigte einen hinreichenden Schutz durch den Anspruch auf einen Dolmetscher im Verfahren. So sieht § 185 I 1 GVG zwingend die Hinzuziehung eines Dolmetschers vor.[1566] Art. 6 III e) EMRK gewährt ebenfalls die unentgeltliche[1567] Unterstützung durch einen Dolmetscher. Dessen Beiordnung umfaßt zudem das gesamte Strafverfahren, also auch den Zeitraum nach der Urteilsverkündung.[1568]

Wird dem Beschuldigten ein Dolmetscher verweigert bzw. fehlt dieser beispielsweise während der Rechtsmittelbelehrung[1569], so kann hierin bereits eine Fürsorgepflichtverletzung gesehen werden. Ist dagegen eine Belehrung und deren Übersetzung ordnungsgemäß erfolgt, so bestehen keine Bedenken, dem Verzicht die Beachtlichkeit abzusprechen, nur weil er von einem nichtdeutschsprachigen Ausländer erklärt wurde.[1570] Es gelten insoweit keine Besonderheiten.[1571] Kann der Beschuldigte der Hauptverhandlung ohne weiteres folgen und sind keine Verständnisschwierigkeiten ersichtlich, so kann hiervon auch beim anschließend erklärten Rechtsmittelverzicht ausgegangen werden.[1572]

1563 OLG München StV 1998, 646.

1564 Vgl. 4. Kapitel, III. 2. b).

1565 So aber OLG München StV 1998, 646.

1566 Wird kein Dolmetscher hinzugezogen, liegt ein absoluter Revisionsgrund gem. § 338 Nr. 5 vor, vgl. BGHSt 3, 285 (286); *Meyer-Goßner*, StPO, § 338 Rn. 44.

1567 Vgl. dazu § 464c; eingehend zur Kostenproblematik *Kühne*, Strafprozeßrecht, Rn. 730.

1568 BGH NJW 2001, 309 (311); *Pfeiffer*, GVG, § 185 Rn. 4.

1569 Vgl. dazu *Meyer-Goßner*, StPO, § 35a Rn. 9.

1570 So auch BGH NJW 1984, 1974 (1975); NStZ 2000, 441 (442); OLG Oldenburg NStZ 1982, 520 f.; OLG Düsseldorf RPfleger 1999, 96.

1571 *Meyer-Goßner*, StPO, § 302 Rn. 24; KK-*Ruß*, StPO, § 302 Rn. 12, 15.

1572 Vgl. BGH NStZ-RR 1999, 38; OLG Düsseldorf RPfleger 1999, 96.

cc) Verurteilung zu hoher Strafe

Zum Teil findet sich in Rechtsprechung und Schrifttum der Hinweis, daß im Zusammenhang mit der Verurteilung zu einer hohen Strafe besondere Anforderungen an die Wirksamkeit des Verzichts zu stellen seien. So wird darauf abgestellt, daß nur bei einer erheblichen Strafhöhe eine vorhergehende Beratung mit dem Verteidiger erforderlich sei.[1573] *Herbert Müller* bemerkt: „Es leuchtet ohne weiteres ein, daß es für die Frage, ob dem Gericht gegenüber dem Angeklagten eine Fürsorgepflicht in dem bezeichneten Sinne obliegt, entscheidend auf die Schwere der verhängten Strafe ankommt."[1574]

Fraglich ist nun aber, ob die Existenz und Art der Fürsorgepflichten tatsächlich von dem Umstand eines bestimmten Inhalts der Entscheidung abhängig gemacht werden kann. Zum einen spricht gegen die Berücksichtigung des Umstands der Strafhöhe bzw. Schwere des Falles die Unbestimmtheit, die damit verbunden ist. So werden im Zusammenhang mit den „schweren Fällen" zumeist Schwurgerichtssachen als Beispiel angeführt.[1575] Aber auch unterhalb dieses Bereiches ist beispielsweise die vorherige Rücksprache mit dem anwesenden Verteidiger unverzichtbar.

Zum anderen ist der StPO der Gedanke einer Differenzierung anhand der Schwere der Strafe grundsätzlich fremd.[1576] Insbesondere wird bei den Rechtsmitteln kein Unterschied gemacht, ob die Verurteilung zu einer hohen oder geringen Strafe erfolgt ist. Daher ist diese an die Strafhöhe anknüpfende Auffassung nicht nur bedenklich[1577], sondern abzulehnen. Für die zuvor genannten Fürsorgepflichten ergibt sich somit, daß es bei ihrer Anwendbarkeit nicht auf die Höhe der verhängten Strafe ankommt.

1573 BGHSt 19, 101 (104); OLG Hamburg NJW 1964, 1039 (1040); OLG Köln NStZ 1981, 490. KK-*Ruß*, StPO, § 302 Rn. 12 spricht von „Verurteilungen mit erheblichen Auswirkungen auf das zukünftige Leben eines Angeklagten". Vgl. auch OLG Hamm VRS 1999 (Band 96), 212 hinsichtlich des Ordnungswidrigkeitenverfahrens.

1574 *H. Müller*, Willenserklärungen, S. 84.

1575 OLG Köln NStZ 1981, 490.

1576 Als Ausnahme kann insoweit § 140 II gelten, der bei Schwere der Tat eine notwendige Verteidigung vorsieht. Die Schwere der Tat bestimmt sich nach der zu erwartenden Rechtsfolgenentscheidung, vgl. BGHSt 6, 199 (200 f.); KG StV 1985, 448 (449). In der Regel wird bei einer Straferwartung von einem Jahr Freiheitsstrafe ein Verteidiger beigeordnet, vgl. *Meyer-Goßner*, StPO, § 140 Rn. 23; andere Ansicht OLG Celle StV 1985, 184; *Krey*, Strafverfahrensrecht I, Rn. 686, die eine Straferwartung von zwei Jahren verlangen. Als weitere Ausnahme ist die Annahmeberufung (§ 313) zu nennen.

1577 So AK-*Achenbach*, StPO, § 302 Rn. 27.

3. *Rechtsmittelverzicht und Absprachen im Strafverfahren*

Standen in früheren Abhandlungen über die Unbeachtlichkeit eines Rechtsmittelverzichts vorrangig Irrtümer und Fragen einer mangelnden Beteiligung des Verteidigers im Vordergrund, kommt mittlerweile dem Rechtsmittelverzicht im Zusammenhang mit Absprachen eine besondere Bedeutung zu.[1578] So findet sich in den einschlägigen Dissertationen nur in derjenigen *Frank Meyers* eine – überaus gründliche – Behandlung dieser Problematik.[1579] Auch die intensive Erörterung im Schrifttum sowie die Vielzahl der in den letzten Jahren ergangenen – nicht immer einheitlichen – Entscheidungen des BGH legen nahe, daß der Bereich der Absprachen auch hinsichtlich des Rechtsmittelverzichts ein Feld kontrovers diskutierter Ansichten darstellt. In der Rechtsprechung dürfte die Entscheidung des Großen Senats vom 3.03.2005[1580] für eine gewisse Klärung der Problematik gesorgt haben. Angesichts zahlreicher Konstellationen wird dieser Beschluß vermutlich noch weitere Einzelheiten klärende Entscheidungen nach sich ziehen.

Nur der absprachebedingte Rechtsmittelverzicht soll aus dem Fragenkreis der Absprachen im folgenden näher untersucht werden. Zur Gesamtproblematik ist ein vollständiger Überblick über Rechtsprechung und Schrifttum mittlerweile fast unmöglich. Die Grundfragen der Absprachenthematik können somit nur im jeweiligen Zusammenhang mit dem Rechtsmittelverzicht – soweit relevant – erörtert werden.

Zunächst ist auf die Bedeutung eines Verzichts im Rahmen einer Absprache einzugehen; danach sind die Vereinbarung eines Verzichts vor Urteilsverkündung und die Beachtlichkeit des später tatsächlich erklärten Verzichts im Hinblick auf mögliche Fürsorgepflichtverletzungen zu untersuchen.

a) Relevanz des Rechtsmittelverzichts im Zusammenhang mit Absprachen

Im folgenden wird der Begriff der „Absprache“ verwendet.[1581] Zum einen beruht diese Begriffswahl auf dem einfachen Umstand, daß dies der wohl am häufigs-

---

1578 *Schroeder*, Strafprozeßrecht, Rn. 297 bemerkt hinsichtlich der Ursachen des Rechtsmittelverzichts, daß eine „neue Quelle durch die zunehmenden Vereinbarungen im Strafprozeß“ entstanden ist.

1579 *F. Meyer*, Willensmängel, S. 281-353, 371-380. Aufgrund der bis vor 20 Jahren mangelnden öffentlichen Beachtung der – wohl auch früher praktizierten – Absprachen findet sich keine Behandlung dieser Fragen bei *Dencker*, Willensfehler beim Rechtsmittelverzicht (1972); *Dahrmann*, Widerruf von Rechtsmittelverzicht und -zurücknahme im Strafprozeß (1966). – Vgl. dagegen die neueren Arbeiten von *Moldenhauer*, Absprachen, S. 204 ff. sowie von *Grunst*, Prozeßhandlungen, S. 379 ff.

1580 BGH NJW 2005, 1440 ff.

1581 Zur Terminologie ausführlich *Braun*, Absprachen, S. 3 f.; *Dencker/Hamm*, Vergleich, S. 13 f., 38 ff.

ten verwendete Begriff ist, zum anderen soll verhindert werden, daß bereits mit der Verwendung einer bestimmten Bezeichnung eine Wertung vorgenommen wird. Insoweit erscheint der eher neutrale Begriff der „Absprache" geeignet.[1582] Zum Teil werden als Synonyme auch „Vereinbarung" bzw. „Verständigung" genannt.[1583]

Wichtiger als die Bezeichnung ist jedoch die Beschreibung des Gegenstandes einer Absprache. Inhaltlich geht es – abstrakt ausgedrückt – um die Einigung zwischen Prozeßsubjekten über künftig vorzunehmende Prozeßhandlungen.[1584] Konkret geht es zumeist um die Zusage einer Strafmilderung bzw. eines relativ konkret festgesetzten Strafmaßes seitens des Gerichts gegen Abgabe eines Voll- oder Teilgeständnisses durch den Beschuldigten.[1585]

Auch wenn es zum Umfang der Absprachen keine verläßlichen Angaben gibt, so besteht doch hinsichtlich zweier Umstände Einigkeit. Die Absprachen haben für bestimmte Bereiche eine besonders große Bedeutung, so werden diesbezüglich z. B. Verfahren im Zusammenhang mit der Betäubungsmittel- und Wirtschaftskriminalität genannt.[1586] Von letzteren wird sogar behauptet, daß dort die Absprache zur regelmäßigen „Verfahrensform" geworden sei.[1587]

Als zweiter – entweder kritisch oder zustimmend aufgenommener – Umstand kann festgestellt werden, daß Absprachen generell eher zu- als abnehmen.[1588] Absprachen sind also kein Randphänomen von nur untergeordneter Bedeutung.

Welche Beziehung besteht nun zwischen Rechtsmittelverzicht und Absprache? Zur Klärung dieser Frage ist vom Zweck einer Absprache auszugehen. Im Hinblick auf den Rechtsmittelverzicht ist das generelle Bestreben aller Beteilig-

---

1582 *Braun*, Absprachen, S. 4 f. Dies ist auch der in der Rechtsprechung verwendete Terminus.

1583 *Janke*, Verständigung, S. 41.

1584 *Siolek*, Verständigung, S. 46; *Weider*, Dealen, S. 118. Vgl. auch LR-*Rieß*, StPO, Einl. G Rn. 59, 62; *Schmidt-Hieber*, Verständigung, S. 3.

1585 *Beulke*, Strafprozeßrecht, Rn. 394; *Meyer-Goßner*, StPO, Einl. Rn. 119a. Zu weiteren möglichen Bestandteilen vgl. *Rönnau*, Absprache, S. 33 f., 49. Zum Prototyp einer Absprache vgl. auch *Moldenhauer*, Absprachen, S. 83. Vgl. auch die Beispiele bei *Pfister*, DRiZ 2004, 178 f.

1586 *Landau/Eschelbach*, NJW 1999, 321. Ausführlich zur Problematik im Betäubungsmittelstrafverfahren *Weider*, Dealen, S. 117 ff. sowie zu den Gründen für Absprachen in Wirtschaftsstrafverfahren *Wehnert*, StV 2002, 219.

1587 *Kuckein/Pfister*, FS BGH, S. 641 (642). – Hervorgehoben wird oftmals, daß in diesem Bereich nicht nur die Quantität, sondern v. a. die Qualität der Verfahren zur Notwendigkeit von Absprachen führe, vgl. *Landau/Eschelbach*, NJW 1999, 321.

1588 *Schröder*, StraFo 2003, 412. *Janke*, Verständigung, S. 268 spricht von 17-30 % aller Strafverfahren, die durch Absprachen erledigt werden; *Dahs*, NStZ 1988, 153 geht davon aus, daß in 30-40 % aller Verfahren zumindest der Versuch einer Absprache unternommen wird; *Schünemann*, ZStW 2002, 1 (27) vermutet, daß es bei der Hälfte der Urteile und Einstellungen Absprachen gibt.

ten nach Verfahrensbeschleunigung mittels einer Absprache hervorzuheben.[1589] Denn ein Verzicht auf Rechtsmittel schließt ein mögliches Rechtsmittelverfahren aus und kürzt somit das Verfahren ab. Neben dem Verzicht auf Beweisanträge und einem (Teil-)Geständnis ist der Verzicht daher eine weitere Möglichkeit des Beschuldigten, zur Verfahrensbeschleunigung beizutragen.[1590] Daneben sorgt er für die Bestandskraft des Urteils, indem er dieses und die Absprache insgesamt einer Überprüfung durch das Rechtsmittelgericht entzieht.[1591] Bildlich gesprochen ist der beiderseitige Verzicht auf Rechtsmittel der „Handschlag zur Bekräftigung der Absprache".[1592] Ziel einer Absprache wird somit i. d. R. die rechtskräftige Entscheidung sein.[1593] Angesichts dessen verwundert es nicht, wenn der Rechtsmittelverzicht als eine conditio sine qua non einer Absprache angesehen wird[1594]; der Verzicht als Bestandteil einer Absprache sei „gängige Praxis".[1595]

Dieser Umstand erstaunt um so mehr, als Teile der Rechtsprechung – insbesondere seit der grundlegenden Entscheidung des 4. Strafsenats des BGH im Jahre 1997[1596] – diese Praxis der Absprachebeteiligten ablehnen.[1597] Der Große Senat für Strafsachen hat ebenfalls die Einbeziehung des Rechtsmittelverzichts in eine Absprache mißbilligt.[1598]

1589 *Haas*, FS Keller, S. 45 (57); *Landau/Eschelbach*, NJW 1999, 321 (326). Zu weiteren Gründen einer Absprache vgl. *Moldenhauer*, Absprachen, S. 31 ff.; *Weigend*, FG BGH, S. 1011. – *Kuckein/Pfister*, FS BGH, S. 641 (643) sprechen sogar von „gleichgerichteten Interessen" der Beteiligten. – Zu den Interessen des Beschuldigten *Rönnau*, Absprache, S. 52 ff.

1590 *Ioakimidis*, Absprache, S. 17. Zur Bedeutung des Geständnisses im Rahmen einer Absprache vgl. *Heller*, Urteilsabsprache, S. 35 ff.

1591 *Bömeke*, Absprachen, S. 130; *Wagner*, FS Gössel, S. 585 (600). Zu den Gründen der Verhinderung einer revisionsgerichtlichen Überprüfung *Rönnau*, Absprache, S. 49 ff.

1592 Diese Metapher zeigt, daß das Erscheinungsbild einer Absprache nicht selten einem Handel entsprechen wird, bei dem „nach alter Sitte" auf einen schriftlichen Vertrag verzichtet wird und statt dessen der Handschlag den Abschluß bekräftigt.

1593 *Landau/Eschelbach*, NJW 1999, 321 (326); *Weider*, FS Lüderssen, S. 773 (776).

1594 *Herrmann*, JuS 1999, 1162 (1164); *Prasser*, AnwBl 2002, 43 f.; *Pfister*, DRiZ 2004, 178 (181); *Weider*, FS Lüderssen, S. 773 (775 f.).

1595 *Bömeke*, Absprachen, S. 130; *Deal*, StV 1982, 545 (552); *Gerlach*, Absprachen, S. 169; *Kuckein/Pfister*, FS BGH, S. 641 (655). *Schünemann*, ZStW 2002, 1 (54) spricht von einem „Standardinhalt einer Absprache". Bezeichnend auch *Weider*, FS Lüderssen, S. 773 (776), wonach die Absprache ohne Zusage eines Rechtsmittelverzichts gescheitert sei.

1596 BGHSt 43, 195 ff.

1597 BGH StV 1999, 407; BGHSt 45, 227 (230 f.); OLG Stuttgart NJW 1999, 375 (376); OLG München StV 2000, 188 (189). Vgl. aber OLG Köln StV 1998, 176 (177), das u. a. auch den Rechtsmittelverzicht als möglichen – wohl auch zulässigen – Inhalt einer Absprache nennt.

1598 BGH NJW 2005, 1440 (1444 f. unter II.)

Auch im Schrifttum wird ein solcher Abspracheinhalt überwiegend kritisch gesehen.[1599] *Weigend* bemerkt zur davon unbeeindruckt fortbestehenden Praxis der Tatgerichte, daß sich hier der Interessenverbund der juristischen Praktiker zeige: „Der BGH kann beeinflussen, was geschrieben und gesagt wird, aber er kann nicht ändern, was getan wird".[1600] Ob dies nach der insoweit eindeutigen Entscheidung des Großen Senats auch noch gilt, kann hier zur Zeit noch nicht beurteilt werden. Es ist aber davon auszugehen, daß sich die Instanzgerichte mehr von den praktischen Zwängen des Verfahrensalltags werden leiten lassen und dabei wohl nicht selten der Billigung durch die anderen Verfahrensbeteiligten gewiß sind.

Abschließend soll noch auf die Frage eines gesetzgeberischen Handlungsbedarfes im Bereich der Absprachen eingegangen werden. Gerade im Hinblick auf den Rechtsmittelverzicht wird deutlich, daß die Schwierigkeiten der Handhabung und Beurteilung u. a. auf dem Umstand beruhen, daß es sich um ein Procedere außerhalb – nicht unbedingt entgegen – der Normen der StPO handelt. So wird mit Recht festgestellt, daß der jetzige Rechtszustand unbefriedigend ist.[1601] Aufgrund der nach wie vor nicht geringen Unterschiede in der Rechtsprechung besteht eine nicht hinnehmbare Rechtsunsicherheit. Betrachtet man zusätzlich noch die zahlreichen Grundsätze, die durch Absprachen berührt[1602] werden, so kann von der Herausbildung einer „anderen Verfahrensform" ausgegangen werden.[1603] Die Entscheidung über eine die Grundlagen des Verfahrens betreffende Entwicklung sollte jedoch dem Gesetzgeber vorbehalten sein und nicht allein der richterlichen Rechtsfortbildung überlassen werden.[1604]

1599 *Kühne*, Strafprozeßrecht, Rn. 749; *Kuckein/Pfister*, FS BGH, 641 (655); *Rieß*, NStZ 1999, 98 (99); *ders.*, FS Meyer-Goßner, S. 645 (663); *Weigend*, StV 2000, 63 (67).

1600 *Weigend*, StV 2000, 63 (67). Auch *Schmitt*, GA 2001, 411 (425) konstatiert eine nur geringe Akzeptanz der höchstrichterlichen Vorgaben bei den Tatgerichten; er selbst hält die Leitlinien des BGH für „praktisch untauglich".

1601 *Kuckein/Pfister*, FS BGH, 641 (661). BGH NJW 2005, 1440 (1444) spricht von einem „drängenden Regelungsbedarf".

1602 Ablehnende Stimmen sprechen insoweit von einer *Verletzung* strafprozessualer Grundsätze, vgl. *Beulke*, Strafprozeßrecht, Rn. 395; *Kühne*, Strafprozeßrecht, Rn. 748.

1603 *Schünemann*, ZStW 2002, 1 (28) meint, es existierten zwei Verfahrensformen nebeneinander. *Schmitt*, GA 2001, 411 (425) spricht von einem „neuen Verfahrenstypus". Zu den Möglichkeiten eines Konsensualprozesses nach deutschem Strafprozeßrecht vgl. umfassend *Duttge*, ZStW 2003 (Band 115), 539 ff.

1604 *Braun*, Absprache, S. 180 ff.; *Kuckein/Pfister*, FS BGH, S. 641 (645 f.); so wohl auch BGH NJW 2004, 2536 (2537). Kritisch zur Rechtsfortbildung durch den BGH: *Haas*, FS Keller, S. 45 (73 f.), der diese als contra legem bewertet.
Auch die Rechtsprechung selbst sieht diese Problematik. So verwundert es nicht, daß sich der Große Senat ausführlich mit der richterlichen Rechtsfortbildung und ihren Grenzen auseinandersetzt, vgl. BGH NJW 2005, 1440 (1443 f.). Im Ergebnis geht der Große Senat bei der Beantwortung der ihm gestellten Fragen davon aus, daß er sich

Entsprechend zahlreich sind die Stimmen, die eine gesetzliche Ausgestaltung fordern.[1605] Hier ist nicht der Ort, die zahlreichen Vorschläge im einzelnen zu würdigen. Daher soll – beschränkt auf den Rechtsmittelverzicht – nur kurz auf den „Diskussionsentwurf (DE) für eine Reform des Strafverfahrens"[1606] vom Februar 2004 eingegangen werden.[1607]

Im neu einzufügenden § 257b II 4 soll die Unzulässigkeit eines Rechtsmittelverzichts als Gegenstand einer Verständigung festgeschrieben werden.[1608] Dadurch soll verhindert werden, daß beim Angeklagten der Anschein der Verbindlichkeit eines Verzichts erweckt wird.[1609] Dagegen wird es als weiterhin zulässig angesehen, daß die Beteiligten die Möglichkeit eines Rechtsmittelverzichts erörtern.

§ 302 I soll folgende Ergänzung des Satzes 1 erhalten: „Liegt dem Urteil eine Verständigung nach § 257b Abs. 2 zugrunde, so ist ein Verzicht des Ange-

---

noch in den durch die Verfassung gezogenen Grenzen der richterlichen Rechtsfortbildung hält.

1605 *Meyer-Goßner*, StPO, Einl. Rn. 119i; *Pfister*, DRiZ 2004, 178 (183); *Rönnau*, Absprache, S. 287; LR-*Rieß*, StPO, Einl. G Rn. 69; *Satzger*, JuS 2000, 1157 (1160); *ders./Höltkemeier*, NJW 2004, 2487 (2490); *Widmaier*, NJW 2005, 1985 (1987). – Vgl. beispielsweise nur den Vorschlag von *Wagner*, FS Gössel, S. 585 (602 f.), der die Einführung eines „einvernehmlichen Verfahrens" nennt. Dieses soll in einem gesonderten Abschnitt geregelt werden. Hinsichtlich des Rechtsmittelverzichts schlägt er folgende Regelung vor: „Im einvernehmlichen Verfahren ist ein Rechtsmittel gegen den Schuldspruch nur bei Verletzung des Verfahrensrechts statthaft." Auf diese Rechtslage soll der Beschuldigte bei Einleitung des Verfahrens hingewiesen werden (a. a. O., S. 601). Ähnlich zuvor bereits *Braun*, Absprache, S. 290 ff.

1606 Der DE wurde vorgelegt von der Fraktion der SPD und der Fraktion Bündnis90/Die Grünen – jeweils im Deutschen Bundestag – und dem Bundesministerium der Justiz. Der DE versteht sich selbst als ein „ergebnisoffenes Angebot zur weiteren Diskussion an die Fachöffentlichkeit und alle Interessierten", vgl. StV 2004, 228 ff. – Vgl. die eher kritische Würdigung bei *Haller*, DRiZ 2004, 184 ff. und *Widmaier*, NJW 2005, 1985 (1987). Letzterer sieht in einer bloßen Kodifikation der Leitsätze von BGHSt 43, 195 die Gefahr eines „unzureichenden Schnellschusses".

1607 Vgl. auch die bereits 2001 veröffentlichten „Eckpunkte einer Reform des Strafverfahrens – Diskussionspapier der Regierungskoalitionen" (Stand: 6.04.2001) in StV 2001, 314 ff. So wurde darin u. a. eine gesetzliche Regelung der Verständigung in Aussicht gestellt: „Eine gesetzliche Normierung der Verständigung im Strafverfahren trägt der Entwicklung in der Praxis Rechnung. Sie soll in Übereinstimmung mit der Rechtsprechung des Bundesgerichtshofes und des Bundesverfassungsgerichts die dabei zu beachtenden rechtsstaatlichen Anforderungen an verfahrensbeendende Absprachen gewährleisten und insbesondere auch sicherstellen, daß der Boden für eine schuldangemessene Strafe nicht verlassen wird." (a. a. O., S. 316)

1608 DE, S. 8 (= StV 2004, 228 [237]). Vgl. dazu *Haller*, DRiZ 2004, 184 (188), der sich über das Verbot einer Verzichtsvereinbarung wundert – der DE wolle doch gerade konsensuale Elemente im Strafprozeß stärken.

1609 DE, S. 43 (= StV 2004, 228 [237]).

klagten unwirksam, wenn der Verzicht Gegenstand der Verständigung war."[1610] Diese Neufassung ist somit die logische Ergänzung des § 257b II 4. Die Unwirksamkeit des Verzichts solle den Angeklagten vor einem übereilten Verzicht und einer unzulässigen Beeinflussung schützen.[1611]

Die Schwierigkeit liegt nun darin, abzugrenzen, wann noch von einer zulässigen vorbereitenden Erörterung eines Verzichts ausgegangen werden kann, und ab welcher Situation eine unzulässige Vereinbarung angenommen werden muß. Offen bleibt auch, wie die – zur Umgehung getroffene – Vereinbarung einer Nichtanfechtung der Entscheidung zu behandeln ist.[1612]

b) Zulässigkeit der Vereinbarung eines Rechtsmittelverzichts

Nach diesen eher grundlegenden Erörterungen zum Rechtsmittelverzicht im Zusammenhang mit Absprachen ist nun zur Unbeachtlichkeit eines abgesprochenen Verzichts zurückzukehren. Für die Beurteilung der Beachtlichkeit eines Verzichts ist aber zwischen der Vereinbarung bzw. Absprache eines Verzichts vor Urteilsverkündung und der späteren absprachegemäßen Erklärung des Verzichts zu unterscheiden. Hier soll zunächst der vereinbarte Verzicht betrachtet werden.

Bei einer Verzichtsvereinbarung während oder vor der Hauptverhandlung stellt sich die Frage, ob eine solche Vereinbarung überhaupt zulässig ist; daran schließt sich die für spätere Überlegungen relevante Frage an, ob ein abgesprochener Verzicht eine Bindungswirkung entfaltet, so daß nach Urteilsverkündung eine andere Entscheidung ausgeschlossen wäre. Sollte dies nicht der Fall sein, der Verzicht vor Urteilsverkündung also den Beschuldigten nicht binden, so bedarf es auch keiner weitergehenden Erörterung der Beachtlichkeit eines lediglich vereinbarten Verzichts.

Die ganz überwiegende Meinung sieht die Vereinbarung bzw. Absprache eines Verzichts während der Hauptverhandlung kritisch und lehnt somit den Verzicht als Gegenstand einer Absprache ab.[1613] Ausdrücklich hat dies so auch der 4. Strafsenat in seiner Grundlagenentscheidung vertreten.[1614] Die anderen Senate

---

1610 DE, S. 9 (= StV 2004, 228 [237]).

1611 DE, S. 44 (= StV 2004, 228 [237 f.]).

1612 Vgl. dazu *Rieß*, FS Meyer-Goßner, S. 645 (656 f.).

1613 *Beulke*, Strafprozeßrecht, Rn. 396a; *Grunst*, Prozeßhandlungen, S. 384; *Kühne*, Strafprozeßrecht, Rn. 749; *F. Meyer*, HRRS 2005, 235 (239); *Meyer-Goßner*, StPO, Einl. Rn. 119f; *ders.*, StraFo 2003, 401; *Moldenhauer*, Absprachen, S. 212 ff.; *Rieß*, FS Meyer-Goßner, S. 645 (650); *ders.*, NStZ 2000, 98 (99); *Pfister*, DRiZ 2004, 178 (181); *Roxin*, Strafverfahrensrecht, § 15 Rn. 9e; SK-*Schlüchter*, StPO, Vor § 213 Rn. 52; *Siolek*, Verständigung, S. 198 ff.

1614 BGHSt 43, 195 (204 f.); bestätigend BGHSt 45, 227 (230).

haben sich dieser Auffassung mehr oder weniger deutlich angeschlossen[1615]; eine endgültige Ablehnung hat die Vereinbarung oder nur bereits das Hinwirken auf einen Verzicht im Rahmen einer Absprache durch den Großen Senat in Strafsachen erfahren.[1616] Folgende Argumente lassen die Mehrheitsansicht zu diesem Schluß gelangen.

Der kürzeste Einwand besteht darin, daß eine Erklärung des Rechtsmittelverzichts vor Urteilsverkündung unzulässig sei.[1617] Diese Feststellung ist an sich zutreffend; bereits oben wurde als frühester Zeitpunkt eines Rechtsmittelverzichts die Urteilsverkündung genannt.[1618] Aber im Zusammenhang mit der hier zu untersuchenden Verzichtsabsprache kann diese Behauptung nicht überzeugen. Denn es geht gerade nicht um die Erklärung eines Verzichts auf Rechtsmittel, sondern nur um die Vorbereitung einer solchen Prozeßhandlung.[1619] Im Rahmen einer Absprache während der Hauptverhandlung wird die Erklärung eines Verzichts nur vereinbart und nicht selbst erklärt.[1620] Überträgt man zur Veranschaulichung die zivilrechtlichen Kategorien, so stellt sich die Absprache eines Verzichts als das Verpflichtungsgeschäft dar[1621], und die spätere absprachegemäße Erklärung nach Urteilsverkündung kann als Erfüllung der Vereinbarung angesehen werden.[1622]

Das erste Argument für die Unzulässigkeit einer Vereinbarung geht somit von einer unzulässigen Gleichsetzung von Erklärung und Ankündigung einer Erklärung aus.[1623] So käme auch niemand auf die Idee, in der Ankündigung des

---

1615 Vgl. den 1. Senat: BGH StV 2000, 542 (543); NStZ-RR 2002, 114; 2. Senat: BGH StV 2001, 554; 2001, 557; vgl. aber BGH NJW 2004, 1336, wo der Senat keine Bedenken sieht, wenn ein allseitiger Rechtsmittelverzicht „in Aussicht gestellt wird" – ob damit allerdings eine Vereinbarung als zulässig angesehen wird, ist nicht ganz klar; 3. Senat: BGH NJW 2003, 3426 (3427); 5. Senat: BGHSt 47, 238 (242); BGH NJW 2004, 1335.

1616 BGH NJW 2005, 1440 (1444).

1617 So ausdrücklich BGHSt 43, 195 (205): „Zum anderen kann der Angeklagte frühestens nach der Verkündung des Urteils auf Rechtsmittel verzichten (...)"; BGHSt 45, 227 (230); OLG Stuttgart NJW 1999, 375 (376); *Ioakimidis*, Absprache, S. 89; so wohl auch *Seher*, JZ 2005, 634 (635).

1618 Vgl. 3. Kapitel, IV. 1.

1619 Eine solche Unterscheidung findet sich auch bei *Herrmann*, JuS 1162 (1166); *Weigend*, StV 2001, 63 (64). Vgl. auch hinsichtlich des Verzichts auf Haftentschädigung *Friehe*, Verzicht, S. 107 ff.

1620 *Schmitt*, GA 2001, 411 (424); *Weigend*, StV 2000, 63 (64). – Dies verkennt z. B. SK-*Schlüchter*, StPO, Vor § 213 Rn. 52, wenn sie als Argument gegen eine Verzichtsabsprache anführt, daß der Beschuldigte nicht vor Urteilserlaß über sein Anfechtungsrecht „verfügen" könne.

1621 Vgl. *Pfeiffer*, StPO, Einl. Rn. 16e. Auch OLG München StV 2000, 188 (189) spricht von einer „Verpflichtung".

1622 Vgl. auch *Hamm*, NStZ 2001, 494 (495). Zur Terminologie beim zivilprozessualen Verzicht vgl. 1. Kapitel, V. 1.

1623 *Weigend*, StV 2000, 63 (64).

Beschuldigten während des staatsanwaltschaftlichen Plädoyers, ein Rechtsmittel einlegen zu wollen, bereits die Einlegung selbst eines Rechtsmittels zu sehen. Warum sollte der Beschuldigte als Prozeßsubjekt nicht auch Absichtserklärungen abgeben können, und zwar noch bevor die Erklärung der Prozeßhandlung an sich zulässig ist?

Auch begründet die Vereinbarung eines Verzichts nicht die Vermutung einer „Mauschelei".[1624] Konsequent zu Ende gedacht würde dies bedeuten, daß die Staatsanwaltschaft nach Urteilsverkündung nie auf Rechtsmittel verzichten dürfte, um nicht den Eindruck der Vertuschung einer unzulässigen Absprache zu erwecken.

Als weiteres Argument gegen die Unzulässigkeit einer Verzichtsvereinbarung wird vorgebracht, daß durch die Absprache die Rechtsmittelbefugnis des Beschuldigten unzulässigerweise mit der Höhe der Strafe verknüpft werde.[1625] Hierzu wird mit Recht bemerkt, daß die Strafhöhe ein – wenn nicht sogar der ausschlaggebende – Gesichtspunkt bei der Frage ist, ob ein Rechtsmittel eingelegt werden soll.[1626] Warum sollte diese Erwägung unzulässig sein?
In diesem Zusammenhang trifft es allerdings zu, daß das Gericht aufgrund der Ankündigung eines Rechtsmittelverzichts gerade keine mildere Strafe in Aussicht stellen darf.[1627] Eine direkte Verknüpfung von Strafmaß und Rechtsmittelverzicht ist unzulässig.[1628] Dies ist jedoch eine Frage des Strafzumessungsrechts und gibt keine Auskunft über die Zulässigkeit einer Verzichtsabrede.[1629] Demgegenüber ist es aber zulässig, den Verzicht als Gegenleistung für einen Rechtsmittelverzicht der Staatsanwaltschaft in Aussicht zu stellen.

Des weiteren wird gegen die Zulässigkeit einer Verzichtsvereinbarung angeführt, daß damit der Beschuldigte zu sehr benachteiligt werde. Aufgrund seiner Vorleistungspflicht – zumeist die Abgabe eines Geständnisses – bestünde für ihn die einzige Absicherungsmöglichkeit in der fortbestehenden Anfechtungsmöglichkeit.[1630] Es dürfe daher nicht von ihm verlangt werden, daß er sich seiner Kontrollmöglichkeit vor dem Urteil begebe.[1631]

1624 So aber *Rieß*, FS Meyer-Goßner, S. 645 (651 f.)

1625 BGHSt 43, 195 (204 f.); OLG Stuttgart NJW 1999, 375 (376); *Ioakimidis*, Absprache, S. 89; *Kuckein/Pfister*, FS BGH, S. 641 (655); *Meyer-Goßner*, StraFo 2003, 401 (405); *Roxin*, Strafverfahrensrecht, § 15 Rn. 9e.

1626 *Schmitt*, GA 2001, 411 (424).

1627 OLG München StV 2000, 188 (189).

1628 *Moldenhauer*, Absprachen, S. 215; *Satzger/Höltkemeier*, NJW 2004, 2487 (2489). – Vgl. auch *Gallandi*, NStZ 1987, 420, der feststellt, daß es unbestritten eine Leitidee der Praxis sei, den Beschuldigten dafür zu belohnen, daß er durch Verzicht auf eigene prozessuale Rechte die Rechtspflege entlaste.

1629 *Weigend*, StV 2000, 63 (64).

1630 BGHSt 45, 227 (231).

1631 OLG Stuttgart NJW 1999, 375 (376); *Roxin*, Strafverfahrensrecht, § 15 Rn. 9e.

Auch diesem Argument ist entgegenzuhalten, daß es Vereinbarung und Erklärung gleichsetzt. Die Vorstellung, der Beschuldigte würde bereits vor Kenntnis der Entscheidung sein Anfechtungsrecht verlieren und sei bei Nichteinhaltung der Absprache durch das Gericht schutzlos, beruht auf der Annahme einer Bindungswirkung der Verzichtsabsprache. Eine rechtliche Bindung an die Vereinbarung besteht jedoch – zumindest für den Beschuldigten[1632] – nicht. Diese Auffassung wird gleichfalls im Schrifttum[1633] und neuerdings auch in der Rechtsprechung[1634] hervorgehoben und kann als unbestritten angesehen werden. Zur Begründung dieser mangelnden Bindungswirkung lassen sich v. a. zwei überzeugende Gründe anführen. Formal betrachtet besteht die Möglichkeit einer bindenden Verzichtserklärung nun einmal erst nach Urteilsverkündung. Vorrangig geht es aber darum, daß der Beschuldigte im Rahmen einer Absprache bereits eine Vorleistung erbracht hat – in der Regel ein Geständnis bzw. Teilgeständnis. Durch eine bindende Verzichtsvereinbarung würde der nach der Vorleistung ohnehin geringe Handlungsspielraum des Beschuldigten noch weiter reduziert.

Eine Bindung besteht daher nur hinsichtlich des nach Urteilsverkündung erklärten und dem Gericht zugegangenen Rechtsmittelverzichts; vorherige Ankündigungen sind rechtlich ohne Belang.[1635] So käme auch niemand auf die Idee, den Beschuldigten an seiner während der Hauptverhandlung erklärten Absicht, ein Rechtsmittel einlegen zu wollen, nach Urteilsverkündung festzuhalten. Der Beschuldigte kann also auch nach der Zusage eines Verzichts Rechtsmittel einlegen und so auf eine eventuelle Nichteinhaltung der Absprache durch das Gericht reagieren.

Etwas anderes ist allerdings die – auch hier nicht zu bestreitende – faktische Bindung des Beschuldigten an seine Zusage, einen Verzicht zu erklären.[1636] *Weider* spricht in diesem Zusammenhang von einer „gewissen (moralischen) Verpflichtung“.[1637]

1632 Ob die Staatsanwaltschaft an eine Verzichtszusage gebunden ist, braucht hier insoweit nicht zu erörtert werden. *Beulke*, Strafprozeßrecht, Rn. 396a bejaht eine Bindungswirkung auch für die Staatsanwaltschaft. – Zur generellen Bindung des Gerichts an Absprachen vgl. die richtungsweisende Entscheidung BGHSt 43, 195 (210), wonach das Gericht zwar grundsätzlich gebunden ist, aber bei schwerwiegenden neuen Umständen von der Absprache abweichen kann. Vgl. auch LR-*Rieß*, StPO, Einl. G Rn. 68.

1633 *Bömeke*, Absprachen, S. 133; *Dencker/Hamm*, Vergleich, S. 32 ff., 114; *Fahl*, JA 2003, 11 (13); *Herrmann*, JuS 1999, 1162 (1166); *Rieß*, FS Meyer-Goßner, S. 645 (650); *Rönnau*, Absprache, S. 37, 250; *Weigend*, StV 2000, 63 (64).

1634 BGH NJW 2003, 3426 (3427); BGH NStZ 2004, 164 (165); BGH NJW 2005, 1440 (1445); OLG München StV 2000, 188 (189).

1635 *Weider*, FS Lüderssen, S. 773 (777).

1636 Vgl. *Bömeke*, Absprachen, S. 133; *Dencker/Hamm*, Vergleich, S. 34; *Moldenhauer*, Absprachen, S. 215; *Rönnau*, JR 2001, 31 (32).

1637 *Weider*, FS Lüderssen, S. 773 (781).

So wird gerade die faktische Bindung gegen die Zulässigkeit einer Vereinbarung angeführt. Aufgrund der tatsächlichen Bindung stehe der versprochene, zukünftige Verzicht einem unzulässig vorab erklärten Verzicht gleich.[1638] Nur die Vermeidung einer Verzichtsabsprache könne gewährleisten, daß der Beschuldigte nach dem Urteil frei über seine Rechtsmittelbefugnis entscheide und kein Druck auf ihn ausgeübt werde.

Diese Gleichstellung von rechtlicher und faktischer Bindung erscheint jedoch zweifelhaft. Daß in den meisten Fällen einer Absprache ein Verzicht erklärt wird, liegt wohl nicht daran, daß der Beschuldigte meint, an den angekündigten Verzicht gebunden zu sein, sondern an der Akzeptanz des Urteils bzw. an der Einhaltung der Absprache. Zutreffend weist der 1. Strafsenat des BGH darauf hin, daß die mangelnde Bindungswirkung zum Allgemeingut der Kenntnisse eines Strafverteidigers zählt.[1639] Ein solcher wird aber bei den Absprachen stets mitwirken und steht folglich bei bzw. nach der Urteilsverkündung dem Beschuldigten zur Seite. Sollten Zweifel an der Einhaltung der Absprache seitens des Gerichts bestehen, so kann der Verteidiger von der Erklärung eines Verzichts abraten und somit den Verlust des Anfechtungsrechts verhindern.[1640] Daß der Beschuldigte vielleicht eine moralische Verpflichtung verspürt, den Verzicht auf jeden Fall zu erklären, steht dem nicht entgegen. Schließlich hat er an deren Entstehung ja auch mitgewirkt, insoweit trifft den Beschuldigten auch eine Obliegenheit, in eigener Sache sorgfältig zu handeln.[1641]

Somit vermag die faktische Bindungswirkung einer Verzichtszusage nicht die Unzulässigkeit einer Verzichtsvereinbarung zu begründen. Die mangelnde rechtliche Bindung einer Verzichtsabsprache entkräftet daher auch den Einwand einer Gefahr der Verletzung des Amtsermittlungsgrundsatzes.[1642] So wisse das Gericht durch die Ankündigung eines Verzichts bereits vor Urteilsverkündung, daß seine Urteilsausführungen keiner weiteren gerichtlichen Überprüfung unterliegen werden.[1643] Das Gericht könne daher verleitet werden, die weitere Sachverhaltserforschung auf ein Minimum zu reduzieren und weniger Sorgfalt bei der rechtlichen Bewertung des Sachverhalts anzuwenden.[1644] Diese Gefahr be-

---

1638 BGH NJW 2003, 3426 (3427); *Grunst*, Prozeßhandlungen, S. 384; *Siolek*, Verständigung, S. 199.

1639 BGH NStZ 2004, 164 (166).

1640 Zwar ist es durchaus möglich, daß der Verteidiger auch eigene Interessen im Auge haben kann, vgl. *Moldenhauer*, Absprachen, S. 214. Aber die Annahme der Unzulässigkeit einer Verzichtsabsprache zwecks Schutz des Beschuldigten vor seinem eigenen Verteidiger erscheint nicht überzeugend, vgl. *Weider*, FS Lüderssen, S. 773 (782).

1641 Zutreffend insoweit *Weider*, FS Lüderssen, S. 773 (781). *Rönnau*, JR 2001, 31 (33) spricht im Zusammenhang mit der Absprache ebenfalls von einer Eigenverantwortung des Beschuldigten.

1642 Kritisch zu einer Überbetonung der Aufklärungspflicht *Gallandi*, NStZ 1987, 420.

1643 *Moldenhauer*, Absprachen, S. 216.

1644 BGH NJW 2005, 1440 (1444).

steht aber generell bei erfolgreichen Absprachen bzw. solchen Absprachen, bei denen sich kein Scheitern abzuzeichnen droht. Mangels einer Bindungswirkung der Verzichtsankündigung hat das Gericht keine Garantie, sondern nur die Aussicht einer Nichtanfechtung. Dies ist auch kein Widerspruch zu den Ausführungen im Zusammenhang mit dem bedingten Verzicht.[1645] Dort wurde als Argument gegen die Zulässigkeit eines bedingten Verzichts die Gefahr einer Vernachlässigung der Sachverhaltsermittlung angeführt. Aber im Unterschied zur hiesigen Konstellation wäre ein – die Zulässigkeit einmal unterstellt – bedingter Verzicht nicht bloß ein unverbindliches Versprechen, sondern die Erklärung des Verzichts selbst.

Als weiteres Argument gegen die gerichtliche Beteiligung an der Vereinbarung eines Verzichts wird die Autorität und Würde des Gerichts angeführt, die unter einer solchen Verfahrensweise zu leiden habe.[1646] Doch erscheint es zweifelhaft, den Versuch des Gerichts, die Überprüfung durch ein Rechtsmittelgericht zu verhindern, per se als unwürdig zu bezeichnen. Der beabsichtigte Ausschluß eines Rechtsmittelverfahrens basiert wohl nicht auf dem Wunsch einer möglichst schnellen „Vertuschung", sondern ist eher von einem verfahrensökonomischen Interesse geprägt. Zudem wird in der Regel die Frage eines Rechtsmittelverzichts erst am Schluß einer Absprache stehen und gerade nicht den Einstieg in eine solche darstellen. Letzteres wäre in der Tat dem Ansehen des Gerichts abträglich. Des weiteren erscheint bei der Argumentation mit der gerichtlichen Würde geradezu widersprüchlich, die Absprache selbst als mit dieser Würde vereinbar anzusehen.[1647]

Zusammenfassend ist festzuhalten, daß die Vereinbarung eines Rechtsmittelverzichts vor Urteilsverkündung nicht unzulässig ist.[1648] Es kann daher dem 2. Senat in seinem Antwortbeschluß vom 28.01.2004 nur zugestimmt werden, in dem er bemerkt: „Der *Senat* hat – abweichend von den in BGHSt 43, 195 (...) aufgestellten Grundsätzen – keine Bedenken, daß bei einer formgerechten Mitwirkung aller Verfahrensbeteiligten (auch des StA und ggf. des Nebenklägers) ein allseitiger Verzicht in Aussicht gestellt wird, mag ein solcher auch nicht bindend sein. Denn die Vereinbarung von Rechtskraft ist die selbstverständliche Grundlage für eine verfahrens*beendende* Absprache."[1649] Damit erachtet der 2. Senat die Vereinbarung eines Verzichts vor Urteilsverkündung wohl als zulässig.

1645 Vgl. 3. Kapitel, IV. 2. c).

1646 BGH NJW 2005, 1440 (1444).

1647 Vgl. *Seher*, JZ 2005, 634 (635), der insoweit von einem zweifelhaften „ästhetischen Gesichtspunkt" spricht.

1648 So auch *Gerlach*, Absprachen, S. 48, 217; *Weider*, FS Lüderssen, S. 773 (777 f.); *Weigend*, StV 2000, 63 (67).

1649 BGH NJW 2004, 1336.

Die Frage, ob und ggf. wie es sich auswirkt, wenn der Beschuldigte von einer Bindung an den abgesprochenen Verzicht ausgeht, wird erst im Falle eines tatsächlich erklärten Verzichts relevant. Dessen eventuelle Unbeachtlichkeit soll im nächsten Abschnitt untersucht werden.

c) Unbeachtlichkeit des nach Urteilsverkündung erklärten Verzichts nach vorangegangener Absprache?

Da die Vereinbarung eines Verzichts keine Bindungswirkung entfaltet, ist stets eine Erklärung nach Urteilsverkündung erforderlich, damit das Urteil vorzeitig in Rechtskraft erwächst. Die Beachtlichkeit eines solchen Rechtsmittelverzichts wird allerdings bestritten. Weder Rechtsprechung noch Literatur weisen diesbezüglich eine einheitliche Ansicht auf. Eine ausführliche Darstellung des Meinungsstandes in der höchstrichterlichen Rechtsprechung – v. a. in der des BGH – soll im folgenden anhand der Stellungnahmen der einzelnen Strafsenate des BGH erfolgen, die im Rahmen eines Anfrage- bzw. Vorlageverfahrens gem. § 132 II-IV GVG ergangen sind, an dessen Ende die Entscheidung des Großen Senats vom 3.03.2005 steht.

aa) Meinungsstand in der Rechtsprechung

Die zumeist als Grundsatzentscheidung angesehene Entscheidung des 4. Strafsenats aus dem Jahre 1997 hat sich noch auf die Feststellung beschränkt, daß die Vereinbarung eines Verzichts unzulässig sei.[1650] Zur Beachtlichkeit des später erklärten Verzichts enthält sie noch keine Stellungnahme. Später sah der 4. Senat einen Verzicht nach vorangegangener Absprache nur unter Verweis auf die Besonderheiten des Einzelfalls als unbeachtlich an.[1651] Andere Senate gingen dagegen von einem beachtlichen Verzicht aus.[1652] Der bloße Umstand, daß ein Verzicht Bestandteil einer vorangegangenen Absprache sei, könne allein nicht zur Unbeachtlichkeit führen.[1653]

Um diesem unklaren Zustand abzuhelfen, entschloß sich der 3. Senat anläßlich zweier ihm vorliegender Revisionsverfahren zu einer Anfrage bei den anderen Senaten.[1654] Der Anfragebeschluß besteht aus zwei Fallvarianten: Im

1650 BGHSt 43, 195 (204 f.).

1651 BGHSt 45, 227 (232). – Das Abstellen auf die Besonderheiten des Einzelfalls diente wohl dazu, eine Divergenzvorlage an den Großen Senat bzw. ein vorangehendes Anfrageverfahren zu vermeiden, vgl. dazu *Rieß*, NStZ 2000, 98 (99); *Rönnau*, JR 2001, 31; *Satzger*, JuS 2000, 1157 (1160).

1652 So der 1. Senat: BGH NStZ 2000, 386 (387); StV 2000, 542 (543); BGH NStZ-RR 2002, 114; 2. Senat: BGH NStZ 1997, 611 (612); BGH StV 2001, 557; 5. Senat: BGHSt 45, 51 (53).

1653 BGHSt 45, 51 (53).

1654 BGH NJW 2003, 3426 (= NStZ 2003, 677 = StV 2003, 544).

ersten Fall lag eine Absprache vor, die u. a. die ausdrückliche Vereinbarung eines Rechtsmittelverzichts enthielt. Im zweiten Fall wurde vom Gericht eine Strafobergrenze für den Fall eines Geständnisses in Aussicht gestellt; zudem brachte die Strafkammer zum Ausdruck, daß ein Rechtsmittelverzicht wünschenswert sei. Der Beschuldigte legte ein Geständnis ab und erklärte nach Urteilsverkündung einen Verzicht auf Rechtsmittel.

Der erste Teil der Anfrage warf somit die Frage auf, ob der Rechtsmittelverzicht allein deshalb unbeachtlich ist, weil ihm eine Absprache vorausgegangen ist. Im zweiten Teil ging es darum, ob ein Verzicht auch dann unbeachtlich ist, wenn das Gericht auf dessen Erklärung lediglich hingewirkt hat, ohne ihn sich jedoch versprechen zu lassen.[1655]

(1) Anfragebeschluß – Ansicht des 3. Strafsenats

Der anfragende 3. Senat geht in beiden von ihm geschilderten Konstellationen von der Unbeachtlichkeit des nach Urteilsverkündung erklärten Verzichts aus.[1656] Insoweit setzt er seine eher absprachekritische Rechtsprechung fort.[1657] Entscheidendes Kriterium für den Senat ist, daß dem Verzicht in beiden Fällen eine Absprache vorausging. Ausgangspunkt seiner Überlegungen ist die ausführlich begründete Unzulässigkeit der Vereinbarung eines Verzichts.

Darauf aufbauend erklärt er, daß ein Verstoß gegen dieses Verbot nicht sanktionslos bleiben dürfe; die einzig denkbare Sanktion sei die Unbeachtlichkeit des Verzichts. Nur dadurch könne sichergestellt werden, daß eine Kontrolle durch die Rechtsmittelgerichte stattfinde. Diese Kontrolle soll sich nach Ansicht des Senats auf die Einhaltung der – v. a. durch BGHSt 43, 195 entwickelten – Verfahrensregeln für Absprachen erstrecken. Das Bestehen einer – aus Sicht der Tatgerichte – „drohenden" Rechtsmittelinstanz soll also Auswüchse im Bereich der Absprachen verhindern; der Senat möchte gerade nicht, daß der BGH bei

1655 Bei der ersten Fragestellung handelte es sich um eine Anfrage im Rahmen einer möglichen späteren Divergenzvorlage gem. § 132 II, III GVG, da diesbezüglich keine einheitliche Rechtsprechung der Senate bestand. Eine Vorlage an den Großen Senat für Strafsachen kommt gem. § 132 III 1 GVG nämlihc nur dann in Betracht, wenn zuvor der Senat, von dessen Entscheidung abgewichen werden soll, auf Anfrage erklärt, daß er weiterhin an seiner Rechtsauffassung festhält.
Dahingegen hat der zweite Teil den Charakter einer Grundsatzvorlage gem. § 132 IV GG. Denn es handelte sich um eine bisher nicht höchstrichterlich entschiedene Rechtsfrage, der auch eine grundsätzliche Bedeutung nicht abgesprochen werden kann. Bei der Grundsatzvorlage ist eine Anfrage eigentliche nicht vorgeschrieben, aber sie ist auch nicht ausgeschlossen.

1656 BGH NJW 2003, 3426 ff. (= NStZ 2003, 677 = StV 2003, 544).

1657 Vgl. BGHSt 37, 10 (14); 37, 99 (102 ff.); 37, 298 (304 f.); BGH NStZ 1995, 556; BGH StV 1999, 407. – So auch die Einschätzung von *Weigend*, FG BGH, S. 1011 (1029).

den Absprachen völlig außen vor bleibt und keinen Einfluß mehr auf die Entwicklung dieser Verfahrensform nehmen kann.

Ein zweiter Argumentationsstrang stellt darauf ab, daß durch das Versprechenlassen eines Verzichts in unzulässiger Weise auf die freie Willensentscheidung eingewirkt werde. Es bestehe die generelle Gefahr, daß die Erwartungshaltung des Gerichts oder des Verteidigers entscheidenden Einfluß auf die Abgabe der Verzichtserklärung habe und nicht der freie Wille des Beschuldigten. Hervorzuheben ist bei diesem Argument, daß der Senat stets von einer Willensbeeinträchtigung ausgeht. Den Nachweis im Einzelfall, daß für den Beschuldigten nach Urteilsverkündung bei Erklärung des Verzichts eine besondere Drucksituation o. ä. bestanden hat, sieht der Senat also als entbehrlich an.

Hinsichtlich des zweiten Teils der Anfrage stellt der Senat klar, daß die gleichen Erwägungen auch für die Fälle zu gelten haben, in denen das Gericht auf die Abgabe eines Verzichts hingewirkt bzw. das Gericht seine Erwartung zum Ausdruck gebracht hat, daß ein Verzicht erklärt werde. Diese Ansicht ist insofern konsequent, da sich nur so Versuche der Tatgerichte, die höchstrichterlichen Regeln zu umgehen, verhindern lassen. Der Senat will also sicher stellen, daß jegliche Erörterung eines Rechtsmittelverzichts im Zusammenhang mit Absprachen unterbleibt.

(2) Ansicht des 4. Strafsenats

Der 4. Senat erklärte bereits 1999 in Ergänzung zu BGHSt 43, 195, daß die Unbeachtlichkeit des Rechtsmittelverzichts aus dem Umstand folge, daß er Bestandteil einer Absprache sei.[1658] Dies sei die Konsequenz der unzulässigen Verknüpfung der Rechtsmittelbefugnis mit der Höhe der Strafe. Des weiteren stellte der Senat darauf ab, daß bei Annahme eines beachtlichen Verzichts der Verstoß gegen das Verbot der Vereinbarung eines Verzichts sanktionslos bliebe. Dieser Gedanke des Anfragebeschlusses liegt also bereits der Entscheidung des 4. Senats zugrunde. Hier zeigt sich der Versuch, die von ihm selbst aufgestellte Verfahrensordnung weiter auszubauen und auch durchzusetzen.[1659]

Daher erscheint es nur konsequent, wenn der 4. Senat in seinem – unveröffentlichten – Antwortbeschluß erklärt: „Der Senat stimmt den im Tenor des Anfragebeschlusses genannten Rechtssätzen zu; Rechtsprechung des 4. Strafsenats steht dem nicht entgegen.“[1660] Interessant ist die ergänzende Bemerkung, wonach der Senat zu der Auffassung neigt, daß ein Verzicht beachtlich sein könnte,

---

1658 BGHSt 45, 227 (228, 230). – Des weiteren stützte der Senat seine Annahme der Unbeachtlichkeit noch auf zusätzliche Umstände, so auf die mangelnde Beteiligung des Beschuldigten und der Schöffen sowie auf die Verletzung der Verteidigungsinteressen des Beschuldigten (S. 232 f.). Insoweit kann die o. g. Feststellung wohl nicht als tragender Entscheidungsgrund angesehen werden.

1659 Vgl. *Satzger*, JuS 2000, 1157 (1160).

1660 BGH, Beschluß vom 25.11.2003 – 4 ARs 32/03 (unveröffentlicht).

wenn der Beschuldigte über seine Freiheit, Rechtsmittel einzulegen, „qualifiziert“ belehrt würde.[1661]

(3) Ansicht des 5. Strafsenats

Der 5. Senat stimmt dem ersten Teil des Anfragebeschlusses zu. Er geht also von der regelmäßigen Unbeachtlichkeit eines Verzichts aus, der zuvor unzulässigerweise vereinbart worden ist.[1662] Der Senat gibt ausdrücklich seine entgegenstehende Rechtsprechung[1663] auf und schließt sich der Begründung des Anfragebeschlusses an. Hervorzuheben ist allerdings, daß er eine Ausnahme von der Unbeachtlichkeit für den Fall einer Belehrung des Beschuldigten über seine Freiheit zum Rechtsmittelverzicht in Erwägung zieht. Daher erklärt sich auch die Formulierung „regelmäßig unbeachtlich“. Der 5. Senat scheint insoweit weniger restriktiv als der 3. und 4. Senat zu sein. Dies wird auch daran sichtbar, daß er zu bedenken gibt, ob in Ausnahmefällen nicht die Absprache eines Rechtsmittelverzichts gebilligt werden könne.

Auch hinsichtlich der zweiten Fallvariante äußert der Senat zwar grundsätzlich Zustimmung zur Ansicht des 3. Senats. Er merkt aber an, daß die Beweisbarkeit eines Hinwirkens des Gerichts auf einen Verzicht nicht selbstverständlich sei. Die Frage des Gerichts im Anschluß an die Urteilsverkündung könne allein nicht als sachwidrig angesehen werden. Diese sei daher auch kein Indiz für eine vorangegangene Einflußnahme des Gerichts.

(4) Ansicht des 1. Strafsenats

Der 1. Senat vertritt sowohl hinsichtlich des ersten als auch des zweiten Teils der Anfrage eine andere Auffassung als der 3. Senat.[1664] Der Antwortbeschluß stellt sich insofern als eine Fortsetzung der eigenen Rechtsprechung dar.[1665] Danach ist ein Rechtsmittelverzicht – auch wenn er Gegenstand einer Absprache war – nur dann unbeachtlich, wenn „ein schwerwiegender Willensmangel auf Grund von Täuschung oder Drohung vorliegt, wenn dem Angekl. vom Tatgericht ein Rechtsmittelverzicht »abverlangt« wird oder ihm zuvor nicht Gelegenheit zur Rücksprache und Beratung mit seinem Verteidiger gegeben wird (...) oder wenn sonst in unzulässiger Weise auf ihn eingewirkt worden ist (...).“[1666]

1661 In BGHSt 45, 227 (233) hatte der Senat diese Frage noch offen gelassen.

1662 BGH NJW 2004, 1335 f. (= StV 2004, 4 = StraFo 2004, 20).

1663 BGH, Beschluß vom 5.09.2001 – 5 StR 386/01 (nicht veröffentlicht, zitiert nach BGH NJW 2004, 1335).

1664 BGH NStZ 2004, 164 ff. (= StV 2004, 115 = StraFo 2004, 57).

1665 Vgl. BGH NStZ 2000, 386; NStZ-RR 2002, 114 sowie BGH wistra 2004, 30 (31). Die letztgenannte Entscheidung erging bereits einen Monat nach dem Anfragebeschluß des 3. Senats.

1666 BGH NStZ 2004, 164.

Die Absprachesituation kann, muß aber demzufolge nicht zu einer schwerwiegenden Beeinträchtigung der Willensentschließungsfreiheit des Beschuldigten führen. Darin liegt der maßgebliche Unterschied zur Auffassung der zuvor genannten Senate.[1667] Der 1. Senat will dem Beschuldigten nicht die Möglichkeit nehmen, einen Verzicht zu erklären, wenn er mit dem Urteil zufrieden ist oder das Verfahren beenden möchte. Im Gegensatz zum 3. und 4. Senat sieht der 1. Senat unter gewissen Umständen sehr wohl ein schützenswertes bzw. zumindest zu berücksichtigendes Interesse des Beschuldigten an der Erklärung eines Rechtsmittelverzichts.[1668]

Kritisch sieht der 1. Senat auch die verfahrensbezogenen Folgen, die die Annahme der Unbeachtlichkeit nach sich ziehen würde. Trotz Eröffnung der Rechtsmittelinstanz ließe sich eine Korrektur der absprachebedingten Verfahrensfehler nicht erzielen. Wäre nur der Verzicht des Beschuldigten unbeachtlich, so könne es bei Einlegung einer Revision aufgrund des Verschlechterungsverbots gem. § 358 II zu „unerträglichen Ergebnissen" kommen: Der Beschuldigte könnte u. U. mit einer geringeren (als der ohnehin absprachebedingt niedrigen) Strafe rechnen.

Hinsichtlich des zweiten Teils der Anfrage begründet der Senat seine ablehnende Haltung mit der großen Unschärfe des Begriffs des „Hinwirkens". Insbesondere sei es schwierig, zu bestimmen, wann genau ein Hinwirken des Gerichts auf einen Verzicht und damit ein unzulässiges Verhalten vorläge.

(5) Ansicht des 2. Strafsenats

Der 2. Senat versagt dem Anfragebeschluß ebenfalls seine Zustimmung; er schließt sich insoweit der früher ergangenen Entscheidung des 1. Senats an und hält an seiner eigenen Rechtsprechung fest.[1669]

Deutlich lehnt der 2. Senat eine Sanktionierung des Tatrichters durch Annahme eines unbeachtlichen Verzichts ab. Er hält es ebenso wie der 1. Senat für möglich, daß der Beschuldigte gute Gründe haben kann, auf Rechtsmittel zu verzichten. Zudem halten ihn eine Vielzahl von erläuterten Folgeproblemen ab, dem Anfragebeschluß zu folgen. So fragt er, ob die vom 3. Senat vorgeschlagenen Regeln auch für den Verzicht des Staatsanwalts und des Nebenklägers gelten sollen. Auch verweist er auf die problematische Handhabung einer abge-

1667 Vgl. BGH NJW 2003, 3426 (3428): „Nach Auffassung des anfragenden Senats und des 4. Strafsenats ist angesichts der dem RevGer. inzwischen zugänglichen Erfahrungen mit der Absprachepraxis *in jedem Fall* von einer solchen Willensbeeinträchtigung des Angekl. auszugehen, so daß es eines Einzelnachweises nicht bedarf." (Hervorhebungen vom Verf.).

1668 So bereits BGH NStZ 2000, 386 (387).

1669 BGH NJW 2004, 1336 f. (= StV 2004, 196 = wistra 2004, 232). Vgl. zuvor BGH NStZ 1997, 611 (612); StV 2001, 557.

sprochenen Rücknahme und stellt in Frage, ob hier ebenfalls eine Unbeachtlichkeit konstruiert werden könne.

(6) Vorlagebeschluß des 3. Strafsenats

Die Antwortbeschlüsse der anderen Strafsenate haben zum einen gezeigt, daß hinsichtlich der Frage der Beachtlichkeit des Verzichts nach einer Absprache eine Meinungsverschiedenheit innerhalb der Strafsenate des BGH besteht. Zum anderen wurde sichtbar, daß der Bereich „Absprache und Rechtsmittelverzicht" einer grundlegenden Entscheidung bedarf, die zugleich eine richterliche Rechtsfortbildung vollzieht. Daher hat der 3. Senat durch Beschluß vom 15.06.2004 dem Großen Senat für Strafsachen die bereits im Anfragebeschluß erörterten Fragen zur Entscheidung vorgelegt.[1670]

Zunächst geht es um die Zulässigkeit der Verzichtsvereinbarung im Rahmen einer Urteilsabsprache. Diesbezüglich spricht der 3. Senat von einer Grundsatzvorlage gem. § 132 IV GVG.[1671] Die zweite Vorlegungsfrage hat die Zulässigkeit eines gerichtlichen Hinwirkens auf einen Rechtsmittelverzicht zum Inhalt. Die dritte Vorlegungsfrage behandelt die zwei Konstellationen des Anfragebeschlusses, es geht mithin um die Beachtlichkeit eines nach Urteilsverkündung erklärten Verzichts, der entweder Gegenstand einer Absprache war oder auf den das Gericht hingewirkt hat. Bei letzterer Teilfrage handelt es sich ebenfalls um eine Grundsatzvorlage, wohingegen nur der erste Teil der dritten Vorlegungsfrage Gegenstand einer Divergenzvorlage gem. § 132 II GVG ist.[1672]

Aufgrund des sachlichen Zusammenhangs ist die Verbindung einer Divergenz- mit einer Grundsatzvorlage zu einer „Doppelvorlage" auch zulässig und zweckmäßig.[1673]

Neben den Argumenten aus der Begründung des Anfragebeschlusses hebt der 3. Senat noch einmal die Bedeutung von BGHSt 43, 195 hervor; diese Entscheidung habe die Mindestbedingungen einer Verständigung konkretisiert. Fehlentwicklungen im Bereich der Absprachen ließen sich nur mit Offenhaltung der Anfechtungsmöglichkeit vermeiden. Zudem weist der 3. Senat den Vorwurf

1670 BGH NJW 2004, 2536 ff.

1671 Dabei hatte der 2. Senat in seinem Anfragebeschluß (NJW 2004, 1336) mitgeteilt, daß er keine Bedenken gegen eine Inaussichtstellung eines Rechtsmittelverzichts habe; die Vereinbarung der Rechtskraft sei die selbstverständliche Grundlage für eine verfahrensbeendende Absprache. Insoweit besteht also doch eine Divergenz in der Rechtsprechung, da die anderen Senate sich ausdrücklich für die Unzulässigkeit einer Verzichtsvereinbarung ausgesprochen haben. Daher wäre diesbezüglich wohl eine Divergenzvorlage einschlägig, da diese grundsätzlich Vorrang hat, vgl. BGHSt 33, 356 (359 f.); LR-*Franke*, GVG, § 132 Rn. 39; *Kissel*, GVG, § 132 Rn. 30.

1672 BGH NJW 2004, 2536 (2537).

1673 *Kissel*, GVG, § 132 Rn. 30. Vgl. dazu auch BGHSt 40, 360 (360).

einer unzulässigen Sanktionierung zurück und hebt die Funktion der Obergerichte hervor, verfahrensrechtliche Mindestbedingungen sicherzustellen.

(7) Beschluß des Großen Senats für Strafsachen

Mit Beschluß vom 3.03.2005 hat der Große Senat für Strafsachen auf den Vorlagebeschluß geantwortet.[1674]

Nach elementaren Ausführungen zur grundsätzlichen Zulässigkeit und zu den Mindestbedingungen von Absprachen im Strafprozeß, in denen der Große Senat die wegweisende Bedeutung von BGHSt 43, 195 hervorhebt, erfolgt eine ausführliche Begründung der Zuständigkeit der Rechtsprechung für die Regelung der strafprozessualen Absprachen. Der Große Senat sieht die Rechtsprechung bei ihrer Ausgestaltung der Absprachereglen noch innerhalb der Grenzen einer zulässigen und insbesondere notwendigen richterlichen Rechtsfortbildung.[1675] Gleichwohl läßt der Große Senat unmißverständlich erkennen, daß er ein Tätigwerden des Gesetzgebers für unentbehrlich hält.[1676]

In Beantwortung der Vorlegungsfragen 1 und 2 hält der Große Senat sowohl die Vereinbarung des Gerichts mit den Verfahrensbeteiligten, auf Rechtsmittel zu verzichten, als auch jegliches Mitwirken des Gerichts an einem Verzicht für unzulässig.[1677] Damit folgt er einschränkungslos der Auffassung des 3. Strafsenats und äußert sich zustimmend zu dessen Argumentation. Der Große Senat sieht die Notwendigkeit von Absprachen im Justizalltag, verlangt aber – zumindest vom Gericht – eine völlige Enthaltsamkeit im Hinblick auf die Thematisierung eines Rechtsmittelverzichts im Zusammenhang mit einer Absprache.

Auf die weitere Vorlegungsfrage nach der Beachtlichkeit eines Rechtsmittelverzichts, der Gegenstand einer Vereinbarung bzw. eines gerichtlichen Hinwirkens ist, erfolgt eine differenzierte Antwort. Zwar gelangt der Große Senat im Rahmen einer Abwägung des Anliegens eines fairen Verfahrens auf der einen Seite und der Rechtssicherheit auf der anderen zur Unbeachtlichkeit des Rechtsmittelverzichts, wenn eine Absprache vorausging. Doch bei dieser Bewertung beläßt es der Große Senat nicht; ergänzend fügt er die bedeutende Ausnahme hinzu, daß im Falle einer qualifizierten Belehrung der Verzicht ausnahmsweise beachtlich sei. Werde der Betroffene belehrt, daß er ungeachtet der

---

1674 BGH NJW 2005, 1440 ff. Vgl. dazu die Anmerkungen von *Altenhain/Haimerl*, GA 2005, 281 (297 ff.); *Duttge/Schoop*, StV 2005, 421 ff.; *Koch*, HRRS 2005, 245 ff.; *F. Meyer*, HRRS 2005, 235 ff.; *Seher*, JZ 2005, 634 ff. sowie die zustimmende Stellungnahme von *Widmaier*, NJW 2005, 1986 f.

1675 BGH NJW 2005, 1440 (1443 f.); ablehnend *Duttge/Schoop*, StV 2005, 421 (423).

1676 BGH NJW 2005, 1440 (1444), der Senat spricht insoweit von einem „drängenden Regelungsbedarf", vgl. auch S. 1447 a. E.

1677 Auf die Problematik eines Hinwirkens durch die Staatsanwaltschaft wird überhaupt nicht – auch nur am Rande – eingegangen.

vorangegangenen Absprache die Möglichkeit habe, frei über seine Rechtsmittelbefugnis zu entscheiden, gelte das „Verdikt der Unwirksamkeit des Rechtsmittelverzichts nicht absolut".[1678] Der Große Senat erachtet eine qualifizierte Belehrung für eine notwendige, aber auch ausreichende Sicherung gegen mögliche Willensbeeinträchtigungen. Die Entscheidung stellt sich daher als ein Kompromiß zwischen den divergierenden Ansichten dar.[1679]

bb) Meinungsstand im Schrifttum

Das Schrifttum weist ebenfalls keinen einheitlichen Standpunkt auf.[1680] Die eher absprachekritische Literatur neigt zur Annahme der Unbeachtlichkeit eines im Zusammenhang mit einer Absprache erklärten Verzichts. Demgegenüber nehmen die Befürworter von Absprachen eine dem 1. bzw. 2. Senat entsprechende Auffassung ein; eine generelle Unbeachtlichkeit wird also abgelehnt.

Die wohl überwiegende Ansicht im Schrifttum geht von der Unbeachtlichkeit eines erklärten Verzichts aus, wenn dieser zuvor Gegenstand einer Absprache war.[1681] Diesem Ergebnis nähert sich die Literatur von der Willensmängelproblematik aus[1682], d. h. sie sieht die Verzichtserklärung in den Fällen einer ausdrücklichen Vereinbarung vor Urteilsverkündung mit einem beachtlichen Willensmangel behaftet. Es verwundert daher nicht, wenn in einschlägigen Arbeiten auf die allgemeinen Erwägungen zu einem Verzicht zurückgegriffen wird, der durch eine objektive Irreführung zustande gekommen ist.

So führt *Frank Meyer* aus, der Beschuldigte irre über die rechtliche Zulässigkeit der Vorabzusage; folglich liege im Verhalten des Gerichts eine von diesem zu verantwortende objektive Irreleitung des Beschuldigten.[1683] Zum Teil

---

1678 BGH NJW 2005, 1440 (1446).

1679 Vgl. auch *F. Meyer*, HRRS 2005, 235 (244); *Seher*, JZ 2005, 634 (635). Dazu kritisch *Duttge/Schoop*, StV 2005, 421.

1680 Vgl. nur die Anmerkungen bzw. Stellungnahmen zum Anfragebeschluß des 3. Senats: zustimmend *F. Meyer*, StV 2004, 41; zum Teil – zumindest im Ergebnis – zustimmend *Grunst*, NStZ 2004, 54; ablehnend *Mosbacher*, NStZ 2004, 52; *Schröder*, StraFo 2003, 412.

1681 *Bömeke*, Absprachen, S. 134; KMR-*Eschelbach*, StPO, Vor § 213 Rn. 78a; *Gaede/Rübenstahl*, HRRS 2004, 342 (347 ff.); *Grunst*, Prozeßhandlungen, S. 384; Vordermayer/von Heintschel-Heinegg/*Hammerdinger*, Handbuch, Teil D, Kapitel 2 Rn. 102; *Kuckein/Pfister*, FS BGH, S. 641 (658 f.); *Kühne*, Strafprozeßrecht, Rn. 680; *Meyer-Goßner*, StPO, Einl. Rn. 119f, § 302 Rn. 21; *ders.*, StraFo 2003, 401 (406); *ders.*, NStZ 2004, 216 (217); *Moldenhauer*, Absprachen, S. 232 ff., 236; *Rieß*, NStZ 2000, 98 (99); *ders.* Kolloquium, S. 191 (207); *Satzger*, JuS 2000, 1157 (1161).

1682 So hebt *F. Meyer*, Willensmängel, S. 322, 328 hervor, daß stets ein Willensmängel vorliegen müsse, um zur Unwirksamkeit des Verzichts zu gelangen.

1683 Bockemühl/*Satzger*, Handbuch, Teil H, Kap. 3 Rn. 51; *F. Meyer*, Willensmängel, S. 330 ff.; *ders.*, StV 2004, 41 (44).

wird auch von einer bis zum Zeitpunkt der Verzichtserklärung fortbestehenden Drucksituation aufgrund der Absprache gesprochen, die den Beschuldigten in der Freiheit seiner Willensentscheidung beeinflusse.[1684] Da er keine freie Verfügung mehr treffen könne, sei der Verzicht unbeachtlich.[1685]

Im Regelfall liege daher ein Willensmangel vor[1686]; die – vom Beschuldigten nachzuweisende – Absprache über einen Rechtsmittelverzicht lasse insoweit einen Willensmangel vermuten.[1687] Dieser Willensmangel ist nach der überwiegenden Ansicht dann der Anknüpfungspunkt für die Unbeachtlichkeit. Grundlage dieser Auffassung ist die – bereits oben behandelte – Annahme, daß schon die Vereinbarung eines Verzichts unzulässig sei.

Neben der Anknüpfung an Willensmängel zur Begründung der Unbeachtlichkeit wird aber auch im Schrifttum auf die Sanktionswirkung der Unbeachtlichkeit als Rechtsfolge abgestellt. So könne nur durch die Unbeachtlichkeit eines Verzichts das Verbot einer entsprechenden Absprache durchgesetzt werden; die Sanktionslosigkeit eines Verstoßes gegen das Vereinbarungsverbot sei nicht hinnehmbar.[1688] Im Ergebnis wird also eine genauere Kontrolle der Instanzgerichte beabsichtigt. Denn ohne eine solche stelle die Absprachepraxis eine Bedrohung für ein rechtsstaatliches Verfahren dar.[1689]

Weniger Aufmerksamkeit wurde bisher im Schrifttum der Konstellation geschenkt, die der 3. Senat im zweiten Teil seines Anfragebeschlusses bzw. seiner dritten Vorlegungsfrage angesprochen hat.

Zum Teil ist diese Erweiterung der Unbeachtlichkeit ebenfalls auf Zustimmung in der Literatur gestoßen.[1690] So soll der Verzicht auch dann unbeachtlich sein, wenn er im Rahmen von Vorgesprächen inzident vereinbart oder in Absprachen konkludent von einer Endgültigkeit der Absprachеergebnisse ausgegangen wurde.[1691] Bereits die offene Bewertung des Gerichts, daß ein Verzicht auf Rechtsmittel wünschenswert sei, könne Fehlvorstellungen beim Beschuldigten hervorrufen. Dies gelte insbesondere für die psychische Ausnahmesituation

---

1684 *Koch*, HRRS 2005, 245 (247); *Moldenhauer*, Absprachen, S. 232 f.; *Pfister*, DRiZ 2004, 178 (182); auch *Bömeke*, Absprachen, S. 134 spricht davon, daß der Zwang durch die Absprache nach Urteilsverkündung fortwirke.

1685 *Grunst*, Prozeßhandlungen, S. 384, *dies.*, NStZ 2004, 54. – *Grunst* betont v. a. die faktische Verfügung über den Verzicht, die in der Vereinbarung eines Verzichts vor Urteilsverkündung liege. Vgl. auch KMR-*Eschelbach*, StPO, Vor § 213 Rn. 67b.

1686 *F. Meyer*, Willensmängel, S. 331, 338, zur möglichen Ausnahme bei einer qualifizierten Belehrung vgl. S. 338 ff.; *Moldenhauer*, Absprachen, S. 232.

1687 *F. Meyer*, Willensmängel, S. 334 ff.

1688 *Kuckein/Pfister*, FS BGH, S. 641 (658).

1689 *Duttge/Schoop*, StV 2005, 421 (422); *Moldenhauer*, Absprachen, S. 235.

1690 KMR-*Eschelbach*, StPO, Vor § 213 Rn. 78a; *Gaede/Rübenstahl*, HRRS 2004, 342 (345 ff.); *F. Meyer*, StV 2004, 41 (45 f.).

1691 *Moldenhauer*, Absprachen, S. 236.

nach Urteilsverkündung.[1692] Nur durch die umfassende Annahme der Unbeachtlichkeit werde verhindert, daß die Absprecheregeln nicht umgangen und die Absprachen einer revisionsgerichtlichen Kontrolle entzogen werden. Voraussetzung für die Unbeachtlichkeit ist demnach nicht die ausdrückliche Vereinbarung eines Verzichts, eine – wie auch immer geartete – Erörterung des Verzichts vor Urteilsverkündung soll insoweit ausreichen.

In diesem Zusammenhang ist ergänzend zu erwähnen, daß selbst die Vereinbarung der Nichtanfechtung des Urteils als unzulässig angesehen wird.[1693] Auch hierbei zeigt sich das Bemühen, Umgehungsversuche zu verhindern.

Eine andere Auffassung im Schrifttum stimmt mit der Ansicht des 1. und 2. Senats weitgehend überein und bejaht somit nicht stets die Unbeachtlichkeit eines Verzichts, wenn dieser zuvor Gegenstand einer Absprache war.[1694] Vielmehr wird nur dann eine Unbeachtlichkeit in Betracht gezogen, wenn eine unzulässige Willensbeeinflussung vorlag.[1695] Eine solche wird aber nicht ohne weiteres bereits in der vor der Erklärung liegenden Vereinbarung eines Verzichts gesehen. Es müssen noch zusätzliche Umstände vorliegen, damit der Verzicht nach dieser Ansicht unbeachtlich ist.[1696] Insbesondere die Vertreter des Schrifttums, die der Absprache eine besondere Drucksituation für den Beschuldigten absprechen, gelangen zur Beachtlichkeit des Verzichts. Eine Sanktionierung der Tatgerichte mittels der Unbeachtlichkeit eines Verzichts wird abgelehnt.[1697] Zudem sei es zweifelhaft, ob durch eine Verbannung des Rechtsmittelverzichts aus Absprachen wirklich eine Kontrolle der Absprachepraxis zu erreichen sei; vielmehr führe die Lösung der überwiegenden Ansicht zu einer vollständigen Verdrängung der Absprache aus der Hauptverhandlung zu ausschließlich informellen Gesprächen hin.[1698]

Zum Teil wird der Verzicht auch nur dann als unbeachtlich angesehen, wenn die Absprache, die dem Verzicht zugrunde liegt, „rechtsstaatliche Mindeststandards" verletzt; darunter soll aber nicht schon jegliche Vereinbarung eines Verzichts fallen.[1699]

1692 *Gaede/Rübenstahl*, HRRS 2004, 342 (346).

1693 *Rieß*, FS Meyer-Goßner, S. 645 (656 f.). – Freilich stellt sich in diesen Fällen nicht das Problem der Unbeachtlichkeit eines Verzichts, da ein solcher gerade nicht erklärt werden soll.

1694 *Haller*, DRiZ 2004, 184 (188); *Landau/Eschelbach*, NJW 1999, 321 (323, 326); KK-*Laufhütte*, StPO, Vor § 137 Rn. 7; *Mosbacher*, NStZ 2004, 52 (53); *Pfeiffer*, StPO, Einl. Rn. 16e, § 302 Rn. 4a; KK-*Ruß*, StPO, § 302 Rn. 13a; *Weider*, FS Lüderssen, S. 773 (779, 786).

1695 *Mosbacher*, NStZ 2004, 52 (53); *Weider*, FS Lüderssen, S. 773 (779, 785 f.).

1696 *Pfeiffer*, StPO, § 302 Rn. 4a.

1697 *Mosbacher*, NStZ 2004, 52 (53).

1698 *Satzger/Höltkemeier*, NJW 2004, 2487 (2488).

1699 *Satzger/Höltkemeier*, NJW 2004, 2487 (2489).

Erst recht stößt innerhalb dieser Ansicht der zweite Teil des Anfragebeschlusses – die Unbeachtlichkeit eines Verzichts bei einem diesbezüglichen Hinwirken des Gerichts – auf Ablehnung.[1700] So wird insbesondere die Unschärfe des Begriffs „Hinwirken" kritisiert.[1701] Bringe das Gericht seinen Wunsch nach einem endgültigen Verfahrensabschluß zum Ausdruck, so erkläre es damit eine Selbstverständlichkeit; dies stelle jedoch keine die Beachtlichkeit ausschließende Einflußnahme auf den Beschuldigten dar.[1702]

cc) Stellungnahme

(1) Einordnung des Vorlagebeschlusses und des Beschlusses des Großen Senats

Zunächst ist das Anliegen des 3. Senats zu begrüßen, eine einheitliche Rechtsprechung auf diesem Gebiet herbeizuführen. Dies gilt insbesondere vor dem Hintergrund, daß es an einer gesetzlichen Regelung vollständig fehlt.

Betrachtet man den Anfragebeschluß und die zustimmenden Antwortbeschlüsse näher, so sind es vor allem zwei Punkte, die für eine Einschätzung der Beschlüsse entscheidend sind und daher hervorgehoben werden sollen.

Zum einen vollzieht sich mit dem Anfrage- bzw. Vorlagebeschluß ein Wandel: Der Ausnahmefall eines unbeachtlichen Verzichts soll – zumindest im Bereich der Absprachen – zum Regelfall werden. Ein beachtlicher Verzicht wäre nur dann vorstellbar, wenn sicher nachgewiesen werden könnte, daß von der vorangegangenen Absprache keinerlei Motivation für die Erklärung des Verzichts ausging. Freilich wird in solchen Fällen auch nicht mit einer späteren Rechtsmitteleinlegung des Beschuldigten zu rechnen sein, da er sich nämlich mit der Entscheidung zufrieden zeigt. Wenn der Beschuldigte dagegen ein Rechtsmittel trotz eines Verzichts einlegt und hierbei auf eine vorangegangene Absprache hinweist, in der auch ein Verzicht erörtert wurde, so wäre das Rechtsmittel stets zulässig. Diesem Resultat liegt die Vorstellung zugrunde, daß *jede* Absprache eines Verzichts zugleich eine Willensbeeinflussung beinhaltet.

Stellt man dieser Ansicht die ablehnenden Stimmen aus Rechtsprechung und Literatur gegenüber, so wird sichtbar, daß es sich (auch) um eine Meinungsverschiedenheit im tatsächlichen Bereich handelt, nämlich der Beeinflußbarkeit des Beschuldigten. Denn die Gegenansicht, die zum Teil auch von der Unzulässigkeit einer Vereinbarung ausgeht, leugnet gerade, daß eine Erörterung des Verzichts stets eine Einschränkung der Willensfreiheit des Beschuldigten bewirke. Es geht also um die Fähigkeit der Absprache, die freie Willensentschließung zu beeinträchtigen.

1700 *Mosbacher*, NStZ 2004, 52 (53); *Schröder*, StraFo 2003, 411 (416).
1701 *Grunst*, NStZ 2004, 54 (55).
1702 *Mosbacher*, NStZ 2004, 52 (53).

Zum anderen – und dies ist m. E. noch viel entscheidender – ist mit dem Anfragebeschluß ein Wandel in der Dogmatik zur Unbeachtlichkeit eines Rechtsmittelverzichts verbunden. Bisher ging es in allen Stellungnahmen aus Rechtsprechung und Literatur zum unbeachtlichen Verzicht um eine etwaige Ausnahme von der grundsätzlichen Beachtlichkeit zugunsten des den Verzicht erklärenden Beschuldigten. Nun stellt der 3. Senat an den Beginn seiner Begründung der Unbeachtlichkeit des im Zusammenhang mit einer Absprache erklärten Verzichts das Argument der Sanktionierung der die Absprageregeln mißachtenden Instanzgerichte. Er führt aus: „Nach Auffassung des Senats ist ein Rechtsmittelverzicht, der im Anschluß an ein Versprechen in einer Urteilsabsprache erklärt wird, unwirksam. (...) Ein Verstoß [gegen das Verbot der Vereinbarung eines Rechtsmittelverzichts] darf daher nicht sanktionslos bleiben."[1703] Erst danach stellt er fest, daß dieses Verhalten eine unzulässige Einwirkung auf die freie Willensentscheidung sei. Aber selbst wenn eine solche Willensbeeinträchtigung einmal nicht vorläge, müßte der Senat aufgrund des Verstoßes gegen das Vereinbarungsverbot die Unbeachtlichkeit eigentlich bejahen. Ein Abstellen auf die Sanktionswirkung der Unbeachtlichkeit spricht dieser also eine im öffentlichen Interesse liegende Aufgabe zu, die zugleich – jedenfalls in Fällen des Scheiterns einer Absprache – auch dem Beschuldigten dienen kann.

Diese Argumentation tritt bei der Entscheidung des Großen Senats in den Hintergrund. Der Ansatz, die Unbeachtlichkeit des Rechtsmittelverzichts von einer etwaigen Willensbeeinträchtigung losgelöst zu betrachten, wird nicht weiter verfolgt. Als Kernaussage kann diesbezüglich festgehalten werden: „Die Unwirksamkeit des Rechtsmittelverzichts folgt nicht zwangsläufig aus seiner unzulässigen Vereinbarung im Rahmen einer Urteilsabsprache."[1704]

Zwar geht auch der Große Senat von der grundsätzlichen Unbeachtlichkeit des Verzichts im Falle einer Absprache aus, aber mittels des Instituts der qualifizierten Belehrung wird der beachtliche Verzicht in der Verfahrenspraxis die Regel und der unbeachtliche Verzicht den Ausnahmefall darstellen. Der absprachebedingte Verdacht einer Willensbeeinträchtigung wird durch eine entsprechend ausgestaltete Belehrung des Gerichts entkräftet. Im Ergebnis räumt der Große Senat der Rechtssicherheit Vorrang gegenüber einer Sanktionierung der Tatgerichte ein. Die praktischen Auswirkungen sind angesichts der im Vorlagebeschluß dargelegten möglichen Alternative nicht unbeträchtlich: Auch Urteile, denen im Verfahren eine Absprache vorausgegangen ist, können durch einen Verzicht der Rechtsmittelberechtigten in Zukunft sofortige Rechtskraft erlangen, soweit sie von einer qualifizierten Belehrung flankiert werden. Dem strikten Erörterungsverbot wird damit die praktische Bedeutung genommen.[1705]

1703 BGH NJW 2003, 3426 (3428). Zweifelnd hinsichtlich dieses Arguments *Rieß*, Kolloquium, S. 191 (205).

1704 BGH NJW 2005, 1440 (1445).

1705 *Altenhain/Haimerl*, GA 2005, 281 (298).

(2) Fürsorgepflichtverletzung als Grundlage der Unbeachtlichkeit

Nun soll die Konstellation des in einer Absprache erörterten Verzichts unter dem Blickwinkel der Fürsorgepflichtverletzung als Grundlage der Unbeachtlichkeit untersucht werden.[1706] Es ist also zu fragen, ob Fürsorgepflichten des Gerichts in diesem Zusammenhang bestehen und durch welches Verhalten sie ggf. verletzt werden.

(a) Vereinbarung eines Rechtsmittelverzichts als Fürsorgepflichtverletzung

Zunächst ist das Versprechen eines Verzichts im Rahmen einer Absprache vor Urteilsverkündung zu betrachten. Sieht man das Versprechenlassen eines Verzichts durch Gericht und Staatsanwaltschaft als unzulässig an, so liegt es nahe, darin auch einen Verstoß gegen eine Fürsorgepflicht zu sehen.
Dagegen sprechen jedoch zwei Gesichtspunkte: Zum einen ist nach der hier vertretenen Ansicht eine solche Vereinbarung nicht unzulässig[1707]; folglich kann allein darin, daß sich das Gericht einen Verzicht in Aussicht stellen läßt, kein Fürsorgepflichtverstoß des Gerichts gesehen werden.

Zum anderen wäre selbst bei einer – der herrschenden Meinung entsprechenden – Annahme der Unzulässigkeit einer solchen Vereinbarung keine Fürsorgepflichtverletzung gegeben. Denn ein Verstoß gegen das Vereinbarungsverbot stellt nur dann zugleich einen Verstoß gegen die Fürsorgepflicht dar, wenn dieses Verbot Konkretisierung einer Fürsorgepflicht wäre. Dies ist aber gerade nicht der Fall. Denn vorrangig wird in diesem Zusammenhang immer darauf abgestellt, daß das Vereinbarungsverbot dazu diene, eine revisionsgerichtliche Kontrolle offenzuhalten und dadurch einer mangelnden Sachverhaltsaufklärung vorzubeugen.[1708] Nur die Unbeachtlichkeit des Verzichts könne verhindern, daß die Beteiligten eine „Letztinstanzlichkeit" vereinbarten und dadurch die Abspracheregeln unterliefen. Eine solche Argumentation stellt aber nicht mehr die Subjektstellung des Beschuldigten in den Vordergrund, um deren Wahrung und Ermöglichung es der Fürsorgepflicht geht, sondern instrumentalisiert den Verzicht bzw. die Rechtsmittelbefugnis. Die Versagung der Bindungswirkung des Verzichts erfolgt, um den Instanzgerichten die Sicherheit zu nehmen, daß sie aufgrund der Absprache nicht mehr vom Revisionsgericht behelligt werden. Dabei wird verkannt, daß der Verzicht auf Rechtsmittel Ausdruck der Dispositionsbefugnis ist und die Versagung einer solchen Möglichkeit in die Autonomie des Beschuldigten eingreift. Somit ist es bedenklich, wenn zur Begründung der Unbeachtlichkeit vorrangig auf einen öffentlichen Zweck abgestellt wird. Zudem

---

1706 Vgl. 4. Kapitel, II.

1707 Vgl. 4. Kapitel, III. 3. b).

1708 Kritisch zu einer Überbetonung der Aufklärungspflicht *Gallandi*, NStZ 1987, 420.

ist zu beachten, daß das Gericht und nicht der Beschuldigte die Verantwortung für die Einhaltung der Verfahrensordnung trägt.

Auch wurde bereits zu Beginn der Erörterung der Fürsorgepflicht festgestellt, daß die Fürsorge dem Beschuldigten nicht aufgedrängt werden darf.[1709] Mit der generellen Verneinung eines beachtlichen Verzichts im Zusammenhang mit Absprachen wird dies aber gerade getan.

Ergänzend ist zur Argumentation mit dem Verstoß gegen das Vereinbarungsverbot anzumerken, daß bei Aufstellung eines solchen Verbots anscheinend von einer gesetzesgleichen Geltung ausgegangen wird.[1710] Denn Voraussetzung für die Sanktionierung eines Verbots ist dessen verbindliche Geltung. In bezug auf den vereinbarten Rechtsmittelverzicht kommt insoweit die Rechtsprechung des BGH als richterrechtlich geschaffenes Verfahrensrecht in Betracht. So wird oftmals im Zusammenhang mit BGHSt 43, 195 nicht nur von einer Grundsatzentscheidung gesprochen – eine solche hätte freilich trotz ihrer Bedeutung allein noch keine Bindungswirkung –, sondern es wird bisweilen von „richterrechtlichen Verfahrensregeln" ausgegangen.[1711]

Dies wirft die – hier nur ganz knapp zu erörternde – Frage auf, ob Richterrecht überhaupt eine Rechtsquelle vergleichbar dem positiven Recht darstellt und deshalb von einer rechtlichen und nicht nur faktischen Bindung höchstrichterlicher Rechtsprechung auszugehen ist.[1712] Doch ist bereits diese Frage verkürzt; richtigerweise ist beim Richterrecht zwischen der Kompetenz- und der Rechtsquellenfrage zu unterscheiden.[1713] Klärt das Gericht eine rechtliche Zweifelsfrage oder schließt es durch seine Entscheidung eine Lücke im Gesetz, so nimmt es – zumindest äußerlich gesehen – an der Rechtsschöpfung teil. Dieser Vorgang kann als richterliche Rechtsfortbildung angesehen werden.[1714] Dem BGH und den anderen obersten Bundesgerichten wird diese Aufgabe einhellig

1709 Vgl. 4. Kapitel, II. 4. a).

1710 Vgl. dazu auch *Martin*, Jus 2004, 256 (258).

1711 *F. Meyer*, Willensmängel, S. 285; *ders.*, StV 2004, 41 (42). Vgl. auch die Formulierungen anderer Stimmen aus der Literatur: *Beulke/Swoboda*, JZ 2005, 67 (69) – „verbindliche Leitlinien; *Herrmann*, JuS 1999, 1162 (1164); *Kuckein/Pfister*, FS BGH, S. 645 (661, Fußnote 158) – „Verständigungsprozeßordnung"; *Moldenhauer*, Absprachen, S. 235 – „Verfahrensordnung für Absprachen", der im Ergebnis aber das (derzeitige) Bestehen einer solchen ablehnt (vgl. S. 265); *Satzger/Höltkemeier*, NJW 2004, 2487 – „Verfahrensordnung für Absprachen"; *Wagner*, FS Gössel, S. 585 (587) – „Legalordnung für Absprachen"; *Weigend*, FG BGH, S. 1011 (1022) – „Verfahrensordnung".

1712 *Röhl*, Allgemeine Rechtslehre, S. 544 hält dies für die theoretisch am heftigsten umstrittene Frage der Rechtsquellenlehre.

1713 *Röhl*, Allgemeine Rechtslehre, S. 545.

1714 So ausdrücklich für zivilgerichtliche Entscheidungen Stein/Jonas/*Schumann*, ZPO (20. Auflage), Einl. Rn. 25.

zuerkannt[1715]; eine entsprechende Kompetenz hierfür ist also zu bejahen. Eine andere Frage ist allerdings, ob diesem geschaffenen Recht für die Tätigkeit der anderen Gerichte verbindliche Rechtsätze entnommen werden können, m. a. W.: Handelt es sich beim Richterrecht um eine Rechtsquelle?

Diese Frage ist zu verneinen.[1716] Insoweit ist der Begriff des Richterrechts mißverständlich. Hier wird darunter nur eine gefestigte höchstrichterliche Rechtsprechung verstanden. Das Richterrecht hat also keine gesetzesgleiche Kraft.[1717]

Die Gerichte dürfen sich der Aufgabe der Rechtsschutzgewährung nicht mit dem Hinweis auf eine unklare Rechtslage entziehen, sie müssen insoweit entscheiden. Dies bedeutet jedoch nicht zwangsläufig, daß sie damit die gleiche Wirkung herbeiführen wie der Gesetzgeber, obwohl sie inhaltlich seine Rolle durchaus übernehmen. Eine Ausnahme stellen insoweit Entscheidungen des BVerfG dar, denen in bestimmten Fällen Gesetzeskraft zukommt.[1718] Aber ansonsten gilt, daß die Gerichte nur über die ihnen vorgelegten Fälle entscheiden und diese Entscheidungen nur eine Bindung der Beteiligten zur Folge haben.[1719]

1715 BVerfGE 34, 269 (287 f.); 65, 182 (190); LR-*Franke*, GVG, § 132 Rn. 36; *Katholnigg*, Strafgerichtsverfassungsrecht, § 1 Rn. 6; *Kissel*, GVG, § 132 Rn. 37; *Wolf*, Gerichtsverfassungsrecht, S. 133, 179. – *Luhmann*, Legitimation durch Verfahren, S. 238 sieht richterliche Rechtsfortbildung politisch als eine Verlegenheitslösung an. – Zu den Grenzen der richterlichen Rechtsfortbildung vgl. AK-*Loos*, StPO, Einl. III Rn. 35.

1716 BVerfGE 78, 214 (227); 84, 212 (227); *Esser*, FS F. v. Hippel, S. 95 (113 f.); *Fischer*, Weiterbildung des Rechts, S. 26 f., 38; *Jarass*/Pieroth, GG, Art. 20 Rn. 38; *Röhl*, Allgemeine Rechtslehre, S. 545; *Sachs*, GG, Art. 20 Rn. 107. Für die straf- und zivilprozessuale Literatur scheint die Frage des Richterrechts von untergeordneter Bedeutung zu sein, so finden sich im neueren Schrifttum keine entsprechenden Ausführungen, eine Ausnahme bilden insoweit die – ablehnenden – Stellungnahmen von *Meyer-Goßner*, GVG, § 132 Rn. 20; *Peters*, Strafprozeß, S. 92 f.; Stein/Jonas/*Schumann*, ZPO (20. Auflage), Einl. Rn. 25. – Andere Ansicht: Sachs/*Degenhart*, GG, Art. 70 Rn. 21; kritisch auch *Rüthers*, Rechtstheorie, Rn. 258; Larenz/*Canaris*, Methodenlehre, S. 255 ff. erkennt in Ausnahmefällen verbindliches Richterrecht an.

1717 Vgl. Sachs/*Degenhart*, GG, Art. 70 Rn. 21, der zwar das Richterrecht als eine Rechtsquelle ansieht, ihm aber nur gesetzesähnliche Wirkung zuspricht.

1718 Vgl. § 31 II BVerfGG.

1719 Eine Ausnahme bilden wiederum Entscheidungen des BVerfG, vgl. § 31 I BVerfGG. – Ein oftmals im Zusammenhang mit der Bindungswirkung gerichtlicher Entscheidungen genanntes Problem betrifft die Bindung der Staatsanwaltschaft an die höchstrichterliche Rechtsprechung im Rahmen der Anklageerhebung. Während einerseits von der Bindung an eine ständige Rechtsprechung ausgegangen wird, vgl. BGHSt 15, 155 (158 f.); *Beulke*, Strafprozeßrecht, Rn. 90; KK-*Schmid*, StPO, § 170 Rn. 6, geht die Gegenansicht von der Bindungsfreiheit der Staatsanwaltschaft aus, vgl. *Roxin*, Strafverfahrensrecht, § 10 Rn. 12; *Rüping*, Strafverfahren, Rn. 68 f. *Meyer-Goßner*, GVG, Vor § 141 Rn. 11 verneint zwar eine Bindungswirkung, bejaht aber eine Pflicht, auf eine einheitliche Rechtsanwendung zu achten. – M. E. handelt es sich hierbei aber nicht um ein Rechtsquellenproblem, sondern entscheidend ist, welche Prognose bei der Entschei-

Wenn im Verfahrensrecht ausnahmsweise die Bindungswirkung eines Gerichts festgelegt wird, so handelt es sich immer nur um eine Bindung in der konkreten Sache, d. h. die bindende Rechtsansicht gilt nicht für andere gleichgelagerte Verfahren.[1720] Damit wird freilich nicht verneint, daß höchstrichterliche Entscheidungen aufgrund der besonderen Autorität des Gerichts oder ihrer überzeugenden Begründungen für untere Gerichte durchaus eine faktische Bindung entfalten.[1721]

Bezieht man diese Ausführungen auf BGHSt 43, 195, so war der 4. Strafsenat zwar befugt, über die Zulässigkeit von Absprachen in dieser rechtssatzbildenden[1722] Form zu entscheiden. Aber es ist verfehlt, in diesem Zusammenhang von bindenden richterrechtlichen Verfahrensregeln zu sprechen, gegen die untere Gerichte verstoßen könnten und deswegen einer Sanktion bedürften.

Einer gefestigten Rechtsprechung kann aber dann gesetzesgleiche Kraft zugesprochen werden, wenn es sich um Gewohnheitsrecht handelt[1723], welches unstrittig eine Rechtsquelle darstellt[1724]. Voraussetzung hierfür wären eine dauerhafte tatsächliche Übung (longa consuetudo) sowie die gemeinsame Rechtsüberzeugung (opinio necessitatis).[1725] Die Übergänge von Präjudizien über einen

---

dung des Staatsanwalts gem. § 170 maßgeblich ist. Da er für die Bejahung eines hinreichenden Tatverdachts nach der Wahrscheinlichkeit einer Verurteilung fragen muß, hat er die Entscheidung des *Gerichts* und nicht seinen eigenen Antrag am Ende der Hauptverhandlung zu prognostizieren, vgl. *Schlüchter*, Strafverfahren, Rn. 61.4. Etwas anderes wird wohl dann anzunehmen sein, wenn der Staatsanwalt entgegen der gefestigten Rechtsprechung von der Strafbarkeit eines Verhaltens überzeugt ist, vgl. *Meyer-Goßner*, GVG, Vor § 141 Rn. 11; KK-*Schmid*, StPO, § 170 Rn. 7.

1720 So wird durch § 358 I das Tatgericht an die Aufhebungsansicht des Revisionsgerichts gebunden; für den Zivilprozeß vgl. § 563 II ZPO. Bei § 138 I 3 GVG wird für die Bindungswirkung des erkennenden Senats an die Entscheidung des Großen Senats ausdrücklich auf die „vorliegende Sache" abgestellt. Vgl. auch § 11 VII 3 VwGO; § 45 VII 3 ArbGG; § 11 VII 3 FGO; § 41 VII 3 SGG.

1721 *Röhl*, Allgemeine Rechtslehre, S. 538, 545 spricht insoweit von einer „Rechtsinhaltsquelle"; *Rüthers*, Rechtstheorie, Rn. 239, 245 ff. geht von einer „Richtlinien-Funktion" höchstrichterlicher Entscheidungen aus.

1722 Vgl. nur die fünf Leitsätze des 4. Senats in BGHSt 43, 195.

1723 Larenz/*Canaris*, Methodenlehre, S. 176 f., 258. – *Rüthers*, Rechtstheorie, Rn. 233 meint, daß in justizstaatlich organisierten Rechtssystemen Gewohnheitsrecht nur als Gerichtsgebrauch auftreten könne; er bezweifelt daher die Eigenständigkeit des Gewohnheitsrechts als Rechtsquelle. Hier soll auf diese Frage aber nicht näher eingegangen werden. – *Fischer*, Weiterbildung des Rechts, S. 7 ff. sieht aufgrund der heutigen tatsächlichen Verhältnisse grundsätzliche Bedenken bei einer Vermischung der Kategorien des (alten) Gewohnheitsrecht und der (modernen) richterlichen Rechtsfortbildung.

1724 BVerfGE 78, 214 (227); BGHZ 22, 317 (328 ff.). – Zur Erklärung der Geltung vgl. *Röhl*, Allgemeine Rechtslehre, S. 525 f.

1725 Larenz/*Canaris*, Methodenlehre, S. 258; *Rüthers*, Rechtstheorie, Rn. 232.

weitverbreiteten Gerichtsgebrauch bis hin zum Gewohnheitsrecht können fließend sein.[1726] Während im Bereich des materiellen Strafrechts dem Gewohnheitsrecht zugunsten des Täters durchaus Platz eingeräumt wird[1727], ist dessen Bedeutung für das Strafverfahrensrecht unklar[1728]. Nähme man hier ein Gewohnheitsrecht an, so handelte es sich um ein reines Justizgewohnheitsrecht. Denn Privatpersonen können insoweit die strafprozessuale Übung gar nicht übernehmen.[1729] Ob daher dennoch von einem strafverfahrensrechtlichen Gewohnheitsrecht ausgegangen werden kann, ist zu bezweifeln.[1730]

Selbst wenn man sich über diese Zweifel hinwegsetzt, so kann bei BGHSt 43, 195 nur schwerlich von einem richterrechtlichen Gewohnheitsrecht ausgegangen werden. Denn der strafprozessuale Alltag zeigt doch gerade, daß eine entsprechende Übung und Rechtsüberzeugung im Sinne einer Anerkennung der Rechtsprechung seitens der Beteiligten nicht besteht. Allein die gemeinsame[1731] Überzeugung der fünf Strafsenate des BGH, daß eine Verzichtsvereinbarung unzulässig sei, vermag kein richterrechtliches Gewohnheitsrecht zu begründen.

Zusammenfassend läßt sich also feststellen, daß der Hinweis auf einen Verstoß gegen die Absprachereglen, der einer Sanktion bedürfe, mangels einer einem Gesetz vergleichbaren Bindungswirkung nicht überzeugen kann.

(b) Nichtaufklärung über mangelnde Bindungswirkung der Verzichtsvereinbarung als Fürsorgepflichtverletzung

Ausgehend von der Grundlage des Verzichts auf Rechtsmittel als Ausdruck der Dispositionsbefugnis des Beschuldigten ist hinsichtlich der Erklärung zu for-

---

1726 *Röhl*, Allgemeine Rechtslehre, S. 545.

1727 Tröndle/*Fischer*, StGB, § 1 Rn. 9; LK-*Gribbohm*, StGB, § 1 Rn. 69 ff. Auch das Züchtigungsrecht wurde zeitweise gewohnheitsrechtlich begründet: Zunächst hatte der 5. Senat ein fortbestehendes Gewohnheitsrecht bezweifelt, vgl. BGHSt 6, 263 ff.; dagegen ging BGHSt 11, 241 (245 ff) von einem entsprechenden Gewohnheitsrecht aus.

1728 Bejahend *Meyer-Goßner*, GVG, § 132 Rn. 19 sowie BGHSt 9, 20 (22) [Ausschluß des Verteidigers], bestätigend BVerfGE 15, 226 (232 f.), ablehnend später BVerfGE 34, 293 (301 ff.), woraufhin der Gesetzgeber die §§ 138a ff. erlassen hat. Dagegen äußert sich BVerfGE 9, 109 (117) kritisch gegenüber einem Gewohnheitsrecht im Verfahrensrecht. Zweifelnd auch AK-*Loos*, StPO, Einl. III Rn. 31. *Rüping*, Strafverfahren, Rn. 14 geht davon aus, daß im Verfahrensrecht das Richterrecht das Gewohnheitsrecht repräsentiere.

1729 Für den Zivilprozeß wird unstrittig von einem möglichen Gewohnheitsrecht ausgegangen und insoweit auf § 12 EGZPO verwiesen, vgl. Stein/Jonas/*Schumann*, ZPO (20. Auflage), Einl. Rn. 95, der beispielsweise die einseitige Erledigterklärung nennt.

1730 Ein Gewohnheitsrecht im Strafprozeßrecht ergibt sich m. E. auch nicht zwingend aus der Norm des § 7 EGStPO i. V. m. § 337, da dies auch nur Bedeutung für die Verletzung des materiellen Rechts im Rahmen einer Sachrüge haben könnte.

1731 Im Hinblick auf den bereits o. g. Antwortbeschluß des 2. Senats (NJW 2004, 1336) kann dies allerdings bezweifelt werden.

dern, daß sie sich als eine eigenverantwortliche Entscheidung des Beschuldigten darstellt. Denn u. a. in ihr kommt die Subjektstellung des Beschuldigten im Strafverfahren zum Ausdruck. Die Fürsorgepflicht gebietet daher, eine grundsätzlich freie Entscheidung des Verzichtenden zu ermöglichen.

Damit die Verzichtserklärung nach Urteilsverkündung nicht nur eine Fortsetzung der unverbindlichen Vereinbarung vor Urteilsverkündung ist, bedarf es der Kenntnis des Beschuldigten hinsichtlich der ihm verbliebenen Entscheidungsmacht. Weiß er, daß die Vereinbarung ihn nicht bindet, so trifft er durch die Verzichtserklärung eine eigenverantwortliche Entscheidung, die seiner Subjektstellung gerecht wird. Daran vermag auch eine – mehr oder weniger stark wirkende – faktische Bindung an die Absprache nichts zu ändern.

Eine solche Kenntnis kann der Beschuldigte beispielsweise durch seinen Verteidiger erlangen. Sichergestellt werden kann sie aber nur durch eine Belehrung des Gerichts nach der Urteilsverkündung, daß der Beschuldigte trotz der Absprache Rechtsmittel einlegen könne und in seiner Entscheidung frei sei. Neben der üblichen Rechtsmittelbelehrung hat das Gericht im Rahmen seiner Fürsorgepflicht ergänzend auf die mangelnde Bindungswirkung der Verzichtsvereinbarung hinzuweisen.[1732] Dem Beschuldigten muß verdeutlicht werden, daß er nicht aufgrund der Vorabzusage gezwungen ist, auf Rechtsmittel zu verzichten.[1733] Dies wird zutreffend als „qualifizierte Belehrung“ bezeichnet.[1734]

Erstmals erwähnte der 4. Senat des BGH im Jahre 1999 ein solches Instrument, um die Freiheit des Beschuldigten zur Erklärung des Rechtsmittelverzichts zu gewährleisten.[1735] In seinem Antwortbeschluß läßt er die Frage nach der Wirkung einer qualifizierten Belehrung nicht mehr offen, sondern tendiert eher zur Beachtlichkeit des Verzichts, wenn der Beschuldigte zuvor qualifiziert belehrt wurde.[1736] Auch der 5. Senat erklärt in seinem Antwortbeschluß, daß er für den Fall einer qualifizierten Belehrung des Beschuldigten zu einer Beachtlichkeit des Verzichts neigt.[1737] Mit der insoweit eindeutigen Entscheidung des Großen Senats zugunsten einer solchen Belehrung wird diese in der Praxis sicherlich Verwirklichung finden.

1732 So ausdrücklich auch *F. Meyer*, Willensmängel, S. 342 sowie *Rieß*, FS Meyer-Goßner, S. 645 (655 f.), der von einer „speziellen Rechtspflicht“ spricht.

1733 Vgl. *F. Meyer*, Willensmängel, S. 342.

1734 Zum insoweit nicht neuen Begriff im Strafprozeßrecht vgl. *Meyer-Goßner*, StPO, § 136 Rn. 9; SK-*Rogall*, StPO, Vor § 133 Rn. 178 sowie ausführlich *Geppert*, GS K. Meyer, S. 93 ff. Die qualifizierte Belehrung wird danach als Pflicht angesehen, Irrtümer auszuräumen, die durch Strafverfolgungsorgane hervorgerufen wurden.

1735 BGHSt 45, 227 (233). Da im vorliegenden Fall keine entsprechende Belehrung erfolgte, hat der 4. Senat eine Entscheidung offen gelassen, ob bei einer qualifizierten Belehrung der Verzicht ausnahmsweise beachtlich ist.

1736 BGH, Beschluß vom 25.11.2003 – 4 ARs 32/03 (nicht veröffentlicht).

1737 BGH NJW 2004, 1335. Freilich stellt er zugleich klar, daß es für die Anfrage nicht darauf ankommt; insoweit handelt es sich lediglich um ein obiter dictum.

Der Gedanke einer ergänzenden Belehrung hat auch im Schrifttum teilweise Zustimmung gefunden.[1738] So wird darauf hingewiesen, daß das Gericht die Verantwortung dafür trage, die nicht auszuschließende motivierende Kraft der Vereinbarung mittels einer Belehrung zu neutralisieren.[1739] Es findet sich sogar der Hinweis auf die „maßstabgebende und verhaltensprägende Kraft, die das Institut der qualifizierten Belehrung zu entwickeln vermag".[1740] In diesem Zusammenhang bestätigt sich die bereits oben vertretene Auffassung, daß die Rechtsmittelbelehrung als Ausdruck der gerichtlichen Fürsorgepflicht bei ihrem Fehlen zur Unbeachtlichkeit des Verzichts führt.[1741]

Die Wirksamkeit einer solchen qualifizierten Belehrung wird aber auch kritisch gesehen; so bezweifelt die wohl überwiegende Ansicht die Eignung einer solchen Belehrung, den Beschuldigten in eine freie Entscheidungssituation zu versetzen.[1742] Sie sei – ähnlich wie die Rechtsmittelbelehrung gem. § 35a[1743] – eine bloße Formalie, auf die wiederum verzichtet werden könne.[1744] Zudem könne sie zwar einen Irrtum über die Bindungswirkung, nicht aber den faktischen Druck beseitigen.[1745] An die Stelle eines Schutzes der Willensfreiheit trete ein bloßes „rechtliches Informiertsein".[1746] Zumindest verhindere die qualifizierte Belehrung eine Beeinträchtigung der Willensfreiheit dann nicht, wenn es sich um eine Absprache mit *nachträglicher* Leistungsgewährung handelt.[1747] Denn in diesen

---

1738 *Beulke*, Strafprozeßrecht, Rn. 396a; *Bömeke*, Absprachen, S. 135; *Rieß*, NStZ 2000, 98 (100); *Weider*, FS Lüderssen, S. 773 (782); *Widmaier*, NJW 2005, 1985 (1986). Vgl. *Seher*, JZ 2005, 634 (636), der eine Belehrung bereits vor der Absprache fordert; der Beschuldigt müsse darüber informiert werden, daß ein Rechtsmittelverzicht nicht vereinbart werden dürfe und eine dennoch vereinbarte Zusage ungültig sei.

1739 *Rieß*, NStZ 2000, 98 (100); *ders.*, FS Meyer-Goßner, S. 645 (656); zweifelnd im Hinblick auf die Erfolgsaussichten einer solchen Belehrung *ders.*, Kolloquium, S. 191 (205).

1740 *Widmaier*, NJW 2005, 1985 (1986), der aber in der qualifizierten Belehrung kein Allheilmittel sieht.

1741 Vgl. 4. Kapitel, III. 2. a).

1742 BGH NJW 2004, 2536 (2539); *Altenhain/Haimerl*, GA 2005, 281 (298 f.); KMR-*Eschelbach*, StPO, Vor § 213 Rn. 67d; *Gaede/Rübenstahl*, HRRS 2004, 342 (351); *Koch*, HRRS 2005, 245 (247); *F. Meyer*, Willensmängel, S. 342 f.; *ders.*, HRRS 2005, 235 (242 f.). Ablehnend auch BGH NJW 2004, 1336 (1337).

1743 Vgl. *Bömeke*, Absprachen, S. 134.

1744 BGH NJW 2004, 1336 (1337); *Satzger/Höltkemeier*, NJW 2004, 2487 (2489) sprechen von einer „Alibifunktion".

1745 *Duttge/Schoop*, StV 2005, 421 (422); *F. Meyer*, Willensmängel, S. 342 f.; *Moldenhauer*, Absprachen, S. 233.

1746 *Altenhain/Haimerl*, GA 2005, 281 (298).

1747 *F. Meyer*, Willensmängel, S. 344 ff., 349, der zwischen vorheriger und nachträglicher Leistungsgewährung unterscheidet. Nur wenn die von staatlicher Seite versprochene Gegenleistung vor oder spätestens mit dem Urteil erbracht werde, könne eine qualifi-

Fällen, als Beispiel sei die Nichtverfolgungszusage durch die Staatsanwaltschaft genannt, bestehe eine Beeinträchtigung der Willensfreiheit des Beschuldigten fort. Ihm sei nämlich bewußt, daß ein Unterlassen des Verzichts zum Ausbleiben der Gegenleistung führe. In Fällen der nachträglichen Leistungsgewährung sei daher die Eignung einer qualifizierten Belehrung zu verneinen.[1748]

Eine solche Differenzierung ist m. E. aber abzulehnen. Maßgeblich ist allein, daß der Beschuldigte um die Möglichkeit einer Rechtsmitteleinlegung weiß. Daß die Nichterklärung eines Verzichts zur Einbuße an prozessualen Möglichkeiten führt, ist eine prozessuale Last. Diese hat er auf sich zu nehmen. Das Risiko einer Vorleistung geht der Beschuldigte ebenfalls bei der Ablegung eines Geständnisses ein[1749]; insbesondere trägt er das Risiko, daß sich nach einem Geständnis neue Umstände ergeben.[1750] Für seine Entscheidung, im Rahmen einer Absprache ein Geständnis abzulegen, trägt er selbst die Verantwortung. Gleiches gilt für den Fall, in dem er sich für die Nichterklärung eines Rechtsmittelverzichts entscheidet. Dieses Risiko kann ihm nicht dadurch abgenommen werden, daß er einen Verzicht erklären kann und dieser als unbeachtlich angesehen wird.

Auch die Einwände gegen eine qualifizierte Belehrung überzeugen nicht. Sie als lediglich „faktisch bedeutungslose Förmlichkeit" zu disqualifizieren, spricht auch anderen Belehrungen im Prozeß die Wirksamkeit ab. Stets sind Belehrungen von der Person abhängig, die sie vornimmt; die entsprechende Ernsthaftigkeit sollte aber doch zunächst einmal unterstellt werden. Es ist nicht gering zu achten, das rechtliche Informiertsein des Beschuldigten sicherzustellen. Zwar ist damit der Willensschutz nicht umfassend verwirklicht; dieses ist aber auch nicht Aufgabe der Fürsorgepflichten. Die befürchtete Überforderung des Beschuldigten als Rechtslaien durch eine solche Belehrung dürfte auch nicht größer als bei vergleichbaren Fällen einer qualifizierten Belehrung sein.

Zusammenfassend ergibt sich also, daß das Gericht mittels einer qualifizierten Belehrung seiner Fürsorgepflicht genügt. Unterläßt es dagegen eine solche Belehrung, liegt eine Fürsorgepflichtverletzung vor und der aufgrund einer Vorabzusage erklärte Verzicht ist unbeachtlich. Allein die Erörterung, Zusage oder Vereinbarung eines Rechtsmittelverzichts vor Urteilsverkündung vermag die Unbeachtlichkeit nicht zu begründen.[1751]

---

zierte Belehrung die Willensfreiheit wiederherstellen. So auch *Moldenhauer*, Absprachen, S. 234.

1748 *F. Meyer*, Willensmängel, S. 346.

1749 *Heller*, Urteilsabsprache, S. 31 sieht darin den entscheidenden – konstruktionsbedingten – Schwachpunkt einer Absprache begründet.

1750 *Satzger*, JuS 2000, 1157 (1161).

1751 Zur Erörterung bzw. zum Herausfragen eines Rechtsmittelverzichts nach Urteilsverkündung vgl. bereits 4. Kapitel, III, 2. c) bb).

Damit wird freilich nicht ausgeschlossen, daß der im Zusammenhang mit einer Absprache erklärte Verzicht bei Vornahme einer qualifizierten Belehrung nicht aus anderen Gründen unbeachtlich sein könnte.[1752] Insoweit kann aber auf die vorangegangenen Ausführungen in diesem Kapitel verwiesen werden.

d) Weitere Konstellationen eines Rechtsmittelverzichts im Zusammenhang mit Absprachen

Zuvor wurde der wohl am häufigsten auftretenden Konstellation eines Verzichts auf Rechtsmittel im Zusammenhang mit Absprachen Beachtung geschenkt: nämlich der Vereinbarung eines Verzichts vor Urteilsverkündung und dem anschließenden – d. h. nach Urteilsverkündung erfolgenden – Verzicht auf Rechtsmittel in bezug auf dieses Verfahren. Darüber hinaus gibt es aber auch – in Rechtsprechung und Literatur nur vereinzelt erörterte – abweichende Konstellationen. So kann sich der vereinbarte Verzicht auch auf ein *anderes* Verfahren beziehen, oder ein Verzicht bzw. eine Rücknahme werden *nach* Urteilsverkündung in bezug auf das gerade abgeschlossene Verfahren vereinbart.

aa) Vereinbarung eines Rechtsmittelverzichts nach Urteilsverkündung

Eine Absprache *nach* Urteilsverkündung kann dergestalt erfolgen, daß ein Rechtsmittelverzicht gegen die Zusage der Staatsanwaltschaft, von der Strafverfolgung gem. § 154 I Nr. 1 abzusehen, in Aussicht gestellt wird.[1753] Der Zeitpunkt dieser Absprache kann seine Ursache beispielsweise darin haben, daß die andere Tat der Staatsanwaltschaft erst kurz vor Urteilsverkündung bekannt wird, so daß eine Absprache während des Verfahrens nicht mehr möglich ist.

An der Beachtlichkeit einer daraufhin erfolgenden Verzichts- oder Rücknahmeerklärung ist nicht zu zweifeln.[1754] Auch in diesem Fall trägt allerdings der Beschuldigte das Risiko, daß eine von der Staatsanwaltschaft angekündigte Einstellung nicht erfolgt, nachdem er selbst bereits auf Rechtsmittel verzichtet hat. Allerdings wird ihm ein gewisser Schutz durch die in diesem Kapitel genannten Fürsorgepflichten zuteil. So verletzen sowohl Gericht als auch Staatsanwaltschaft bereits bei objektiv unrichtiger Auskunft ihre Fürsorgepflicht. Die-

---

1752 Vgl. BGH NStZ 1995, 556: In diesem Fall ergibt sich die Unbeachtlichkeit nicht allein aus dem Umstand, daß ein Verzicht des Beschuldigten während des Verfahrens erörtert wurde, sondern aus der unzulässigen Strafvollstreckungszusage des hierfür unzuständigen Gerichts. Insoweit kann zumindest von einer unrichtigen Auskunft ausgegangen werden. – Auch im Falle einer Täuschung des Gerichts im Rahmen einer Absprache kann eine Fürsorgepflichtverletzung und damit im Ergebnis die Unbeachtlichkeit des Verzichts bejaht werden, vgl. *Gerlach*, Absprachen, S. 170 f.

1753 Vgl. *Baier*, NStZ 2000, 160 (161). Als weiteres Beispiel kann die Verbindung eines Verzichts mit Haftverschonung genannt werden.

1754 So auch *Baier*, NStZ 2000, 160 (161).

ses kann z. B. dann angenommen werden, wenn Zusagen in Bereichen erklärt werden, für die der Zusagende überhaupt nicht zuständig ist und folglich auch die Zusage nicht erfüllen kann.

bb) Rechtsmittelverzicht in einem anderen Verfahren als Gegenstand einer Absprache

Zumeist wird in Rechtsprechung und Literatur nur der abgesprochene Rechtsmittelverzicht behandelt, der sich auf das Verfahren bezieht, welches Gegenstand der Absprache ist. Nicht weniger praxisrelevant sind aber Absprachen, in denen der Verzicht in bezug auf ein anderes Verfahren oder – vermutlich der häufigere Fall – die Rücknahme eines bereits eingelegten Rechtsmittels vereinbart wird.[1755]

Der BGH hat in einem Urteil vom 19.02.2004 jedoch zu einer vergleichbaren Konstellation Stellung bezogen.[1756] Gegenstand einer Vereinbarung war kein Verzicht auf Rechtsmittel, sondern für ein Geständnis und die Begleichung einer aus der – rechtskräftig abgeurteilten – Vortat resultierenden Steuerschuld sollte der Beschuldigte eine erhebliche Strafmilderung erhalten. Der 4. Strafsenat des BGH sah darin eine unzulässige Verknüpfung; dem Beschuldigten dürfe nur ein Verhalten angesonnen werden, das mit dem Verfahrensgegenstand in einem inneren Zusammenhang stünde. Erforderlich ist danach also eine Konnexität von Abspracheninhalt und Verfahrensgegenstand.[1757] Durch diese Grenzziehung werden sicherlich nicht wenige Absprachen, so wie sie bisher beispielsweise bei Wirtschaftsstrafverfahren erfolgten, aus Sicht des 4. Strafsenats unzulässig sein.[1758]

Nach dieser Bestimmung zulässiger Absprachegegenstände dürfte der 4. Senat des BGH bei der Vereinbarung eines „verfahrensfremden" Rechtsmittelverzichts[1759] erst recht zu der Unzulässigkeit einer solchen Vereinbarung gelangen.

Auch die Ansicht, welche aufgrund der faktischen Drucksituation einem abgesprochenen Verzicht die Beachtlichkeit versagt[1760], gelangt hier mehrheitlich zur Unbeachtlichkeit des Verzichts. Die Drucksituation bleibe für den Be-

1755 Vgl. den Sachverhalt, der BGHSt 37, 10 zugrunde lag.

1756 BGH NJW 2004, 1396 ff.

1757 BGH NJW 2004, 1396 (1397).

1758 Vgl. auch die Einschätzung von *Beulke/Swoboda*, JZ 2005, 67 (73).

1759 Fraglich ist, ob dies so auch für die vereinbarte Rücknahme eines Rechtsmittels gilt, die ja notwendigerweise Gegenstand eines anderen Verfahrens ist. Die gegen die Möglichkeit einer Verzichtsvereinbarung vorgebrachten Bedenken, greifen bei der Rücknahme gerade nicht ein.

1760 Vgl. 4. Kapitel, III. 3. c).

schuldigten dieselbe.[1761] Jede Art der Verknüpfung eines Rechtsmittelverzichts des Beschuldigten mit einer Gegenleistung des Gerichts sei unzulässig.[1762]

Fraglich ist, ob diese Auffassung auch bei einer Gegenleistung der Staatsanwaltschaft – beispielsweise der staatsanwaltschaftliche Verzicht auf Rechtsmittel – zum gleichen Ergebnis kommt, oder ob nur Gegenleistungen des Gerichts als unzulässig angesehen werden. Auch kann für das laufende Verfahren nicht von einer Beeinträchtigung der Sachverhaltsaufklärung ausgegangen werden, da in bezug auf dieses Verfahren die mögliche Überprüfung durch das Rechtsmittelgericht gerade nicht ausgeschlossen wird.[1763]

Daher ist von der Zulässigkeit einer solchen Vereinbarung und der Beachtlichkeit des Verzichts auszugehen.[1764] Ergeben sich dagegen Änderungen im laufenden Verfahren, anläßlich dessen die Absprache erfolgte, so vermögen diese nichts an der Beachtlichkeit des Verzichts zu ändern.[1765] Das entsprechende Risiko hat insoweit der Beschuldigte zu tragen.[1766] Freilich gelten die zuvor genannten Fürsorgepflichten auch hinsichtlich dieses Verzichts, so daß sich aus deren möglichen Verletzungen die Unbeachtlichkeit des Verzichts ergeben kann.

IV. Geltendmachung der Unbeachtlichkeit des Rechtsmittelverzichts

Nachdem im vorigen Abschnitt eine Typisierung der Fürsorgepflichtverletzungen erfolgte, soll nun die nicht weniger bedeutsame Frage geklärt werden, wie dem Beschuldigten zu seinem eigentlichen Rechtsschutzziel, nämlich der Einlegung eines Rechtsmittels, verholfen werden kann. Dazu muß allerdings zunächst geklärt werden, inwieweit es einer Geltendmachung der Unbeachtlichkeit bedarf. Im Anschluß daran ist zu erörtern, welche prozessualen Möglichkeiten der Beschuldigte hat, wenn – dies dürfte der Regelfall sein – die Rechtsmittelfrist

---

1761 *Moldenhauer*, Absprachen, S. 213 (Fußnote 1159).

1762 *Moldenhauer*, Absprachen, S. 216 f. Vgl. auch KMR-*Eschelbach*, StPO, Vor § 213 Rn. 67a. – Vgl. auch BGH NJW 2004, 1396 ff., der – allerdings nicht im Zusammenhang mit einem Rechtsmittelverzicht – verlangt, daß das dem Beschuldigten angesonnene Verhalten mit der angeklagten Tat und dem Gang der Hauptverhandlung einen inneren Zusammenhang aufweisen müsse.

1763 Wird die Rücknahme eines bereits eingelegten Rechtsmittels vereinbart, so ist überhaupt keine Verletzung des Amtsermittlungsgrundsatzes zu besorgen.

1764 LR-*Rieß*, StPO, Einl. G Rn. 74; *ders.*, FS Meyer-Goßner, S. 645 (648).

1765 *Rieß*, FS Meyer-Goßner, S. 645 (648). Andere Ansicht wohl SK-*Schlüchter*, StPO, Vor § 213 Rn. 52, die immer dann von der Unbeachtlichkeit des Verzichts ausgeht, wenn der Vorteil in der anderen Sache nicht gewährt wird.

1766 So geht auch BGHSt 37, 10 ff. mit keinem Wort auf eine mögliche Unbeachtlichkeit der Rücknahme ein.

abgelaufen ist, und er dennoch von seiner ursprünglichen Rechtsmittelbefugnis Gebrauch machen möchte.

1. Geltendmachung der Unbeachtlichkeit

Zunächst ist innerhalb dieses Abschnitts von der Geltendmachung der Unbeachtlichkeit die – zeitlich vorgelagerte – Geltendmachung der Fürsorgepflichtverletzung zu unterscheiden.[1767]

Zum Teil findet sich in der Literatur die Auffassung, daß ein ausnahmsweise beachtlicher Willensmangel nicht allein zur Unbeachtlichkeit der Verzichtserklärung führt, sondern es einer Geltendmachung des Willensmangels bedürfe, damit der Verzicht keine Wirkung entfalte.[1768] Nur wenn sich der Beschuldigte darauf berufe, könne im Verfahren von der Unwirksamkeit des Verzichts ausgegangen werden. Erst dann stelle sich die Frage, welche prozessualen Konsequenzen die Unwirksamkeit des Verzichts nach sich ziehe. Wie diese Geltendmachung des Willensmangels bzw. der Fürsorgepflichtverletzung genau auszusehen hat, ist umstritten.

Schulze geht beispielsweise davon aus, daß der willensfehlerhafte Rechtsmittelverzicht erst „beseitigt" werden müsse; als das dafür erforderliche prozessuale Mittel nennt er den Widerruf.[1769] Als ein weiteres Mittel der Geltendmachung des Willensmangels wird das Institut der Wiedereinsetzung – allerdings nur in entsprechender Anwendung – bemüht.[1770] Allein der Willensmangel reicht nach dieser Auffassung also nicht aus, die Bindungswirkung des Verzichts zu beseitigen. In die gleiche Richtung dürfte auch der – in der Regel allerdings nicht näher ausgeführte – Hinweis auf die Anfechtung des Rechtsmittelverzichts zielen.[1771] Denn kennzeichnend für die Anfechtung ist, daß ihre Rechtsfolge – die Nichtigkeit der Erklärung ex tunc – erst infolge einer besonderen Erklärung eintritt. Nach dieser Ansicht führt also nicht bereits ein Willens-

1767 Vgl. *F. Meyer*, Willensmängel, S. 355.

1768 SK-*Schlüchter*, StPO, Vor § 213 Rn. 52; *Schulze*, Willensmängel, S. 194 ff.; *Seier*, JZ 1988, 683 (686). Vgl. auch *Roxin*, Strafverfahrensrecht, § 51 Rn. 27, der einer umfassenden Berücksichtigung von Willensmängeln nur unter der Voraussetzung zustimmt, daß sie innerhalb der Einlegungsfrist geltend gemacht werden.

1769 *Schulze*, Willensmängel, S. 198. Vgl. auch *Siegert*, DRiZ 1953, 98 (101).

1770 *Gerlach*, Absprachen, S. 176 f.; *Oehler*, JZ 1963, 227 (228); *Plötz*, Fürsorgepflicht, S. 317 (Fußnote 338); SK-*Schlüchter*, StPO, Vor § 213 Rn. 52.

1771 LR-*Sarstedt*, StPO (21. Auflage), § 136a Rn. 9; LR-*K. Meyer*, StPO (23. Auflage), § 136a Rn. 9; *Rüping*, Strafverfahren, Rn. 585; so wohl auch *Joerden*, JuS 1993, 927 (929) allgemein für Prozeßerklärungen. Auch *Kühne*, Strafprozeßrecht, Rn. 680 spricht von der „Anfechtbarkeit" des Rechtsmittelverzichts. – Ablehnend gegenüber der entsprechenden Anwendung der zivilrechtlichen Anfechtungsregeln *F. Meyer*, Willensmängel, S. 357.

mangel oder eine Fürsorgepflichtverletzung zur Unbeachtlichkeit, sondern erst bei einem hinzutretenden Verhalten des Beschuldigten kann von der Unwirksamkeit als Rechtsfolge ausgegangen werden.

An diesen Grundgedanken knüpft auch eine differenzierende Auffassung an. Zwar sei grundsätzlich eine Geltendmachung erforderlich, aber in Fällen eines offensichtlichen Willensmangels sei ausnahmsweise ein solches Verhalten entbehrlich.[1772] Als Mittel der Geltendmachung wird einerseits die Wiedereinsetzung in den vorigen Stand entsprechend herangezogen oder andererseits wiederum der Widerruf des Verzichts genannt. Nach dieser Ansicht stellt sich der Widerruf als die Geltendmachung eines verborgenen Willensmangels dar.[1773]

Zu Recht verzichtet jedoch die überwiegende Ansicht auf das Erfordernis einer Geltendmachung des Mangels, der zur Befreiung von der Bindungswirkung des Verzichts führt. Statt dessen geht sie davon aus, daß allein aufgrund eines Willensmangels bzw. einer Fürsorgepflichtverletzung der Verzicht unbeachtlich ist. Dies zeigt sich bereits an dem Umstand, daß lediglich von der Unwirksamkeit eines Verzichts gesprochen wird. Ausdrücklich äußert sich insoweit der 2. Strafsenat des BGH: „Wegen der dargelegten Umstände seines Zustandekommens war der Rechtsmittelverzicht des Angeklagten hier von Anfang an unwirksam. Auf eine Anfechtung wegen Irrtums kommt es daher nicht an."[1774]

Auch im Schrifttum wird davon ausgegangen, daß es einer Geltendmachung des Willensmangels nicht bedarf. Es ist also allein von der Unwirksamkeit bzw. Unbeachtlichkeit des Verzichts ex tunc die Rede.[1775] Übertragen auf die hier beschriebenen Fürsorgepflichtverletzungen bedeutet dies, daß der Verzicht auch unabhängig von ihrer Geltendmachung unbeachtlich ist. Bei der Geltendmachung kann es sich somit allein um eine solche hinsichtlich der Unbeachtlichkeit handeln – insbesondere dann, wenn die Rechtsmittelfrist abgelaufen ist.[1776]

Daß die Unbeachtlichkeit die Rechtsfolge einer Fürsorgepflichtverletzung ist, wurde bereits oben begründet.[1777] In der Verwendung der Unbeachtlichkeit als prozessualer Wertkategorie kommt die Entbehrlichkeit einer Geltendmachung des Fürsorgepflichtverstoßes ebenfalls zum Ausdruck.[1778] Da die unbe-

1772 *Dencker*, Willensfehler, S. 45 f. Zuvor aber bereits *Dahrmann*, Widerruf, S. 65, 89 f.

1773 *Dahrmann*, Widerruf, S. 90. – Kritisch zur Verwendung des Begriffs „Widerruf" *Dencker*, Willensfehler, S. 44 sowie generell ablehnend zum Widerruf als Beseitigungsmöglichkeit des Verzichts *F. Meyer*, Willensmängel, S. 356 f.

1774 BGHSt 46, 257 (259). Vgl. auch BGHSt 45, 51 (53) BGH NJW 2005, 1440 (1446); OLG Stuttgart NStZ-RR 1996, 146.

1775 *Joachim*, Willensmängel, S. 269; *Meyer-Goßner*, StPO, § 302 Rn. 21 ff.; *F. Meyer*, Willensmängel, S. 361 f.; *E. Schmidt*, Strafprozeßrecht, Rn. 128.

1776 Vgl. auch LG Osnabrück StraFo 1997, 309 (311).

1777 Vgl. 4. Kapitel, II. 4. f).

1778 Vgl. *E. Schmidt*, LK I, Rn. 241.

achtliche Prozeßhandlung von keinem Prozeßbeteiligten zu beachten ist, bedarf es auch keines sie aufhebenden Aktes.

Dieser Lösung kann auch nicht entgegen gehalten werden, daß damit ein für die Rechtssicherheit unzumutbarer Schwebezustand verbunden sei, wenn die Unbeachtlichkeit von niemandem bemerkt werde. In diesen Fällen sorgt – zumindest beim unbeachtlichen Verzicht, auf die Rücknahme ist später noch gesondert einzugehen – der Ablauf der Rechtsmittelfrist für die nötige Rechtssicherheit. Zutreffend spricht *Frank Meyer* von der „Heilung der Prozeßordnungswidrigkeit" durch Verstreichenlassen der Frist.[1779]

Letztendlich stellt sich diese Diskussion um die Geltendmachung der Fürsorgepflichtverletzung nur als ein Scheinproblem dar. Denn – unabhängig davon, wie man diese Geltendmachung nennen will – wird in all jenen Fällen, in denen sich der Beschuldigte nicht mehr an seinen erklärten Rechtsmittelverzicht gebunden fühlt, eine Geltendmachung erfolgen. Selbst die Vertreter, die auf das Erfordernis einer Geltendmachung hinweisen, gestehen zu, daß die praktische Bedeutung nicht überschätzt werden dürfe.[1780] So könne das Widerrufserfordernis kaum zu einem Fallstrick für den Beschuldigten werden; lediglich der Wille zur Geltendmachung müsse erkennbar sein.[1781]

Dies hängt mit dem Umstand zusammen, daß zumeist die Rechtsmittelfrist abgelaufen sein wird, d. h. der Beschuldigte muß sich ohnehin eines Wiedereinsetzungsgesuches bedienen, um die Fristversäumnis zu überwinden. In diesem Antrag auf Wiedereinsetzung kann dann zugleich die Geltendmachung des Willensmangels gesehen werden. In den relevanten Konstellationen wird also nahezu immer eine Geltendmachung mittels des Wiedereinsetzungsantrags bejaht werden können.

Eine Bedeutung könnte der Problematik aber in jenen Fällen zukommen, in denen der Beschuldigte innerhalb der Einlegungsfrist die Unbeachtlichkeit seiner Verzichtserklärung erkennt und infolgedessen noch innerhalb der Frist – also ohne Inanspruchnahme der Wiedereinsetzung – ein Rechtsmittel einlegt. Nach der eingangs dargestellten Minderheitsansicht wäre aber zunächst eine Geltendmachung des Willensmangels bzw. Verfahrensfehlers notwendig, um den Verzicht zu beseitigen und die Möglichkeit eines Rechtsmittels zu eröffnen. Aber stellt man nur auf den erkennbaren Willen einer Geltendmachung ab, so würde ein solcher bereits mit der Einlegung des Rechtsmittels geäußert. Selbst wenn als Mittel einer Geltendmachung ein Wiedereinsetzungsantrag entsprechend § 45 gefordert wird[1782], so wäre in diesem Zusammenhang auch an eine entsprechende Anwendung des § 45 II 3 zu denken. Danach kann auch bei Fehlen eines

---

1779 *F. Meyer*, Willensmängel, S. 362.
1780 *Schulze*, Willensmängel, S. 199.
1781 *Schulze*, Willensmängel, S. 199.
1782 *Dencker*, Willensfehler, S. 45 f.

Antrags Wiedereinsetzung gewährt werden, wenn innerhalb der Antragsfrist die versäumte Handlung nachgeholt wird.[1783] Würde also innerhalb der gewöhnlichen Frist ein Rechtsmittel eingelegt, so könnte dieses Verhalten auch als eine Wiedereinsetzung im Sinne einer Geltendmachung angesehen werden.[1784] Der Wille zur Verfahrensfortführung muß nur deutlich zum Ausdruck kommen.[1785]

Festgehalten werden kann, daß mit der ohnehin im Regelfall notwendigen Wiedereinsetzung stets zugleich eine – zumindest konkludente – Geltendmachung des Fürsorgepflichtverstoßes gegeben wäre, so daß die eingangs erwähnte Fragestellung im Ergebnis offen gelassen werden kann. Im folgenden braucht also nur der Frage nachgegangen zu werden, inwieweit die Wiedereinsetzungsvorschriften auf die Konstellation des unbeachtlichen Rechtsmittelverzichts anzuwenden sind. Es geht also nur um die Geltendmachung der Unbeachtlichkeit des Verzichts in den Fällen einer abgelaufenen Einlegungsfrist. Beabsichtigt der Beschuldigte, kein Rechtsmittel einzulegen, obwohl der Verzicht unter Verletzung einer Fürsorgepflicht zustande gekommen ist, so kommt es auf eine Geltendmachung der Unbeachtlichkeit auch nicht an. Spätestens mit Ablauf der Einlegungsfrist verliert sie an Bedeutung.

2. Wiedereinsetzung in den vorigen Stand bei Unbeachtlichkeit des Rechtsmittelverzichts

a) Möglichkeit und Notwendigkeit einer Wiedereinsetzung in den vorigen Stand

Hat der Beschuldigte auf Rechtsmittel verzichtet und ist dieser Verzicht beachtlich, so bleibt für die Wiedereinsetzung in den vorigen Stand gem. § 44 und eine Rechtsmitteleinlegung kein Raum.[1786] Der Grund hierfür liegt weniger in der (Teil-)Rechtskraft als vielmehr in der Tatsache, daß das Handeln des Beschuldigten – die Abgabe einer Verzichtserklärung – nicht zugleich eine Säumnis i. S. d. § 44 darstellt. Wer bewußt von einem befristeten Rechtsbehelf keinen Gebrauch macht – z. B. durch die Erklärung eines Rechtsmittelverzichts –, ist nicht „verhindert, eine Frist einzuhalten".[1787]

Anders sieht es jedoch in den Fällen eines unbeachtlichen Rechtsmittelverzichts aus. Da dem Verzicht keinerlei Beachtung geschenkt werden darf, handelt es sich nur um eine „scheinbare Rechtskraft" aufgrund einer nur scheinbar be-

---

1783 Vgl. dazu LR-*Wendisch*, StPO, § 45 Rn. 29.

1784 So auch *Dencker*, Willensfehler, S. 46; *Plötz*, Fürsorgepflicht, S. 317 (Fußnote 338).

1785 *Meyer-Goßner*, StPO, § 45 Rn. 12.

1786 BGH NJW 1978, 330; BGH NStZ 1984, 181; 1997, 611 (612); OLG Stuttgart Die Justiz 1971, 359.

1787 BGH NStZ-RR 1998, 109; NStZ 2001, 160; OLG Düsseldorf MDR 1984, 71; KK-*Maul*, StPO, § 44 Rn. 15; *Meyer-Goßner*, StPO, § 44 Rn. 5; *Pfeiffer*, StPO, § 44 Rn. 1.

achtlichen Prozeßhandlung.[1788] Mangels einer beachtlichen Verzichtserklärung ist es dem Beschuldigen daher unbenommen, ein Rechtsmittel einzulegen. Unproblematisch ist dies, wenn die Einlegungsfrist für Rechtsmittel noch nicht abgelaufen ist. Angesichts der kurzen Fristen von nur einer Woche wird der Beschuldigte diese aber zumeist versäumt haben.[1789]

Fraglich ist, welche prozessualen Möglichkeiten dem Beschuldigten im Falle des Ablaufs der Einlegungsfrist verbleiben. Zunächst könnte an eine Wiedereröffnung der gesetzlichen Einlegungsfrist zu denken sein. Diese Möglichkeit wird aber nicht ernsthaft in Betracht gezogen. Denn zu Recht wird darauf hingewiesen, daß auch dies dem Beschuldigten im Regelfall nicht weiterhelfen würde. Angesichts der mangelnden Berücksichtigung der Unkenntnis des Beschuldigten vom Bestehen seiner Rechtsmittelbefugnis würde auch diese Frist erneut nach einer Woche ablaufen.[1790]

In diesen Fällen vermag nur die Wiedereinsetzung in den vorigen Stand dem Beschuldigten zu helfen. Sie dient hier also – entgegen der o. g. Minderheitsansicht – nicht zur Überwindung eines grundsätzlich wirksamen Verzichts, sondern zur Überwindung der Rechtskraft infolge des Fristablaufs.[1791] Die Wiedereinsetzungsvorschriften gem. §§ 44 ff. können also direkt angewendet werden, da die Wiedereinsetzung gerade ein Rechtsbehelf[1792] zur Geltendmachung einer Fristversäumnis ist.[1793] Nach allgemeiner Ansicht besteht die Wirkung einer Wiedereinsetzung in den vorigen Stand darin, daß eine bestehende prozessuale Lage beseitigt wird und somit eine Prozeßlage geschaffen wird, in der die versäumte Prozeßhandlung nachgeholt werden kann.[1794] Die Wiedereinsetzung wirkt insoweit konstitutiv.[1795]

1788 Vgl. *Hamm*, NStZ 2001, 494.

1789 *Rieß*, NStZ 2000, 98 (100).

1790 *Hamm*, NStZ 2001, 494 f.

1791 *F. Meyer*, Willensmängel, S. 362 f.

1792 Die Wiedereinsetzung stellt somit kein Rechtsmittel dar, denn mit ihr wird nicht die Nachprüfung einer Entscheidung angestrebt, vgl. RGSt 22, 31 (32); *Kalthoener*, Wiedereinsetzung, S. 3.

1793 BGH NStZ 1995, 556; BGHSt 45, 227 (233 f.); BGH NJW 2005, 1440 (1446); OLG Jena NJW 2003, 3071, das im Ergebnis aber eine Wiedereinsetzung aufgrund eines Verschuldens des Beschuldigten ablehnt; *Hamm*, NStZ 2001, 494 (495); *F. Meyer*, Willensmängel, S. 364; *Rieß*, FS Meyer-Goßner, S. 645 (658); *Satzger*, JuS 2000, 1157 (1161).

1794 *Henkel*, Strafverfahrensrecht, S. 262; *Meyer-Goßner*, StPO, § 44 Rn. 24; *Schlüchter*, Strafverfahren, Rn. 160.

1795 *Schulze*, Willensmängel, S. 169 f. – Zum Teil wurde früher allein der Existenz von Wiedereinsetzungsgründen eine aufschiebende Wirkung beigemessen, d. h. bei unverschuldeter Säumnis der Einlegungsfrist konnte nur Scheinrechtskraft eintreten, vgl. Bennecke/*Beling*, Strafprozeßrecht, S. 406. Allerdings geht das Gesetz selbst von einer

Gegen eine direkte Anwendung der Wiedereinsetzung wird eingewandt, daß kein Unterlassen bzw. keine Säumnis, sondern ein aktives Verhalten in Form des Rechtsmittelverzichts vorliege. Dies ist die Konsequenz jener Ansichten, welche die Unwirksamkeit bzw. Unbeachtlichkeit als unmittelbare Rechtsfolge eines Willensmangels bzw. einer Fürsorgepflichtverletzung ablehnen und zunächst deren Geltendmachung verlangen. Statt dessen wird nur eine entsprechende Anwendung der Wiedereinsetzungsvorschriften in Betracht gezogen.[1796] Vereinzelt wird sogar generell eine Wiedereinsetzung in den vorigen Stand ausgeschlossen.[1797]

Aber die Rechtsfolge einer Fürsorgepflichtverletzung ist gerade die Unbeachtlichkeit der Prozeßerklärung. Es liegt also gar kein von den anderen Verfahrensbeteiligten zu beachtendes Verhalten des Beschuldigten vor. Der Beschuldigte wird so gestellt, als hätte er überhaupt keinen Verzicht erklärt. Die Nichteinlegung eines Rechtsmittels innerhalb der Einlegungsfrist und die spätere Einlegung können daher sehr wohl als ein Versäumen einer Frist angesehen werden.

§ 44 S. 1 hat somit nicht nur solche Fälle im Blick, in denen vor Ablauf der Einlegungsfrist bereits ein Wille zur Rechtsmitteleinlegung bestand, die Realisierung dieses Willens aber erst nach Fristablauf stattfand.[1798] Beispiele hierzu finden sich in verschiedenen Bereichen des Prozeßrechts. So wird ein Wiedereinsetzungsantrag auch dann als begründet angesehen, wenn der Rechtssuchende zunächst nur einen Antrag auf Bewilligung von Prozeßkostenhilfe gestellt hat und erst nach dessen Bewilligung und Ablauf der Einlegungsfrist ein Rechtsmittel einlegt.[1799] Eine Verhinderung i. S. d. § 44 S. 1 wird auch dann bejaht, wenn der Antragsteller von einer Revisionseinlegung abgesehen hat, da er den absoluten Revisionsgrund des § 338 Nr. 7 erst nach Ablauf der Frist erkennen konnte.[1800] Hier zeigt sich, daß ein Wille zur Anfechtung nicht unbedingt vor Ablauf der maßgeblichen Frist vorliegen muß.

Zusammenfassend ist also festzustellen, daß der Beschuldigte im Falle der Unbeachtlichkeit eines Verzichts auf Rechtsmittel und des Ablaufs der Einlegungsfrist von seinem Anfechtungsrecht nur mit Hilfe der Wiedereinsetzung in den vorigen Stand Gebrauch machen kann.

---

echten Rechtskraft aus, da § 47 I ausdrücklich eine Vollstreckungshemmung versagt, vgl. *Kalthoener*, Wiedereinsetzung, S. 17.

1796 *Dencker*, Willensfehler, S. 45 ff.; *Oehler*, JZ 1963, 227 (228); *Schulze*, Willensmängel, S. 160 ff.; *Seier*, JZ 1988, 683 (686). So bereits *Oetker*, JW 1929, 49 (51).

1797 *H. Müller*, Willenserklärungen, S. 44, 97 ff.

1798 Vgl. aber *Saenger*, JuS 1991, 842 (843).

1799 OLG Koblenz NStZ-RR 1997, 187.

1800 AK-*Lemke*, StPO, § 44 Rn. 6; SK-*Weßlau*, StPO, § 44 Rn. 10. Andere Ansicht: *Meyer-Goßner*, StPO, § 44 Rn. 5.

b) Anwendung der §§ 44 ff. StPO

Im folgenden sollen die Voraussetzungen der Wiedereinsetzung in den vorigen Stand erörtert werden. Wie bereits dargelegt, kommt im Falle eines unbeachtlichen Verzichts auf Rechtsmittel eine unmittelbare Anwendung der §§ 44 ff. in Betracht. Ein besonderes Augenmerk ist auf die Bestimmung des Hindernisses und dessen Wegfall i. S. d. § 45 I 1 zu richten.

aa) Fristversäumnis

Das Versäumen einer Frist stellt sich als ein Unterlassen des Beteiligten dar, die fristwahrende Rechtshandlung innerhalb der Frist vorzunehmen.[1801] Bei einem unbeachtlichen Rechtsmittelverzicht beginnt die Einlegungsfrist der §§ 311 II, 314 I, 341 I mit der Urteilsverkündung zu laufen. Der scheinbar beachtliche Verzicht schließt also nicht das Bestehen einer Rechtsmittelfrist aus. Durch die Nichteinlegung eines Rechtsmittels wird die Einhaltung der Frist auch versäumt. Zur grundsätzlichen Anwendbarkeit der Wiedereinsetzung bei einem unbeachtlichen Rechtsmittelverzicht wurde bereits oben Stellung genommen. Insoweit bestehen keine Probleme, eine Fristversäumung auch bei der Nichteinlegung eines Rechtsmittels im Falle eines unbeachtlichen Verzichts zu bejahen.[1802]

bb) Verhinderung ohne Verschulden

Der Beschuldigte müßte gem. § 44 S. 1 an der Einhaltung der Frist ohne Verschulden[1803] verhindert gewesen sein. Diese Frage bildet in der Regel den Mittelpunkt der gerichtlichen Prüfung von Wiedereinsetzungsanträgen.[1804] Ein die Wiedereinsetzung ausschließendes Verschulden liegt vor, wenn derjenige, dem die Vornahme der Verfahrenshandlung oblag, bei Anwendung der ihm zumutbaren Sorgfalt das Hindernis für die Fristeinhaltung hätte abwenden können.[1805] Insgesamt geht die Tendenz in Rechtsprechung und Lehre wohl zu einer eher großzügigen Behandlung der Verschuldensfrage.[1806] So hebt insbesondere das

1801 *Kalthoener*, Wiedereinsetzung, S. 41; *Kummer*, Wiedereinsetzung, Rn. 228.

1802 So auch BGHSt 47, 238 (241); OLG Jena NJW 2003, 3071; *F. Meyer*, Willensmängel, S. 364.

1803 § 44 a. F. setzte voraus, daß „der Antragsteller durch Naturereignisse oder andere unabwendbare Zufälle an der Einhaltung der Frist verhindert worden“ war. Die jetzige Fassung beruht auf Art. 1 Nr. 8 des 1. StVRG vom 9.12.1974, BGBl. I, S. 3393 (3555).

1804 *Kummer*, Wiedereinsetzung, Rn. 238.

1805 RGSt 70, 186 (187); OLG Jena NJW 2003, 3071; *Kummer*, Wiedereinsetzung, Rn. 242 f.; *Saenger*, JuS 1991, 842 (843).

1806 BVerfG NJW 2004, 2887; BbgVerfG NStZ-RR 2002, 239 (240); *Kühne*, Strafprozeßrecht, Rn. 693; *Meyer-Goßner*, StPO, § 44 Rn. 11: „Eine großzügige Anwendung des § 44 ist im Interesse der materiellen Gerechtigkeit geboten.“; *Schlüchter*, Strafverfahren,

BVerfG hervor, daß die Voraussetzungen für eine Wiedereinsetzung in den vorigen Stand nicht überspannt werden dürften.[1807]

Hier kommt als Anknüpfungspunkt für das fehlende Verschulden des Beschuldigten die Fürsorgepflichtverletzung in Betracht. Wird im Zusammenhang mit einer Verzichtserklärung des Beschuldigten eine Fürsorgepflichtverletzung festgestellt, so verhindert diese nicht nur die Beachtlichkeit des Rechtsmittelverzichts, sondern sie indiziert zugleich das fehlende Verschulden hinsichtlich der Einhaltung einer Rechtsmittelfrist. Trägt der Verstoß gegen die Fürsorgepflicht zur Abgabe einer Verzichtserklärung herbei[1808], so wird dadurch auch der Schein eines beachtlichen Verzichts erweckt. Dieser und nicht die eigene Nachlässigkeit führt zur Fristversäumung.

Freilich gilt etwas anderes, wenn der Beschuldigte nach Erklärung seines Verzichts und vor Fristablauf Kenntnis von der Unbeachtlichkeit des Verzichts erlangt. In diesen – sicherlich seltenen – Fällen beruht die Versäumung der Frist nicht (mehr) auf einer Fürsorgepflichtverletzung, sondern auf eigenem zu verantwortenden Verhalten des Beschuldigten. Läßt er also trotz Kenntnis vom unbeachtlichen Verzicht die Einlegungsfrist verstreichen, so scheidet eine Wiedereinsetzung zumindest unter Berufung auf den Fürsorgepflichtverstoß aus. In der Regel wird aber von einem fehlenden Verschulden des Beschuldigten ausgegangen werden können.[1809]

Im Rahmen der Verschuldensfrage ist noch auf ein etwaiges Verschulden des Verteidigers einzugehen. Möglicherweise könnte es dem Beschuldigten zuzurechnen sein und somit die Wiedereinsetzung ausschließen.

Stellt das betreffende Verhalten des Verteidigers zugleich eine Fürsorgepflichtverletzung dar[1810], so kann dies nicht die Wiedereinsetzung ausschließen. Denn mit einer Versagung der Wiedereinsetzung aufgrund eines zurechenbaren Verteidigerverschuldens würde genau das Gegenteil dessen erreicht, was mit der Fürsorgepflicht bezweckt wird. Die verletzte Fürsorgepflicht des Verteidigers würde damit geradezu vertieft bzw. festgeschrieben.

Rn. 151; insbesondere im Zusammenhang mit einem abgesprochenen Rechtsmittelverzicht *Satzger/Höltkemeier*, NJW 2004, 2487 (2489).

1807 BVerfGE 38, 35 (38); 54, 80 (84); BVerfG NJW 1991, 2076; 1991, 2208; 1994, 1856. – Dies kommt auch dem Grundgedanken der Wiedereinsetzung nahe, nämlich einen Ausgleich zwischen der formalen Ordnung und der materialen Ordnung – der Gerechtigkeit – zu schaffen, vgl. *Kalthoener*, Wiedereinsetzung, S. 2.

1808 Zur Frage des Beruhens der Verzichtserklärung auf einer Fürsorgepflichtverletzung vgl. 4. Kapitel, II. 4. e) bb).

1809 So auch *F. Meyer*, Willensmängel, S. 364; *Weigend*, StV 2000, 63 (65); für Fälle eines abgesprochenen Verzichts *Bömeke*, Absprachen, S. 136.

1810 Vgl. 4. Kapitel, III. 1. d).

Wie sieht es aber bei Fürsorgepflichtverletzungen der Justizorgane oder Beeinflussungen Dritter aus, hinsichtlich derer den Verteidiger ein Mitverschulden trifft, ohne daß er zugleich eine eigene Fürsorgepflicht verletzt?

Grundsätzlich gilt im Strafprozeß, daß ein Verschulden des Verteidigers nicht als ein Verschulden des Beschuldigten selbst anzusehen ist; eine Zurechnung wird insoweit ausgeschlossen.[1811] Zur Begründung wird zutreffend angeführt, daß für eine solche Auffassung das besondere Schutzbedürfnis des Beschuldigten spricht. Denn dieser verteidigt sich gegen einen Schuldvorwurf; eine Zurechnung fremden Verschuldens im Rahmen der Wiedereinsetzung würde eine nicht unerhebliche Beeinträchtigung seiner Verteidigung darstellen.

Eine Ausnahme macht die herrschende Ansicht allerdings dort, wo ein solches besonderes Schutzbedürfnis nicht bestehen soll. So wird beispielsweise ein Verschulden des Verteidigers zugerechnet, wenn dieser die Frist zur Einlegung einer sofortigen Beschwerde gegen die Kosten- und Auslagenentscheidung (vgl. § 464 III) versäumt.[1812] Gleiches soll in Strafvollstreckungssachen (vgl. §§ 109 ff. StVollzG)[1813] und in Verfahren nach dem StrEG (vgl. § 8 III 1)[1814] gelten. In diesen Fällen gehe es nur um wirtschaftliche Fragen, so daß das Schutzbedürfnis des Beschuldigten geringer sei als bei der Anfechtung des Schuld- oder Rechtsfolgenausspruches.[1815] Erst recht wird davon ausgegangen, daß Privat- und Nebenkläger für ein Verschulden ihres Prozeßbevollmächtigten haften müssen.[1816]

1811 BVerfG NJW 1991, 351; BGHSt 14, 306 (308); BayObLGSt 1970, 9 (18); *Beulke*, Strafprozeßrecht, Rn. 306; *Kalthoener*, Wiedereinsetzung, S. 69; KK-*Maul*, StPO, § 44 Rn. 30; *Meyer-Goßner*, StPO, § 44 Rn. 18; *Schlüchter*, Strafverfahren, Rn. 151. Vgl. dazu bereits 4. Kapitel, III. 1. d) aa). – Zunächst ging das Reichsgericht in seiner Rechtsprechung von einer Zurechnung des Verteidigerverschuldens aus, vgl. RG Rechtsprechung 1, 689; RGSt 35, 109 (110); später ging es nur von einer Zurechnung des Verschuldens des Wahlverteidigers aus, vgl. RGSt 40, 118 (121); letztendlich gab das Reichsgericht die Unterscheidung zwischen Wahl- und Pflichtverteidiger auf und sah das Verschulden eines Verteidigers stets als einen unabwendbaren Zufall für den Beschuldigten an, vgl. RGSt 70, 186 (190 f.). Diese Ansicht findet sich zuvor bereits bei einigen Oberlandesgerichten, vgl. OLG Hamburg JW 1930, 666 Nr. 40; OLG Breslau DStrR 1934 (=GA 1934 [Band 80]), 268.

1812 BGHSt 26, 126 (127); 30, 309 (310); OLG Celle NJW 1959, 1932 (1933); NdsRPfleger 1972, 70; OLG Hamm NJW 1961, 1319; OLG Düsseldorf NStZ 1988, 430; NStZ 1989, 242; LR-*Hilger*, StPO, § 464 Rn. 45; *Meyer-Goßner*, StPO, § 464 Rn. 21; *Saenger*, JuS 1991, 842 (843).

1813 OLG Frankfurt NStZ 1982, 351; OLG Nürnberg NStZ 1985, 356; KK-*Maul*, StPO, § 44 Rn. 34.

1814 KG JR 1979, 128; OLG Karlsruhe MDR 1980, 693; *D. Meyer*, StrEG, § 8 Rn. 51.

1815 OLG Düsseldorf NStZ 1989, 242; LR-*Hilger*, StPO, § 464 Rn. 45; *Meyer-Goßner*, StPO, § 44 Rn. 19.

1816 BGHSt 30, 309 (310); OLG München NJW 1965, 120; BayObLGSt 1970, 9 (14 ff.); *Pfeiffer*, StPO, § 44 Rn. 6; *Saenger*, JuS 1991, 842 (843); *Schlüchter*, Strafverfahren,

Für die hier zu untersuchende Problematik ergibt sich daraus, daß bei der Verschuldensprüfung im Rahmen der Wiedereinsetzung zwischen den jeweiligen Rechtsmitteln zu differenzieren wäre. Bei einem Verzicht auf Berufung oder Revision bliebe das Mitverschulden des Verteidigers unberücksichtigt, bei einem Verzicht auf die Beschwerde in einer der o. g. Angelegenheiten führte dagegen ein Verteidigerverschulden zum Ausschluß der Wiedereinsetzung.

Diese Lösung kann aber nicht überzeugen. Sie geht hinsichtlich einiger Rechtsbehelfe von einer entsprechenden Anwendung des § 85 II ZPO[1817] aus. Dafür fehlt aber im strafprozessualen Bereich jegliche gesetzliche Grundlage.[1818] Das Fehlen einer entsprechenden gesetzlichen Regelung zeigt vielmehr, daß die zivilprozessualen Grundsätze, obschon sie in anderen Verfahrensordnungen zur Anwendung gelangen, im Strafverfahren *nicht* passen.[1819] Diese Ansicht wird unterstützt durch die Regelungen der § 112 II StVollzG und § 26 II EGGVG sowie § 44, die für ihren Bereich die Wiedereinsetzung bei Fristversäumung normieren und eine Verschuldenszurechnung nicht erwähnen.[1820]

Zwar mag es zutreffen, daß in wirtschaftlichen Angelegenheiten ein geringeres Schutzbedürfnis bestehe[1821], aber ist dieses wirklich so gering wie im Zivilprozeß, wo stets auf die mögliche Inanspruchnahme des Prozeßbevollmächtigten verwiesen wird? Wenn zudem die Ausnahme von der grundsätzlichen Verschuldenszurechnung – § 85 II ZPO enthalte insoweit einen allgemeinen Rechtsgedanken[1822] – nur aufgrund von Billigkeitserwägungen erfolgen soll[1823], so stellt sich doch die Frage, warum dann der Grundsatz der Verschuldenszurechnung in § 44 StPO keinen Niederschlag gefunden hat. Eine Bezugnahme auf § 85 II ZPO erscheint insoweit verfehlt. Zumindest wird dies hinsichtlich des Beschuldigten gelten. Bei den einzelnen Prozeßhandlungen des Beschuldigten

---

Rn. 151 (Fußnote 57). – Ausführlich zu dieser Problematik *Kalthoener*, Wiedereinsetzung, S. 72 ff.

1817 Für den gesetzlichen Vertreter gilt § 51 II ZPO. Für das Verfahren in der freiwilligen Gerichtsbarkeit enthält § 22 II 2 FGG eine entsprechende Regelung.

1818 So bereits RGSt 70, 186 (191). Darauf weist ausdrücklich auch *Roxin*, Strafverfahrensrecht, § 23 Rn. 17 hin.

1819 *E. Schmidt*, LK II (Nachtragsband 1), § 44 Rn. 8.

1820 Im Rahmen des § 26 II EGGVG geht die überwiegende Ansicht von einer Zurechnung des Verschuldens aus, vgl. OLG Hamburg NJW 1968, 854; KK-*Schoreit*, EGGVG, § 26 Rn. 13; einschränkend LR-*Böttcher*, EGGVG, § 26 Rn. 9.

1821 Verfehlt ist diese Argumentation bei den strafvollzugsrechtlichen Rechtsbehelfen, denn hier sind – jedenfalls in der Regel – keine nur wirtschaftlichen Belange betroffen. Mit Recht daher eine Zurechnung – entgegen der herrschenden Meinung – ablehnend: *Calliess/Müller-Dietz*, StVollzG, § 112 Rn. 3.

1822 BayObLGSt 1970, 9 (14, 17); OLG Karlsruhe MDR 1980, 693; OLG Frankfurt NStZ-RR 2003, 369; LR-*Hilger*, StPO, § 464 Rn. 45. Vgl. auch die Regelungen in anderen Verfahrensordnungen: §§ 67, 173 VwGO i. V. m. § 85 II ZPO; §§ 62 155 FGO i. V. m. § 85 II ZPO (vgl. BFHE 123, 14 [16]); §§ 72, 73 IV SGG.

1823 So BayObLGSt 1970, 9 (18).

zu differenzieren, ob eine Zurechnung des Verteidigerverschuldens ausscheidet oder in Betracht kommt, erscheint nicht sachgerecht.[1824] Denn auch bei den Nebenentscheidungen besteht ein Schutzbedürfnis; sie können also gerade nicht in ihrem Wesen und ihren Auswirkungen einem Titel über eine Geldforderung gleichgestellt werden.[1825] Nicht ganz zu Unrecht wird darauf hingewiesen, daß diese Nebenentscheidungen für den Beschuldigten oftmals schwerer wiegen können als die Strafe selbst.[1826] Allein daß die Verfahrensordnungen das Rechtsmittel der sofortigen Beschwerde bereithalten, zeigt die Bedeutung, die einer solchen Entscheidung beigemessen wird. Ein Verschulden des Verteidigers im Zusammenhang mit einem Verzicht des Beschuldigten auf die Kostenbeschwerde wirkt sich also im Rahmen der Wiedereinsetzung nicht zum Nachteil des Beschuldigten aus.[1827] Das Verschulden des Verteidigers stellt sich somit als ein für den Beschuldigten unabwendbarer Zufall dar.[1828]

Ob das Verschulden des Prozeßbevollmächtigten dem Privat- oder dem Nebenkläger zuzurechnen ist, kann hier dahingestellt bleiben.[1829] Zumindest kommt in diesen Fällen eine Zurechnung wohl eher als beim Beschuldigten in Betracht.

cc) Einhaltung der Antragsfrist gem. § 45 I 1 StPO

Der Beschuldigte muß einen Antrag auf Wiedereinsetzung stellen. Dieser kann jedoch nicht unbegrenzt gestellt werden, sondern nur innerhalb einer Woche nach Wegfall des Hindernisses. Zunächst ist das Hindernis zu bestimmen, das einer rechtzeitigen Einlegung des Rechtsmittels entgegensteht. Sodann kann der Zeitpunkt bezeichnet werden, in dem das Hindernis wegfällt. Bei der Antragsfrist handelt es sich um keine Ausschlußfrist, so daß bei einer Versäumung wiederum die Möglichkeit einer Wiedereinsetzung besteht.[1830]

1824 So geht BayObLGSt 1970, 9 (14 ff.) nur von einer Zurechnung des Vertreterverschuldens bei einem Privat- oder einem Nebenkläger aus; dagegen wird beim Beschuldigten eine Zurechnung ausgeschlossen (vgl. a. a. O., S. 21).

1825 So aber KG JR 1979, 128.

1826 LR-*Wendisch*, StPO, § 44 Rn. 61.

1827 So auch *Kühne*, Strafprozeßrecht, Rn. 793; LR-*Wendisch*, StPO, § 44 Rn. 61; zweifelnd – im Hinblick auf die herrschende Meinung – auch *Schlüchter*, Strafverfahren, Rn. 151 (Fußnote 57).

1828 *Kühne*, Strafprozeßrecht, Rn. 793.

1829 Ablehnend – entgegen der herrschenden Meinung – *E. Schmidt*, LK II, § 44 Rn. 15; LR-*Wendisch*, StPO, § 44 Rn. 58 ff.

1830 KK-*Maul*, StPO, § 45 Rn. 4; KMR-*Paulus*, StPO, § 45 Rn. 3; SK-*Weßlau*, StPO, § 45 Rn. 3.

(1) Bestimmung des Hindernisses

Als Hindernis ist ein Umstand anzusehen, der die Verzögerung verursacht hat. So kann beispielsweise die mangelnde Kenntnis der Zustellung eines Beschlusses oder die verzögerte Zustellung dazu führen, daß die Rechtsmittelfrist versäumt wird.[1831]

Im Falle des unbeachtlichen Verzichts hat der Beschuldigte zwar Kenntnis von der grundsätzlichen Möglichkeit einer Rechtsmitteleinlegung, er weiß also um die Existenz einer anfechtbaren Entscheidung und um die ihm zustehende Rechtsmittelbefugnis. Aufgrund seines erklärten – scheinbar beachtlichen – Verzichts irrt er aber über die Möglichkeit einer Rechtsmitteleinlegung in der konkreten Situation. Die mangelnde Kenntnis der Unbeachtlichkeit des Rechtsmittelverzichts führt also zur Nichteinlegung eines Rechtsmittels innerhalb der vorgeschriebenen Wochenfrist.[1832]

Bezogen auf die Absprachekonstellationen bedeutet dies, daß im Falle einer unterlassenen qualifizierten Belehrung das Hindernis in der irrtümlichen Annahme einer Bindung an die Vorabzusage des Verzichts besteht. Die Unkenntnis der entsprechenden Rechtsprechung des BGH – insbesondere die Entscheidung des Großen Senats – seitens des Beschuldigten stellt demgegenüber allein noch kein Hindernis dar.[1833]

(2) Zeitpunkt des Hinderniswegfalls

Der Zeitpunkt des Hinderniswegfalls bestimmt sich nach allgemeiner Auffassung nicht nach dem Zeitpunkt des tatsächlichen Wegfalls, sondern nach demjenigen, zu dem der Beschuldigte davon Kenntnis erhalten hat.[1834] Es ist also beispielsweise auf den Zeitpunkt der Kenntniserlangung von einer bisher unbekannt gebliebenen Zustellung abzustellen.[1835]

Bezogen auf den Rechtsmittelverzicht bedeutet dies, daß ein Hinderniswegfall erst mit Kenntnisnahme des Beschuldigten von der Unbeachtlichkeit des

1831 OLG Karlsruhe MDR 1993, 564; *Roxin*, Strafverfahrensrecht, § 22 Rn. 16. Zu weiteren Beispielen für ein Hindernis i. S. d. § 45 I vgl. BGH NStZ 1991, 295; 1997, 45 (46). *Kalthoener*, Wiedereinsetzung, S. 60 f. differenziert zwischen Hindernissen psychischer und physischer Art.

1832 BGH NStZ 1995, 556; BGHSt 45, 227 (234); 47, 238 (241); OLG Jena NJW 2003, 3071 (3072). Mit Bezug auf Absprachen so auch *Bömeke*, Absprachen, S. 136; *Rieß*, FS Meyer-Goßner, S. 645 (661).

1833 So ausdrücklich der Große Senat in BGH NJW 2005, 1440 (1446); vgl. auch BGH NStZ 2004, 162; BGH StV 2005, 373.

1834 BVerfG NJW 1994, 1856; OLG Frankfurt NStZ-RR 2003, 369; KK-*Maul*, StPO, § 45 Rn. 3; *Weigend*, StV 2000, 63 (65); SK-*Weßlau*, StPO, § 45 Rn. 3.

1835 OLG Karlsruhe MDR 1993, 564; *Saenger*, JuS 1991, 842 (844).

Rechtsmittelverzichts in Betracht kommt.[1836] Das Hindernis der Unkenntnis entfällt somit nicht bereits mit Kenntnis der Tatsachen, die zur Unbeachtlichkeit führen.[1837] Vielmehr muß der Beschuldigte auch nachvollziehen, daß sich aus diesen Tatsachen, d. h. aus der Verletzung der Fürsorgepflicht, die Unbeachtlichkeit des Verzichts ergibt.

Rieß schlägt weitergehend vor, den Hinderniswegfall erst dann anzunehmen, wenn „der Rechtsmittelführer erkennt, daß die Einlegung eines Rechtsmittels nicht nur möglich, sondern auch sachlich veranlaßt ist".[1838] Er will also den objektiv bestimmbaren Zeitpunkt der Kenntniserlangung durch eine mehr subjektiv geprägte Komponente ergänzen. Bedeutung erlangt diese Erweiterung im Hinblick auf Absprachen. Dort mag sich der Beschuldigte zwar schon der Unbeachtlichkeit des Verzichts bewußt sein, aber die Veranlassung zur Einlegung eines Rechtsmittels ergibt sich erst ab dem Zeitpunkt, in dem ihm das Scheitern der Absprache bewußt wird.[1839]

Nach der hier vertretenen Ansicht ist der nach Urteilsverkündung erklärte Rechtsmittelverzicht jedoch nicht allein deshalb unbeachtlich, weil er Gegenstand einer Vereinbarung war. Eine Unbeachtlichkeit des erklärten Verzichts kommt nur dann in Betracht, wenn eine entsprechende Belehrung fehlt. Insoweit reduziert sich die Problematik eines unbeachtlichen Verzichts im Zusammenhang mit Absprachen. Insbesondere gelten für die Wiedereinsetzung bei einem – im Zusammenhang mit einer Absprache erklärten – unbeachtlichen Verzicht keine Besonderheiten; eine gesonderte Erörterung dieser Problematik ist damit nicht notwendig.[1840]

Aber auch bei weitergehender Annahme der Unbeachtlichkeit ist stets in der Unkenntnis dieser Unbeachtlichkeit das Hindernis i. S. d. § 45 I 1 zu sehen. Der Vorschlag von *Rieß* betrifft vielmehr die – rein faktische – Frage, wann der

1836 BGH NStZ 1995, 556; BGHSt 45, 227 (234); OLG München StV 2000, 188 (189); *Hamm*, NStZ 2001, 494 (495); *Rieß*, FS Meyer-Goßner, S. 645 (661); *Satzger*, JuS 2000, 1157 (1160, Fußnote 46); SK-*Weßlau*, StPO, § 4 Rn. 3.

1837 *Kalthoener*, Wiedereinsetzung, S. 61; vgl. *Weigend*, StV 2000, 63 (65) mit Bezug auf Absprachen. – Erfährt der Beschuldigte jedoch von der Fürsorgepflichtverletzung, also beispielsweise von der Unrichtigkeit der Belehrung, so wird er sich auch schnellstmöglich über die Beachtlichkeit seines Verzichts erkundigen, wenn er von seiner Rechtsmittelbefugnis Gebrauch machen will.

1838 *Rieß*, FS Meyer-Goßner, S. 645 (662). Vgl. bereits *dens.*, NStZ 2000, 98 (100).

1839 Vgl. auch *Gerlach*, Absprachen, S. 177; *Satzger/Höltkemeier*, NJW 2004, 2487 (2489).

1840 Vgl. demgegenüber die Ausführungen, die sich speziell mit der Wiedereinsetzung bei einem unbeachtlichen Verzicht aufgrund einer Absprache beschäftigen: *F. Meyer*, Willensmängel, S. 371 ff.; *Rieß*, FS Meyer-Goßner, S. 645 (658 ff.); *Grunst*, Prozeßhandlungen, S. 383, die bei Absprachen für eine Wiedereinsetzung noch zusätzlich verlangt, daß der Rechtsmittelgrund – die Nichterfüllung der Absprache – spätestens während der Rechtsmittelfrist eintritt. Denn nur in diesen Fällen sei gesichert, daß der Beschuldigte wirklich durch den Verzicht an der Fristeinhaltung gehindert sei.

Beschuldigte wohl die sichere Kenntnis von der Unbeachtlichkeit erlangt.[1841] Dieser Zeitpunkt wird in der Regel mit dem der Kenntniserlangung von der Nichteinhaltung der Absprache zusammenfallen.[1842] So wird das Scheitern der Absprache den Beschuldigten veranlassen, Rechtsrat einzuholen und in diesem Zusammenhang wird er dann auch von der mangelnden Bindungswirkung des Verzichts erfahren.[1843]

Fraglich ist, ob das Hindernis – also die Unkenntnis der Unbeachtlichkeit des Verzichts – nicht bereits dann wegfällt, wenn der Beschuldigte Zweifel an der Beachtlichkeit des Verzichts hegt.

So hat das OLG Jena in einer Entscheidung jüngeren Datums festgestellt, daß dem Wegfall des Hindernisses und dadurch bedingt der Beginn der Antragsfrist auch der vorwerfbare Fortbestand des Hindernisses gleichstehe.[1844] Ab dem Zeitpunkt, zu dem das Hindernis bei Anwendung der notwendigen Sorgfalt in eigenen Angelegenheiten hätte beseitigt sein können, sei das Hindernis nicht mehr unverschuldet bzw. die Antragsfrist beginne zu laufen.[1845] Konkret sah das Gericht die Möglichkeit, daß der Beschuldigte aufgrund seiner Zweifel hinsichtlich der Beachtlichkeit des Verzichts eher die der Fristwahrung entgegenstehende Rechtsunkenntnis hätte beseitigen können. Der Fortbestand des Hindernisses sei vorwerfbar, weil er trotz bestehender Zweifel nicht unverzüglich den Rechtsrat eines Rechtskundigen eingeholt habe. Daher könne bereits zu diesem Zeitpunkt von einem Wegfall des Hindernisses i. S. d. § 45 I und vom Fristbeginn ausgegangen werden. Im Ergebnis führte dies also zu einer Versagung der Wiedereinsetzung.

Einem solchen Verständnis des § 45 I ist jedoch kritisch zu begegnen. So wurde zuvor als Hindernis für die Fristeinhaltung die mangelnde Kenntnis der Unbeachtlichkeit genannt. Wegfall des Hindernisses bedeutet also positive Kenntnis und nicht die Möglichkeit, diese Kenntnis zu einem früheren Zeitpunkt zu erlangen. Mit Recht wird daher zum Teil darauf hingewiesen, daß es für den Lauf der Frist ohne Bedeutung ist, ob ein Irrtum – z. B. über die Fristgebundenheit des Rechtsmittels – früher erkannt werden konnte.[1846] Die Frist des § 45 I beginnt somit erst mit tatsächlicher Behebung des Irrtums bzw. der Rechtsunkenntnis zu laufen.[1847] Vorherige – zudem nur selten sicher nachweisbare –

1841 *F. Meyer*, Willensmängel, S. 370.

1842 *F. Meyer*, Willensmängel, S. 370 f.

1843 *Bömeke*, Absprachen, S. 137.

1844 OLG Jena NJW 2003, 3071 mit Hinweis auf die Rechtslage im Zivilprozeß und auf BGH NJW-RR 1990, 830.

1845 So auch BVerfG NJW 1994, 1856 (1857); OLG Frankfurt NStZ-RR 2003, 369.

1846 KK-*Maul*, StPO, § 45 Rn. 3.

1847 BGHR StPO § 45 Abs. 1 S. 1 Wegfall 1; BayObLGSt 1952, 61 (62). Vgl. auch OGH NJW 1949, 861 für den Bereich des Zivilprozesses.

Zweifel vermögen nicht den Beginn der Antragsfrist auszulösen. Der Beschuldigte ist insbesondere in den Fällen eines durch Rechtsunkenntnis bewirkten Irrtums grundsätzlich nicht gehalten, in Zweifelsfällen stets einen Rechtsanwalt zu befragen.[1848]

Ab Kenntniserlangung von der Unbeachtlichkeit muß der Beschuldigte also einen Antrag auf Wiedereinsetzung stellen. Darin hat er die Fristversäumung, den Hinderungsgrund und den Zeitpunkt des Hinderniswegfalls anzugeben.[1849]

dd) Nachholung der versäumten Handlung

Endlich hat der Beschuldigte die versäumte Handlung gem. § 45 II 2 nachzuholen, d. h. innerhalb der Antragsfrist von einer Woche muß das Rechtsmittel eingelegt werden.[1850] Unterlassene und nachzuholende Prozeßhandlung stimmen insoweit überein. Es wird auch als ausreichend angesehen, wenn die versäumte Handlung vor Beginn der Antragsfrist vorgenommen wurde und auf diese Bezug genommen wird.[1851]

In der Regel werden jedoch Einlegung des Rechtsmittels und Wiedereinsetzungsantrag zusammenfallen; zutreffend wird davon ausgegangen, daß die Rechtsmitteleinlegung zugleich den Antrag auf Wiedereinsetzung enthalten wird.[1852]

1848 AK-*Lemke*, StPO, § 44 Rn. 27.

1849 KK-*Maul*, StPO, § 45 Rn. 6.

1850 Zum Teil findet sich auch die Auffassung, daß die versäumte Handlung nicht innerhalb der Frist des § 45 I nachgeholt werden müsse, vgl. OLG Koblenz NStZ 1991, 42 (43).

1851 KK-*Maul*, StPO, § 45 Rn. 9.

1852 *F. Meyer*, Willensmängel, S. 371.

5. Kapitel: Besonderheiten bei der Zurücknahme eines Rechtsmittels

In den vorangegangenen Ausführungen stand zumeist der Verzicht auf Rechtsmittel im Vordergrund. Aber bereits bei der Erörterung des Verhältnisses von Verzicht und Rücknahme wurde darauf hingewiesen, daß sich die Aussagen zum Verzicht in der Regel auch auf die Rücknahme übertragen lassen, so daß eine gesonderte Betrachtung der Rücknahme nicht in jedem Zusammenhang erforderlich ist. In einigen Fragen weist die Rücknahme jedoch Besonderheiten auf, denen nun nachgegangen werden soll. Neben möglichen Grenzen einer beachtlichen Rücknahme werden die in bestimmten Fällen relevanten Zustimmungserfordernisse bei einer Rücknahme betrachtet. Zudem wird die Frage aufgeworfen, welche Konsequenzen sich aus einer unbeachtlichen Rücknahme eines Rechtsmittels ergeben.

I. Grenzen für die Zurücknahme eines Rechtsmittels

1. Unzulässigkeit eines Rechtsmittels

Legt der Beschuldigte ein Rechtsmittel ein, so kann dieses aus verschiedenen Gründen unzulässig sein. So kann beispielsweise das Rechtsmittel nicht statthaft sein, es kann an einer Beschwer des Beschuldigten oder an der Einhaltung der Frist- und Formvorschriften fehlen.[1853] Auch ein beachtlicher Verzicht steht der Zulässigkeit eines Rechtsmittels entgegen. Die Unterscheidung zwischen Zulässigkeit und Begründetheit eines Rechtsmittels ist insoweit von Bedeutung, als bei der Unzulässigkeit generell die Verwerfung des Rechtsmittels in Betracht kommt. Bei der Unbegründetheit ist dies dagegen nur eingeschränkt möglich.[1854]

Die Unzulässigkeit des Rechtsmittels könnte nun einer beachtlichen Rücknahme entgegenstehen. Mit Recht wird diese Auffassung aber nicht vertreten, d. h. auch ein unzulässiges Rechtsmittel kann noch zurückgenommen werden.[1855] Denn die Unzulässigkeit allein führt nicht dazu, daß dem Rechtsmittel keinerlei Beachtung mehr geschenkt würde. Eine Erledigung des Rechtsmittels kann erst

---

1853 Zu den Zulässigkeitsvoraussetzungen eines Rechtsmittels vgl. SK-*Frisch*, StPO, Vor § 296 Rn. 71.

1854 Vgl. § 349 II: bei der Beschlußverwerfung wegen offensichtlicher Unbegründetheit bedarf es einer einstimmigen Entscheidung, wohingegen bei der Verwerfung nach § 349 I der Beschluß mit einfacher Mehrheit gefaßt werden kann (vgl. § 196 I GVG).

1855 RGSt 55, 213 (214); BGH NStZ 1995, 356 (357); NStZ-RR 2000, 305; NStZ 2001, 104; *Ehrlicher*, NStZ 1995, 357; SK-*Frisch*, StPO, § 302 Rn. 2; *Meyer-Goßner*, StPO, § 302 Rn. 2; *Pfeiffer*, StPO, § 302 Rn. 2; KK-*Ruß*, StPO, § 302 Rn. 4.

dann angenommen werden, wenn ein Gericht über dessen Unzulässigkeit entschieden hat. Bis zur Rechtskraft dieser Entscheidung ist das Rechtsmittel anhängig und kann zurückgenommen werden.[1856]

Angesichts der verschiedenen Rechtsmittel und Entscheidungsmöglichkeiten werden im folgenden die Möglichkeiten einer Verwerfung des Rechtsmittels wegen Unzulässigkeit sowie der jeweilige Zeitpunkt des Rechtskrafteintritts genannt. Denn erst mit Rechtskraft des Verwerfungsbeschlusses ist eine Rücknahme ausgeschlossen.

Bei der Verwerfung eines Rechtsmittels ist zwischen Berufung und Revision sowie zwischen dem Gericht, das den Verwerfungsbeschluß faßt – entweder iudex a quo oder iudex ad quem –, zu differenzieren.

Das Amtsgericht kann gem. § 319 I eine Berufung bei verspäteter Einlegung durch Beschluß verwerfen. Der Beschuldigte kann daraufhin gem. § 319 II 1 eine Entscheidung des Berufungsgerichts beantragen.[1857] Erst mit Ablauf der einwöchigen Antragsfrist erwächst also der amtsgerichtliche Verwerfungsbeschluß in Rechtskraft. Folglich ist auch erst dann eine Rücknahme der Berufung ausgeschlossen.[1858]

Die Berufung kann bei Nichteinhaltung der Einlegungsvorschriften auch durch das Berufungsgericht durch Beschluß verworfen werden, § 322 I. Hiergegen kann der Beschuldigte gem. § 322 II die sofortige Beschwerde einlegen. Während der Beschwerdefrist (vgl. § 311 II) ist noch eine Rücknahme des Rechtsmittels möglich.

Legt der Beschuldigte eine unzulässige Revision ein, so kann das Tatgericht in den in § 346 I genannten Fällen das Rechtsmittel durch Beschluß verwerfen. Gegen diese Entscheidung des iudex a quo kann der Beschuldigte eine gerichtliche Entscheidung des Revisionsgerichts beantragen. Solange besteht auch die Möglichkeit, eine eingelegte Revision zurückzunehmen.[1859]

Endlich kann auch das Revisionsgericht selbst bei einer unzulässigen Revision diese verwerfen (§ 349 I). Dieser Beschluß wird mangels bestehender Rechtsbehelfe nach Ablauf des Tages der Beschlußfassung rechtskräftig (vgl. § 34a) und schließt dann eine Rücknahme der Revision aus.[1860]

In den Fällen eines unzulässigen Rechtsmittels stellt die Unzulässigkeit selbst also keine Begrenzung einer beachtlichen Rücknahme dar. Vielmehr wird

---

1856 LR-*Hanack*, StPO, § 302 Rn. 11; HK-*Rautenberg*, StPO, § 302 Rn. 12.

1857 Beim Antrag auf gerichtliche Entscheidung des Berufungsgerichts handelt es sich nicht um eine sofortige Beschwerde, sondern um einen Rechtsbehelf eigener Art, vgl. *Meyer-Goßner*, StPO, § 319 Rn. 2.

1858 LR-*Hanack*, StPO, § 302 Rn. 12.

1859 BGH NStZ 1998, 52 (53); BayObLG DAR 1977, 207; OLG Koblenz VRS 1987 (Band 72), 452 (453); KMR-*Plöd*, StPO, § 302 Rn. 5; KK-*Ruß*, StPO, § 302 Rn. 4.

1860 SK-*Wohlers*, StPO, § 349 Rn. 15.

letztere nur durch die rechtskräftige Feststellung der Unzulässigkeit des Rechtsmittels ausgeschlossen.

2. Bestehen eines Verfahrenshindernisses

Auch im Rechtsmittelverfahren besteht die Möglichkeit, daß ein Verfahrenshindernis vorliegt.[1861] Ein solches könnte einer beachtlichen Rücknahme des Rechtsmittels entgegenstehen.

Das BayObLG hat in zwei Fällen entschieden, daß ein bestehendes Verfahrenshindernis eine Rücknahme ausschließt.[1862] In seiner ersten Entscheidung aus dem Jahre 1956 gelangte das BayObLG zu dieser Auffassung aber vermutlich nur aufgrund der Besonderheiten des betreffenden Verfahrenshindernisses. Nach der Verurteilung durch das Amtsgericht trat ein – auch auf diesen Fall anwendbarer – Strafaufhebungsgrund aufgrund eines Straffreiheitsgesetzes[1863] in Kraft. Die verfahrensrechtliche Konsequenz eines solchen Amnestiegesetzes ist ein Verfahrenshindernis.[1864] Das BayObLG ging nun davon aus, daß die materiell- und verfahrensrechtlichen Wirkungen der Amnestie bereits kraft Gesetzes eintreten. Dieser Ansicht zufolge bedurfte es also keines Einstellungsbeschlusses mehr. Das Gericht sah daher die Rücknahme als wirkungslos an.

Während diese Folgerung wohl noch eher auf amnestierechtlichen Besonderheiten beruhte, sprach derselbe Strafsenat des BayObLG im Jahre 1974 diese Wirkung generell den Verfahrenshindernissen zu.[1865] Im konkreten Fall trat nach Erlaß des aufgrund einer Berufungseinlegung noch nicht rechtskräftigen Urteils die Verjährung ein.[1866] Die vom Beschuldigten während des Rechtsmittelverfahrens erklärte Berufungsrücknahme sah das BayObLG als wirkungslos an. Die Gesichtspunkte, die bereits 1956 zu dieser Ansicht führten, wurden auch diesmal wieder herangezogen. Zumindest bei endgültigen Verfahrenshindernissen kom-

---

1861 Zum Begriff des Verfahrenshindernisses vgl. bereits 4. Kapitel, I. 2. b). – Einen Überblick über die wichtigsten negativen Prozeßvoraussetzungen bzw. Verfahrenshindernisse bietet *Beulke*, Strafprozeßrecht, Rn. 274 ff.

1862 BayObLGSt 1956, 29 (30); 1974, 8 (9).

1863 StrFrG vom 17.07.1954 (BGBl. I, S. 203) – vgl. dazu *E. Schmidt*, LK I, Rn. 186 sowie zur Frage der Verfassungsmäßigkeit dieses Gesetzes BVerfGE 10, 234 ff. Zuvor wurde bereits 1949 ein Amnestiegesetz erlassen, vgl. StrFrG vom 31.12.1949 (BGBl., S. 37), vgl. dazu BVerfGE 2, 213 (218 ff.).

1864 *Beulke*, Strafprozeßrecht, Rn. 282; LR-*Rieß*, StPO, § 206a Rn. 44; *Schlüchter*, Strafverfahren, Rn. 381.

1865 BayObLGSt 1974, 8 (9). Zustimmung aus dem Schrifttum nur von LR-*Gollwitzer*, StPO (23. Auflage), § 302 Rn. 3.

1866 Diese Konstellation wird heute durch § 78b III StGB erfaßt, der bis zum rechtskräftigen Abschluß des Verfahrens eine Ablaufhemmung der Verjährungsfrist vorsieht.

me einer Rücknahme keine Bedeutung mehr zu.[1867] Der Rechtsmittelführer könne die durch das Verfahrenshindernis eingetretene Rechtslage nicht durch eine Rücknahme ändern. Ihm komme insofern keine Befugnis zu, diese Rechtsfolge nachträglich zu ändern. Auch könne das erstinstanzliche Gericht selbst bei Nichteinlegung eines Rechtsmittels das Verfahren einstellen, wenn vor der Rechtskraft des Urteils ein Verfahrenshindernis eintritt.

Diese vereinzelt gebliebene Auffassung vermag nicht zu überzeugen. Abzulehnen ist aber nicht nur die spätere, sondern auch die erstgenannte Entscheidung des BayObLG. Sowohl bei der Amnestie als auch bei der Verjährung, die beide unbestritten Verfahrenshindernisse darstellen, ist der Ausgangspunkt für eine kritische Würdigung die Wirkung eines Verfahrenshindernisses.

Ein Verfahrenshindernis steht der Strafverfolgung entgegen. Auch wenn es nach Erlaß eines Urteils, aber vor dessen Rechtskraft eintritt, ist das Verfahren einzustellen. Außerhalb der Hauptverhandlung und nach Eröffnung des Hauptverfahrens, d. h. auch im Rechtsmittelverfahren nach der Einlegung eines Rechtsmittels[1868], beschließt das Gericht die Einstellung gem. § 206a I.[1869] Während der Hauptverhandlung wird die Einstellung durch ein Urteil ausgesprochen (vgl. § 260 III). Das Verfahrenshindernis selbst beendet das Verfahren nicht; dies kann nur die gerichtliche Einstellung bewirken. Die Einstellungsentscheidung wirkt also nicht bloß deklaratorisch, sondern konstitutiv.[1870] Vor dieser Einstellung hat das Bestehen eines Verfahrenshindernisses vielleicht die Fehlerhaftigkeit der vorgenommenen Prozeßhandlungen zur Folge, aber es schließt als solches nicht die wirksame Vornahme von Prozeßhandlungen aus.[1871] Für die Geltendmachung möglicher Verfahrensfehler sind einzig und allein die Rechtsbehelfe zuständig.[1872]

1867 BayObLGSt 1974, 8 (9). – Ob etwas anderes für nur vorübergehende Verfahrenshindernisse gelten soll, ließ der 1. Strafsenat insoweit offen.

1868 § 206a gilt also in jeder Lage des Verfahrens, vgl. BGHSt 24, 208 (212); BayObLG NJW 1987, 1711 (1712); AK-*Loos*, StPO, § 206a Rn. 4; *Pfeiffer*, StPO, § 206a Rn. 3. Es ist allerdings umstritten, ob § 206a auch dann gilt, wenn das Verfahrenshindernis bereits beim erstinstanzlichen Verfahren bestand, dies aber erst im Rechtsmittelverfahren bemerkt wird, zum Streitstand vgl. *Meyer-Goßner*, StPO, § 206a Rn. 6 m. w. N.

1869 So auch BayObLGSt 1974, 8 (9).

1870 LR-*Hanack*, StPO, § 302 Rn. 12; LR-*Rieß*, StPO, § 206a Rn. 44.

1871 *Schöneborn*, MDR 1975, 6 (10).

1872 Das sich erst nachträglich herausstellende Verfahrenshindernis kann mittels der Rechtsmittel oder – bei beachtlicher Rücknahme eines Rechtsmittels – mittels der Wiederaufnahme geltend gemacht werden; zur letzteren Möglichkeit vgl. *Schöneborn*, MDR 1975, 6 (10 f.).

Daher kann ein Rechtsmittel auch bei einem bestehenden Verfahrenshindernis vor dem Einstellungsbeschluß des Gerichts zurückgenommen werden.[1873] Das Verfahrenshindernis stellt allein somit keine Grenze für eine beachtliche Rücknahme dar.

Dagegen kann auch nicht angeführt werden, daß dadurch dem Beschuldigten die Befugnis eingeräumt werde, nachträglich eine andere als die gesetzlich vorgesehene Rechtsfolge herbeizuführen. Denn zum einen können die Verfahrensbeteiligten unbestritten durch Rechtsmittelverzicht oder -rücknahme auch ein unrichtiges Urteil in Rechtskraft erwachsen lassen.[1874] Zum anderen wird keine Rechtsfolge nachträglich geändert, denn die rechtliche – d. h. eine sich auf das einzelne Verfahrens beziehende – Wirkung kommt dem Verfahrenshindernis erst mit der gerichtlichen Entscheidung zu.[1875] Auch widerspricht die hier vertretene Ansicht nicht dem bereits o. g. Umstand, daß das erkennende Gericht bis zum Rechtskrafteintritt ein Verfahrenshindernis auch ohne eine Rechtsmitteleinlegung berücksichtigen kann (vgl. § 206a). Denn dort liegt gerade keine Willensäußerung im Hinblick auf eine Verfahrensbeendigung durch Verzicht oder Rücknahme vor, während hier ein Verfahrensbeteiligter von der ihm grundsätzlich zustehenden Rücknahmemöglichkeit Gebrauch macht.[1876]

Auch im erstgenannten Fall – Unbeachtlichkeit der Rücknahme aufgrund des Amnestiegesetzes – gelten die obigen Ausführungen. Denn auch bei dem Verfahrenshindernis einer Amnestie bedarf es bei einem begonnenen Verfahren erst der Einstellung durch das Gericht, d. h. die Amnestie kann nicht unmittelbar in das Verfahren eingreifen.[1877] Gerade in komplizierten Fällen wird dies auch notwendig sein, da erst festgestellt werden muß, ob der Beschuldigte unter die

---

1873 LR-*Hanack*, StPO, § 302 Rn. 12; AK-*Loos*, StPO, § 206a Rn. 3; *Meyer-Goßner*, StPO, Einl. Rn. 154, § 302 Rn. 6; *Pfeiffer*, StPO, § 302 Rn. 5; KMR-*Plöd*, StPO, § 302 Rn. 6; KK-*Ruß*, StPO, § 302 Rn. 5; *Schöneborn*, MDR 1975, 6 (10); *Teyssen*, JR 1975, 121 (122 f.).

1874 Insbesondere beim Beschuldigten bestehen diesbezüglich keine Bedenken, dagegen ist ein solches Verhalten der Staatsanwaltschaft nicht mit ihrer Aufgabe vereinbar. Dies wird gerade daran sichtbar, daß sie sowohl zugunsten als auch zu Lasten des Beschuldigten Rechtsmittel einlegen kann (vgl. § 296 II). Vgl. auch Nr. 147 III 1 RiStBV: „Der Staatsanwalt soll ein Rechtsmittel zugunsten des Angeklagten einlegen, wenn dieser durch einen Verfahrensverstoß oder durch einen offensichtlichen Irrtum des Gerichts benachteiligt worden ist oder wenn die Strafe unter Würdigung aller Umstände des Falles unangemessen hoch erscheint."

1875 *Teyssen*, JR 1975, 121 (122 f.).

1876 *Schöneborn*, MDR 1975, 6 (10).

1877 Vgl. aber KG DJZ 1919, 354 hinsichtlich der Verordnung über Gewährung von Straffreiheit und Strafmilderung vom 3.12.1918 sowie *Ehrenspeck*, Die Justiz 1938, 941 zum Gesetz über die Gewährung von Straffreiheit vom 30.04.1938. *Ehrenspeck* geht davon aus, daß die Amnestie unmittelbar in das Verfahren eingreift; ein Urteil, das bis dahin noch nicht rechtskräftig sei, könne auch nicht nachträglich in Rechtskraft erwachsen. – Aus dem neueren Schrifttum zweifelnd LR-*Hanack*, StPO, § 302 Rn. 12.

Amnestie fällt. In Zweifelsfällen muß also eine Hauptverhandlung durchgeführt werden.[1878] Stellt das Gericht das Vorliegen eines Verfahrenshindernisses fest, so beschließt es die Einstellung des Verfahrens. Bis zu diesem Zeitpunkt ist eine Rücknahme aber noch möglich.

Es kann also festgehalten werden, daß Verfahrenshindernisse erst mit dem Einstellungsbeschluß die Möglichkeit einer beachtlichen Rechtsmittelrücknahme begrenzen.

3. Einstellungsbeschluß gem. § 154 II StPO durch das Rechtsmittelgericht

Die Vorschrift des § 154 ist in jeder Lage des Verfahrens anwendbar, d. h. auch das Berufungs- oder Revisionsgericht kann durch Beschluß das Verfahren hinsichtlich einer Tat einstellen. Fraglich ist, ob der Beschuldigte dennoch sein Rechtsmittel zurücknehmen kann.

Zum Teil wird diese Frage bejaht.[1879] Da es sich nur um ein vorläufiges Verfahrenshindernis handele, bleibe das Verfahren „latent anhängig".[1880] Zudem liege eine rechtskräftige Entscheidung über die Taten gerade nicht vor.[1881] Dies scheint auch der Wortlaut des § 154 II nahezulegen, der nur von einer vorläufigen Einstellung spricht.

Diese Auffassung verkennt aber, daß mit dem Einstellungsbeschluß die gerichtliche Anhängigkeit (Rechtshängigkeit) des Verfahrens endet.[1882] Mit diesem Beschluß liegt ein Verfahrenshindernis vor.[1883] Zwar spricht das Gesetz nur von einer vorläufigen Einstellung, aber es ist eine endgültige gemeint. Denn nur unter den Voraussetzungen des § 154 III-V ist eine Wiederaufnahme möglich. Dagegen kann das Verfahren im Falle einer Einstellung gem. § 205 S. 1 jederzeit fortgesetzt werden.[1884] Im Gegensatz zur vorläufigen Einstellung nach § 205 S. 1 wird bei § 154 II daher auch zutreffend von einer beschränkten bzw. begrenzten materiellen Rechtskraft gesprochen.[1885]

1878 So im Hinblick auf die Verjährung *Teyssen*, JR 1975, 121 (122).

1879 *Dörr/Taschke*, NStZ 1988, 329 (330); LR-*Hanack*, StPO, § 302 Rn. 13.

1880 *Dörr/Taschke*, NStZ 1988, 329 (330); LR-*Hanack*, StPO, § 302 Rn. 13. So auch LR-*Beulke*, StPO, § 154 Rn. 52, der aber dennoch einer Rechtsmittelrücknahme eine Wirkung hinsichtlich der eingestellten Taten abspricht.

1881 *Dörr/Taschke*, NStZ 1988, 329 (330).

1882 BGHSt 30, 197; BGH MDR 1982, 67; OLG Frankfurt NStZ 1988, 328 (329); KG NStZ 1990, 250 (251); HK-*Rautenberg*, StPO, § 302 Rn. 12.

1883 BGHSt 30, 197 (198); KG NStZ 1990, 250 (251); BayObLG NStZ 1992, 403.

1884 *Meyer-Goßner*, StPO, § 205 Rn. 5; *Pfeiffer*, StPO, § 205 Rn. 4.

1885 BGHSt 10, 88 (94); BGH MDR 1982, 67; *Meyer-Goßner*, StPO, Einl. Rn. 182; vgl. auch *Loos*, JZ 1978, 592. – In eine umfassende bzw. vollständige Rechtskraft kann nicht einmal das strafgerichtliche Urteil erwachsen; dies belegen die Möglichkeiten einer Wiederaufnahme, so auch BGHSt 10, 88 (94). Letztendlich unterscheidet sich somit nur der Umfang der Begrenzung der Rechtskraft.

Angesichts dieser Wirkung eines Beschlusses gem. § 154 II scheidet eine beachtliche Rücknahme aus.[1886] Der rechtskräftige Einstellungsbeschluß begrenzt somit die Rücknahmemöglichkeiten des Beschuldigten.

4. *Verbindung des Rechtsmittelverfahrens mit erstinstanzlichem Verfahren*

Nach § 4 I ist die Verbindung zusammenhängender[1887] Strafsachen grundsätzlich möglich. Nach wohl überwiegender Ansicht ist dies auch bei Strafsachen möglich, die bei demselben Spruchkörper in verschiedenen Rechtszügen anhängig sind.[1888] Seitdem die kleinen Strafkammern auch für die Berufungen gegen die Urteile der Schöffengerichte zuständig sind[1889], ist diese Konstellation nunmehr nur noch für die große Jugendkammer relevant.[1890]

Wird ein erstinstanzliches Verfahren gem. § 4 I mit einem Rechtsmittelverfahren verbunden, so ist damit eine Rücknahme des Rechtsmittels ausgeschlossen.[1891] Denn dieses Verfahren ist gerade nicht mehr als Rechtsmittelverfahren anhängig, sondern weist einen erstinstanzlichen Charakter auf.[1892] Es fehlt daher an einem tauglichen Gegenstand für eine Rücknahme.

Die gleichen Erwägungen gelten für die Überleitung[1893] eines Berufungsverfahrens in ein erstinstanzliches Verfahren vor dem Landgericht.[1894] Auch in diesem Fall ist somit eine Rechtsmittelrücknahme ausgeschlossen.

1886 KG NStZ 1990, 250 (251); OLG Frankfurt NStZ 1988, 328 (329); LR-*Beulke*, StPO, § 154 Rn. 52; SK-*Frisch*, StPO, § 302 Rn. 36; *Meyer-Goßner*, StPO, § 302 Rn. 6; Brüssow/Gatzweiler/Krekeler/*Rieß*, Strafverteidigung, Band 1, § 11 Rn. 114; KK-*Ruß*, StPO, § 302 Rn. 5.

1887 Vgl. dazu § 3.

1888 BGHSt 36, 348 (350); 37, 15 (17 f.); 38, 300 (301); BGH NStZ 1998, 628 (629); AK-*Dästner*, StPO, § 4 Rn. 4; KK-*Pfeiffer*, StPO, § 4 Rn. 2; *Pfeiffer*, StPO, § 4 Rn. 2; überwiegend wird auf eine entsprechende Anwendung des § 4 I abgestellt. Andere Ansicht: *Meyer-Goßner*, StPO, § 4 Rn. 8 [anders noch die Vorauflage], der hierin einen Verstoß gegen Art. 101 I 2 GG sieht; ausführliche Stellungnahme bei *Sowada*, Der gesetzliche Richter, S. 718 ff.

1889 Vgl. § 76 I 1 GVG.

1890 Gem. § 33b I i. V. m. § 41 I , II 1 JGG ist die große Jugendkammer sowohl für Berufungen gegen Urteile des Jugendschöffengerichts als auch in den § 41 I JGG genannten Fällen als erstinstanzliches Gericht zuständig.

1891 BGHSt 38, 300 (301); AK-*Achenbach*, StPO, § 302 Rn. 18; SK-*Frisch*, StPO, § 302 Rn. 36; *Pfeiffer*, StPO, § 302 Rn. 5.

1892 BGHSt 37, 15 (18); KMR-*Plöd*, StPO, § 302 Rn. 6.

1893 Bei der Überleitung hält das Berufungsgericht eine höhere Strafe als die in § 24 II GVG vorgegebene Strafgewalt des AG für angezeigt und leitet daher das Berufungsverfahren in ein erstinstanzliches Verfahren über. Bis zum RpflEntlG vom 11.01.1993 (BGBl. I, S. 50) war dies möglich, da die große Strafkammer auch Berufungsgericht war, wohingegen heute die kleine Strafkammer nur noch als Berufungsgericht und nicht mehr als erstinstanzliches Gericht tätig wird. Nunmehr besteht diese Möglichkeit der Überlei-

Legt der Betroffene gegen einen Bußgeldbescheid Einspruch gem. § 67 OWiG ein, so kommt es zur Hauptverhandlung beim jeweils zuständigen Amtsgericht. Gelangt das Gericht zur Auffassung, daß die Tat nicht nur als Ordnungswidrigkeit, sondern als Verletzung eines Strafgesetzes zu beurteilen ist, so kann es unter den Voraussetzungen des § 81 OWiG in ein Strafverfahren übergehen. Nach der Erteilung des rechtlichen Hinweises gem. § 81 II OWiG soll nach überwiegender Ansicht eine Rücknahme des Einspruchs ausgeschlossen sein.[1895] Ob dieser Ansicht gefolgt werden kann, richtet sich letztlich nach dem Anwendungsbereich des § 67 I 2 OWiG, der für den Einspruch gegen einen Bußgeldbescheid u. a. auf § 302 verweist. Allerdings kann daraus nicht die unbeschränkte Rücknahmefähigkeit hergeleitet werden, denn diese Vorschrift bezieht sich gerade auf das Bußgeldverfahren. Nach Erteilung des rechtlichen Hinweises und Überleitung in ein Strafverfahren hat sich jedoch der Charakter des Verfahrens geändert und damit ist der Rückgriff auf § 67 I 2 OWiG versperrt. § 81 III 1 OWiG schließt sogar ausdrücklich die Anwendung der Vorschriften des OWiG für das nachfolgende Verfahren aus. Zwar könnte nun versucht werden, über § 411 III 1 die Möglichkeit einer Rücknahme zu eröffnen.[1896] Aber ein Strafbefehlsverfahren liegt gerade nicht vor. Zudem besteht der Unterschied zum zurückgenommenen Einspruch gegen den Strafbefehl darin, daß dort bereits ein Geschehen unter strafrechtlichen Gesichtspunkten gewürdigt worden ist und Ausdruck im Strafbefehl gefunden hat.[1897] Bei einem übergeleiteten Bußgeldverfahren ist dies jedoch nicht der Fall. Zu Recht wird daher die Rücknahme eines Einspruches nach Übergang in das Strafverfahren ausgeschlossen.

II. Zustimmungserfordernisse bei der Zurücknahme

In bestimmten Fällen gestattet das Gesetz die Rücknahme eines Rechtsmittels nur dann, wenn ein anderer Verfahrensbeteiligter zustimmt. Der Beschuldigte bedarf also zum Teil einer wirksamen Zustimmung, damit seine Rücknahme beachtlich ist. Andererseits kann er derjenige sein, der die Zustimmung einem anderen Verfahrensbeteiligten zu dessen Rücknahme erteilt.

---

tung nur noch hinsichtlich der großen Jugendkammer, die zudem Berufungsgericht für Urteile des Jugendschöffengerichts ist (§ 33b I 1 JGG). Vgl. BGH NStZ-RR 1997, 22 f. sowie aus der Literatur KK-*Hannich*, GVG, § 24 Rn. 15, LR-*Siolek*, GVG, § 24 Rn. 38.

1894 BGHSt 34, 204 (207 f.); *Pfeiffer*, StPO, § 302 Rn. 5; KMR-*Plöd*, StPO, § 302 Rn. 6.

1895 BGHSt 29, 305 (309); BayObLG JR 1976, 209 (210); *Bohnert*, OWiG, § 81 Rn. 5; KK-*Fischer*, StPO, § 411 Rn. 30; a. A.: *Göhler*, OWiG, § 81 Rn. 19.

1896 Vgl. LG Münster MDR 1976, 513, das insoweit den Vergleich zum Strafbefehlsverfahren zieht.

1897 BayObLG VRS 1978 (Band 54), 294 (295).

Die Zustimmung des Beschuldigten kann nach einhelliger Ansicht konkludent erklärt werden.[1898] Zumindest spricht der Gesetzeswortlaut der §§ 302 I 2, 303 – entgegen der eindeutigen Fassung des § 302 II hinsichtlich der Ermächtigung – nicht gegen ein solches Verständnis der Zustimmung. Insoweit gilt für die Zustimmung grundsätzlich Formfreiheit.[1899] Der Verteidiger kann die Zustimmung nur erklären, wenn er dazu vom Beschuldigten ermächtigt wurde.[1900]

1. Zustimmung des Rechtsmittelgegners gem. § 303 StPO

Die Norm des § 303 gilt für die Rechtsmittel aller Verfahrenbeteiligter.[1901] Hier ist das Zustimmungserfordernis v. a. im Hinblick auf eine Rücknahme des Beschuldigten zu erörtern.

Nimmt der Beschuldigte das Rechtsmittel nach Beginn der Hauptverhandlung[1902] zurück, so bedarf er der Zustimmung des „Gegners". Dieser kann sowohl der Staatsanwalt als auch der Privatkläger sein. Eigentlich würde auch der Nebenkläger dazu zählen. Doch sieht § 302 S. 2 diesbezüglich eine Ausnahme vor.[1903] Es kommt also auf den Willen des Nebenklägers als bloßen Zusatzbeteiligten nicht an.[1904] Eine weitere Ausnahme vom Zustimmungserfordernis stellt § 329 II 2 dar. Der in einer Berufungsverhandlung ausgebliebene Beschuldigte

---

1898 RGSt 64, 17 (20); SK-*Frisch*, StPO, § 303 Rn. 9; *Meyer-Goßner*, StPO, § 303 Rn. 3 ff.; KMR-*Plöd*, StPO, § 303 Rn. 5; *E. Schmidt*, LK II, § 303 Rn. 4; einschränkend auch *Schlüchter*, Strafverfahren, Rn. 654. – Es wird zum Teil sogar ein Schweigen des Beschuldigten zur zustimmenden Erklärung des Verteidigers als ausreichend angesehen, vgl. OLG Düsseldorf MDR 1976, 1040 (1041); BayObLG NJW 1985, 754 (755); KK-*Ruß*, StPO, § 303 Rn. 4; *Pfeiffer*, StPO, § 303 Rn. 4. Ein Schweigen zur Erklärung des Staatsanwalts im Zusammenhang mit einer Zustimmung gem. § 302 I 2 soll dagegen nach ganz überwiegender Ansicht nicht genügen, vgl. RG JW 1933, 1069 (1070); *Dahs/Dahs*, Revision, Rn. 48; SK-*Frisch*, StPO, § 302 Rn. 64; LR-*Hanack*, StPO, § 302 Rn. 62; *Meyer-Goßner*, StPO, § 302 Rn. 27. – Ablehnend gegenüber einer konkludenten Zustimmung: OLG Koblenz NJW 1951, 933 f.; kritisch auch SK-*Frisch*, StPO, § 303 Rn. 11; *Pusinelli*, NJW 1951, 933 (934).

1899 *E. Schmidt*, LK II, § 302 Rn. 7.

1900 Zur Erklärung der Zustimmung durch den Verteidiger vgl. SK-*Frisch*, StPO, § 302 Rn. 65; *E. Schmidt*, LK II, § 302 Rn. 7. Zur Ermächtigung gem. § 302 II vgl. auch 3. Kapitel, I. 2. b).

1901 LR-*Hanack*, StPO, § 303 Rn. 1.

1902 Mittlerweile ist allgemein anerkannt, daß die Beschränkung einer freien Rücknahme mit Beginn der *ersten* Hauptverhandlung eingreift. Also auch im Falle der Zurückweisung durch das Revisionsgericht oder der Aussetzung kann das Rücknahmerecht nur mit Zustimmung des Gegners ausgeübt werden, vgl. nur *Rieß*, JR 1986, 441 ff. zur Zusammenfassung des überkommenen Streitstandes.

1903 Eingeführt wurde diese Einschränkung des Zustimmungserfordernisses durch Art. 1 Nr. 82 des 1. StVRG.

1904 *Rieß*, JR 1986, 441 (444).

wird bei einer Berufungsrücknahme durch die Staatsanwaltschaft aufgrund seines Nichterscheinens als nicht schutzwürdig angesehen.

Keine einheitliche Auffassung besteht hinsichtlich des Zweckes des § 303. Einigkeit besteht heute aber, daß nicht die Würde des Gerichts geschützt werden soll.[1905] Zwar wurde während der Gesetzgebungsberatungen auch mit einem Hinweis auf die Würde des Gerichts generell eine Rücknahme nach Beginn der Hauptverhandlung abgelehnt.[1906] Im Hinblick auf § 303 kann dieses Argument jedoch nicht überzeugen. Denn ansonsten hätte das Gesetz die Rücknahme nach Beginn der Hauptverhandlung ausschließlich bzw. zumindest zusätzlich vom Willen des Gerichts abhängig gemacht.

Die wohl überwiegende Meinung geht davon aus, daß das Zustimmungserfordernis der materiellen Gerechtigkeit dient.[1907]

Demgegenüber scheint die Ansicht zu stehen, die den Rechtsmittelgegner als geschützt ansieht.[1908] Insbesondere soll dessen Interesse an einer für ihn unerwartet günstig verlaufenden Wendung des Verfahrens – entgegen der Absicht des Rechtsmittelführers – geschützt werden.[1909] Zum Teil wird dieser Schutz auch vorrangig auf den Beschuldigten bezogen.[1910] Denn nur so könne er eine Rechtsmittelrücknahme der Staatsanwaltschaft verhindern, wenn sich herausstelle, daß das Gericht zugunsten des Beschuldigten entscheiden werde (vgl. § 301) und dieser kein eigenes Rechtsmittel eingelegt habe.[1911]

Diese Konstellation wird vermutlich die praktisch relevanteste sein, so daß sich die Vorschrift des § 303 in der Regel zugunsten des Beschuldigten auswirken wird. Denn im Falle einer Rechtsmitteleinlegung des Beschuldigten wird die Staatsanwaltschaft in der Regel auch selbst ein Rechtsmittel einlegen, wenn sie mit der gerichtlichen Entscheidung nicht übereinstimmt. In diesem Fall ist sie auf das Rechtsmittel des Beschuldigten nicht „angewiesen". Dies bedeutet nun aber nicht, daß durch § 303 ausschließlich der Beschuldigte geschützt werden sollte.

Die beiden genannten Zwecke – Dienst an der Gerechtigkeit und Schutz des Rechtsmittelgegners – schließen sich jedoch nicht aus; vielmehr werden sie

---

1905 LR-*Hanack*, StPO, § 303 Rn. 1; *Meyer-Goßner*, StPO, § 303 Rn. 1; *Rieß*, JR 1986, 441 (444). Andere Ansicht: RGSt 67, 281 (285 f.).

1906 So der Vorschlag des Kommissionsmitglieds und Abgeordneten *Mayer* während der ersten Lesung, vgl. *Hahn*, Materialien StPO, Band 3, Abteilung 1, S. 986. Dieser Vorschlag stieß jedoch weitgehend auf Ablehnung.

1907 BGHSt 23, 277 (279); wohl auch BayObLG wistra 1994, 118 (119); *Meyer-Goßner*, StPO, § 303 Rn. 1; KK-*Ruß*, StPO, § 303 Rn. 1. Zweifelnd SK-*Frisch*, StPO, § 303 Rn. 1.

1908 SK-Frisch, StPO, § 303 Rn. 1.

1909 *Rieß*, JR 1986, 441 (444).

1910 AK-*Achenbach*, StPO, § 303 Rn. 1.

1911 AK-*Achenbach*, StPO, § 303 Rn. 1.

sich in den meisten Fällen überschneiden.[1912] So läßt sich der Schutz des Rechtsmittelgegners vor dem Verlust einer günstigen Verfahrenslage auch als Ausdruck der Gerechtigkeit erfassen.

Für den Beschuldigten kann sich das Zustimmungserfordernis dagegen ungünstig in der Hauptverhandlung nach einem Einspruch gegen einen Strafbefehl auswirken. Nach § 411 III 2 gilt § 303 auch für die Rücknahme des Einspruches. Erkennt der Beschuldigte nach einem Einspruch, daß das Gericht zu seinen Ungunsten entscheiden wird – das Verbot der reformatio in peius gilt insoweit nicht (vgl. § 411 IV)[1913] –, so kann er den Einspruch nur mit Zustimmung der Staatsanwaltschaft zurücknehmen. Die Verweigerung der Zustimmung kann sich in diesem Fall also ausnahmsweise nachteilig für den Beschuldigten auswirken, denn bei Berufung und Revision gilt gerade das Verschlechterungsverbot (vgl. §§ 331 I, 358 II).

Um dem Beschuldigten diesen Nachteil zu ersparen, könnte man entgegen § 411 III 2 für den Fall einer Einspruchsrücknahme durch den Beschuldigten diese auch ohne Zustimmung gestatten. Fraglich ist, ob eine solche teleologische Reduktion des § 411 III 2 angezeigt ist.

Zur Entscheidung dieser Frage ist auf den Zweck des § 303 S. 1 zurückzukommen. Sähe man diesen ausschließlich im Schutze des Beschuldigten, so widerspräche das Ergebnis der o. g. Konstellation diesem Zweck.[1914]

Eine solche verkürzte Betrachtung kann aber nicht überzeugen. Zwar mag es sein, daß hauptsächlich der Beschuldigte von der Vorschrift des § 303 profitieren wird. Dies allein kann aber nicht dazu führen, ihn als einzig geschützten Verfahrensbeteiligten im Zusammenhang mit dieser Norm anzusehen. Das Gesetz spricht gerade von der Zustimmung des „Gegners". Hätte nur der Beschuldigte geschützt werden sollen, so wäre eine dem § 302 I 2 entsprechende Formulierung gewählt worden. Auch ein Abstellen auf die materielle Gerechtigkeit als Zweck des § 303 vermag zu keinen anderen Ergebnis zu gelangen. Denn mit einer Schlechterstellung muß der Beschuldigte bei Einspruchseinlegung rechnen[1915]; diese gesetzlich vorgesehene Möglichkeit könnte durch eine zustimmungsfreie Rücknahme des Einspruches umgangen werden. Angesichts des nur

---

1912 LR-*Hanack*, StPO, § 303 Rn. 1.

1913 Zu einer Einschränkung vgl. *Roxin*, Strafverfahrensrecht, § 66 Rn. 12, dagegen AK-*Loos*, StPO, § 411 Rn. 27.

1914 So AK-*Achenbach*, StPO, § 303 Rn. 2.

1915 In der Belehrung über den Rechtsbehelf des Einspruches gegen einen Strafbefehl sollte auch auf die Möglichkeit einer Verschlechterung hingewiesen werden; zum Teil erfolgt dies auch so in der Justizpraxis, vgl. AK-*Loos*, StPO, § 409 Rn. 10, § 411 Rn. 27.

summarischen Charakters des Strafbefehlverfahrens[1916], aufgrund dessen das Verschlechterungsverbot gerade nicht gilt[1917], ist dies nicht überzeugend.

Daher wird auch im Falle einer Einspruchsrücknahme durch den Beschuldigten zutreffend von einem Zustimmungserfordernis gem. § 411 III 2 i. V. m. § 303 S. 1 ausgegangen.[1918]

2. Zustimmung gem. § 302 I 2 StPO

Die Regelung des § 302 I 2 hat nur Rechtsmittel im Blick, die von der Staatsanwaltschaft zugunsten des Beschuldigten eingelegt wurden. Nach § 296 II wird der Staatsanwaltschaft dieses Recht ausdrücklich eingeräumt.[1919]

Im Vergleich zu § 303 erweitert § 302 I 2 die Zustimmungsbefugnisse des Beschuldigten, da nach dieser Norm der Beschuldigte stets einer Rücknahme zustimmen muß und nicht nur bei einer Rücknahme nach Beginn der Hauptverhandlung.[1920] § 302 I 2 ist insoweit lex specialis gegenüber § 303.

Der Zweck des Zustimmungserfordernisses gem. § 302 I 2 besteht darin, eine Benachteiligung des Beschuldigten zu verhindern, wenn dieser im Vertrauen auf das von der Staatsanwaltschaft eingelegte Rechtsmittel kein eigenes Rechtsmittel einlegt.[1921] Die Chance auf eine Besserstellung[1922] soll er nicht ge-

1916 Vgl. *Beulke*, Strafprozeßrecht, Rn. 526; *Meyer-Goßner*, StPO, Vor § 407 Rn. 1.

1917 *Roxin*, Strafverfahrensrecht, § 66 Rn. 12.

1918 So die einhellige Ansicht – allerdings ohne nähere Begründung: KK-*Fischer*, StPO, § 411 Rn. 31; AK-*Loos*, § 411 Rn. 22; *Meyer-Goßner*, StPO, § 411 Rn. 9; *Pfeiffer*, StPO, § 411 Rn. 7; *Schlüchter*, Strafverfahren, Rn. 791.2.

1919 Nach ganz überwiegender Auffassung kann die Staatsanwaltschaft ein Rechtsmittel zugunsten des Beschuldigten auch gegen dessen Willen einlegen, LR-*Hanack*, StPO, § 296 Rn. 15; AK-*Achenbach*, StPO, § 298 Rn. 14. Bei dem Anfechtungsrecht der Staatsanwaltschaft handele es sich um ein selbständiges Recht, d. h. die Staatsanwaltschaft handele nicht im Namen des Beschuldigten; sie erfülle insoweit ihre amtliche Pflicht (vgl. auch Nr. 147 III RiStBV). – Problematisch erscheint diese Rechtsmittelbefugnis der Staatsanwaltschaft aber vor dem Hintergrund der Subjektstellung des Beschuldigten und seiner Dispositionsbefugnis im Rechtsmittelverfahren. Daher ist zu bezweifeln, ob die Staatsanwaltschaft zugunsten des Beschuldigten ein Rechtsmittel einlegen sollte, wenn dieser seinen entgegenstehenden Willen ausdrücklich äußert. § 296 II dürfte daher so zu verstehen sein, daß die Staatsanwaltschaft ein Rechtsmittel zugunsten des Beschuldigten zwar ohne dessen vorherige Zustimmung einlegen, es aber nicht gegen ausdrücklichen Widerspruch seitens des Beschuldigten weiterbetreiben kann. Vgl. dazu auch *Rieß*, FS Reichsjustizamt, S. 373 (386). Generelle Ablehnung einer Rechtsmittelbefugnis der Staatsanwaltschaft zugunsten des Beschuldigten äußert bereits *Zachariae*, Handbuch, Band 1, S. 431 f., Band 2, S. 614 (Fußnote 5).

1920 Ablehnend gegenüber dieser Regelung *Binding*, Strafprozeßrecht, S. 249 f.

1921 OLG Düsseldorf NJW 1957, 840; *Hahn*, Materialien StPO, Band 3, Abteilung 1, S. 986 f.; LR-*Hanack*, StPO, § 302 Rn. 60; HK-*Rautenberg*, StPO, § 302 Rn. 15.

1922 Da es sich hier um eine Rechtsmitteleinlegung zugunsten des Beschuldigten handelt, finden die §§ 331 I, 358 II Anwendung, vgl. *Meyer-Goßner*, StPO, § 296 Rn.14.

gen seinen Willen verlieren. § 302 I 2 stellt somit eine Ausprägung des Vertrauensschutzes dar.[1923]

3. Zustimmung des Beschuldigten bei Zurücknahme eines vom gesetzlichen Vertreter eingelegten Rechtsmittels

Legt der gesetzliche Vertreter des Beschuldigten ein Rechtsmittel ein, so kann er dieses gem. § 302 I 1 zurücknehmen. Denn dem gesetzlichen Vertreter steht ein selbständiges Anfechtungsrecht zu; freilich kann er davon nur zugunsten des Beschuldigten Gebrauch machen.[1924]

Das Zustimmungserfordernis des § 302 I 2 bezieht sich nur auf Rechtsmittel der Staatsanwaltschaft. Fraglich ist nun, ob die Vorschrift entsprechend auf die Rechtsmittelrücknahme des gesetzlichen Vertreters anzuwenden ist.

Für den praktisch wohl wichtigsten Bereich, nämlich die Rücknahme durch den gesetzlichen Vertreter eines jugendlichen oder heranwachsenden Beschuldigten, sieht § 55 III JGG ein Zustimmungserfordernis des Beschuldigten vor.

Doch bereits vor Einführung dieser Vorschrift im Jahre 1975[1925] wurde in Rechtsprechung[1926] und Literatur[1927] eine entsprechende Anwendung des § 302 I 2 auf den gesetzlicher Vertreter befürwortet. Hinsichtlich des heute von § 55 III JGG nicht erfaßten Bereiches – also bei Rücknahme durch einen gesetzlichen Vertreter außerhalb des jugendgerichtlichen Verfahrens – geht die wohl überwiegende Auffassung ebenfalls von einem Zustimmungserfordernis analog § 302 I 2 aus.[1928]

Gegenstimmen finden sich nur in der älteren Literatur.[1929] Zur Begründung wurde auf die Selbständigkeit des Anfechtungsrechts des gesetzlicher Vertreters verwiesen.[1930]

Diese Gegenansicht verkennt jedoch, daß der Zweck des § 302 I 2 erst recht bei der Rechtsmittelrücknahme eines gesetzlichen Vertreters relevant

---

1923 SK-*Frisch*, StPO, § 302 Rn. 62.

1924 Vgl. bereits 3. Kapitel, I. 3.

1925 § 55 III JGG wurde eingeführt durch Art. 26 Nr. 26 EGStGB vom 2.03.1974 (BGBl. I, S. 469 ff.).

1926 OLG Celle NJW 1964, 417 (418); OLG Düsseldorf NJW 1957, 840.

1927 *Pentz*, GA 1958, 297 (304); *E. Schmidt*, LK II, § 298 Rn. 4. So bereits *Binding*, Strafprozeßrecht, S. 252 f.; *Löwe*, StPO (8. Auflage),§ 344 Anm. 8.

1928 LR-*Hanack*, StPO, § 302 Rn. 64; *Kohlmann*, JA 1979, 243 (244); *Meyer-Goßner*, StPO, § 298 Rn. 3; *Pfeiffer*, StPO, § 302 Rn. 7; KMR-*Plöd*, StPO, § 302 Rn. 19; KK-*Ruß*, StPO, § 302 Rn. 18.

1929 *Bucher*, Verzicht, S. 78; *von Kries*, Strafprozeßrecht, S. 644; von Holtzendorff/*von Schwarze*, Handbuch, Band 2, S. 253; *Stenglein*, StPO, § 344 Anm. 7; *Ullmann*, Strafprozeßrecht, S. 587.

1930 von Holtzendorff/*von Schwarze*, Handbuch, Band 2, S. 253.

wird.[1931] Der Beschuldigte wird der Rechtsmitteleinlegung seines gesetzlichen Vertreters wohl noch mehr Vertrauen entgegenbringen als einem durch die Staatsanwaltschaft eingelegten Rechtsmittel. Dieses berechtigte Vertrauen vermag nur durch eine Zustimmung zur Rücknahme hinreichend geschützt zu werden. Zumal steht dem gesetzlichen Vertreter das Anfechtungsrecht ausschließlich im Interesse des Beschuldigten zu.[1932] Der Vertreter kann also nicht einwenden, daß der Beschuldigte im Falle einer Versagung der Zustimmung unangemessen bevorzugt werde. Des weiteren spricht die Möglichkeit eines Wechsels des gesetzlichen Vertreters für die entsprechende Anwendung des § 302 I 2. Ansonsten ginge eine Änderung der Ansicht des Vertreters zu dem von seinem Vorgänger eingelegten Rechtsmittel zu Lasten des Beschuldigten.

Das Zustimmungserfordernis gilt auch, wenn der Beschuldigte selbst zuvor auf Rechtsmittel verzichtet hat.[1933]

Der gesetzliche Vertreter kann sein Rechtsmittel also nur mit Zustimmung des Beschuldigten zurücknehmen. Dies folgt entweder aus § 55 III JGG oder aus einer entsprechenden Anwendung des § 302 I 2.

III. Besonderheiten bei der Unbeachtlichkeit der Zurücknahme

1. Ausgangslage

Bereits zu Beginn der Arbeit wurde darauf hingewiesen, daß die Ausführungen sowohl für den Verzicht als auch für die Rücknahme gelten, selbst wenn die Rücknahme im jeweiligen Zusammenhang nicht ausdrücklich genannt wird. Zum Teil wurden in den bisherigen Erörterungen Unterschiede zwischen Verzicht und Rücknahme bereits herausgestellt.[1934]

Entsprechend den Darlegungen zur Unbeachtlichkeit des Verzichts kann also auch eine Rechtsmittelrücknahme aufgrund einer Fürsorgepflichtverletzung unbeachtlich sein. Gelangt man nun zum Ergebnis, daß die Rücknahme des Beschuldigten unbeachtlich ist, so weist dessen verfahrensrechtliche Situation grundlegende Unterschiede zu derjenigen im Falle eines unbeachtlichen Verzichts auf.

Bei letzterem – dies haben die Ausführungen am Schluß des 4. Kapitels gezeigt – ist in der Regel zunächst eine Wiedereinsetzung notwendig, um ein Rechtsmittelverfahren betreiben zu können. Dahingegen besteht dieses Erfor-

---

1931 OLG Düsseldorf NJW 1957, 840. Vgl. bereits *Bindung*, Strafprozeßrecht, S. 190.

1932 OLG Celle NJW 1964, 417 (418); *Kohlmann*, JA 1979, 243 (244); *Meyer-Goßner*, StPO, § 298 Rn. 1.

1933 OLG Celle NJW 1964, 417 (418); *Eisenberg*, JGG, § 55 Rn. 11. Zu den Gründen vgl. 3. Kapitel, I. 3.

1934 Vgl. beispielsweise die Ausführungen zum Erklärungszeitraum, 3. Kapitel, IV.

dernis bei einer unbeachtlichen Rücknahme gerade nicht. Aufgrund der Unbeachtlichkeit wurde in das Rechtsmittelverfahren – zumindest seitens des Beschuldigten – nicht verfahrensbeendigend eingegriffen. Das vom Beschuldigten eingelegte Rechtsmittel ist nach wie vor rechtshängig. Aufgrund dieses eingelegten Rechtsmittels kann die Entscheidung – wiederum anders als beim Verzicht – nicht durch Fristablauf in Rechtskraft erwachsen. Somit besteht im Falle einer unbeachtlichen Rücknahme der zeitlich unbegrenzte Anspruch auf Fortführung des Rechtsmittelverfahrens.[1935] Damit verbunden ist der Umstand, daß möglicherweise auch auf längere Sicht hin keine Rechtskraft eintritt. Dies wird insbesondere dann der Fall sein, wenn die Beteiligten von einer beachtlichen Rücknahme ausgehen und daher das Verfahren nicht weiterbetreiben; die Beteiligten gehen dann also nur von einer Scheinrechtskraft aus. Infolgedessen schließt das – nur scheinbar beendete – Rechtsmittelverfahren nicht mit einer Entscheidung ab, die in Rechtskraft erwachsen könnte. Im Falle einer unbeachtlichen Rücknahme ist also die Rechtssicherheit in stärkerem Maße als bei einem unbeachtlichen Verzicht betroffen.[1936]

In der Rechtsprechung ist dieser Umstand bisher als Problem noch nicht relevant geworden. Denn in allen Entscheidungen, die eine Beachtlichkeit der Rücknahme verneinen, wandte sich der Beschuldigte bereits innerhalb kurzer Zeit nach der vermeintlich beachtlichen Rücknahme gegen diese und beanspruchte die Weiterführung des Rechtsmittelverfahrens.[1937] Liegt die als unbeachtlich gerügte Rücknahme dagegen längere Zeit zurück, so stellten die Rechtsmittelgerichte jeweils die Beachtlichkeit fest.[1938]

Auch die Literatur hat bisher den Besonderheiten einer unbeachtlichen Rücknahme gar keine bzw. nur wenig Beachtung geschenkt.[1939]

An dieser Stelle zeigt sich deutlich der Unterschied zu den Ansichten, die eine Unbeachtlichkeit erst bei Geltendmachung des Willensmangels bzw. der Fürsorgepflichtverletzung bejahen wollen. Bis zum Zeitpunkt dieser Geltendmachung wäre die Rücknahme nach dieser Auffassung beachtlich und könnte zur

---

1935 *Seier*, JZ 1988, 683 (686).

1936 AK-*Achenbach*, StPO, § 302 Rn. 28; SK-*Frisch*, StPO, § 302 Rn. 32; *Grunst*, Prozeßhandlungen, S. 344.

1937 Vgl. BGHR StPO § 302 Abs. 2 Rücknahme 4; BGH StV 2001, 556; BGH NStZ 2004, 636.

1938 Vgl. BGHR StPO § 302 Abs. 1 Rücknahme 2 [sechs Monate]; BGHR StPO § 302 Abs. 2 Rücknahme 6 [ein Monat]; BGH StV 1988, 372 [ein Monat]; OLG Düsseldorf MDR 1984, 604 (605) [eineinhalb Jahre].

1939 Vgl. nur die jüngste Arbeit von *F. Meyer*, Willensmängel beim Rechtsmittelverzicht des Angeklagten im Strafverfahren (2003), in der auf die unbeachtliche Rücknahme nicht weiter eingegangen wird. Eine Ausnahme stellt insoweit die Untersuchung von *Dencker*, Willensfehler, S. 78 dar; zudem finden sich Erörterungen bei AK-*Achenbach*, StPO, § 302 Rn. 28 sowie bei SK-*Frisch*, StPO, § 302 Rn. 32.

Rechtskraft der Entscheidung führen.[1940] Während diese Ansicht – v. a. im Hinblick auf den Verzicht – abgelehnt wurde, stellt sich nun die Frage, ob nicht zur Vermeidung von nur scheinbar rechtskräftigen Entscheidungen bei der Rücknahme die Fürsorgepflichtverletzung nur bei ihrer Geltendmachung zur Unbeachtlichkeit der Rücknahme führt. Neben dieser möglichen Lösung werden im folgenden noch andere Alternativen erörtert, um die „Daueranhängigkeit" eines Rechtsmittels bei einer eigentlich unbeachtlichen Rücknahme zu vermeiden.

2. Lösungsmöglichkeiten

a) Strengere Anforderungen an die Annahme einer unbeachtlichen Rücknahme

Die in diesem Kapitel erörterten Fürsorgepflichten in bezug auf den Verzicht wurden bisher auch ohne weiteres auf die Rücknahme bezogen. Freilich erlangen bei der Rücknahme gewisse Fürsorgepflichten aufgrund der anderen Verfahrenssituation keine Bedeutung oder zumindest nicht diejenige Bedeutung, die ihnen beim Verzicht zukommt. So wird sich das Risiko einer Frage nach einer verfahrensbeendenden Prozeßhandlung eher beim Verzicht unmittelbar nach Urteilsverkündung als bei der Rücknahme im Rechtsmittelverfahren stellen. Gleichwohl gibt es aber Fürsorgepflichten, die bei der Rücknahme die gleiche Relevanz erlangen, z. B. die Bestellung eines notwendigen Verteidigers. Fraglich ist nun, ob in diesen Fällen der gleiche Maßstab für Verzicht und Rücknahme gilt, oder ob nicht geringere Anforderungen an die Fürsorgepflichten zu stellen sind.

Zum Teil findet sich der Hinweis, daß die Voraussetzungen für die Unbeachtlichkeit einer Rechtsmittelrücknahme im Vergleich zum Verzicht eher strenger seien.[1941] So soll die Rücknahme nur bei schweren Willensmängeln bzw. groben Fürsorgepflichtverletzungen unbeachtlich sein.[1942] *Frisch* spricht in diesem Zusammenhang von „gravierenden Mängeln" und schlägt eine Orientierung an den Wiederaufnahmegründen vor.[1943]

Eine solche Auffassung sieht sich jedoch großen Bedenken gegenüber. Sie erreicht keine grundsätzliche Lösung des o. g. Problems. Auch wenn strengere Anforderungen an eine unbeachtliche Rücknahme gestellt werden, lassen sich Fälle nicht vermeiden, in denen möglicherweise keine Rechtskraft eintritt. Vielmehr läßt sich so nur erreichen, daß sich die Anzahl solcher problematischen Fälle verringert. Des weiteren erscheint es zu unbestimmt, auf schwere

1940 Vgl. 4. Kapitel, IV. 1.
1941 KG NStZ-RR 2004, 176 – allerdings ohne Begründung.
1942 SK-*Frisch*, StPO, § 302 Rn. 32 nennt als Beispiel für die Unwirksamkeit einer Rücknahme die Drohung mit einer schweren Straftat (etwa eine Morddrohung).
1943 SK-*Frisch*, StPO, § 302 Rn. 32.

bzw. gravierende Willensmängel abzustellen. Insbesondere könnte dies leicht dazu führen, daß nur auf die Rechtsfolgen abgestellt und Willensmängeln z. B. nur bei besonders hohen Strafmaßen Aufmerksamkeit geschenkt würde. Zudem drohte damit der Rückfall in eine Einzelabwägung[1944], die jegliche Rechtssicherheit vermissen lassen würde.[1945]

Zutreffend werden daher – soweit überhaupt eine Stellungnahme dazu erfolgt – Verzicht und Rücknahme im Rahmen der Unbeachtlichkeit gleich behandelt.[1946] Gleichwohl kann aber konstatiert werden, daß die Gefahren einer Fürsorgepflichtverletzung bei der Rücknahme in der Regel geringer sind.[1947]

b) Analoge Anwendung des § 45 I 1 StPO

Damit der Beschuldigte nicht zeitlich unbegrenzt die Möglichkeit hat, die Fortsetzung des Rechtsmittelverfahrens zu verlangen, wird eine entsprechende Anwendung der Antragsfrist für die Wiedereinsetzung in den vorigen Stand gem. § 45 I 1 vorgeschlagen.[1948] Demnach hat der Beschuldigte innerhalb einer Woche nach Entdeckung des Willensmangels bzw. Kenntniserlangung von der Unbeachtlichkeit die Fortführung des Rechtsmittelverfahrens zu verlangen. Läßt er diese Frist verstreichen, so kann er sich nicht mehr auf sein fortbestehendes Anfechtungsrecht berufen.

Diese Lösung trägt zwar dazu bei, daß der Beschuldigte nicht auf unbestimmte Zeit hin sein Anfechtungsrecht geltend machen kann. Aber dies gilt nur, wenn er Kenntnis von der Unbeachtlichkeit erlangt. Die entsprechende Anwendung des § 45 I 1 kann gerade nicht vermeiden, daß in Fällen einer Unkenntnis von der Unbeachtlichkeit überhaupt keine Rechtskraft eintritt. Denn auch das Erfordernis der Geltendmachung schließt nicht aus, daß eine Fürsorgepflichtverletzung spät – z. B. erst nach Ablauf eines Jahres – entdeckt wird.[1949] Konstellationen nur scheinbarer Rechtskraft lassen sich mit dieser Lösung nicht wirksam handhaben.

1944 So der ausdrückliche Vorschlag – auch im Hinblick auf die Rechtsmittelrücknahme – von *Seier*, JZ 1988, 683 (686).

1945 Vgl. dazu bereits 4. Kapitel, I. 2. a).

1946 So auch grundsätzlich *Dencker*, Willensfehler, S. 78. Vgl. die knappe Feststellung von *Dahrmann*, Widerruf, S. 15: „Für die Zurücknahme gilt überall entsprechend dasselbe. Sie wird hier also stets einbezogen." – Auch die Rechtsprechung geht – abgesehen von KG NStZ-RR 2004, 176 – wohl von einheitlichen Kriterien zur Bestimmung der Unbeachtlichkeit aus, vgl. BGH StV 2001, 556; NStZ 2004, 636. Daß die Rechtsprechung von einer Gleichbehandlung ausgeht ist insoweit nur konsequent, da sie mehrheitlich auch von einem in der Rücknahme enthaltenen Verzicht auf Rechtsmittel ausgeht, vgl. 1. Kapitel, III.

1947 Vgl. AK-*Achenbach*, StPO, § 302 Rn. 28.

1948 *Dahrmann*, Widerruf, S. 98; *Joachim*, Willensmängel, S. 261; *Seier*, JZ 1988, 683 (686) bezeichnet dies als äußerste Grenze der Geltendmachung.

1949 SK-*Frisch*, StPO, § 302 Rn. 32.

c) Verwirkung der Rechtsmittelberechtigung

Eine generelle Lösung der Fälle, in denen die Unbeachtlichkeit der Rücknahme nicht bemerkt wird, könnte mittels des Instituts der Verwirkung[1950] erreicht werden. Ab einem bestimmten Zeitpunkt könnte es dem Beschuldigten also verwehrt sein, sich auf die Rechtshängigkeit des Rechtsmittelverfahrens zu berufen. Dadurch würde eine nicht mehr abänderbare Entscheidung herbeigeführt werden. Diese Lösung wäre in der Lage, eine zeitlich unbegrenzte Möglichkeit der Verfahrensfortsetzung zu verhindern, und somit insbesondere der Rechtssicherheit Rechnung zu tragen. Anknüpfungspunkt einer Verwirkung wäre das Untätigbleiben des Rechtsmittelführers, also die Nichtfortsetzung des Rechtsmittelverfahrens.

Fraglich ist aber zunächst, ob die Rechtsmittelbefugnis des Beschuldigten überhaupt verwirkt werden kann. Nur bei Bejahung dieser Frage, ist auf die näheren Voraussetzungen der Verwirkung einzugehen.

Die Verwirkung eines Rechtsbehelfs wird zumeist nur im Zusammenhang mit unbefristeten Rechtsbehelfen erörtert.[1951] Denn bei befristeten Rechtsbehelfen, beispielsweise Berufung und Revision, ist bereits die Rechtzeitigkeit der Rechtsmitteleinlegung eine Zulässigkeitsvoraussetzung und sorgt dafür, daß der Rechtsmittelführer nicht zeitlich unbeschränkt von seiner Rechtsmittelbefugnis Gebrauch machen kann. Ausnahmsweise wird bei befristeten Rechtsbehelfen dann eine Verwirkung in Betracht gezogen, wenn die Einlegungsfrist nicht zu laufen beginnt, z. B. im Falle einer mangelnden Zustellung.[1952]

Auch bei der unbeachtlichen Rücknahme eines befristeten Rechtsmittels kann mittels der Einlegungsfrist nicht erreicht werden, daß nach deren Ablauf eine Ausübung des Anfechtungsrechts unmöglich ist. Denn das Rechtsmittel wurde fristgerecht eingelegt. Somit ist die Frage nach einer Verwirkung der Rechtsmittelbefugnis bei unbeachtlicher Rücknahme eines befristeten Rechtsmittels, d. h. Berufung, Revision oder sofortiger Beschwerde, nicht von vornherein abwegig.

Vereinzelt wird die Möglichkeit der Verwirkung eines Rechtsmittels entschieden abgelehnt.[1953] Zwar sei der Grundsatz der Verwirkung nicht nur auf

1950 Zum Begriff der Verwirkung und zu deren Abgrenzung zum Verzicht vgl. *Schlüchter*, GS K. Meyer, S. 445 (447 f.).

1951 OLG Koblenz wistra 1987, 357 (358); *Meyer-Goßner*, StPO, Vor § 296 Rn. 6. Vgl. aber OLG Stuttgart OLGSt (1983-1990) Nr. 1 zu § 235 StPO, S. 6 f., das auch bei einem befristeten Rechtsbehelf eine Verwirkung annimmt.

1952 BGHZ 43, 289 (292 f.). Vgl. aber Stein/Jonas/*Grunsky*, ZPO, § 567 Rn. 21, der z. B. bei der sofortigen Beschwerde eine entsprechende Anwendung der §§ 517, 548 ZPO befürwortet und daneben keinen Raum für eine Verwirkung sieht.

1953 *Dütz*, NJW 1972, 1025 (1027); *Schlüchter*, GS K. Meyer, S. 445 (461 ff.); zweifelnd zur Verwirkung von Rechtsbehelfen gegen Urteile: LR-*Hanack*, StPO, Vor § 296 Rn.

materielle Rechte beschränkt, sondern könne auch auf Verfahrensrechte angewendet werden.[1954] Dies gelte aber nicht für die Verfassungsgarantie eines umfassenden und effektiven Gerichtsschutzes i. S. d. Art. 19 IV GG.[1955] Nach dieser Ansicht kann dem Beschuldigten, der im Falle einer unbeachtlichen Rücknahme das Rechtsmittelverfahren noch nach einem Jahr weiterbetreiben möchte, nicht die Verwirkung des Rechtsmittels entgegengehalten werden.

Demgegenüber geht die wohl überwiegende Ansicht davon aus, daß auch prozessuale Befugnisse, z. B. Verfahrensrügen bzw. Rechtsmittel, verwirkt werden können.[1956] Das aus dem Bereich des Zivilrechts geläufige Institut der Verwirkung wird also auch auf das verfahrensrechtliche Anfechtungsrecht übertragen. Folge der Verwirkung eines Rechtsmittels soll dessen Unzulässigkeit sein.[1957] Zugleich wird auf die engen Voraussetzungen für die Bejahung einer Verwirkung verwiesen, so daß eine solche nur in seltenen Fällen denkbar sei.[1958] Als ein gesetzlich normierter Fall der Verwirkung wird zum Teil die Verwerfung der Berufung bei schuldhaftem Nichterscheinen des Beschwerdeführers gem. § 329 I 1 angesehen.[1959]

Fraglich ist aber, ob in den hier problematischen Fällen überhaupt die Voraussetzungen des Instituts der Verwirkung gegeben sind. Denn neben dem Zeitmo-

---

27 f. Vgl. SK-*Frisch*, StPO, Vor § 296 Rn. 189 f., der in Fällen mutmaßlicher Verwirkung bereits das Fehlen der Beschwer bzw. des Rechtsschutzbedürfnisses für einschlägig hält.

1954 *Dütz*, NJW 1972, 1025 (1027).

1955 *Dütz*, NJW 1972, 1025 (1028). Vgl. auch LR-*Matt*, StPO, § 304 Rn. 15, der bzgl. einer Verwirkung des Beschwerderechts bemerkt, daß dies rechtsstaatlichen Grundsätzen widerspreche.

1956 BVerfGE 32, 305 (308 f.); BAGE 61, 258 (272); OLG Köln NJW 1980, 2720; OLG Koblenz wistra 1987, 357 (358); OLG Stuttgart OLGSt (1983-1990) Nr. 1 zu § 235 StPO, S. 6; LG Potsdam NJW 2004, 696 (697) mit ausführlicher Argumentation; *Henkel*, Strafverfahrensrecht, S. 379; *Meyer-Goßner*, StPO, Vor § 296 Rn. 6; *Peters*, Strafprozeß, S. 650; ausführlich *Schmid*, Verwirkung, S. 298 ff., 311, 324 ff.; HK-*Temming*, StPO, § 337 Rn. 13. Für den Zivilprozeß: BGHZ 43, 289 (292); Stein/Jonas/*Grunsky*, ZPO, § 567 Rn. 20; *Schellhammer*, Zivilprozeß, Rn. 1275; Zöller/*Vollkommer*, ZPO, Einl. Rn. 57a.

1957 OLG Koblenz wistra 1987, 357 (358); LG Potsdam NJW 2004, 696. Für den Zivilprozeß OLG Frankfurt MDR 1977, 586; Stein/Jonas/*Grunsky*, ZPO, § 567 Rn. 20.

1958 LG Potsdam NJW 2004, 696 (697).

1959 OLG Köln NStZ-RR 1999, 112; LG Berlin NStZ-RR 1997, 338 (339); AK-*Dölling*, StPO, § 329 Rn. 1; SK-*Frisch*, StPO, § 329 Rn. 2; KK-*Ruß*, StPO, § 329 Rn. 1; *Schlüchter*, Strafverfahren, Rn. 682.1. Zum Teil wird das Verhalten des Beschwerdeführers auch als ein Verzicht auf die sachliche Prüfung des angefochtenen Urteils verstanden, vgl. BGHSt 15, 287 (289); *Meyer-Goßner*, StPO, § 329 Rn. 2 m. w. N. *Rosenau*, JR 2000, 81 (82) hält § 329 I 1 für die Ausformung des Prinzips des mangelnden Interesses.

ment wird ein sog. Umstandsmoment als Voraussetzung für eine Verwirkung gefordert, d. h. eine längere Zeitspanne kann allein nicht zur Verwirkung führen.[1960] Hinzukommen muß noch, daß der Beschwerdeführer „unter Verhältnissen untätig bleibt, unter denen vernünftigerweise etwas zur Wahrung des Rechts unternommen zu werden pflegt".[1961] Dies gilt auch für den strafprozessualen Verwirkungstatbestand.[1962]

Die Verwirkung der Rechtsmittelbefugnis setzt somit eine Kenntnis des Beschwerdeführers vom Bestehen eines Anfechtungsrechts voraus. Der Beschuldigte muß also Kenntnis von der Unbeachtlichkeit der Rücknahme haben. In Fällen der Unkenntnis kann mittels der Verwirkung keine der Rechtskraft entsprechende Verfahrenslage herbeigeführt werden. Diese Lösungsmöglichkeit kann somit nicht auf sämtliche Fälle einer unbeachtlichen Rücknahme angewendet werden. Zudem handelt es sich beim Erfordernis des Zeitablaufs um ein nur schwer zu bestimmendes Merkmal, bei welchem stets auf die Umstände des Einzelfalls abzustellen ist.[1963]

Der Grund für diese zusätzliche Voraussetzung liegt im Grundgedanken der Verwirkung. Sie stützt sich nämlich auf das Mißbrauchsverbot, d. h. in der illoyal verspäteten Geltendmachung einer Verfahrensverletzung liegt ein Verstoß gegen Treu und Glauben.[1964] Daher kann die Untätigkeit nur vorgeworfen und entsprechend sanktioniert werden, wenn der Betreffende Kenntnis von seiner Handlungsmöglichkeit hatte.

Der Verwirkungstatbestand kann somit nicht vermeiden, daß möglicherweise aufgrund einer unbeachtlichen Rücknahme die Entscheidung nicht in Rechtskraft erwächst und dies zunächst vom Beschuldigten nicht erkannt wird. Erst bei dessen Kenntnis kann die Verwirkung herangezogen werden; auch der entsprechenden Anwendung des § 45 I 1 – Frist zur Geltendmachung der Unbeachtlichkeit nach Kenntniserlangung – liegt wohl der Verwirkungsgedanke

---

1960 BVerfGE 32, 305 (308).

1961 BVerfGE 32, 305 (308). *Schmid*, Verwirkung, S. 353 spricht in diesem Zusammenhang von einem „wissentlich-willentlichen Unterlassen"; eine sog. arglose Unterlassung führe gerade nicht zu einer Verwirkung (a. a. O., S. 359 f.). – Im Zivilprozeß ist die Rede vom schutzwürdigen Vertrauen der anderen Partei, welches durch ein bestimmtes Verhalten einer Partei erweckt wurde, vgl. Stein/Jonas/*Grunsky*, ZPO, § 567 Rn. 20. Vgl. auch BAGE 61, 258 (272).

1962 OLG Köln NJW 1980, 2720; OLG Koblenz wistra 1987, 357 (358); LG Potsdam NJW 2004, 696 (697); *Henkel*, Strafverfahrensrecht, S. 379; *Meyer-Goßner*, StPO, Vor § 296 Rn. 6; *Peters*, Strafprozeß, S. 650.

1963 Vgl. BAGE 61, 258 (272), wo für die Bestimmung des Zeitmoments nicht auf eine starre Höchst- oder Regelfrist abgestellt wird.

1964 BAGE 61, 258 (272); LG Potsdam NJW 2004, 696 (697); Rosenberg/Schwab/*Gottwald*, Zivilprozeßrecht, § 65 Rn. 49, 52. Es handelt sich um einen Unterfall unzulässiger Rechtsausübung, vgl. *Schlüchter*, GS K. Meyer, S. 445 (451).

zugrunde. Für die Fälle einer Unkenntnis bedarf es aber dennoch einer Lösung, die zu rechtskräftigen Entscheidungen führt.

d) Erfordernis eines befristeten Antrags auf Fortsetzung des Rechtsmittelverfahrens

aa) Vorüberlegung

Die Möglichkeit, das Verfahren noch nach Jahren fortzuführen, wenn erst zu einem solchen späten Zeitpunkt die Unbeachtlichkeit der Rücknahme erkannt wird, kann nur mittels einer starren Fristsetzung erreicht werden. Der Ablauf dieser – noch näher zu bestimmenden – Frist stünde dem Ablauf der Einlegungsfrist gleich und könnte auch bei einer unbeachtlichen Rücknahme zum Rechtskrafteintritt führen. Es bestünde dann nicht mehr die Gefahr, daß eine Entscheidung überhaupt nicht in Rechtskraft erwachsen würde.

Die Aufstellung einer Frist ergibt sich aus folgenden Überlegungen: Bemerkt der Beschuldigte nach Abgabe der Rücknahmeerklärung – beispielsweise aufgrund einer anwaltlichen Beratung –, daß die Rücknahme unbeachtlich ist, so wird er sich an das Rechtsmittelgericht wenden, um auf diesen Umstand hinzuweisen. Ein spezielles Instrument zu dieser Geltendmachung steht ihm nach der StPO nicht zur Verfügung. Dies ist an sich auch schlüssig, da bei Fürsorgepflichtverletzungen die Unbeachtlichkeit ex tunc und ohne eine weitere Geltendmachung eintritt.[1965] Dennoch muß sich der Beschuldigte mit seinem Begehren der Verfahrensfortführung (irgendwie) an das Gericht wenden[1966]; ansonsten würde das Gericht von sich aus das Rechtsmittelverfahren nicht weiterbetreiben, es sei denn, es läge eine gravierende, offensichtliche Verletzung der Fürsorgepflicht vor.

Daher beschneidet es die Rechte des Beschuldigten nicht zu sehr, wenn man im Falle einer unbeachtlichen Rücknahme einen „Antrag auf Fortsetzung

1965 Vgl. 4. Kapitel, II. 4. f).

1966 In Entscheidungen zu unbeachtlichen Rücknahmen wird stets mitgeteilt, daß sich der Beschuldigte – in unterschiedlicher Art und Weise – an das Gericht gewandt hatte. So ist z. B. die Rede davon, daß der Beschuldigte „erneut Revision gegen das Urteil (einlegte)“ (BGH, Beschluß vom 28.07.2004 - 2 StR 199/04) oder einen Antrag stellte, „die (...) eingelegte Revision wiederaufleben zu lassen“ (BGH StV 1994, 64). Auch findet sich die Schilderung des Rechtsmittelgerichts, daß der Beschuldigte „beantragt hat, ihm hinsichtlich der von ihm persönlich eingelegten Revision Wiedereinsetzung in den vorigen Stand zu gewähren bzw. das Verfahren wieder aufzunehmen“ (BGH NStZ-RR 2004, 341; BGH NStZ 2001, 104), oder daß ein Antrag gestellt wurde, „die Akten dem BGH vorzulegen, da die Rücknahme der Revision wegen Täuschung durch den Dezernenten der Staatsanwaltschaft unwirksam sei“ (BGH StV 1988, 372).

des Rechtsmittelverfahrens" verlangt, damit das Rechtsmittelverfahren tatsächlich anhängig bleibt.

bb) Form und Adressat des Antrags

Um die nötige Klarheit zu erreichen, wird der Antrag der Schriftform genügen bzw. zu Protokoll der Geschäftsstelle gestellt werden müssen. Im Zusammenhang mit Rechtsmitteln, z. B. bei der Einlegung von Rechtsmitteln[1967] oder beim Antrag auf gerichtliche Entscheidung[1968], besteht generell dieses Formerfordernis. Zudem ist es allgemeiner Grundsatz, daß Erklärungen und Anträge außerhalb der Verhandlung schriftlich angebracht werden müssen.[1969]

Als Adressat eines solchen Antrags kommen sowohl das Instanzgericht als auch das Rechtsmittelgericht in Betracht. Wie bei der Rücknahmeerklärung sollte danach unterschieden werden, wo sich die Verfahrensakten noch befinden.[1970] Liegen sie noch beim iudex a quo, so ist das Rechtsmittelverfahren noch nicht beim Rechtsmittelgericht anhängig. Daher sollte der Antrag auf Fortsetzung des Rechtsmittelverfahrens auch an das Instanzgericht gerichtet werden. Befinden sich dagegen die Akten bereits beim Rechtsmittelgericht, so ist diesem der Antrag zuzuleiten. Da der Beschuldigte nun nicht genau wissen kann, wo sich die Akten gerade befinden, wird man es genügen lassen, wenn der Antrag bei dem Gericht gestellt wird, gegenüber dem bereits die Zurücknahme erklärt wurde.

cc) Zuständiges Gericht

Fraglich ist aber, welches Gericht über den eingegangenen Antrag zu entscheiden hat. Denn mit Festlegung des Adressaten bzw. der Stelle, wo der Antrag einzureichen ist, wurde noch keine Aussage über das Gericht getroffen, welches die Entscheidung übe diesen Antrag zu treffen hat.

Auch in Rechtsprechung und Literatur wird erörtert, wer über die umstrittene Beachtlichkeit einer Rücknahme zu entscheiden hat. Drei Lösungsmöglichkeiten bieten sich hierbei für die Bestimmung des zuständigen Gerichts an: das Gericht, gegenüber dem die Rücknahme erklärt wurde, das Gericht, bei dem sich gerade die Akten befinden[1971] oder stets nur das Rechtsmittelgericht[1972]. Nach

---

1967 Vgl. §§ 306 I, 314 I, 341 I.

1968 Vgl. § 346 II. Aus dem Wortlaut ergibt sich das Schriftformerfordernis zwar nicht, aber die ganz herrschende Meinung geht davon aus, daß der Antrag schriftlich gestellt werden muß, vgl. *Meyer-Goßner*, StPO, § 346 Rn. 8; *Pfeiffer*, StPO, § 346 Rn. 3.

1969 *Meyer-Goßner*, StPO, Einl. Rn. 124.

1970 Vgl. 3. Kapitel, III. 1.

1971 So könnte *Meyer-Goßner*, StPO, § 302 Rn. 11a zu verstehen sein.

1972 Im Ergebnis offen gelassen von BGH NStZ 2005, 113, der jedenfall auch eine Zuständigkeit des Rechtsmittelgerichts annimmt: „Jedenfalls ist nach einer Entscheidung der ersten und zweiten Variante hätte mitunter auch der Vorderrichter über die Beachtlichkeit einer Rücknahme zu entscheiden. Dagegen spricht jedoch, daß dem iudex a quo nur eine beschränkte Verwerfungsbefugnis zukommt; so kann gem. § 319 I bzw. § 346 I das Gericht des ersten Rechtszuges nur bei verspäteter Rechtsmitteleinlegung die Berufung bzw. die Revision verwerfen; bei der Revision besteht die Möglichkeit der Verwerfung darüber hinaus noch bei nicht ordnungsgemäßer Anbringung der Revisionsanträge. Diese Verwerfungskompetenz des Instanzgerichts ist abschließend, d. h. jede andere Zulässigkeitsprüfung ist dem Vorderrichter untersagt.[1973] Dazu zahlt auch die Frage, ob die Rücknahme eines Rechtsmittels unbeachtlich und die eingelegte Berufung unzulässig ist.[1974] Für die alleinige Zuständigkeit des Rechtsmittelgerichts spricht, daß damit die Kompetenz nicht von Zufälligkeiten, beispielsweise des jeweiligen Aufenthaltsortes der Akten, abhängig ist. Zudem läßt sich den §§ 319 I, 346 I entnehmen, daß der Vorderrichter sich nur mit solchen Zulässigkeitsfragen beschäftigen soll, die ausschließlich eine rein förmliche Nachprüfung erfordern.[1975]

Die Entscheidung des Rechtsmittelgerichts über den Antrag auf Fortsetzung des Verfahrens ergeht als Beschluß und ist grundsätzlich nicht anfechtbar. Eine Ausnahme könnte sich im Falle der Zurückweisung des Antrags durch das Berufungsgericht ergeben, nämlich durch die Möglichkeit der sofortigen Beschwerde analog § 322 II.

So wird auch in Rechtsprechung und Literatur im Zusammenhang mit der Erledigterklärung eines Rechtsmittels bei zweifelhafter Wirksamkeit einer Rücknahme[1976] zutreffend von einer entsprechenden Anwendung des § 322 II ausgegangen.[1977] Der Beschluß des Landgerichts, mit dem die Berufung aufgrund wirksamer Rücknahme für erledigt erklärt wird, soll also mit der sofortigen Beschwerde angegriffen werden können. Die Annahme einer solchen Beschwerdemöglichkeit widerspricht nicht den Ausführungen zuvor. Denn die Beschwerde richtet sich bei § 322 II gerade nicht gegen eine Entscheidung des Instanzgerichts.

---

durch den iudex a quo und bei Fortbestehen des Streites das Rechtsmittelgericht berufen."

1973 BayObLGSt 1954, 3 (4); BGH MDR 1959, 507 (508); *Meyer-Goßner*, StPO, § 346 Rn. 2. Vgl. bereits 2. Kapitel, IV. 1. c) bb).

1974 So ausdrücklich für den Rechtsmittelverzicht BGH NJW 1984, 1974 (1975); BGH NStZ 1984, 181. – *E. Schmidt*, LK II, § 322 Rn. 4 stellt die Unzulässigkeit aufgrund verspäteter Rechtsmitteleinlegung derjenigen aufgrund wirksamer Rücknahme gleich und geht wohl auch bei letzterer von einer Verwerfungskompetenz des Instanzgerichts aus.

1975 So BGH MDR 1959, 507 (508).

1976 Zum Verzicht vgl. bereits 2. Kapitel, IV. 1. c) bb).

1977 OLG München NJW 1968, 1000 (1001); OLG Hamburg NJW 1978, 602; vgl. auch OLG Frankfurt NStZ 1988, 328 (329). Aus dem Schrifttum: LR-*Gössel*, StPO, § 322 Rn. 7; *Meyer-Goßner*, StPO, § 322 Rn. 11a.

dd) Antragsfrist

Das Erfordernis eines Antrags auf Fortsetzung des Verfahrens allein hilft aber nicht weiter, um in Fällen mangelnder Kenntnis von der Unbeachtlichkeit der Rücknahme eine rechtskräftige Entscheidung herbeizuführen. Dies läßt sich nur mit einem befristeten Antrag erreichen. Innerhalb der – gleich näher zu bestimmenden – Antragsfrist wird durch die Antragstellung das Rechtsmittelverfahren bei einer unbeachtlichen Rücknahme fortgesetzt. Nach Fristablauf besteht diese Möglichkeit nicht mehr ohne weiteres. In diesem Fall muß der Beschuldigte – wie bei einer Versäumung der Einlegungsfrist beim unbeachtlichen Verzicht – die Wiedereinsetzung in den vorigen Stand beantragen, um das Rechtsmittelverfahren durch- bzw. fortführen zu können. Ohne eine Wiedereinsetzung in den vorigen Stand könnte der Beschuldigte trotz unbeachtlicher Rücknahme nicht sein Verfahren weiterbetreiben. Freilich bleibt durch die Möglichkeit der Wiedereinsetzung bei der unbeachtlichen Rücknahme zwar ein faktischer Schwebezustand des Verfahrens erhalten; dieser ist aber den Situationen, in denen der Rechtsbehelf der Wiedereinsetzung zur Anwendung gelangt, immanent.

Nach Ablauf der o. g. Frist kann also auch bei einer unbeachtlichen Rücknahme von einer rechtskräftigen Entscheidung gesprochen werden, die nur mittels des außerordentlichen Rechtsbehelfs der Wiedereinsetzung durchbrochen werden kann.[1978] Ein längerer rechtlicher Schwebezustand wird bei einer unbeachtlichen Rücknahme insoweit vermieden.

Zur Bestimmung dieser Antragsfrist liegt eine Orientierung an der Einlegungsfrist für Rechtsmittel nahe. Diese beträgt gem. §§ 311 II, 314 I, 341 I eine Woche. Auch wenn auf den Antrag gem. §§ 319 II, 346 II auf Entscheidung des Rechtsmittelgerichts abgestellt wird, beträgt die Frist eine Woche.[1979] Durch Heranziehung der einwöchigen Frist erfährt die Verfahrenssituation bei der unbeachtlichen Rücknahme eine ähnliche rechtliche Ausgestaltung wie beim unbeachtlichen Verzicht. Denn bei diesem erwächst die Entscheidung nach Ablauf der Einlegungsfrist in Rechtskraft. Bis zu diesem Zeitpunkt bedarf es keiner Wiedereinsetzung, um erneut ein Rechtsmittel einzulegen. Eine vergleichbare rechtliche Möglichkeit besteht bei einer einwöchigen Antragsfrist im Falle der Unbeachtlichkeit der Rücknahme. Bis zum Ablauf der Antragsfrist ist eine Fortsetzung des Rechtsmittelverfahrens ebenfalls ohne eine Wiedereinsetzung möglich; erst danach bedarf es dieses Rechtsbehelfs. Zudem sorgt die einwöchige

---

1978 Vgl. dazu 4. Kapitel, IV. 2.

1979 Vgl. BGH NStZ 2005, 113 (114), der für den Fall der bezweifelten Wirksamkeit der Revisionsrücknahme das Erfordernis eines Antrags beim Rechtsmittelgericht in entsprechender Anwendung des § 346 II diskutiert; im Ergebnis läßt der BGH offen, ob ein Antrag mit den entsprechenden Anforderungen zwingend notwendig ist, da der Beschuldigte einen solchen binnen einer Woche gestellt hatte.

Frist dafür, daß von schwebender Rechtskraft nur für diesen relativ kurzen Zeitraum gesprochen werden kann.

Eine Antragsfrist als wirksames Mittel zur Gewinnung einer rechtskräftigen Entscheidung ist nur möglich, wenn sie auch einen genau bestimmbaren Anknüpfungspunkt für ihren Beginn hat. Bei der Frist für die Rechtsmitteleinlegung stellt jeweils die Verkündung bzw. die Zustellung des Urteils den Zeitpunkt des Fristbeginns dar. Ist der Rechtsmittelverzicht unbeachtlich, so erlangt das Urteil dennoch eine Woche nach dessen Verkündung Rechtskraft. Bei der unbeachtlichen Rücknahme stellt sich die Bestimmung des Fristbeginns schwieriger dar. Denn im Falle einer Rücknahme ergeht gerade keine verfahrensbeendende Entscheidung des Gerichts mehr. Denn die (beachtliche) Rücknahme führt selbst zur Beendigung des Rechtsmittelverfahrens. Dennoch bedarf es eines – objektiv zu bestimmenden – Zeitpunkts für den Beginn der Antragfrist.

Der Zugang der Rücknahmeerklärung an das Rechtsmittelgericht könnte die Antragsfrist auslösen. Problematisch daran ist jedoch, daß sich der genaue Zeitpunkt des Zugangs einer sicheren Kenntnis des Beschuldigten entzieht.

Sachgerecht dürfte es sein, auf den Zeitpunkt der Kostenentscheidung des Rechtsmittelgerichts[1980] abzustellen. In der Regel ergeht die Kosten- und Auslagenentscheidung im Zusammenhang mit der Entscheidung in der Hauptsache bzw. mit der verfahrensbeendenden Entscheidung (vgl. § 464 I). Es besteht aber auch die Möglichkeit einer sog. isolierten Kostenentscheidung.[1981] So muß das Gericht auch bei einem zurückgenommenen Rechtsmittel noch über dessen Kosten entscheiden; im Falle der Rücknahme des Rechtsmittels durch den Beschuldigten sind diesem gem. § 473 I die Kosten aufzuerlegen.[1982] Diese Kostenentscheidung ergeht somit von Amts wegen[1983] und der Beschluß wird dem Beschuldigten durch Verkündung oder durch Zustellung bekannt gemacht (vgl. § 35 I, II). Dieser Zeitpunkt kommt für den Beginn der Antragsfrist in Betracht. Der Beschuldigte weiß nun, daß das Gericht seine Rücknahme als beachtlich ansieht. Stimmt er mit dieser Bewertung nicht überein, so muß er innerhalb einer Woche ab dem Zeitpunkt der Verkündung bzw. Zustellung der Kostenentscheidung die Fortsetzung des Rechtsmittelverfahrens beantragen.

Läßt er diese Frist verstreichen, so erwächst die Entscheidung auch bei Unbeachtlichkeit der Rücknahme eine Woche nach diesem Zeitpunkt in Rechts-

---

1980 Falls sich die Akten noch beim iudex a quo befinden, kann dieser die Kostenentscheidung erlassen, vgl. BGHSt 12, 217 (218 f.); BGH GA 1958, 151; OLG Hamm NJW 1973, 772.

1981 LR-*Hilger*, StPO, § 464 Rn. 30 f.; *Meyer-Goßner*, StPO, § 464 Rn. 13.

1982 Die gerichtliche Kostenentscheidung ist somit Voraussetzung für das Kostenfestsetzungsverfahren gem. § 464b, vgl. OLG Bremen NJW 1956, 72 (73); OLG Hamm NJW 1973, 772; LR-*Hilger*, StPO, § 473 Rn. 5. Andere Ansicht noch BayObLG JZ 1953, 47, welches eine Kostenentscheidung bei der Rücknahme als entbehrlich ansah.

1983 LR-*Hilger*, StPO, § 473 Rn. 5; *Meyer-Goßner*, StPO, § 473 Rn. 5.

kraft. In diesem Falle vermag nur die Wiedereinsetzung in den vorigen Stand über den Fristablauf hinwegzuhelfen.

Zusammenfassung der wesentlichen Ergebnisse

1. Die Rechtsmittelbefugnis des Beschuldigten ist ein grundlegender Bestandteil jedes rechtsstaatlichen Verfahrens. Neben anderen Rechten bringt diese Befugnis des Beschuldigten seine Subjektstellung im Strafverfahren zum Ausdruck. Mit der Einräumung eines Anfechtungsrechts wird dem Beschuldigten zugleich zugestanden, dieses auch nicht wahrzunehmen. Verzicht auf Rechtsmittel und Rücknahme eines Rechtsmittels sind Ausfluß der Dispositionsbefugnis des Beschuldigten im Bereich der strafprozessualen Rechtsbehelfe. Das Verfahrensgrundrecht aus Art. 19 IV GG steht einem solchen Verständnis nicht entgegen.

2. Die Zurücknahme eines Rechtsmittels stellt nicht zugleich einen Verzicht dar. Innerhalb der Einlegungsfrist kann also auch nach der Rücknahme ein Rechtsmittel erneut eingelegt werden. Gleichwohl können die meisten Ausführungen zum Verzicht auf die Rücknahme übertragen werden.

3. Verzicht und Rücknahme zählen zwar zu der Kategorie der Bewirkungshandlungen; allein aus dieser Zuordnung lassen sich aber keine konkreten Zweifelsfragen bezüglich dieser beiden Prozeßhandlungen beantworten.

4. Verzicht und Rücknahme finden sich ebenfalls in den anderen deutschen Prozeßordnungen. Im Zivilprozeß bestehen die umfassendsten Möglichkeiten für die Erklärung eines Verzichts oder einer Rücknahme.

5. Die Anerkennung der Verzichts- bzw. Rücknahmemöglichkeit durch den Gesetzgeber setzte sich erst im Partikularrecht des 19. Jahrhunderts durch. Die meisten der damaligen Prozeßordnungen sahen die Möglichkeit eines Verzichts oder einer Rücknahme vor; die jeweilige Ausgestaltung war jedoch unterschiedlich. Zum Teil bestand auch die Möglichkeit eines Widerrufs des Verzichts.

Einen solchen Widerruf sah auch der 1. Entwurf zur StPO aus dem Jahre 1873 vor. Dieser konnte sich aber nicht durchsetzen. Bereits der 2. Entwurf von 1874 entsprach weitgehend der heutigen Fassung des § 302. Mehrere diesbezügliche Reformvorstöße fanden im Ergebnis keine Verwirklichung.

Das jüngste Reformvorhaben ist der Diskussionsentwurf aus dem Jahre 2004 und steht im Zusammenhang mit der Problematik Rechtsmittelverzicht und Absprachen.

6. Als Ziel von Verzicht und Rücknahme ist die Herbeiführung von Rechtssicherheit und -frieden zu nennen. Durch eine wirksame Verzichtserklärung der Anfechtungsberechtigten tritt Rechtskraft ein. Damit verbunden ist sowohl eine

Vollstreckungs- als auch eine Beendigungswirkung. Zugleich trägt der Beschuldigte mit seinem Verzicht zum Rechtsfrieden bei, indem er mittels einer solchen Erklärung das Verfahrensergebnis akzeptiert.

7. Die Motive für einen Verzicht oder eine Rücknahme sind verschieden. Neben vollstreckungsrechtlichen und prozeßtaktischen Erwägungen wurzeln weitere Beweggründe im psychologischen Bereich. Der Beschuldigte kann für seine Prozeßhandlung also sehr wohl gute Gründe haben; eine Abschaffung der Verzichtsmöglichkeit de lege ferenda ist daher abzulehnen.

8. Erklärt der Verteidiger für den Beschuldigten den Verzicht, so bedarf er einer ausdrücklichen Ermächtigung; § 302 II gilt insoweit auch für den Verzicht. Eine wirksame Ermächtigung bereits in der allgemeinen Strafprozeßvollmacht für das erstinstanzliche Verfahren ist abzulehnen. Die Ermächtigung kann auch konkludent widerrufen werden. Bei Zweifeln hinsichtlich der Rechtzeitigkeit des Widerrufs ist im Zweifel von einem wirksamen Widerruf der Ermächtigung auszugehen.

9. Der gesetzliche Vertreter verzichtet nur mit ausdrücklicher Ermächtigung analog § 302 II wirksam auf das Anfechtungsrecht des Beschuldigten.

10. Nicht nur die Verzichtserklärung eines verhandlungsunfähigen, sondern auch die eines geschäftsunfähigen Beschuldigten ist unbeachtlich. Dem jugendlichen Beschuldigten ist aber die Dispositionsmöglichkeit über sein Rechtsmittel einzuräumen.

11. Für eine ausdrückliche Verzichtserklärung muß deutlich zum Ausdruck kommen, daß eine Anfechtung der Entscheidung nicht mehr gewünscht wird. Gleichwohl bedarf es der Worte „Verzicht“ oder „Zurücknahme“ nicht. Eine konkludente Erklärung scheidet ebenso wie ein unter einer Bedingung erklärter Verzicht aus. Einer Annahme durch den Erklärungsempfänger bedarf es nicht. Hinsichtlich der Form gelten die Vorschriften über die Einlegung von Rechtsmitteln entsprechend. Wird die Erklärung unmittelbar nach der Urteilsverkündung erklärt und vom Urkundsbeamten in das Protokoll aufgenommen, so hat der Beschuldigte nach einer Verlesung der protokollierten Erklärung diese zu genehmigen, damit der Verzicht beachtlich ist. Ein gem. § 273 III protokollierter Verzicht wird aber nicht von der Beweiskraft des § 274 erfaßt.

12. Der Beschuldigte kann frühestens nach Verkündung der Urteilsgründe auf Rechtsmittel verzichten. Im Falle seiner Abwesenheit kann er erst nach Zustellung des Urteils den Verzicht erklären. Die Rücknahme ist ab der Einlegung eines Rechtsmittels bis zur endgültigen Entscheidung darüber möglich.

13. Der Widerruf eines zugegangenen Verzichts ist ausgeschlossen.

14. Die Zulässigkeit eines Teilverzichts richtet sich nach den Grundsätzen zur Teilanfechtung einer Entscheidung. Letztere beinhaltet keinen zugleich erklärten Teilverzicht. Dagegen liegt in der Beschränkung eines Rechtsmittels nach Ablauf der Begründungsfrist zugleich eine Teilrücknahme des Rechtsmittels. Fehlt dem Verteidiger eine Ermächtigung nach § 302 II, so ist die Beschränkung unbeachtlich.

15. Bei der Frage nach der Unbeachtlichkeit eines Verzichts ist einem einheitlichen Maßstab der Vorzug vor einer Einzelfallabwägung zu geben. Als Grundlage für die Annahme einer Unbeachtlichkeit ist auf einen objektiven Verstoß gegen die prozessuale Fürsorgepflicht abzustellen. Die Möglichkeit, daß der Rechtsmittelverzicht durch die Nichtbeachtung einer entsprechenden Fürsorgepflicht hervorgerufen wurde, ist insoweit ausreichend.

16. Die Fürsorgepflicht der Justizorgane im Strafverfahren hat ihre Grundlage im Rechts- und Sozialstaatsprinzip. Die sozialstaatlich inspirierte Fürsorgepflicht soll die effiziente Wahrnehmung von Verfahrensrechten sicherstellen.

Eine Konkretisierung der Fürsorgepflicht findet durch eine Orientierung an den Inhalten und Vorgaben folgender Vorschriften statt, die Grundgedanken für ein rechtsstaatliches Verfahren beinhalten: Art. 19 IV GG , §§ 35a, 136a StPO, § 139 ZPO.

17. Daraus ergeben sich als Bestandteil der Fürsorgepflicht drei Bereiche: Verhinderung von Willensmängeln beim Beschuldigten, Schutz vor Überrumpelung sowie Gewährleistung einer effektiven Verteidigung.

18. Unterliegt der Beschuldigte bei der Erklärung eines Rechtsmittelverzichts einem – nicht durch äußere Einflüsse verursachten – erkennbaren Willensmangel, so ist das Gericht zur Aufklärung bzw. Erteilung eines Hinweises verpflichtet.

19. Erteilt ein Justizorgan eine unrichtige Auskunft und entsteht so beim Beschuldigten ein Willensmangel, ist die Fürsorgepflicht verletzt. Erst recht gilt dies bei einer Täuschung durch ein Justizorgan.

Bei einer Drohung durch ein Justizorgan ist zu unterscheiden. Handelt es sich um eine nicht von der StPO vorgesehene Maßnahme, die in Aussicht gestellt wird, so verletzt das Justizorgan ohne weiteres seine Fürsorgepflicht. Bei den grundsätzlich zulässigen Maßnahmen ist v. a. der Erlaß bzw. die Beantragung eines Haftbefehls relevant. Dient der in Aussicht gestellte Haftbefehl ausschließlich dazu, den Beschuldigten zu einer Verzichtserklärung zu bewegen, so liegt ein Fürsorgepflichtverstoß vor. Dies kann insbesondere in den Fällen eines offensichtlich unbegründeten Haftbefehls angenommen werden.

20. Den Verteidiger trifft ebenfalls eine Fürsorgepflicht gegenüber dem Beschuldigten. Hierbei ist nicht zwischen Pflicht- und Wahlverteidigern zu differenzieren. Bereits die objektiv unrichtige Auskunft des Verteidigers verletzt dessen Fürsorgepflicht. Gleiches gilt für Täuschung und Drohung seitens des Verteidigers im Zusammenhang mit dem Rechtsmittelverzicht des Beschuldigten.

21. Erfolgt eine Beeinflussung infolge unrichtiger Auskunft oder Täuschung durch einen außerprozessualen Dritten, also durch kein Organ der Rechtspflege, so ist der Verzicht beachtlich. Gleiches gilt grundsätzlich auch für den durch eine Drohung herbeigeführten Verzicht, es sei denn, es handelt sich um eine nicht mehr hinnehmbare, unzumutbare Drohung eines Dritten.

22. Eine Fürsorgepflichtverletzung liegt vor, wenn das Gericht seiner Belehrungspflicht gem. § 35a nicht nachkommt.

23. Ebenfalls stellt die Nichtbestellung eines Pflichtverteidigers entgegen den gesetzlichen Vorgaben einen Verstoß gegen die Fürsorgepflicht dar, der nicht durch eine etwaige Belehrung des Gerichts hinsichtlich des Rechtsmittelverzichts kompensiert werden kann.

Gleiches gilt, wenn dem Beschuldigten zwar ein Verteidiger bestellt wurde, dieser aber, wenn der Verzicht unmittelbar nach Urteilsverkündung erklärt wird, nicht anwesend ist. Im Falle des nicht (mehr) anwesenden Wahlverteidigers hat das Gericht es dem Beschuldigten zu ermöglichen, sich vor seiner Verzichtserklärung des Beistandes eines anderen Verteidigers zu versichern, es sei denn, die Abwesenheit des Verteidigers beruht auf einem Wunsch des Beschuldigten. Liegt der Abwesenheit des Wahlverteidigers eine Nichtladung zugrunde, so hat das Gericht nicht lediglich auf die Möglichkeit eines Aussetzungsantrages zu verweisen, sondern es hat die Verhandlung zu unterbrechen.

Bei einem anwesenden Verteidiger ist das Gericht verpflichtet, vor der Verzichtserklärung eine Beratung des Beschuldigten mit seinem Verteidiger zu ermöglichen.

24. Verzichtet der Beschuldigte aufgrund eines eigenen Entschlusses unmittelbar nach der Urteilsverkündung auf Rechtsmittel, so ist ein solcher Verzicht beachtlich.

Beruht die sofortige Verzichtserklärung auf einer Frage des Vorsitzenden, so ist der Beschuldigte, wenn er über keinen Verteidiger verfügt, über die Konsequenzen eines Rechtsmittelverzichts aufzuklären.

25. Bei Beschuldigten jugendlichen Alters sowie bei nichtdeutschsprachigen Beschuldigten kann den eventuell eingeschränkten Verteidigungsmöglichkeiten durch eine sachgerechte Anwendung des § 140 II Rechnung getragen werden.

26. Im Zusammenhang mit Absprachen kommt dem Rechtsmittelverzicht eine zunehmende Bedeutung zu. Hierbei ist zwischen dem Versprechen eines Verzichts als Absprachesinhalt sowie der tatsächlichen Erklärung des Verzichts als Prozeßhandlung zu unterscheiden.

27. Die Vereinbarung eines Rechtsmittelverzichts ist aufgrund der fehlenden rechtlichen Bindungswirkung einer solchen Absprache als zulässig anzusehen. Das Versprechenlassen eines Verzichts begründet noch keinen Verstoß gegen die Fürsorgepflicht. Jedoch ist das Gericht in einem solchen Falle nach Urteilsverkündung zu einer qualifizierten Belehrung des Beschuldigten verpflichtet. Die Nichtaufklärung über die mangelnde Bindungswirkung der Verzichtsvereinbarung stellt sich somit als Fürsorgepflichtverletzung dar, die zur Unbeachtlichkeit des Verzichts führt.

Gegenstand einer Absprache kann des weiteren auch ein in einem anderen Verfahren zu erklärender Rechtsmittelverzicht sein.

28. Einer Geltendmachung der Fürsorgepflichtverletzung bedarf es nicht. Insbesondere die Wiedereinsetzung in den vorigen Stand ist nur dann erforderlich, wenn im Falle der Unbeachtlichkeit des Rechtsmittelverzichts ein Rechtsmittel eingelegt werden soll und die Einlegungsfrist abgelaufen ist.

29. Bei einer Wiedereinsetzung in den vorigen Stand aufgrund Fristablaufs indiziert die Fürsorgepflichtverletzung das fehlende Verschulden des Beschuldigten im Hinblick auf die Nichteinhaltung der Frist. Die Unkenntnis der Unbeachtlichkeit des Verzichts stellt das Hindernis i. S. d. § 45 I 1 dar.

30. Die Rücknahme eines unzulässigen Rechtsmittels ist beachtlich. Sie ist möglich bis zur rechtskräftigen Feststellung der Unzulässigkeit des Rechtsmittels. Ebenso steht ein Verfahrenshindernis einer Rechtsmittelrücknahme nicht entgegen. Dagegen hindert der rechtskräftige Einstellungsbeschluß gem. § 154 II eine beachtliche Rücknahme. Bei Verbindung eines erstinstanzlichen Verfahrens mit einem Rechtsmittelverfahren scheidet eine Rücknahme ebenso aus wie bei der Überleitung eines Berufungsverfahrens in ein erstinstanzliches Verfahren. Auch beim Übergang vom Bußgeldverfahren in ein Strafverfahren ist eine Rücknahme des Einspruches nicht mehr möglich.

31. Der gesetzliche Vertreter kann sein Rechtsmittel nur mit Zustimmung des Beschuldigten analog § 302 I 2 zurücknehmen.

32. Der Besonderheit bei einer unbeachtlichen Rücknahme – aufgrund des eingelegten Rechtsmittels ist Eintritt der Rechtkraft durch Ablauf der Einlegungsfrist nicht möglich – ist dadurch Rechnung zu tragen, daß die Fortführung des Verfahrens nur bei einem Antrag auf Fortsetzung des Rechtsmittelverfahrens möglich ist. Die Frist für einen solchen Antrag beträgt eine Woche; sie beginnt mit der Zustellung der Kostenentscheidung des Rechtsmittelgerichts. Nach Fristablauf kann der Beschuldigte auch im Falle einer unbeachtlichen Rücknahme nur mittels der Wiedereinsetzung in den vorigen Stand sein Rechtsmittelverfahren weiterbetreiben.

Literaturverzeichnis

Alker, A.: Handbuch des preussischen Kriminalprozessverfahrens, 2. Theil, Berlin 1842

Altenhain, Karsten / Haimerl, Michael: Modelle konsensualer Erledigung des Hauptverfahrens (unter Berücksichtigung des Beschlusses des Großen Senats für Strafsachen vom 3.3.2005), GA 2005, 281-306

Ammann, Karl: Gerichtsverfassung und Strafprozeßordnung für das Großherzogtum Baden mit Erläuterungen für den praktischen Gebrauch, Karlsruhe 1865

Augstein, Josef: Der Anwalt: Organ der Rechtspflege?, NStZ 1981, 52-54

Baier, Helmut: Anmerkung zu BGH, Urteil vom 21.04.1999 - 5 StR 714/98 (BGHSt 45, 51 ff.), NStZ 2000, 160-161

Bauer, Anton: Lehrbuch des Strafprozesses, Göttingen 1835

Baumbach, Adolf / Lauterbach, Wolfgang / Albers, Jan / Hartmann, Peter: ZPO mit Nebengesetzen, 62. Auflage, München 2004

Baumgärtel, Gottfried: Wesen und Begriff der Prozeßhandlung einer Partei im Zivilprozeß, 2. Auflage, Köln u. a. 1972

Baumgärtner, Josef: Die Auswirkungen der Neufassung des § 60 I StGB, MDR 1970, 190-191

Becker, Monika / Kinzig, Jörg: Rechtsmittel im Strafrecht, Band 2, Freiburg 2000

Behr, Herbert: Die Rechtsmittel gegen Strafurteile in der Reformdiskussion und der Partikulargesetzgebung, Jur. Diss. Göttingen 1984

Beling, Ernst: Rechtsprechung des Reichsmilitärgerichts vom 1.10.1900 bis 6.10.1902, ZStW 1904 (Band 24), 245-278

- Deutsches Strafprozeßrecht mit Einschluß des Strafgerichtsverfassungsrechts, Berlin 1928

Bennecke, Hans / Beling, Ernst: Lehrbuch des deutschen Reichsstrafprozeßrechts, 2. Auflage, Breslau 1900

Beulke, Werner: Strafprozeßrecht, 7. Auflage, Heidelberg 2004

Beulke, Werner / Angerer, Veronika: Anmerkung zu BGH, Beschluß vom 5.02.2002 – 5 StR 617/01 (BGHSt 47, 238 ff.), NStZ 2002, 443-444

Beulke, Werner / Swoboda, Sabine: Zur Verletzung des Fair-trial-Grundsatzes bei Absprachen im Strafprozeß, JZ 2005, 67-75

Binding, Karl: Grundriß des Deutschen Strafprozeßrechts, 5. Auflage, Leipzig 1904

- Das rechtskräftige Strafurteil in seinen strafprozessualen, strafrechtlichen Wirkungen, in: Strafrechtliche und strafprozessuale Abhandlungen, 2. Band, S. 301-360, München 1915

Bindokat, Heinz: Zur Frage des Irrtums bei Prozeßhandlungen, NJW 1965, 51

Bömeke, Patrick M.: Rechtsfolgen fehlgeschlagener Absprachen im deutschen und englischen Strafverfahren, Frankfurt a. M. 2001

Bohlander, Michael: Vorab erklärter Rechtsmittelverzicht bei antragsgemäßer Entscheidung im Strafverfahren, ZRP 1998, 165-166

Bohne, Gotthold: Berichtigung des Hauptverhandlungsprotokolls und Verfahrensrüge, SJZ 1949, 760-768

Bohnert, Joachim: Die Behandlung des Verzichts im Strafprozeß, NStZ 1983, 344-350

- OWiG, Kommentar, München 2003

Borgmann, Brigitte: Die Rechtsprechung des BGH zum Anwaltshaftungsrecht in der Zeit von Mitte 1991 bis Mitte 2000, NJW 2000, 2953-2971

Braun, Johann: Rechtskraft und Restitution, 2. Teil, Berlin 1985

Braun, Stefan: Absprachen im deutschen Strafverfahren, Aachen 1998

Brüggemann, Thomas: Der Verzicht von Zivilpersonen im Verwaltungsrecht, Jur. Diss. Münster 1965

Blomeyer, Arwed: Zivilprozeßrecht – Erkenntnisverfahren, 2. Auflage, Berlin 1985

Bloy, René: Die Ausgestaltung der Rechtsmittel im deutschen Strafprozeßrecht, JuS 1986, 585-596

Bockemühl, Jan (Hrsg.): Handbuch des Fachanwalts Strafrecht, 2. Auflage, Neuwied u. a. 2002

Brüssow, Rainer / Gatzweiler, Norbert / Krekeler, Wilhelm / Mehle, Volkmar (Hrsg.): Strafverteidigung in der Praxis, Band 1, 2. Auflage, Bonn 2000

Bucher, Franz: Der Verzicht im Strafprozesse, Jur. Diss. Zürich 1882

Busch: Anmerkung zu BGH, Urteil vom 6.12.1961 – 2 StR 485/60 (BGHSt 17, 14 ff.), LM Nr. 13 zu § 136a StPO

Calliess, Rolf-Peter / Müller-Dietz, Heinz: StVollzG, Kommentar, 9. Auflage, München 2002

Conrad, Herrmann: Deutsche Rechtsgeschichte, Band 1, 2. Auflage, Karlsruhe 1962, Band 2, Karlsruhe 1966

Creifelds, Carl / Weber, Klaus (Hrsg.): Rechtswörterbuch, 17. Auflage, München 2002

Dahrmann, Detlef: Der Widerruf von Rechtsmittelverzicht und -zurücknahme im Strafprozeß, Jur. Diss. Köln 1966

Dahs, Hans: Das rechtliche Gehör im Strafprozeß, München u. a. 1965

- Zur Rechtswirksamkeit des nach der Urteilsverkündung „herausgefragten“ Rechtsmittelverzichts, in: Festschrift für Erich Schmidt-Leichner (Hrsg.: Rainer Hamm u. a.), München 1977, S. 17-30
- Absprachen im Strafprozeß, NStZ 1988, 153-158
- Handbuch des Strafverteidigers, 6. Auflage, Köln 1999

Dahs, Hans / Dahs, Hans: Die Revision im Strafprozeß, 6. Auflage, München 2001

Dauer, Ernst: Grundzüge der Verzichtslehre. Insbesondere der Verzicht auf Einreden, Jur. Diss. Göttingen 1923

Deal, Detlef (alias *Hans-Joachim Weider*): Der strafprozessuale Vergleich, StV 1982, 545-552

Deml, Peter: Zur Reform der Wiederaufnahme des Strafverfahrens, Ebelsbach 1979

Dencker, Friedrich: Die Anrechnung der Untersuchungshaft, MDR 1971, 627-630
- Willensfehler bei Rechtsmittelverzicht und Rechtsmittelzurücknahme im Strafprozeß, Bonn 1972

Dencker, Friedrich / Hamm, Rainer: Der Vergleich im Strafprozeß, Frankfurt a. M. 1988

Deutsche Vereinigung für Jugendgerichte und Jugendgerichtshilfe (Hrsg.): Jugend im sozialen Rechtsstaat, Bonn 1996

Diskussionsentwurf für ein Gesetz über die Rechtsmittel in Strafsachen: vorgelegt von der Bund-Länder-Arbeitsgruppe „Strafverfahrensreform“, 1975

Diskussionsentwurf für eine Reform des Strafverfahrens: vorgelegt von der Fraktion der SPD im Deutschen Bundestag, der Fraktion Bündnis90/Die Grünen im Deutschen Bundestag und vom Bundesministerium der Justiz, StV 2004, 228-239

Dörr, Dieter: Faires Verfahren, Kehl am Rhein 1984

Dörr, G. H. / Taschke, J.: Anmerkung zu OLG Frankfurt, Beschluß vom 9.11.1997 – 3 Ws 1026/87, NStZ 1988, 329-330

Dohna, Alexander Graf zu: Das Strafprozeßrecht, 3. Auflage, Berlin 1929

Dolzer, Rudolf / Vogel, Klaus / Graßhof, Karin (Hrsg.): Bonner Kommentar zum GG, Heidelberg, Loseblattsammlung, Stand: 112. Lieferung (Juli 2004)

Doppelmayr, F. W.: Sammlung der Erläuterungen und Rescripte zum StGB für das Königreich Bayern, 4. Auflage, Nördlingen 1847

Dreher, Eduard: Zweifelsfragen zur Anrechnung der Untersuchungshaft nach der Neufassung des § 60 StGB, MDR 1970, 965-971

Dreier, Horst (Hrsg.): GG, Kommentar, Band II, Tübingen 1998

Dünnebier, Hanns: Anmerkung zu BGH, Beschluß vom 3.05.1957 – 5 StR 52/57 (BGHSt 10, 245 ff.), JR 1957, 349-350

Dütz, Wilhelm: Verwirkung des Rechts auf Anrufung der Gerichte, NJW 1972, 1025-1028
Duttge, Gunnar: Anmerkung zu BGH, Beschluß vom 13.12.2000 – 2 StR 56/00, NStZ 2001, 442-445
- Möglichkeiten eines Konsensualprozesses nach deutschem Strafprozeßrecht, ZStW 2003 (Band 115), 539-569
Duttge, Gunnar / Schoop, Christian: Anmerkung zu BGH, Beschluß vom 3.03.2005 – GSSt 1/04, StV 2005, 421-423

Ebmeier: Die Preußische Strafprozeß-Ordnung vom 25. Juni 1867, Berlin 1872
Eckstein, Ernst: Studien zur Lehre von den Rechtsmitteln, GS 1916 (Band 84), 345-401
Ehrenspeck: Berufungszurücknahme und Amnestie, Die Justiz 1938, 941-942
Ehrlicher, Verena: Anmerkung zu BGH, Beschluß vom 16.12.1994 – 2 StR 461/94, NStZ 1995, 357
Eidam, Lutz: Anmerkung zu BGH, Urteil vom 16.04.2004 – 4 StR 84/04, StV 2005, 201-203
Eisenberg, Ulrich: Unzulässigkeit der Nebenklage Minderjähriger gegen ihren Willen, GA 1998, 32-38
- JGG, 10. Auflage, München 2004
Eisenhardt, Ulrich: Deutsche Rechtsgeschichte, 3. Auflage, München 1999
Ellersiek, Dirk: Die Beschwerde im Strafprozeß, Berlin 1981
Engisch, Karl: Prozeßfähigkeit und Verhandlungsfähigkeit, in: Festschrift für Leo Rosenberg (Hrsg.: Wolfgang Bernhardt), München u. a. 1949, S. 101-121
Erb, Volker: Überlegungen zum Rechtsmittelverzicht des Angeklagten unmittelbar nach der Urteilsverkündung, GA 2000, 511-526
Erler, Adalbert / Kaufmann, Ekkehard (Hrsg.): Handwörterbuch zur Deutschen Rechtsgeschichte (HRG), 1. Band, Berlin 1971, 3. Band, Berlin 1984
Esser, Josef: Richterrecht, Gerichtsgebrauch und Gewohnheitsrecht, in: Festschrift für Fritz von Hippel (Hrsg.: Josef Esser u. a.), Tübingen 1967, S. 95-130
Esser, Robert: Auf dem Weg zu einem europäischen Strafverfahrensrecht, Berlin 2002
Eyermann, Erich / Fröhler, Ludwig: VwGO, Kommentar, 11. Auflage, München 2000

Fahl, Christian: Anmerkung zu BGH, Beschluß vom 20.03.2002 – 5 StR 1/02 (NStZ 2002, 496), JA 2003, 11-13
Feldmann, C.: Anmerkung zu OLG Düsseldorf, Beschluß vom 10.09.1959 – 2 Ws 328/59, NJW 1960, 210-211

Fels, Hans: Der Strafprozeß der Preußischen Criminal-Ordnung von 1805, Jur. Diss. Bonn 1932

Feuerbach, Paul Johann Anselm: Lehrbuch des gemeinen in Deutschland gültigen peinlichen Rechts, 13. Auflage, Gießen 1840

Fezer, Gerhard: Anmerkung zu BGH, Beschluß vom 19.08.1982 – 1 StR 595/81 (BGHSt 31, 109 ff.), JR 1983, 384-386

Strafprozeßrecht, 2. Auflage München 1995

Fischer, Robert: Die Weiterentwicklung des Rechts durch die Rechtsprechung, Karlsruhe 1971

Flume, Werner: Allgemeiner Teil des Bürgerlichen Rechts, 2. Band, 4. Auflage, Berlin u. a. 1992

Foth, Heinrich: Reines Prozeßrecht, Jur. Diss. Münster 1953

Friedländer, Adolf: Der Rechtsmittelverzicht im deutschen Strafproceß, GS 1901 (Band 58), 401-424

Friehe, Sabine: Der Verzicht auf Entschädigung für Strafverfolgungsmaßnahmen – zugleich ein Beitrag zur Problematik strafprozessualer Absprachen, Berlin 1997

Friese, Hans: Rechtsmittelbelehrung und die Folgen ihrer Unterlassung, NJW 1954, 660-664

Friess, Kurt: Der Verzicht auf Grundrechte, Jur. Diss. Würzburg 1968

Fünfsinn, Helmut: Die Auslegung des Begriffs „ohne Verschulden“ bei der Wiedereinsetzung in den vorigen Stand (§ 44 StPO), NStZ 1985, 486-489

Gaede, Karsten / Rübenstahl, Markus: Die Effektivierung der revisionsgerichtlichen Rechtskontrolle von Urteilsabsprachen durch die Unwirksamkeit des absprachebedingten Rechtsmittelverzichts, HRRS 2004, 342-361

Galen, Margarete Gräfin von / Wattenberg, Andreas: Eckpunkte einer Reform des Strafverfahrens, ZRP 2001, 445-450

Gallandi, Volker: Anmerkung zu BVerfG, Beschluß vom 27.01.1987 – 2 BvR 1133/86, NStZ 1987, 420-421

Gaul, Hans-Friedrich: Zur Frage nach dem Zweck des Zivilprozesses, AcP 1968 (Band 168), 27-62

Geier: Anmerkung zu BGH, Urteil vom 17.09.1963 – 1 StR 301/63 (BGHSt 19, 101 ff.), LM 1965 § 302 StPO Nr. 12, Bl. 423 ff.

Geiger, Theodor: Vorstudien zu einer Soziologie des Rechts, Neuwied u. a. 1964

Geppert, Klaus: Gedanken zur Rechtskraft und Beseitigung strafprozessualer Beschlüsse, GA 1972, 163-183

- Die qualifizierte Belehrung, in: Gedächtnisschrift für Karlheinz Meyer (Hrsg.: Klaus Geppert u. a.), Berlin u. a. 1990, S. 93-120
- „Zum fair-trail-Prinzip“ nach Art. 6 Abs. 1 Satz 1 der Europäischen Menschenrechtskonvention, Jura 1992, 597-604

Gerlach, Götz: Absprachen im Strafverfahren, Frankfurt a. M. 1992
Gerland, Heinrich: Der deutsche Strafprozeß, Mannheim u. a. 1927
- Anmerkung zu RG, Urteil vom 18.02.1930 – I 146/30, JW 1930, 2568-2569

Germelmann, Claas-Heinrich: ArbGG, Kommentar, 4. Auflage, München 2002
Geyer: Bemerkungen zum revidierten Entwurf einer deutschen StPO, Kritische Vierteljahresschrift für Gesetzgebung und Rechtswissenschaft 1874 (Band 16), 321-363
Gilles, Peter: Rechtsmittel im Zivilprozeß, Frankfurt 1972
Göbel, Klaus: Strafprozeß, 5. Auflage, München 1996
Göhler, Erich: OWiG, Kommentar, 13. Auflage, München 2002
Gössel, Karl Heinz: Strafverfahrensrecht, Band 1, Stuttgart u. a. 1977
Goldschmidt, James: Der Prozeß als Rechtslage, Berlin 1925
- Zivilprozeßrecht, 2. Auflage, Berlin 1932

Gräber, Fritz: FGO mit Nebengesetzen, 5. Auflage, München 2002
Gross, Karl-Heinz: Die Anrechnung der Untersuchungshaft bei Zurücknahme eines Rechtsmittels, NJW 1970, 127-128
Gruchmann, Lothar: Justiz im Dritten Reich 1933-1940, Anpassung und Unterwerfung in der Ära Gürtner, 3. Auflage, München 2001
Grünwald, Gerald: Die Teilrechtskraft im Strafverfahren, Göttingen 1964
Grunsky, Wolfgang: Grundlagen des Verfahrensrechts, 2. Auflage, Bielefeld 1974
- ArbGG, Kommentar, 7. Auflage, München 1995

Grunst, Bettina: Prozeßhandlungen im Strafprozeß, Ebelsbach 2002
- Anmerkung zu BGH, Beschluß vom 24.07.2002 – 3 StR 368/02 und 3 StR 415/02, NStZ 2004, 54-55

Gürtner, Franz (Hrsg.): Das kommende deutsche Strafverfahren, Berlin 1938

Haas, Günter: Verzicht auf Haftentschädigung, MDR 1994, 9-11
Haas, Volker: Zur Verbindlichkeit und Zulässigkeit strafprozessualer Absprachen, in: Gedächtnisschrift für Rolf Keller (Hrsg.: Strafrechtsprofessoren der Tübinger Juristenfakultät und Justizministerium Baden-Württemberg), Tübingen 2003, S. 45-74
Habscheid, Walter: Der Rechtsmittelverzicht im Zivilprozeß, NJW 1965, 2369-2376
Hahn, Carl (Hrsg.): Die gesamten Materialien zur StPO und dem Einführungsgesetz zu derselben vom 1.02.1877, 3. Band, 1. Abteilung, Berlin 1880, 2. Abteilung, Berlin 1881
Häberlin, C. F. W. (Hrsg.): Sammlung der neuen deutschen Strafprozeßordnungen, Greifswald 1852
Haller, Klaus / Conzen, Klaus: Das Strafverfahren, 3. Auflage, Heidelberg 2003

Haller, Klaus: Anmerkungen zum „Diskussionsentwurf für eine Reform des Strafverfahrens“ des Bundesministeriums der Justiz vom 18.2.2004, DRiZ 2004, 184-189

Hamm, Rainer: Anmerkung zu BGH, Beschluß vom 10.01.2001 – 2 StR 500/00 (BGHSt 46, 257 ff.), NStZ 2001, 494-495

Hanack, Ernst-Walter: Die Rechtsprechung des Bundesgerichtshofs zum Strafverfahrensrecht, JZ 1973, 659-662

Hegmann, Jürgen: Fürsorgepflicht gegenüber dem Beschuldigten im Ermittlungsverfahren, Bochum 1981

Heghmanns, Michael: Das Arbeitsgebiet des Staatsanwalts, 3. Auflage, Münster 2003

Heintschel-Heinegg, Bernd von / Stöckel, Heinz (Hrsg.): KMR, Kommentar zur StPO, Loseblattsammlung, Neuwied u. a., Stand: 37. Lieferung (Mai 2004)

Heller, Jens: Die gescheiterte Urteilsabsprache, Baden-Baden 2004

Henkel, Heinrich: Das deutsche Strafverfahren, Hamburg 1943

- Anmerkung zu BGH, Urteil vom 28.03.1956 – 5 StR 630/55 (BGHSt 9, 149 ff.), JZ 1956, 766-769
- Strafverfahrensrecht, 2. Auflage, Stuttgart 1968
- Einführung in die Rechtsphilosophie, 2. Auflage, München 1977

Hennig, Werner (Hrsg.): SGG, Kommentar mit Nebenrecht, Loseblattsammlung, Neuwied u. a., Stand: Juni 1999

Herdegen, Gerhard: Die Beruhensfrage im strafprozessualen Revisionsrecht, NStZ 1990, 513-519

Herrmann, Joachim: Rechtliche Strukturen für Absprachen in der Hauptverhandlung: Die Richtlinienentscheidung des BGH – BGHSt 43, 195, JuS 1999, 1162-1167

Herschel, Wilhelm: Rechtssicherheit und Rechtsklarheit, JZ 1967, 727-737

Herzog, Roman / Kunst, Hermann / Schlaich, Klaus / Schneemelcher, Wilhelm (Hrsg.): Evangelisches Staatslexikon, Band II (N-Z), 3. Auflage Stuttgart 1987

Hippel, Robert von: Der Deutsche Strafprozeß, Marburg 1941

Holtzendorff, Franz von (Hrsg.): Handbuch des deutschen Strafprozeßrechts, Berlin 1879

Hruschka, Joachim: Der Begriff der „Tat“ im Strafverfahrensrecht, JZ 1966, 700-703

Hübner, Claudia: Allgemeine Verfahrensgrundsätze, Fürsorgepflicht oder fair trail?: ein Beitrag zur Darstellung nichtpositiver Belehrungspflichten im Strafprozeß, Tübingen 1983

Hübschmann, Walter / Hepp, Ernst / Spitaler, Armin / Söhn, Hartmut: AO, FGO, Kommentar, 10. Auflage, Köln 1995

Hülle, Werner: Die Rechtsmittelbelehrung in der Hauptverhandlung, JZ 1953, 629-630

Illian, Eckart: Der Verzicht Privater im Verwaltungsrecht, Jur. Diss. Bonn 1993
Ioakimidis, Ariadne: Die Rechtsnatur der Absprache im Strafverfahren, Frankfurt a. M. 2001

Jähnke, Burkhard / Laufhütte, Heinrich-Wilhelm / Odersky, Walter (Hrsg.): StGB, Leipziger Kommentar, 11. Auflage, Berlin u. a. 1992 ff.
Janke, Alexander: Verständigung und Absprachen im Strafverfahren, Aachen 1997
Jarass, Hans D. / Pieroth, Bodo: GG für die BRD, Kommentar, 6. Auflage, München 2002
Jauernig, Othmar: Zivilprozeßrecht, 28. Auflage, München 2003
Jescheck, Hans-Heinrich: Der Strafprozeß – Aktuelles und Zeitloses, JZ 1970, 201-207
Joachim, Heinrich: Berücksichtigung von Willensmängeln bei nichtrichterlichen Prozeßhandlungen im Strafprozeß, Jur. Diss. Erlangen 1970
Joerden, Jan C.: Verbotene Vernehmungsmethoden – Grundfragen des § 136a StPO, JuS 1993, 927-931
Jung, Heike: Der sog. Grundsatz der gerichtlichen Fürsorgepflicht , in: Recht und Gesetz im Dialog II, Saarbrücker Vorträge (Hrsg.: Wolfgang Rüfner), Köln u. a. 1984, S. 107-122

Kalthoener, Elmar: Probleme aus dem strafprozessualen Recht der Wiedereinsetzung in den vorigen Stand, Berlin 1957
Katholnigg, Oskar: Strafgerichtsverfassungsrecht, 3. Auflage, Köln u. a. 1999
Kern, Eduard: Zur Lehre von den Prozeßhandlungen im Strafprozeß, in: Festschrift für Otto Lenel (Hrsg.: Rechts- und Staatswissenschaftliche Fakultät der Universität Freiburg i. Br.), Leipzig 1921, S. 52-76
Kielwein, Andreas: Die prozessuale Fürsorgepflicht im Strafverfahren: Ein Beitrag zur inhaltlichen und systematischen Erfassung eines umstrittenen Rechtsbegriffes, Konstanz 1985
Kies: Anmerkung zu OLG Braunschweig, Urteil vom 31.10.1952 – Ss 210/52, JZ 1953, 343-344
Kissel, Otto Rudolf: GVG, Kommentar, 3. Auflage, München 2001
Kleine-Cosack, Michael: BRAO, Kommentar, 4. Auflage, München 2003
Kleinknecht, Theodor: Die Beweisverbote im Strafprozeß, NJW 1966, 1537-1545
Klukkert, Bernhard: Der Verzicht auf Rechtsmittel nach der ZPO, Jur. Diss. Göttingen 1909
Köbler, Gerhard: Lexikon der europäischen Rechtsgeschichte, München 1997

Koch, Christina: Anmerkung zu BGH, Beschluß vom 3.03.2005 - GSSt 1/04, HRRS 2005, 245-250
Koch, Hans-Jörg: Probleme des Rechtsmittelverzichts, JR 1964, 255-256
Koch, Wolf-Peter: Die Reform des Strafverfahrensrechts im Dritten Reich unter besonderer Berücksichtigung des StVO-Entwurfs 1939, Jur. Diss. Erlangen-Nürnberg 1972
Kohlmann, Günter: Zu den Zulässigkeitsvoraussetzungen der Rechtsmittel im Strafprozeß, JA 1979, 243-247
Kohlrausch, Eduard: StPO, Kommentar, 24. Auflage, Berlin u. a. 1936
Kopp, Ferdinand / Schenke, Wolf-Rüdiger: VwGO, Kommentar, 13. Auflage, München 2003
Krack, Ralf: Der Normzweck des § 136a StPO, NStZ 2002, 120-124
- Rehabilitierung des Beschuldigten im Strafverfahren, Tübingen 2002
Krause, Daniel M.: Die zivilrechtliche Haftung des Verteidigers, NStZ 2000, 225-234
Krause, Dietmar: Die Revision im Strafverfahren, 4. Auflage, Köln u. a. 1995
Krauth, Hermann: Zum Umfang der Rechtskraftwirkung bei Verurteilung von Mitgliedern krimineller und terroristischer Vereinigungen, in: Festschrift für Theodor Kleinknecht, (Hrsg.: Karl Heinz Gössel u. a.), München 1985
Krey, Volker, Strafverfahrensrecht, Band 1, Stuttgart u. a. 1988, Band 2, Stuttgart u. a. 1990
Kries, August von: Die Rechtsmittel des Zivilprozesses und des Strafprozesses nach den Bestimmungen der deutschen Reichsgesetze, Aalen 1975 (Neudruck der Ausgabe Breslau 1890)
- Lehrbuch des Deutschen Strafprozeßrechts, Freiburg i. Br. 1892
Krille, Hans: Anmerkung zu OLG Hamm, Beschluß vom 19.03.1935 - I W 131/35, JW 1935, 2389-2390
Kuckein, Jürgen / Pfister, Wolfgang: Verständigung im Strafverfahren – Bestandsaufnahme und Perspektiven, in: Festschrift aus Anlaß des fünfzigjährigen Bestehens von BGH, Bundesanwaltschaft und Rechtsanwaltschaft beim BGH (Hrsg.: Karlmann Geiß u. a), Köln u. a. 2000, S. 641-661
Kudlich, Hans: Anmerkung zu BGH, Beschluß vom 15.06.2004 – 3 StR 368/02, StR 415/02 (NJW 2004, 2536), JuS 2005, 84-86
Kühne, Hans-Heiner: Strafverfahrensrecht, 6. Auflage, Heidelberg 2003
Kumlehn, Rolf: Die gerichtliche Fürsorgepflicht im Strafverfahren, Jur. Diss. Göttingen 1976
Kummer, Peter: Wiedereinsetzung in den vorigen Stand – Alle Prozeßarten, München 2003

Lampe, Ernst-Joachim: Die Durchbrechung der materiellen Rechtskraft bei Strafurteilen, GA 1968, 33-49

Landau, Herbert / Eschelbach, Ralf: Absprachen zur strafrechtlichen Hauptverhandlung, NJW 1999, 321-326
Lange, Otto: Willensmängel bei Prozeßhandlungen, Jur. Diss. Göttingen 1924
- Willensmängel bei Prozeßhandlungen, ZZP 1928 (Band 53), 246-256
Larenz, Karl / Canaris, Claus-Wilhelm: Methodenlehre der Rechtswissenschaft, 3. Auflage, Berlin u. a. 1995
Larenz, Karl / Wolf, Manfred: Allgemeiner Teil des Bürgerlichen Rechts, 9. Auflage, München 2004
Lehmann, Heinrich: Der Prozeßvergleich, München 1911
Leise, Horst: Anmerkung zu LG Frankfurt a. M., Beschluß vom 11.06.1963 – 5/8 Qs 36/63, NJW 1963, 1936-1937
Lemke, Michael / Julius, Karl-Peter / Krehl, Christoph / Kurth, Hans-Joachim / Rautenberg, Erardo / Temming, Dieter: Heidelberger Kommentar zur StPO, Heidelberg 2001
Lesch, Heiko Hartmut: Strafprozeßrecht, 2. Auflage, Neuwied u. a. 2001
Lilienthal, Karl von: Strafprozeßrecht, Berlin 1923
Lobe, Adolf: Zur Reform der StPO, DJZ 1926, 1669-1674
Löbbecke, Bernfried von: Fürsorgepflichten im Strafprozeß?, GA 1973, 200-206
Löwe, Ewald / Rosenberg, Werner: Die StPO und das GVG, Großkommentar,
25. Auflage, Berlin u. a. 1997 ff. (Hrsg.: Peter Rieß)
24. Auflage, Berlin u. a. 1984 ff. (Hrsg.: Peter Rieß)
22. Auflage, Berlin u. a. 1971 ff.
20. Auflage, Berlin 1956 ff. (Hrsg.: Emil Niethammer)
19. Auflage, Berlin u. a. 1934
17. Auflage, Berlin u. a. 1927
Löwe, Ewald: Die StPO für das Deutsche Reich, Kommentar,
12. Auflage, Berlin 1907
1. Auflage, Berlin 1879
Loos, Fritz: Probleme der beschränkten Sperrwirkung strafprozessualer Entscheidungen, JZ 1978, 592-600
- Anmerkung zu OLG Stuttgart, Beschluß vom 19.06.1979 – 3 Ss (8) 237/79 (NJW 1979, 2573), NJW 1980, 847-848
Lorenz, Dieter: Der Rechtsschutz des Bürgers und die Rechtsweggarantie, München 1973
- Der grundrechtliche Anspruch auf effektiven Rechtsschutz, AöR 1980 (Band 105), 623-649
Lüke, Wolfgang: Zivilprozeßrecht, 8. Auflage, München 2003
Luhmann, Niklas: Legitimation durch Verfahren, Frankfurt a. M. 1983

Maiwald, Manfred: Zur gerichtlichen Fürsorgepflicht im Strafprozeß und ihren Grenzen, in: Festschrift für Richard Lange (Hrsg.: Günter Warda u. a.), Berlin u. a. 1976, S. 745-764

Malorny, Michael: Der Grundrechtsverzicht, JA 1974, 475-480
Martin, Sigmund P.: Anmerkung zu BGH, Beschluß vom 24.07.2003 – 3 StR 368/02 und 3 StR 415/02 (NJW 2003, 3426 ff.), JuS 2004, 256-258
Maunz, Theodor / Dürig, Günter: GG, Kommentar, Loseblattsammlung, München, Stand: 43. Lieferung (Februar 2004)
Mayer, Albrecht: Rechtsmittelbeschränkung ohne Ermächtigung, MDR 1979, 196-197
Medicus, Dieter: Allgemeiner Teil des BGB, 8. Auflage, Heidelberg 2002
Merckel: Über das Recht der Berufung in Strafsachen, GS 1853 (Band 5, Teilband 1), 448-499
Meyer, Dieter: Erstreckung eines strafrechtlichen Rechtsmittelverzichts auf verkündete Annexentscheidungen, JurBüro 1993, 706-707
Meyer, Frank: Willensmängel beim Rechtsmittelverzicht des Angeklagten im Strafverfahren – Eine Untersuchung unter besonderer Berücksichtigung der Abspracheproblematik, Berlin 2003
- Der vereinbarte Rechtsmittelverzicht, zugleich eine Anmerkung zu BGH, Beschluß vom 24.07.2003 – 3 StR 368/02 und BGH 3 StR 415/02 (NJW 2003, 3426 ff.), StV 2004, 41-46
- Anmerkung zu BGH, Beschluß vom 3.03.2005 – GSSt 1/04, HRRS 2005, 235-244

Meyer-Goßner, Lutz / Appl, Ekkehard: Die Urteile in Strafsachen, 27. Auflage, München 2002
Meyer-Goßner, Lutz: Der gescheiterte Deal, StraFo 2003, 401-406
- StPO, GVG, Nebengesetze und ergänzende Bestimmungen, 48. Auflage, München 2005
- Anmerkung zu BGH, Beschluß vom 24.07.2003 – 3 StR 368/02 und 3 StR 415/02 (NJW 2003, 3426 ff.), NStZ 2004, 217-218

Meyer-Ladewig, Jens: SGG mit Erläuterungen, 5. Auflage, München 1993
Mezger, Wolfgang Eberhard: Teilrechtskraft und Rechtsmittelbeschränkung im Strafprozeß, Jur. Diss. Erlangen 1958
Michael, Andreas: Der Grundsatz in dubio pro reo im Strafverfahrensrecht, Frankfurt a. M. 1981
Mittermaier, Carl Joseph Anton: Das Deutsche Strafverfahren, 2. Teil, 4. Auflage, Heidelberg 1846
- Die Gesetzgebung und Rechtsübung über Strafverfahren und ihrer neuesten Fortbildung, Erlangen 1856

Mölders, H.: Anmerkung zu OLG Düsseldorf, Beschluß vom 10.09.1959 – 2 Ws 328/59, NJW 1960, 211-212
Moldenhauer, Gerwin M.: Eine Verfahrensordnung für Absprachen im Strafverfahren durch den Bundesgerichtshof?, Frankfurt a. M. 2004
Mosbacher, Andreas: Anmerkung zu BGH, Beschluß vom 24.07.2003 – 3 StR 368/02 und 3 StR 415/02 (NJW 2003, 3426 ff.), NStZ 2004, 52-54

Motive zu dem Entwurf einer Strafprozeß-Ordnung, 1. Entwurf, Berlin 1873
Motive zu dem Entwurf einer Deutschen StPO – Nach den Beschlüssen der von dem Bundesrath eingesetzten Kommission, 2. Entwurf, Berlin 1873
Müller, Egon: Über die sog. gerichtliche Fürsorgepflicht im Strafverfahren, in: Recht und Dialog II, Saarbrücker Vorträge (Hrsg.: Wolfgang Rüfner), Köln u. a. 1984, S. 123-129
Müller, Hanswerner: Rechtsmittelbelehrung als Voraussetzung für die Wirksamkeit eines Rechtsmittelverzichts?, NJW 1957, 1347-1348
Müller, Herbert: Fehlerhafte prozessuale Willenserklärungen des Beschuldigten – zugleich ein Beitrag zum Problem des Schutzes des rechtsunkundigen Beschuldigten im Strafverfahren, Jur. Diss. Tübingen 1965
Müller, Hermann: Einführung in das Strafprozeßrecht, Darmstadt 1973
Musielak, Hans-Joachim: Kommentar zur ZPO mit GVG, 3. Auflage, München 2002
- Grundkurs ZPO, 7. Auflage, München 2004

Niederreuther: Die Anrechnung erlittener Untersuchungshaft, Deutsche Justiz 1940, 611-615
Nieper, Georg August Wilhelm: Die Königlich-Preußische Strafprozeßordnung vom 25. Juni 1867, Göttingen 1868
Niese, Werner: Prozeßvoraussetzungen und -hindernisse und ihre Feststellung im Strafprozeß, DRZ 1949, 505-508
- Doppelfunktionelle Prozeßhandlungen – ein Beitrag zu allgemeinen Prozeßrechtslehre, Göttingen 1950
- Die allgemeine Prozeßrechtslehre und der Rechtskrafteintritt bei zurückgenommenen und unzulässigen Rechtsmitteln, JZ 1957, 73-78
Niethammer, Emil: Anmerkung zu OLG Bremen, Beschluß vom 6.08.1952 – Ws 86/52, JZ 1953, 472-473
Nußbaum, Arthur: Die Prozeßhandlungen, ihre Voraussetzungen und Erfordernisse, München 1908

Oehler, Dietrich: Anmerkung zu BGH, Urteil vom 6.12.1961 – 2 StR 485/60, JZ 1963, 227-228
Oetker, Friedrich: Anmerkung zu RG, Beschluß vom 1.11.1926 – 2 TB 89/26, JW 1929, 49-51
Oppenhoff, Friedrich Christian: Die Preußischen Gesetze über das mündliche und öffentliche Verfahren in Strafsachen, Berlin 1860
Orfanides, Georgios: Die Berücksichtigung von Willensmängeln beim Rechtsmittelverzicht am Beispiel der arglistigen Täuschung, ZZP 1987 (Band 100), 63-77
Ostendorf, Heribert: Strafvereitelung durch Strafverteidigung, NJW 1978, 1345-1350

- JGG, Kommentar, 5. Auflage, Köln u. a. 2000

Paalzow, Christian Ludwig: Kommentar über die Criminal-Ordnung für die preußischen Staaten, 2. Teil, Berlin 1807

Paeffgen, Hans-Ulrich: Vorüberlegungen zu einer Dogmatik des Untersuchungshaft-Rechts, Köln u. a. 1986

Paulus, Rainer: Beweisverbote als Prozeßhandlungshindernisse, in: Gedächtnisschrift für Karlheinz Meyer (Hrsg.: Klaus Geppert u. a.), Berlin u. a. 1990, S. 309-329

- Anmerkung zu BGH, Beschluß vom 13.12.2000 – 2 StR 56/00, NStZ 2001, 445-446

Peglau, Jens: Wirksamkeit eines Rechtsmittelverzichts in Strafsachen – zwei neuere BGH-Entscheidungen, JA 2000, 405-408

- Rechtsmittelverzicht durch unverteidigten Angeklagten im Falle notwendiger Verteidigung, NStZ 2002, 464-466

Pentz, A.: Zweifelsfragen im Strafverfahren gegen Jugendliche, GA 1958, 297-304

Peters, Horst / Sautter, Theodor / Wolff, Richard (Hrsg.): Kommentar zur Sozialgerichtsbarkeit, Band 3, Loseblattsammlung, Stuttgart u. a., Stand: 63. Nachtrag (März 1996)

Peters, Karl: Anmerkung zu BGH, Beschluß vom 9.10.1973 – 5 StR 505/73 (BGHSt 25, 234 ff.), JR 1974, 250-251

- Fehlerquellen im Strafprozeß, 3. Band, Wiederaufnahmerecht, Karlsruhe 1974
- Gutachten zum 52. Deutschen Juristentag 1978, Band 1, Gutachten C, München 1978
- Strafprozeß, 4. Auflage, Heidelberg 1985

Pfeiffer, Gerd: StPO und GVG, Kommentar, 5. Auflage, München 2005

Pfeiffer, Gerd (Hrsg.): Karlsruher Kommentar zur StPO, 5. Auflage, München 2003

Pfister, Wolfgang: Die Verständigung im Strafverfahren, DRiZ 2004, 178-183

Pieroth, Bodo / Schlink, Bernhard: Grundrechte – Staatsrecht II, 18. Auflage, Heidelberg 2002

Planck, Julius Wilhelm: Systematische Darstellung des deutschen Strafverfahrens auf Grundlage der neueren Strafprozeßordnungen seit 1848, Göttingen 1857

Plötz, Winfried: Die gerichtliche Fürsorgepflicht im Strafverfahren, Lübeck 1980

Prasser, Georg: Kommentar, AnwBl 2002, 43-44

Pusinelli, Gerhard: Anmerkung zu OLG Koblenz, Urteil vom 12.07.1951 – Ss 63/51, NJW 1951, 933-934

Quaritsch, Helmut: Der Verzicht im Verwaltungsrecht und auf Grundrechte, in: Gedächtnisschrift für Wolfgang Martens (Hrsg.: Peter Selmer u. a.), Berlin u. a. 1987, S. 407-417

Radbruch, Gustav: Gesetzliches Unrecht und übergesetzliches Recht, SJZ 1946, 105-108
- Der Zweck des Rechts, in: Der Mensch im Recht, Göttingen 1957, S. 88-104
- Rechtsphilosophie, Studienausgabe, Heidelberg 1999

Radtke, Henning: Zur Systematik des Strafklageverbrauchs verfahrenserledigender Entscheidungen im Strafprozeß, Frankfurt a. M. 1994

Ranft, Otfried: Strafprozeßrecht, 2. Auflage, Stuttgart u. a. 1995

Redeker, Konrad / Oertzen, Hans Joachim von / Redeker, Martin: VwGO, Kommentar, 12. Auflage, Stuttgart u. a. 1997

Reichling, Hartwig: Die vollständige Protokollierung in der Hauptverhandlung in Strafsachen gem.
§ 273 Abs. 3 StPO, Berlin 2003

Rieß, Peter: Die Neugestaltung der Rechtsmittel in Strafsachen, DRiZ 1976, 3-11
- Der Beschuldigte als Subjekt des Strafverfahrens in Entwicklung und Reform der Strafprozeßordnung, in: Festschrift zum 100jährigen Gründungstag des Reichsjustizamtes am 1. Januar 1877 (Hrsg.: Bundesministerium der Justiz), Köln 1977, S. 373-440
- Prolegomena zu einer Gesamtreform des Strafverfahrensrechts, in: Festschrift für Karl Schäfer (Hrsg.: Helwig Hassenpflug), Berlin 1980, S. 155-221
- Zur Auslegung des § 303 StPO, JR 1986, 441-444
- Anmerkung zu BGH, Beschluß vom 19.10.1999 – 4 StR 86/99, NStZ 2000, 98-100
- Der vereinbarte Rechtsmittelverzicht, in: Festschrift für Lutz Meyer-Goßner (Hrsg.: Albin Eser u. a.), München 2001, S. 645-663
- Besprechung von Bettina Grunst: Prozeßhandlungen im Strafprozeß, Ebelsbach 2002, ZStW 2004 (Band 116), 188-195
- Über den Rechtsmittelverzicht im Strafverfahren, in: Kolloquium für Walter Gollwitzer (Hrsg. Reinhard Böttcher u. a.), Berlin 2004, S. 191-208

Rimmelspacher, Bruno: Die Wirkungen des Rechtsmittelverzichts im Zivilprozeß, JuS 1988, 953-957

Rissom, Carl: Rechtsmittelverzicht des Verurteilten vor dem erkennenden Gericht, Monatschrift für Kriminalpsychologie und Strafrechtsreform 1909/1910 (Band 6), 407-412

Robbers, Gerhard: Der Grundrechtsverzicht, JuS 1985, 925-931

Röhl, Klaus F.: Allgemeine Rechtslehre, 2. Auflage, Köln u. a. 2001

Rönnau, Thomas: Die Absprache im Strafprozeß: eine rechtssystematische Untersuchung der Zulässigkeit von Absprachen nach dem geltenden Strafprozeßrecht, Baden-Baden 1990
- Anmerkung zu BGH, Beschluß vom 19.10.1999 – 4 StR 86/99 (BGHSt 45, 227 ff.), JR 2001, 31-34

Rogall, Klaus: Anmerkung zu OLG Hamburg, Beschluß vom 31.01.1996 – 1 Ws 29/96, StV 1998, 643-645

Rosenau, Henning: Anmerkung zu BayObLG, Beschluß vom 24.02.1999 – 5 StR 237/98, JR 2000, 81-83

Rosenberg, Leo / Schwab, Karl Heinz / Gottwald, Peter: Zivilprozeßrecht, 16. Auflage, München 2004

Rosenfeld, Ernst Heinrich: Der Reichs-Strafprozeß, 4. und 5. Auflage, Berlin 1912

Roxin, Claus: Strafverfahrensrecht, 25. Auflage, München 1997

Rümelin, Max: Die Rechtssicherheit, Tübingen 1924

Rüping, Hinrich: Das Strafverfahren, 3. Auflage, München 1997

Rüthers, Bernd: Rechtstheorie, München 1999

Rudolphi, Hans-Joachim (Gesamtredaktion) / *Frisch, Wolfgang / Paeffgen, Hans-Ulrich / Rogall, Klaus / Schlüchter, Ellen / Wolter, Jürgen*: Systematischer Kommentar zur StPO und zum GVG, Loseblattsammlung, Neuwied u. a., Stand: 38. Lieferung (April 2004)

Rudolphi, Hans-Joachim (Gesamtredaktion) / *Horn, Eckard / Samson, Erich / Günther, Hans-Ludwig / Hoyer, Andreas / Wolters, Gereon*: Systematischer Kommentar zum StGB, Loseblattsammlung, Neuwied u. a., Stand: 38. Lieferung (April 2003)

Rzepka, Dorothea: Zur Fairneß im deutschen Strafverfahren, Frankfurt a. M. 2000

Sachs, Michael: GG, Kommentar, 3. Auflage, München 2003

Saenger, Ingo: Die Wiedereinsetzung in den vorigen Stand im Strafverfahren, JuS 1991, 842-845

Sarstedt, Werner: Anmerkung zu KG, Urteil vom 6.10.1954 – 1 Ss 318/53 (B) 400/53, JR 1954, 471-472
- Anmerkung zu BayObLG, Beschluß vom 22.09.1967 – RReg I a St 312/67, JR 1968, 109-110

Sarstedt, Werner / Hamm, Rainer: Die Revision in Strafsachen, 5. Auflage, Berlin 1983, 6. Auflage, Berlin 1998

Satzger, Helmut: Die Unwirksamkeit eines „ausgehandelten" Rechtsmittelverzichts – BGHSt 45,227, JuS 2000, 1157-1161

Satzger, Helmut / Höltkemeier, Kai: Zur Unwirksamkeit eines abgesprochenen Rechtsmittelverzichts, NJW 2004, 2487-2490

Sauer, Wilhelm: Grundlagen des Prozeßrechts, 2. Auflage, Stuttgart 1929

- Allgemeine Prozeßrechtslehre, Berlin u. a. 1951
- Umstrittene Grundbegriffe des Prozeßrechts, JR 1951, 257-259

Sax, Walter: Das unrichtige Sachurteil als Zentralproblem der allgemeinen Prozeßrechtslehre, ZZP 1954 (Band 67), 21-54
- Anmerkung zu BGH, Beschluß vom 3.05.1957 – 5 StR 52/57, JZ 1958, 178-180
- Zur Anwendbarkeit des Satzes „in dubio pro reo" im strafprozessualen Bereich, in: Festschrift für Ulrich Stock (Hrsg.: Günter Spendel), Würzburg 1966, S. 143-169

Schäfer, Karl: Strafprozeßrecht – Eine Einführung, Berlin u. a. 1976

Schanze: Die Rechtskraft des Strafurteils, ZStW 1884 (Band 4), 437-486

Schellhammer, Kurt: Zivilprozeß, 10. Auflage, Heidelberg 2003

Schletter, Hermann Theodor: Das Königlich Sächsische Strafprozeßrecht, 2. Auflage, Leipzig 1862

Schlüchter, Ellen: Das Strafverfahren, 2. Auflage, Köln u. a. 1983
- Zum normativen Zusammenhang zwischen Rechtsfehler und Urteil, in: Festschrift für Friedrich-Wilhelm Krause (Hrsg.: Ellen Schlüchter u. a.), Köln u. a. 1990, S. 485-501
- Wider die Verwirkung von Verfahrensrügen im Strafprozeß, in: Gedächtnisschrift für Karlheinz Meyer (Hrsg.: Klaus Geppert), Berlin u. a. 1990, S. 445-467
- Wert der Form im Strafprozeß, in: Symposium für H.-J. Rudolphi, Zur Theorie und Systematik des Strafprozeßrechts (Hrsg.: Jürgen Wolter), Neuwied u. a. 1995
- Kernwissen Strafprozeßrecht, Thüngersheim u. a. 1999

Schmid, Werner: Die „Verwirkung" von Verfahrensrügen im Strafprozeß, Frankfurt a. M. 1967
- Zur Prozeßfähigkeit des Privat- und Nebenklägers, SchlHA 1981, 153-155
- Über den Zugang strafprozessualer Willenserklärungen, in: Festschrift für Hanns Dünnebier (Hrsg.: Ernst-Walter Hanack u. a.), Berlin u. a. 1982, S. 101-119
- Bedingte Prozeßhandlungen im Strafprozeß?, GA 1982, 95-108

Schmidhäuser, Eberhard: Zur Frage nach dem Ziel des Strafprozesses, in: Festschrift für Eberhard Schmidt (Hrsg.: Paul Bockelmann u. a.), Göttingen 1961, S. 511-524

Schmidt, Eberhard: Rechtsentwicklung in Preußen, Berlin 1923
- Lehrkommentar zur StPO und zum GVG, Teil 1, 2. Auflage, Göttingen 1964, Teil 2, Göttingen 1957, Nachtragsband I, Göttingen 1967
- Verhaftungsantrag, Rechtsmittelerklärungen und § 136a StPO. Bemerkungen zum Urteil des BGH vom 6. Dezember 1961, JR 1962, 290-294

- Einführung in die Geschichte der deutschen Strafrechtspflege, 3. Auflage, Göttingen 1965
- Besprechung von Dahs, Hans (jun.): Das rechtliche Gehör im Strafprozeß, München u. a. 1965, JZ 1965, 733-735
- Deutsches Strafprozeßrecht, Göttingen 1967
- Der Strafprozeß – Aktuelles und Zeitloses, in: Strafprozeß und Rechtsstaat, Göttingen 1970, S. 284-308
- Materielle Rechtskraft – Materielle Gerechtigkeit, in: Strafprozeß und Rechtsstaat, Göttingen 1970, S. 273-283 (zugleich JZ 1968, 681-684)

Schmidt, H.: Anmerkung zu LG Mönchengladbach, Beschluß vom 26.08.1971 – 10 Qs 284/71, MDR 1971, 1032

Schmidt, Hans Wolfgang: Unwirksamkeit des Rechtsmittelverzichts, NJW 1965, 1210-1212

Schmidt, Robert: Die Grenzen der Bindungswirkung eines Rechtsmittelverzichts – OLG Hamburg, NJW 1964, 1039, JuS 1967, 158-162

Schmidt-Hieber, Werner: Verständigung im Strafverfahren, München 1986

Schmitt, Bertram: Zur Rechtsprechung und Rechtswirklichkeit verfahrensbeendender Absprachen im Strafprozeß, GA 2001, 411-426

Schnarr, Karl Heinz: Das Schicksal der Vollmacht nach Beiordnung des gewählten Verteidigers, NStZ 1986, 488-493
- Der bevollmächtigte Pflichtverteidiger und sein Stellvertreter, NStZ 1996, 214-217

Schneider, Egon: Auslegung eines Begründungsverzichts als konkludenten Rechtsmittelverzicht, MDR 2000, 987-98

Schoenborn, Walther: Studien zur Lehre vom Verzicht im öffentlichen Recht, Leipzig 1908

Schöneborn, Christian: Die Behandlung der Verfahrenshindernisse im strafprozessualen Verfahrensgang, MDR 1975, 6-11

Schönke, Adolf: Anmerkung zu OLG Koblenz, Urteil vom 21.07.1949 – Ss 75/49, DRZ 1949, 454

Schönke, Adolf / Schröder, Horst: StGB, Kommentar, 26. Auflage, München 2001

Scholz, Friedrich: Die Rechtssicherheit, Berlin 1955

Schorn, Hubert: Der Strafrichter: ein Handbuch für das Strafverfahren, Frankfurt a. M. 1960
- Die Fürsorgepflicht im Strafverfahren, MDR 1966, 639-641
- Belehrungen und belehrende Hinweise im Strafprozeß, JR 1967, 203-205

Schroeder, Friedrich-Christian: Strafprozeßrecht, 2. Auflage, München 2001

Schröder, Olaf: Der abgesprochene Rechtsmittelverzicht in der Rechtsprechung des BGH, StraFo 2003, 412-416

Schubert, Werner / Regge, Jürgen: Entstehung und Quellen der StPO von 1877, Frankfurt a. M. 1989

Schubert, Werner / Regge, Jürgen/ Rieß, Peter / Schmid, Werner: Quellen zur Reform des Straf- und Strafprozeßrechts, III. Abteilung, Band 1, Berlin u. a. 1991, Band 2, 1. Teil, Berlin u. a. 1991
Schünemann, Bernd: Wohin treibt der deutsche Strafprozeß?, ZStW 2002 (Band 114), 1-62
Schulze, Burkhard: Der Einfluß von Willensmängeln auf den Bestand des Rechtsmittelverzichts des Beschuldigten, Jur. Diss. Regensburg 1973
Schwarze, Friedrich Oskar von: Commentar zu der Deutschen Strafprozeßordnung, Leipzig 1878
Seher, Gerhard: Anmerkung zu BGH, Beschluß vom 3.03.2005 - GSSt 1/04, JZ 2005, 634-636
Seier, Jürgen: Der strafprozessuale Vergleich im Lichte des § 136a StPO, JZ 1988, 583-688
Sieg, Hans-O.: Anmerkung zu BGH, Beschluß vom 18.09.1987 – 2 StR 430/87, StV 1988, 372
Siegert, Karl: Die Prozeßhandlungen, ihr Widerruf und ihre Nachholung, Berlin 1929
- Die Rechtskraftwirkungen im künftigen Strafprozeß, GA 1935 (Band 81), 283-298
- Zur Tragweite des § 136a StPO, DRiZ 1953, 98-101
Sieweke, Friedrich: Die Entwicklung der Rechtsmittel von der Carolina bis zur Gegenwart, Jur. Diss. Göttingen, 1921
Sinner, Stefan: Der Vertragsgedanke im Strafprozeßrecht, Frankfurt a. M. 1999
Siolek, Wolfgang: Verständigung in der Hauptverhandlung, Baden-Baden 1993
Sodan, Helge / Ziekow, Jan: Nomos-Kommentar zur VwGO, Loseblattsammlung, Baden-Baden 1996 ff.
Sommermeyer, J.: Anmerkung zu OLG Karlsruhe, Beschluß vom 10.04.1991 – 2 Ws 46/91, JR 1992, 303-304
Sowada, Christoph: Der gesetzliche Richter im Strafverfahren, Berlin u. a. 1992
Specht, Gerhard: Erneute Berufung nach Berufungsrücknahme?, GA 1977, 72-74
Spendel, Günter: Materiellrechtliche Straffrage und strafprozessuale Teilrechtskraft, ZStW 1955 (Band 67), 556-571
Statistisches Bundesamt (Hrsg.): Statistisches Jahrbuch 2004, Wiesbaden 2004.
Stein, Friedrich / Jonas, Martin: Kommentar zur ZPO, 21. Auflage, Tübingen 1994, 20. Auflage, Tübingen 1984
Steiner, Dirk: Das Fairneßprinzip im Strafprozeß, Frankfurt a. M. 1995
Stenglein, Melchior: Kommentar zur StPO für das Deutsche Reich nebst GVG und den Einführungsgesetzen zu beiden Gesetzen, 3. Auflage, München 1898
- Kommentar zur Militärstrafgerichtsordnung vom 1.12.1898, Berlin 1901

Stock, Ulrich: Das Ziel des Strafverfahrens, in: Festschrift für Edmund Mezger (Hrsg.: Karl Engisch u. a.), München u. a. 1954, S. 429-453

Stratenwerth, Günter: Anmerkung zu BGH, Urteil vom 12.02.1963 - 1 StR 561/62 (BGHSt 18, 257 ff.), JZ 1964, 264-265

Stree, Walter: In dubio pro reo, Tübingen 1962

Sulanke, Hans-Erhard: Die Entscheidung bei Zweifeln über das Vorhandensein von Prozeß-voraussetzungen und Prozeßhindernissen im Strafverfahren, Berlin u. a. 1974

Sundelin, Paul (Hrsg.): Sammlung der neueren deutschen Gesetze über Gerichtsverfassung und Strafverfahren, Berlin 1861

Teyssen, H.: Anmerkung zu BayObLG, Beschluß vom 31.01.1974 - RReg 1 St 1/74, JR 1975, 121-123

Thomas, Heinz / Putzo, Hans: ZPO, 26. Auflage, München 2004

Tilch, Horst / Arloth, Frank (Hrsg.): Deutsches Rechtslexikon, 3. Auflage, München 2001

Tippelskirch von: Über den Verzicht in Strafsachen, GA 1861 (Band 9), S. 577-587, 721-729, 793-799

Tittmann, Carl August: Handbuch der Strafrechtswissenschaft und der deutschen Strafgesetzkunde, 4. Teil, Halle 1810

Trepper, Thomas: Zur Rechtskraft strafprozessualer Beschlüsse, Frankfurt a. M. 1996

Tröndle, Herbert / Fischer, Thomas: StGB und Nebengesetze, 52. Auflage, München 2004

Ullmann, Emanuel: Lehrbuch des Deutschen Strafprozeßrechts, München 1893

Vogler, Theo: Die Rechtskraft des Strafbefehls: ein Rechtskraftproblem, Karlsruhe 1959

Volk, Klaus: Strafprozeßrecht, 3. Auflage, München 2002

Vordermayer, Helmut / von Heintschel-Heinegg, Bernd (Hrsg.): Handbuch für den Staatsanwalt, 2. Auflage, München 2003

Wagner, Heinz: Das einvernehmliche Verfahren, in: Festschrift für Karl Heinz Gössel (Hrsg.: Dieter Dölling), Heidelberg 2002, S. 585-604

Walsmann, Hans: Der Verzicht, Allgemeine Grundlagen einer Verzichtslehre und Verzicht im Privatrecht, Leipzig 1912

Walther, Friedrich: Die Rechtsmittel im Strafverfahren nach den Grundsätzen des englisch-französischen Strafprozeßrechts, München 1853

Warda, Günter: Um die Rechtsmittelbelehrung im Strafprozeß, MDR 1957, 717-722

Wassermann, Rudolf (Gesamtherausgeber): Kommentar zur StPO, Reihe Alternativkommentare, Neuwied u. a. 1988 ff.
Weber, G. M.: Über die Appellation in Criminalsachen, Würzburg u. a. 1805
Wehnert, Anne: Die tatsächliche Ausgestaltung der Absprachepraxis im staatsanwaltschaftlichen Wirtschaftsermittlungsverfahren aus anwaltlicher Sicht, StV 2002, 219-222
Weider, Hans-Joachim: Vom Dealen mit Drogen und Gerechtigkeit, Mönchengladbach 2000
- Rechtsmittelverzicht und Absprache, in: Festschrift für Klaus Lüderssen (Hrsg.: Cornelius Prittwitz u. a.), Frankfurt 2002, S. 773-786
Weigend, Thomas: Der BGH vor der Herausforderung der Absprachepraxis, in: 50 Jahre Bundesgerichtshof, Festgabe aus der Wissenschaft, Band 4 (Hrsg.: Claus Roxin u. a.), München 2000, S. 1011-1042
- Anmerkung zu BGH, Beschluß vom 19.10.1999 – 4 StR 86/99 (BGHSt 45, 227 ff.), StV 2000, 63-67
Weitzel, Jürgen: Der Kampf um die Appellation ans Reichskammergericht, Köln u. a. 1976
Welzel, Hans: Das Recht als Gemeinschaftsordnung, in: Festschrift für Heinrich Henkel (Hrsg.: Claus Roxin u. a.), Berlin u. a. 1973, S. 11-18
Werner, Alfred: Willensmängel bei Prozeßhandlungen, Jur. Diss. München 1915
Widmaier, Gunter: Die Urteilsabsprache im Strafprozeß – ein Zukunftsmodell?, NJW 2005, 1985-1987
Wilde, Klaus Rüdiger: Der Verzicht Privater auf subjektive öffentliche Rechte, Jur. Diss. Hamburg 1966
Wolf, Gerhard: Anmerkung zu BayObLG, Urteil vom 27.03.1991 – RReg 4 St 198/90, JR 1992, 428-431
Wolf, Manfred: Gerichtliches Verfahrensrecht, Reinbek bei Hamburg 1978
- Gerichtsverfassungsrecht aller Verfahrenszweige, 6. Auflage, München 1987
Wolter, Erwin: Der Umfang der Rechtskraft im Strafprozeß, Jur. Diss. Göttingen 1937

Zachariae, Heinrich-Albert: Handbuch des deutschen Strafprocesses, 1. Band, Göttingen 1861, 2. Band, Göttingen 1868
Zipf, Heinz: Strafprozeßrecht, 2. Auflage, Berlin u. a. 1977
Zippelius, Reinhold: Rechtsphilosophie, 4. Auflage, München 2003
Zöller, Richard: ZPO, 25. Auflage, Köln 2005
Zopfs, Jan: Der Grundsatz „in dubio pro reo“, Baden-Baden 1999

Hinsichtlich der verwendeten Abkürzungen wird verwiesen auf:
Kirchner, Hildebert / Butz, Cornelie: Abkürzungsverzeichnis der Rechtssprache, 5. Auflage, Berlin u. a. 2003

SCHRIFTEN ZUM STRAFRECHT UND STRAFPROZESSRECHT

Herausgegeben von Manfred Maiwald

Band 1 Christian-Peter Frees: Die steuerrechtliche Selbstanzeige. Zur kriminalpolitischen Zweckmäßigkeit des § 371 AO. 1991.

Band 2 Norbert Joachim: Der Hörensagenbeweis im Strafverfahren. 1991.

Band 3 Alfred A. Göbel: Die Einwilligung im Strafrecht als Ausprägung des Selbstbestimmungsrechts. 1991.

Band 4 Karl-Heinz Vehling: Die Abgrenzung von Vorbereitung und Versuch. 1991.

Band 5 Heiko Hartmut Lesch: Das Problem der sukzessiven Beihilfe. 1992.

Band 6 Dirk Schwerdtfeger: Besondere persönliche Unrechtsmerkmale. 1992.

Band 7 Stefan Göhring: Polizeiliche Kontrollstellen und Datenverarbeitung. § 163 d StPO und novellierte Polizeigesetze der Länder zwischen Strafverfolgung, Gefahrenabwehr und vorbeugender Straftatenbekämpfung. 1992.

Band 8 Werner Kemper: Horizontale Teilrechtskraft des Schuldspruchs und Bindungswirkung im tatrichterlichen Verfahren nach der Zurückverweisung. §§ 353, 354 Abs. 2 StPO. 1993.

Band 9 Ovvadias Namias: Die Zurechnung von Folgeschäden im Strafrecht. 1993.

Band 10 Jan Zopfs: Unfallflucht bei eindeutiger Haftungslage? Unverzüglichkeitsgebot und Wahlmöglichkeit in § 142 Abs. 2 und 3 StGB. 1993.

Band 11 Stefan Hiebl: Ausgewählte Probleme des Akteneinsichtsrechts nach § 147 StPO. 1994.

Band 12 Ralf Krack: List als Straftatbestandsmerkmal. Zugleich ein Beitrag zu Täuschung und Irrtum beim Betrug. 1994.

Band 13 Henning Radtke: Zur Systematik des Strafklageverbrauchs verfahrenserledigender Entscheidungen im Strafprozeß. 1994.

Band 14 Bernd J. A. Müssig: Schutz abstrakter Rechtsgüter und abstrakter Rechtsgüterschutz. Zu den materiellen Konstitutionskriterien sog. Universalrechtsgüter und deren normentheoretischem Fundament – am Beispiel der Rechtsgutsbestimmung für die §§ 129, 129a und 324 StGB. 1994.

Band 15 Heinz Koriath: Über Beweisverbote im Strafprozeß. 1994.

Band 16 Burkhard Niepoth: Der untaugliche Versuch beim unechten Unterlassungsdelikt. 1994.

Band 17 Karsten Altenhain: Die Strafbarkeit des Teilnehmers beim Exzeß. 1994.

Band 18 Ina Walbaum: Schuldspruch in der Revisionsinstanz nach freisprechendem Urteil des Tatgerichts. 1996.

Band 19 Birgit Dalbkermeyer: Der Schutz des Beschuldigten vor identifizierenden und tendenziösen Pressemitteilungen der Ermittlungsbehörden. 1994.

Band 20 Thomas Hackner: Der befangene Staatsanwalt im deutschen Strafverfahrensrecht. 1995.

Band 21 Hartmut Loritz: Kritische Betrachtungen zum Wert des strafprozessualen Zwischenverfahrens. 1996.

Band 22 Heinz-Hermann Berghof: Therapie und Strafe im Betäubungsmittelrecht. Recht und Wirklichkeit der Behandlung Drogenabhängiger unter besonderer Berücksichtigung der §§ 35 ff BtMG. 1995.

Band 23 Oliver Mertens: Strafprozessuale Grundrechtseingriffe und Bindung an den Wortsinn der ermächtigenden Norm. 1996.

Band 24 Sönke Bahnsen: Das Akteneinsichtsrecht der Verteidigung im Strafverfahren. Dogmatische Grundlagen und Einzelprobleme im Lichte einer rechtsstaatlichen Verfahrensgestaltung. 1996.

Band 25 Dirk Schwieger: Der Vorteilsbegriff in den Bestechungsdelikten des StGB. 1996.

Band 26 Stephanie Meinecke: Die Auswirkungen von Verfahrensfehlern auf die Strafbarkeit nach den Aussagedelikten. 1996.

Band 27 Ute Lambrecht: Strafrecht und Disziplinarrecht. Abhängigkeiten und Überschneidungen. 1997.

Band 28 Carsten Momsen: Verfahrensfehler und Rügeberechtigung im Strafprozeß. Die Strukturen der Revisionsberechtigung unter besonderer Berücksichtigung des Begriffs "Rechtsnormen, die lediglich zugunsten des Angeklagten gegeben sind" in § 339 StPO. 1997.

Band 29 Ursula Epp: Die Abgeordnetenbestechung – § 108 e StGB. 1997.

Band 30 Bernd Scheiff: Wann beginnt der Strafrechtsschutz gegen kriminelle Vereinigungen (§ 129 StGB)? 1997.

Band 31 Ulrike Fontaine: Max Grünhut (1893-1964). Leben und wissenschaftliches Wirken eines deutschen Strafrechtlers jüdischer Herkunft. 1998.

Band 32 Claudia Keiser: Das Kindeswohl im Strafverfahren. Zur Notwendigkeit eines am Kindeswohl orientierten Umgangs mit minderjährigen Opfern und Zeugen, den Möglichkeiten de lege lata und den Erfordernissen de lege ferenda. 1998.

Band 33 Wiebke Schürer-Mohr: Erlaubte Risiken. Grundfragen des "erlaubten Risikos" im Bereich der Fahrlässigkeitsdogmatik. 1998.

Band 34 Stephan Voigtel: Zum Freibeweis bei Entscheidungen der Strafvollstreckungskammer. Eine Untersuchung zu ausgewählten Fragen des Beweisrechts im gerichtlichen Verfahren in Strafvollstreckungs- und Strafvollzugssachen. 1998.

Band 35 Volkmar Wißgott: Das Beweisantragsrecht im Strafverfahren als Kompensation der richterlichen Inquisitionsmaxime. Die Judikatur des Reichsgerichts zum strafprozessualen Beweisrecht. 1998.

Band 36 Susanne Merz: Strafrechtlicher Ehrenschutz und Meinungsfreiheit. 1998.

Band 37 Uwe Schlömer: Der elektronisch überwachte Hausarrest. Eine Untersuchung der ausländischen Erfahrungen und der Anwendbarkeit in der Bundesrepublik Deutschland. 1998.

Band 38 Michael Liedke: Die Vermögensstrafe gemäß § 43a StGB in ihrer kriminalpolitischen Bedeutung. 1999.

Band 39 Danja Domeier: Gesundheitsschutz und Lebensmittelstrafrecht. Zur Konkretisierung der Verkehrspflichten und ihrer Strafbewehrung, insbesondere mit Blick auf §§ 8 ff. LMBG. 1999.

Band 40 Ritva Westendorf: Die Pflicht zur Verhinderung geplanter Straftaten durch Anzeige. Eine kritische Betrachtung der §§ 138, 139 StGB im Kontext der Unterlassungsdelikte. 1999.

Band 41 Hans Theile: Tatkonkretisierung und Gehilfenvorsatz. 1999.

Band 42 Nicole Lange: Vorermittlungen. Die Behandlung des staatsanwaltschaftlichen Vorermittlungsverfahrens unter besonderer Berücksichtigung von Abgeordneten, Politikern und Prominenten. 1999.

Band 43 Tanja Gunder: Der Umgang mit Kindern im Strafverfahren. Eine empirische Untersuchung zur Strafverfolgung bei Sexualdelinquenz. 1999.

Band 44 Sven-Markus Thiel: Die Konkurrenz von Rechtfertigungsgründen. 2000.

Band 45 Jan Schlüter: Die Strafbarkeit von Unternehmen in einer prozessualen Betrachtung nach dem geltenden Strafprozeßrecht. 2000.

Band 46 Detlef Heise: Der Insiderhandel an der Börse und dessen strafrechtliche Bedeutung. Eine Untersuchung des neuen deutschen Insiderrechts speziell unter Bezugnahme auf die strafrechtstheoretischen und strafrechtsdogmatischen Grundlagen. 2000.

Band 47 Hermann Wichmann: Das Berufsgeheimnis als Grenze des Zeugenbeweises. Ein Beitrag zur Lehre von den Beweisverboten. 2000.

Band 48 Rainer T. Cherkeh: Betrug (§ 263 StGB), verübt durch Doping im Sport. 2000.

Band 49 Kristian Hohn: Die Zulässigkeit materieller Beweiserleichterungen im Strafrecht. Eine Untersuchung über Erscheinungsformen und Grenzen der Lösung beweisrechtlicher Probleme im materiellen Strafrecht. 2000.

Band 50 Malte Rabe von Kühlewein: Der Richtervorbehalt im Polizei- und Strafprozeßrecht. 2001.

Band 51 Donata Meinecke: Die Gesetzgebungssystematik der Versuchsstrafbarkeit von Verbrechen und Vergehen im StGB. 2001.

Band 52 Joachim Bock: Begriff, Inhalt und Zulässigkeit der Beweislastumkehr im materiellen Strafrecht. 2001.

Band 53 Gabriele Rose: Grenzen der journalistischen Recherche im Strafrecht und Strafverfahrensrecht. 2001.

Band 54 Wiebke Reitemeier: Täuschungen vor Abschluß von Arbeitsverträgen. Zum Verhältnis zwischen dem Straftatbestand des Betrugs und dem Anfechtungsrecht wegen arglistiger Täuschung (§§ 263 Abs. 1 StGB, 123 Abs. 1 Alt. 1 BGB). 2001.

Band 55 Peter Rackow: Das DNA-Identitätsfeststellungsgesetz und seine Probleme. 2001.

Band 56 Frank Zschieschack: Geiselnahme und erpresserischer Menschenraub (§§ 239a, 239b StGB) im Zwei-Personen-Verhältnis. 2001.

Band 57 Natascha Sëyfi: Das Sicherungsverfahren (§§ 413 - 416 StPO). 2002.

Band 58 Dirk Seiler: Die *Sperrwirkung* im Strafrecht. 2002.

Band 59 Dorothee Sydow: Die actio libera in causa nach dem Rechtsprechungswandel des Bundesgerichtshofs. 2002.

Band 60 Inga Metrikat: Die Unterbringung in einer Entziehungsanstalt nach § 64 StGB – Eine Maßregel im Wandel? Eine vergleichende, empirische Untersuchung zur Entscheidung des Bundesverfassungsgerichts vom 16.03.1994, BVerfGE 91, 1 ff. 2002.

Band 61 Sabine Caroline Bechtoldt: Die Erledigungserklärung im Maßregelvollzug des § 63 StGB. Eine empirische Untersuchung der Erledigungserklärung und zugleich rechtsdogmatische Erörterung ihrer Rechtskraftproblematik. 2002.

Band 62 Sandra Schulte-Nover: Strafrichter in Deutschland und England. Ein systematischer Rechtsvergleich im Hinblick auf die richterlichen Kompetenzen im Strafverfahren. 2003.

Band 63 Tim Schurig: Belehrung und Beratung des Beschuldigten über sein Aussageverhalten. Eine gemeinsame Aufgabe von Gericht und Verteidigung? 2003.

Band 64 Markus Laski: Die strafrechtlichen Bezüge des Bundes-Bodenschutzgesetzes. 2003.

Band 65 Gunnar Lüer: Die Versäumung im Berufungsverfahren. Das strafprozessuale Anwesenheitsprinzip im Spannungsfeld von autonomer Subjektstellung und öffentlichen Interessen am Beispiel des § 329 Abs. 1,2 StPO. 2003.

Band 66 Thomas Grützner: Die Sanktionierung von Submissionsabsprachen. Eine Untersuchung der bestehenden Möglichkeiten einer Bekämpfung von Submissionsabsprachen unter besonderer Berücksichtigung des § 298 StGB. 2003.

Band 67 Bettina Noltenius: Kriterien der Abgrenzung von Anstiftung und mittelbarer Täterschaft. Ein Beitrag auf der Grundlage einer personalen Handlungslehre. 2003.

Band 68 Bettina Kraft: Tendenzen in der Entwicklung des Jugendstrafrechts seit der Jugendgerichtsbewegung. 2004.

Band 69 Jessica Däbritz: Die Bestimmung strafbaren fahrlässigen Verhaltens in der Forschung am Beispiel ärztlicher Humanerprobungen. Ein Beitrag zur methodischen Ermittlung und inhaltlichen Bestimmung von Sorgfaltspflichten in der Humanforschung. 2004.

Band 70 Maike Steenbock: Über die Unfallflucht als Straftat. Eine kritische Untersuchung zum Zusammenhang der Strafbarkeit der Unfallflucht mit den Besonderheiten des Straßenverkehrs. 2004.

Band 71 Holger Mann: Beschleunigungspotential im Jugendstrafverfahren. 2004.

Band 72 Dorothee Krutisch: Strafbarkeit des unberechtigten Zugangs zu Computerdaten und -systemen. 2004.

Band 73 Heinz-Helmut Fuhrmann: Das Begehen der Straftat gem. § 25 Abs. 1 StGB. Unter besonderer Berücksichtigung der sogenannten "eigenhändigen" Delikte. 2004.

Band 74 Gerwin M. Moldenhauer: Eine Verfahrensordnung für Absprachen im Strafverfahren durch den Bundesgerichtshof? 2004.

Band 75 Dirk Busch: Konzernuntreue. Eine Untersuchung spezifischer Untreuestrafbarkeit innerhalb von Konzernverbindungen mit Aktiengesellschaften und Gesellschaften mit beschränkter Haftung. 2004.

Band 76 Mitsuru Iijima: Die Entwicklung des strafrechtlichen Unrechtsbegriffs in Japan. Eine kritische Betrachtung aus strafrechtsdogmatischer und rechtsphilosophischer Perspektive. 2004.

Band 77 Lena Barbara Kötter: Private Elemente in der Strafvollstreckung. Zur Privatisierung von Bewährungshilfe, Gerichtshilfe und gemeinnütziger Arbeit. 2004.

Band 78 Martin Maria Laufen: Der Wucher (§ 291 Abs. 1 Satz 1 StGB). Systematische Einordnung und dogmatische Struktur. 2004.

Band 79 Maike Aselmann: Die Selbstbelastungs- und Verteidigungsfreiheit. Ein Beitrag zu den Garantiewirkungen von Verfahrensrechten im Hinblick auf die Beweiswürdigung, Strafzumessung und Strafbarkeit des Beschuldigten im Strafprozess. 2004.

Band 80 Ingmar Wolf: Graffiti als kriminologisches und strafrechtsdogmatisches Problem. 2004.

Band 81 Misuk Son: Straftatfolgen im deutschen und koreanischen Strafrecht. Ein prinzipieller Vergleich. 2004.

Band 82 Matthias Saal: Die Beteiligung an einer Schlägerei (§ 231 StGB). Ein Plädoyer für die Streichung der schweren Folge. 2004.

Band 83 Michael Stüber: Die Entwicklung des Prinzips der Unmittelbarkeit im deutschen Strafverfahren. 2005.

Band 84 Patrick Gerberding: Das Rechtsmittelsystem im US-amerikanischen Strafverfahren. Eine rechtsvergleichende Betrachtung. 2005.

Band 85 Rouven Seeberg: Aufgedrängte Nothilfe, Notwehr und Notwehrexzess. 2005.

Band 86 Andre Knoerchen: Schadenswiedergutmachung über anwaltliche Schlichtungsstellen. Rechtsökonomische Analyse eines Modellprojekts. 2005.

Band 87 Andreas Quante: Sanktionsmöglichkeiten gegen juristische Personen und Personenvereinigungen. 2005.

Band 88 Gundula Momsen-Pflanz: Die sportethische und strafrechtliche Bedeutung des Dopings. Störung des wirtschaftlichen Wettbewerbs und Vermögensrelevanz. 2005.

Band 89 Klaus Kleinbauer: Rechtsmittelverzicht und Rechtsmittelzurücknahme des Beschuldigten im Strafprozeß. 2006.

www.peterlang.de

Thorsten Berenbrink

Der übereilte Rechtsmittelverzicht des Angeklagten

Eine Untersuchung unter normativen und erfahrungswissenschaftlichen Gesichtspunkten

Frankfurt am Main, Berlin, Bern, Bruxelles, New York, Oxford, Wien, 2005.
XII, 254 S., 5 Abb.
Bielefelder Rechtsstudien. Verantwortlicher Herausgeber: Stephan Barton. Bd. 21
ISBN 3-631-53756-5 · br. € 45.50*

Nicht selten erklären Angeklagte im Gerichtssaal unmittelbar im Anschluss an die Urteilsverkündung Rechtsmittelverzicht. Später wollen sie dann oft gleichwohl ein Rechtsmittel gegen das Urteil einlegen. Die Untersuchung beleuchtet diese Problematik unter normativen und erfahrungswissenschaftlichen Aspekten. Besondere Beachtung kommt dabei der Frage zu, wie das Zustandekommen übereilter Verzichte unter Berücksichtigung von Erkenntnissen aus der Kommunikationswissenschaft und der Psychologie zu erklären ist. Daraus werden praktische Konsequenzen für ein problembewusstes Verhalten der Prozessbeteiligten entwickelt und ein Vorschlag zur rechtlichen Lösung erarbeitet.

Aus dem Inhalt: Übereilter Rechtsmittelverzicht des Angeklagten im Strafverfahren · Wirksamkeit und Bindung an die Verzichtserklärung · Verständnisprobleme · Psychische Ausnahmesituation · Problembewusstes Verhalten der Prozessbeteiligten